개념완성

과학탐구영역

화학 Ⅱ

KB190307

정답과 해설 PDF 파일은 EBS*i* 사이트(www.ebsi.co.kr)에서 다운로드 받으실 수 있습니다.

EBS*i* 사이트에서 본 교재의 문항별 해설 강의 검색 서비스를 제공하고 있습니다.

| 교재 내용 문의 | 교재 및 강의 내용 문의는 EBS*i* 사이트 (www.ebsi.co.kr)의 학습 Q&A 서비스를 활용하시기 바랍니다. | 교재 정오표 공지 | 발행 이후 발견된 정오 사항을 EBS*i* 사이트 정오표 코너에서 알려 드립니다.
교재 ▶ 교재 자료실 ▶ 교재 정오표 | 교재 정정 신청 | 공지된 정오 내용 외에 발견된 정오 사항이 있다면 EBS*i* 사이트를 통해 알려 주세요.
교재 ▶ 교재 정정 신청 |

교육의 힘으로
세상의 차이를 좁혀갑니다.
차이가 차별로 이어지지 않는 미래를 위해
EBS가 가장 든든한 친구가 되겠습니다.

기획 및 개발

심미연 권현지 김종원 안성식 오창호

집필 및 검토

김영호(세현고등학교)
서울대학교 화학교육과
EBS 수능특강 화학Ⅰ(2017, 2018, 2019),
EBS 개념완성 통합과학(2018) 집필

남영호(부산강서고등학교)
부산대학교 화학교육과
부산대학교 대학원(교육학 석사)
EBS 수능특강 화학Ⅰ(2019),
EBS 수능특강 화학Ⅱ(2018, 2020) 집필

노동규(인창고등학교)
서울대학교 화학교육과
2015 개정 교육과정 고등학교 화학Ⅰ 교과서 집필
EBS 수능특강 화학Ⅰ(2019),
EBS 수능특강 화학Ⅱ(2018, 2020) 집필

임재항(부산부흥고등학교)
한국교원대학교 화학교육과
부산대학교 대학원(이학 박사)
2015 개정 교육과정 고등학교 과학탐구실험 교과서 집필
EBS 수능특강 화학Ⅰ(2018),
EBS 수능특강 화학Ⅱ(2019, 2020),
EBS 수능완성 화학Ⅰ(2019),
EBS 수능완성 화학Ⅱ(2018) 집필

전호균(혜원여자고등학교)
서울대학교 화학교육과
연세대학교 교육대학원(교육학 석사)
2015 개정 교육과정 고등학교 화학Ⅰ, 화학Ⅱ 교과서 집필
EBS 수능완성 화학Ⅰ(2017, 2019),
EBS 수능완성 화학Ⅱ(2018) 집필

검토

권기섭(중산고)
권민수(낙동고)
김 준(백영고)
김호준(전주한일고)
김희성(동인천고)
문재현(부산장안고)
박지훈(부산과학고)
서오일(이화여고)
석동진(노원고)
선수형(살레시오고)
조형훈(정의여고)

편집 검토

김수현 김윤희

본 교재의 강의는 TV와 모바일, EBS*i* 사이트(www.ebs*i*.co.kr)에서 무료로 제공됩니다.

발행일 2020. 3. 1. **5쇄 인쇄일** 2021. 11. 20. **신고번호** 제2017-000193호 **펴낸곳** 한국교육방송공사 경기도 고양시 일산동구 한류월드로 281
표지디자인 디자인싹 **인쇄** ㈜교학사 **내지디자인** 다우 **내지조판** 다우 **사진** 북앤포토
인쇄 과정 중 잘못된 교재는 구입하신 곳에서 교환하여 드립니다.

개념완성

과학탐구영역

화학 II

CONTENTS

차례와 우리 학교 교과서 비교

구성과 특징

1 교과서 내용 정리

교과서의 내용을 반드시 알아야 하는 개념 중심으로 이해하기 쉽게 상세히 정리하였습니다. 개념을 다지고 핵심 용어를 익힐 수 있습니다.

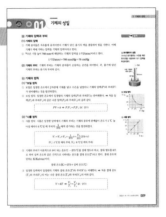

2 개념 체크

내용을 학습하면서 간단한 문제로 개념을 확인할 수 있도록 하였습니다.

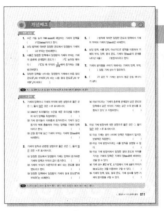

3 탐구 활동

교과서에 수록된 여러 가지 탐구 활동 중에 중요한 주제를 선별하여 과정, 결과 정리 및 해석, 탐구 분석의 순서로 정리하였습니다.

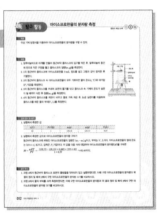

4 내신 기초 문제

기초 실력 연마에 도움이 되는 문제 위주로 수록하여 학교 시험에 대비할 수 있도록 하였습니다.

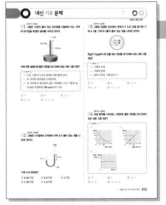

5 실력 향상 문제

난이도 있는 문제를 수록하여 문제에 대한 응용력을 기를 수 있도록 하였습니다.

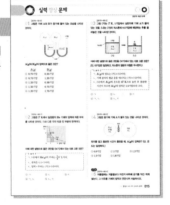

6 신유형·수능 열기

수능형 문항으로 수능의 감(感)을 잡을 수 있도록 하였습니다.

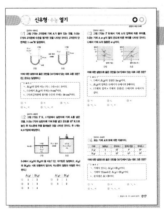

7 단원 정리

단원 학습이 끝나면 단원 정리를 통해 학습 내용을 정리해 볼 수 있습니다.

8 단원 마무리 문제

앞에서 학습한 내용을 최종 마무리 할 수 있도록 단원간 통합형 문제로 출제하였습니다.

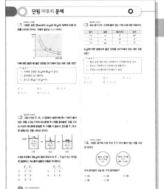

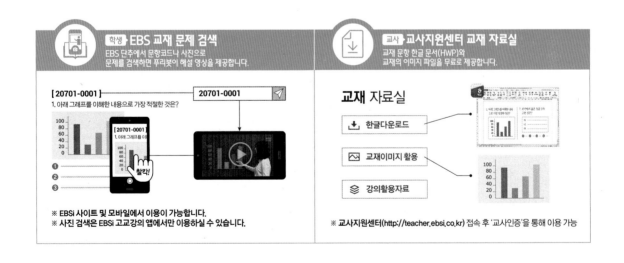

학생 ▶ EBS 교재 문제 검색

EBS 단추에서 문항코드나 사진으로 문제를 검색하면 푸리봇이 해설 영상을 제공합니다.

[20701-0001]

1. 아래 그래프를 이해한 내용으로 가장 적절한 것은?

20701-0001

①
②
③

※ EBSi 사이트 및 모바일에서 이용이 가능합니다.
※ 사진 검색은 EBSi 고교강의 앱에서만 이용하실 수 있습니다.

교사 ▶ 교사지원센터 교재 자료실

교재 문항 한글 문서(HWP)와 교재의 이미지 파일을 무료로 제공합니다.

교재 자료실

- ⬇ 한글다운로드
- ◩ 교재이미지 활용
- ◈ 강의활용자료

※ 교사지원센터(http://teacher.ebsi.co.kr) 접속 후 '교사인증'을 통해 이용 가능

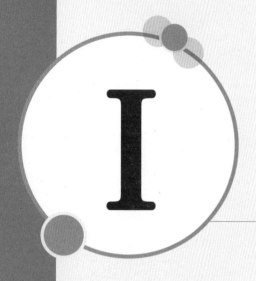

I

물질의 세 가지
상태와 용액

기체의 성질

- 기체의 온도, 압력, 부피, 기체의 양(mol) 사이의 관계 이해하기
- 보일 법칙, 샤를 법칙, 아보가드로 법칙을 식으로 표현하고 이해하기
- 이상 기체 방정식을 활용하여 기체의 분자량 구하기

한눈에 단원 파악, 이것이 핵심!

기체의 온도, 압력, 부피, 기체의 양(mol) 사이의 관계는?

보일 법칙

일정한 온도에서 일정량의 기체의 압력(P)과 부피(V)는 반비례한다.

$$V = \frac{k}{P} \ (k는 \ 상수)$$

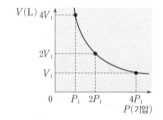

샤를 법칙

일정한 압력에서 일정량의 기체의 절대 온도(T)와 부피(V)는 비례한다.

$$V = kT \ (k는 \ 상수)$$

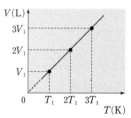

아보가드로 법칙

일정한 온도와 압력에서 기체의 부피(V)와 기체의 양(mol)(n)은 비례한다.

$$V = kn \ (k는 \ 상수)$$

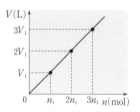

이상 기체 방정식

보일 법칙, 샤를 법칙, 아보가드로 법칙을 정리하여 나타낸 식이다.

> 기체의 압력(P)과 부피(V)의 곱은 기체의 양(mol)(n)과 절대 온도(T)의 곱에 비례한다.
> $$PV = nRT \ (R은 \ 기체 \ 상수)$$

기체의 성질

① 기체의 압력과 부피

(1) 기체의 압력

① 기체 분자들은 자유롭게 움직이면서 기체가 담긴 용기의 벽을 충돌하여 힘을 가한다. 이때 기체가 벽에 가하는 압력을 기체의 압력이라고 한다.

② ❶수은 기둥 높이 760 mm에 해당하는 기체의 압력을 1기압(atm)이라고 한다.

1기압(atm)=760 mmHg=76 cmHg

(2) 기체의 부피: 기체의 부피는 기체의 분자들이 운동하는 공간을 의미한다. 즉, 용기에 담긴 기체의 부피는 용기의 부피와 같다.

② 기체의 법칙

(1) ❷보일 법칙

① 보일은 일정한 온도에서 J자관에 기체를 넣고 수은을 넣었더니 기체의 압력(P)과 부피(V)가 반비례하는 것을 발견하였다.

② 보일 법칙: 일정한 온도에서 일정량의 기체의 압력(P)과 부피(V)는 반비례한다. ➡ 처음 압력(P_1)과 부피(V_1)의 곱은 나중 압력(P_2)과 부피(V_2)의 곱과 같다.

$$PV=k \Rightarrow P_1V_1=P_2V_2 \ (k: 상수)$$

(2) ❸샤를 법칙

① 샤를 법칙: 샤를은 일정한 압력에서 기체의 부피는 기체의 종류에 관계없이 온도가 1 ℃ 높아질 때마다 0 ℃일 때 부피의 $\dfrac{1}{273}$배씩 증가하는 것을 발견하였다.

$$V_t=V_0+V_0\times\frac{1}{273}t=\frac{V_0}{273}(273+t)$$
(V_t: t ℃일 때의 부피, V_0: 0 ℃일 때의 부피)

② 기체의 부피가 이론적으로 0이 되는 온도인 −273 ℃를 절대 영도라 하고, 절대 영도를 0으로 하여 섭씨 온도와 같은 간격으로 나타내는 온도를 절대 온도(T)라고 한다. 절대 온도의 단위는 K(Kelvin)이다.

절대 온도(K)=273+섭씨 온도(℃)

③ 일정한 압력에서 일정량의 기체의 절대 온도(T)와 부피(V)는 비례한다. ➡ 처음 절대 온도(T_1)와 부피(V_1)의 비는 나중 절대 온도(T_2)와 부피(V_2)의 비와 같다.

$$V=kT \Rightarrow \frac{V_1}{T_1}=\frac{V_2}{T_2} \ (k: 상수)$$

❶ 토리첼리의 실험
1643년 토리첼리는 수은을 채운 유리관을 이용하여 대기 압력을 측정하였다.

❷ 보일 법칙

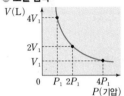

❸ 샤를 법칙

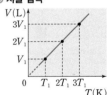

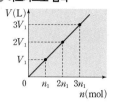
(3) **①아보가드로 법칙**

① 아보가드로는 '기체의 종류에 관계없이 같은 온도와 압력에서 같은 부피의 기체는 같은 수의 분자를 포함하고 있다.'고 가정하였다.

② 아보가드로 법칙: 일정한 온도와 압력에서 기체의 부피(V)와 기체의 양(mol)(n)은 비례한다.

$$V=kn \Rightarrow \frac{V_1}{n_1}=\frac{V_2}{n_2} \ (k: 상수)$$

3 **②이상 기체 방정식**

(1) 이상 기체 방정식

① 보일 법칙, 샤를 법칙, 아보가드로 법칙을 이용하여 기체의 부피(V), 압력(P), 절대 온도(T), 기체의 양(mol)(n)의 관계를 나타낸 식이다.

$$보일 법칙: V \propto \frac{1}{P}, 샤를 법칙: V \propto T, 아보가드로 법칙: V \propto n$$
$$\Rightarrow V \propto \frac{nT}{P} \Rightarrow {}^{③}이상 기체 방정식: PV=nRT \ (R: 기체 상수)$$

② 기체 상수(R)는 0 °C, 1기압에서 기체 1몰의 부피는 22.4 L라는 것을 이용하여 구할 수 있다.
$$R=\frac{PV}{nT}=\frac{1 \text{ atm} \times 22.4 \text{ L}}{1 \text{ mol} \times 273 \text{ K}}=0.082 \text{ atm·L/mol·K}$$

(2) 이상 기체 방정식의 변형

① 기체의 질량을 w, 분자량을 M이라고 하면 기체의 양(mol) $n=\frac{w}{M}$이므로 이상 기체 방정식을 다음과 같이 변형하여 분자량을 구할 수 있다.

$$PV=nRT \Rightarrow PV=\frac{w}{M}RT \Rightarrow M=\frac{wRT}{PV}$$

② 기체의 밀도 $d=\frac{w}{V}$이므로 이상 기체 방정식을 다음과 같이 변형하여 분자량을 구할 수 있다.

$$M=\frac{wRT}{PV} \Rightarrow M=\frac{dRT}{P}$$

 THE 들여다보기 **기체 분자 운동론**

기체 분자 운동론은 기체의 성질을 기체의 운동으로 설명하기 위한 이론이다.
1. 기체는 끊임없이 불규칙한 직선 운동을 한다.
2. 기체 분자 사이에는 인력이나 반발력이 작용하지 않는다.
3. 기체 분자 자체의 부피는 기체가 차지하는 전체 부피에 비해 매우 작으므로 무시한다.
4. 기체 분자는 완전 탄성체로 가정하므로 분자 간의 충돌이나 벽면과의 충돌 후 에너지 손실이 없다.
5. 기체 분자의 평균 운동 에너지(E_k)는 절대 온도(T)에 비례한다.
$$E_k=\frac{1}{2}mv^2 \propto T \ (m: 분자의 질량, v: 분자의 평균 운동 속력)$$

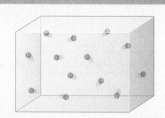

빈칸 완성

1. 수은 기둥 높이 760 mm에 해당하는 기체의 압력을 ( )기압(atm)이라고 한다.

2. 보일 법칙에 의하면 일정한 온도에서 일정량의 기체의 ( )과 부피는 반비례한다.

3. 샤를은 일정한 압력에서 일정량의 기체의 부피는 기체의 종류에 관계없이 온도가 ( ) ℃ 높아질 때마다 ( ) ℃일 때 부피의 $\frac{1}{273}$배씩 증가하는 것을 발견하였다.

4. 일정한 압력을 나타내는 일정량의 기체에서 처음 절대 온도(T_1)와 부피(V_1)의 비는 나중 절대 온도(T_2)와 부피(V_2)의 비와 ( ).

5. ( ) 법칙에 의하면 일정한 온도와 압력에서 기체의 부피와 기체의 양(mol)은 비례한다.

6. 보일 법칙, 샤를 법칙, 아보가드로 법칙을 이용하여 기체의 부피, 압력, 절대 온도, 기체의 양(mol)의 관계를 나타낸 식을 ( ) 방정식이라고 한다.

7. 기체의 분자량을 구하기 위해서는 기체의 압력, 부피, ( ), 질량, 기체 상수가 필요하다.

8. ( )가 같은 두 기체는 분자의 평균 운동 에너지가 같다.

정답 1. 1 2. 압력 3. 1, 0 4. 같다 5. 아보가드로 6. 이상 기체 7. 절대 온도 8. 온도

○X 문제

1. 기체의 압력이나 기체의 부피에 대한 설명으로 옳은 것은 ○, 옳지 않은 것은 ×로 표시하시오.

(1) 1643년 토리첼리는 수은을 채운 유리관을 이용하여 대기 압력을 측정하였다. ( )

(2) 기체 분자들이 자유롭게 움직이면서 기체가 담긴 용기의 벽에 충돌하여 가하는 압력을 기체의 압력이라고 한다. ( )

(3) 강철 용기에 담긴 기체의 부피는 기체의 양(mol)에 비례한다. ( )

2. 기체의 법칙과 관련된 설명으로 옳은 것은 ○, 옳지 않은 것은 ×로 표시하시오.

(1) 일정한 온도에서 일정량의 기체는 압력이 증가하면 기체의 압력과 부피의 곱이 증가한다. ( )

(2) 기체의 부피가 이론적으로 0이 되는 온도를 절대 영도라고 한다. ( )

(3) 일정한 압력에서 일정량의 기체의 절대 온도(T)와 부피(V)는 비례한다. ( )

(4) 아보가드로는 '기체의 종류에 관계없이 같은 온도와 압력에서 같은 부피의 기체는 같은 수의 분자를 포함하고 있다.'고 가정하였다. ( )

3. 이상 기체 방정식에 대한 설명으로 옳은 것은 ○, 옳지 않은 것은 ×로 표시하시오.

(1) 이상 기체는 분자 사이에 인력은 작용하지 않지만, 반발력은 작용한다. ( )

(2) 이상 기체 방정식으로는 샤를 법칙을 설명할 수 없다. ( )

(3) 이상 기체 방정식에서 일정한 절대 온도와 부피를 가지는 기체의 압력은 기체의 양(mol)에 비례하는 것을 알 수 있다. ( )

(4) 기체 상수 R은 0 ℃, 1기압에서 기체 1몰의 부피가 22.4 L라는 것을 이용하여 구할 수 있다. ( )

(5) 기체의 압력, 밀도, 절대 온도, 기체 상수를 알면 기체의 분자량을 구할 수 있다. ( )

정답 1. (1) ○ (2) ○ (3) × 2. (1) × (2) ○ (3) ○ (4) ○ 3. (1) × (2) × (3) ○ (4) ○ (5) ○

 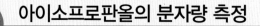
목표

이상 기체 방정식을 이용하여 아이소프로판올의 분자량을 구할 수 있다.

과정

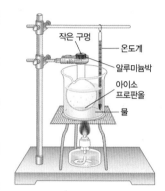

1. 알루미늄박으로 마개를 만들어 둥근바닥 플라스크의 입구를 막은 후, 알루미늄박 중간에 핀으로 작은 구멍을 뚫고 플라스크의 질량(w_1 g)을 측정한다.
2. 1의 둥근바닥 플라스크에 아이소프로판올 3 mL 정도를 넣고 그림과 같이 장치한 후 가열한다.
3. 2의 둥근바닥 플라스크 속 아이소프로판올이 모두 기화하면 물의 온도(t_1 ℃)와 대기압(P_1기압)을 측정한다.
4. 3의 둥근바닥 플라스크를 꺼내어 표면의 물기를 닦고 플라스크 속 기체의 온도가 실온이 될 때까지 식힌 후 질량(w_2 g)을 측정한다.
5. 4의 둥근바닥 플라스크를 깨끗이 비우고 물로 가득 채운 후, 눈금 실린더를 이용하여 플라스크를 채운 물의 부피(V_1 L)를 측정한다.

결과 정리 및 해석

1. 실험에서 측정한 값

t_1(℃)	P_1(기압)	w_1(g)	w_2(g)	V_1(L)
82	1	125.15	125.72	0.27

2. 실험에서 측정한 값으로 아이소프로판올의 분자량 구하기

둥근바닥 플라스크에 채워진 아이소프로판올의 질량은 (w_2-w_1) g이고, 부피는 V_1 L이다. 아이소프로판올의 절대 온도는 $(273+t_1)$ K이고, 압력은 P_1기압이다. 이 값을 다음 식에 대입하여 아이소프로판올의 분자량(M)을 구하면

$$M=\frac{wRT}{PV}=\frac{(125.72-125.15)\times0.082\times(273+82)}{1\times0.27}≒61.45이다.$$

탐구 분석

1. 과정 4에서 둥근바닥 플라스크 표면의 물방울을 닦아내지 않고 실험하였다면, 이때 구한 아이소프로판올의 분자량과 위 결과 정리 및 해석 2에서 구한 아이소프로판올의 분자량 크기를 비교하시오.
2. 과정 5에서 물의 부피를 크게 측정하였다면, 이때 구한 아이소프로판올의 분자량과 위 결과 정리 및 해석 2에서 구한 아이소프로판올의 분자량 크기를 비교하시오.

정답과 해설 02쪽

01 [20701-0001] 그림은 수은이 들어 있는 유리관을 이용하여 어느 지역의 대기압을 측정한 결과를 나타낸 것이다.

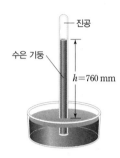

이에 대한 설명으로 옳은 것만을 〈보기〉에서 있는 대로 고른 것은?

┌ 보기 ┐
ㄱ. 수은 기둥이 누르는 압력은 대기압과 같다.
ㄴ. 이 지역의 대기압은 1기압이다.
ㄷ. 이 지역보다 대기압이 낮은 지역에서 수은 기둥의 높이 h를 측정하면 760 mm보다 크다.

① ㄱ   ② ㄷ   ③ ㄱ, ㄴ
④ ㄴ, ㄷ   ⑤ ㄱ, ㄴ, ㄷ

02 [20701-0002] 그림은 1기압에서 J자관에 기체 A가 들어 있는 것을 나타낸 것이다.

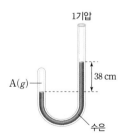

기체 A의 압력은?

① 0.25기압   ② 0.5기압   ③ 1기압
④ 1.25기압   ⑤ 1.5기압

03 [20701-0003] 그림은 일정한 온도에서 부피가 V L인 강철 용기에 기체 A 1몰, 기체 B 2몰이 들어 있는 것을 나타낸 것이다.

B(g)가 A(g)보다 큰 값을 갖는 것만을 〈보기〉에서 있는 대로 고른 것은?

┌ 보기 ┐
ㄱ. 기체의 부피
ㄴ. 기체의 압력
ㄷ. 단위 부피당 기체 분자 수

① ㄱ   ② ㄴ   ③ ㄱ, ㄷ
④ ㄴ, ㄷ   ⑤ ㄱ, ㄴ, ㄷ

04 [20701-0004] 보일 법칙을 나타내는 그래프로 옳은 것만을 〈보기〉에서 있는 대로 고른 것은?

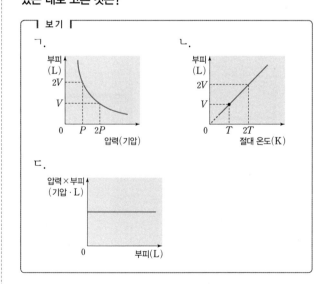

① ㄱ   ② ㄴ   ③ ㄱ, ㄷ
④ ㄴ, ㄷ   ⑤ ㄱ, ㄴ, ㄷ

05 [20701-0005]
다음은 기체의 성질과 관련된 2가지 예이다.

> (가) 풍선에 공기를 불어 넣으면 풍선의 크기가 커진다.
> (나) 찌그러진 탁구공을 끓는 물에 넣으면 탁구공이 다시 펴진다.

(가)와 (나)에 적용되는 기체의 법칙으로 가장 적절한 것은?

	(가)	(나)
①	보일 법칙	샤를 법칙
②	보일 법칙	아보가드로 법칙
③	샤를 법칙	보일 법칙
④	아보가드로 법칙	보일 법칙
⑤	아보가드로 법칙	샤를 법칙

06 [20701-0006]
그림은 T K, 1기압의 A(g) n_1몰과 $2T$ K, 1기압의 A(g) n_2몰이 실린더에 들어 있는 모습을 각각 나타낸 것이다.

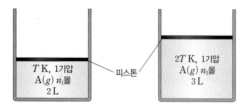

A(g)의 몰 비 $n_1 : n_2$는?

   $n_1 : n_2$
① 2 : 3
② 3 : 2
③ 3 : 4
④ 4 : 3
⑤ 5 : 3

07 [20701-0007]
샤를 법칙과 절대 온도에 관련된 설명으로 옳은 것만을 〈보기〉에서 있는 대로 고른 것은? (단, 기체의 양(mol)과 압력은 일정하다.)

> ┌ 보기 ┌
> ㄱ. 기체의 부피는 온도가 1 ℃ 높아질 때마다 0 ℃일 때 부피의 $\frac{1}{273}$배씩 증가한다.
> ㄴ. 기체의 섭씨 온도가 1 ℃ 높아지면 기체의 절대 온도는 1 K 높아진다.
> ㄷ. 기체의 부피는 절대 온도에 비례한다.

① ㄱ ② ㄷ ③ ㄱ, ㄴ ④ ㄴ, ㄷ ⑤ ㄱ, ㄴ, ㄷ

08 [20701-0008]
이상 기체 방정식에 대한 설명으로 옳지 <u>않은</u> 것은?

① 분자 사이의 힘이 작용하는 기체는 이상 기체 방정식을 만족한다.
② 일정한 온도에서 일정한 양(mol)의 기체에 대한 이상 기체 방정식은 보일 법칙이 적용된다.
③ 일정한 압력에서 일정한 양(mol)의 기체에 대한 이상 기체 방정식은 샤를 법칙이 적용된다.
④ 일정한 온도와 압력에서 기체에 대한 이상 기체 방정식은 아보가드로 법칙이 적용된다.
⑤ 기체 상수(R)는 0 ℃, 1기압인 기체 1몰의 부피가 22.4 L라는 것을 이용하여 구할 수 있다.

09 [20701-0009]
다음은 학생이 조사한 기체 A와 관련된 자료이다.

> • A의 분자량   • 기체 상수 R

T K에서 A(g)의 밀도를 구하기 위해 더 필요한 자료만을 〈보기〉에서 있는 대로 고른 것은?

> ┌ 보기 ┌
> ㄱ. 기체의 부피
> ㄴ. 기체의 압력
> ㄷ. 기체의 화학식

① ㄱ ② ㄴ ③ ㄱ, ㄴ ④ ㄱ, ㄷ ⑤ ㄴ, ㄷ

01 [20701–0010]
그림은 기체 A와 B가 용기에 들어 있는 모습을 나타낸 것이다.

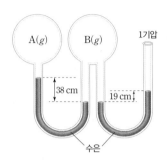

A(g)와 B(g)의 압력으로 옳은 것은?

	A(g)	B(g)
①	0.75기압	0.25기압
②	0.75기압	1.25기압
③	1.25기압	0.50기압
④	1.25기압	0.75기압
⑤	1.25기압	1.75기압

02 [20701–0011]
그림은 T K에서 일정량의 He 기체의 압력에 따른 부피를 나타낸 것이다. ㉠과 ㉡은 각각 빗금 친 부분의 면적이다.

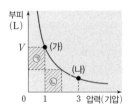

이에 대한 설명으로 옳은 것만을 〈보기〉에서 있는 대로 고른 것은?

┌ 보기 ┐
ㄱ. (나)에서 He(g)의 부피는 $\frac{1}{3}V$ L이다.
ㄴ. 면적은 ㉡>㉠이다.
ㄷ. 압력×부피는 (가)>(나)이다.

① ㄱ   ② ㄴ   ③ ㄷ
④ ㄱ, ㄴ   ⑤ ㄴ, ㄷ

03 [20701–0012]
그림 (가)는 T K, 1기압에서 실린더에 기체 A가 들어 있는 것을, (나)는 (가)의 피스톤에 0.5기압에 해당하는 추를 올려놓은 것을 나타낸 것이다.

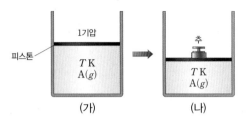

이에 대한 설명으로 옳은 것만을 〈보기〉에서 있는 대로 고른 것은? (단, 대기압은 일정하고, 피스톤의 질량과 마찰은 무시한다.)

┌ 보기 ┐
ㄱ. A(g)의 밀도는 (가)>(나)이다.
ㄴ. 기체 분자의 평균 운동 에너지는 (가)=(나)이다.
ㄷ. (나)에서 A(g)의 온도를 $2T$ K으로 높인 후 충분한 시간이 흐르면 A(g)의 압력은 1.5기압보다 크다.

① ㄱ   ② ㄴ   ③ ㄷ
④ ㄱ, ㄴ   ⑤ ㄴ, ㄷ

04 [20701–0013]
그림은 용기에 기체 A가 들어 있는 것을 나타낸 것이다.

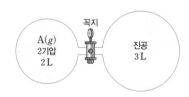

꼭지를 열고 충분한 시간이 흘렀을 때, A(g)의 압력은? (단, 온도는 일정하다.)

① 0.8기압   ② 1기압   ③ 1.2기압
④ 1.5기압   ⑤ 1.6기압

〔서술형〕 [20701–0014]
05 여름철에는 겨울철보다 자전거 바퀴에 공기를 약간 적게 넣는다. 그 이유를 기체의 법칙과 연관시켜 서술하시오.

06 [20701-0015]
그림은 T K, 1기압에서 2개의 실린더에 압력이 다른 기체 A가 들어 있는 것을 나타낸 것이다.

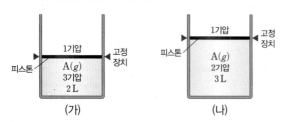

(가)   (나)

이에 대한 설명으로 옳은 것만을 〈보기〉에서 있는 대로 고른 것은? (단, 대기압은 일정하고, 피스톤의 질량과 마찰은 무시한다.)

┌ 보기 ┐
ㄱ. A(g)의 양(mol)은 (나)>(가)이다.
ㄴ. (가)에서 온도를 높이면 A(g)의 압력은 감소한다.
ㄷ. T K에서 고정 장치를 풀고 충분한 시간이 흘렀을 때 A(g)의 부피는 (가)=(나)이다.
└─────────┘

① ㄱ   ② ㄴ   ③ ㄷ
④ ㄱ, ㄷ   ⑤ ㄴ, ㄷ

07 [20701-0016]
그림은 1기압에서 같은 질량의 기체 A와 B의 절대 온도에 따른 부피를 나타낸 것이다.

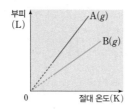

이에 대한 설명으로 옳은 것만을 〈보기〉에서 있는 대로 고른 것은? (단, 압력은 일정하다.)

┌ 보기 ┐
ㄱ. 같은 온도에서 기체의 밀도는 A(g)>B(g)이다.
ㄴ. 기체의 양(mol)은 A(g)>B(g)이다.
ㄷ. 분자량은 B>A이다.
└─────────┘

① ㄱ   ② ㄴ   ③ ㄱ, ㄷ
④ ㄴ, ㄷ   ⑤ ㄱ, ㄴ, ㄷ

08 [20701-0017]
그림은 강철 용기에 기체 X가 들어 있는 것을 나타낸 것이다. X의 분자량은 30이다. 용기 속 X(g)의 온도는? (단, 기체 상수 $R=0.082$ atm·L/mol·K이다.)

X(g) 12 g
2.4기압
4.1 L

① 27 ℃   ② 77 ℃   ③ 127 ℃
④ 200 ℃   ⑤ 300 ℃

09 [20701-0018]
다음은 아이소프로판올의 분자량을 측정하는 실험이다.

[실험 과정]
(가) 둥근바닥 플라스크에 바늘 구멍이 난 알루미늄박으로 마개를 만들어 씌운 후 질량을 측정한다.
(나) (가)의 플라스크에 액체 상태인 아이소프로판올 3 mL를 넣고, 그림과 같이 장치한다.

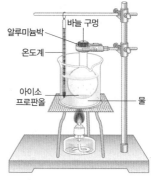

바늘 구멍
알루미늄박
온도계
아이소프로판올   물

(다) (나)의 플라스크 속 아이소프로판올이 모두 기화될 때까지 물중탕으로 가열한다.
(라) 물의 온도와 대기압을 측정한 후 (다)의 플라스크를 식힌다.
(마) (라)의 플라스크의 물기를 닦은 후 질량을 측정한다.

아이소프로판올의 분자량을 구하기 위해 더 필요한 자료만을 〈보기〉에서 있는 대로 고른 것은?

┌ 보기 ┐
ㄱ. 기체 상수
ㄴ. 플라스크를 식혔을 때의 온도
ㄷ. 플라스크의 부피
└─────────┘

① ㄱ   ② ㄴ   ③ ㄱ, ㄷ
④ ㄴ, ㄷ   ⑤ ㄱ, ㄴ, ㄷ

01 [20701-0019] 그림 (가)는 J자관에 기체 A가 들어 있는 것을, (나)는 (가)의 J자관에 수은을 첨가한 것을 나타낸 것이다. J자관의 단면적은 **1 cm²**로 일정하다.

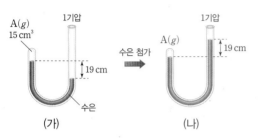

(가)   (나)

이에 대한 설명으로 옳은 것만을 〈보기〉에서 있는 대로 고른 것은? (단, 온도는 일정하다.)

보기
ㄱ. A(g)의 압력 비는 (가) : (나)=3 : 5이다.
ㄴ. (나)에서 A(g)의 부피는 9 cm³이다.
ㄷ. (가)의 J자관에 첨가한 수은의 부피는 38 cm³이다.

① ㄱ   ② ㄷ   ③ ㄱ, ㄴ
④ ㄴ, ㄷ   ⑤ ㄱ, ㄴ, ㄷ

02 [20701-0020] 그림 (가)는 T K, 1기압에서 실린더에 기체 A를 넣은 것을, (나)는 (가)의 실린더에 기체 B를 넣고 온도를 $2T$ K으로 높인 후 피스톤에 추를 올려놓은 것을 나타낸 것이다. 추 1개는 **0.5기압**에 해당한다.

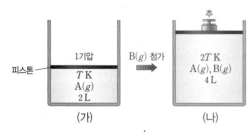

(가)   (나)

(나)에서 A(g)와 B(g)의 몰 비는? (단, 대기압은 일정하고, A(g)와 B(g)는 서로 반응하지 않으며, 피스톤의 질량과 마찰은 무시한다.)

	A(g) : B(g)			A(g) : B(g)
①	1 : 2		②	2 : 1
③	2 : 3		④	3 : 2
⑤	3 : 4			

03 [20701-0021] 그림 (가)는 T K에서 기체 A의 압력에 따른 부피를, (나)는 기체 A w g의 절대 온도에 따른 부피를 나타낸 것이다. ㉡에서 기체 A의 질량은 w g이다.

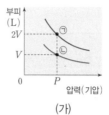 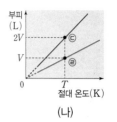

(가)   (나)

이에 대한 설명으로 옳은 것만을 〈보기〉에서 있는 대로 고른 것은?

보기
ㄱ. ㉠에서 A(g)의 질량은 $2w$ g이다.
ㄴ. A(g)의 압력은 ㉢에서가 ㉣에서의 2배이다.
ㄷ. (기체의 압력 × 기체의 질량)은 ㉠에서와 ㉣에서가 같다.

① ㄱ   ② ㄴ   ③ ㄷ
④ ㄱ, ㄴ   ⑤ ㄱ, ㄷ

04 [20701-0022] 표는 기체 A와 B에 대한 자료이다.

기체	질량(g)	온도(K)	압력(기압)	부피(L)
A(g)	2	$2T$	P	$3V$
B(g)	1	$3T$	$2P$	$2V$

이에 대한 설명으로 옳은 것만을 〈보기〉에서 있는 대로 고른 것은?

보기
ㄱ. 기체의 밀도는 A(g)>B(g)이다.
ㄴ. 기체의 양(mol)은 A(g)>B(g)이다.
ㄷ. 분자량은 A>B이다.

① ㄱ   ② ㄷ   ③ ㄱ, ㄴ
④ ㄴ, ㄷ   ⑤ ㄱ, ㄴ, ㄷ

2 혼합 기체와 상호 작용

- 혼합 기체에서 몰 분율을 이용하여 부분 압력의 의미 이해하기
- 부분 압력 법칙 이해하기
- 분자 간 상호 작용 이해하기

한눈에 단원 파악, 이것이 핵심!

혼합 기체에서 각 기체의 부분 압력은 어떻게 구할까?

일정한 온도에서 용기에 기체 A와 B가 혼합될 경우 다음과 같은 식이 성립한다.

혼합 기체의 전체 압력은 각 성분 기체의 부분 압력의 합과 같다. $$P_T = P_A + P_B$$ $\begin{pmatrix} P_T: \text{전체 압력} \\ P_A, P_B: \text{기체 A와 B의 부분 압력} \end{pmatrix}$	혼합 기체에서 각 성분 기체의 부분 압력은 전체 압력에 그 기체의 몰 분율을 곱한 값과 같다. $$P_A = P_T \times \frac{n_A}{n_A + n_B}$$ $$P_B = P_T \times \frac{n_B}{n_A + n_B}$$ (n_A, n_B: 기체 A와 B의 양(mol))

분자 간 상호 작용에는 어떤 것들이 있을까?

쌍극자·쌍극자 힘	분산력	수소 결합
한 극성 분자의 부분적인 양전하(δ^+)와 인접해 있는 다른 극성 분자의 부분적인 음전하(δ^-) 사이에 작용하는 인력	분자 내 전자가 한쪽으로 치우쳐 만들어진 순간 쌍극자와 이 쌍극자에 의해 만들어진 유발 쌍극자 사이에 작용하는 인력	전기 음성도가 큰 F, O, N 원자에 결합한 H 원자와 이웃한 분자의 F, O, N 원자 사이에 작용하는 강한 인력

01 혼합 기체의 부분 압력

1 혼합 기체

(1) 혼합 기체

① 부분 압력과 전체 압력: 서로 반응하지 않는 2가지 이상의 기체가 같은 용기 속에 혼합되어 있을 때, 각 성분 기체가 나타내는 압력을 각 성분 기체의 부분 압력(분압)이라 하고, 혼합된 각 기체의 부분 압력의 합을 전체 압력이라고 한다.

② 혼합 기체에서 각 성분 기체의 온도와 부피: 혼합 기체에서 각 성분 기체의 온도는 같고, 용기 속에 들어 있는 기체의 부피는 용기의 부피와 같으므로 각 성분 기체의 부피는 같다.

③ 혼합 기체에서 각 성분 기체의 양(mol): ❶이상 기체 방정식 $PV=nRT$에서 각 성분 기체의 부피와 온도가 같으므로 성분 기체의 부분 압력은 각 기체의 양(mol)에 비례한다.

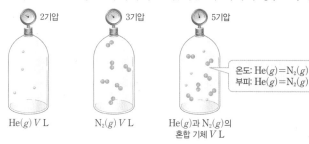

THE 알기

❶ 이상 기체 방정식
$$PV=nRT$$
P: 기체의 압력(기압)
V: 기체의 부피(L)
n: 기체의 양(mol)
R: 기체 상수
  (0.082 atm·L/mol·K)
T: 절대 온도(K)

(2) 부분 압력 법칙: 온도 T K에서 부피가 V L인 용기에 기체 A n_A몰과 기체 B n_B몰을 넣었을 때

① 기체 A와 기체 B의 부분 압력을 각각 P_A, P_B라고 하면, 다음과 같은 관계식이 성립한다.

$$P_A=\frac{n_A RT}{V}, \ P_B=\frac{n_B RT}{V}$$

② 용기 속 ❷혼합 기체의 전체 압력 P_T는 기체의 전체 양(mol)(n_A+n_B)에 비례하므로, 다음과 같은 관계식이 성립한다.

$$P_T=(n_A+n_B)\frac{RT}{V}$$

❷ 혼합 기체의 전체 압력
기체의 법칙은 기체의 종류에 상관없이 성립하므로 혼합 기체에서 기체의 전체 압력은 전체 기체의 양(mol)에 비례한다.

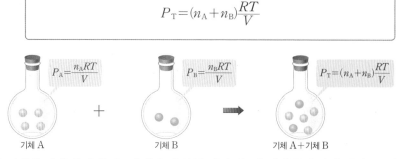

③ 혼합 기체의 전체 압력 P_T는 기체 A의 부분 압력 P_A와 기체 B의 부분 압력 P_B의 합과 같으므로, 다음과 같은 관계식이 성립한다.

$$P_T=\frac{n_A RT}{V}+\frac{n_B RT}{V}=P_A+P_B$$

④ 부분 압력 법칙: 돌턴은 혼합 기체의 전체 압력은 각 성분 기체의 부분 압력의 합과 같다는 사실을 밝혀냈고, 이것을 부분 압력 법칙이라고 한다.

$$P_T = P_A + P_B + P_C \cdots$$
$$(P_T: \text{전체 압력}, \ P_A, P_B, P_C, \cdots: \text{각 성분 기체의 부분 압력})$$

2 부분 압력과 몰 분율

(1) 몰 분율: 혼합 기체에서 각 성분 기체의 양(mol)의 비율이다.

① 몰 분율은 각 성분 기체의 양(mol)을 전체 기체의 양(mol)(n_T)으로 나눈 값이다.

② 용기에 기체 A n_A몰과 기체 B n_B몰을 넣으면 ●각 기체의 몰 분율은 다음과 같다.

$$\text{A의 몰 분율}(X_A) = \frac{\text{A의 양(mol)}}{\text{전체 기체의 양(mol)}} = \frac{n_A}{n_T} = \frac{n_A}{n_A+n_B}$$

$$\text{B의 몰 분율}(X_B) = \frac{\text{B의 양(mol)}}{\text{전체 기체의 양(mol)}} = \frac{n_B}{n_T} = \frac{n_B}{n_A+n_B}$$

(2) 부분 압력과 몰 분율

① 전체 기체의 압력(P_T)을 나타내는 식을 변형한 후, 기체 A의 부분 압력(P_A)과 기체 B의 부분 압력(P_B)을 나타내는 식에 대입하여 정리하면 다음과 같다.

$$P_T = (n_A+n_B)\frac{RT}{V} \ \Rightarrow \ \frac{RT}{V} = \frac{P_T}{n_A+n_B}$$

$$P_A = n_A \times \frac{RT}{V} = n_A \times \frac{P_T}{n_A+n_B}$$

$$P_B = n_B \times \frac{RT}{V} = n_B \times \frac{P_T}{n_A+n_B}$$

② 혼합 기체에서 각 성분 기체의 부분 압력은 전체 압력에 각 기체의 몰 분율을 곱한 값과 같다.

$$P_A = P_T \times X_A = P_T \times \frac{n_A}{n_A+n_B} \qquad P_B = P_T \times X_B = P_T \times \frac{n_B}{n_A+n_B}$$

THE 들여다보기 **수상 치환으로 포집한 기체의 부분 압력 구하기**

기체 A를 수상 치환으로 눈금 실린더에 포집하였다.
① 눈금 실린더 속에는 A(g)와 수증기의 혼합 기체가 들어 있다.
② 눈금 실린더 속 전체 기체의 압력은 다음과 같다.

$$P_T = P_A + P_{수증기}$$

(P_T: 전체 기체의 압력, P_A: A의 부분 압력, $P_{수증기}$: 수증기의 부분 압력)

③ 눈금 실린더 안과 밖의 수면을 같게 맞추면 눈금 실린더 속 전체 기체의 압력과 대기압이 같다.

$$P_T = P_A + P_{수증기} = P_{대기} \ \Rightarrow \ P_A = P_{대기} - P_{수증기}$$

개념체크

1. 서로 반응하지 않는 2가지 이상의 기체가 같은 용기 속에 혼합되어 있을 때, 각 성분 기체가 나타내는 압력을 각 성분 기체의 (　　　)이라고 한다.

2. 용기에 여러 가지 기체가 혼합되어 있을 때, 각 기체의 부분 압력은 각 기체의 양(mol)에 (　　　)한다.

3. 이상 기체 방정식에서 기체의 압력은 기체의 양(mol)과 (　　　)에 비례하고, (　　　)에 반비례한다.

4. 용기에 여러 가지 기체가 혼합되어 있을 때, 혼합 기체의 전체 압력은 용기 속 기체의 (　　　)에 비례한다.

5. 돌턴은 혼합 기체의 전체 압력은 각 성분 기체의 (　　　)의 합과 같다는 사실을 밝혀냈고, 이것을 (　　　) 법칙이라고 한다.

6. (　　　)은 혼합 기체에서 각 성분 기체의 양(mol)의 비율이고, 이는 각 성분 기체의 양(mol)을 (　　　) 기체의 양(mol)으로 나눈 값이다.

7. 혼합 기체에서 각 성분 기체의 부분 압력은 전체 압력에 그 기체의 (　　　)을 곱한 값과 같다.

정답 1. 부분 압력 2. 비례 3. 절대 온도, 부피 4. 전체 양(mol) 5. 부분 압력, 부분 압력 6. 몰 분율, 전체 7. 몰 분율

○X 문제

1. 서로 반응하지 않는 두 기체가 서로 다른 양(mol)으로 용기에 혼합되어 있을 때, 혼합 기체에서 두 성분 기체에 대한 설명으로 옳은 것은 ○, 옳지 않은 것은 ×로 표시하시오.

(1) 온도가 같다. 　　　　　　　　　　(　　)
(2) 부피가 같다. 　　　　　　　　　　(　　)
(3) 부분 압력이 같다. 　　　　　　　　(　　)

2. 온도 T K에서 부피가 V L인 용기에 기체 A n_A몰과 기체 B n_B몰을 넣었을 때, 이와 관련된 식으로 옳은 것은 ○, 옳지 않은 것은 ×로 표시하시오. (단, 기체 A와 B는 서로 반응하지 않으며, P_A, P_B는 각각 A(g), B(g)의 부분 압력이고, P_T는 전체 압력이다.)

(1) $P_A = \dfrac{n_A RT}{V}$ 　　　　　　(　　)

(2) $P_T = (n_A + n_B)\dfrac{RT}{V}$ 　　(　　)

(3) $P_T = P_A + P_B$ 　　　　　　　(　　)

3. 용기에 기체 A n_A몰, 기체 B n_B몰, 기체 C n_C몰을 넣었을 때, 몰 분율과 부분 압력에 대한 설명으로 옳은 것은 ○, 옳지 않은 것은 ×로 표시하시오. (단, 기체 A~C는 서로 반응하지 않는다.)

(1) 기체 A의 몰 분율은 $\dfrac{n_A + n_B + n_C}{n_A}$이다. (　　)

(2) 기체 C의 부분 압력은 C의 몰 분율과 전체 압력을 곱한 값과 같다. 　　　　　　　　(　　)

(3) 혼합 기체의 전체 압력은 각 기체의 부분 압력의 합과 같다. 　　　　　　　　　　(　　)

4. 수상 치환으로 기체 A를 눈금 실린더에 포집하였을 때, 이에 대한 설명으로 옳은 것은 ○, 옳지 않은 것은 ×로 표시하시오.

(1) 눈금 실린더에 들어 있는 기체는 A(g)와 수증기이다. 　　　　　　　　　　　　　　(　　)
(2) 눈금 실린더 속 기체의 부피는 A(g)가 수증기보다 크다. 　　　　　　　　　　　　　　　(　　)

정답 1. (1) ○ (2) ○ (3) × 2. (1) ○ (2) ○ (3) ○ 3. (1) × (2) ○ (3) ○ 4. (1) ○ (2) ×

02 분자 간 상호 작용

❶ 온도와 물질의 상태
온도가 높아져서 분자의 평균 운동 에너지가 분자 사이의 힘을 극복할 정도로 커지면 물질의 상태 변화가 일어난다.

1 분자 사이의 힘과 끓는점

(1) 분자 사이의 힘과 물질의 상태

① ❶온도가 높아지면 분자 운동이 활발해진다.

고체 　　　　　　 액체 　　　　　　 기체

② 질량이 같을 때 물질의 상태에 따른 분자의 평균 운동 에너지와 분자 사이의 힘의 세기
  • 평균 운동 에너지: 기체 > 액체 > 고체
  • 분자 사이의 힘: 고체 > 액체 > 기체

(2) 분자 사이의 힘과 끓는점: 분자 사이의 힘이 클수록 액체에서 기체로 상태 변화하기 위해 많은 에너지가 필요하므로 ❷끓는점이 높다.

❷ 기준 끓는점과 분자 사이의 힘
1기압에서의 끓는점을 기준 끓는점이라고 한다. 기준 끓는점이 높을수록 분자 사이의 힘이 크다.

2 분자 사이의 힘

(1) 쌍극자·쌍극자 힘

① 쌍극자: ❸염화 수소(HCl)와 같은 분자는 부분적인 양전하(δ^+)와 부분적인 음전하(δ^-)를 띤다. 이와 같이 분자 내에서 존재하는 양전하와 음전하의 쌍을 쌍극자라고 한다.

② 쌍극자·쌍극자 힘: 쌍극자를 갖는 한 극성 분자의 부분적인 양전하(δ^+)가 이웃한 다른 분자의 부분적인 음전하(δ^-)를 끌어당기는 힘을 쌍극자·쌍극자 힘이라고 한다.

❸ 염화 수소(HCl) 분자의 모형

  • 분자의 ❹쌍극자 모멘트가 클수록 쌍극자·쌍극자 힘이 크고, 무극성 분자 사이에는 쌍극자·쌍극자 힘이 작용하지 않는다.
  • 분자량이 비슷할 경우, 쌍극자·쌍극자 힘이 작용하는 극성 분자가 쌍극자·쌍극자 힘이 작용하지 않는 무극성 분자보다 분자 사이의 힘이 크다.

쌍극자·쌍극자 힘

❹ 쌍극자 모멘트(μ)
공유 결합에서 극성의 크기를 나타내는 것으로, 두 원자가 가지는 전하량(q)과 두 전하 사이의 거리(r)를 곱한 벡터량이다.

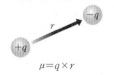

$\mu = q \times r$

(2) 분산력

① 편극 현상: 분자들이 접근하여 서로 영향을 주면 분자 내 원자핵들에 의해 이웃한 분자에 있는 전자구름이 일시적으로 한쪽에 치우쳐서 부분적인 전하를 띠는 현상이 일어나는데, 이를 편극 현상이라고 한다.

② 분산력: 편극 현상에 의해 분자 내의 전자구름이 한쪽으로 치우치게 되면 순간적으로 부분적인 전하를 띠는 분자(순간 쌍극자)가 만들어지고, 이 분자에 의해 이웃한 분자는 부분적인 전하를 띠는 분자(유발 쌍극자)가 된다. 순간 쌍극자와 유발 쌍극자 사이에 작용하는 인력을 분산력이라고 한다.

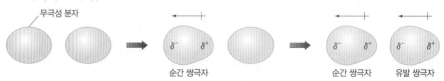

무극성 분자 　　　　　　　　　　　　　 순간 쌍극자 　　　　　　　　 순간 쌍극자　　　유발 쌍극자

- ❶극성 분자와 무극성 분자 모두 분자 사이에 분산력이 작용한다.
- 분자량이 클수록 분자 내 전자가 많아 전자구름의 편극 현상이 크게 일어나므로 분산력이 크다.

메테인(CH₄)
분자량: 16
끓는점: -161.5 ℃

뷰테인(C₄H₁₀)
분자량: 58
끓는점: -1 ℃

- 분자량이 비슷할 경우, 분자의 표면적이 클수록 분산력이 크다.

노말펜테인(C₅H₁₂)
분자량: 72
끓는점: 36 ℃

네오펜테인(C₅H₁₂)
분자량: 72
끓는점: 9.5 ℃

(3) 수소 결합

① 수소 결합: 전기 음성도가 큰 F, O, N 원자에 결합된 H 원자와 이웃한 다른 분자의 F, O, N 원자 사이에 작용하는 강한 인력을 ❷수소 결합이라고 한다.

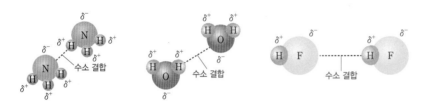

② 수소 결합을 하는 물질은 분자량이 비슷한 다른 물질보다 분자 사이의 힘이 커서 끓는점이 높다.

③ 분자 내 수소 결합에 의해 DNA가 이중 나선 구조를 형성한다.

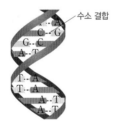

◀ DNA 이중 나선 구조

THE 들여다보기   수소 화합물의 끓는점

1. 끓는점이 높을수록 액체 분자 사이의 힘이 크다.
2. 14족 원소의 수소 화합물은 무극성 분자이므로 분산력만 작용한다. 14족 원소의 주기가 클수록 끓는점이 높아지는 것은 분자량이 커져서 분산력이 증가하기 때문이다.
3. 15~17족 원소의 수소 화합물은 극성 분자이므로 쌍극자·쌍극자 힘이 작용한다. 같은 족 원소의 수소 화합물에서 원소의 주기가 클수록 끓는점이 높아지는 것은 분자량이 커져서 분산력이 증가하기 때문이다.
4. 같은 족 수소 화합물에서 HF, H₂O, NH₃의 끓는점이 각각 높은 것은 분자 사이에 수소 결합을 하기 때문이다.

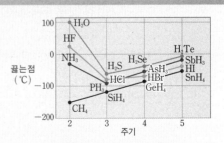

▲14~17족 원소의 주기에 따른 수소 화합물의 끓는점

빈칸 완성

1. 온도가 ( )지면 분자의 평균 운동 속력이 증가하면서 분자 운동이 활발해진다.

2. 액체 분자 사이의 힘이 ( )수록 액체에서 기체로 상태 변화하기 위해 많은 에너지가 필요하므로 끓는점이 높다.

3. 분자의 쌍극자 모멘트가 클수록 쌍극자·쌍극자 힘이 ( ).

4. ( ) 분자 사이에는 쌍극자·쌍극자 힘이 작용하지 않는다.

5. 분자량이 ( )수록 분자 내 전자가 많아 분산력이 크다.

단답형 문제

6. 극성 분자의 부분적인 양전하(δ^+)가 이웃한 다른 분자의 부분적인 음전하(δ^-)를 끌어당기는 분자 사이의 힘을 무엇이라고 하는지 쓰시오.

7. 분자들이 접근하여 서로 영향을 주면 분자 내 원자핵들에 의해 이웃한 분자에 있는 전자구름이 일시적으로 한쪽에 치우쳐서 부분적인 전하를 띠는 현상이 일어난다. 이 현상을 무엇이라고 하는지 쓰시오.

8. 전기 음성도가 큰 F, O, N 원자에 결합된 H 원자와 이웃한 다른 분자의 F, O, N 원자 사이에 작용하는 강한 인력을 무엇이라고 하는지 쓰시오.

정답 1. 높아 2. 클 3. 크다 4. 무극성 5. 클 6. 쌍극자·쌍극자 힘 7. 편극 8. 수소 결합

○× 문제

1. 물질의 상태에 대한 설명으로 옳은 것은 ○, 옳지 <u>않은</u> 것은 ×로 표시하시오.

  (1) 분자의 평균 운동 속력은 기체>액체>고체이다. ( )

  (2) 분자의 평균 운동 에너지는 고체>액체>기체이다. ( )

  (3) 분자 사이의 힘은 고체>액체>기체이다. ( )

2. 쌍극자·쌍극자 힘과 분산력에 대한 설명으로 옳은 것은 ○, 옳지 <u>않은</u> 것은 ×로 표시하시오.

  (1) HCl 분자 사이에는 쌍극자·쌍극자 힘이 작용한다. ( )

  (2) 분자량이 비슷할 경우, 무극성 분자가 극성 분자보다 분자 사이의 힘이 크다. ( )

  (3) 분산력은 순간 쌍극자와 유발 쌍극자 사이의 인력을 의미한다. ( )

  (4) 분자량이 클수록 전자구름의 편극 현상이 크게 일어난다. ( )

  (5) 무극성 분자 사이에는 쌍극자·쌍극자 힘이 작용하지 않고, 극성 분자 사이에는 분산력이 작용하지 않는다. ( )

  (6) 무극성 분자의 분자량이 비슷할 경우, 분자의 표면적이 작을수록 분산력이 크다. ( )

  (7) 쌍극자·쌍극자 힘이 항상 분산력보다 크다. ( )

3. 수소 결합에 대한 설명으로 옳은 것은 ○, 옳지 <u>않은</u> 것은 ×로 표시하시오.

  (1) 한 분자의 H 원자와 다른 분자의 H 원자 사이에 수소 결합이 작용할 수 있다. ( )

  (2) 수소 결합을 하는 물질은 분자량이 비슷한 다른 물질보다 분자 사이의 힘이 커서 끓는점이 높다. ( )

  (3) 분자 내 수소 결합에 의해 DNA가 이중 나선 구조를 형성한다. ( )

정답 1. (1) ○ (2) × (3) ○ 2. (1) ○ (2) × (3) ○ (4) ○ (5) × (6) × (7) × 3. (1) × (2) ○ (3) ○

산소의 부분 압력으로부터 산소의 분자량 측정

목표

부분 압력 법칙과 이상 기체 방정식을 이용하여 산소의 분자량을 구할 수 있다.

과정

1. 실험실의 온도(t_1 °C)와 기압(P_1 mmHg)을 측정한다.
2. 휴대용 산소통을 저울에 놓고 질량(w_1 g)을 측정한다.
3. 눈금 실린더에 물을 가득 채우고 눈금 실린더를 물이 담긴 수조에 넣고 거꾸로 세운다.
4. 그림과 같이 장치한 후 휴대용 산소통의 누름 판을 눌러 눈금 실린더에 산소 기체를 모은다.

5. 산소 기체가 눈금 실린더 밖 수면 정도까지 채워지면 누름 판에서 손을 떼고, 눈금 실린더 안과 밖의 수면이 같아지도록 한 후 기체의 부피(V_1 mL)를 측정한다.
6. 휴대용 산소통의 질량(w_2 g)을 측정한다.

결과 정리 및 해석

1. 실험에서 측정한 값

t_1(°C)	P_1(mmHg)	w_1(g)	w_2(g)	V_1(mL)
22	760	80.77	80.52	186

2. 온도에 따른 수증기의 압력을 이용하여 눈금 실린더에 포집한 산소 기체의 부분 압력 구하기

온도(°C)	15	16	17	18	19	20	21	22	23	24
수증기의 압력(mmHg)	12.8	13.6	14.5	15.5	16.5	17.5	18.7	19.8	21.1	22.4

   22 °C에서 수증기의 압력은 19.8 mmHg이므로 산소 기체의 부분 압력은 760 mmHg−19.8 mmHg=740.2 mmHg

   이다. 1기압은 760 mmHg이므로 산소 기체의 부분 압력은 $\dfrac{740.2}{760} = 0.974$(기압)이다.

3. 실험에서 측정한 값으로부터 산소의 분자량 구하기

   눈금 실린더에 들어 있는 산소의 질량은 ($w_1 - w_2$) g이고, 부피는 V_1 mL이다. 산소의 절대 온도는 ($273 + t_1$) K이고, 압력은 0.974기압이다. 이 값을 다음 식에 대입하여 산소의 분자량(M)을 구하면

$$M = \frac{wRT}{PV} = \frac{(80.77 - 80.52) \times 0.082 \times (273 + 22)}{0.974 \times 0.186} \fallingdotseq 33.38$$이다.

탐구 분석

1. t_1 °C보다 낮은 온도에서 실험하여 눈금 실린더 속 산소의 부분 압력을 구하였다고 할 때, 이 부분 압력과 t_1 °C에서 실험하여 구한 산소의 부분 압력을 비교하시오.

[20701-0023]

01 그림은 A(g)가 들어 있는 강철 용기에 B(g)를 넣었을 때 용기 속 혼합 기체의 온도, 압력, 양(mol), 부피를 나타낸 것이다. A(g)와 B(g)는 서로 반응하지 않는다.

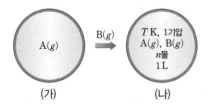

(가)   (나)

이에 대한 설명으로 옳지 **않은** 것은?

① (가)에서 A(g)의 양(mol)은 n몰보다 작다.
② (나)에서 A(g)의 부분 압력은 1기압보다 작다.
③ A(g)의 부피는 (가)>(나)이다.
④ (나)에서 기체의 온도는 A(g)=B(g)이다.
⑤ (나)에서 기체의 부피는 A(g)=B(g)이다.

[20701-0024]

02 그림은 T K에서 부피가 V L인 용기 3개에 각각 혼합 기체가 들어 있는 것을 나타낸 것이다. A(g)~C(g)는 서로 반응하지 않는다.

T K에서 부피가 V L인 용기에 각각 들어 있는 A(g) a몰, B(g) b몰, C(g) c몰의 압력은?

	A(g)	B(g)	C(g)
①	1기압	2기압	3기압
②	1기압	3기압	2기압
③	2기압	1기압	3기압
④	2기압	3기압	1기압
⑤	3기압	1기압	2기압

[20701-0025]

03 그림은 용기에 들어 있는 A(g)와 B(g)를 혼합하여 혼합 기체를 만드는 과정을 나타낸 것이다. 용기의 부피는 모두 같으며, A(g)와 B(g)는 서로 반응하지 않는다.

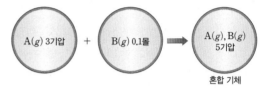

혼합 기체

혼합 기체에서 B(g)의 부분 압력과 전체 기체의 양(mol)은? (단, 온도는 일정하다.)

	B(g)의 부분 압력	전체 기체의 양(mol)
①	2기압	0.20몰
②	2기압	0.25몰
③	2기압	0.30몰
④	3기압	0.25몰
⑤	3기압	0.30몰

[20701-0026]

04 그림은 용기에 기체 A와 기체 B의 혼합 기체가 들어 있는 것을 나타낸 것이다. P_A, P_B는 각각 용기 속 A(g)의 부분 압력, B(g)의 부분 압력이다. A(g)와 B(g)는 서로 반응하지 않는다.

T K, P기압
A(g) n_A몰
B(g) n_B몰
V L

P_A를 나타내는 식으로 옳은 것만을 〈보기〉에서 있는 대로 고른 것은?

┌ 보기 ┐
ㄱ. $P_A = P - P_B$
ㄴ. $P_A = \dfrac{n_A}{n_A + n_B} \times \dfrac{RT}{V}$
ㄷ. $P_A = n_A \times P$

① ㄱ   ② ㄴ   ③ ㄷ
④ ㄱ, ㄴ   ⑤ ㄱ, ㄷ

05 [20701-0027]
그림은 27 °C에서 4.1 L의 용기에 기체 A 0.1몰과 기체 B 0.15몰을 넣은 것을 나타낸 것이다. 기체 상수 $R=0.082$ atm·L/mol·K이다. A(g)와 B(g)는 서로 반응하지 않는다.

27 °C
A(g) 0.1몰
B(g) 0.15몰
4.1 L

용기 속 기체에 대한 설명으로 옳은 것만을 〈보기〉에서 있는 대로 고른 것은?

┌ 보기 ┌
ㄱ. A의 몰 분율은 $\frac{2}{3}$이다.

ㄴ. 전체 압력은 1.5기압이다.

ㄷ. B(g)의 부분 압력은 0.9기압이다.

① ㄱ   ② ㄴ   ③ ㄱ, ㄷ
④ ㄴ, ㄷ   ⑤ ㄱ, ㄴ, ㄷ

06 [20701-0028]
다음은 기체 A~C의 혼합 기체에 대한 자료이다. A(g)~C(g)는 서로 반응하지 않는다.

- $\dfrac{\text{B}(g)\text{의 양(mol)}}{\text{A}(g)\text{의 양(mol)}}=\dfrac{1}{2}$이다.

- C의 몰 분율은 $\frac{2}{3}$이다.

- 혼합 기체의 압력은 1기압이다.

이에 대한 설명으로 옳은 것만을 〈보기〉에서 있는 대로 고른 것은?

┌ 보기 ┌
ㄱ. 기체의 양(mol)은 C(g)가 A(g)의 3배이다.

ㄴ. 부분 압력은 C(g)가 B(g)의 6배이다.

ㄷ. B(g)의 부분 압력은 $\frac{1}{9}$기압이다.

① ㄱ   ② ㄷ   ③ ㄱ, ㄴ
④ ㄴ, ㄷ   ⑤ ㄱ, ㄴ, ㄷ

07 [20701-0029]
그림 (가)는 눈금 실린더에 기체 A가 들어 있는 것을, (나)는 (가)에서 수조에 물을 더 부어 눈금 실린더 안과 밖의 수면을 같게 만든 것을 나타낸 것이다. A(g)와 $H_2O(g)$는 서로 반응하지 않고, (가)와 (나)에서 $H_2O(g)$의 부분 압력은 같다.

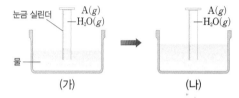

눈금 실린더   A(g)   A(g)
    $H_2O(g)$ $H_2O(g)$
물
(가)   (나)

(나)에서가 (가)에서보다 큰 값을 갖는 것으로 옳은 것만을 〈보기〉에서 있는 대로 고른 것은? (단, 온도와 대기압은 일정하고, 물에 대한 A(g)의 용해는 무시한다.)

┌ 보기 ┌
ㄱ. A(g)의 양(mol)

ㄴ. A(g)의 부분 압력

ㄷ. A(g)의 부피

① ㄱ   ② ㄴ   ③ ㄷ   ④ ㄱ, ㄴ   ⑤ ㄴ, ㄷ

08 [20701-0030]
그림은 T K, 1기압에서 A(g)가 들어 있는 실린더에 B(g)를 넣은 것을 나타낸 것이다. A(g)와 B(g)는 서로 반응하지 않는다.

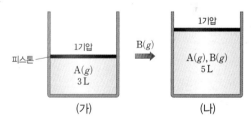

피스톤   1기압   B(g)   1기압
   A(g)   A(g), B(g)
   3 L   5 L
(가)   (나)

이에 대한 설명으로 옳은 것만을 〈보기〉에서 있는 대로 고른 것은? (단, 온도와 대기압은 일정하고, 피스톤의 질량과 마찰은 무시한다.)

┌ 보기 ┌
ㄱ. (나)에서 기체의 양(mol)은 A(g) > B(g)이다.

ㄴ. (나)에서 B의 몰 분율은 $\frac{2}{3}$이다.

ㄷ. A(g)의 압력은 (가)에서가 (나)에서의 $\frac{5}{3}$배이다.

① ㄱ   ② ㄴ   ③ ㄱ, ㄷ   ④ ㄴ, ㄷ   ⑤ ㄱ, ㄴ, ㄷ

09 [20701-0031]
그림은 일정한 압력에서 물질 X의 3가지 상태 (가)~(다)의 분자 모형을 나타낸 것이다. (가)~(다)는 각각 고체 상태, 액체 상태, 기체 상태 중 하나이다.

(가)

(나)

(다)

이에 대한 설명으로 옳은 것만을 〈보기〉에서 있는 대로 고른 것은?

┌─ 보기 ┌
ㄱ. (가)는 액체 상태이다.
ㄴ. 분자의 평균 운동 에너지는 (가) > (다)이다.
ㄷ. 분자 사이의 힘은 (다) > (나)이다.

① ㄱ
② ㄷ
③ ㄱ, ㄴ
④ ㄴ, ㄷ
⑤ ㄱ, ㄴ, ㄷ

10 [20701-0032]
그림은 분자 (가)~(라)의 구조식을 나타낸 것이다.

$$H-S-H \qquad O=C=O \qquad F-N-F \atop F \qquad Cl-C-Cl$$

H-S-H   O=C=O   F-N-F   Cl-C-Cl
                      | |
                      F   Cl, Cl (위)

(가)   (나)   (다)   (다)

(가)~(라) 중 같은 분자 사이에 쌍극자·쌍극자 힘이 작용하는 분자의 가짓수 ㉠과 분산력이 작용하는 분자의 가짓수 ㉡은?

	㉠	㉡		㉠	㉡
①	1	3	②	1	4
③	2	2	④	2	3
⑤	2	4			

11 [20701-0033]
그림은 분자 (가)~(다)의 구조식을 나타낸 것이다.

```
      H              H              O
      |              |              ||
  H - C - H      H - C - O - H    H - C - H
      |              |
      H              H
    (가)            (나)            (다)
```

(가)~(다) 중 같은 분자 사이에서 수소 결합이 작용하는 분자를 있는 대로 고르시오.

12 [20701-0034]
다음은 어떤 분자 사이의 힘에 대한 설명이다.

┌────────────────────────────┐
│ 무극성 분자가 편극 현상에 의해 분자 내의 전자구름이 │
│ 한쪽으로 치우치게 되면 순간적으로 부분적인 전하를 띠 │
│ 는 분자인 ┌─㉠─┐(이)가 만들어지고, 이 분자에 의해 이 │
│ 웃한 분자도 부분적인 전하를 띠는 분자인 ┌─㉡─┐(이) │
│ 가 된다. ┌─㉠─┐(과)와 ┌─㉡─┐ 사이에 작용하는 힘을 │
│ ┌─㉢─┐(이)라고 한다. │
└────────────────────────────┘

이에 대한 설명으로 옳은 것만을 〈보기〉에서 있는 대로 고른 것은?

┌─ 보기 ┌
ㄱ. ㉠은 순간 쌍극자이다.
ㄴ. ㉡은 유발 쌍극자이다.
ㄷ. ㉢은 쌍극자·쌍극자 힘이다.

① ㄱ
② ㄷ
③ ㄱ, ㄴ
④ ㄴ, ㄷ
⑤ ㄱ, ㄴ, ㄷ

13 [20701-0035]
다음은 분자 사이의 힘을 비교한 자료이다.

┌────────────────────────────┐
│ (가) 분자량이 비슷한 극성 분자와 무극성 분자 중 극성 │
│ 　　 분자의 끓는점이 높다. │
│ (나) H_2O은 분자량이 비슷한 다른 물질보다 끓는점이 높다. │
│ (다) 분자량이 큰 분자일수록 끓는점이 높다. │
└────────────────────────────┘

(가)~(다)에서 각각 끓는점에 영향을 주는 주된 분자 사이의 힘을 나타낸 것으로 가장 적절하는 것은?

	(가)	(나)	(다)
①	쌍극자·쌍극자 힘	분산력	수소 결합
②	쌍극자·쌍극자 힘	수소 결합	분산력
③	분산력	쌍극자·쌍극자 힘	수소 결합
④	분산력	수소 결합	쌍극자·쌍극자 힘
⑤	수소 결합	쌍극자·쌍극자 힘	분산력

14 [20701-0036] 그림은 NH_3 분자 사이의 결합 A를 모형으로 나타낸 것이다.

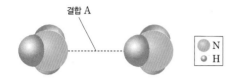

결합 A

○ N
· H

이에 대한 설명으로 옳은 것만을 〈보기〉에서 있는 대로 고른 것은?

┌─ 보기 ┐
ㄱ. 분자에서 N는 부분적인 양전하(δ^+)를 띤다.
ㄴ. 결합 A는 수소 결합이다.
ㄷ. 액체 상태의 NH_3가 기체 상태로 변할 때 결합 A의 수는 감소한다.
└────────┘

① ㄱ   ② ㄴ   ③ ㄱ, ㄷ
④ ㄴ, ㄷ   ⑤ ㄱ, ㄴ, ㄷ

15 [20701-0037] 그림은 18족 원소의 주기에 따른 기준 끓는점을 나타낸 것이다.

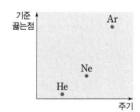

기준 끓는점

Ar

Ne

He

주기

이에 대한 설명으로 옳은 것만을 〈보기〉에서 있는 대로 고른 것은?

┌─ 보기 ┐
ㄱ. 액체 He 분자 사이에는 분산력만 작용한다.
ㄴ. 액체 분자 사이의 힘은 Ar>Ne이다.
ㄷ. Ar의 기준 끓는점이 가장 높은 이유는 분자량이 클수록 분산력이 커지기 때문이다.
└────────┘

① ㄱ   ② ㄷ   ③ ㄱ, ㄴ
④ ㄴ, ㄷ   ⑤ ㄱ, ㄴ, ㄷ

16 [20701-0038] 그림은 2가지 분자 (가)와 (나)의 분자 모형과, 일정한 압력에서의 (가)와 (나)의 기준 끓는점을 나타낸 것이다. 원자량은 Cl>H이다.

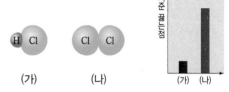

H Cl   Cl Cl   기준 끓는점
(가)   (나)   (가) (나)

이에 대한 설명으로 옳은 것만을 〈보기〉에서 있는 대로 고른 것은?

┌─ 보기 ┐
ㄱ. (가) 분자 사이에는 쌍극자·쌍극자 힘이 작용한다.
ㄴ. 분산력은 (나)>(가)이다.
ㄷ. 액체 분자 사이의 힘은 (가)>(나)이다.
└────────┘

① ㄱ   ② ㄷ   ③ ㄱ, ㄴ
④ ㄴ, ㄷ   ⑤ ㄱ, ㄴ, ㄷ

17 [20701-0039] 표는 일정한 압력에서 물질 X_2, Y_2, Z_2에 대한 자료이다. X~Z는 각각 Cl, Br, I 중 하나이고, 원자량은 I>Br>Cl이다.

물질	녹는점(℃)	끓는점(℃)
X_2	-102	-34
Y_2	-7	㉠
Z_2	114	184

이에 대한 설명으로 옳은 것만을 〈보기〉에서 있는 대로 고른 것은?

┌─ 보기 ┐
ㄱ. X는 Cl이다.
ㄴ. 분자량은 X_2>Z_2이다.
ㄷ. -7<㉠<184이다.
└────────┘

① ㄱ   ② ㄴ   ③ ㄱ, ㄷ
④ ㄴ, ㄷ   ⑤ ㄱ, ㄴ, ㄷ

01 [20701−0040]
그림은 꼭지로 연결된 용기에 기체 A와 B를 넣은 것을 나타낸 것이다. A(g)와 B(g)는 서로 반응하지 않는다.

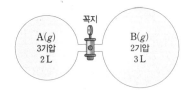

꼭지를 열고 충분한 시간이 흘렀을 때, 용기 속 기체에 대한 설명으로 옳은 것만을 〈보기〉에서 있는 대로 고른 것은? (단, 온도는 일정하고, 연결관의 부피는 무시한다.)

┌ 보기 ┐
ㄱ. 전체 압력은 2.5기압이다.
ㄴ. A의 몰 분율은 0.5이다.
ㄷ. B(g)의 부분 압력은 1.25기압이다.

① ㄱ   ② ㄴ   ③ ㄱ, ㄷ
④ ㄴ, ㄷ   ⑤ ㄱ, ㄴ, ㄷ

02 [20701−0041]
그림 (가)와 (나)는 강철 용기와 실린더에 기체 A가 각각 들어 있는 것을 나타낸 것이다.

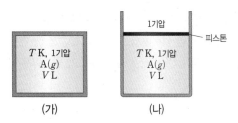

강철 용기와 실린더에 일정량의 He 기체를 각각 넣었을 때, (나)에서가 (가)에서보다 큰 값을 갖는 것만을 〈보기〉에서 모두 고른 것은? (단, 온도와 대기압은 일정하고, 피스톤의 질량과 마찰은 무시한다.)

┌ 보기 ┐
ㄱ. 혼합 기체의 부피
ㄴ. 혼합 기체의 전체 압력
ㄷ. A(g)의 부분 압력

① ㄱ   ② ㄴ   ③ ㄱ, ㄷ
④ ㄴ, ㄷ   ⑤ ㄱ, ㄴ, ㄷ

03 [20701−0042]
다음 (   ) 안에 들어갈 알맞은 식을 쓰시오.

┌─────────────────────────────┐
기체 A n_A몰과 기체 B n_B몰을 혼합한 기체에서 A의 몰 분율은 (   )이고, B의 몰 분율은 (   )이다. A의 몰 분율이 a일 때, a를 사용하여 B의 몰 분율을 나타내면 (   )이다.
└─────────────────────────────┘

04 [20701−0043]
그림은 T K에서 용기에 기체 A와 B가 들어 있는 것을 나타낸 것이다. A와 B의 분자량은 각각 4, 20이고, $RT = 24$ atm·L/mol이며, A(g)와 B(g)는 서로 반응하지 않는다.

이에 대한 설명으로 옳은 것만을 〈보기〉에서 있는 대로 고른 것은?

┌ 보기 ┐
ㄱ. A의 몰 분율은 $\frac{2}{3}$이다.
ㄴ. B(g)의 부분 압력은 $\frac{1}{2}$기압이다.
ㄷ. 용기 속 기체의 전체 압력은 $\frac{3}{2}$기압이다.

① ㄱ   ② ㄷ   ③ ㄱ, ㄴ
④ ㄴ, ㄷ   ⑤ ㄱ, ㄴ, ㄷ

05 [20701−0044]
다음은 기체 A와 B의 혼합 기체에 대한 자료이다. A(g)와 B(g)는 서로 반응하지 않는다.

┌─────────────────────────────┐
• A의 몰 분율은 $\frac{2}{5}$이다.

• B(g)의 부분 압력은 $\frac{9}{10}$기압이다.
└─────────────────────────────┘

혼합 기체의 전체 압력은?

① $\frac{1}{2}$기압   ② $\frac{2}{3}$기압   ③ $\frac{4}{3}$기압
④ $\frac{3}{2}$기압   ⑤ $\frac{5}{3}$기압

신유형
06 [20701-0045] 다음은 t ℃, 1기압에서 산소(O_2) 기체의 분자량을 구하는 실험 과정이다.

[실험 과정]
(가) 시험관에 고체 염소산 칼륨($KClO_3$)을 넣고 마개로 막은 후 시험관의 질량(w_1 g)을 측정한다.
(나) 그림과 같이 장치한 후 $KClO_3$을 가열하고, 이때 발생하는 $O_2(g)$를 물이 가득 들어 있는 눈금 실린더에 포집한다.

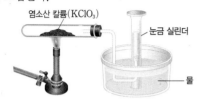
염소산 칼륨($KClO_3$)
눈금 실린더
물

(다) $O_2(g)$의 발생이 멈추면 눈금 실린더 안과 밖의 수면 높이를 같게 하여 눈금 실린더 속 기체의 부피(V L)를 측정한다.
(라) 시험관이 식으면 시험관의 질량(w_2 g)을 측정한다.
(마) t ℃에서 수증기의 압력(a기압)을 조사한다.

실험 결과로부터 O_2의 분자량을 구하는 과정을 서술하시오. (단, 온도와 대기압은 일정하고, 기체 상수는 R atm·L/mol·K 이다.)

07 [20701-0046] 표는 기체 A∼C에 대한 자료이다. $A(g)$∼$C(g)$는 서로 반응하지 않는다.

기체	온도(K)	압력(기압)	부피(L)
A	T	P	2
B	T	$2P$	1
C	$2T$	P	2

T K에서 2 L인 강철 용기에 $A(g)$∼$C(g)$를 모두 혼합하였을 때, A의 몰 분율과 용기 속 기체의 전체 압력은?

	A의 몰 분율	전체 압력
①	0.2	1.5P기압
②	0.2	2.5P기압
③	0.4	1.5P기압
④	0.4	2.5P기압
⑤	0.4	3P기압

08 [20701-0047] 그림은 꼭지로 연결된 용기에 기체 A와 B를 각각 넣은 것을 나타낸 것이다. $A(g)$와 $B(g)$는 서로 반응하지 않는다.

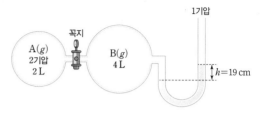
1기압
꼭지
$A(g)$
2기압
2 L
$B(g)$
4 L
$h=19$ cm

이에 대한 설명으로 옳은 것만을 〈보기〉에서 있는 대로 고른 것은? (단, 온도와 대기압은 일정하고, 연결관의 부피는 무시한다.)

┌─ 보기 ┐
ㄱ. 기체의 양(mol)은 $B(g) > A(g)$이다.
ㄴ. 기체 분자의 평균 운동 에너지는 $A(g) > B(g)$이다.
ㄷ. 꼭지를 열고 충분한 시간이 흐르면 수은 기둥의 높이 차 h는 38 cm가 된다.
└────────┘

① ㄱ ② ㄴ ③ ㄱ, ㄷ ④ ㄴ, ㄷ ⑤ ㄱ, ㄴ, ㄷ

09 [20701-0048] 그림 (가)는 피스톤으로 분리된 실린더에 기체 A와 기체 B를 각각 넣은 것을, (나)는 피스톤의 왼쪽 실린더에 $B(g)$를 넣은 것을 나타낸 것이다. $A(g)$와 $B(g)$는 서로 반응하지 않는다.

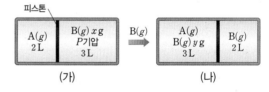
피스톤
$A(g)$
2 L
$B(g)$ x g
P기압
3 L
$B(g)$
$A(g)$
$B(g)$ y g
3 L
$B(g)$
2 L
(가)
(나)

이에 대한 설명으로 옳은 것만을 〈보기〉에서 있는 대로 고른 것은? (단, 온도는 일정하고, 피스톤의 마찰은 무시한다.)

┌─ 보기 ┐
ㄱ. $x > y$이다.
ㄴ. (나)에서 피스톤의 왼쪽 실린더 속 A의 몰 분율은 $\dfrac{1}{3}$이다.
ㄷ. (나)에서 피스톤의 왼쪽 실린더 속 $B(g)$의 부분 압력은 $\dfrac{5}{6}P$기압이다.
└────────┘

① ㄱ ② ㄴ ③ ㄱ, ㄷ ④ ㄴ, ㄷ ⑤ ㄱ, ㄴ, ㄷ

10 [20701–0049]
다음은 꼭지로 연결된 용기에 기체 A~C를 넣은 것과 꼭지 2개를 모두 열고 충분한 시간이 흘렀을 때, 용기 속 기체에 대한 자료를 나타낸 것이다. A(g)~C(g)는 서로 반응하지 않는다.

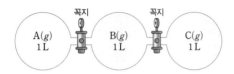

- A의 몰 분율은 $\frac{1}{2}$이다.
- 부분 압력은 C(g)가 B(g)의 2배이다.
- 혼합 기체의 전체 압력은 2기압이다.

꼭지를 열기 전 $\dfrac{A(g)\text{의 압력}+B(g)\text{의 압력}}{C(g)\text{의 압력}}$은? (단, 온도는 일정하고, 연결관의 부피는 무시한다.)

① $\frac{3}{2}$　　② 2　　③ $\frac{9}{4}$　　④ $\frac{5}{2}$　　⑤ 3

11 [20701–0050]
다음은 기체 A와 B가 반응하여 기체 C를 생성하는 반응의 화학 반응식이다.

$$A(g)+2B(g) \longrightarrow 2C(g)$$

그림은 꼭지로 연결된 용기에 A(g)와 B(g)를 각각 넣은 것을 나타낸 것이다.

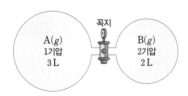

꼭지를 열고 A(g)와 B(g)의 반응을 완결시켰을 때, 이에 대한 설명으로 옳은 것만을 〈보기〉에서 있는 대로 고른 것은? (단, 온도는 일정하고, 연결관의 부피는 무시한다.)

〈보기〉
ㄱ. 용기 속에는 B(g)와 C(g)가 있다.
ㄴ. C의 몰 분율은 0.8이다.
ㄷ. C(g)의 부분 압력은 0.8기압이다.

① ㄱ　② ㄷ　③ ㄱ, ㄴ　④ ㄴ, ㄷ　⑤ ㄱ, ㄴ, ㄷ

12 [20701–0051]
그림은 17족 원소의 수소 화합물 HF, HCl, HBr의 기준 끓는점을 17족 원소의 주기에 따라 나타낸 것이다.

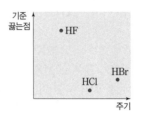

이에 대한 설명으로 옳은 것만을 〈보기〉에서 있는 대로 고른 것은?

〈보기〉
ㄱ. HF는 분자 사이에 수소 결합을 한다.
ㄴ. HCl은 분자 사이에 쌍극자·쌍극자 힘이 작용한다.
ㄷ. 분산력은 HBr>HCl이다.

① ㄱ　　② ㄷ　　③ ㄱ, ㄴ
④ ㄴ, ㄷ　　⑤ ㄱ, ㄴ, ㄷ

13 [20701–0052]
표는 일정한 압력에서 물질 (가)~(다)에 대한 자료이다.

물질	분자식	분자량	끓는점(℃)
(가)	CH_4	16	−162
(나)	H_2O	18	100
(다)	SiH_4	32	−112

(가)~(다)에 대한 설명으로 옳은 것만을 〈보기〉에서 있는 대로 고른 것은?

〈보기〉
ㄱ. 같은 분자 사이에 수소 결합이 작용하는 것은 1가지이다.
ㄴ. 같은 분자 사이에 분산력이 작용하는 것은 2가지이다.
ㄷ. (다)가 (가)보다 끓는점이 높은 이유는 쌍극자·쌍극자 힘 때문이다.

① ㄱ　　② ㄷ　　③ ㄱ, ㄴ
④ ㄴ, ㄷ　　⑤ ㄱ, ㄴ, ㄷ

14 [20701-0053] 그림은 분자 사이에 작용하는 힘 (가)와 (나)를 설명하는 자료를 나타낸 것이다. (가)와 (나)는 각각 쌍극자·쌍극자 힘, 분산력 중 하나이다.

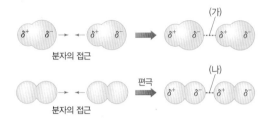

분자의 접근

편극

분자의 접근

이에 대한 설명으로 옳은 것만을 〈보기〉에서 있는 대로 고른 것은?

┌ 보기 ┐
ㄱ. (가)는 분산력이다.
ㄴ. 분자의 쌍극자 모멘트가 클수록 (가)의 크기가 커진다.
ㄷ. 분자량이 비슷한 분자에서 분자의 표면적이 큰 분자일수록 (나)의 크기가 커진다.

① ㄱ   ② ㄴ   ③ ㄱ, ㄷ
④ ㄴ, ㄷ   ⑤ ㄱ, ㄴ, ㄷ

15 [20701-0054] 표는 일정한 압력에서 물질 (가)~(다)에 대한 자료이다.

물질	(가)	(나)	(다)
구조식	H H H | | | H-C-C-C-H | | | H H H	H H H H | | | | H-C-C-C-C-H | | | | H H H H	H | H-C-H | | H-C-C-H | | H-C-C-H | | | H H H
끓는점(℃)	−42	−1	−12

(가)~(다)에 대한 설명으로 옳은 것만을 〈보기〉에서 있는 대로 고른 것은?

┌ 보기 ┐
ㄱ. 액체 분자 사이의 힘은 (나)가 가장 크다.
ㄴ. (나)가 (가)보다 분산력이 크다.
ㄷ. 분자의 표면적은 (다)가 (나)보다 크다.

① ㄱ   ② ㄷ   ③ ㄱ, ㄴ
④ ㄴ, ㄷ   ⑤ ㄱ, ㄴ, ㄷ

16 [20701-0055] 그림은 분자 (가)와 (나)의 구조식을 나타낸 것이다.

```
  H   H                    H   O   H
  |   |                    |   ||  |
H-C - C - O-H          H-C - C - C - H
  |   |                    |       |
  H   H                    H       H
    (가)                      (나)
```

분자 사이에 수소 결합을 하는 것만을 〈보기〉에서 있는 대로 고른 것은?

┌ 보기 ┐
ㄱ. (가) 분자와 (가) 분자
ㄴ. (나) 분자와 (나) 분자
ㄷ. (가) 분자와 (나) 분자

① ㄱ   ② ㄴ   ③ ㄱ, ㄷ   ④ ㄴ, ㄷ   ⑤ ㄱ, ㄴ, ㄷ

[서술형] **17** [20701-0056] 그림과 같이 아세트산은 벤젠에서 2개의 분자가 1개의 분자처럼 행동한다.

```
         O-----H-O
CH₃-C                C-CH₃
         O-H-----O
```

그 이유를 서술하시오.

18 [20701-0057] 표는 1기압에서 물질 (가)~(다)에 대한 자료이다. (가)~(다)는 각각 F_2, Cl_2, Br_2 중 하나이고, 원자량은 $Br > Cl > F$이다.

물질	(가)	(나)	(다)
−50 ℃에서 상태	액체	기체	고체
25 ℃에서 상태	기체	기체	액체

이에 대한 설명으로 옳은 것만을 〈보기〉에서 있는 대로 고른 것은?

┌ 보기 ┐
ㄱ. (가)의 기준 끓는점은 25 ℃보다 높다.
ㄴ. 액체 분자 사이의 힘은 (다) > (가)이다.
ㄷ. (나)는 Cl_2이다.

① ㄱ   ② ㄴ   ③ ㄱ, ㄷ   ④ ㄴ, ㄷ   ⑤ ㄱ, ㄴ, ㄷ

01 [20701-0058]
그림은 용기 Ⅰ과 Ⅱ에 기체 A와 B를 넣은 것을 나타낸 것이고, 표는 꼭지를 열고 충분한 시간이 흘렀을 때 용기 Ⅰ과 Ⅱ 속 기체에 대한 자료이다. A(g)와 B(g)는 서로 반응하지 않는다.

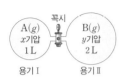

용기	Ⅰ	Ⅱ
A(g)의 양(mol)	$\frac{4}{3}$	㉠
B(g)의 양(mol)	㉡	$\frac{4}{3}$
전체 압력(기압)		2

이에 대한 설명으로 옳은 것만을 〈보기〉에서 있는 대로 고른 것은? (단, 온도는 일정하고, 연결관의 부피는 무시한다.)

보기
ㄱ. ㉠=4×㉡이다.
ㄴ. $x : y = 2 : 1$이다.
ㄷ. 꼭지를 열고 충분한 시간이 흘렀을 때 B(g)의 부분 압력은 $\frac{2}{3}$기압이다.

① ㄱ ② ㄴ ③ ㄱ, ㄷ ④ ㄴ, ㄷ ⑤ ㄱ, ㄴ, ㄷ

02 [20701-0059]
다음은 기체 A와 B의 반응의 화학 반응식이다.

$$A(g) + 3B(g) \longrightarrow 2C(g)$$

그림 (가)는 용기 Ⅱ와 꼭지로 연결된 용기 Ⅰ, Ⅲ에 A(g)와 B(g)를 각각 넣은 것을, (나)는 (가)에서 꼭지 a와 b를 열었다가 닫았을 때의 모습을 나타낸 것이다.

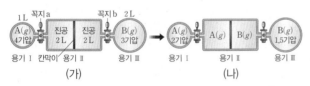

(나)에 대한 설명으로 옳은 것만을 〈보기〉에서 있는 대로 고른 것은? (단, 온도는 일정하고, 연결관과 칸막이의 부피는 무시한다.)

보기
ㄱ. 용기 Ⅱ 속 기체의 양(mol)은 B(g)>A(g)이다.
ㄴ. 칸막이를 제거하고 반응을 완결시켰을 때, C의 몰 분율은 0.5이다.
ㄷ. 칸막이를 제거하고 반응을 완결시켰을 때, 용기 Ⅱ 속 기체의 전체 압력은 1기압보다 크다.

① ㄱ ② ㄴ ③ ㄱ, ㄷ ④ ㄴ, ㄷ ⑤ ㄱ, ㄴ, ㄷ

03 [20701-0060]
그림은 꼭지로 연결된 용기와 실린더에 기체 A와 B를 넣은 것을 나타낸 것이다. A(g)와 B(g)는 서로 반응하지 않는다. 꼭지를 열고 충분한 시간이 흘렀을 때, 이에 대한 설명으로 옳은 것만을 〈보기〉에서 있는 대로 고른 것은? (단, 온도와 대기압은 일정하고, 연결관의 부피와 피스톤의 질량 및 마찰은 무시한다.)

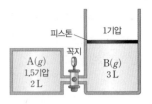

보기
ㄱ. A의 몰 분율은 0.4이다.
ㄴ. 실린더 속 기체의 부피는 4 L이다.
ㄷ. 피스톤에 0.5기압에 해당하는 추를 올려놓으면 B(g)의 부분 압력은 0.75기압이다.

① ㄱ ② ㄴ ③ ㄱ, ㄷ ④ ㄴ, ㄷ ⑤ ㄱ, ㄴ, ㄷ

04 [20701-0061]
다음은 기체의 성질을 알아보기 위한 실험이다.

[실험 과정]
(가) 그림과 같이 실린더와 연결된 용기에 헬륨(He) 기체와 네온(Ne) 기체를 각각 넣는다.

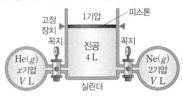

(나) 꼭지 2개를 모두 열고 충분한 시간이 흘렀을 때 He(g)의 부분 압력을 구한다.
(다) 고정 장치를 풀고 충분한 시간이 흘렀을 때 실린더 속 기체의 부피를 측정한다.

[실험 결과]
• (나)에서 구한 He(g)의 부분 압력은 $\frac{3}{4}$기압이다.
• (다)에서 측정한 실린더 속 기체의 부피는 6 L이다.

$\frac{x}{V}$는? (단, 온도와 대기압은 일정하고, 연결관의 부피와 피스톤의 질량 및 마찰은 무시한다.)

① 1 ② $\frac{3}{2}$ ③ $\frac{5}{3}$ ④ 2 ⑤ $\frac{5}{2}$

05 [20701-0062]
표는 물질 (가)~(다)에 대한 자료이다.

물질	(가)	(나)	(다)
분자식	H_2O	NO	O_2
분자량	18	30	32
기준 끓는점($^\circ C$)	100	-152	-183

(가)~(다)에 대한 설명으로 옳은 것만을 〈보기〉에서 있는 대로 고른 것은?

┌─ 보기 ┌─
ㄱ. (가)의 기준 끓는점이 가장 높은 이유는 수소 결합 때문이다.
ㄴ. (나)가 (다)보다 끓는점이 높은 주된 이유는 쌍극자·쌍극자 힘 때문이다.
ㄷ. (가)와 (나)는 분자 사이에 분산력이 작용하지 않는다.

① ㄱ   ② ㄷ   ③ ㄱ, ㄴ
④ ㄴ, ㄷ   ⑤ ㄱ, ㄴ, ㄷ

06 [20701-0063]
그림은 할로젠 원소(X_2)와 할로젠화 수소(HX)의 기준 끓는점을 X의 주기에 따라 나타낸 것이다. X는 F, Cl, Br에 해당하고, (가)와 (나)는 각각 할로젠 원소, 할로젠화 수소 중 하나에 해당하며, 원자량은 $Br > Cl > F$이다.

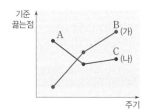

이에 대한 설명으로 옳은 것만을 〈보기〉에서 있는 대로 고른 것은?

┌─ 보기 ┌─
ㄱ. (가)는 할로젠화 수소에 해당한다.
ㄴ. A는 분자 사이에 수소 결합을 한다.
ㄷ. B가 C보다 기준 끓는점이 높은 이유는 B가 C보다 쌍극자·쌍극자 힘이 크기 때문이다.

① ㄱ   ② ㄴ   ③ ㄱ, ㄷ
④ ㄴ, ㄷ   ⑤ ㄱ, ㄴ, ㄷ

07 [20701-0064]
그림은 물질 (가)~(다)의 분자의 쌍극자 모멘트와 기준 끓는점을 나타낸 것이다. (가)~(다)는 각각 CH_2O, CH_3OH, CF_4 중 하나이다.

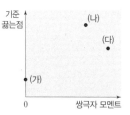

(가)~(다)로 옳은 것은? (단, H, C, O, F의 원자량은 각각 1, 12, 16, 19이다.)

	(가)	(나)	(다)
①	CH_2O	CH_3OH	CF_4
②	CH_3OH	CH_2O	CF_4
③	CH_3OH	CF_4	CH_2O
④	CF_4	CH_2O	CH_3OH
⑤	CF_4	CH_3OH	CH_2O

08 [20701-0065]
그림은 2~4주기 원소의 수소 화합물에서 중심 원자의 원자가 전자 수에 따른 기준 끓는점을 나타낸 것이다. 원자량은 $Y > Z$이다.

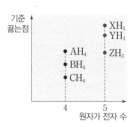

6가지 화합물의 중심 원자 중 같은 주기의 원소끼리 짝지은 것으로 옳은 것만을 〈보기〉에서 있는 대로 고른 것은? (단, A~C, X~Z는 임의의 원소 기호이다.)

┌─ 보기 ┌─
ㄱ. A와 Y
ㄴ. B와 Z
ㄷ. C와 X

① ㄱ   ② ㄷ   ③ ㄱ, ㄴ
④ ㄴ, ㄷ   ⑤ ㄱ, ㄴ, ㄷ

3 액체와 고체의 특성

- 수소 결합으로 물의 성질 이해하기
- 액체의 증기 압력과 끓는점의 관계 이해하기
- 화학 결합에 따른 고체의 종류와 결정 구조 이해하기

한눈에 단원 파악, 이것이 핵심!

물은 어떤 성질이 있을까?

물은 분자 사이에 수소 결합을 하므로 분자량이 비슷한 다른 물질에 비해 분자 사이의 인력이 커서 다음과 같은 성질이 나타난다.

녹는점과 끓는점이 높다.	물이 얼음보다 밀도가 크다.	열용량이 크다.	표면 장력이 크다.
• 상온에서 물은 액체 상태이다. • 1기압에서 물의 녹는점은 0 ℃, 끓는점은 100 ℃이다.	• 고체인 얼음이 액체인 물 위에 뜬다. 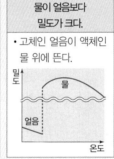	• 물은 온도가 잘 변하지 않는다. 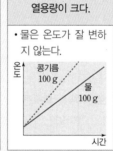	• 물방울의 모양은 구형에 가깝다. 

고체의 결정 구조에는 어떤 것들이 있을까?

고체의 결정 구조는 구성 입자의 배열이 규칙적이며, 입자의 배열에 따라 다음과 같이 분류할 수 있다.

단순 입방 구조	체심 입방 구조	면심 입방 구조
정육면체의 8개 꼭짓점에 입자가 1개씩 배열	정육면체의 8개 꼭짓점과 정육면체 중심에 입자가 1개씩 배열	정육면체의 8개 꼭짓점과 6개 면 중심에 입자가 1개씩 배열
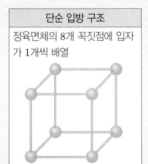		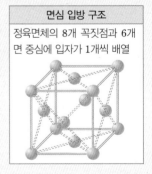

01 액체의 특성

1 액체의 일반적인 특성

- 압력 변화와 온도 변화에 의해 부피가 거의 변하지 않는다.
- ❶유동성을 갖는 상태로, 일정한 모양이 없고 액체를 담는 용기에 따라 모양이 달라진다.
- 같은 질량의 기체에 비해 부피가 매우 작아 밀도가 크다.

2 물의 특성

(1) 물의 분자 구조

① 물은 2개의 수소 원자와 1개의 산소 원자가 공유 결합을 하고, 결합각이 $104.5°$인 굽은 형 구조이다.

② 물은 극성 분자이고, 전기 음성도가 큰 산소 원자가 부분적인 음전하(δ^-), 수소 원자가 부분적인 양전하(δ^+)를 띤다.

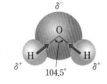

(2) 물의 특성: 물은 분자 사이에 ❷수소 결합을 하므로 분자 사이의 힘이 강해서 여러 가지 특성을 나타낸다.

① ❸녹는점과 끓는점: 물은 분자 사이의 힘이 강해서 분자 사이의 힘을 끊는 데 많은 에너지가 필요하다. ➡ 물은 분자량이 비슷한 다른 물질에 비해 녹는점과 끓는점이 높다.

물질	분자량	녹는점(℃)	끓는점(℃)
메테인(CH_4)	16	−183	−162
물(H_2O)	18	0	100
네온(Ne)	20	−249	−246

② 밀도와 ❹부피 변화: 물이 얼음으로 상태 변화할 때 굽은 형의 물 분자 사이의 수소 결합 때문에 얼음은 육각형 고리 형태의 독특한 배열을 한다. 이때 육각형 고리 안쪽에 빈 공간이 생기기 때문에 물의 밀도가 얼음의 밀도보다 크다.

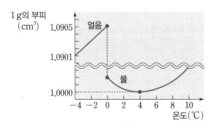
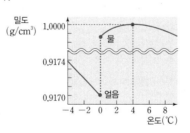

- 0 ℃ 이하에서는 온도를 높이면 분자 운동이 활발해지므로 부피가 증가하고 밀도가 감소한다.
- 0 ℃에서 얼음이 녹아 물이 되면 수소 결합이 끊어져 빈 육각형의 공간이 깨지기 때문에 부피는 감소하고 밀도는 증가한다.
- 0~4 ℃에서 온도를 높이면 분자의 운동에 의해 부피가 증가하는 것보다 수소 결합이 끊어져서 부피가 감소하는 것이 크기 때문에 부피는 감소하고 밀도는 증가한다.
- 4 ℃ 이상에서는 온도를 높이면 분자 운동이 활발해지므로 부피가 증가하고 밀도가 감소한다.

THE 알기

❶ 유동성
물질이 흘러 움직일 수 있는 성질을 의미한다.

❷ 물 분자의 수소 결합 수
물 분자 1개는 최대 4개의 수소 결합을 할 수 있다.

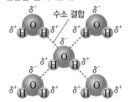

❸ 녹는점과 끓는점
고체를 가열하여 녹는점에 도달하면 분자 사이의 힘이 일부분 끊어져 액체가 되고, 액체를 가열하여 끓는점에 도달하면 분자 사이의 힘이 모두 끊어져 기체가 된다.

❹ 물과 얼음의 구조

물의 구조

얼음의 구조
(빈 공간이 많음)

③ **열용량**: 물질의 온도를 1 ℃ 높이는 데 필요한 열량이다.
- 물질 1 g의 온도를 1 ℃ 높이는 데 필요한 열량을 비열이라고 하며, 열용량은 비열에 물질의 질량을 곱한 값이다.

$$\text{열용량}(C) = \text{비열}(c) \times \text{질량}(m)$$

- 열용량이 클수록 같은 열량으로 가열할 때 온도 변화가 작다. ➡ 물은 비열이 커서 질량이 같은 다른 물질에 비해 열용량이 크므로 온도가 잘 변하지 않는다.

④ **표면 장력**: 액체가 ❶표면적을 최소화하려는 힘이다.
- 분자 사이의 인력이 클수록 대체로 표면 장력이 크며, 표면 장력이 클수록 ❷액체 방울의 모양은 구형에 가깝다.
- 물은 다른 물질에 비해 표면 장력이 크다.

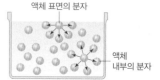
액체 표면의 분자
액체 내부의 분자

❶ 표면적의 최소화
액체가 구형일 때 표면적이 최소화된다.

❷ 액체 방울의 모양
액체 방울 표면에 있는 분자들은 다른 외부의 분자와 인력이 작용하지 않고, 액체 방울 중심 방향으로만 힘을 받게 되면서 구형을 이루게 된다.

액체 표면

3 액체의 증기 압력

(1) 증발과 응축: 액체 표면의 분자가 기화되어 날아가는 현상을 증발이라고 하고, 증발된 기체 분자들 중 일부가 충돌하여 다시 액체로 변하는 현상을 응축이라고 한다.

(2) 증기 압력: 증발과 응축의 동적 평형 상태에서 액체의 증기가 나타내는 압력이다.

① 증기 압력은 밀폐된 용기에 액체를 넣고 증발 속도와 응축 속도가 같을 때의 기체의 압력과 같다.

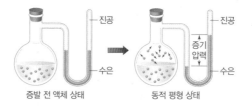
증발 전 액체 상태   동적 평형 상태

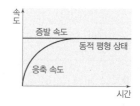

❸ 온도에 따른 증기 압력
온도에 따른 증기 압력을 나타낸 곡선을 증기 압력 곡선이라고 한다.

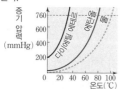

② ❸온도가 높아질수록 증발하기 쉬우므로 증기 압력이 커진다. 분자 간 인력이 작은 액체일수록 같은 온도에서 대체로 증기 압력이 크다.

③ **끓는점**: 증기 압력이 외부 압력과 같아지면 액체 내부에서도 기화 현상이 일어나는데 이 현상을 끓음이라고 하고, 이때의 온도를 끓는점이라고 한다. 특히 외부 압력이 1기압일 때의 끓는점을 기준 끓는점이라고 한다.

🧁 **THE 들여다보기**   **물의 특성과 관련된 현상**

밀도와 부피 변화	열용량	표면 장력
• 얼음이 물 위에 뜬다. • 물을 가득 채운 페트병을 얼리면 터진다. • 겨울철 호수나 강은 수면부터 언다. • 암석에 스며든 물이 얼어 암석을 쪼개는 풍화 작용을 한다.	• 해안 지방의 일교차가 내륙 지방보다 작다. • 사람의 체온은 크게 변하지 않는다. • 해안가에서 낮에는 해풍이 불고, 밤에는 육풍이 분다(해륙풍).	• 풀잎에 맺힌 이슬 방울이 둥글다. • 물에 핀이나 클립을 살짝 올려놓으면 가라앉지 않고 뜬다. • 소금쟁이는 물 위를 걸어 다닐 수 있다. • 물이 가득 찬 컵에 동전을 넣으면 넘쳐 흐르지 않고 가운데가 볼록 솟아오른다.

개념체크

빈칸 완성

1. 액체는 흘러 움직일 수 있는 (　　　)을 갖는 상태로, 일정한 모양이 없고 액체를 담는 용기에 따라 모양이 달라진다.

2. 물 분자는 전기 음성도가 큰 (　　　) 원자가 부분적인 음전하(δ^-), (　　　) 원자가 부분적인 양전하(δ^+)를 띤다.

3. 물은 분자 사이에 (　　　) 결합을 하므로 분자 사이의 힘이 강해서 여러 가지 특성을 나타낸다.

4. 물이 얼음으로 상태 변화할 때 물 분자 사이의 수소 결합 때문에 얼음은 빈 공간을 포함한 (　　　) 고리 형

태의 독특한 배열을 한다. 따라서 (　　　)의 밀도가 (　　　)의 밀도보다 크다.

5. 물질 1 g의 온도를 1 ℃ 높이는 데 필요한 열량을 (　　　)이라고 하고, 물질의 온도를 1 ℃ 높이는 데 필요한 열량을 (　　　)이라고 한다.

6. 액체가 표면적을 최소화하려는 힘을 (　　　)이라고 하며, 표면 장력이 클수록 액체 방울의 모양은 (　　　)에 가까워진다.

7. 증발과 응축의 동적 평형 상태에서 액체의 증기가 나타내는 압력을 (　　　)이라고 한다.

정답 1. 유동성 2. 산소, 수소 3. 수소 4. 육각형, 물, 얼음 5. 비열, 열용량 6. 표면 장력, 구형 7. 증기 압력

○X 문제

1. 액체의 일반적인 특징에 대한 설명으로 옳은 것은 ○, 옳지 <u>않은</u> 것은 ×로 표시하시오.

(1) 온도가 1 ℃ 높아지면 0 ℃일 때 부피의 $\frac{1}{273}$배만큼 부피가 증가한다. (　　　)

(2) 압력 변화에 따라 부피가 거의 변하지 않는다. (　　　)

(3) 같은 질량의 기체에 비해 부피가 매우 작아 밀도가 크다. (　　　)

2. 물의 특성에 대한 설명으로 옳은 것은 ○, 옳지 <u>않은</u> 것은 ×로 표시하시오.

(1) 물 분자 1개는 최대 3개의 수소 결합을 할 수 있다. (　　　)

(2) 물은 분자량이 비슷한 다른 물질에 비해 녹는점과 끓는점이 높다. (　　　)

(3) 0~4 ℃에서 물의 온도를 높이면 수소 결합이 끊어져서 부피가 감소하는 것보다 분자의 운동에 의해 부피가 증가하는 것이 크기 때문에 부피는 증가한다. (　　　)

(4) 0 ℃ 이하에서 얼음의 온도를 낮추면 밀도가 증가한다. (　　　)

(5) 열용량은 비열에 물질의 질량을 곱한 값이다. (　　　)

(6) 열용량이 클수록 같은 열량으로 가열할 때 온도 변화가 크다. (　　　)

(7) 분자 사이의 인력이 작을수록 표면 장력이 크다. (　　　)

3. 액체의 증기 압력에 대한 설명으로 옳은 것은 ○, 옳지 <u>않은</u> 것은 ×로 표시하시오.

(1) 액체 표면의 분자가 기화되어 날아가는 현상을 응축이라고 한다. (　　　)

(2) 증발과 응축의 동적 평형 상태에서 증발 속도와 응축 속도는 같다. (　　　)

(3) 온도가 높을수록 증기 압력이 작아진다. (　　　)

(4) 증기 압력이 외부 압력과 같아질 때 액체 내부에서도 기화 현상이 일어난다. (　　　)

(5) 외부 압력이 1기압일 때의 끓는점을 기준 끓는점이라고 한다. (　　　)

정답 1. (1) × (2) ○ (3) ○ 2. (1) × (2) ○ (3) × (4) ○ (5) ○ (6) × (7) × 3. (1) × (2) ○ (3) × (4) ○ (5) ○

02 고체의 특성

1 고체의 일반적인 특징

- 액체와 마찬가지로 압력 변화와 온도 변화에 의해 부피가 거의 변하지 않는다.
- 입자 사이에 작용하는 인력이 액체 상태보다 크다.
- 입자들이 고정된 위치에서 진동 운동만 하며, 유동성이 없고 일정한 모양을 가진다.

2 고체의 분류

① 결정성 고체와 비결정성 고체
결정성 고체에는 드라이아이스, 석영, 염화 나트륨, 나트륨 등이 있고, 비결정성 고체에는 유리, 엿, 고무 등이 있다.

(1) **①결정성 고체와 비결정성 고체**

① 결정성 고체: 고체를 구성하는 입자의 배열이 규칙적이다. ➡ 고체 입자의 결합을 끊는 데 필요한 에너지가 일정하므로 녹는점이 일정하다.

② 비결정성 고체: 고체를 구성하는 입자의 배열이 불규칙적이다. ➡ 고체 입자의 결합 중 약한 부분이 쉽게 끊어질 수 있으므로 녹는점이 일정하지 않다.

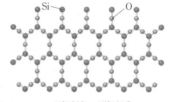 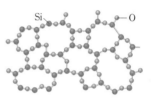

▲ 결정성 고체(석영)　　　　　▲ 비결정성 고체(유리)

(2) 화학 결합의 종류에 따른 고체 결정의 분류

① 이온 결정: 양이온과 음이온 사이의 전기적 인력에 의해 이루어진 결정이다.
- 이온 사이의 결합력이 강하므로 일반적으로 녹는점이 높고 단단하다.
- 고체 상태에서는 전기 전도성이 없고, 액체 상태나 수용액 상태에서는 전기 전도성이 있다.
- ②외부의 힘을 받으면 쉽게 부서진다.

② 이온 결정의 부서짐
이온 결정은 외부의 힘을 받으면 층이 밀리면서 같은 전하의 이온끼리 만나 반발하여 부서지게 된다.

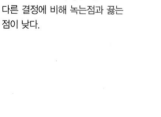

　例 염화 나트륨(NaCl), 염화 세슘(CsCl) 등

② 분자 결정: 공유 결합으로 이루어진 분자 사이의 인력에 의해 이루어진 결정이다.
- 다른 결정에 비해 분자 사이의 인력이 약하므로 ③녹는점이 낮다.
- 고체, 액체, 수용액 상태에서 모두 전기 전도성이 없다.
- 일부는 승화성 물질이다.

③ 분자 결정의 녹는점과 끓는점
원자 사이의 공유 결합은 다른 화학 결합에 비해 강하지만, 분자 결정의 녹는점과 끓는점은 분자 사이의 힘의 영향을 받으므로 다른 결정에 비해 녹는점과 끓는점이 낮다.

　例 얼음(H_2O), 드라이아이스(CO_2), 아이오딘(I_2) 등

③ 공유 결정(원자 결정): 원자들이 공유 결합에 의해 그물처럼 연결된 결정이다.
- 공유 결합에 의해 강하게 연결되어 있으므로 녹는점이 매우 높고 단단하다.
- 흑연 등을 제외한 다른 원자 결정은 고체, 액체 상태에서 전기 전도성이 없다.

　例 흑연과 다이아몬드(C), 석영(SiO_2) 등

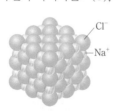 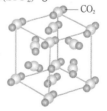 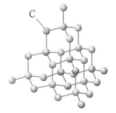

▲ 염화 나트륨(NaCl)　　▲ 드라이아이스(CO_2)　　▲ 다이아몬드(C)

④ 금속 결정: 금속 양이온과 자유 전자 사이의 전기적 인력에 의해 이루어진 결정이다.

- 금속 양이온과 자유 전자의 결합력이 강하므로 녹는점이 높고 단단하다.
- 광택이 있고, 열전도성이 크다.
- 고체, 액체 상태에서 전기 전도성이 있다.
- [1]전성(퍼짐성)과 연성(뽑힘성)이 크기 때문에 외부의 힘을 받아도 잘 부서지지 않는다.
- 예 나트륨(Na), 마그네슘(Mg), 철(Fe) 등

▲ 나트륨(Na)

(3) 고체의 ❷결정 구조: 결정에서 규칙적인 배열이 반복되는 기본 단위를 ❸단위 세포라고 한다. 정육면체 모양의 단위 세포를 가지는 고체 결정의 격자 구조에는 단순 입방 구조, 체심 입방 구조, 면심 입방 구조가 있다.

① 단순 입방 구조: 정육면체의 8개 꼭짓점에 각각 입자가 배열된 구조이다.
- 예 폴로늄(Po) 등
- 단위 세포에 존재하는 입자 수는 $8 \times \frac{1}{8} = 1$이다.
- 한 입자를 둘러싸고 있는 가장 인접한 입자 수는 6이다.

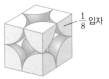
$\frac{1}{8}$ 입자
▲ 단순 입방 구조의 단위 세포

② 체심 입방 구조: 정육면체의 8개의 꼭짓점과 단위 세포 중심에 각각 입자가 배열된 구조이다.
- 예 리튬(Li), 나트륨(Na) 등
- 단위 세포에 존재하는 입자 수는 $8 \times \frac{1}{8} + 1 = 2$이다.
- 한 입자를 둘러싸고 있는 가장 인접한 입자 수는 8이다.

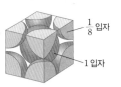
$\frac{1}{8}$ 입자
1 입자
▲ 체심 입방 구조의 단위 세포

③ 면심 입방 구조: 정육면체의 8개 꼭짓점과 6개 면의 중심에 각각 입자가 배열된 구조이다.
- 예 구리(Cu), 니켈(Ni), 알루미늄(Al) 등
- 단위 세포에 존재하는 입자 수는 $8 \times \frac{1}{8} + 6 \times \frac{1}{2} = 4$이다.
- 한 입자를 둘러싸고 있는 가장 인접한 입자 수는 12이다.

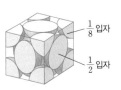
$\frac{1}{8}$ 입자
$\frac{1}{2}$ 입자
▲ 면심 입방 구조의 단위 세포

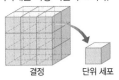
THE 들여다보기   **고체 결정 구조에서 한 입자를 둘러싸고 있는 가장 인접한 입자 수**

단순 입방 구조

체심 입방 구조

면심 입방 구조

각각의 결정 구조에서 한 입자(●)를 둘러싸고 있는 가장 인접한 입자(●)의 수는 다음과 같다.
① 단순 입방 구조는 6개이다. ➡ 한 입자(●)의 x, y, z축으로 각각 2개의 입자(●)가 둘러싸고 있다.
② 체심 입방 구조는 8개이다. ➡ 단위 세포 중심에 위치한 입자(●)를 꼭짓점에 위치한 8개의 입자(●)가 둘러싸고 있다.
③ 면심 입방 구조는 12개이다. ➡ 한 입자(●)의 xy, yz, zx 평면으로 각각 4개의 입자(●)가 둘러싸고 있다.

빈칸 완성

1. ( )는 입자들이 고정된 위치에서 진동 운동만 하며, 유동성이 없고 일정한 모양을 가진다.

2. ( ) 고체는 고체를 구성하는 입자의 배열이 규칙적이고, ( ) 고체는 고체를 구성하는 입자의 배열이 불규칙적이다.

3. 양이온과 음이온 사이의 전기적 인력에 의해 이루어진 결정을 ( ) 결정이라고 한다.

4. 분자 결정은 ( ) 결합으로 이루어진 분자 사이의 인력에 의해 이루어진 결정이다.

5. 다이아몬드처럼 원자들이 공유 결합에 의해 그물처럼 연결된 결정을 ( ) 결정이라고 한다.

6. 금속 결정은 금속 양이온과 ( ) 사이의 전기적 인력에 의하여 이루어진 결정이다.

7. 결정에서 규칙적인 배열이 반복되는 기본 단위를 ( )라고 한다.

8. ( ) 입방 구조는 정육면체의 8개 꼭짓점에만 입자가 각각 배열된 구조이다.

9. 면심 입방 구조는 정육면체의 ( )개 꼭짓점과 ( )개 면의 중심에 입자가 각각 배열된 구조이다.

10. 체심 입방 구조에서 단위 세포 속에 존재하는 입자 수는 ( )이다.

정답 1. 고체 2. 결정성, 비결정성 3. 이온 4. 공유 5. 공유(원자) 6. 자유 전자 7. 단위 세포 8. 단순 9. 8, 6 10. 2

○X 문제

1. 고체의 일반적인 특징에 대한 설명으로 옳은 것은 ○, 옳지 <u>않은</u> 것은 ×로 표시하시오.

　(1) 압력 변화와 온도 변화에 의해 부피가 거의 변하지 않는다. ( )

　(2) 입자 사이에 작용하는 인력이 액체 상태보다 크다. ( )

2. 고체 결정에 대한 설명으로 옳은 것은 ○, 옳지 <u>않은</u> 것은 ×로 표시하시오.

　(1) 비결정성 고체는 고체 입자의 결합을 끊는 데 필요한 에너지가 일정하므로 녹는점이 일정하다. ( )

　(2) 이온 결정은 고체, 액체, 수용액 상태에서 모두 전기 전도성이 없다. ( )

　(3) 분자 결정은 고체 상태에서 전기 전도성이 없고, 액체 상태와 수용액 상태에서 전기 전도성이 있다. ( )

　(4) 흑연, 석영은 모두 공유 결정이다. ( )

　(5) 금속 결정은 광택이 있으며, 열전도성이 크다. ( )

3. 고체의 결정 구조에 대한 설명으로 옳은 것은 ○, 옳지 <u>않은</u> 것은 ×로 표시하시오.

　(1) 단순 입방 구조의 단위 세포에 존재하는 입자 수는 1이다. ( )

　(2) 체심 입방 구조는 단위 세포 중심에 1개의 입자만 배열된 구조이다. ( )

　(3) 면심 입방 구조에서 한 입자를 둘러싸고 있는 가장 인접한 입자 수는 8이다. ( )

단답형 문제

4. 고체 결정 중 외부의 힘을 받으면 층이 밀리면서 같은 전하를 띠는 입자들끼리 만나 반발하여 부서지는 결정은?

5. 고체 결정 중 전성과 연성이 커서 외부의 힘을 받아도 잘 부서지지 않는 결정은?

정답 1. (1) ○ (2) ○ 2. (1) × (2) × (3) × (4) ○ (5) ○ 3. (1) ○ (2) × (3) × 4. 이온 결정 5. 금속 결정

 **탐구 활동** 물의 표면 장력

목표

표면 장력이 큰 물의 특성을 확인할 수 있다.

과정

1. 물이 담겨 있는 비커에 휴지를 올려놓는다.
2. 휴지 위에 핀을 조심스럽게 올려놓는다.
3. 유리 막대를 사용하여 휴지를 천천히 물속으로 가라앉혀서 핀을 물 위에 띄운다.
4. 비커에 스포이트로 비눗물 2, 3방울을 조심히 떨어뜨리고 핀의 변화를 확인한다.

결과 정리 및 해석

1. 과정 3에서 휴지를 사용하는 이유: 핀을 물에 떨어뜨려 물 위에 뜨게 하는 것이 어렵기 때문에 물 위에 뜨는 휴지를 사용하면 핀을 물 위에 쉽게 띄울 수 있다.
2. 과정 3에서 핀이 물 위에 뜨는 이유: 물은 표면 장력이 크기 때문에 핀이나 클립처럼 밀도가 물보다 큰 물질을 뜨게 할 수 있다.
3. 과정 4에서 비커에 비눗물을 떨어뜨릴 때의 변화: 비눗물을 물에 떨어뜨리면 물과 비눗물이 섞이면서 물의 표면 장력이 감소한다. 이때 핀은 밀도가 물보다 크므로 물 위에 떠 있던 핀이 물속으로 가라앉는다.

탐구 분석

1. 비누는 물에 녹아 물의 표면 장력의 크기를 어떻게 변화시키는가?
2. 과정 3에서 핀을 물 위에 띄운 후 비커를 흔들면 핀은 어떻게 되겠는가?
3. 과정 4에서 비눗물 대신 에탄올을 사용하여 실험하면 핀이 물속으로 가라앉는다. 그 이유는 무엇인가?

[20701-0066]
01 액체의 일반적인 특성에 대한 설명으로 옳은 것만을 〈보기〉에서 있는 대로 고른 것은?

┌ 보기 ┌
ㄱ. 일정한 온도에서 압력과 부피는 반비례한다.
ㄴ. 같은 질량의 기체에 비해 밀도가 크다.
ㄷ. 분자의 배열이 규칙적이므로 일정한 모양을 가진다.

① ㄱ　　　　② ㄴ　　　　③ ㄱ, ㄷ
④ ㄴ, ㄷ　　　⑤ ㄱ, ㄴ, ㄷ

[20701-0067]
02 물 분자에 대한 설명으로 옳은 것만을 〈보기〉에서 있는 대로 고른 것은?

┌ 보기 ┌
ㄱ. 굽은 형 구조이다.
ㄴ. 분자 1개는 최대 4개의 수소 결합을 할 수 있다.
ㄷ. 분자를 구성하는 산소 원자는 부분적인 양전하(δ^+)를 띤다.

① ㄱ　　　　② ㄷ　　　　③ ㄱ, ㄴ
④ ㄴ, ㄷ　　　⑤ ㄱ, ㄴ, ㄷ

[20701-0068]
03 물 분자 사이에 수소 결합을 하기 때문에 나타나는 현상만을 〈보기〉에서 있는 대로 고른 것은?

┌ 보기 ┌
ㄱ. 물이 높은 곳에서 낮은 곳으로 흐른다.
ㄴ. 물에 염화 나트륨(NaCl)을 넣으면 잘 녹는다.
ㄷ. 분자량이 비슷한 다른 물질에 비해 끓는점이 높다.

① ㄱ　　　　② ㄴ　　　　③ ㄷ
④ ㄱ, ㄷ　　　⑤ ㄴ, ㄷ

[20701-0069]
04 그림은 물 분자 사이의 결합을 모형으로 나타낸 것이다.

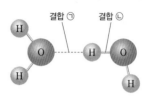

이에 대한 설명으로 옳은 것만을 〈보기〉에서 있는 대로 고른 것은?

┌ 보기 ┌
ㄱ. 결합 ㉠은 수소 결합이다.
ㄴ. 결합력은 결합 ㉠ > 결합 ㉡이다.
ㄷ. 물의 온도를 높이면 결합 ㉡의 길이가 감소한다.

① ㄱ　　　　② ㄷ　　　　③ ㄱ, ㄴ
④ ㄴ, ㄷ　　　⑤ ㄱ, ㄴ, ㄷ

[20701-0070]
05 그림은 온도가 같은 H_2O의 2가지 상태 (가)와 (나)의 분자 배열을 나타낸 것이다. (가)와 (나)는 각각 액체 상태, 고체 상태 중 하나이다.

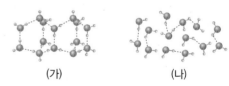

(가)　　　　　　　(나)

(가)와 (나)의 밀도와 단위 부피당 분자 수를 비교한 것으로 옳은 것은?

	밀도	단위 부피당 분자 수
①	(가) > (나)	(가) > (나)
②	(가) > (나)	(가) < (나)
③	(가) < (나)	(가) > (나)
④	(가) < (나)	(가) = (나)
⑤	(가) < (나)	(가) < (나)

06 [20701-0071] 그림은 비커에 각각 얼음과 물, 같은 온도의 고체 X와 액체 X를 넣은 것을 나타낸 것이다. 밀도는 얼음이 고체 X보다 크고, 물과 액체 X는 서로 섞이지 않는다.

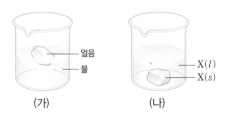

(가)   (나)

이에 대한 설명으로 옳은 것만을 〈보기〉에서 있는 대로 고른 것은?

┌ 보기 ┌
ㄱ. (가)에서 같은 질량의 부피는 얼음>물이다.
ㄴ. (나)에서 밀도는 X(s)>X(l)이다.
ㄷ. (가)의 물과 (나)의 X(l)을 혼합하여 두 층의 액체로 나뉘면 아래층에 위치하는 액체는 물이다.

① ㄱ   ② ㄷ   ③ ㄱ, ㄴ
④ ㄴ, ㄷ   ⑤ ㄱ, ㄴ, ㄷ

07 [20701-0072] 그림은 25 ℃에서 같은 질량의 물과 액체 A를 일정한 열원으로 가열하였을 때, 시간에 따른 온도를 나타낸 것이다.

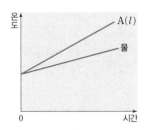

이 자료로부터 알 수 있는 A(l)와 비교한 물의 특성으로 가장 적절한 것은?

① 극성 물질을 잘 녹인다.
② 녹는점과 끓는점이 높다.
③ 물이 얼면 부피가 증가한다.
④ 열용량이 크다.
⑤ 표면 장력이 크다.

08 [20701-0073] 그림은 25 ℃와 50 ℃의 물을 한 방울씩 유리판에 떨어뜨렸을 때, 물방울의 모습을 나타낸 것이다.

(가)   (나)

이에 대한 설명으로 옳은 것만을 〈보기〉에서 있는 대로 고른 것은?

┌ 보기 ┌
ㄱ. 물방울의 표면적은 (가)>(나)이다.
ㄴ. 물의 표면 장력은 (가)>(나)이다.
ㄷ. 물은 온도가 높아질수록 표면 장력이 증가한다.

① ㄱ   ② ㄴ   ③ ㄱ, ㄷ
④ ㄴ, ㄷ   ⑤ ㄱ, ㄴ, ㄷ

09 [20701-0074] 물의 표면 장력이 크기 때문에 나타나는 현상으로 적절한 것만을 〈보기〉에서 있는 대로 고른 것은?

┌ 보기 ┌
ㄱ. 사람의 체온은 크게 변하지 않는다.
ㄴ. 암석 틈에 스며든 물에 의해 암석이 쪼개진다.
ㄷ. 물이 가득 찬 컵에 동전을 넣으면 물이 넘치지 않고 가운데가 볼록 솟아오른다.

① ㄱ   ② ㄴ   ③ ㄷ
④ ㄱ, ㄷ   ⑤ ㄴ, ㄷ

10 [20701-0075] 그림 (가)는 밀폐된 용기에 물을 넣은 것을, (나)는 (가)에서 충분한 시간이 흐른 후 물의 수면이 낮아진 것을 나타낸 것이다.

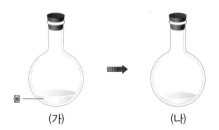

(가)   (나)

(가)와 (나)에서 물의 증발 속도와 응축 속도를 각각 비교하시오. (단, 온도는 일정하다.)

11 ^[20701–0076] 그림은 고체 흑연(C)의 구조를 모형으로 나타낸 것이다.

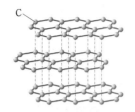

이에 대한 설명으로 옳은 것만을 〈보기〉에서 있는 대로 고른 것은?

┌─ 보기 ┌─
ㄱ. 흑연은 결정성 고체이다.
ㄴ. 흑연을 구성하는 원자 사이의 결합력이 일정하지 않다.
ㄷ. 흑연은 분자 결정이다.

① ㄱ　　　　　② ㄷ　　　　　③ ㄱ, ㄴ
④ ㄴ, ㄷ　　　　⑤ ㄱ, ㄴ, ㄷ

12 ^[20701–0077] 그림은 염화 나트륨(NaCl)의 결정 구조를 모형으로 나타낸 것이다.

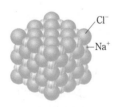

염화 나트륨 결정에 대한 설명으로 옳은 것만을 〈보기〉에서 있는 대로 고른 것은?

┌─ 보기 ┌─
ㄱ. 이온 결정이다.
ㄴ. 구성 입자는 양이온과 음이온이다.
ㄷ. 연성과 전성이 있다.

① ㄱ　　　　　② ㄷ　　　　　③ ㄱ, ㄴ
④ ㄴ, ㄷ　　　　⑤ ㄱ, ㄴ, ㄷ

13 ^[20701–0078] 그림은 다이아몬드(C)와 아이오딘(I_2)의 결정 구조를 모형으로 나타낸 것이다.

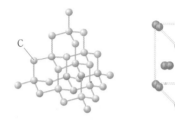

이에 대한 설명으로 옳은 것만을 〈보기〉에서 있는 대로 고른 것은?

┌─ 보기 ┌─
ㄱ. 다이아몬드에서 C 원자는 공유 결합을 한다.
ㄴ. 고체 아이오딘은 분자 결정이다.
ㄷ. 일정한 압력에서 녹는점은 다이아몬드가 아이오딘보다 높다.

① ㄱ　　　　　② ㄷ　　　　　③ ㄱ, ㄴ
④ ㄴ, ㄷ　　　　⑤ ㄱ, ㄴ, ㄷ

14 ^[20701–0079] 그림은 나트륨(Na)의 결정에서 구성 입자인 나트륨 양이온(Na^+)과 (가)를 모형으로 나타낸 것이다.

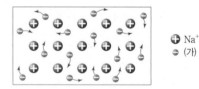

이에 대한 설명으로 옳은 것만을 〈보기〉에서 있는 대로 고른 것은?

┌─ 보기 ┌─
ㄱ. (가)는 자유 전자이다.
ㄴ. 나트륨(Na)에서 구성 입자 사이에는 전기적 인력이 작용한다.
ㄷ. 나트륨(Na)의 열전도성이 큰 이유는 (가) 때문이다.

① ㄱ　　　　　② ㄷ　　　　　③ ㄱ, ㄴ
④ ㄴ, ㄷ　　　　⑤ ㄱ, ㄴ, ㄷ

15 [20701-0080]

표는 물질 (가)~(다)에 대한 자료이다.

물질	구성 원소	전기 전도성	
		고체 상태	액체 상태
(가)	X	있음	있음
(나)	X, Y	없음	있음
(다)	Y, Z	없음	없음

이에 대한 설명으로 옳은 것만을 〈보기〉에서 있는 대로 고른 것은? (단, X~Z는 임의의 원소 기호이다.)

┌─ 보기 ┌
ㄱ. X는 금속 원소이다.
ㄴ. (나)의 고체는 분자 결정이다.
ㄷ. (다)를 구성하는 원자는 이온 결합을 한다.

① ㄱ   ② ㄷ   ③ ㄱ, ㄴ
④ ㄴ, ㄷ   ⑤ ㄱ, ㄴ, ㄷ

16 [20701-0081]

그림은 고체 X의 결정 구조를 모형으로 나타낸 것이다. X의 단위 세포는 한 변의 길이가 a인 정육면체이다.

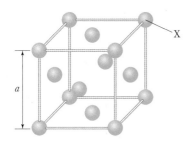

이에 대한 설명으로 옳은 것을 〈보기〉에서 있는 대로 고른 것은? (단, X는 임의의 원소 기호이다.)

┌─ 보기 ┌
ㄱ. X의 결정 구조는 체심 입방 구조이다.
ㄴ. 단위 세포에 포함된 X 원자 수는 4이다.
ㄷ. 한 원자를 둘러싸고 있는 가장 인접한 원자 수는 8이다.

① ㄱ   ② ㄴ   ③ ㄱ, ㄷ
④ ㄴ, ㄷ   ⑤ ㄱ, ㄴ, ㄷ

17 [20701-0082]

그림은 고체 A와 B의 결정 구조를 모형으로 나타낸 것이다.

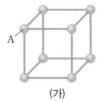
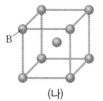

(가)   (나)

고체 A와 B의 한 원자를 둘러싸고 있는 가장 인접한 원자 수의 비는?

A : B	A : B
① 1 : 2	② 2 : 3
③ 3 : 2	④ 3 : 4
⑤ 4 : 3	

18 [20701-0083]

그림은 고체 결정 (가)~(다)의 모형을, 자료는 물질 ㉠~㉢의 성질을 나타낸 것이다. (가)~(다)는 각각 이온 결정, 분자 결정, 금속 결정 중 하나이다.

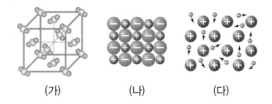

(가)   (나)   (다)

┌─────────────────────────────────┐
[자료]
• ㉠은 광택이 있다.
• ㉡은 승화성이 있다.
• ㉢은 외부에서 힘을 받으면 같은 전하의 이온끼리 만나 반발하여 부서진다.
└─────────────────────────────────┘

(가)~(다) 중 ㉠~㉢에 해당하는 결정으로 옳은 것은?

	㉠	㉡	㉢
①	(가)	(나)	(다)
②	(나)	(가)	(다)
③	(나)	(다)	(가)
④	(다)	(가)	(나)
⑤	(다)	(나)	(가)

실력 향상 문제

01 [20701-0084]
그림은 피스톤이 고정된 실린더에 들어 있는 물질 X의 3가지 상태 (가)~(다)를 나타낸 것이다. (가)~(다)는 각각 고체 상태, 액체 상태, 기체 상태 중 하나이다.

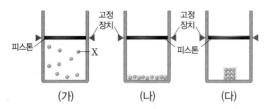

이에 대한 설명으로 옳은 것만을 〈보기〉에서 있는 대로 고른 것은?

┌─ 보기 ┐
ㄱ. (가)는 기체 상태이다.
ㄴ. 일정한 압력에서 (다)가 (나)로 될 때의 온도는 끓는점이다.
ㄷ. X에 일정한 압력을 가했을 때 X의 부피 변화는 (나)가 (가)보다 크다.
└──────┘

① ㄱ ② ㄴ ③ ㄱ, ㄷ
④ ㄴ, ㄷ ⑤ ㄱ, ㄴ, ㄷ

02 [20701-0085]
그림은 질량이 다른 얼음 (가)와 (나)를 일정한 열원으로 가열할 때, 시간에 따른 H_2O의 온도를 나타낸 것이다.

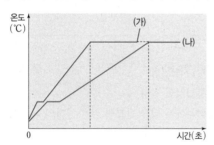

이에 대한 설명으로 옳은 것만을 〈보기〉에서 있는 대로 고른 것은?

┌─ 보기 ┐
ㄱ. 비열은 물이 얼음보다 크다.
ㄴ. 가열 전 얼음의 질량은 (나)>(가)이다.
ㄷ. 물의 열용량은 (가)=(나)이다.
└──────┘

① ㄱ ② ㄷ ③ ㄱ, ㄴ
④ ㄴ, ㄷ ⑤ ㄱ, ㄴ, ㄷ

03 서술형 [20701-0086]
그림은 유리 막대를 이용하여 0 ℃ 얼음을 0 ℃ 물속에 넣었을 때, 수면의 높이를 나타낸 것이다.
얼음이 모두 녹아 0 ℃ 물이 되었을 때 수면의 높이를 h cm와 비교하고, 그 이유를 서술하시오.

04 [20701-0087]
다음은 물과 관련된 현상이다.

• 겨울철 호수는 수면부터 언다.
• 페트병에 물을 가득 채우고 얼리면 페트병이 터진다.

이와 관련된 물의 특성으로 가장 적절한 것은?

① 물은 열용량이 크다.
② 물은 끓는점이 높다.
③ 물이 얼면 밀도가 감소한다.
④ 물은 기화될 때 많은 에너지가 필요하다.
⑤ 물은 표면적을 최소화하려는 힘이 강하다.

05 [20701-0088]
그림은 온도에 따른 H_2O의 밀도를 나타낸 것이다.

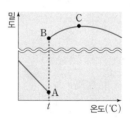

이에 대한 설명으로 옳은 것만을 〈보기〉에서 있는 대로 고른 것은?

┌─ 보기 ┐
ㄱ. t ℃는 H_2O의 녹는점이다.
ㄴ. A에서 B로 될 때 H_2O 분자 사이의 평균 거리는 감소한다.
ㄷ. A~C 중 H_2O 분자의 평균 수소 결합 수가 가장 큰 것은 A이다.
└──────┘

① ㄱ ② ㄷ ③ ㄱ, ㄴ
④ ㄴ, ㄷ ⑤ ㄱ, ㄴ, ㄷ

06 [20701-0089]

표는 일정한 압력에서 물과 액체 A에 대한 자료이다.

구분	녹는점(℃)	끓는점(℃)	비열(J/g·℃)
물	0	100	4.2
액체 A	−98	65	2.5

물 100 g이 액체 A 200 g보다 큰 값을 갖는 것으로 옳은 것만을 〈보기〉에서 있는 대로 고른 것은? (단, 가열하는 동안 물질의 상태 변화는 일어나지 않는다.)

┌ 보기 ┌
ㄱ. 액체 분자 사이의 인력
ㄴ. 액체의 온도를 10 ℃ 높이는 데 필요한 열량
ㄷ. 25 ℃의 액체를 일정한 열원으로 일정한 시간 동안 가열했을 때의 온도

① ㄱ   ② ㄷ   ③ ㄱ, ㄴ
④ ㄱ, ㄷ   ⑤ ㄴ, ㄷ

07 [20701-0090]

그림 (가)는 25 ℃ 물과 25 ℃ 에탄올, 50 ℃ 물을 유리판에 각각 한 방울씩 떨어뜨렸을 때, 액체 방울의 모습을 나타낸 것이다.

이에 대한 설명으로 옳은 것만을 〈보기〉에서 있는 대로 고른 것은?

┌ 보기 ┌
ㄱ. 25 ℃에서 표면 장력은 물이 에탄올보다 크다.
ㄴ. 25 ℃ 물에 25 ℃ 에탄올을 혼합하면 용액의 표면 장력은 물의 표면 장력보다 증가한다.
ㄷ. 온도가 높아지면 물의 표면 장력은 증가한다.

① ㄱ   ② ㄴ   ③ ㄷ
④ ㄱ, ㄴ   ⑤ ㄱ, ㄷ

08 서술형 [20701-0091]

그림은 t ℃ 물을 유리판과 고체 X판에 각각 한 방울씩 떨어뜨렸을 때, 물방울의 모습을 나타낸 것이다.

물방울의 모양은 X(s)판에서가 유리판에서보다 구형에 더 가깝다. 그 이유를 서술하시오.

09 [20701-0092]

그림은 액체 A~C의 온도에 따른 증기 압력을 나타낸 것이다.

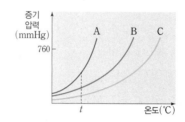

이에 대한 설명으로 옳은 것만을 〈보기〉에서 있는 대로 고른 것은?

┌ 보기 ┌
ㄱ. t ℃에서 증기 압력은 A>B이다.
ㄴ. 기준 끓는점은 C>B이다.
ㄷ. A~C 중 액체 분자 사이의 인력은 C가 가장 크다.

① ㄱ   ② ㄷ   ③ ㄱ, ㄴ
④ ㄴ, ㄷ   ⑤ ㄱ, ㄴ, ㄷ

10 [20701-0093]

그림은 t ℃에서 진공인 용기에 액체 A, 액체 A와 B를 각각 넣고 충분한 시간이 흘렀을 때의 모습을 나타낸 것이다.

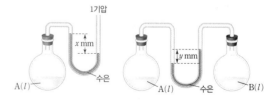

t ℃에서 B의 증기 압력은? (단, 온도와 대기압은 일정하다.)

① $(1-x+y)$기압   ② $(1+x-y)$기압

③ $\left\{1+\dfrac{(-x-y)}{760}\right\}$기압   ④ $\left\{1+\dfrac{(-x+y)}{760}\right\}$기압

⑤ $\left(1+\dfrac{x-y}{760}\right)$기압

11 [20701-0094]
그림은 고체 (가)와 (나)의 구조를 모형으로 나타낸 것이다. (가)와 (나)는 각각 유리, 석영 중 하나이다.

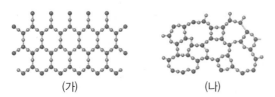

(가)   (나)

(가)와 (나)에 대한 설명으로 옳은 것만을 〈보기〉에서 있는 대로 고른 것은?

┌─ 보기 ┌
ㄱ. (가)는 석영이다.
ㄴ. (나)는 녹는점이 일정하다.
ㄷ. 결정성 고체는 (나)이다.
└──────────

① ㄱ   ② ㄷ   ③ ㄱ, ㄴ
④ ㄴ, ㄷ   ⑤ ㄱ, ㄴ, ㄷ

12 [20701-0095]
그림은 2가지 결정 (가)와 (나)의 구조를 모형으로 나타낸 것이다.

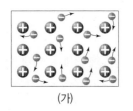

(가)   (나)

(가)와 (나)에 대한 설명으로 옳은 것만을 〈보기〉에서 있는 대로 고른 것은?

┌─ 보기 ┌
ㄱ. (가)는 금속 결정이다.
ㄴ. (나)는 결합을 구성하는 입자 사이에 전기적 인력이
    작용한다.
ㄷ. (가)와 (나)는 액체 상태에서 전기 전도성이 있다.
└──────────

① ㄱ   ② ㄷ   ③ ㄱ, ㄴ
④ ㄴ, ㄷ   ⑤ ㄱ, ㄴ, ㄷ

13 [20701-0096]
표는 일정한 압력에서 4가지 물질 (가)~(라)에 대한 자료이다. (가)~(라)는 각각 이온 결정, 분자 결정, 공유 결정, 금속 결정 중 하나에 해당하고, 표에서 전기 전도성이 있으면 '○', 전기 전도성이 없으면 '×'로 표시하였다.

물질	녹는점(℃)	전기 전도성	
		고체 상태	액체 상태
(가)	-97	×	×
(나)	98	○	㉠
(다)	801	㉡	○
(라)	1710	×	×

이에 대한 설명으로 옳은 것만을 〈보기〉에서 있는 대로 고른 것은?

┌─ 보기 ┌
ㄱ. (나)의 고체는 이온 결정이다.
ㄴ. (가)와 (라)는 구성 원자 사이의 화학 결합이 같다.
ㄷ. ㉠과 ㉡은 모두 '○'이다.
└──────────

① ㄱ   ② ㄴ   ③ ㄱ, ㄷ
④ ㄴ, ㄷ   ⑤ ㄱ, ㄴ, ㄷ

14 [20701-0097]
그림은 고체 (가)와 (나)에 힘을 가했을 때 (가)는 부서지고, (나)는 모양만 변형된 것을 나타낸 것이다. (가)와 (나)는 각각 금속 결정, 이온 결정 중 하나이다.

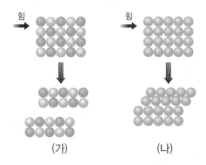

(가)   (나)

이에 대한 설명으로 옳은 것만을 〈보기〉에서 있는 대로 고른 것은?

┌─ 보기 ┌
ㄱ. (가)를 물에 녹인 수용액은 전기 전도성이 있다.
ㄴ. (나)는 광택이 있다.
ㄷ. 고체 상태에서 열전도성은 (가)가 (나)보다 크다.
└──────────

① ㄱ   ② ㄷ   ③ ㄱ, ㄴ
④ ㄴ, ㄷ   ⑤ ㄱ, ㄴ, ㄷ

15 [20701-0098] 그림은 고체 (가)~(다)의 결정 구조를 모형으로 나타낸 것이다.

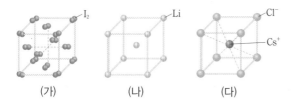

(가)   (나)   (다)

이에 대한 설명으로 옳은 것만을 〈보기〉에서 있는 대로 고른 것은?

┌─ 보기 ┌──────────────────────────────
ㄱ. (가)는 공유 결정이다.
ㄴ. (나)는 체심 입방 구조이다.
ㄷ. (다)는 단위 세포에 포함된 전체 이온 수가 2이다.
└────────────────────────────────────

① ㄱ   ② ㄷ   ③ ㄱ, ㄴ
④ ㄴ, ㄷ   ⑤ ㄱ, ㄴ, ㄷ

16 [20701-0099] 그림은 3가지 금속 (가)~(다)의 단위 세포를 모형으로 나타낸 것이다. (가)~(다)의 결정 구조는 각각 단순 입방 구조, 체심 입방 구조, 면심 입방 구조 중 하나이다.

(가)   (나)   (다)

이에 대한 설명으로 옳은 것만을 〈보기〉에서 있는 대로 고른 것은?

┌─ 보기 ┌──────────────────────────────
ㄱ. (가)의 결정 구조는 단순 입방 구조이다.
ㄴ. 단위 세포에 포함된 금속 원자의 수는 (나)가 (가)의 2
   배이다.
ㄷ. 한 원자를 둘러싸고 있는 가장 인접한 원자 수는 (다)
   가 (가)의 2배이다.
└────────────────────────────────────

① ㄱ   ② ㄷ   ③ ㄱ, ㄴ
④ ㄴ, ㄷ   ⑤ ㄱ, ㄴ, ㄷ

17 [20701-0100] 그림은 고체 XY의 결정 구조를 모형으로 나타낸 것이다. XY의 단위 세포는 한 변의 길이가 a인 정육면체이다.

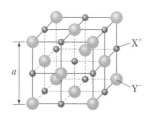

이에 대한 설명으로 옳은 것만을 〈보기〉에서 있는 대로 고른 것은? (단, X와 Y는 임의의 원소 기호이다.)

┌─ 보기 ┌──────────────────────────────
ㄱ. 단위 세포에 포함된 이온 수는 X^+이 Y^-보다 크다.
ㄴ. 1개의 X^+을 둘러싸고 있는 가장 인접한 Y^-의 수는
   6이다.
ㄷ. 1개의 Y^-을 둘러싸고 있는 가장 인접한 Y^-의 수는
   8이다.
└────────────────────────────────────

① ㄱ   ② ㄴ   ③ ㄱ, ㄷ
④ ㄴ, ㄷ   ⑤ ㄱ, ㄴ, ㄷ

18 [20701-0101] 그림은 고체 (가)의 결정 구조를 모형으로 나타낸 것이다. (가)의 단위 세포는 한 변의 길이가 a인 정육면체이다.

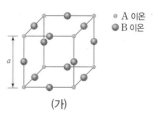

(가)

이에 대한 설명으로 옳은 것만을 〈보기〉에서 있는 대로 고른 것은? (단, A와 B는 임의의 원소 기호이다.)

┌─ 보기 ┌──────────────────────────────
ㄱ. 단위 세포에 포함된 A 이온 수는 1이다.
ㄴ. (가)의 화학식은 AB_3이다.
ㄷ. 1개의 A 이온을 둘러싸고 있는 가장 인접한 A 이온
   의 수는 6이다.
└────────────────────────────────────

① ㄱ   ② ㄷ   ③ ㄱ, ㄴ
④ ㄴ, ㄷ   ⑤ ㄱ, ㄴ, ㄷ

01 [20701-0102] 그림은 일정한 압력에서 같은 질량의 고체 X와 Y를 일정한 열원으로 각각 가열했을 때, 시간에 따른 온도를 나타낸 것이다.

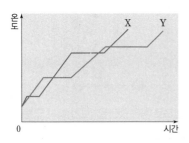

Y가 X보다 큰 값을 갖는 것으로 옳은 것만을 〈보기〉에서 있는 대로 고른 것은?

┌ 보기 ┌
ㄱ. 녹는점
ㄴ. 액체 분자 사이의 인력
ㄷ. 액체 상태에서 열용량

① ㄱ   ② ㄷ   ③ ㄱ, ㄴ
④ ㄴ, ㄷ   ⑤ ㄱ, ㄴ, ㄷ

02 [20701-0103] 그림 (가)는 H_2O 분자 사이의 결합 모형을, (나)는 H_2O 1 g의 온도에 따른 밀도를 나타낸 것이다.

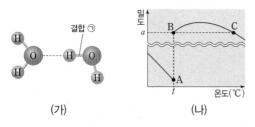

(가)   (나)

이에 대한 설명으로 옳은 것만을 〈보기〉에서 있는 대로 고른 것은?

┌ 보기 ┌
ㄱ. 분자 사이의 평균 거리는 A>B이다.
ㄴ. 결합 ㉠의 수는 B>C이다.
ㄷ. 같은 질량의 B의 물과 C의 물을 혼합한 물의 밀도는 a이다.

① ㄱ   ② ㄴ   ③ ㄱ, ㄷ
④ ㄴ, ㄷ   ⑤ ㄱ, ㄴ, ㄷ

03 [20701-0104] 그림 (가)는 t_1 ℃ 물 한 방울과 t_1 ℃ 액체 A 한 방울을 유리판 위에 떨어뜨린 것을, (나)는 t_2 ℃ 물 한 방울을 유리판 위와 액체 B 위에 떨어뜨린 것을 나타낸 것이다.

(가)   (나)

이에 대한 설명으로 옳은 것만을 〈보기〉에서 있는 대로 고른 것은? (단, (가)에서 물과 유리 사이에 작용하는 힘은 A와 유리 사이에 작용하는 힘과 동일하다고 가정한다.)

┌ 보기 ┌
ㄱ. t_1 ℃에서 표면 장력은 물>A(l)이다.
ㄴ. $t_2>t_1$이다.
ㄷ. 물과 B 사이에 작용하는 힘은 물과 유리 사이에 작용하는 힘보다 크다.

① ㄱ   ② ㄷ   ③ ㄱ, ㄴ
④ ㄴ, ㄷ   ⑤ ㄱ, ㄴ, ㄷ

04 [20701-0105] 그림은 진공인 용기에 액체를 넣고 평형 상태일 때 수은 기둥 높이 h를 구하는 과정을, 표는 이 과정에서 측정한 액체 X와 Y의 온도에 따른 수은 기둥 높이(h)를 나타낸 것이다.

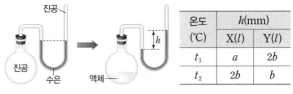

온도	h(mm)	
(℃)	X(l)	Y(l)
t_1	a	$2b$
t_2	$2b$	b

이에 대한 설명으로 옳은 것만을 〈보기〉에서 있는 대로 고른 것은? (단, X와 Y의 온도에 따른 증기 압력 곡선은 교차하지 않고, a와 b는 0보다 크다.)

┌ 보기 ┌
ㄱ. $t_2>t_1$이다.
ㄴ. t_1 ℃에서 액체의 증기 압력은 X>Y이다.
ㄷ. 기준 끓는점은 X가 Y보다 높다.

① ㄱ   ② ㄴ   ③ ㄱ, ㄷ
④ ㄴ, ㄷ   ⑤ ㄱ, ㄴ, ㄷ

05 [20701-0106] 표는 철, 얼음, 석영, 염화 칼슘을 기준에 따라 분류한 결과를 나타낸 것이다.

기준	예	아니요
구성 원소에 비금속 원소가 있는가?	(가)	
고체 상태에서 전기 전도성이 있는가?	(나)	

(가)와 (나)에 해당하는 물질의 가짓수는?

	(가)	(나)
①	1	2
②	2	1
③	2	2
④	3	1
⑤	3	2

06 [20701-0107] 그림은 구리(Cu)와 염화 나트륨(NaCl)의 결정 구조를 모형으로 나타낸 것이다.

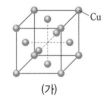 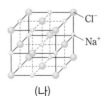

(가)　　　　　(나)

이에 대한 설명으로 옳은 것만을 〈보기〉에서 있는 대로 고른 것은?

┌─ 보기 ┐
ㄱ. (가)는 면심 입방 구조이다.
ㄴ. (나)에서 1개의 Na^+을 둘러싸고 있는 가장 인접한 Na^+의 수는 12이다.
ㄷ. (가)에서 단위 세포에 포함된 Cu의 수와 (나)에서 단위 세포에 포함된 Cl^-의 수는 같다.
└──────┘

① ㄱ　　　　② ㄷ　　　　③ ㄱ, ㄴ
④ ㄴ, ㄷ　　　⑤ ㄱ, ㄴ, ㄷ

07 [20701-0108] 그림은 금속 X와 Y 결정의 단위 세포 모형과 단위 세포의 면을 나타낸 것이다. X와 Y의 결정 구조는 각각 단순 입방 구조, 체심 입방 구조, 면심 입방 구조 중 하나이다.

X와 Y의 결정 구조는?

	X	Y
①	단순 입방 구조	체심 입방 구조
②	단순 입방 구조	면심 입방 구조
③	체심 입방 구조	단순 입방 구조
④	체심 입방 구조	면심 입방 구조
⑤	면심 입방 구조	단순 입방 구조

08 [20701-0109] 그림은 고체 (가)의 결정 구조를 모형으로 나타낸 것이다. (가)의 단위 세포는 한 변의 길이가 a인 정육면체이다.

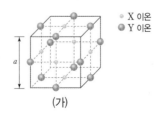

(가)

(가)의 화학식은? (단, X와 Y는 임의의 원소 기호이다.)

① XY　　　② XY_2　　　③ XY_3
④ X_2Y　　⑤ X_3Y

4 용액의 농도와 총괄성

- 퍼센트 농도, ppm 농도, 몰랄 농도의 의미를 이해하고, 여러 가지 농도의 용액 만들기
- 묽은 용액의 증기압 내림, 끓는점 오름, 어는점 내림을 이해하고, 일상생활의 예 찾아보기
- 삼투 현상을 관찰하고, 삼투압 설명하기

한눈에 단원 파악, 이것이 핵심!

몰 농도 이외에 용액의 농도를 나타내는 방법이 있을까?

퍼센트 농도	ppm 농도	몰랄 농도
용액 100 g 속에 녹아 있는 용질의 질량(g)	용액 10^6 g 속에 녹아 있는 용질의 질량(g)	용매 1 kg 속에 녹아 있는 용질의 양(mol)
퍼센트 농도(%)= $\dfrac{\text{용질의 질량(g)}}{\text{용액의 질량(g)}} \times 100$	ppm 농도(ppm)= $\dfrac{\text{용질의 질량(g)}}{\text{용액의 질량(g)}} \times 10^6$	몰랄 농도(m)= $\dfrac{\text{용질의 양(mol)}}{\text{용매의 질량(kg)}}$

물에 비휘발성, 비전해질 용질을 녹이면 성질이 어떻게 바뀔까?

증기압 내림	끓는점 오름
비휘발성, 비전해질 용질이 녹아 있는 묽은 용액의 증기압 내림(ΔP)은 용질의 몰 분율($X_{용질}$)에 비례한다.	비휘발성, 비전해질 용질이 녹아 있는 묽은 용액의 끓는점 오름(ΔT_b)은 용질의 종류와 관계없이 용액의 몰랄 농도(m)에 비례한다.
$\Delta P = P_{용매} \times X_{용질}$	$\Delta T_b = K_b \times m$ (K_b: 몰랄 오름 상수)

어는점 내림	삼투압
비휘발성, 비전해질 용질이 녹아 있는 묽은 용액의 어는점 내림(ΔT_f)은 용질의 종류와 관계없이 용액의 몰랄 농도(m)에 비례한다.	비휘발성, 비전해질 용질이 녹아 있는 묽은 용액의 삼투압(π)은 용매나 용질의 종류와 관계없이 용액의 몰 농도(C)와 절대 온도(T)에 비례한다.
$\Delta T_f = K_f \times m$ (K_f: 몰랄 내림 상수)	$\pi = CRT$ (R: 기체 상수)

01 용액의 농도

¹ 퍼센트 농도와 ppm 농도

(1) 퍼센트 농도: 퍼센트 농도는 일상생활 속에서 가장 많이 사용하는 용액의 농도이다.

① 용액 100 g 속에 녹아 있는 용질의 질량(g)을 나타낸다.

$$퍼센트\ 농도(\%) = \frac{용질의\ 질량(g)}{용액의\ 질량(g)} \times 100$$

② 단위는 %(퍼센트)를 사용한다.

③ 용질의 질량과 용액의 질량은 온도에 따라 변하지 않으므로 퍼센트 농도는 온도의 영향을 받지 않는다.

(2) ❶ppm 농도: ppm 농도는 주로 용매에 비해 용질의 질량이 매우 작을 때 사용한다.

① 용액 10^6 g 속에 녹아 있는 용질의 질량(g)을 나타낸다.

$$ppm\ 농도(ppm) = \frac{용질의\ 질량(g)}{용액의\ 질량(g)} \times 10^6$$

② 물이나 공기에 미량으로 들어 있는 수질 오염 물질, 대기 오염 물질은 ppm 농도로 나타내면 편리하다.

(3) 퍼센트 농도와 ppm 농도 비교

① 1 kg의 강물에 0.001 g의 산소가 녹아 있을 때, ❷용존 산소량을 퍼센트 농도로 나타내면 $\frac{0.001\,g}{1000\,g} \times 100 = 0.0001\,\%$이고, ppm 농도로 나타내면 $\frac{0.001\,g}{1000\,g} \times 10^6 = 1\ ppm$이다. 따라서 용매에 비해 용질의 질량이 매우 작을 때에는 ppm 농도를 사용하는 것이 편리하다.

② 100 g의 공기에 74 g의 질소가 들어 있을 때, 질소의 농도를 퍼센트 농도로 나타내면 $\frac{74\,g}{100\,g} \times 100 = 74\,\%$이고, ppm 농도로 나타내면 $\frac{74\,g}{100\,g} \times 10^6 = 740000\ ppm$이다. 따라서 용매에 비해 용질의 질량이 매우 작지 않을 때에는 퍼센트 농도를 사용하는 것이 편리하다.

² 몰랄 농도

(1) 몰랄 농도

① 용매 1 kg 속에 녹아 있는 용질의 양(mol)을 나타낸다.

$$몰랄\ 농도(m) = \frac{용질의\ 양(mol)}{용매의\ 질량(kg)}$$

② 단위는 m 또는 mol/kg을 사용한다.

③ 용액의 몰랄 농도와 용매의 질량을 이용하여 용액에 녹아 있는 용질의 양(mol)을 알 수 있다.

$$용질의\ 양(mol) = 몰랄\ 농도(mol/kg) \times 용매의\ 질량(kg)$$

❶ ppm
ppm은 parts per million의 약자로, 1000000분의 1을 의미한다.

❷ 용존 산소량(DO)
DO는 dissolved oxygen의 약자로, 물속에 녹아 있는 산소의 양을 의미한다. 수질 오염의 지표로 이용된다.

(2) ❶몰 농도와 몰랄 농도의 비교

① 몰 농도는 용액의 부피를 기준으로 나타낸다. 반면, 몰랄 농도는 용매의 질량을 기준으로 나타내고, 용액이 아닌 용매임에 유의한다.

② 용액의 부피가 온도에 따라 달라지므로 몰 농도는 온도의 영향을 받는다. 반면, 용매의 질량과 용질의 양(mol)은 온도에 따라 달라지지 않으므로 몰랄 농도는 온도의 영향을 받지 않는다.

(3) 몰랄 농도의 이용: 몰랄 농도는 온도에 따라 변하지 않으므로 ❷끓는점 오름, ❸어는점 내림과 같이 온도가 변하는 경우에 주로 사용한다.

③ 농도의 환산

목적에 맞게 용액의 농도를 환산하여 사용할 수 있다.

(1) 퍼센트 농도를 몰랄 농도로 환산

> **예** 용질(HCl)의 분자량을 알면 35 % 염산의 몰랄 농도를 구할 수 있다.
>
> ① 35 % 염산에서 용질(HCl)과 용매(물)의 질량 구하기: 35 % 염산의 질량이 100 g이라면 녹아 있는 HCl의 질량은 35 g이고, 물의 질량은 100 g－35 g＝65 g이다.
>
> ② 용질(HCl)의 양(mol) 구하기: HCl의 분자량은 36.5이므로 HCl 35 g은 $\frac{35 \text{ g}}{36.5 \text{ g/mol}} \fallingdotseq 0.959 \text{ mol}$이다.
>
> ③ 몰랄 농도 계산하기: 몰랄 농도(m)＝$\frac{0.959 \text{ mol}}{0.065 \text{ kg}} \fallingdotseq 14.8 \; m$이다.

(2) 몰랄 농도를 퍼센트 농도로 환산

> **예** 용질(포도당)의 분자량을 알면 1 m 포도당 수용액의 퍼센트 농도를 구할 수 있다.
>
> ① 1 m 포도당 수용액에서 용질(포도당)의 양(mol)과 용매(물)의 질량 구하기: 1 m 포도당 수용액에 들어 있는 용매(물)의 질량이 1 kg이라면 용질(포도당)의 양은 1몰이다.
>
> ② 용질(포도당)의 질량 구하기: 포도당($C_6H_{12}O_6$)의 분자량은 180이므로 포도당 1몰의 질량은 1 mol × 180 g/mol＝180 g이다.
>
> ③ 퍼센트 농도 계산하기: 퍼센트 농도(%)＝$\frac{\text{포도당 } 180 \text{ g}}{\text{물 } 1000 \text{ g} + \text{포도당 } 180 \text{ g}} \times 100 \fallingdotseq 15.3$ %이다.

THE 들여다보기 **몰 농도를 퍼센트 농도와 몰랄 농도로 환산**

① 몰 농도를 퍼센트 농도와 몰랄 농도로 환산하기 위해서는 용질의 화학식량(분자량)과 용액의 밀도를 알아야 한다.

② 용액의 부피를 1 L로 가정하고 계산하면 편리하다.

③ 시판되는 35 % 염산의 밀도는 1.18 g/mL이고, 98 % 진한 황산의 밀도는 1.84 g/mL이다.

[밀도가 1.02 g/mL인 0.1 M NaOH 수용액의 퍼센트 농도와 몰랄 농도 구하기]

수용액의 부피를 1 L라고 가정하면, 용질(NaOH)의 양은 0.1몰이고, 수용액의 질량은 $1000 \text{ mL} \times \frac{1.02 \text{ g}}{1 \text{ mL}} = 1020 \text{ g}$이다. NaOH의 화학식량은 40이므로 용질(NaOH)의 질량은 $0.1 \text{ mol} \times \frac{40 \text{ g}}{1 \text{ mol}} = 4 \text{ g}$이고, 용매(물)의 질량은 1020 g－4 g＝1016 g이다.

- 퍼센트 농도(%)＝$\frac{\text{NaOH } 4 \text{ g}}{\text{수용액 } 1020 \text{ g}} \times 100 \fallingdotseq 0.39$ %

- 몰랄 농도(m)＝$\frac{\text{NaOH } 0.1 \text{ mol}}{\text{물 } 1.016 \text{ kg}} \fallingdotseq 0.098 \; m$

1. 퍼센트 농도(%)=$\dfrac{\text{용질의 질량(g)}}{(\quad\quad)\text{의 질량(g)}}\times 100$이다.

2. 물 97 g에 $NaCl(s)$ 3 g이 녹아 있는 $NaCl(aq)$의 퍼센트 농도는 (　　　) %이다.

3. 1 % 설탕 수용액 100 g에 녹아 있는 설탕의 질량은 (　　　) g이다.

4. ppm 농도는 용액 (　　　) g 속에 녹아 있는 용질의 질량(g)을 나타낸 것이다.

5. 몰랄 농도는 용매 (　　　) 속에 녹아 있는 용질의 양 (mol)을 나타낸다.

6. 몰랄 농도의 단위는 (　　　) 또는 mol/kg을 사용한다.

7. 0.1 M 설탕 수용액의 퍼센트 농도를 구하기 위해서는 설탕의 (　　　)과 수용액의 (　　　)를 알아야 한다.

둘 중에 고르기

8. ppm 농도는 주로 (용액 , 용질)에 비해 (용액 , 용질)의 질량이 매우 작을 때 사용한다.

9. 몰 농도는 온도에 따라 (변한 , 변하지 않는)다.

단답형 문제

10. 몰 농도, 퍼센트 농도, 몰랄 농도 중 일상생활에서 가장 많이 사용하는 용액의 농도를 고르시오.

11. 몰 농도, 몰랄 농도 중 끓는점 오름, 어는점 내림과 같이 온도가 변하는 경우에 사용하는 용액의 농도를 고르시오.

정답 1. 용액 2. 3 3. 1 4. 10^6 5. 1 kg 6. m 7. 분자량, 밀도 8. 용액, 용질 9. 변한 10. 퍼센트 농도 11. 몰랄 농도

○X 문제

1. 용액의 농도에 대한 설명으로 옳은 것은 ○, 옳지 <u>않은</u> 것은 ×로 표시하시오.

(1) 퍼센트 농도는 온도가 높을수록 커진다. (　　　)

(2) ppm은 parts per million의 약자로, 1000000 분의 1을 의미한다. (　　　)

(3) 몰랄 농도(m)=$\dfrac{\text{용질의 양(mol)}}{\text{용매의 질량(kg)}}$이다. (　　　)

(4) 물 1000 g에 분자량이 180인 포도당 18 g이 녹아 있는 포도당 수용액의 몰랄 농도는 18 m이다. (　　　)

(5) 몰랄 농도는 온도의 영향을 받지 않는다. (　　　)

(6) 용액에 녹아 있는 용질의 양(mol)=몰랄 농도 (mol/kg)×용액의 질량(kg)이다. (　　　)

(7) 몰 농도는 용액 1 L 속에 녹아 있는 용질의 양 (mol)을 나타낸다. (　　　)

(8) 몰 농도의 단위는 mol/kg을 사용한다. (　　　)

(9) 몰 농도가 온도의 영향을 받는 이유는 온도에 따라 용질의 양(mol)이 달라지기 때문이다. (　　　)

2. 농도의 환산에 대한 설명으로 옳은 것은 ○, 옳지 <u>않은</u> 것은 ×로 표시하시오.

(1) ppm 농도를 퍼센트 농도로 환산하기 위해서는 다른 자료가 필요 없다. (　　　)

(2) 용질인 HCl의 분자량을 알면 35 % 염산의 몰랄 농도를 구할 수 있다. (　　　)

(3) 1 m 포도당 수용액의 퍼센트 농도를 구하기 위해서는 용매인 물의 분자량이 필요하다. (　　　)

정답 1. (1) × (2) ○ (3) ○ (4) × (5) ○ (6) × (7) ○ (8) × (9) × 2. (1) ○ (2) ○ (3) ×

02 묽은 용액의 성질

❶ 비휘발성 용질
증발되지 않는 용질로, 포도당, 설탕, 염화 나트륨 등이 이에 해당한다.

❷ 증기 압력
액체의 증발 속도와 기체의 응축 속도가 같아지는 동적 평형 상태에 도달하였을 때 기체가 나타내는 압력을 증기 압력이라 하고, 증기압이라고도 한다.

❸ 라울
(Raoult, F. M.,1830~1901)
프랑스의 과학자

❹ 비휘발성, 비전해질 용질
비휘발성이면서 비전해질인 용질로 포도당, 설탕 등이 이에 해당한다.

❺ 몰 분율
균일한 혼합물에서 각 성분의 양(mol)을 혼합물의 전체 양(mol)으로 나눈 값이다. 각 성분의 몰 분율을 모두 더하면 1이 된다.

❻ 증기압 내림
$\Delta P = P_{용매} - P_{용액}$
$\quad = P_{용매} - P_{용매} \times X_{용매}$
$\quad = P_{용매} \times (1 - X_{용매})$
$\quad = P_{용매} \times X_{용질}$

1 증기압 내림

(1) 묽은 용액의 증기압 내림: ❶비휘발성 용질이 녹아 있는 용액의 ❷증기 압력은 순수한 용매의 증기 압력보다 작다.

① 증기압 내림(ΔP): 용매의 증기 압력($P_{용매}$)과 용액의 증기 압력($P_{용액}$)의 차를 말한다.

$$\Delta P = P_{용매} - P_{용액}$$

② 용액의 경우 비휘발성 용질 입자 때문에 용액의 표면에서 증발할 수 있는 용매 입자 수가 순수한 용매의 경우에 비해 작으므로 증기압 내림이 나타난다.

(2) 라울 법칙

① ❸라울 법칙: ❹비휘발성, 비전해질 용질이 녹아 있는 묽은 용액의 증기 압력($P_{용액}$)은 용매의 ❺몰 분율($X_{용매}$)에 비례한다.

$$P_{용액} = P_{용매} \times X_{용매}$$

② 증기압 내림(ΔP): 묽은 용액의 ❻증기압 내림(ΔP)은 용질의 몰 분율($X_{용질}$)에 비례한다.

$$\Delta P = P_{용매} \times X_{용질}$$

③ 용액의 농도가 클수록 용질의 몰 분율도 커지므로 증기압 내림도 커진다.

(3) 일상생활에서 증기압 내림
- 바닷물에 젖은 옷을 그대로 말리는 것보다 수돗물에 헹군 후 말리는 것이 더 빨리 마른다.
- 바닥에 흘린 같은 질량의 물과 주스 중 물이 먼저 마른다.

2 끓는점 오름과 어는점 내림

비휘발성 용질이 녹아 있는 용액의 끓는점은 용매보다 높고, 용액의 어는점은 용매보다 낮다.

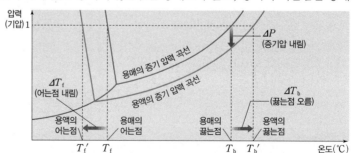

(1) 묽은 용액의 끓는점 오름: 비휘발성 용질이 녹아 있는 용액의 증기 압력은 용매의 증기 압력 보다 작으므로 용액은 순수한 용매보다 끓는점이 높다.

① 끓는점 오름(ΔT_b): 용액의 끓는점($T_b{}'$)과 용매의 끓는점(T_b)의 차를 말한다.

$$\Delta T_b = T_b{}' - T_b$$

② 비휘발성, 비전해질 용질이 녹아 있는 묽은 용액의 끓는점 오름(ΔT_b)은 용질의 종류와 관계없이 용액의 몰랄 농도(m)에 비례한다.

$$\Delta T_b = K_b \times m$$

③ K_b는 ❶몰랄 오름 상수이며, $1\,m$ 용액의 끓는점 오름에 해당한다.

❶ 1기압에서 여러 가지 용매의 끓는점과 몰랄 오름 상수(K_b)

용매	끓는점 (℃)	K_b (℃/m)
물	100	0.52
벤젠	80.1	2.64
에탄올	78.4	1.22
아세트산	117.9	3.22

(2) 일상생활에서 끓는점 오름

- 자동차 냉각수로 물보다 에틸렌 글리콜 수용액인 부동액을 사용하면 엔진의 열에도 잘 끓어 넘치지 않는다.
- 찌개는 물보다 더 높은 온도에서 끓는다.

(3) 묽은 용액의 어는점 내림: 비휘발성 용질이 녹아 있는 용액에서 용질 입자들이 용매가 어는 것을 방해하므로 용액은 순수한 용매보다 어는점이 낮다.

① 어는점 내림(ΔT_f): 용매의 어는점(T_f)과 용액의 어는점($T_f{}'$)의 차를 말한다.

$$\Delta T_f = T_f - T_f{}'$$

② 비휘발성, 비전해질 용질이 녹아 있는 묽은 용액의 어는점 내림(ΔT_f)은 용질의 종류와 관계없이 용액의 몰랄 농도(m)에 비례한다.

$$\Delta T_f = K_f \times m$$

③ K_f는 ❷몰랄 내림 상수이며, $1\,m$ 용액의 어는점 내림에 해당한다.

❷ 1기압에서 여러 가지 용매의 어는점과 몰랄 내림 상수(K_f)

용매	어는점 (℃)	K_f (℃/m)
물	0	1.86
벤젠	5.5	5.07
에탄올	−114.7	1.99
아세트산	16.6	3.63

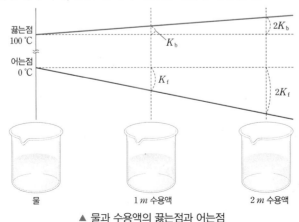

▲ 물과 수용액의 끓는점과 어는점

(4) 일상생활에서 어는점 내림

- 겨울에 간장이 물보다 잘 얼지 않는다.
- 바닷물이 강물보다 잘 얼지 않는다.
- 겨울철 자동차 냉각수로 물 대신 에틸렌 글리콜 수용액인 부동액을 사용하여 냉각수가 어는 것을 방지한다.
- 눈이 쌓인 도로에 염화 칼슘을 뿌리면 눈이 녹은 물이 잘 얼어붙지 않는다.

3 삼투 현상과 삼투압

(1) 삼투 현상

① ❶반투막: 크기가 작은 용매 입자는 통과하고 크기가 큰 용질 입자는 통과하지 못하는 막이다.

② ❷삼투 현상: 반투막을 사이에 두고 농도가 서로 다른 용액이 있을 때, 농도가 작은 쪽에서 큰 쪽으로 용매가 이동하는 현상이다.

③ 일상생활에서 삼투 현상
- 배추에 소금을 뿌리면 배추의 숨이 죽는다.
- 오이를 소금물에 넣어 오이지를 만들 때 오이가 쪼그라든다.

(2) 삼투압

① 삼투압: 반투막을 사이에 두고 용매와 용액이 있을 때 삼투 현상을 막기 위해 용액 쪽에 가해 주어야 하는 최소의 압력이다.

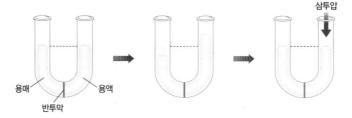

② ❸반트 호프 법칙: 비휘발성, 비전해질 용질이 녹아 있는 묽은 용액의 삼투압(π)은 용매나 용질의 종류와 관계없이 용액의 몰 농도(C)와 절대 온도(T)에 비례한다.

$$\pi = CRT \ (R\text{은 기체 상수})$$

③ ❹역삼투를 이용하여 물을 정수할 수 있다.

4 묽은 용액의 총괄성

묽은 용액의 증기압 내림, 끓는점 오름, 어는점 내림, 삼투압은 용질의 종류와 관계없이 용질의 입자 수에만 비례하는데, 이러한 성질을 묽은 용액의 총괄성이라고 한다.

좌측 여백 노트:

❶ 반투막의 예
세포막, 달걀 속껍질, 셀로판지

❷ 반투막에서 삼투 현상
크기가 큰 용질 입자는 반투막을 통과하지 못한다. 농도가 작은 용액에서 큰 용액으로 이동하는 용매 입자의 수가 농도가 큰 용액에서 작은 용액으로 이동하는 용매 입자의 수보다 크다.

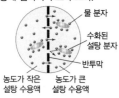

물 분자 / 수화된 설탕 분자 / 반투막
농도가 작은 설탕 수용액 / 농도가 큰 설탕 수용액

❸ 반트 호프(van't Hoff, J. H., 1852~1911)
네덜란드의 과학자

❹ 역삼투
반투막을 사이에 두고 농도가 큰 수용액과 물이 있을 때, 농도가 큰 수용액에 삼투압보다 더 높은 압력을 가하면 반투막을 통과하여 물이 정수된다.

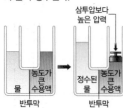

삼투압보다 높은 압력
농도가 큰 수용액 / 물 / 정수된 물 / 농도가 큰 수용액
반투막 / 반투막

🧁 THE 들여다보기 **끓는점 오름 또는 어는점 내림으로 용질의 분자량 구하기**

1. 끓는점 오름 또는 어는점 내림을 측정하여 몰랄 농도를 구하고, 이를 이용하여 용질의 양(mol)을 계산할 수 있다.
2. 용질의 양(mol)과 사용한 용질의 질량을 이용하여 용질의 분자량을 구할 수 있다.
3. 증기압 내림과 삼투압을 이용해도 분자량을 구할 수 있다.

- 몰랄 오름 상수가 K_b ℃/m인 용매 W g에 비휘발성, 비전해질 용질 w g이 녹아 있는 용액의 끓는점 오름이 ΔT_b ℃일 때 용질의 분자량(M)은 다음과 같다.

$$M = \frac{K_b \times w \times 1000}{\Delta T_b \times W}$$

개념체크

빈칸 완성

1. 용매의 증기 압력과 용액의 증기 압력의 차를 용액의 ( )이라고 한다.

2. 바닥에 흘린 같은 질량의 물과 주스 중 ( )이 먼저 마르는 것을 증기압 내림으로 설명할 수 있다.

3. K_b는 ( )라고 하며, $1\ m$ 용액의 끓는점 오름에 해당한다.

4. 크기가 작은 용매 입자는 통과할 수 있지만 크기가 큰 용질 입자는 통과하지 못하는 막을 ( )이라고 한다.

5. 반투막을 사이에 두고 용매와 용액이 있을 때 삼투 현상을 막기 위해 용액 쪽에 가해 주어야 하는 최소의 압력을 ( )이라고 한다.

6. 묽은 용액의 증기압 내림, 끓는점 오름, 어는점 내림, 삼투압은 용질의 종류와 관계없이 용질의 입자 수에만 비례하는데, 이러한 성질을 묽은 용액의 ( )이라고 한다.

둘 중에 고르기

7. 비휘발성 용질이 녹아 있는 용액의 증기 압력은 용매의 증기 압력보다 (크 , 작)다.

8. 비휘발성 용질 입자 때문에 용액의 표면에서 증발할 수 있는 용매 입자 수가 용매에 비해 (크 , 작으)므로 증기압 내림이 나타난다.

9. 비휘발성, 비전해질 용질이 녹아 있는 묽은 용액의 증기 압력은 (용매 , 용질)의 몰 분율에 비례한다.

10. 비휘발성 용질이 녹아 있는 용액의 증기 압력은 순수한 용매의 증기 압력보다 작으므로 용액이 용매보다 더 (높은 , 낮은) 온도에서 끓는다.

11. 용액의 끓는점과 용매의 끓는점의 차를 용액의 끓는점 (오름 , 내림)이라고 한다.

12. 비휘발성 용질이 녹아 있는 용액에서 용질 입자들이 용매가 어는 것을 방해하므로 용액은 용매보다 어는점이 (높 , 낮)다.

정답 **1.** 증기압 내림 **2.** 물 **3.** 몰랄 오름 상수 **4.** 반투막 **5.** 삼투압 **6.** 총괄성 **7.** 작 **8.** 작으 **9.** 용매 **10.** 높은 **11.** 오름 **12.** 낮

○X 문제

1. 증기압 내림에 대한 설명으로 옳은 것은 ○, 옳지 <u>않은</u> 것은 ×로 표시하시오.

(1) 염화 나트륨은 비휘발성이면서 비전해질인 용질이다. ( )

(2) 비휘발성, 비전해질 용질이 녹아 있는 묽은 용액의 증기압 내림은 용질의 몰 분율에 비례한다. ( )

(3) 용액의 농도가 클수록 용질의 몰 분율도 커지므로 증기압 내림은 작아진다. ( )

2. 끓는점 오름과 어는점 내림에 대한 설명으로 옳은 것은 ○, 옳지 <u>않은</u> 것은 ×로 표시하시오.

(1) 비휘발성, 비전해질 용질이 녹아 있는 묽은 용액의

끓는점 오름은 용질의 종류와 관계없이 용액의 몰랄 농도에 비례한다. ( )

(2) 몰랄 내림 상수(K_f)는 $1\ M$ 용액의 어는점 내림에 해당한다. ( )

3. 삼투 현상에 대한 설명으로 옳은 것은 ○, 옳지 <u>않은</u> 것은 ×로 표시하시오.

(1) 반투막을 사이에 두고 농도가 서로 다른 용액이 있을 때, 농도가 큰 쪽에서 작은 쪽으로 용질이 이동하는 현상을 삼투 현상이라고 한다. ( )

(2) 세포막은 반투막에 해당한다. ( )

(3) 묽은 용액의 삼투압은 용액의 몰 농도와 절대 온도에 비례한다. ( )

정답 **1.** (1) × (2) ○ (3) × **2.** (1) ○ (2) × **3.** (1) × (2) ○ (3) ○

탐구 활동 여러 가지 농도의 용액 만들기

정답과 해설 19쪽

목표

1 %, 1000 ppm, 1 *m* 포도당 수용액을 만들 수 있다.

과정

[실험 Ⅰ] 1 % 포도당 수용액 만들기

1. 전자저울에 비커를 올려놓고 영점을 맞춘다.

2. 저울 위의 비커에 포도당 1 g을 넣는다.

3. 2의 비커에 물 99 g을 넣고 혼합한다.

포도당 1 g
+
물 99 g

[실험 Ⅱ] 1000 ppm 포도당 수용액 만들기

1. 전자저울에 비커를 올려놓고 영점을 맞춘다.

2. 저울 위의 비커에 포도당 0.1 g을 넣는다.

3. 2의 비커에 물 99.9 g을 넣고 혼합한다.

포도당 0.1 g
+
물 99.9 g

[실험 Ⅲ] 1 *m* 포도당 수용액 만들기

1. 전자저울에 비커를 올려놓고 영점을 맞춘다.

2. 저울 위의 비커에 포도당 18 g을 넣는다.

3. 2의 비커에 물 100 g을 넣고 혼합한다.

포도당 18 g
+
물 100 g

결과 정리 및 해석

1. [실험 Ⅰ]에서 만든 용액의 퍼센트 농도 구하기

$$\text{퍼센트 농도} = \frac{\text{용질의 질량(g)}}{\text{용액의 질량(g)}} \times 100 = \frac{\text{용질의 질량(g)}}{\text{용매의 질량(g)} + \text{용질의 질량(g)}} \times 100$$

$$= \frac{1 \text{ g}}{99 \text{ g} + 1 \text{ g}} \times 100 = 1 \text{ \%이다.}$$

2. [실험 Ⅱ]에서 만든 용액의 ppm 농도 구하기

$$\text{ppm 농도} = \frac{\text{용질의 질량(g)}}{\text{용액의 질량(g)}} \times 10^6 = \frac{\text{용질의 질량(g)}}{\text{용매의 질량(g)} + \text{용질의 질량(g)}} \times 10^6$$

$$= \frac{0.1 \text{ g}}{99.9 \text{ g} + 0.1 \text{ g}} \times 10^6 = 1000 \text{ ppm이다.}$$

3. [실험 Ⅲ]에서 만든 용액의 몰랄 농도 구하기

포도당의 분자량은 180이므로 포도당 18 g은 $\dfrac{18 \text{ g}}{180 \text{ g/mol}} = 0.1 \text{ mol}$이다. 따라서 [실험 Ⅲ]에서 만든 용액의 몰랄 농도

$$= \frac{\text{용질의 양(mol)}}{\text{용매의 질량(kg)}} = \frac{0.1 \text{ mol}}{0.1 \text{ kg}} = 1 \text{ }m\text{이다.}$$

탐구 분석

1. 위에서 만든 3가지 포도당 수용액의 퍼센트 농도를 비교하시오.

2. 1 %, 1000 ppm, 1 *m* 포도당 수용액은 온도 변화에 따라 농도가 달라질까?

목표

어는점 내림을 통해 비휘발성, 비전해질인 용질의 분자량을 구할 수 있다.

과정

1. 그림과 같이 장치하고 물 20 mL를 시험관에 넣는다.

2. 물을 젓개로 저어 주면서 온도계를 이용하여 시간에 따른 물의 온도를 측정한다.
3. 물 대신 물 100 g에 비휘발성, 비전해질 용질 X 3 g을 녹인 수용액 A를 이용하여, 과정 1과 2를 반복한다.

결과 정리 및 해석

1. 물과 수용액 A에서 시간에 따른 온도 변화

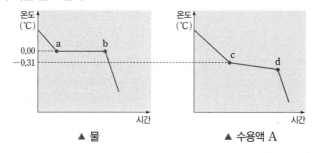

▲ 물   ▲ 수용액 A

2. 물은 a점에서 b점까지 온도가 일정하게 유지되지만, 수용액 A에서는 c점에서 d점까지 어는점이 계속 낮아진다.
   ➡ 수용액 A에서는 물만 얼면서 수용액의 농도가 점점 진해지므로 어는점 내림이 더 커지기 때문이다.

탐구 분석

3. 수용액 A에서 어는점 내림을 구하시오.
4. X의 분자량(M)을 구하시오. (단, 물의 몰랄 내림 상수 $K_f = 1.86 \, ℃/m$이다.)

01 [20701-0110]
물 90 g에 설탕 10 g을 모두 녹여 용액 A를 만들었다. A의 퍼센트 농도(%)는?

① $\frac{1}{10}$ ② $\frac{1}{9}$ ③ 1

④ $\frac{10}{9}$ ⑤ 10

02 [20701-0111]
퍼센트 농도에 대한 설명으로 옳은 것만을 〈보기〉에서 있는 대로 고른 것은?

┌─ 보기 ┌
ㄱ. $\frac{용질의\ 질량(g)}{용매의\ 질량(g)} \times 100$이다.

ㄴ. $\frac{1}{100}$ %인 용액의 ppm 농도는 100 ppm이다.

ㄷ. 용액의 온도가 높아져도 농도가 변하지 않는다.

① ㄱ   ② ㄴ   ③ ㄱ, ㄷ

④ ㄴ, ㄷ   ⑤ ㄱ, ㄴ, ㄷ

03 [20701-0112]
5 % 포도당 수용액 200 g에 녹아 있는 포도당의 질량(g)은?

① 2   ② 5   ③ 10

④ 20   ⑤ 25

04 [20701-0113]
지하수에 포함된 철의 농도가 0.03 ppm이었다. 이를 퍼센트 농도(%)로 환산하면?

① 0.000003   ② 0.0003   ③ 0.3

④ 3   ⑤ 30

05 [20701-0114]
강물 10^5 g 속에 산소(O_2) 0.7 g이 녹아 있다. 이 강물의 용존 산소량(ppm)은?

① 0.07   ② 0.7   ③ 7

④ 70   ⑤ 700

06 [20701-0115]
몰랄 농도에 대한 설명으로 옳은 것만을 〈보기〉에서 있는 대로 고른 것은?

┌─ 보기 ┌
ㄱ. $\frac{용질의\ 양(mol)}{용액의\ 질량(kg)}$이다.

ㄴ. 1 m 설탕 수용액 1 kg에 들어 있는 설탕의 양(mol)은 1몰보다 작다.

ㄷ. 용액의 온도가 높아져도 농도가 변하지 않는다.

① ㄱ   ② ㄴ   ③ ㄱ, ㄷ

④ ㄴ, ㄷ   ⑤ ㄱ, ㄴ, ㄷ

07 [20701-0116] 물 1000 g에 설탕 34.2 g을 모두 녹여 용액 A를 만들었다. A의 몰랄 농도(m)는? (단, 설탕의 분자량은 342이다.)

① 0.1 　　② 1 　　③ 3.42
④ 34.2 　　⑤ 342

10 [20701-0119] 35 % HCl(aq)의 몰 농도(M)는? (단, HCl의 분자량은 36.5이고, 35 % HCl(aq)의 밀도는 1.18 g/mL이다.)

① $\dfrac{7}{2}$ 　　② $\dfrac{700}{73}$ 　　③ $\dfrac{7000}{949}$
④ $\dfrac{826}{73}$ 　　⑤ $\dfrac{14000}{949}$

11 [20701-0120] 증기 압력과 증기압 내림에 대한 설명으로 옳은 것만을 〈보기〉에서 있는 대로 고른 것은? (단, 용질은 비휘발성이다.)

┌ 보기 ┐
ㄱ. 증기 압력은 액체의 증발 속도와 기체의 응축 속도가 같아졌을 때 기체가 나타내는 압력이다.
ㄴ. 용액의 경우 용질 입자 때문에 표면에서 증발할 수 있는 용매 입자 수가 순수한 용매에 비해 크므로 증기압 내림이 나타난다.
ㄷ. 용액의 농도가 클수록 증기압 내림은 작아진다.

① ㄱ 　　② ㄴ 　　③ ㄷ
④ ㄱ, ㄴ 　　⑤ ㄱ, ㄷ

08 [20701-0117] 1 m 요소 수용액 106 g에 녹아 있는 요소의 질량(g)은? (단, 요소의 분자량은 60이다.)

① 2 　　② 3 　　③ 6
④ 12 　　⑤ 60

09 [20701-0118] 35 % HCl(aq)의 몰랄 농도(m)는? (단, HCl의 분자량은 36.5이다.)

① $\dfrac{7}{2}$ 　　② $\dfrac{350}{73}$ 　　③ $\dfrac{7000}{949}$
④ $\dfrac{700}{73}$ 　　⑤ $\dfrac{14000}{949}$

12 [20701-0121] 25 ℃에서 물의 증기 압력이 P일 때, 물 9.9몰에 포도당 0.1몰을 녹인 25 ℃ 포도당 수용액의 증기 압력은? (단, 포도당 수용액은 라울 법칙을 만족한다.)

① $\dfrac{P}{100}$ 　　② $\dfrac{P}{99}$ 　　③ $\dfrac{P}{98}$
④ $\dfrac{98}{99}P$ 　　⑤ $\dfrac{99}{100}P$

13 [20701-0122]
끓는점 오름에 대한 설명으로 옳은 것만을 〈보기〉에서 있는 대로 고른 것은? (단, 용질은 비휘발성, 비전해질이다.)

┌ 보기 ┐
ㄱ. 용액은 용매보다 더 높은 온도에서 끓는다.
ㄴ. 묽은 용액의 끓는점 오름은 몰랄 농도(m)에 비례한다.
ㄷ. 외부 압력이 1기압보다 높을 때 물의 끓는점이 100 ℃보다 높은 것은 묽은 용액의 끓는점 오름으로 설명할 수 있다.

① ㄱ   ② ㄷ   ③ ㄱ, ㄴ
④ ㄴ, ㄷ   ⑤ ㄱ, ㄴ, ㄷ

14 [20701-0123]
1기압에서 0.1 m 포도당 수용액의 끓는점(℃)은? (단, 물의 몰랄 오름 상수(K_b)는 0.52 ℃/m이다.)

① 99.48   ② 99.948   ③ 100.052
④ 100.1   ⑤ 100.52

15 [20701-0124]
1기압에서 끓는점이 100.39 ℃인 설탕 수용액의 몰랄 농도(m)는? (단, 물의 몰랄 오름 상수(K_b)는 0.52 ℃/m이다.)

① 0.25   ② 0.5   ③ 0.75
④ 1   ⑤ 1.25

16 [20701-0125]
1기압에서 용매 X 600 g에 0.3몰의 용질 Y를 모두 녹여 끓는점을 측정하였더니, X의 끓는점보다 1.61 ℃만큼 높았다. X의 몰랄 오름 상수(℃/m)는? (단, Y는 비휘발성, 비전해질이다.)

① 0.322   ② 1.61   ③ 3.22
④ 4.83   ⑤ 16.1

17 [20701-0126]
1기압에서 물 100 g에 용질 A 18 g을 녹인 A(aq)의 끓는점이 100.52 ℃일 때, A의 분자량은? (단, A는 비휘발성, 비전해질이고, 물의 몰랄 오름 상수(K_b)는 0.52 ℃/m이다.)

① 52   ② 60   ③ 90
④ 120   ⑤ 180

18 [20701-0127]
어는점 내림에 대한 설명으로 옳은 것만을 〈보기〉에서 있는 대로 고른 것은? (단, 용질은 비휘발성, 비전해질이다.)

┌ 보기 ┐
ㄱ. 용액의 어는점 내림은 용매의 어는점과 용액의 어는점의 차이다.
ㄴ. 묽은 용액의 어는점 내림은 몰랄 농도(m)에 비례한다.
ㄷ. 얼음에 스케이트 날로 압력을 가하면 얼음이 녹는 현상은 묽은 용액의 어는점 내림으로 설명할 수 있다.

① ㄱ   ② ㄷ   ③ ㄱ, ㄴ
④ ㄴ, ㄷ   ⑤ ㄱ, ㄴ, ㄷ

[20701-0128]
19 1기압에서 $\frac{1}{6}\,m$ 설탕 수용액의 어는점($℃$)은? (단, 물의 몰랄 내림 상수(K_f)는 $1.86\ ℃/m$이다.)

① -1.86 ② -0.93 ③ -0.31

④ 0.31 ⑤ 0.62

[20701-0129]
20 1기압에서 어는점이 $-0.62\ ℃$인 포도당 수용액의 몰랄 농도(m)는? (단, 물의 몰랄 내림 상수(K_f)는 $1.86\ ℃/m$이다.)

① $\frac{1}{10}$ ② $\frac{1}{8}$ ③ $\frac{1}{6}$

④ $\frac{1}{3}$ ⑤ $\frac{2}{3}$

[20701-0130]
21 용매 A 500 g에 0.1몰의 용질 B를 녹여 어는점을 측정하였더니, A의 어는점보다 $0.398\ ℃$만큼 낮았다. A의 몰랄 내림 상수($℃/m$)는? (단, B는 비휘발성, 비전해질이다.)

① 0.199 ② 0.398 ③ 0.796

④ 1.99 ⑤ 3.98

[20701-0131]
22 1기압에서 용매 A 1000 g에 용질 B 12.7 g을 녹인 용액의 어는점이 용매 A의 어는점보다 $0.25\ ℃$만큼 낮을 때, B의 분자량은? (단, B는 비휘발성, 비전해질이고, A의 몰랄 내림 상수(K_f)는 $5\ ℃/m$이다.)

① 127 ② 128 ③ 129

④ 253 ⑤ 254

[20701-0132]
23 삼투 현상과 삼투압에 대한 설명으로 옳은 것만을 〈보기〉에서 있는 대로 고른 것은? (단, 용질은 비휘발성, 비전해질이다.)

┌ 보기 ┐
ㄱ. 반투막은 크기가 작은 용매 입자는 통과할 수 있지만, 크기가 큰 용질 입자는 통과하지 못하는 막이다.
ㄴ. 삼투 현상은 반투막을 사이에 두고 농도가 서로 다른 용액이 있을 때, 농도가 작은 쪽에서 큰 쪽으로 용질이 이동하는 현상이다.
ㄷ. 삼투압은 반투막을 사이에 두고 용매와 용액이 있을 때, 삼투 현상을 막기 위해 용액 쪽에 가해 주어야 하는 최소의 압력이다.

① ㄱ   ② ㄴ   ③ ㄱ, ㄷ

④ ㄴ, ㄷ   ⑤ ㄱ, ㄴ, ㄷ

[20701-0133]
24 $25\ ℃$에서 $0.1\ M$ 포도당 수용액의 삼투압(기압)은? (단, 기체 상수 $R = a\ L·atm/mol·K$이다.)

① $0.25a$ ② $2.5a$ ③ $2.98a$

④ $25a$ ⑤ $29.8a$

01 [20701-0134]
용매인 벤젠 500 g에 용질인 아이오딘 126 g을 모두 녹여 용액 A를 만들었다. A의 몰랄 농도를 구하기 위해 꼭 필요한 자료만을 〈보기〉에서 있는 대로 고른 것은?

┌ 보기 ┌
ㄱ. 벤젠의 분자량
ㄴ. 아이오딘의 분자량
ㄷ. 용액의 밀도

① ㄱ ② ㄴ ③ ㄷ
④ ㄱ, ㄴ ⑤ ㄴ, ㄷ

02 [20701-0135]
그림은 0.1 m 포도당 수용액을 나타낸 것이다.

포도당 x g
물 y g

$\dfrac{x}{y}$ 는? (단, 포도당의 분자량은 180이다.)

① $\dfrac{1}{10000}$ ② $\dfrac{1}{1000}$ ③ $\dfrac{9}{5000}$

④ $\dfrac{9}{509}$ ⑤ $\dfrac{9}{500}$

03 (서술형) [20701-0136]
다음 3가지 농도 중에서 온도가 변할 때 그 값이 변하는 것을 고르고, 그 이유를 서술하시오.

┌─────────────────────────────┐
│   퍼센트 농도   몰 농도   몰랄 농도   │
└─────────────────────────────┘

04 [20701-0137]
NaCl의 몰 분율이 $\dfrac{1}{100}$인 NaCl(aq)의 몰랄 농도를 계산하고자 할 때, 꼭 필요한 자료만을 〈보기〉에서 있는 대로 고른 것은?

┌ 보기 ┌
ㄱ. 물의 분자량
ㄴ. NaCl의 화학식량
ㄷ. NaCl(aq)의 밀도

① ㄱ ② ㄴ ③ ㄷ
④ ㄱ, ㄴ ⑤ ㄱ, ㄷ

05 [20701-0138]
다음은 A(aq)에 대한 자료이다.

• 제조 방법: 비커에 물 100 g을 넣고 A(s) 2 g을 녹인다.
• 용액의 밀도: 1.02 g/mL
• A의 화학식량: 40

A(aq)의 농도로 옳은 것만을 〈보기〉에서 있는 대로 고른 것은?

┌ 보기 ┌
ㄱ. 2 %이다.
ㄴ. 0.5 m이다.
ㄷ. 0.5 M이다.

① ㄱ ② ㄴ ③ ㄱ, ㄷ
④ ㄴ, ㄷ ⑤ ㄱ, ㄴ, ㄷ

06 [20701-0139]
그림 (가)와 (나)는 각각 1 % 포도당 수용액과 1 % 설탕 수용액을 나타낸 것이다.

이에 대한 설명으로 옳은 것만을 〈보기〉에서 있는 대로 고른 것은? (단, 포도당과 설탕의 분자량은 각각 180, 342이다.)

┌─ 보기 ┌
ㄱ. 물의 질량은 (가)와 (나)가 같다.
ㄴ. 용질의 양(mol)은 (가)가 (나)보다 크다.
ㄷ. 몰랄 농도는 (가)가 (나)보다 크다.

① ㄱ   ② ㄷ   ③ ㄱ, ㄴ
④ ㄴ, ㄷ   ⑤ ㄱ, ㄴ, ㄷ

07 [20701-0140]
그림은 t ℃에서 물과 $A(aq)$의 증기 압력을 나타낸 것이다.

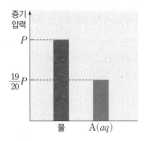

$A(aq)$에서 A의 몰 분율은? (단, A는 비휘발성, 비전해질이고, $A(aq)$은 라울 법칙을 만족한다.)

① $\dfrac{1}{20}$ ② $\dfrac{1}{19}$ ③ $\dfrac{1}{2}$
④ $\dfrac{18}{19}$ ⑤ $\dfrac{19}{20}$

08 [20701-0141]
다음은 t ℃의 설탕 수용액에 대한 자료이다. t ℃에서 물의 증기 압력은 $P_물$이다.

┌─────────────────────────────┐
• 설탕의 몰 분율: $X_설탕$
• 설탕 수용액의 증기압 내림: ΔP
└─────────────────────────────┘

t ℃에서 설탕 수용액의 증기 압력($P_용액$)에 해당하는 것만을 〈보기〉에서 있는 대로 고른 것은? (단, 설탕 수용액은 라울 법칙을 만족한다.)

┌─ 보기 ┌
ㄱ. $P_물 - \Delta P$
ㄴ. $P_물 \times X_설탕$
ㄷ. $P_물 \times (1 - X_설탕)$

① ㄱ   ② ㄴ   ③ ㄱ, ㄷ
④ ㄴ, ㄷ   ⑤ ㄱ, ㄴ, ㄷ

09 [20701-0142]
그림은 t ℃에서 용매의 몰 분율에 따른 $A(aq)$ 또는 용매의 증기 압력을 나타낸 것이다.

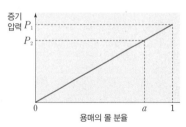

t ℃에서 이에 대한 설명으로 옳은 것만을 〈보기〉에서 있는 대로 고른 것은? (단, A는 비휘발성, 비전해질이고, $A(aq)$은 라울 법칙을 만족한다.)

┌─ 보기 ┌
ㄱ. P_1은 용매의 증기 압력이다.
ㄴ. 용매의 몰 분율이 a일 때 용액의 증기 압력은 P_2이다.
ㄷ. 용질의 몰 분율이 $(1-a)$일 때 용액의 증기압 내림은 $(P_1 - P_2)$이다.

① ㄱ   ② ㄴ   ③ ㄱ, ㄷ
④ ㄴ, ㄷ   ⑤ ㄱ, ㄴ, ㄷ

10 [20701-0143]
표는 t °C에서 물과 포도당 수용액 A의 증기 압력을 나타낸 것이다.

액체 또는 용액	물	A
증기 압력(mmHg)	30	29

A에 대한 설명으로 옳은 것만을 〈보기〉에서 있는 대로 고른 것은? (단, 물과 포도당의 분자량은 각각 18, 180이고, 포도당 수용액은 라울 법칙을 만족한다.)

┌─ 보기 ┐
ㄱ. 포도당의 몰 분율은 $\dfrac{1}{30}$이다.
ㄴ. A 390 g에 들어 있는 포도당은 100 g이다.
ㄷ. 몰랄 농도는 1 m보다 크다.

① ㄱ   ② ㄴ   ③ ㄱ, ㄷ
④ ㄴ, ㄷ   ⑤ ㄱ, ㄴ, ㄷ

11 [20701-0144]
그림은 1기압에서 농도가 다른 포도당 수용액 A, B의 끓는점을 나타낸 것이다.

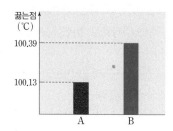

A의 몰랄 농도를 $a\ m$, B의 몰랄 농도를 $b\ m$라고 할 때, $b-a$는? (단, 물의 몰랄 오름 상수(K_b)는 0.52 °C/m이다.)

① 0.25   ② 0.5   ③ 0.75
④ 1   ⑤ 5

12 [20701-0145]
표는 3가지 용매의 몰랄 오름 상수(K_b)와 몰랄 내림 상수(K_f)를 나타낸 것이다.

용매	물	에탄올	아세트산
K_b(°C/m)	0.52	1.22	3.22
K_f(°C/m)	1.86	1.99	3.63

용매 1 kg에 0.1몰의 용질 A(s)를 각각 녹였을 때, (가) 끓는점 오름이 가장 큰 것의 용매와 (나) 어는점 내림이 가장 작은 것의 용매는? (단, A(s)는 3가지 용매에 모두 용해되고 비휘발성, 비전해질이다.)

	(가)	(나)
①	물	물
②	물	에탄올
③	에탄올	아세트산
④	아세트산	물
⑤	아세트산	아세트산

13 [20701-0146]
다음은 일상생활에서 일어나는 3가지 현상이다.

┌─────────────────────────────┐
(가) 책상에 흘린 같은 질량의 물과 주스 중 물이 더 빨리 마른다.
(나) 배추에 소금을 뿌리면 배추의 숨이 죽는다.
(다) 겨울철 자동차 냉각수로 에틸렌 글리콜 수용액을 사용한다.
└─────────────────────────────┘

(가)~(다) 중 삼투 현상으로 설명할 수 있는 것만을 있는 대로 고른 것은?

① (가)   ② (나)   ③ (가), (다)
④ (나), (다)   ⑤ (가), (나), (다)

[20701-0147]
14 다음은 온도 T에서 설탕 수용액 A에 대한 자료이다. $RT = 25$ L·atm/mol이다.

- 부피: 500 mL
- 삼투압: 5기압

A에 들어 있는 설탕의 양(mol)과 이를 구하는 과정을 서술하시오.

[20701-0148]
15 다음은 삼투 현상에 대한 실험이다. A와 B는 각각 물과 설탕 수용액 중 하나이다.

[실험 과정 및 결과]
(가) 막 X로 분리된 U자관 양쪽에 A와 B를 각각 넣었더니, B를 넣은 쪽의 수면이 올라갔다.
(나) (가)의 U자관 수면이 올라간 쪽에 P만큼 압력을 가했더니, 양쪽 수면의 높이가 같아졌다.

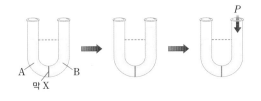

이에 대한 설명으로 옳은 것만을 〈보기〉에서 있는 대로 고른 것은? (단, 온도는 일정하다.)

보기
ㄱ. A는 설탕 수용액이다.
ㄴ. 물은 막 X를 통과하지 못한다.
ㄷ. (나) 과정 후 설탕 수용액의 삼투압은 P이다.

---

① ㄱ   ② ㄷ   ③ ㄱ, ㄴ
④ ㄴ, ㄷ   ⑤ ㄱ, ㄴ, ㄷ

[20701-0149]
16 다음은 온도 T에서 A(aq)의 삼투압을 측정하는 실험이다. $RT = 25$ L·atm/mol이다.

[실험 과정]
(가) A(s) 17.1 g을 물에 녹여 A(aq) 500 mL를 만든다.
(나) (가)의 A(aq)의 삼투압을 측정한다.
[실험 결과]
- 삼투압: 2.5기압

A의 분자량은? (단, A는 비휘발성, 비전해질이다.)

① 114   ② 171   ③ 180
④ 342   ⑤ 360

[20701-0150]
17 다음은 묽은 용액의 총괄성과 관련된 현상이다.

(가) 바닷물에 젖은 옷보다 강물에 젖은 옷이 더 빨리 마른다.
(나) 찌개는 생수보다 더 높은 온도에서 끓는다.
(다) 오이를 소금물에 넣어 두면 오이가 쪼그라든다.

이에 대한 설명으로 옳은 것만을 〈보기〉에서 있는 대로 고른 것은?

보기
ㄱ. (가)에서 물의 몰 분율은 바닷물이 강물보다 크다.
ㄴ. (나)에서 25 ℃에서의 증기 압력은 생수가 찌개보다 크다.
ㄷ. (다)에서 몰 농도는 오이 내부의 수용액이 소금물보다 크다.

---

① ㄱ   ② ㄴ   ③ ㄱ, ㄷ
④ ㄴ, ㄷ   ⑤ ㄱ, ㄴ, ㄷ

01 [20701-0151]
다음은 온도에 따른 A(aq)의 농도를 비교하는 실험이다. A의 화학식량은 30이다.

[실험 과정]
(가) 물 x g이 들어 있는 비커에 A y g을 녹인다.
(나) 25 ℃에서 과정 (가) 수용액의 퍼센트 농도와 몰랄 농도를 구한다.
(다) 20 ℃에서 과정 (가) 수용액의 퍼센트 농도와 몰랄 농도를 구한다.

[실험 결과]

온도	25 ℃	20 ℃
퍼센트 농도	a %	b %
몰랄 농도	$\dfrac{a}{2}$ m	c m

이에 대한 설명으로 옳은 것만을 〈보기〉에서 있는 대로 고른 것은?

〈보기〉
ㄱ. $\dfrac{x}{y}=2$이다. ㄴ. $a=\dfrac{100}{3}$이다. ㄷ. $\dfrac{b}{c}<2$이다.

① ㄱ   ② ㄷ   ③ ㄱ, ㄴ   ④ ㄴ, ㄷ   ⑤ ㄱ, ㄴ, ㄷ

02 [20701-0152]
다음은 2가지 아세트산 수용액을 만드는 실험이다.

[실험 과정 및 결과]
Ⅰ. 물 (㉠) g에 아세트산 x g을 녹였더니, x % 아세트산 수용액이 되었다.
Ⅱ. 물 1000 g에 아세트산 (㉡) g을 녹여 아세트산 수용액을 만들었더니, 몰랄 농도와 퍼센트 농도가 각각 x m, x %이었다.

이에 대한 설명으로 옳은 것만을 〈보기〉에서 있는 대로 고른 것은? (단, 아세트산의 분자량은 60이다.)

〈보기〉
ㄱ. ㉠은 $1000-x$이다.
ㄴ. ㉡은 $60x$이다.
ㄷ. $x=\dfrac{250}{3}$이다.

① ㄱ   ② ㄷ   ③ ㄱ, ㄴ   ④ ㄴ, ㄷ   ⑤ ㄱ, ㄴ, ㄷ

03 [20701-0153]
그림은 온도에 따른 물의 증기 압력을 나타낸 것이다.

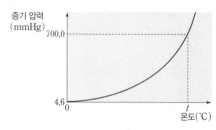

이에 대한 설명으로 옳은 것만을 〈보기〉에서 있는 대로 고른 것은? (단, 설탕 수용액은 라울 법칙을 만족한다.)

〈보기〉
ㄱ. 비커에 들어 있는 0 ℃ 물은 증발 속도가 0이다.
ㄴ. t ℃에서 설탕의 몰 분율이 $\dfrac{1}{700}$인 설탕 수용액의 증기 압력은 699 mmHg이다.
ㄷ. t ℃의 1 % 설탕 수용액을 외부 압력이 700 mmHg 인 곳에 두면 끓는다.

① ㄱ   ② ㄴ   ③ ㄱ, ㄷ   ④ ㄴ, ㄷ   ⑤ ㄱ, ㄴ, ㄷ

04 [20701-0154]
그림은 1기압에서 포도당 수용액의 몰랄 농도에 따른 끓는점과 어는점의 차를 나타낸 것이다.

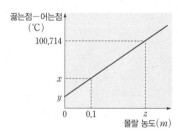

이에 대한 설명으로 옳은 것만을 〈보기〉에서 있는 대로 고른 것은? (단, 물의 몰랄 오름 상수(K_b)는 0.52 ℃/m이고, 물의 몰랄 내림 상수(K_f)는 1.86 ℃/m이다.)

〈보기〉
ㄱ. $x=100.238$이다.
ㄴ. $y=100$이다.
ㄷ. 1기압에서 몰랄 농도가 z m인 설탕 수용액의 어는점 은 −0.558 ℃이다.

① ㄱ   ② ㄷ   ③ ㄱ, ㄴ   ④ ㄴ, ㄷ   ⑤ ㄱ, ㄴ, ㄷ

05 [20701-0155] 그림은 용질 X를 용매 Y에 녹인 서로 다른 농도의 용액 A, B의 끓는점과 어는점을 나타낸 것이다. Y의 끓는점과 어는점은 각각 a ℃, b ℃이다.

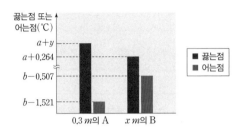

이에 대한 설명으로 옳은 것만을 〈보기〉에서 있는 대로 고른 것은? (단, X는 비휘발성, 비전해질이다.)

┌ 보기 ┐
ㄱ. $x=0.1$이다.
ㄴ. $y=0.792$이다.
ㄷ. Y의 몰랄 내림 상수 $K_f=5.07$ ℃/m이다.

① ㄱ ② ㄷ ③ ㄱ, ㄴ ④ ㄴ, ㄷ ⑤ ㄱ, ㄴ, ㄷ

06 [20701-0156] 그림은 1기압에서 물 200 g에 용질 A 6 g을 녹인 수용액을 냉각하였을 때 시간에 따른 온도를 나타낸 것이다.

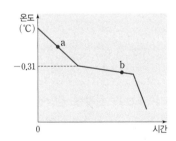

이에 대한 설명으로 옳은 것만을 〈보기〉에서 있는 대로 고른 것은? (단, 물의 몰랄 내림 상수(K_f)는 1.86 ℃/m이고, A는 비휘발성, 비전해질이다.)

┌ 보기 ┐
ㄱ. a에서 수용액의 몰랄 농도는 $\frac{1}{6}m$이다.
ㄴ. 수용액의 농도는 a에서와 b에서가 같다.
ㄷ. A의 분자량은 90이다.

① ㄱ ② ㄴ ③ ㄱ, ㄷ ④ ㄴ, ㄷ ⑤ ㄱ, ㄴ, ㄷ

07 [20701-0157] 그림은 물의 증기 압력 곡선을, 표는 t_1 ℃, t_2 ℃, t_3 ℃에서 물과 포도당 수용액 A의 증기 압력을 나타낸 것이다.

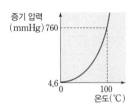

온도 (℃)	증기 압력 (mmHg)	
	물	A
t_1	20.0	19.5
t_2	30.0	
t_3	40.0	x

이에 대한 설명으로 옳은 것만을 〈보기〉에서 있는 대로 고른 것은? (단, 물의 분자량은 18이고, A는 라울 법칙을 만족한다.)

┌ 보기 ┐
ㄱ. $x=39.0$이다. ㄴ. $(t_3-t_2)>(t_2-t_1)$이다.
ㄷ. A의 몰랄 농도는 $\frac{500}{351}m$이다.

① ㄱ ② ㄴ ③ ㄱ, ㄷ ④ ㄴ, ㄷ ⑤ ㄱ, ㄴ, ㄷ

08 [20701-0158] 다음은 삼투 현상에 대한 실험이다. ㉠은 단위 시간당 왼쪽에서 오른쪽으로 반투막을 통과하는 물 분자 수이고, ㉡은 단위 시간당 오른쪽에서 왼쪽으로 반투막을 통과하는 물 분자 수이다.

[실험 과정 및 결과]
(가) 반투막으로 분리된 U자관의 왼쪽에 물을, 오른쪽에 포도당 수용액을 넣는다.
(나) (가) 과정 후 충분한 시간이 흐른 뒤 U자관의 오른쪽 수면이 올라갔다.

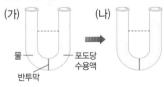

이에 대한 설명으로 옳은 것만을 〈보기〉에서 있는 대로 고른 것은? (단, 온도는 일정하다.)

┌ 보기 ┐
ㄱ. (가)에서 ㉠=㉡이다.
ㄴ. (나) 과정 후 ㉠>㉡이다.
ㄷ. 포도당 수용액의 삼투압은 (가)에서가 (나)에서보다 크다.

① ㄱ ② ㄷ ③ ㄱ, ㄴ ④ ㄴ, ㄷ ⑤ ㄱ, ㄴ, ㄷ

■ 기체의 압력과 부피

① 기체의 압력: 기체 분자들이 충돌하면서 생기는 압력으로, 1기압은 760 mmHg이다.

② 기체의 부피: 기체 분자들이 운동하는 공간으로, 용기에 담긴 기체의 부피는 용기의 부피와 같다.

■ 기체의 법칙

보일 법칙	일정한 온도에서 일정량의 기체의 압력(P)과 부피(V)는 반비례한다. ➡ 처음 압력(P_1)과 부피(V_1)의 곱은 나중 압력(P_2)과 부피(V_2)의 곱과 같다. $$PV=k \Rightarrow P_1V_1=P_2V_2 \ (k: 상수)$$
샤를 법칙	일정한 압력에서 일정량의 기체의 절대 온도(T)와 부피(V)는 비례한다. ➡ 처음 절대 온도(T_1)와 부피(V_1)의 비는 나중 절대 온도(T_2)와 부피(V_2)의 비와 같다. $$V=kT \Rightarrow \frac{V_1}{T_1}=\frac{V_2}{T_2} \ (k: 상수)$$
아보가드로 법칙	일정한 온도와 압력에서 기체의 부피(V)와 양(mol)(n)은 비례한다. ➡ 처음 기체의 양(mol)(n_1)과 부피(V_1)의 비는 나중 기체의 양(mol)(n_2)과 부피(V_2)의 비와 같다. $$V=kn, \frac{V_1}{n_1}=\frac{V_2}{n_2} \ (k: 상수)$$

■ 이상 기체 방정식

① 이상 기체 방정식: 보일 법칙, 샤를 법칙, 아보가드로 법칙을 이용하여 기체의 부피(V), 압력(P), 절대 온도(T), 기체의 양(mol)(n)의 관계를 나타낸 식이다.

$$PV=nRT$$
$$(R: 기체 상수=0.082 \ atm \cdot L/mol \cdot K)$$

② 이상 기체 방정식의 변형

$$M=\frac{wRT}{PV}=\frac{dRT}{P}$$
$$(M: 분자량, w: 질량(g), d: 밀도(g/L))$$

■ 혼합 기체

① 몰 분율: 혼합 기체에서 각 성분 기체의 양(mol)의 비율

$$A의 \ 몰 \ 분율(X_A)=\frac{n_A}{n_A+n_B+n_C}$$
$$(n_A, n_B, n_C: A(g)\sim C(g)의 \ 양(mol))$$

② 혼합 기체의 전체 압력(P_T)은 각 성분 기체의 부분 압력의 합과 같다.

$$전체 \ 압력(P_T)=P_A+P_B+P_C$$
$$(P_A, P_B, P_C: A(g)\sim C(g)의 \ 부분 \ 압력)$$

③ 각 성분 기체의 부분 압력은 전체 압력에 몰 분율을 곱한 값과 같다.

$$A(g)의 \ 부분 \ 압력(P_A)$$
$$=P_T \times X_A=P_T \times \frac{n_A}{n_A+n_B+n_C}$$

■ 분자 간 상호 작용

① 쌍극자·쌍극자 힘: 쌍극자를 갖는 한 극성 분자의 부분적인 양전하(δ^+)와 이웃한 다른 분자의 부분적인 음전하(δ^-) 사이에 작용하는 힘

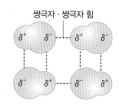

➡ 분자의 쌍극자 모멘트가 클수록 쌍극자·쌍극자 힘이 크다.

② 분산력: 편극 현상에 의해 만들어진 순간 쌍극자와 순간 쌍극자에 의해 만들어진 유발 쌍극자 사이에 작용하는 힘
➡ 분자량이 크고 표면적이 클수록 분산력이 크다.

③ 수소 결합: F, O, N 원자에 결합된 H 원자와 이웃한 다른 분자의 F, O, N 원자 사이에 작용하는 힘

■ 물의 특성

① 녹는점과 끓는점: 분자량이 비슷한 다른 물질에 비해 녹는점과 끓는점이 높다.

② 밀도와 부피 변화: 물이 얼음으로 상태 변화할 때 부피는 증가하고, 밀도는 감소한다.

③ 열용량: 질량이 같은 다른 물질에 비해 열용량이 커서 온도가 잘 변하지 않는다.

④ 표면 장력: 표면 장력이 커서 액체 방울의 모양이 구형에 가깝고, 질량이 작은 물질을 수면 위로 띄울 수 있다.

7 액체의 증기 압력

① 증기 압력: 증발과 응축의 동적 평형 상태에서 액체의 증기가 나타내는 압력이다.

② 온도와 증기 압력: 온도가 높을수록 증기 압력이 커진다.

③ 끓는점과 증기 압력: 증기 압력과 외부 압력이 같을 때의 온도를 끓는점이라고 한다.

8 고체의 분류

① 결정성 고체: 입자 배열이 규칙적이고 녹는점이 일정하다.

② 비결정성 고체: 입자 배열이 불규칙적이고 녹는점이 일정하지 않다.

③ 화학 결합 종류에 따른 고체 결정의 분류

종류	구성 입자	녹는점	전기 전도성	
			고체	액체
분자 결정	분자	대체로 낮음	없음	없음
공유 결정	원자	매우 높음	없음	없음
			(예외: 흑연 등은 있음)	
금속 결정	금속 양이온, 자유 전자	높음	있음	있음
이온 결정	이온	높음	없음	있음

9 고체의 결정 구조

① 단순 입방 구조: 정육면체 8개의 꼭짓점에 입자가 1개씩 배열된 구조

② 체심 입방 구조: 정육면체 8개의 꼭짓점과 중심에 입자가 1개씩 배열된 구조

③ 면심 입방 구조: 정육면체 8개의 꼭짓점과 6개의 면의 중심에 입자가 1개씩 배열된 구조

10 용액의 농도

① 퍼센트 농도: 용액 100 g 속에 녹아 있는 용질의 질량(g)

$$\text{퍼센트 농도}(\%) = \frac{\text{용질의 질량(g)}}{\text{용액의 질량(g)}} \times 100$$

② ppm 농도: 용액 10^6 g 속에 녹아 있는 용질의 질량(g)

$$\text{ppm 농도(ppm)} = \frac{\text{용질의 질량(g)}}{\text{용액의 질량(g)}} \times 10^6$$

③ 몰랄 농도: 용매 1 kg 속에 녹아 있는 용질의 양(mol)

$$\text{몰랄 농도}(m) = \frac{\text{용질의 양(mol)}}{\text{용매의 질량(kg)}}$$

11 묽은 용액의 성질

① 증기압 내림: 비휘발성, 비전해질 용질이 녹아 있는 묽은 용액의 증기압 내림(ΔP)은 용질의 몰 분율($X_\text{용질}$)에 비례한다.

$$\Delta P = P_\text{용매} - P_\text{용액} = P_\text{용매} \times X_\text{용질}$$

② 끓는점 오름: 비휘발성, 비전해질 용질이 녹아 있는 용액의 끓는점 오름(ΔT_b)은 용질의 종류와 관계없이 용액의 몰랄 농도(m)에 비례한다.

$$\Delta T_b = T_b' - T_b = K_b \times m$$

③ 어는점 내림: 비휘발성, 비전해질 용질이 녹아 있는 용액의 어는점 내림(ΔT_f)은 용질의 종류와 관계없이 용액의 몰랄 농도(m)에 비례한다.

$$\Delta T_f = T_f - T_f' = K_f \times m$$

④ 삼투압: 반투막을 사이에 두고 용매와 용액이 있을 때 삼투 현상을 막기 위해 용액 쪽에 가해 주어야 하는 최소의 압력(π)

$$\text{반트 호프 법칙: } \pi = CRT$$

12 묽은 용액의 총괄성: 용질의 종류와 관계없이 용질의 입자 수에만 비례하는 묽은 용액의 성질

묽은 용액의 총괄성	농도와의 관계
증기압 내림	용질의 몰 분율에 비례
끓는점 오름	용액의 몰랄 농도에 비례
어는점 내림	용액의 몰랄 농도에 비례
삼투압	용액의 몰 농도에 비례

01 [20701–0159]
그림은 같은 양(mol)의 A(g)와 B(g)의 압력에 따른 부피를 나타낸 것이다. 기체의 밀도는 ⓛ>⊙이다.

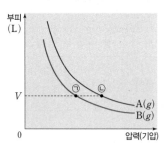

이에 대한 설명으로 옳은 것만을 〈보기〉에서 있는 대로 고른 것은?

┌ 보기 ┐
ㄱ. 기체의 질량은 A(g)와 B(g)가 같다.
ㄴ. 분자량은 A>B이다.
ㄷ. 온도는 B(g)>A(g)이다.

① ㄱ   ② ㄴ   ③ ㄱ, ㄷ
④ ㄴ, ㄷ   ⑤ ㄱ, ㄴ, ㄷ

02 [20701–0160]
그림 (가)는 T_1 K, 1기압에서 실린더에 He 기체가 들어 있는 것을, (나)는 (가)의 피스톤에 추 1개를 올려놓은 것을, (다)는 (나)의 피스톤에 동일한 추 1개를 더 올리고 온도를 T_2 K으로 변화시킨 것을 나타낸 것이다.

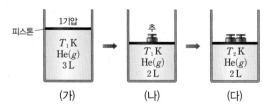

(나)와 (다)에서 He(g)의 절대 온도의 비 $T_1 : T_2$는? (단, 대기압은 일정하고, 피스톤의 질량과 마찰은 무시한다.)

	$T_1 : T_2$			$T_1 : T_2$
①	1 : 2	②		1 : 3
③	2 : 3	④		3 : 4
⑤	3 : 5			

03 [20701–0161]
표는 용기 (가)~(다)에 들어 있는 기체 A에 대한 자료이다.

용기	질량	절대 온도	압력
(가)	w	T	$2P$
(나)	w	$2T$	P
(다)	$2w$	T	P

A(g)에 대한 설명으로 옳은 것만을 〈보기〉에서 있는 대로 고른 것은?

┌ 보기 ┐
ㄱ. 평균 운동 에너지는 (나)에서가 (가)에서보다 크다.
ㄴ. 밀도는 (가)에서가 (다)에서의 2배이다.
ㄴ. 부피는 (나)에서와 (다)에서가 같다.

① ㄱ   ② ㄷ   ③ ㄱ, ㄴ
④ ㄴ, ㄷ   ⑤ ㄱ, ㄴ, ㄷ

04 [20701–0162]
그림은 용기에 기체 X와 Y가 각각 들어 있는 것을 나타낸 것이다.

X의 분자량이 4일 때, Y의 분자량은?

① 16   ② 18   ③ 20
④ 28   ⑤ 32

05 [20701−0163] 그림은 T K, 1기압에서 피스톤이 고정된 실린더에 기체 A와 B를 넣은 것을 나타낸 것이다. A(g)와 B(g)는 서로 반응하지 않는다.

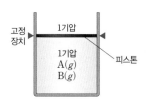

실린더 속 A(g)의 부분 압력을 감소시킬 수 있는 방법으로 옳은 것만을 〈보기〉에서 있는 대로 고른 것은? (단, 대기압은 일정하고, 피스톤의 질량과 마찰은 무시한다.)

┌─ 보기 ┌
ㄱ. 실린더 속 기체의 온도를 낮춘다.
ㄴ. 실린더에 He 기체를 넣는다.
ㄷ. 고정 장치를 풀고 실린더에 B(g)를 넣는다.
└─────

① ㄱ   ② ㄴ   ③ ㄱ, ㄷ
④ ㄴ, ㄷ   ⑤ ㄱ, ㄴ, ㄷ

06 [20701−0164] 다음은 기체 A와 B가 반응하여 기체 C를 생성하는 반응의 화학 반응식이다.

$$2A(g) + B(g) \longrightarrow 2C(g)$$

그림 (가)는 꼭지로 연결된 용기와 실린더에 A(g)와 B(g)를 넣은 것을, (나)는 (가)에서 꼭지를 열고 반응을 완결시켰을 때의 모습을 나타낸 것이다.

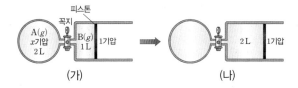

(가)   (나)

x는? (단, 온도와 대기압은 일정하고, 연결관의 부피와 피스톤의 마찰은 무시한다.)

① 1.5   ② 2   ③ 2.5
④ 3   ⑤ 4

07 [20701−0165] 그림은 물질 (가)∼(다)의 기준 끓는점을 나타낸 것이다. (가)∼(다)는 각각 NH_3, SiH_4, PH_3 중 하나이다.

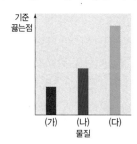

(가)∼(다)로 옳은 것은? (단, H, N, Si, P의 원자량은 각각 1, 14, 28, 31이다.)

	(가)	(나)	(다)
①	NH_3	PH_3	SiH_4
②	SiH_4	NH_3	PH_3
③	SiH_4	PH_3	NH_3
④	PH_3	NH_3	SiH_4
⑤	PH_3	SiH_4	NH_3

08 [20701−0166] 그림은 물질 (가)∼(라)의 분자량과 기준 끓는점을 나타낸 것이다. (가)∼(라)는 각각 F_2, Cl_2, HF, HCl 중 하나이고, 원자량은 Cl > F > H이다.

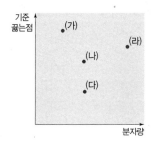

(가)∼(라)에 대한 설명으로 옳은 것만을 〈보기〉에서 있는 대로 고른 것은?

┌─ 보기 ┌
ㄱ. (가)는 분자 사이에 수소 결합을 한다.
ㄴ. (라)는 분자 사이에 쌍극자·쌍극자 힘이 작용한다.
ㄷ. (나)가 (다)보다 기준 끓는점이 높은 주된 이유는 (나)가 (다)보다 분산력이 크기 때문이다.
└─────

① ㄱ   ② ㄷ   ③ ㄱ, ㄴ   ④ ㄴ, ㄷ   ⑤ ㄱ, ㄴ, ㄷ

09 [20701-0167]
다음은 t ℃에서 물과 액체 A를 이용한 실험이다.

[실험 과정]
(가) 동일한 컵 2개를 준비하여 컵 1개에는 물을 가득 채우고, 다른 컵에는 A(l)를 가득 채운다.
(나) (가)에서 물과 A(l)를 각각 가득 채운 컵에 물과 A(l)가 각각 넘칠 때까지 동전을 넣는다.

[실험 결과]
물과 A(l)가 각각 넘칠 때까지 넣은 동전의 개수는 각각 10개, 6개이다.

이 실험 결과로부터 알 수 있는 것은? (단, 온도는 일정하다.)

① 물은 A(l)보다 부피가 크다.
② 물은 A(l)보다 밀도가 크다.
③ 물은 A(l)보다 녹는점이 높다.
④ 물은 A(l)보다 열용량이 크다.
⑤ 물은 A(l)보다 표면 장력이 크다.

10 [20701-0168]
그림 (가)는 얼음 w g을 일정한 열원으로 가열하였을 때 시간에 따른 온도를, (나)는 (가)에서 H_2O의 온도에 따른 부피를 나타낸 것이다.

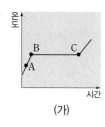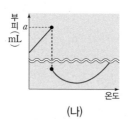

(가)   (나)

이에 대한 설명으로 옳은 것만을 〈보기〉에서 있는 대로 고른 것은?

보기
ㄱ. A에서 H_2O의 부피는 a mL보다 작다.
ㄴ. A에서 B로 될 때 H_2O의 밀도는 증가한다.
ㄷ. B에서 C로 될 때 H_2O의 평균 수소 결합 수는 증가한다.

① ㄱ   ② ㄴ   ③ ㄱ, ㄷ   ④ ㄴ, ㄷ   ⑤ ㄱ, ㄴ, ㄷ

11 [20701-0169]
그림은 t_1 ℃와 t_2 ℃에서 진공인 동일한 용기에 같은 양의 액체 A를 각각 넣고 충분한 시간이 지나 평형 상태에 도달한 것을 나타낸 것이다. A의 증기 압력은 (나)>(가)이다.

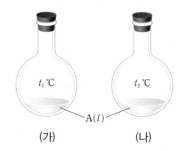

(가)   (나)

이에 대한 설명으로 옳은 것만을 〈보기〉에서 있는 대로 고른 것은?

보기
ㄱ. A(g)의 양은 (나)>(가)이다.
ㄴ. A의 증발 속도는 (나)>(가)이다.
ㄷ. 평형 상태에서 A의 응축 속도는 (가)>(나)이다.

① ㄱ   ② ㄷ   ③ ㄱ, ㄴ
④ ㄴ, ㄷ   ⑤ ㄱ, ㄴ, ㄷ

12 [20701-0170]
그림은 염화 세슘($CsCl$)과 염화 나트륨($NaCl$)의 결정 구조를 모형으로 나타낸 것이다.

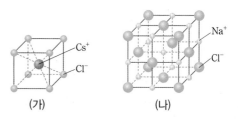

(가)   (나)

이에 대한 설명으로 옳은 것만을 〈보기〉에서 있는 대로 고른 것은?

보기
ㄱ. 1개의 양이온을 둘러싸고 있는 가장 인접한 Cl^-의 수는 (나)>(가)이다.
ㄴ. 단위 세포에 포함된 Cl^-의 수의 비는 (가) : (나)= 1 : 4이다.
ㄷ. 단위 세포에 포함된 $\dfrac{양이온 수}{음이온 수}$는 (가)=(나)이다.

① ㄱ   ② ㄴ   ③ ㄱ, ㄷ
④ ㄴ, ㄷ   ⑤ ㄱ, ㄴ, ㄷ

13 [20701−0171] 표는 3가지 설탕 수용액 (가)~(다)에 들어 있는 설탕과 물의 질량을 나타낸 것이다.

수용액	(가)	(나)	(다)
설탕의 질량(g)	1	1	2
물의 질량(g)	100	200	200

이에 대한 설명으로 옳은 것만을 〈보기〉에서 있는 대로 고른 것은?

┌─ 보기 ┌─────────────────────────────
ㄱ. (가)의 퍼센트 농도는 1 %보다 작다.
ㄴ. 퍼센트 농도는 (다)가 (나)의 2배이다.
ㄷ. 몰랄 농도는 (다)가 (나)의 2배이다.
└──────────────────────────────────

① ㄱ   ② ㄴ   ③ ㄱ, ㄷ
④ ㄴ, ㄷ   ⑤ ㄱ, ㄴ, ㄷ

14 [20701−0172] 그림은 물과 $A(aq)$의 증기 압력 곡선을 나타낸 것이다.

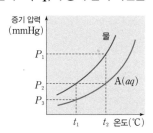

이에 대한 설명으로 옳은 것만을 〈보기〉에서 있는 대로 고른 것은? (단, A는 비휘발성, 비전해질이고, $A(aq)$은 라울 법칙을 만족한다.)

┌─ 보기 ┌─────────────────────────────
ㄱ. $A(aq)$에서 물의 몰 분율은 $\dfrac{P_2}{P_1}$이다.
ㄴ. $A(aq)$의 끓는점은 물보다 높다.
ㄷ. $(P_2)^2 = P_1 \times P_3$이다.
└──────────────────────────────────

① ㄱ   ② ㄷ   ③ ㄱ, ㄴ
④ ㄴ, ㄷ   ⑤ ㄱ, ㄴ, ㄷ

15 [20701−0173] 1 % 포도당 수용액 A에 대한 설명으로 옳은 것만을 〈보기〉에서 있는 대로 고른 것은?

┌─ 보기 ┌─────────────────────────────
ㄱ. 1기압에서 끓는점은 A가 물보다 높다.
ㄴ. 1기압에서 어는점은 A가 물보다 높다.
ㄷ. 25 ℃에서 증기 압력은 A가 물보다 높다.
└──────────────────────────────────

① ㄱ   ② ㄴ   ③ ㄷ
④ ㄱ, ㄴ   ⑤ ㄱ, ㄷ

16 [20701−0174] 표는 온도 T에서 농도가 다른 3가지 설탕 수용액 (가)~(다)에 대한 자료이다.

수용액	(가)	(나)	(다)
부피(mL)	100	200	300
삼투압(기압)	3	2.5	2

(가)~(다)에 들어 있는 설탕의 질량을 비교한 것으로 옳은 것은?

① (가)>(나)>(다)
② (가)>(다)>(나)
③ (나)>(가)>(다)
④ (나)>(다)>(가)
⑤ (다)>(나)>(가)

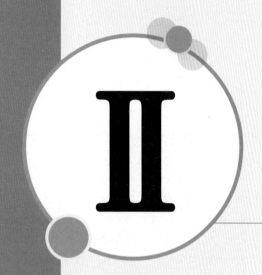

II

반응 엔탈피와
화학 평형

열과 엔탈피

- 열화학 반응식을 엔탈피를 이용하여 표현하기
- 엔탈피와 결합 에너지의 관계를 이해하고, 헤스 법칙 설명하기

한눈에 단원 파악, 이것이 핵심!

반응 엔탈피를 어떻게 알아낼까?

열량계를 이용하여 반응 엔탈피를 측정하거나, 표준 생성 엔탈피 또는 결합 에너지를 이용하여 반응 엔탈피를 알아낼 수 있다.

반응 엔탈피	• 반응 엔탈피=생성물의 엔탈피 총합−반응물의 엔탈피 총합 $$\Delta H = \sum H_{생성물} - \sum H_{반응물}$$ • 반응 엔탈피 측정 ➡ 반응열 $Q = C \times m \times \Delta T$, $\Delta H = -Q$
표준 생성 엔탈피	ΔH=생성물의 표준 생성 엔탈피 총합−반응물의 표준 생성 엔탈피 총합
결합 에너지	ΔH=반응물의 결합 에너지 총합−생성물의 결합 에너지 총합

반응 경로에 따라 전체 반응의 반응 엔탈피가 달라질까?

헤스 법칙
화학 반응에서 반응물의 종류와 상태, 생성물의 종류와 상태가 같으면 반응 경로에 관계없이 반응 엔탈피의 총합이 같다.

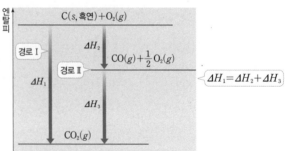

01 화학 반응과 열의 출입

1 반응 엔탈피

(1) 엔탈피(enthalpy)

① 엔탈피(H): 일정한 압력과 온도에서 물질이 가지는 고유한 에너지이다.

② 화학 반응 시 열의 출입이 일어나는 이유는 반응물과 생성물이 가지는 엔탈피가 서로 다르기 때문이다.

(2) ❶반응 엔탈피(ΔH): 일정한 압력에서 화학 반응이 일어날 때 생성물의 엔탈피 총합에서 반응물의 엔탈피 총합을 뺀 값이다.

> ❷반응 엔탈피(ΔH)=생성물의 엔탈피 총합－반응물의 엔탈피 총합
> $$\Delta H = \sum H_{생성물} - \sum H_{반응물}$$

① $\Delta H < 0$이면 반응물보다 생성물의 엔탈피가 더 작은 경우이므로 그 차이만큼의 에너지를 방출한다. ➡ $\Delta H < 0$인 반응은 ❸발열 반응이다.

② $\Delta H > 0$이면 반응물보다 생성물의 엔탈피가 더 큰 경우이므로 그 차이만큼의 에너지를 흡수한다. ➡ $\Delta H > 0$인 반응은 ❹흡열 반응이다.

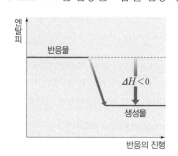

▲ 발열 반응

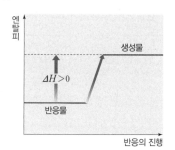

▲ 흡열 반응

(3) 열화학 반응식: 화학 반응에서 출입하는 열에너지를 화학 반응식과 함께 나타낸 것이다.

- 발열 반응의 열화학 반응식 예: $C(s, 흑연) + O_2(g) \longrightarrow CO_2(g)$ $\Delta H = -393.5\,kJ$
- 흡열 반응의 열화학 반응식 예: $CaCO_3(s) \longrightarrow CaO(s) + CO_2(g)$ $\Delta H = 178\,kJ$

① 물질은 상태에 따라 반응 엔탈피가 달라지므로 열화학 반응식에 ❺물질의 상태를 표시한다.

$$2H_2(g) + O_2(g) \longrightarrow 2H_2O(g) \qquad \Delta H = -484\,kJ$$
$$2H_2(g) + O_2(g) \longrightarrow 2H_2O(l) \qquad \Delta H = -572\,kJ$$

② 온도와 압력에 따라 엔탈피가 달라지므로 열화학 반응식에 온도와 압력을 함께 나타낸다. 온도와 압력을 나타내지 않은 경우는 일반적으로 25 ℃, 표준 상태를 의미한다.

③ 반응 엔탈피는 물질의 양(mol)에 비례한다. 따라서 화학 반응식의 계수에 따라 반응 엔탈피도 비례하여 달라진다.

$$CH_4(g) + 2O_2(g) \longrightarrow CO_2(g) + 2H_2O(l) \qquad \Delta H = -890\,kJ$$
$$2CH_4(g) + 4O_2(g) \longrightarrow 2CO_2(g) + 4H_2O(l) \qquad \Delta H = -1780\,kJ$$

THE 알기

❶ 반응 엔탈피의 측정

- 간이 열량계 또는 통열량계를 이용하여 화학 반응에서 온도 변화를 측정하고, 반응열(Q)은 (비열 × 질량 × 온도 변화) 또는 (열용량 × 온도 변화)로 계산한다.

▲ 간이 열량계의 구조

- 간이 열량계는 사용하기 쉽지만, 열 손실이 커서 정확하게 측정하기 어렵다.

▲ 통열량계의 구조

❷ 반응열과 반응 엔탈피

반응열(Q)과 반응 엔탈피(ΔH)는 부호가 반대이다.

❸ 발열 반응의 예

- 연소 반응
- 철의 부식

❹ 흡열 반응의 예

- 수산화 암모늄과 염화 바륨의 반응
- 탄산수소 나트륨의 열분해

❺ 물질의 상태 표시

고체는 (s), 액체는 (l), 기체는 (g), 수용액은 (aq)로 표시한다.

2 ❶표준 생성 엔탈피

(1) 표준 생성 엔탈피: 25 ℃, 표준 상태에서 가장 안정한 성분 원소들로부터 어떤 물질 1몰이 생성될 때의 반응 엔탈피를 말한다.

① 25 ℃, 표준 상태에서 가장 안정한 성분 원소($H_2(g)$, C(s, 흑연), $N_2(g)$, $O_2(g)$ 등)의 표준 생성 엔탈피는 0이다.

② 25 ℃에서 $H_2O(l)$의 표준 생성 엔탈피는 -286 kJ/mol이다.

$$H_2(g) + \frac{1}{2}O_2(g) \longrightarrow H_2O(l) \qquad \Delta H = -286 \text{ kJ}$$

③ 여러 가지 물질의 표준 생성 엔탈피(25 ℃)

물질	표준 생성 엔탈피 (kJ/mol)	물질	표준 생성 엔탈피 (kJ/mol)
$CO(g)$	-111	$NH_3(g)$	-46
$CO_2(g)$	-394	$CH_4(g)$	-76
$H_2O(g)$	-242	$C_2H_6(g)$	-84

(2) 표준 생성 엔탈피로 반응 엔탈피 구하기: 반응물과 생성물의 표준 생성 엔탈피를 알면 화학 반응의 반응 엔탈피를 구할 수 있다.

① 어떤 화학 반응의 반응 엔탈피는 생성물의 표준 생성 엔탈피 총합에서 반응물의 표준 생성 엔탈피 총합을 빼서 구할 수 있다.

> 반응 엔탈피=생성물의 표준 생성 엔탈피 총합−반응물의 표준 생성 엔탈피 총합

② 메테인 연소 반응의 반응 엔탈피(ΔH) 구하기

$$CH_4(g) + 2O_2(g) \longrightarrow CO_2(g) + 2H_2O(l)$$

ΔH＝생성물의 표준 생성 엔탈피 총합−반응물의 표준 생성 엔탈피 총합
   $= -394 \text{ kJ} + 2 \times (-286 \text{ kJ}) - (-76 \text{ kJ} + 2 \times 0) = -890 \text{ kJ}$

THE 들여다보기   반응 엔탈피의 종류

반응 엔탈피는 반응의 종류에 따라 연소 엔탈피, 중화 엔탈피, 용해 엔탈피, 생성 엔탈피, 분해 엔탈피 등으로 구분한다.

연소 엔탈피	물질 1몰이 완전 연소할 때의 반응 엔탈피 예 메테인(CH_4)의 연소 엔탈피는 -890 kJ/mol이다.
중화 엔탈피	산과 염기가 중화 반응하여 1몰의 물이 생성될 때의 반응 엔탈피 예 염산(HCl)과 수산화 나트륨(NaOH) 수용액의 반응에서 중화 엔탈피는 -55.8 kJ/mol이다. ➜ 중화 엔탈피는 산과 염기의 종류에 관계없이 -55.8 kJ/mol이다.
용해 엔탈피	물질 1몰이 충분한 양의 용매에 용해될 때의 반응 엔탈피 예 질산 암모늄(NH_4NO_3)의 용해 엔탈피는 26 kJ/mol이다. 　황산(H_2SO_4)의 용해 엔탈피는 -80 kJ/mol이다.
생성 엔탈피	가장 안정한 성분 원소들로부터 물질 1몰이 생성될 때의 반응 엔탈피 예 에테인(C_2H_6)의 생성 엔탈피는 -84 kJ/mol이다.
분해 엔탈피	물질 1몰이 가장 안정한 성분 원소들로 분해될 때의 반응 엔탈피 ➜ 분해 엔탈피는 생성 엔탈피와 크기는 같고 부호는 반대이다. 예 에테인(C_2H_6)의 분해 엔탈피는 84 kJ/mol이다.

개념체크

1. 일정한 압력과 온도에서 물질이 가지는 고유한 에너지를 ( )라고 하며, 기호 H로 나타낸다.

2. $\Delta H > 0$인 반응은 ( ) 반응이다.

3. 열량계를 이용하여 화학 반응에서 온도 변화를 측정하면 ( )×질량×온도 변화로 반응열을 계산할 수 있다.

4. 수산화 암모늄과 염화 바륨의 반응, 탄산수소 나트륨의 열분해 반응은 ( ) 반응의 예이다.

5. 화학 반응에서 출입하는 열에너지를 화학 반응식과 함께 나타낸 것을 ( )이라고 한다.

6. 물질의 상태를 표시할 때에는 고체는 ( ), 액체는 ( ), 기체는 ( ), 수용액은 ( )로 표시한다.

7. 25 ℃, 표준 상태에서 가장 안정한 성분 원소들로부터 어떤 물질 1몰이 생성될 때의 반응 엔탈피를 ( )라고 한다.

8. ( ) 엔탈피는 생성 엔탈피와 크기는 같고 부호는 반대이다.

9. 중화 엔탈피는 산과 염기가 중화 반응하여 ( )몰의 물이 생성될 때의 반응 엔탈피이다.

10. 화학 반응 시 열의 출입이 일어나는 이유는 반응물과 생성물이 가지는 엔탈피가 서로 (같기 , 다르기) 때문이다.

11. $\Delta H < 0$이면 반응물보다 생성물의 엔탈피가 더 (큰 , 작은) 경우이므로 그 차이만큼의 에너지를 방출한다.

12. 연소 반응, 철의 부식은 (발열 , 흡열) 반응의 예이다.

13. 반응 $C(s, 흑연) + O_2(g) \longrightarrow CO_2(g)$은 $\Delta H = -394 \text{ kJ}$이므로 (발열 , 흡열) 반응이다.

14. 25 ℃, 표준 상태에서 $C(s, 흑연)$의 표준 생성 엔탈피는?

15. 25 ℃, 표준 상태에서 반응 $H_2(g) + \frac{1}{2}O_2(g) \longrightarrow H_2O(l)$의 $\Delta H = -286 \text{ kJ}$이다. $H_2O(l)$의 표준 생성 엔탈피는?

정답 1. 엔탈피 2. 흡열 3. 비열 4. 흡열 5. 열화학 반응식 6. s, l, g, aq 7. 표준 생성 엔탈피 8. 분해 9. 1 10. 다르기 11. 작은 12. 발열 13. 발열 14. 0 15. -286 kJ/mol

○X 문제

1. 반응 엔탈피에 대한 설명으로 옳은 것은 ○, 옳지 <u>않은</u> 것은 ×로 표시하시오.

(1) 반응 엔탈피(ΔH)는 반응물의 엔탈피 총합에서 생성물의 엔탈피 총합을 뺀 값이다. ( )

(2) $\Delta H > 0$인 반응은 에너지를 흡수하는 반응이다. ( )

(3) 반응 $CaCO_3(s) \longrightarrow CaO(s) + CO_2(g)$은 $\Delta H = 178 \text{ kJ}$이므로 발열 반응이다. ( )

(4) 용해 엔탈피는 물질 1몰이 충분한 양의 용매에 용해될 때의 반응 엔탈피이다. ( )

2. 표준 생성 엔탈피에 대한 설명으로 옳은 것은 ○, 옳지 <u>않은</u> 것은 ×로 표시하시오.

(1) 25 ℃, 표준 상태에서 가장 안정한 성분 원소들로부터 어떤 물질 1몰이 생성될 때의 반응 엔탈피를 말한다. ( )

(2) 25 ℃에서 $O_2(g)$의 표준 생성 엔탈피는 0이다. ( )

(3) 어떤 화학 반응의 반응 엔탈피는 반응물의 표준 생성 엔탈피 총합에서 생성물의 표준 생성 엔탈피 총합을 빼서 구할 수 있다. ( )

정답 1. (1) × (2) ○ (3) × (4) ○ 2. (1) ○ (2) ○ (3) ×

02 반응 경로와 엔탈피

1 결합 에너지와 반응 엔탈피

(1) 결합 에너지

① 원자 사이의 결합이 끊어질 때는 에너지를 흡수하고, 원자 사이의 결합이 생성될 때는 에너지를 방출한다.

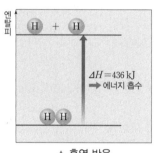

▲ 흡열 반응

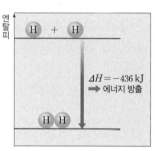

▲ 발열 반응

❶ 결합 세기와 결합 에너지
H−H 결합과 Cl−Cl 결합의 결합 에너지는 각각 436 kJ/mol, 243 kJ/mol이다. 따라서 결합 세기는 H−H가 Cl−Cl보다 강하다.

❷ 평균 결합 에너지
한 종류의 결합이 여러 분자에 존재할 때 결합 에너지의 크기가 다를 수 있다. 예를 들어 CH_4에서 H−C의 결합 에너지는 435 kJ/mol인데, CHF_3에서 H−C의 결합 에너지는 430 kJ/mol이다. 따라서 결합 에너지는 평균값을 사용한다.

② 결합 에너지: 기체 상태의 물질을 구성하는 두 원자 사이의 공유 결합 1몰을 끊어 기체 상태의 원자로 만드는 데 필요한 에너지를 말한다.

  📌 수소(H_2) 기체 1몰을 수소 원자로 분해하는 데 436 kJ의 에너지가 필요하므로 H−H의 결합 에너지는 436 kJ/mol이다.

$$H_2(g) \longrightarrow 2H(g) \quad \Delta H = 436 \text{ kJ}$$

③ ❶결합의 세기가 강할수록 결합을 끊기가 어려우므로 결합 에너지가 크다. 같은 원자 사이의 결합에서는 다중 결합일수록 결합 에너지가 크다.

④ ❷평균 결합 에너지

결합	평균 결합 에너지 (kJ/mol)	결합	평균 결합 에너지 (kJ/mol)
H−C	410	C−C	350
H−O	460	C=C	611
H−Cl	432	C≡C	835
C−O	358	O−O	180
Cl−Cl	243	O=O	498

THE 들여다보기   H−H 결합 에너지

1. 두 수소 원자가 무한히 먼 곳에 있을 때의 에너지를 0이라 하면, 두 원자가 가까워질수록 인력이 크게 작용하면서 에너지가 점점 낮아진다.

2. 핵간 거리가 74 pm일 때 가장 에너지가 낮으며, 이때 에너지가 −436 kJ/mol이고, 이 상태에서 공유 결합 물질인 $H_2(g)$ 분자를 이룬다.

$$2H(g) \longrightarrow H_2(g) \quad \Delta H = -436 \text{ kJ}$$

3. $H_2(g)$를 $2H(g)$로 분해하는 데 436 kJ/mol이 필요하므로 H−H 결합 에너지는 436 kJ/mol이다.

$$H_2(g) \longrightarrow 2H(g) \quad \Delta H = 436 \text{ kJ}$$

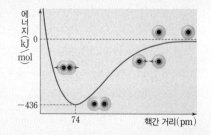

(2) 결합 에너지를 이용한 반응 엔탈피 계산

① 화학 반응에서 반응물의 결합이 끊어질 때는 에너지가 필요하므로 엔탈피가 증가하고 ($\Delta H > 0$), 새로운 결합이 형성될 때는 에너지를 방출하므로 엔탈피가 감소한다($\Delta H < 0$).

② 기체 반응에서의 반응 엔탈피(ΔH)는 반응물의 결합 에너지 총합에서 생성물의 결합 에너지 총합을 뺀 값이다.

> 반응 엔탈피(ΔH)=반응물의 결합 에너지 총합−생성물의 결합 에너지 총합

> 예 수소와 염소가 반응하여 염화 수소가 생성되는 반응
> $$H_2(g)+Cl_2(g) \longrightarrow 2HCl(g)$$
> 반응 엔탈피(ΔH)=(H−H 결합 에너지+Cl−Cl 결합 에너지)−(2×H−Cl 결합 에너지)
> $$=(436 kJ+243 kJ)-(2 \times 432 kJ)=-185 kJ$$
>
>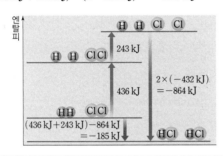

2 헤스 법칙

❶ 헤스(Hess G. H., 1802~1850)
스위스 출신의 러시아 화학자

(1) 헤스 법칙(총열량 불변 법칙): 화학 반응에서 반응물의 종류와 상태, 생성물의 종류와 상태가 같으면 반응 경로에 관계없이 반응 엔탈피의 총합이 같다.

> 예 ❷메테인의 연소 반응에서 헤스 법칙
> - 경로 I: $CH_4(g)+2O_2(g) \longrightarrow CO_2(g)+2H_2O(l)$ $\Delta H_1=-890 kJ$
> - 경로 II: $CH_4(g)+2O_2(g) \longrightarrow CO_2(g)+2H_2O(g)$ $\Delta H_2=-802 kJ$
> $2H_2O(g) \longrightarrow 2H_2O(l)$ $\Delta H_3=-88 kJ$
> 경로 II의 두 화학 반응식을 합하면 경로 I과 같은 것처럼, 경로 II의 두 반응에서의 반응 엔탈피 합($\Delta H_2+\Delta H_3$)은 경로 I의 반응 엔탈피(ΔH_1)와 같다.

❷ 메테인의 연소 반응에서 헤스 법칙

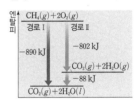

(2) 헤스 법칙의 이용: 헤스 법칙을 이용하여 측정하기 어려운 반응의 반응 엔탈피를 구할 수 있다.

> 예 ❸흑연이 불완전 연소하여 일산화 탄소가 생성되는 반응의 반응 엔탈피를 측정하기는 어렵기 때문에 헤스 법칙으로 반응 엔탈피를 구할 수 있다.
> - 경로 I: $C(s, 흑연)+O_2(g) \longrightarrow CO_2(g)$ $\Delta H_1=-393.5 kJ$
> - 경로 II: $C(s, 흑연)+\frac{1}{2}O_2(g) \longrightarrow CO(g)$ $\Delta H_2=x kJ$
>
> $CO(g)+\frac{1}{2}O_2(g) \longrightarrow CO_2(g)$ $\Delta H_3=-283.0 kJ$
>
> $\Delta H_1=\Delta H_2+\Delta H_3$이므로 $-393.5 kJ=x kJ-283.0 kJ$이다. 따라서 $x=-110.5$이다.

❸ 흑연의 연소 반응에서 헤스 법칙

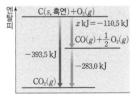

개념체크

빈칸 완성

1. 기체 상태의 물질을 구성하는 두 원자 사이의 공유 결합 1몰을 끊어 기체 상태의 원자로 만드는 네 필요한 에너지를 (   )라고 한다.

2. 화학 반응에서 반응물의 종류와 상태, 생성물의 종류와 상태가 같으면 반응 경로와 관계없이 반응 엔탈피의 총합이 같은데, 이것을 (   ) 법칙이라고 한다.

둘 중에 고르기

3. 원자 사이의 결합이 끊어질 때 에너지를 (흡수 , 방출) 한다.

4. H-H 결합 에너지와 Cl-Cl 결합 에너지는 각각 436 kJ/mol, 243 kJ/mol이다. 따라서 결합 세기는 H-H가 Cl-Cl보다 (강 , 약)하다.

5. $C≡C$의 결합 에너지가 $C-C$의 결합 에너지보다 (크 , 작)다.

단답형 문제

6. 반응 $H_2(g) \longrightarrow 2H(g)$의 $\Delta H = 436$ kJ이다. H-H 의 결합 에너지는?

7. 반응 $Cl_2(g) \longrightarrow 2Cl(g)$의 $\Delta H = 243$ kJ이다. 반응 $2Cl(g) \longrightarrow Cl_2(g)$의 ΔH는?

8. 반응 $C(s, 흑연) + \frac{1}{2}O_2(g) \longrightarrow CO(g)$의 $\Delta H = -110.5$ kJ이고, 반응 $CO(g) + \frac{1}{2}O_2(g) \longrightarrow CO_2(g)$의 $\Delta H = -283.0$ kJ이다. 반응 $C(s, 흑연) + O_2(g) \longrightarrow CO_2(g)$의 ΔH는?

정답 1. 결합 에너지 2. 헤스(또는 총열량 불변) 3. 흡수 4. 강 5. 크 6. 436 kJ/mol 7. -243 kJ 8. -393.5 kJ

○X 문제

1. 결합 에너지에 대한 설명으로 옳은 것은 ○, 옳지 않은 것은 ×로 표시하시오.

(1) 화학 반응에서 새로운 결합이 형성될 때는 에너지를 방출하여 엔탈피가 감소한다. (   )

(2) 기체 반응에서의 반응 엔탈피(ΔH)는 생성물의 결합 에너지 총합에서 반응물의 결합 에너지 총합을 뺀 값이다. (   )

(3) H-C의 결합 에너지 값은 CH_4에서와 CHF_3에서 같다. (   )

2. 헤스 법칙에 대한 설명으로 옳은 것은 ○, 옳지 않은 것은 ×로 표시하시오.

(1) 실험적으로 측정하기 어려운 반응의 반응 엔탈피는 구할 수 없다. (   )

(2) 반응 $CH_4(g) + 2O_2(g) \longrightarrow CO_2(g) + 2H_2O(l)$의 반응 엔탈피를 ΔH_1이라 하고, 반응 $CH_4(g) + 2O_2(g) \longrightarrow CO_2(g) + 2H_2O(g)$의 반응 엔탈피를 ΔH_2라 할 때, 반응 $2H_2O(g) \longrightarrow 2H_2O(l)$의 반응 엔탈피는 $\Delta H_1 + \Delta H_2$이다. (   )

정답 1. (1) ○ (2) × (3) × 2. (1) × (2) ×

목표

HCl와 NaOH의 반응을 통해 헤스 법칙을 설명할 수 있다.

과정

[실험 Ⅰ] 25 ℃, 물 100 mL가 들어 있는 스타이로폼 컵에 NaOH(s) 2.0 g을 넣고 완전히 녹인 후, 최고 온도를 측정한다.

[실험 Ⅱ] 25 ℃, 1 M NaOH(aq) 50 mL가 들어 있는 스타이로폼 컵에 25 ℃, 1 M HCl(aq) 50 mL를 넣고 혼합한 후, 최고 온도를 측정한다.

[실험 Ⅲ] 25 ℃, 0.5 M HCl(aq) 100 mL가 들어 있는 스타이로폼 컵에 NaOH(s) 2.0 g을 넣고 완전히 녹인 후, 최고 온도를 측정한다.

온도계, 젓개, 고무마개, 뚜껑, 스타이로폼 컵

[자료]

· NaOH의 화학식량: 40

· 실험 Ⅰ~Ⅲ에서 혼합 용액의 질량: 102 g

· 실험 Ⅰ~Ⅲ에서 혼합 용액의 비열: 4.2 J/g·℃

결과 정리 및 해석

실험	Ⅰ	Ⅱ	Ⅲ
최고 온도(℃)	30.0	31.4	36.4

1. [실험 Ⅰ]에서 $\dfrac{2.0\ g}{40\ g/mol} = \dfrac{1}{20}$ mol NaOH(s) 용해 반응의 열화학 반응식 나타내기

$Q = 4.2$ J/g·℃ $\times 102$ g $\times 5$ ℃ $= 2142$ J이므로

$$\dfrac{1}{20}NaOH(s) \longrightarrow \dfrac{1}{20}NaOH(aq) \qquad \varDelta H = -2142\ J$$

2. [실험 Ⅱ]에서 HCl(aq)과 NaOH(aq)의 중화 반응의 열화학 반응식 나타내기

$Q = 4.2$ J/g·℃ $\times 102$ g $\times 6.4$ ℃ $≒ 2742$ J이므로

$$\dfrac{1}{20}HCl(aq) + \dfrac{1}{20}NaOH(aq) \longrightarrow \dfrac{1}{20}NaCl(aq) + \dfrac{1}{20}H_2O(l) \qquad \varDelta H = -2742\ J$$

3. [실험 Ⅲ]에서 NaOH(s)의 용해를 포함한 HCl(aq)과 NaOH(s)의 중화 반응의 열화학 반응식 나타내기

$Q = 4.2$ J/g·℃ $\times 102$ g $\times 11.4$ ℃ $≒ 4884$ J이므로

$$\dfrac{1}{20}HCl(aq) + \dfrac{1}{20}NaOH(s) \longrightarrow \dfrac{1}{20}NaCl(aq) + \dfrac{1}{20}H_2O(l) \qquad \varDelta H = -4884\ J$$

탐구 분석

1. 실험 Ⅰ~Ⅲ을 이용하여 헤스 법칙을 설명하시오.

2. 반응 NaOH(s) $\longrightarrow$ NaOH(aq)의 반응 엔탈피($\varDelta H$)를 구하시오.

01 [20701-0175]
화학 반응과 열의 출입에 대한 설명으로 옳은 것만을 〈보기〉에서 있는 대로 고른 것은?

┌ 보기 ┐
ㄱ. $\Delta H > 0$인 반응은 흡열 반응이다.
ㄴ. 반응물의 엔탈피보다 생성물의 엔탈피가 크면 발열 반응이다.
ㄷ. 반응 엔탈피는 화학 반응식의 계수에 무관하다.

① ㄱ ② ㄴ ③ ㄷ ④ ㄴ, ㄷ ⑤ ㄱ, ㄴ, ㄷ

02 [20701-0176]
다음 중 흡열 반응의 열화학 반응식은?

① $C(s, 흑연) + O_2(g) \longrightarrow CO_2(g)$ $\Delta H = -394 \ kJ$
② $CaCO_3(s) \longrightarrow CaO(s) + CO_2(g)$ $\Delta H = 178 \ kJ$
③ $2H_2(g) + O_2(g) \longrightarrow 2H_2O(g)$ $\Delta H = -484 \ kJ$
④ $2H_2(g) + O_2(g) \longrightarrow 2H_2O(l)$ $\Delta H = -572 \ kJ$
⑤ $CH_4(g) + 2O_2(g) \longrightarrow CO_2(g) + 2H_2O(l)$
$\Delta H = -890 \ kJ$

03 [20701-0177]
다음은 25 ℃, 표준 상태에서 메탄올(CH_3OH)이 연소하는 반응의 열화학 반응식이다.

$$CH_3OH(l) + \frac{3}{2}O_2(g) \longrightarrow CO_2(g) + 2H_2O(l)$$
$$\Delta H = a \ kJ$$

25 ℃, 표준 상태에서 이와 관련된 열화학 반응식으로 옳은 것만을 〈보기〉에서 있는 대로 고른 것은?

┌ 보기 ┐
ㄱ. $2CH_3OH(l) + 3O_2(g) \longrightarrow 2CO_2(g) + 4H_2O(l)$
$\Delta H = 2a \ kJ$
ㄴ. $\frac{1}{2}CH_3OH(l) + \frac{3}{4}O_2(g) \longrightarrow \frac{1}{2}CO_2(g) + H_2O(l)$
$\Delta H = \frac{a}{2} \ kJ$
ㄷ. $CH_3OH(l) + \frac{3}{2}O_2(g) \longrightarrow CO_2(g) + 2H_2O(g)$
$\Delta H = a \ kJ$

① ㄱ ② ㄷ ③ ㄱ, ㄴ ④ ㄴ, ㄷ ⑤ ㄱ, ㄴ, ㄷ

04 [20701-0178]
다음은 25 ℃, 표준 상태에서 $NH_3(g)$가 생성되는 반응의 열화학 반응식이다.

$$N_2(g) + 3H_2(g) \longrightarrow 2NH_3(g) \quad \Delta H = -92 \ kJ$$

25 ℃, 표준 상태에서 이와 관련된 열화학 반응식으로 옳은 것만을 〈보기〉에서 있는 대로 고른 것은?

┌ 보기 ┐
ㄱ. $\frac{1}{2}N_2(g) + \frac{3}{2}H_2(g) \longrightarrow NH_3(g)$ $\Delta H = -46 \ kJ$
ㄴ. $2N_2(g) + 6H_2(g) \longrightarrow 4NH_3(g)$ $\Delta H = 184 \ kJ$
ㄷ. $2NH_3(g) \longrightarrow N_2(g) + 3H_2(g)$ $\Delta H = 92 \ kJ$

① ㄱ ② ㄴ ③ ㄱ, ㄷ ④ ㄴ, ㄷ ⑤ ㄱ, ㄴ, ㄷ

05 [20701-0179]
다음은 25 ℃, 표준 상태에서 메테인(CH_4) 연소 반응의 열화학 반응식이다.

$$CH_4(g) + 2O_2(g) \longrightarrow CO_2(g) + 2H_2O(l)$$
$$\Delta H = -890 \ kJ$$

25 ℃, 표준 상태에서 2몰의 $CH_4(g)$이 충분한 양의 $O_2(g)$와 반응하여 연소될 때 방출되는 에너지(kJ)를 구하시오.

06 [20701-0180]
다음은 수소(H_2)와 산소(O_2)의 반응에 대한 실험이다.

┌─────────────────────────────┐
[실험 과정 및 결과]
1몰의 $H_2(g)$를 충분한 양의 $O_2(g)$와 반응시켰더니, x몰의 $H_2O(l)$만 생성되고 열이 발생하였다.
└─────────────────────────────┘

이 반응에 대한 설명으로 옳은 것만을 〈보기〉에서 있는 대로 고른 것은?

┌ 보기 ┐
ㄱ. $x = \frac{1}{2}$이다.
ㄴ. $H_2(g)$와 $O_2(g)$가 반응하여 $H_2O(l)$이 생성되는 반응은 발열 반응이다.
ㄷ. $H_2(g)$ 1몰의 엔탈피와 $O_2(g)$ $\frac{1}{2}$몰의 엔탈피 합은 $H_2O(l)$ 1몰의 엔탈피보다 크다.

① ㄱ ② ㄷ ③ ㄱ, ㄴ ④ ㄴ, ㄷ ⑤ ㄱ, ㄴ, ㄷ

07 [20701-0181]
다음 중 25 ℃에서 표준 생성 엔탈피가 0이 <u>아닌</u> 것은?

① $H_2(g)$　　　　　② $C(s, 흑연)$
③ $C(s, 다이아몬드)$　　④ $N_2(g)$
⑤ $O_2(g)$

08 [20701-0182]
다음은 25 ℃, 표준 상태에서 $CO_2(g)$가 생성되는 반응의 열화학 반응식이다.

$$C(s, 흑연) + O_2(g) \longrightarrow CO_2(g) \quad \Delta H = -394 \text{ kJ}$$

25 ℃, 표준 상태에서 이에 대한 설명으로 옳은 것만을 〈보기〉에서 있는 대로 고른 것은?

┌─ 보기 ┌
ㄱ. $C(s, 흑연)$ 1몰이 충분한 양의 $O_2(g)$와 반응하여 $CO_2(g)$가 생성되면 394 kJ의 에너지가 방출된다.
ㄴ. $CO_2(g)$의 표준 생성 엔탈피는 -394 kJ/mol이다.
ㄷ. $C(s, 다이아몬드) + O_2(g) \longrightarrow CO_2(g)$의 $\Delta H > -394$ kJ이다.
└──────

① ㄱ　　　　② ㄷ　　　　③ ㄱ, ㄴ
④ ㄴ, ㄷ　　　⑤ ㄱ, ㄴ, ㄷ

09 [20701-0183]
다음 중 25 ℃에서 표준 생성 엔탈피에 대한 설명으로 옳은 것은?

① $O_3(g)$의 표준 생성 엔탈피는 0이다.
② 표준 생성 엔탈피는 $H_2O(g)$가 $H_2O(l)$보다 작다.
③ $C(s, 다이아몬드)$의 표준 생성 엔탈피는 0보다 작다.
④ 표준 상태에서 가장 안정한 성분 원소들로부터 어떤 물질 1몰이 생성될 때의 반응 엔탈피이다.
⑤ 기체 상태의 물질을 구성하는 두 원자 사이의 공유 결합 1몰을 끊어 기체 상태의 원자로 만드는 데 필요한 에너지이다.

10 [20701-0184]
25 ℃에서 표준 생성 엔탈피에 대한 설명으로 옳은 것만을 〈보기〉에서 있는 대로 고른 것은?

┌─ 보기 ┌
ㄱ. $C(s, 흑연)$과 $C(s, 다이아몬드)$는 표준 생성 엔탈피가 같다.
ㄴ. $F_2(g)$의 표준 생성 엔탈피는 0이다.
ㄷ. 표준 생성 엔탈피는 $O_2(g) > O_3(g)$이다.
└──────

① ㄱ　　② ㄴ　　③ ㄱ, ㄷ　　④ ㄴ, ㄷ　　⑤ ㄱ, ㄴ, ㄷ

11 [20701-0185]
다음은 25 ℃, 표준 상태에서 2가지 화학 반응 (가)와 (나)의 열화학 반응식이다.

┌──────
(가) $A(g) \longrightarrow B(g) \quad \Delta H > 0$
(나) $C(g) \longrightarrow D(g) \quad \Delta H < 0$
└──────

이에 대한 설명으로 옳은 것만을 〈보기〉에서 있는 대로 고른 것은?

┌─ 보기 ┌
ㄱ. (가)는 흡열 반응이다.
ㄴ. (나)가 일어날 때 주위로 열이 방출된다.
ㄷ. 엔탈피는 $C(g) > D(g)$이다.
└──────

① ㄱ　　② ㄷ　　③ ㄱ, ㄴ　　④ ㄴ, ㄷ　　⑤ ㄱ, ㄴ, ㄷ

12 [20701-0186]
25 ℃, 표준 상태에서 반응물과 생성물이 모두 기체인 어떤 반응의 반응 엔탈피(ΔH)에 대한 설명으로 옳은 것만을 〈보기〉에서 있는 대로 고른 것은?

┌─ 보기 ┌
ㄱ. 생성물의 엔탈피 총합에서 반응물의 엔탈피 총합을 뺀 값이다.
ㄴ. 생성물의 결합 에너지 총합에서 반응물의 결합 에너지 총합을 뺀 값이다.
ㄷ. 생성물의 표준 생성 엔탈피 총합에서 반응물의 표준 생성 엔탈피 총합을 뺀 값이다.
└──────

① ㄱ　　② ㄴ　　③ ㄱ, ㄷ　　④ ㄴ, ㄷ　　⑤ ㄱ, ㄴ, ㄷ

13 [20701-0187]
다음은 25 °C, 표준 상태에서 에텐(C_2H_4)이 생성되는 반응의 열화학 반응식이다. 25 °C에서 에테인($C_2H_6(g)$)의 표준 생성 엔탈피는 a kJ/mol이다.

$$2C(s, 흑연)+2H_2(g) \longrightarrow C_2H_4(g) \quad \Delta H = b \text{ kJ}$$

25 °C, 표준 상태에서 반응 $C_2H_4(g)+H_2(g) \longrightarrow C_2H_6(g)$의 반응 엔탈피($\Delta H$)는?

① a kJ ② $(a+b)$ kJ
③ $\left(a-\dfrac{b}{2}\right)$ kJ ④ $(a-b)$ kJ
⑤ $(b-a)$ kJ

14 [20701-0188]
다음은 25 °C, 표준 상태에서 $CO_2(g)$가 생성되는 반응의 열화학 반응식이다.

$$CO(g)+\dfrac{1}{2}O_2(g) \longrightarrow CO_2(g) \quad \Delta H = -283 \text{ kJ}$$

25 °C, 표준 상태에서 이에 대한 설명으로 옳은 것은?

① 위 반응은 흡열 반응이다.
② 위 반응은 반응물의 엔탈피 총합이 생성물의 엔탈피 총합보다 작다.
③ $CO_2(g)$의 표준 생성 엔탈피는 -283 kJ/mol이다.
④ 반응 $2CO(g)+O_2(g) \longrightarrow 2CO_2(g)$의
$$\Delta H = -283 \text{ kJ이다.}$$
⑤ 반응 $CO_2(g) \longrightarrow CO(g)+\dfrac{1}{2}O_2(g)$의
$$\Delta H = 283 \text{ kJ이다.}$$

15 [20701-0189]
다음은 25 °C, 표준 상태에서 $NO_2(g)$를 생성하는 2가지 반응의 열화학 반응식이다.

- $N_2(g)+2O_2(g) \longrightarrow 2NO_2(g) \quad \Delta H_1 = 68 \text{ kJ}$
- $2NO(g)+O_2(g) \longrightarrow 2NO_2(g) \quad \Delta H_2 = -112 \text{ kJ}$

25 °C에서 $NO(g)$의 표준 생성 엔탈피(kJ/mol)는?

① -44 ② -22 ③ 90
④ 124 ⑤ 180

16 [20701-0190]
다음 중 흡열 반응인 것은?

① $\Delta H < 0$인 반응
② $CH_4(g)$의 연소 반응
③ 반응 $F_2(g) \longrightarrow 2F(g)$
④ 반응 $H^+(aq)+OH^-(aq) \longrightarrow H_2O(l)$
⑤ 생성물의 엔탈피 총합이 반응물의 엔탈피 총합보다 작은 반응

17 [20701-0191]
25 °C, 표준 상태에서 결합 $N \equiv N$의 결합 에너지는 a kJ/mol이다.
이에 대한 설명으로 옳은 것만을 〈보기〉에서 있는 대로 고른 것은?

보기
ㄱ. $a > 0$이다.
ㄴ. 결합 $N-N$의 결합 에너지는 a kJ/mol보다 작다.
ㄷ. 25 °C, 표준 상태에서 반응 $N_2(g) \longrightarrow 2N(g)$의 $\Delta H = a$ kJ이다.

① ㄱ ② ㄷ ③ ㄱ, ㄴ
④ ㄴ, ㄷ ⑤ ㄱ, ㄴ, ㄷ

18 [20701-0192]
다음은 25 °C, 표준 상태에서 $HCl(g)$가 생성되는 반응의 열화학 반응식이다.

$$H_2(g)+Cl_2(g) \longrightarrow 2HCl(g) \quad \Delta H = a \text{ kJ}$$

표는 25 °C, 표준 상태에서 2가지 결합의 결합 에너지를 나타낸 것이다.

결합	결합 에너지(kJ/mol)
H-H	b
H-Cl	c

25 °C, 표준 상태에서 결합 $Cl-Cl$의 결합 에너지(kJ/mol)는?

① $a-b+2c$ ② $a-b+c^2$
③ $a+b-2c$ ④ $a+b-c^2$
⑤ $-a+b+c^2$

19 [20701-0193] 결합 에너지와 관련된 설명으로 옳은 것만을 〈보기〉에서 있는 대로 고른 것은?

┌ 보기 ┐
ㄱ. $H-H$ 결합 에너지는 $H_2(g)$의 공유 결합을 끊어 1몰의 $H(g)$를 만드는 데 필요한 에너지이다.
ㄴ. 기체 반응에서의 반응 엔탈피는 반응물의 결합 에너지 총합에서 생성물의 결합 에너지 총합을 뺀 값이다.
ㄷ. 결합 에너지는 $O-O$ 결합이 $O=O$ 결합보다 크다.

① ㄱ　　　　② ㄴ　　　　③ ㄱ, ㄷ
④ ㄴ, ㄷ　　　⑤ ㄱ, ㄴ, ㄷ

20 [20701-0194] 표는 25 ℃, 표준 상태에서 4가지 결합의 결합 에너지를 나타낸 것이다.

결합	결합 에너지 (kJ/mol)	결합	결합 에너지 (kJ/mol)
H−H	436	O=O	498
F−F	159	Cl−Cl	243

결합의 세기가 (가) 가장 강한 것과 (나) 가장 약한 것은?

	(가)	(나)		(가)	(나)
①	H−H	O=O	②	H−H	F−F
③	O=O	F−F	④	O=O	Cl−Cl
⑤	F−F	Cl−Cl			

21 [20701-0195] 다음은 25 ℃, 표준 상태에서 3가지 반응의 열화학 반응식이다.

- $A(l) \longrightarrow B(l)$　　$\Delta H = a$ kJ
- $A(l) \longrightarrow C(l)$　　$\Delta H = b$ kJ
- $B(l) \longrightarrow C(l)$　　$\Delta H = x$ kJ

x는?

① $\dfrac{b}{2}$　　② $a+b$　　③ $a-b$
④ $b-a$　　⑤ $\dfrac{b-a}{2}$

22 [20701-0196] 다음은 25 ℃, 표준 상태에서 수소(H_2) 연소 반응의 2가지 열화학 반응식이다.

- $2H_2(g)+O_2(g) \longrightarrow 2H_2O(g)$　$\Delta H = -484$ kJ
- $2H_2(g)+O_2(g) \longrightarrow 2H_2O(l)$　$\Delta H = -572$ kJ

25 ℃, 표준 상태에서 반응 $H_2O(g) \longrightarrow H_2O(l)$의 반응 엔탈피($\Delta H$)는?

① -88 kJ　　② -44 kJ　　③ 22 kJ
④ 44 kJ　　⑤ 88 kJ

23 [20701-0197] 다음은 25 ℃, 표준 상태에서 황 산화물과 관련된 3가지 반응의 열화학 반응식이다.

- $2S(s, 사방황)+2O_2(g) \longrightarrow 2SO_2(g)$　$\Delta H = a$ kJ
- $2SO_2(g)+O_2(g) \longrightarrow 2SO_3(g)$　$\Delta H = b$ kJ
- $2S(s, 사방황)+3O_2(g) \longrightarrow 2SO_3(g)$　$\Delta H = x$ kJ

x는?

① $a+b$　　② $a-b$　　③ $b-a$
④ $2a+b$　　⑤ $2a-b$

24 [20701-0198] 다음은 25 ℃, 표준 상태에서 3가지 반응의 열화학 반응식이다.

- $Mg(s)+2HCl(aq) \longrightarrow MgCl_2(aq)+H_2(g)$　ΔH_1
- $MgO(s)+2HCl(aq) \longrightarrow MgCl_2(aq)+H_2O(l)$　ΔH_2
- $H_2(g)+\dfrac{1}{2}O_2(g) \longrightarrow H_2O(l)$　ΔH_3

25 ℃에서 $MgO(s)$의 표준 생성 엔탈피(kJ/mol)는?

① $\Delta H_1 + \Delta H_2 + \Delta H_3$
② $\Delta H_1 - \Delta H_2 + \Delta H_3$
③ $\Delta H_1 + \Delta H_2 - \Delta H_3$
④ $-\Delta H_1 - \Delta H_2 + \Delta H_3$
⑤ $-\Delta H_1 + \Delta H_2 + \Delta H_3$

실력 향상 문제

서술형 [20701-0199]

01 다음은 간이 열량계를 이용하여 $NaOH(s)$ 용해 반응의 반응 엔탈피(ΔH)를 측정하는 실험이다.

[실험 과정]

(가) 물 200 g을 간이 열량계에 넣고 온도(t_1)를 측정한다.

(나) 과정 (가)의 간이 열량계에 $NaOH(s)$ 4 g을 넣고 용해시킨 후, 용액의 최고 온도(t_2)를 측정한다.

[실험 결과]
- $t_1 = 20\ ℃$
- $t_2 = 25\ ℃$

[자료]
- 수용액의 비열: c J/g·℃
- $NaOH$의 화학식량: 40

반응 $NaOH(s) \longrightarrow NaOH(aq)$의 반응 엔탈피($\Delta H$(kJ))와 이를 구하는 과정을 서술하시오.

[20701-0200]

02 다음은 수소(H_2)와 산소(O_2)의 반응에 대한 자료이다.

25 ℃, 표준 상태에서 $H_2(g)$와 $O_2(g)$가 반응하여 9 g의 $H_2O(l)$이 생성될 때 a kJ의 에너지가 방출되었다.

25 ℃, 표준 상태에서 $2H_2(g)+O_2(g) \longrightarrow 2H_2O(l)$의 반응 엔탈피($\Delta H$)는? (단, H, O의 원자량은 각각 1, 16이다.)

① $-4a$ kJ   ② $-2a$ kJ   ③ a kJ
④ $2a$ kJ   ⑤ $4a$ kJ

[20701-0201]

03 그림은 25 ℃, 표준 상태에서 반응 $A(g) \longrightarrow B(g)$의 반응 진행에 따른 엔탈피($H$) 변화를 나타낸 것이다.

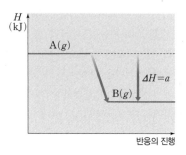

25 ℃, 표준 상태에서 이 반응에 대한 설명으로 옳은 것만을 〈보기〉에서 있는 대로 고른 것은?

[보기]
ㄱ. 발열 반응이다.
ㄴ. $a > 0$이다.
ㄷ. 반응 $2A(g) \longrightarrow 2B(g)$의 $\Delta H = \dfrac{a}{2}$ kJ이다.

① ㄱ   ② ㄴ   ③ ㄱ, ㄷ
④ ㄴ, ㄷ   ⑤ ㄱ, ㄴ, ㄷ

[20701-0202]

04 다음은 25 ℃, 표준 상태에서 $H_2O(l)$을 생성하는 반응의 열화학 반응식이다.

$$2H_2(g)+O_2(g) \longrightarrow 2H_2O(l) \quad \Delta H = -572\ kJ$$

25 ℃, 표준 상태에서 이에 대한 설명으로 옳은 것만을 〈보기〉에서 있는 대로 고른 것은?

[보기]
ㄱ. $2H_2O(l)$의 엔탈피는 $2H_2(g)$와 $O_2(g)$의 엔탈피 합보다 크다.
ㄴ. $H_2O(l)$의 표준 생성 엔탈피는 -572 kJ/mol이다.
ㄷ. $H_2O(g)$의 표준 생성 엔탈피는 -286 kJ/mol보다 크다.

① ㄱ   ② ㄴ   ③ ㄷ
④ ㄱ, ㄴ   ⑤ ㄴ, ㄷ

094 EBS 개념완성 화학 Ⅱ

[20701-0203]
05 표는 25 ℃에서 3가지 화합물의 표준 생성 엔탈피를 나타낸 것이다.

화합물	$CO(g)$	$CO_2(g)$	$H_2O(l)$
표준 생성 엔탈피(kJ/mol)	a	b	c

25 ℃, 표준 상태에서 위 자료만으로 반응 엔탈피를 구할 수 있는 반응이 <u>아닌</u> 것은?

① $C(s, 흑연)+O_2(g) \longrightarrow CO_2(g)$

② $C(s, 흑연)+\frac{1}{2}O_2(g) \longrightarrow CO(g)$

③ $H_2(g)+\frac{1}{2}O_2(g) \longrightarrow H_2O(l)$

④ $CO(g)+\frac{1}{2}O_2(g) \longrightarrow CO_2(g)$

⑤ $CO_2(g)+H_2O(l) \longrightarrow H_2CO_3(aq)$

[20701-0204]
06 표는 25 ℃에서 3가지 화합물의 표준 생성 엔탈피를 나타낸 것이다.

화합물	$H_2O(l)$	$CO_2(g)$	$CH_4(g)$
표준 생성 엔탈피(kJ/mol)	-286	-394	a

25 ℃, 표준 상태에서 이에 대한 설명으로 옳은 것은?

① 반응 $2H_2O(l) \longrightarrow 2H_2(g)+O_2(g)$의 $\Delta H=286$ kJ이다.

② $C(s, 흑연)$과 $O_2(g)$가 반응하여 1몰의 $CO_2(g)$가 생성될 때 394 kJ의 에너지가 필요하다.

③ 1몰의 $H_2(g)$가 충분한 양의 $O_2(g)$와 반응하여 $H_2O(l)$이 생성될 때 286 kJ의 에너지가 방출된다.

④ $H_2O(g)$의 표준 생성 엔탈피는 -286 kJ/mol보다 작다.

⑤ 반응 $CH_4(g)+2O_2(g) \longrightarrow CO_2(g)+2H_2O(l)$의 $\Delta H=(a-966)$ kJ이다.

[20701-0205]
07 표는 25 ℃에서 3가지 화합물의 표준 생성 엔탈피를 나타낸 것이다.

화합물	$C_2H_6(g)$	$CO_2(g)$	$H_2O(l)$
표준 생성 엔탈피(kJ/mol)	-84	-394	-286

25 ℃, 표준 상태에서 반응 $2C_2H_6(g)+7O_2(g) \longrightarrow 4CO_2(g)+6H_2O(l)$의 반응 엔탈피($\Delta H$)는?

① -3124 kJ ② -1562 kJ ③ 596 kJ

④ 1562 kJ ⑤ 3124 kJ

서술형 [20701-0206]
08 표는 25 ℃에서 2가지 질소 산화물의 표준 생성 엔탈피를 나타낸 것이다.

질소 산화물	$NO_2(g)$	$N_2O_4(g)$
표준 생성 엔탈피(kJ/mol)	33	9

25 ℃, 표준 상태에서 $NO_2(g)$가 결합하여 1몰의 $N_2O_4(g)$가 생성되는 반응의 열화학 반응식을 쓰시오.

[20701-0207]
09 표는 25 ℃, 표준 상태에서 3가지 결합의 결합 에너지를 나타낸 것이다.

결합	결합 에너지(kJ/mol)
H−H	a
H−N	b
N≡N	c

25 ℃에서 $NH_3(g)$의 표준 생성 엔탈피(kJ/mol)는?

① $a-b+c$ ② $3a-6b+c$ ③ $\dfrac{3a-3b+c}{2}$

④ $\dfrac{3a-3b+3c}{2}$ ⑤ $\dfrac{3a-6b+c}{2}$

10 [20701−0208]
표는 25 ℃, 표준 상태에서 4가지 결합의 결합 에너지를 나타낸 것이다.

결합	결합 에너지(kJ/mol)	결합	결합 에너지(kJ/mol)
O−O	a	C−C	b
O=O	498	C=C	611

이에 대한 설명으로 옳은 것만을 〈보기〉에서 있는 대로 고른 것은?

〈보기〉
ㄱ. $a > 0$이다.
ㄴ. $b < 611$이다.
ㄷ. 결합의 세기는 C=C가 O=O보다 강하다.

① ㄱ 　② ㄷ 　③ ㄱ, ㄴ
④ ㄴ, ㄷ 　⑤ ㄱ, ㄴ, ㄷ

11 [20701−0209]
표는 25 ℃, 표준 상태에서 3가지 결합의 결합 에너지를 나타낸 것이다. $a < b < c$이다.

결합	결합 에너지(kJ/mol)
A−A	a
B−B	b
A−B	c

25 ℃, 표준 상태에서 이에 대한 설명으로 옳은 것만을 〈보기〉에서 있는 대로 고른 것은? (단, A와 B는 임의의 원소 기호이다.)

〈보기〉
ㄱ. 결합의 세기는 A−A가 B−B보다 강하다.
ㄴ. 반응 $A_2(g) + B_2(g) \longrightarrow 2AB(g)$는 발열 반응이다.
ㄷ. 반응 $AB(g) \longrightarrow \frac{1}{2}A_2(g) + \frac{1}{2}B_2(g)$의
　　$\Delta H = \left(\frac{a+b-2c}{2}\right)$ kJ이다.

① ㄱ 　② ㄴ 　③ ㄷ
④ ㄱ, ㄴ 　⑤ ㄴ, ㄷ

12 [20701−0210]
표는 25 ℃, 표준 상태에서 2가지 결합의 결합 에너지를 나타낸 것이다.

결합	결합 에너지(kJ/mol)
H−H	436
O−O	180

25 ℃, 표준 상태에서 이와 관련된 열화학 반응식으로 옳은 것만을 〈보기〉에서 있는 대로 고른 것은?

〈보기〉
ㄱ. $H_2(g) \longrightarrow 2H(g)$　　$\Delta H = 436$ kJ
ㄴ. $H(g) \longrightarrow \frac{1}{2}H_2(g)$　　$\Delta H = -436$ kJ
ㄷ. $O_2(g) \longrightarrow 2O(g)$　　$\Delta H = 180$ kJ

① ㄱ 　② ㄴ 　③ ㄱ, ㄷ
④ ㄴ, ㄷ 　⑤ ㄱ, ㄴ, ㄷ

13 [20701−0211]
표는 25 ℃에서 3가지 물질의 표준 생성 엔탈피를 나타낸 것이다.

물질	표준 생성 엔탈피(kJ/mol)
H(g)	a
O(g)	b
Cl(g)	$\frac{14}{25}a$

25 ℃, 표준 상태에서 이에 대한 설명으로 옳은 것만을 〈보기〉에서 있는 대로 고른 것은?

〈보기〉
ㄱ. H−H의 결합 에너지는 a kJ/mol이다.
ㄴ. 결합의 세기는 H−H가 Cl−Cl보다 강하다.
ㄷ. O−O의 결합 에너지는 $2b$ kJ/mol보다 작다.

① ㄱ 　② ㄴ 　③ ㄷ
④ ㄱ, ㄴ 　⑤ ㄴ, ㄷ

[20701-0212]

14 표는 25 ℃, 표준 상태에서 2가지 결합의 결합 에너지를 나타낸 것이다.

결합	결합 에너지(kJ/mol)
H−H	436
O=O	498

25 ℃, 표준 상태에서 이에 대한 설명으로 옳은 것만을 〈보기〉에서 있는 대로 고른 것은?

┌ 보기 ┌
ㄱ. 1몰의 $H_2(g)$를 2몰의 $H(g)$로 분해시키는 데 436 kJ의 에너지가 필요하다.
ㄴ. O−O의 결합 에너지는 498 kJ/mol보다 작다.
ㄷ. $O(g)$의 표준 생성 엔탈피는 249 kJ/mol이다.

① ㄱ   ② ㄷ   ③ ㄱ, ㄴ
④ ㄴ, ㄷ   ⑤ ㄱ, ㄴ, ㄷ

[20701-0213]

15 다음은 25 ℃, 표준 상태에서 $HF(g)$를 생성하는 반응의 열화학 반응식이다.

$$H_2(g) + F_2(g) \longrightarrow 2HF(g) \quad \Delta H$$

표는 25 ℃, 표준 상태에서 3가지 결합의 결합 에너지를 나타낸 것이다.

결합	결합 에너지(kJ/mol)
H−H	436
H−F	570
F−F	159

ΔH(kJ)는?

① −545   ② −25   ③ 25
④ 688   ⑤ 1165

[20701-0214]

16 그림은 25 ℃, 표준 상태에서 몇 가지 반응의 엔탈피(H) 변화를 나타낸 것이다.

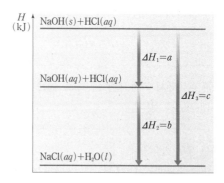

25 ℃, 표준 상태에서 이에 대한 설명으로 옳은 것만을 〈보기〉에서 있는 대로 고른 것은?

┌ 보기 ┌
ㄱ. 반응 $NaOH(s) \longrightarrow NaOH(aq)$의 반응 엔탈피는 a kJ이다.
ㄴ. 반응 $H^+(aq) + OH^-(aq) \longrightarrow H_2O(l)$의 반응 엔탈피는 b kJ이다.
ㄷ. $a + b = c$이다.

① ㄱ   ② ㄷ   ③ ㄱ, ㄴ
④ ㄴ, ㄷ   ⑤ ㄱ, ㄴ, ㄷ

[20701-0215]

17 그림은 25 ℃, 표준 상태에서 질소 산화물과 관련된 엔탈피(H) 변화를 나타낸 것이다.

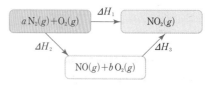

25 ℃, 표준 상태에서 이에 대한 설명으로 옳은 것만을 〈보기〉에서 있는 대로 고른 것은?

┌ 보기 ┌
ㄱ. $a = b$이다.
ㄴ. ΔH_2는 $NO(g)$의 표준 생성 엔탈피이다.
ㄷ. $\Delta H_1 = \Delta H_2 + \Delta H_3$이다.

① ㄱ   ② ㄷ   ③ ㄱ, ㄴ
④ ㄴ, ㄷ   ⑤ ㄱ, ㄴ, ㄷ

01 [20701-0216]
다음은 25 ℃, 표준 상태에서 기체 X와 관련된 2가지 반응 (가)와 (나)의 열화학 반응식이다. $a > b > 0$이다.

> (가) $X(g) \longrightarrow Y(g)$　$\Delta H = a$ kJ
> (나) $X(g) \longrightarrow Z(g)$　$\Delta H = b$ kJ

25 ℃, 표준 상태에서 이에 대한 설명으로 옳은 것만을 〈보기〉에서 있는 대로 고른 것은?

┌ 보기 ┐
ㄱ. (가)는 흡열 반응이다.
ㄴ. 엔탈피는 $Y(g) > Z(g)$이다.
ㄷ. 반응 $2Y(g) \longrightarrow 2Z(g)$의 $\Delta H = (2a - 2b)$ kJ이다.

① ㄱ　　　　② ㄴ　　　　③ ㄱ, ㄴ
④ ㄴ, ㄷ　　　⑤ ㄱ, ㄴ, ㄷ

02 [20701-0217]
다음은 25 ℃, 표준 상태에서 수소에 대한 자료이다.

> • $H_2(g)$의 표준 생성 엔탈피: a kJ/mol
> • H-H의 결합 에너지: b kJ/mol

25 ℃, 표준 상태에서 이에 대한 설명으로 옳은 것만을 〈보기〉에서 있는 대로 고른 것은?

┌ 보기 ┐
ㄱ. $a = 0$이다.
ㄴ. $a > b$이다.
ㄷ. 반응 $2H(g) \longrightarrow H_2(g)$의 $\Delta H = -b$ kJ이다.

① ㄱ　　　　② ㄴ　　　　③ ㄱ, ㄷ
④ ㄴ, ㄷ　　　⑤ ㄱ, ㄴ, ㄷ

03 [20701-0218]
다음은 25 ℃, 표준 상태에서 $H_2O(g)$를 생성하는 반응의 열화학 반응식이다.

$$2H_2(g) + O_2(g) \longrightarrow 2H_2O(g) \quad \Delta H = -484 \text{ kJ}$$

표는 25 ℃, 표준 상태에서 2가지 결합의 결합 에너지를 나타낸 것이다.

결합	결합 에너지(kJ/mol)
H-H	a
H-O	b

25 ℃, 표준 상태에서 이에 대한 설명으로 옳은 것만을 〈보기〉에서 있는 대로 고른 것은?

┌ 보기 ┐
ㄱ. $2H_2O(g)$의 엔탈피는 $2H_2(g)$와 $O_2(g)$의 엔탈피 합보다 작다.
ㄴ. $H_2O(g)$의 표준 생성 엔탈피는 -484 kJ/mol이다.
ㄷ. 주어진 자료를 이용하여 구한 O=O의 결합 에너지는 $(2a - 4b + 484)$ kJ/mol이다.

① ㄱ　② ㄴ　③ ㄱ, ㄷ　④ ㄴ, ㄷ　⑤ ㄱ, ㄴ, ㄷ

04 [20701-0219]
표는 25 ℃, 표준 상태에서 3가지 결합의 결합 에너지를 나타낸 것이다. $a > b$이다.

결합	결합 에너지(kJ/mol)
H-H	a
O-O	b
O=O	c

25 ℃, 표준 상태에서 이에 대한 설명으로 옳은 것만을 〈보기〉에서 있는 대로 고른 것은?

┌ 보기 ┐
ㄱ. 결합의 세기는 H-H가 O-O보다 강하다.
ㄴ. $H_2(g)$의 표준 생성 엔탈피는 $-a$ kJ/mol이다.
ㄷ. 반응 $\frac{1}{2}O_2(g) + H_2O(g) \longrightarrow H_2O_2(g)$의 반응 엔탈피는 $\left(-b + \frac{c}{2}\right)$ kJ이다.

① ㄱ　② ㄴ　③ ㄷ　④ ㄱ, ㄴ　⑤ ㄱ, ㄷ

[20701-0220]

05 다음은 25 ℃, 표준 상태에서 AB(g)가 생성되는 반응의 열화학 반응식이다.

$$A_2(g) + B_2(g) \longrightarrow 2AB(g) \quad \Delta H$$

표 Ⅰ과 표 Ⅱ는 각각 25 ℃, 표준 상태에서 3가지 결합의 결합 에너지와, 단일 결합으로 이루어진 3가지 물질의 표준 생성 엔탈피를 나타낸 것이다.

결합	결합 에너지 (kJ/mol)
A－A	a
B－B	b
A－B	c

[표 Ⅰ]

물질	표준 생성 엔탈피 (kJ/mol)
$A_2(g)$	0
$B_2(g)$	0
$AB(g)$	d

[표 Ⅱ]

이에 대한 설명으로 옳은 것만을 〈보기〉에서 있는 대로 고른 것은? (단, A와 B는 임의의 원소 기호이다.)

┌ 보기 ┐
ㄱ. A(g)의 표준 생성 엔탈피는 a kJ/mol이다.
ㄴ. $\Delta H = (a+b-2c)$ kJ이다.
ㄷ. $\dfrac{a+b}{2} = c+d$이다.

① ㄱ ② ㄴ ③ ㄷ ④ ㄱ, ㄴ ⑤ ㄴ, ㄷ

[20701-0221]

06 표는 25 ℃에서 2가지 물질의 표준 생성 엔탈피를 나타낸 것이다.

물질	표준 생성 엔탈피(kJ/mol)
H(g)	a
N(g)	b

25 ℃에서 $N_2H_4(g)$의 표준 생성 엔탈피를 구하기 위해 추가로 필요한 자료만을 〈보기〉에서 있는 대로 고른 것은?

┌ 보기 ┐
ㄱ. H－H 결합 에너지   ㄴ. H－N 결합 에너지
ㄷ. N－N 결합 에너지   ㄹ. N＝N 결합 에너지
ㅁ. N≡N 결합 에너지

① ㄱ, ㅁ ② ㄴ, ㄷ ③ ㄴ, ㄹ
④ ㄱ, ㄴ, ㄷ, ㅁ ⑤ ㄱ, ㄴ, ㄹ, ㅁ

[20701-0222]

07 그림은 25 ℃, 표준 상태에서 탄소 산화물과 관련된 엔탈피(H) 변화를 나타낸 것이다.

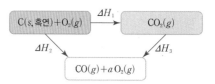

25 ℃, 표준 상태에서 이에 대한 설명으로 옳은 것만을 〈보기〉에서 있는 대로 고른 것은?

┌ 보기 ┐
ㄱ. $a = \dfrac{1}{2}$이다.
ㄴ. $\Delta H_1 = \Delta H_2 + \Delta H_3$이다.
ㄷ. $\Delta H_3 > \Delta H_2$이다.

① ㄱ ② ㄴ ③ ㄱ, ㄷ
④ ㄴ, ㄷ ⑤ ㄱ, ㄴ, ㄷ

[20701-0223]

08 그림은 25 ℃, 표준 상태에서 몇 가지 반응의 엔탈피(H) 변화를 나타낸 것이다.

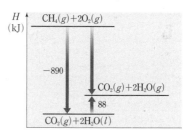

25 ℃, 표준 상태에서 이에 대한 설명으로 옳은 것만을 〈보기〉에서 있는 대로 고른 것은?

┌ 보기 ┐
ㄱ. 반응 $H_2O(l) \longrightarrow H_2O(g)$의 $\Delta H = 44$ kJ이다.
ㄴ. 반응 $\dfrac{1}{2}CH_4(g) + O_2(g) \longrightarrow \dfrac{1}{2}CO_2(g) + H_2O(l)$은 발열 반응이다.
ㄷ. 반응 $CH_4(g) + 2O_2(g) \longrightarrow CO_2(g) + 2H_2O(g)$의 $\Delta H = -978$ kJ이다.

① ㄱ ② ㄷ ③ ㄱ, ㄴ
④ ㄴ, ㄷ ⑤ ㄱ, ㄴ, ㄷ

6

화학 평형과 평형 이동

• 가역 반응에서 동적 평형을 이해하고, 평형 상수를 이용하여 반응의 진행 방향 예측하기
• 농도, 압력, 온도 변화에 따른 화학 평형의 이동을 관찰하고, 르샤틀리에 원리로 설명하기
• 상평형 그림을 이용하여 물질의 상태 변화 설명하기

한눈에 단원 파악, 이것이 핵심!

화학 평형이란?

• 화학 평형 상태: 가역 반응에서 반응물과 생성물의 농도가 변하지 않아서 겉으로 보기에 반응이 정지된 것처럼 보이는 상태

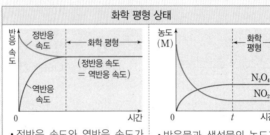

화학 평형 상태	
• 정반응 속도와 역반응 속도가 같다.	• 반응물과 생성물의 농도가 일정하게 유지된다.

평형 상수(K)와 반응 지수(Q)

aA$+b$B $\rightleftharpoons$ cC$+d$D에서

평형 상수$(K)=\dfrac{[\text{C}]^c[\text{D}]^d}{[\text{A}]^a[\text{B}]^b}$

• $Q=K$이면 평형 상태이다.
• $Q<K$이면 정반응 쪽으로 우세하게 진행된다.
• $Q>K$이면 역반응 쪽으로 우세하게 진행된다.

평형은 어떻게 이동할까?

• 르샤틀리에 원리: 농도, 압력, 온도 변화에 의한 평형 이동은 변화의 조건이 줄어드는 방향으로 일어난다.

르샤틀리에 원리
• 농도 변화: 농도 변화를 감소시키려는 방향으로 평형이 이동
• 압력 변화: 압력을 높이면 압력을 낮추는 방향(기체의 분자 수가 감소하는 방향)으로, 압력을 낮추면 압력을 높이는 방향(기체의 분자 수가 증가하는 방향)으로 평형 이동
• 온도 변화: 온도를 높이면 흡열 반응 쪽으로, 온도를 낮추면 발열 반응 쪽으로 평형 이동

상평형 그림이란?

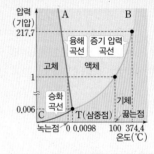

• 융해 곡선(AT): 고체와 액체가 평형을 이룸
• 증기 압력 곡선(BT): 액체와 기체가 평형을 이룸
• 승화 곡선(CT): 고체와 기체가 평형을 이룸

01 화학 평형

1 화학 평형

(1) 가역 반응과 비가역 반응

① 가역 반응: 농도, 압력, 온도 등의 반응 조건에 따라 정반응과 역반응이 모두 일어날 수 있는 반응이다. 화학 반응식에서 $\rightleftharpoons$ 로 나타낸다.

　예 $2NO_2(g) \rightleftharpoons N_2O_4(g)$
　　$N_2(g) + 3H_2(g) \rightleftharpoons 2NH_3(g)$

② ❶비가역 반응: 한쪽 방향으로만 진행되는 반응으로, 역반응이 정반응에 비해서 무시할 수 있을 정도로 거의 일어나지 않는다.

　예 연소 반응: $CH_4(g) + 2O_2(g) \longrightarrow CO_2(g) + 2H_2O(l)$
　　앙금 생성 반응: $Na_2CO_3(aq) + CaCl_2(aq) \longrightarrow CaCO_3(s) + 2NaCl(aq)$

(2) 화학 평형 상태

① 가역 반응에서 반응물과 생성물의 농도가 변하지 않아서 겉으로 보기에 반응이 정지된 것처럼 보이는 상태를 화학 평형 상태라고 한다. 화학 평형 상태는 정반응과 역반응 속도가 같은 ❷동적 평형 상태이다.

② NO_2와 N_2O_4의 화학 평형: $2NO_2(g) \rightleftharpoons N_2O_4(g)$

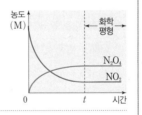

[밀폐된 반응 용기에 NO_2만 넣었을 때]

$NO_2(g)$를 넣으면 $2NO_2(g) \longrightarrow N_2O_4(g)$ 반응이 진행되어 시간에 따라 NO_2의 농도는 감소하고 N_2O_4의 농도는 증가한다. 시간 t 이후에는 NO_2와 N_2O_4의 농도가 일정해지는데, 이때 N_2O_4가 생성되는 속도와 그 역반응인 NO_2가 생성되는 속도가 같아져서 화학 평형에 도달한다.

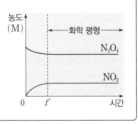

[밀폐된 반응 용기에 N_2O_4만 넣었을 때]

N_2O_4를 넣으면 $N_2O_4(g) \longrightarrow 2NO_2(g)$ 반응이 진행되어 시간에 따라 N_2O_4의 농도는 감소하고 NO_2의 농도는 증가한다. 시간이 지날수록 NO_2 분자 수가 증가하므로 N_2O_4 분자 수가 감소한다. 시간 t' 이후에는 역시 NO_2와 N_2O_4의 농도는 각각 일정해지고, 화학 평형 상태에 도달한다.

(3) 화학 평형 상태의 성질

① 화학 평형 상태에서 반응물과 생성물의 농도는 외부 조건(온도, 압력 등)이 변하지 않으면 각각 일정하게 유지된다.

② 용기에 반응물만 넣거나 생성물만 넣어도 반응이 진행되어 화학 평형 상태에 도달한다.

③ 화학 평형 상태에 도달한 반응물과 생성물의 ❸농도 비는 일정한 값을 보인다. 이 농도 비는 대체적으로 반응 계수 비와 같지 않다.

THE 알기

❶ 비가역 반응
기체 발생 반응, 앙금 생성 반응, 중화 반응, 연소 반응 등이 비가역 반응이다.

❷ 동적 평형 상태
정반응과 역반응이 같은 속도로 일어나 겉으로 보기에 반응이 정지된 것처럼 보이는 상태를 동적 평형 상태라고 한다.

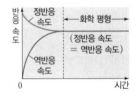

❸ 평형 상태에서의 농도 비
$$N_2 + 3H_2 \rightleftharpoons 2NH_3$$

초기(M)
　1.000　1.000

반응(M)
　-0.079　-0.237　$+0.158$

평형(M)
　0.921　0.763　　0.158

반응 계수 비≠평형 농도 비

2 평형 상수

(1) 화학 평형 법칙: 일정한 온도에서 어떤 가역 반응이 화학 평형 상태에 도달하였을 때, 반응물의 농도 곱에 대한 생성물의 농도 곱의 비는 항상 일정하다. 화학 평형 상태에서 이 값을 평형 상수(K)라고 한다.

예 일정한 온도에서 반응 $H_2(g) + I_2(g) \rightleftharpoons 2HI(g)$의 평형 농도 사이의 관계

실험	평형 농도(M)			평형 농도 사이의 관계		
	$[H_2]$	$[I_2]$	$[HI]$	$\dfrac{[HI]}{[H_2][I_2]}$	$\dfrac{2 \times [HI]}{[H_2][I_2]}$	$\dfrac{[III]^2}{[H_2][I_2]}$
I	0.252	0.119	1.228	40.950	81.899	50.286
II	0.055	0.055	0.390	128.926	257.851	50.281
III	0.165	0.165	1.170	42.975	85.950	50.281

➡ 평형 농도가 다르더라도 $\dfrac{[HI]^2}{[H_2][I_2]}$ 값은 일정하며, 이 값이 평형 상수이다.

(2) 평형 상수(K): 반응물 A와 B가 반응하여 생성물 C와 D를 생성하는 반응에서 평형 상수(K)는 각 물질의 **❶평형 농도**로부터 구할 수 있다.

$$aA + bB \rightleftharpoons cC + dD \ (a{\sim}d: \text{반응 계수})$$
$$\text{평형 상수}(K) = \frac{[C]^c[D]^d}{[A]^a[B]^b} \ ([A], [B], [C], [D]\text{는 각각 A, B, C, D의 평형 농도(M)})$$

(3) **❷평형 상수(K)의 특징**

① 평형 상수는 온도에 의해서만 달라지고, 농도나 기체의 압력에 의해 달라지지 않는다.

② 정반응의 평형 상수가 K일 때 역반응의 평형 상수(K')는 $\dfrac{1}{K}$이다.

③ **❸고체나 액체는 평형 상수식에 나타내지 않는다.**

예 $CaCO_3(s) \rightleftharpoons CaO(s) + CO_2(g)$ $K = [CO_2]$

(4) 반응 지수(Q)를 통한 화학 반응의 진행 방향 예측

① 반응 지수(Q): 평형 상수식에 반응물과 생성물의 현재 농도를 대입하여 구한 값이다.

$$aA + bB \rightleftharpoons cC + dD \ (a{\sim}d: \text{반응 계수})$$
$$\text{반응 지수}(Q) = \frac{[C]^c[D]^d}{[A]^a[B]^b} \ ([A], [B], [C], [D]\text{는 각각 A, B, C, D의 현재 농도(M)})$$

② 같은 온도에서 화학 반응의 진행 예측

- $Q = K$이면 평형 상태
- $Q < K$이면 정반응 쪽으로 반응이 우세하게 진행한다.
- $Q > K$이면 역반응 쪽으로 반응이 우세하게 진행한다.

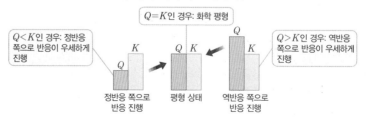

❶ 평형 농도
평형 상수를 구하는 식에 나타낸 대괄호([ ])는 몰 농도를 나타낸다. 평형 상수를 구할 때에는 단위를 빼고 계산한다.

❷ 평형 상수(K)의 의미
$K > 1$인 경우에는 화학 평형 상태에서 반응물의 농도 곱에 비해 생성물의 농도 곱이 큰 것이고, $K < 1$인 경우에는 화학 평형 상태에서 생성물의 농도 곱에 비해 반응물의 농도 곱이 큰 것이다.

❸ 고체나 액체와 평형 상수식
고체와 액체는 화학 반응이 일어나도 농도의 변화가 거의 없으므로, 평형 상수식을 쓸 때 고체나 액체는 나타내지 않는다.

개념체크

빈칸 완성

1. 반응 조건에 따라 정반응과 역반응이 모두 일어날 수 있는 반응을 (　　　) 반응이라고 한다.

2. 화학 평형 상태는 정반응 속도와 역반응 속도가 같은 (　　　) 상태이다.

3. 화학 평형에 도달하였을 때, 반응물의 농도 곱에 대한 생성물의 농도 곱의 비는 항상 (　　　)하다.

4. 평형 상수식에 반응물과 생성물의 현재 농도를 대입하여 구한 값을 (　　　)라고 한다.

5. 반응 지수(Q)>평형 상수(K)이면 반응은 (　　　) 쪽으로 우세하게 진행한다.

단답형 문제

6. 다음 화학 반응의 평형 상수식을 쓰시오.
$$H_2(g)+I_2(g) \rightleftharpoons 2HI(g)$$

7. 다음 화학 반응의 평형 상수식을 쓰시오.
$$CaCO_3(s) \rightleftharpoons CaO(s)+CO_2(g)$$

8. t °C에서 반응 $H_2(g)+I_2(g) \rightleftharpoons 2HI(g)$의 평형 상수($K$)는 57이다. t °C에서 H_2, I_2, HI를 각각 0.1 M씩 넣었을 때, 반응의 진행 방향을 예측하시오.

정답 1. 가역 2. 동적 평형 3. 일정 4. 반응 지수 5. 역반응 6. $K=\dfrac{[HI]^2}{[H_2][I_2]}$ 7. $K=[CO_2]$ 8. 정반응

○X 문제

1. 화학 평형 상태에 대한 설명으로 옳은 것은 ○, 옳지 않은 것은 ×로 표시하시오.

   (1) 화학 평형 상태는 가역 반응에서 일어난다.
   (　　　)

   (2) 가역 반응에서 반응 용기에 반응물만 넣으면 생성물은 생성되지 않는다. (　　　)

   (3) 화학 평형 상태에서 반응물과 생성물의 농도 비는 항상 반응 계수 비와 같다. (　　　)

2. 평형 상수에 대한 설명으로 옳은 것은 ○, 옳지 않은 것은 ×로 표시하시오.

   (1) 일정한 온도에서의 평형 상수는 농도, 기체의 압력에 따라 달라진다. (　　　)

   (2) 정반응의 평형 상수가 K이면 그 반응의 역반응의 평형 상수는 $\dfrac{1}{K}$이다. (　　　)

   (3) 반응 지수가 평형 상수와 같은 상태는 화학 평형 상태이다. (　　　)

순서대로 나열하기

3. 밀폐된 용기에 NO_2를 넣어 반응 $2NO_2(g) \rightleftharpoons N_2O_4(g)$이 일어날 때에 대한 설명을 시간 순서대로 나열하시오.

   > ㉠ NO_2와 N_2O_4의 농도는 각각 일정해진다.
   > ㉡ N_2O_4가 생성되면 역반응도 진행된다.
   > ㉢ 정반응이 진행되어 NO_2의 농도는 감소하고, N_2O_4의 농도는 증가한다.

선다형 문제

4. 화학 평형 상태에 대한 설명으로 옳지 않은 것을 모두 고르시오.

   ① 반응물과 생성물이 모두 존재한다.
   ② 정반응 속도와 역반응 속도가 같다.
   ③ 일정한 온도에서의 평형 상수는 물질의 농도와 압력에 의해 달라진다.
   ④ 정반응의 평형 상수가 K일 때 화학 반응식의 계수를 각각 n배 하면 평형 상수는 nK이다.
   ⑤ 평형 상수 K>1이면 생성물의 농도 곱이 반응물의 농도 곱보다 크다는 것을 나타낸다.

정답 1. (1) ○ (2) × (3) × 2. (1) × (2) ○ (3) ○ 3. ㉢-㉡-㉠ 4. ③, ④

02 화학 평형의 이동

1 평형 이동 법칙(르샤틀리에 원리)

화학 평형 상태에 있는 화학 반응에서 농도, 온도, 압력 등의 조건을 변화시키면, 그 조건의 변화를 감소시키려는 방향으로 반응이 우세하게 진행되어 새로운 평형에 도달하게 된다.

❶ 농도 변화
농도 변화에는 반응물의 농도를 증가, 감소시키거나 생성물의 농도를 증가, 감소시키는 방법이 있다. 평형 이동이 일어나면 증가시키거나 감소시킨 물질의 변화를 감소시키는 방향으로 평형이 이동하고, 나머지 물질들도 이전 평형 상태와 농도가 달라지게 된다.

(1) **❶농도 변화에 의한 평형 이동**: 화학 평형 상태에 있는 화학 반응에서 반응물이나 생성물의 농도를 변화시키면 농도 변화를 감소시키려는 방향으로 반응이 진행되어 새로운 평형에 도달하게 된다. ➡ 온도가 일정한 상태에서 농도 변화에 의한 평형 이동이 일어나도 평형 상수(K)는 변하지 않는다.

조건 변화	평형 이동
반응물의 농도 증가 또는 생성물의 농도 감소	정반응 쪽으로 평형 이동 ➡ 반응물의 농도 감소, 생성물의 농도 증가
반응물의 농도 감소 또는 생성물의 농도 증가	역반응 쪽으로 평형 이동 ➡ 반응물의 농도 증가, 생성물의 농도 감소

예 반응 $N_2(g) + 3H_2(g) \rightleftharpoons 2NH_3(g)$

화학 평형 상태에서 온도를 일정하게 하고 N_2를 첨가하였을 때
- N_2의 농도가 증가하므로 이를 감소시키는 방향인 정반응 쪽으로 평형이 이동한다.
  ➡ N_2, H_2의 농도는 감소하고, NH_3의 농도는 증가하게 된다.
- 온도는 일정하므로 평형 상수(K)에는 변화가 없다.

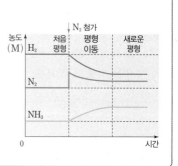

❷ 압력 변화
화학 평형 상태에서 압력 변화는 기체에 외부 압력을 가하거나 감소시키는 경우도 있고, 용기의 부피를 감소시키거나 증가시키는 경우도 있다.

(2) **❷압력 변화에 의한 평형 이동**: 화학 평형 상태에 있는 화학 반응에서 압력을 높이면 압력을 낮추는 방향으로 평형이 이동하고, 압력을 낮추면 압력을 높이는 방향으로 평형이 이동한다.
① **❸고체와 액체의 농도는 압력의 영향을 받지 않고, 기체의 농도는 압력의 영향을 받는다.**
   예 $CaCO_3(s) \rightleftharpoons CaO(s) + CO_2(g)$의 반응에서 압력 변화가 일어나면 $CaCO_3$과 CaO은 고체이므로 압력 변화에 의한 평형의 이동은 CO_2의 압력에 따라 달라진다.
② 압력 변화에 의해 평형 이동이 일어나더라도 온도가 일정하면 평형 상수(K)는 변하지 않는다.
   예 반응 $N_2O_4(g) \rightleftharpoons 2NO_2(g)$

❸ 고체와 액체의 농도
화학 반응이 일어나면 고체와 액체의 농도가 변하지만, 기체의 농도 변화에 비하면 그 크기가 매우 작다. 따라서 화학 평형 상태에서 압력의 변화에 의한 고체와 액체의 농도는 무시하고, 기체의 영향만 고려하게 된다.

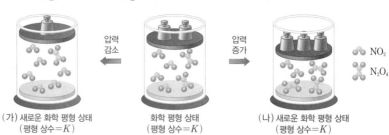

(가) 새로운 화학 평형 상태 (평형 상수=K) ／ 화학 평형 상태 (평형 상수=K) ／ (나) 새로운 화학 평형 상태 (평형 상수=K)

- 압력을 감소시키면 기체 분자 수가 증가하는 방향(NO_2가 생성되는 방향)으로 평형이 이동하여 평형 (가)에 도달한다.
- 압력을 증가시키면 기체 분자 수가 감소하는 방향(N_2O_4가 생성되는 방향)으로 평형이 이동하여 평형 (나)에 도달한다.
- 온도가 일정하므로 평형 상수(K)는 변화가 없다.

③ 화학 반응식의 계수와 압력 변화에 의한 평형 이동

$$a\mathrm{A}(g) + b\mathrm{B}(g) \rightleftharpoons c\mathrm{C}(g) + d\mathrm{D}(g) \quad (a \sim d: \text{반응 계수})$$

- 압력을 증가시켰을 때 정반응 쪽으로 평형이 이동하면 $a+b > c+d$이다.
- 압력을 감소시켰을 때 정반응 쪽으로 평형이 이동하면 $a+b < c+d$이다.
- 압력을 변화시켰을 때 평형 이동이 없다면 $a+b = c+d$이다.

(3) ❶온도 변화에 의한 평형 이동: 화학 평형 상태에 있는 ❷화학 반응에서 온도를 높이면 열을 흡수하는 흡열 반응 쪽으로 평형이 이동하고, 온도를 낮추면 열을 방출하는 발열 반응 쪽으로 평형이 이동한다. ➡ 온도가 달라지면 평형 상수가 달라진다.

① 정반응이 흡열 반응이면: 온도를 높일 때 평형 상수가 증가하고, 온도를 낮출 때 평형 상수가 감소한다.

② 정반응이 발열 반응이면: 온도를 높일 때 평형 상수가 감소하고, 온도를 낮출 때 평형 상수가 증가한다.

	온도(K)	평형 상수(K)
ⓐ 반응 $N_2(g) + 3H_2(g) \rightleftharpoons 2NH_3(g)$에서 평형 상수($K$)는 온도가 높아질수록 감소한다. 온도가 높아짐에 따라 역반응이 우세하게 진행되어 평형 상수가 감소하는 것이므로 역반응이 흡열 반응이고, 정반응이 발열 반응임을 알 수 있다.	300	2.6×10^8
	400	3.9×10^4
	500	1.7×10^2
	600	4.2

(4) ❸촉매와 평형 이동: 촉매는 반응 속도에는 영향을 미치지만, 평형을 이동시키지는 않는다. 따라서 촉매는 평형 상수나 생성물의 양에는 영향을 주지 않는다.

(5) 실생활에서 화학 평형 이용의 예
- 고압 산소 치료실에서는 산소의 압력을 높여 혈액 속에 산소가 많이 녹아 들어가게 하여 치료 효과를 높인다.
- 이산화 탄소의 물에 대한 용해 반응은 발열 반응으로, 온도를 낮추면 이산화 탄소의 용해가 잘 일어나고, 온도를 높이면 이산화 탄소의 용해가 잘 일어나지 않는다.

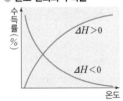
THE 들여다보기 　암모니아의 합성과 수득률

1. 암모니아의 합성 반응: $N_2(g) + 3H_2(g) \rightleftharpoons 2NH_3(g)$ 　$\Delta H = -92.2 \text{ kJ}$
2. 정반응이 발열 반응이므로 암모니아의 합성 반응은 온도가 낮을수록 잘 일어난다. 또한 정반응이 기체의 분자 수가 감소하는 반응이므로 압력이 높을수록 암모니아의 수득률 $\left(\dfrac{\text{실제로 얻어진 생성물의 양}}{\text{이론상 최대로 얻을 수 있는 생성물의 양}}\right)$을 높일 수 있다.
3. 하버−보슈법: 공업적인 암모니아의 합성에서는 적절한 촉매 내에서 400~600 ℃, 200~400기압 정도의 조건으로 반응시켜 암모니아를 대량으로 합성한다.

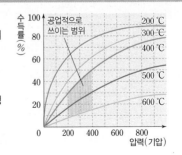

빈칸 완성

1. 화학 평형 상태에 있는 화학 반응에서 농도, 온도, 압력 등의 조건을 변화시키면, 그 조건의 변화를 (   )시키려는 방향으로 반응이 우세하게 진행되어 새로운 평형에 도달하게 된다.

2. 화학 평형 상태에서 반응물의 농도를 증가시키면 (   ) 쪽으로 평형이 이동한다.

3. 화학 평형 상태에서 압력을 높이면 기체의 분자 수가 (   )하는 방향으로 평형이 이동한다.

4. 일정한 온도의 화학 평형 상태에서 반응물의 농도를 증가시키면 평형 상수는 (   )다.

5. 화학 평형 상태에서 온도를 높이면 (   ) 반응 쪽으로 평형이 이동한다.

둘 중에 고르기

6. 화학 평형 상태에서 (반응물 , 생성물)의 농도를 증가시키면 역반응 쪽으로 평형이 이동한다.

7. 반응 $aA(g) \rightleftharpoons bB(g)$의 평형 상태에서 압력을 감소시켰을 때 역반응 쪽으로 평형이 이동하였다면 a (> , <) b이다.

단답형 문제

8. 반응 $CaCO_3(s) \rightleftharpoons CaO(s) + CO_2(g)$의 평형 상태에서 압력을 변화시켰을 때 농도 변화가 있는 물질을 있는 대로 쓰시오.

9. 어떤 평형 반응에서 온도를 높였더니 평형 상수(K)가 증가하였다. 이 반응의 정반응이 흡열 반응인지 발열 반응인지 쓰시오.

정답 1. 감소 2. 정반응 3. 감소 4. 변하지 않는 5. 흡열 6. 생성물 7. > 8. CO_2 9. 흡열 반응

○X 문제

1. 반응 $N_2(g) + 3H_2(g) \rightleftharpoons 2NH_3(g)$ $\Delta H < 0$에 대한 설명으로 옳은 것은 ○, 옳지 않은 것은 ×로 표시하시오.

(1) 화학 평형 상태에서 온도를 일정하게 하고 N_2의 농도를 증가시키면 정반응 쪽으로 평형이 이동한다.
                                                    (   )

(2) 화학 평형 상태에서 온도를 일정하게 하고 압력을 높이면 정반응 쪽으로 평형이 이동한다. (   )

(3) 화학 평형 상태에서 온도를 높이면 정반응 쪽으로 평형이 이동한다.   (   )

2. 반응 $N_2O_4(g) \rightleftharpoons 2NO_2(g)$에 대한 설명으로 옳은 것은 ○, 옳지 않은 것은 ×로 표시하시오.

(1) 화학 평형 상태에서 온도를 일정하게 하고 N_2O_4의 농도를 증가시키면 평형 상수(K)는 증가한다.
                                                    (   )

(2) 화학 평형 상태에서 온도를 일정하게 하고 압력을 증가시키면 평형 상수(K)는 감소한다. (   )

선다형 문제

3. 반응 $2NO_2(g) \rightleftharpoons N_2O_4(g)$ $\Delta H < 0$이 평형 상태에 있는 실린더 내부에서 정반응 쪽으로 평형이 이동하게 하는 방법으로 옳은 것을 모두 고르시오.

① 일정한 온도에서 $NO_2(g)$를 더 넣어 준다.
② 일정한 온도에서 $N_2O_4(g)$를 더 넣어 준다.
③ 일정한 부피에서 온도를 높인다.
④ 일정한 부피에서 온도를 낮춘다.
⑤ 압력을 감소시킨다.

4. 다음은 암모니아 생성 반응의 열화학 반응식이다.

$$N_2(g) + 3H_2(g) \rightleftharpoons 2NH_3(g) \quad \Delta H < 0$$

암모니아의 수득률을 높이는 방법으로 옳은 것을 모두 고르시오.

① 압력을 높인다.   ② 압력을 낮춘다.
③ 온도를 높인다.   ④ 온도를 낮춘다.
⑤ 부촉매를 사용한다.

정답 1. (1) ○ (2) ○ (3) × 2. (1) × (2) × 3. ①, ④ 4. ①, ④

03 상평형

1 상평형 그림

(1) 상평형 그림: 온도와 압력에 따른 물질의 상태를 나타낸 그림으로, 곡선 상의 모든 점에서 2가지 상태가 공존하여 평형을 이룬다(단, 삼중점 제외).

① 융해 곡선(AT): 고체와 액체가 상평형을 이루는 온도와 압력을 나타낸 곡선이다.

   • 어는점(녹는점): 고체와 액체가 상평형을 이루는 온도이다.

② 증기 압력 곡선(기화 곡선, BT): 액체와 기체가 상평형을 이루는 온도와 압력을 나타낸 곡선이다.

   • [1]끓는점: 액체와 기체가 상평형을 이루는 온도로, 1기압에서의 끓는점을 기준 끓는점이라고 한다.

③ 승화 곡선(CT): 고체와 기체가 상평형을 이루는 온도와 압력을 나타낸 곡선이다.

④ [2]삼중점(T): 고체, 액체, 기체의 3가지 상태가 공존하여 평형을 이루는 온도와 압력이다.

(2) 물의 상평형 그림

① 물은 융해 곡선의 기울기가 (−)값을 가지므로 외부 압력이 커지면 어는점이 낮아진다.

② 물은 삼중점의 압력이 0.006기압이므로 1기압에서는 온도를 높일 때 고체 → 액체 → 기체의 상태 변화를 보이지만, 0.006기압보다 낮은 압력에서는 고체 → 기체로 승화가 일어나게 된다.

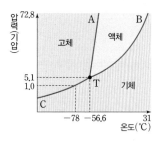

(3) 이산화 탄소의 상평형 그림

① 이산화 탄소는 융해 곡선의 기울기가 (+)값을 가지므로 외부 압력이 커지면 어는점이 높아진다.

② 이산화 탄소는 삼중점의 압력이 5.1기압으로 1기압보다 높으므로 1기압에서 드라이아이스는 온도를 높이면 고체 → 기체로 승화한다.

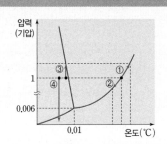

[1] 끓는점
액체의 증기 압력이 외부 압력과 같아서 액체가 끓고 있을 때의 온도이다. 끓는점은 외부 압력에 따라 달라질 수 있다. 증기 압력이 큰 액체일수록 분자 사이의 인력이 약해서 끓는점이 낮다.

[2] 삼중점
물질의 3가지 상태가 모두 존재하여 triple point라고 한다.

THE 들여다보기　상평형 그림과 물질의 상태 변화

① 압력 밥솥에서 밥을 하면, 밥솥 내부 기체의 압력이 1기압보다 높아지므로 물의 끓는점이 100 ℃보다 높아져 밥이 빨리 된다.

② 높은 산에서 밥을 하면, 기압이 1기압보다 낮아지므로 물의 끓는점이 100 ℃보다 낮아져 밥이 설익게 된다. 따라서 냄비에 돌을 올려놓는 방법 등을 사용하여 냄비 속의 압력을 높인다.

③ 얼음 위에서 스케이트를 탈 때, 스케이트 날이 닿은 얼음은 높은 압력에 의해 녹는점이 낮아져 얼음이 녹게 되고, 이때 생긴 물이 얼음과 스케이트 사이의 마찰을 줄여 주어 스케이트를 탈 수 있다.

④ 동결 건조 방법은 식품을 얼린 후 물의 삼중점인 0.006기압 이하로 낮추면 얼음이 수증기로 승화하게 되므로 식품의 수분이 손쉽게 제거되고 영양소의 파괴도 적다. 이 방법은 라면 건더기 스프나 인스턴트 커피를 만들 때 사용된다.

빈칸 완성

1. 온도와 압력에 따른 물질의 상태를 나타낸 그림으로, 승화 곡선, 증기 압력 곡선, 융해 곡선으로 되어 있는 것을 (　　　)이라고 한다.

2. 상평형 그림에서 고체, 액체, 기체의 3가지 상태가 공존하여 평형을 이루는 온도와 압력을 (　　　)이라고 한다.

3. 1기압에서 끓는점을 (　　　)이라고 한다.

4. 고체와 액체가 상평형을 이루는 온도를 (　　　)이라고 한다.

5. 상평형 그림에서 승화 곡선은 (　　　)와 (　　　)가 상평형을 이루는 온도와 압력이다.

둘 중에 고르기

6. 고체와 액체가 상평형을 이루는 온도와 압력을 나타낸 곡선을 (융해 , 기화) 곡선이라고 한다.

7. 액체와 기체가 상평형을 이루는 온도를 (어는점 , 끓는점)이라고 한다.

단답형 문제

8. 물의 융해 곡선의 기울기는 (−)이다. 외부 압력이 커질수록 물의 어는점은 어떻게 되는지 쓰시오.

9. 이산화 탄소의 삼중점은 −56.6 ℃, 5.1기압이다. 1기압에서 존재할 수 있는 이산화 탄소의 상태를 모두 쓰시오.

정답　1. 상평형 그림　2. 삼중점　3. 기준 끓는점　4. 어는점(녹는점)　5. 고체, 기체　6. 융해　7. 끓는점　8. 낮아진다.　9. 고체, 기체

○✕ 문제

1. 그림은 상평형 그림을 나타낸 것이다. 이에 대한 설명으로 옳은 것은 ○, 옳지 <u>않은</u> 것은 ✕로 표시하시오.

   (1) AT는 융해 곡선이다. (　　)
   (2) BT는 승화 곡선이다. (　　)
   (3) CT는 기화 곡선이다. (　　)
   (4) T에서는 기체, 액체, 고체 상태가 모두 존재한다. (　　)

2. 물의 상평형에 대한 설명으로 옳은 것은 ○, 옳지 <u>않은</u> 것은 ✕로 표시하시오.

   (1) 물의 기준 끓는점에서는 수증기만 존재한다. (　　)
   (2) 1기압에서 물의 어는점은 0 ℃이다. (　　)
   (3) 빙판 위에서 스케이트를 탈 수 있는 이유는 압력이 높아질수록 물의 어는점이 높아지기 때문이다. (　　)

선다형 문제

3. 물의 상평형과 관련된 설명으로 옳은 것을 모두 고르시오.

   ① 압력 밥솥에서 밥을 지을 때 물의 끓는점은 100 ℃이다.
   ② 높은 산에서 물의 끓는점은 기준 끓는점보다 낮다.
   ③ 얼음 위에서 스케이트를 타면 스케이트가 닿는 부분은 압력이 커지므로 액체 상태가 된다.
   ④ 물의 상평형 그림에서 압력이 낮아지면 녹는점도 낮아진다.
   ⑤ 식품을 얼린 후 압력을 물의 승화 곡선 아래로 낮춰 주면 동결 건조시킬 수 있다.

4. 1기압에서 이산화 탄소가 승화성을 갖는 이유를 상평형 그림으로 설명할 때 가장 적절한 것은?

   ① 융해 곡선의 기울기가 (+)이다.
   ② 삼중점의 압력이 5.1기압이다.
   ③ 승화 곡선은 액체와 기체가 공존하는 온도와 압력이다.
   ④ 융해 곡선은 고체와 액체가 공존하는 온도와 압력이다.
   ⑤ 기화 곡선은 액체와 기체가 공존하는 온도와 압력이다.

정답　1. (1) ○ (2) ✕ (3) ✕ (4) ○　2. (1) ✕ (2) ○ (3) ✕　3. ②, ③, ⑤　4. ②

탐구 활동

농도, 온도, 압력 변화에 따른 화학 평형 이동

목표

농도, 온도, 압력 변화에 의한 화학 평형 이동을 실험하고, 그 결과를 설명할 수 있다.

과정

1. 다이크로뮴산 칼륨($K_2Cr_2O_7$) 수용액에 수산화 나트륨(NaOH) 수용액을 넣고 색 변화를 관찰한 후, 혼합 용액에 묽은 황산(H_2SO_4)을 넣고 색 변화를 관찰한다.
2. 이산화 질소(NO_2)와 사산화 이질소(N_2O_4)의 혼합 기체가 들어 있는 주사기의 입구를 막고 압력을 가한 후, 주사기 속 혼합 기체의 색 변화를 관찰한다.
3. 붉은색의 $CoCl_2 \cdot 6H_2O(aq)$ 3 mL가 들어 있는 시험관에 진한 염산(HCl) 2 mL를 넣으면 수용액은 보라색을 띤다. 이 시험관을 90 ℃의 물에 넣어 색 변화를 관찰한 후, 이를 꺼내어 얼음물에 넣어 색 변화를 관찰한다.

결과 정리 및 해석

1. 다이크로뮴산 칼륨 수용액의 색 변화: 주황색의 다이크로뮴산 칼륨 수용액에 수산화 나트륨 수용액을 넣었더니 노란색으로 변하였고, 추가로 묽은 황산을 넣었더니 주황색으로 변하였다.

2. 주사기 속 혼합 기체의 색 변화: 압력을 가한 순간 색이 짙어졌다가 시간이 지난 후 색이 옅어졌다.

3. 혼합 용액의 색 변화: 수용액을 90 ℃의 물에 넣었더니 푸른색으로 변하였고, 얼음물에 넣었더니 붉은색으로 변하였다.

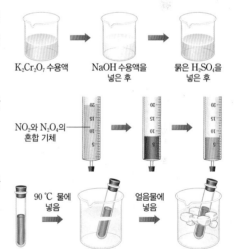

탐구 분석

1. 다이크로뮴산을 물에 녹였을 때의 평형 반응식은 다음과 같다.

$$\underset{\text{주황색}}{Cr_2O_7{}^{2-}(aq)} + H_2O(l) \rightleftharpoons \underset{\text{노란색}}{2CrO_4{}^{2-}(aq)} + 2H^+(aq)$$

위 실험에서 다이크로뮴산 수용액의 색 변화는 왜 일어나는가?

2. NO_2와 N_2O_4가 평형을 이루고 있을 때 압력 증가에 의한 평형의 이동은 어떻게 일어나는가?

3. 다음은 과정 3의 반응에 대한 혼합 용액의 평형 반응식이다. 정반응은 발열 반응인가 흡열 반응인가?

$$\underset{\text{붉은색}}{Co(H_2O)_6{}^{2+}(aq)} + 4Cl^-(aq) \rightleftharpoons \underset{\text{푸른색}}{CoCl_4{}^{2-}(aq)} + 6H_2O(l)$$

[20701-0224]
01 화학 평형에 대한 설명으로 옳은 것은?

① 반응이 일어나지 않는 상태이다.
② 정반응과 역반응의 속도가 같은 동적 평형 상태이다.
③ 비가역 반응에서도 화학 평형 상태가 존재한다.
④ 평형 상수는 온도 조건이 달라져도 변화가 없다.
⑤ 화학 평형 상태에서는 생성물만 존재하게 된다.

[20701-0225]
02 그림은 밀폐된 반응 용기에 $NO_2(g)$를 넣었을 때, 시간에 따른 $NO_2(g)$와 $N_2O_4(g)$의 농도를 나타낸 것이다.
이에 대한 설명으로 옳지 <u>않은</u> 것은?
(단, 온도는 일정하다.)

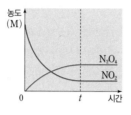

① 시간 t 이후는 화학 평형 상태이다.
② NO_2는 시간에 따라 농도가 감소하다가 일정해진다.
③ N_2O_4는 시간에 따라 농도가 증가하다가 일정해진다.
④ 시간 t까지는 반응 $N_2O_4 \longrightarrow 2NO_2$이 일어나지 않는다.
⑤ 시간 t까지 NO_2의 농도 감소 속도가 N_2O_4의 농도 증가 속도보다 크다.

[20701-0226]
03 그림은 반응 $A(g) \rightleftarrows B(g)$가 일어날 때, 시간에 따른 $A(g)$와 $B(g)$의 농도를 나타낸 것이다.
이에 대한 설명으로 옳은 것만을 〈보기〉에서 있는 대로 고른 것은? (단, 온도는 일정하다.)

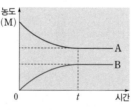

┌─ 보기 ┌
ㄱ. 시간 0~t까지는 정반응 속도가 점점 증가한다.
ㄴ. 시간 t 이후에는 정반응 속도와 역반응 속도가 같다.
ㄷ. 반응 용기에 $B(g)$만 넣어도 평형 상태에 도달할 수 있다.

① ㄱ   ② ㄴ   ③ ㄷ
④ ㄱ, ㄷ   ⑤ ㄴ, ㄷ

[20701-0227]
04 그림은 반응 $A(g) \rightleftarrows 2B(g)$가 강철 용기에서 일어날 때, 시간에 따른 $A(g)$와 $B(g)$의 농도를 나타낸 것이다.

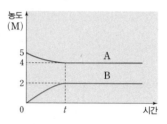

시간 t 이후에 대한 설명으로 옳은 것만을 〈보기〉에서 있는 대로 고른 것은? (단, 온도는 일정하다.)

┌─ 보기 ┌
ㄱ. 화학 평형 상태이다.
ㄴ. 정반응과 역반응이 모두 일어나지 않는다.
ㄷ. 용기 내 전체 기체의 압력은 반응 전보다 크다.

① ㄱ   ② ㄴ   ③ ㄱ, ㄷ
④ ㄴ, ㄷ   ⑤ ㄱ, ㄴ, ㄷ

[20701-0228]
05 평형 상수에 대한 설명으로 옳은 것만을 〈보기〉에서 있는 대로 고른 것은?

┌─ 보기 ┌
ㄱ. 반응물의 농도 곱에 대한 생성물의 농도 곱의 비이다.
ㄴ. 온도가 달라지면 평형 상수는 달라진다.
ㄷ. 일정한 온도에서 반응물의 농도가 달라지면 평형 상수는 달라진다.

① ㄱ   ② ㄴ   ③ ㄷ
④ ㄱ, ㄴ   ⑤ ㄴ, ㄷ

[20701-0229]
06 반응 $H_2(g) + I_2(g) \rightleftarrows 2HI(g)$의 평형 상수($K$)를 나타낸 식으로 옳은 것은?

① $\dfrac{[HI]}{[H_2][I_2]}$ ② $\dfrac{[HI]}{[H_2]^2[I_2]^2}$ ③ $\dfrac{[HI]^2}{[H_2][I_2]}$

④ $\dfrac{[H_2][I_2]}{[HI]}$ ⑤ $\dfrac{[H_2][I_2]}{[HI]^2}$

07 [20701-0230]
반응 $CaCO_3(s) \rightleftharpoons CaO(s) + CO_2(g)$의 평형 상수($K$)를 나타낸 식으로 옳은 것은?

① $\dfrac{[CaO][CO_2]}{[CaCO_3]}$ ② $\dfrac{[CO_2]}{[CaCO_3]}$ ③ $\dfrac{[CaO]}{[CaCO_3]}$

④ $[CO_2]$ ⑤ $[CaCO_3]$

08 [20701-0231]
다음은 $t\ ^\circ C$에서 $A(g)$와 $B(g)$가 반응하여 $C(g)$를 생성하는 반응의 화학 반응식과 평형 상수(K)이다.

$$2A(g) + B(g) \rightleftharpoons 2C(g) \qquad K$$

이 반응의 역반응의 평형 상수(K')는? (단, 온도는 일정하다.)

① K ② K^2 ③ $\dfrac{1}{K}$

④ $\dfrac{1}{K^2}$ ⑤ $\dfrac{2}{3}K$

09 [20701-0232]
다음은 $25\ ^\circ C$에서 탄산(H_2CO_3)의 이온화 반응식과 평형 상수(K)이다.

- $H_2CO_3 \rightleftharpoons H^+ + HCO_3^- \qquad K_1$
- $HCO_3^- \rightleftharpoons H^+ + CO_3^{2-} \qquad K_2$
- $H_2CO_3 \rightleftharpoons 2H^+ + CO_3^{2-} \qquad K$

K를 K_1과 K_2를 이용하여 바르게 나타낸 식은?

① $K_1^{\,2}$ ② $K_2^{\,2}$ ③ $K_1 \times K_2$

④ $\dfrac{1}{K_1 \times K_2}$ ⑤ $\dfrac{K_1}{K_2}$

10 [20701-0233]
다음은 $25\ ^\circ C$에서 3가지 반응의 화학 반응식과 평형 상수(K)를 나타낸 것이다.

- $N_2(g) + O_2(g) \rightleftharpoons 2NO(g) \qquad K_1$
- $N_2(g) + 2O_2(g) \rightleftharpoons 2NO_2(g) \qquad K_2$
- $NO(g) + \dfrac{1}{2}O_2(g) \rightleftharpoons NO_2(g) \qquad K$

K를 K_1과 K_2를 이용하여 바르게 나타낸 식은?

① $K_1 - K_2$ ② $K_2 - K_1$ ③ $\dfrac{K_2}{K_1}$

④ $\dfrac{K_2}{2K_1}$ ⑤ $\sqrt{\dfrac{K_2}{K_1}}$

11 [20701-0234]
다음은 $A(g)$와 $B(g)$가 반응하여 $C(g)$를 생성하는 반응의 화학 반응식과 농도로 정의되는 평형 상수(K)이다.

$$A(g) + B(g) \rightleftharpoons 2C(g) \qquad K$$

$t\ ^\circ C$에서 $1\ L$의 강철 용기에 $A(g)$ 0.1몰과 $B(g)$ 0.1몰을 넣고 반응시켜 평형에 도달하였을 때 $B(g)$는 0.05몰이었다. $t\ ^\circ C$에서 K를 구하시오. (단, 온도는 일정하다.)

12 [20701-0235]
그림은 $t\ ^\circ C$에서 $A(g)$와 $B(g)$가 반응하여 $C(g)$를 생성하는 반응이 강철 용기에서 일어날 때, 시간에 따른 $A(g) \sim C(g)$의 농도를 나타낸 것이다.

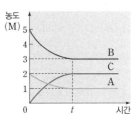

이에 대한 설명으로 옳은 것만을 〈보기〉에서 있는 대로 고른 것은? (단, 온도는 일정하다.)

┌ 보기 ┐
ㄱ. 화학 반응식은 $A(g) + 2B(g) \rightleftharpoons 2C(g)$이다.

ㄴ. $t\ ^\circ C$에서 농도로 정의되는 평형 상수(K)는 $\dfrac{2}{3}$이다.

ㄷ. 시간 t 이후에는 정반응과 역반응이 일어나지 않는다.

① ㄱ ② ㄷ ③ ㄱ, ㄴ

④ ㄴ, ㄷ ⑤ ㄱ, ㄴ, ㄷ

13 [20701-0236]
그림은 25 °C에서 A(g)가 반응하여 B(g)를 생성하는 반응 A(g) ⇌ B(g)에서 A(g)와 B(g)의 혼합 기체가 각각 평형을 이룬 상태를 나타낸 것이다.

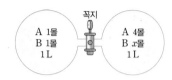

x는? (단, 온도는 일정하다.)

① 2   ② 4   ③ 8
④ 16   ⑤ 32

14 [20701-0237]
다음은 t °C에서 N$_2$(g)와 H$_2$(g)가 반응하여 NH$_3$(g)를 생성하는 반응의 화학 반응식과 농도로 정의되는 평형 상수(K)이다.

$$N_2(g) + 3H_2(g) \rightleftharpoons 2NH_3(g) \qquad K$$

t °C에서 1 L의 강철 용기에 N$_2$(g) 2몰, H$_2$(g) 4몰을 넣고 반응시켜 충분한 시간이 흐른 뒤 N$_2$(g)의 양이 1몰이 되었다. t °C에서 K는? (단, 온도는 일정하다.)

① 1   ② 2   ③ 4
④ 16   ⑤ 64

15 [20701-0238]
다음은 AB$_2$(g)와 B$_2$(g)가 반응하여 AB$_3$(g)를 생성하는 반응의 화학 반응식과 농도로 정의되는 평형 상수(K)이다.

$$a AB_2(g) + b B_2(g) \rightleftharpoons 2AB_3(g) \qquad K$$
$(a, b$는 반응 계수)

t °C에서 1 L의 강철 용기에 AB$_2$(g) 0.2몰, B$_2$(g) 0.1몰을 넣고 반응시켜 충분한 시간이 흐른 뒤 AB$_3$(g)의 양이 0.1몰이 되었다. t °C에서 K는? (단, A와 B는 임의의 원소 기호이고, 온도는 일정하다.)

① 1   ② 10   ③ 20
④ 100   ⑤ 400

16 [20701-0239]
그림은 25 °C에서 1 L의 강철 용기에서 A(g)와 B(g)가 반응하여 C(g)를 생성할 때, 시간에 따른 A(g)~C(g)의 농도를 나타낸 것이다.

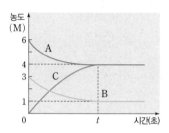

이에 대한 설명으로 옳은 것만을 〈보기〉에서 있는 대로 고른 것은? (단, 온도는 일정하다.)

보기
ㄱ. 화학 반응식은 A(g)+B(g) ⇌ 2C(g)이다.
ㄴ. t초 이후에 평형 상태에 도달하였다.
ㄷ. 25 °C에서 농도로 정의되는 평형 상수(K)는 4이다.

① ㄱ   ② ㄷ   ③ ㄱ, ㄴ
④ ㄴ, ㄷ   ⑤ ㄱ, ㄴ, ㄷ

17 [20701-0240]
다음은 NO$_2$(g)가 반응하여 N$_2$O$_4$(g)를 생성하는 반응의 화학 반응식과 농도로 정의되는 평형 상수(K)이다.

$$2NO_2(g) \rightleftharpoons N_2O_4(g) \qquad K$$

t °C에서 1 L의 강철 용기에 NO$_2$(g) 0.2몰과 N$_2$O$_4$(g) 0.3몰을 넣고 반응시켰더니, 충분한 시간이 흐른 뒤 NO$_2$(g)가 0.16몰 남아 있었다.
이 상태에 대한 설명으로 옳은 것만을 〈보기〉에서 있는 대로 고른 것은? (단, 온도는 일정하다.)

보기
ㄱ. N$_2$O$_4$(g)는 0.16몰이 남아 있다.
ㄴ. 기체의 몰 비는 NO$_2$: N$_2$O$_4$=1 : 2이다.
ㄷ. t °C에서 K는 25이다.

① ㄱ   ② ㄴ   ③ ㄱ, ㄷ
④ ㄴ, ㄷ   ⑤ ㄱ, ㄴ, ㄷ

18 [20701-0241] 그림은 25 °C에서 1 L의 강철 용기에서 A(g)와 B(g)가 반응하여 C(g)를 생성할 때, 시간에 따른 A(g)~C(g)의 농도를 나타낸 것이다.

이에 대한 설명으로 옳은 것만을 〈보기〉에서 있는 대로 고른 것은? (단, 온도는 일정하다.)

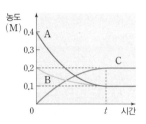

┌─ 보기 ┐
ㄱ. 화학 반응식은 3A(g)+2B(g) ⇌ C(g)이다.
ㄴ. 시간 t 이후에는 정반응 속도와 역반응 속도가 같다.
ㄷ. 25 °C에서 농도로 정의되는 평형 상수(K)는 40이다.
└─────┘

① ㄱ ② ㄴ ③ ㄱ, ㄷ ④ ㄴ, ㄷ ⑤ ㄱ, ㄴ, ㄷ

19 [20701-0242] 반응 지수(Q)에 대한 설명으로 옳지 <u>않은</u> 것은?

① 평형 상수식에 반응물과 생성물의 현재 농도를 대입하여 구한 값이다.
② 평형 상수(K)와 비교하여 반응의 진행 방향을 예측할 수 있다.
③ $Q>K$이면 역반응 쪽으로 반응이 우세하게 진행한다.
④ $Q<K$이면 정반응 쪽으로 반응이 우세하게 진행한다.
⑤ $Q=K$이면 정반응과 역반응은 일어나지 않는다.

20 [20701-0243] 다음은 t °C에서 NO$_2$(g)가 반응하여 N$_2$O$_4$(g)를 생성하는 반응의 화학 반응식과 농도로 정의되는 평형 상수(K)이다.

$$2NO_2(g) \rightleftharpoons N_2O_4(g) \qquad K=8$$

t °C에서 강철 용기에 NO$_2$(g) 0.4 M과 N$_2$O$_4$(g) 1.0 M을 넣고 반응시켰을 때, 이에 대한 설명으로 옳은 것만을 〈보기〉에서 있는 대로 고른 것은? (단, 온도는 일정하다.)

┌─ 보기 ┐
ㄱ. 역반응 쪽으로 반응이 우세하게 진행한다.
ㄴ. 평형 상태에서 기체의 농도는 N$_2$O$_4$(g)>NO$_2$(g)이다.
ㄷ. t °C에서 강철 용기에 NO$_2$(g)와 N$_2$O$_4$(g)를 각각 0.25 M씩 넣어 반응시키면 정반응 쪽으로 반응이 우세하게 진행한다.
└─────┘

① ㄱ ② ㄴ ③ ㄱ, ㄷ ④ ㄴ, ㄷ ⑤ ㄱ, ㄴ, ㄷ

21 [20701-0244] 다음은 t °C에서 A(g)와 B(g)가 반응하여 C(g)를 생성하는 반응의 화학 반응식과 농도로 정의되는 평형 상수(K)이다.

$$A(g)+B(g) \rightleftharpoons 2C(g) \qquad K=4$$

표는 실험 (가)~(라)에서 A(g)~C(g)를 강철 용기에 넣어 반응시킬 때 초기 농도이다.

실험	농도(M)		
	A	B	C
(가)	1	1	1
(나)	1	1	2
(다)	2	2	8
(라)	1	2	3

(가)~(라) 중 반응시켰을 때 역반응 쪽으로 평형이 이동하는 것의 수는? (단, 온도는 일정하다.)

① 0 ② 1 ③ 2 ④ 3 ⑤ 4

22 [20701-0245] 다음은 t °C에서 A(g)가 반응하여 B(g)를 생성하는 반응의 화학 반응식과 농도로 정의되는 평형 상수(K)이다.

$$A(g) \rightleftharpoons 2B(g) \qquad K=2$$

그림은 꼭지로 분리된 용기에 A(g)와 B(g)를 넣은 상태를 나타낸 것이다.

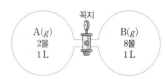

t °C에서 꼭지를 연 직후에 대한 설명으로 옳은 것만을 〈보기〉에서 있는 대로 고른 것은? (단, 온도는 일정하다.)

┌─ 보기 ┐
ㄱ. 반응 지수(Q)는 32이다.
ㄴ. 역반응 쪽으로 반응이 우세하게 진행한다.
ㄷ. 평형 상태에서 농도 비는 A : B=1 : 2이다.
└─────┘

① ㄱ ② ㄴ ③ ㄷ
④ ㄱ, ㄴ ⑤ ㄴ, ㄷ

23 [20701-0246]

평형 이동 법칙에 대한 설명으로 옳지 않은 것은?

① 평형 상태에 있는 화학 반응에서 반응물의 농도를 증가시키면 정반응 쪽으로 평형이 이동한다.

② 평형 상태에 있는 화학 반응에서 생성물의 농도를 감소시키면 역반응 쪽으로 평형이 이동한다.

③ 평형 상태에 있는 화학 반응에서 압력을 높이면 기체의 분자 수가 감소하는 반응 쪽으로 평형이 이동한다.

④ 평형 상태에 있는 화학 반응에서 압력을 낮추면 기체의 분자 수가 증가하는 반응 쪽으로 평형이 이동한다.

⑤ 평형 상태에 있는 화학 반응에서 온도를 높이면 흡열 반응 쪽으로 평형이 이동한다.

24 [20701-0247]

반응 $H_2(g) + I_2(g) \rightleftharpoons 2HI(g)$이 평형 상태에 있을 때, H_2를 추가로 넣어 주었더니 새로운 평형 상태에 도달하였다. H_2를 넣기 전보다 농도가 증가한 물질을 있는 대로 고른 것은? (단, 온도는 일정하다.)

① HI ② H_2 ③ H_2, HI
④ I_2, HI ⑤ H_2, I_2, HI

25 [20701-0248]

그림은 $NO_2(g)$와 $N_2O_4(g)$가 평형을 이루고 있는 상태 (가)에서 압력을 감소시켜 도달한 평형 상태 (나)와, (가)에서 압력을 증가시켜 도달한 평형 상태 (다)를 나타낸 것이다.

온도가 일정할 때 (가)~(다)의 평형 상수의 크기를 비교한 것으로 옳은 것은? (단, 피스톤의 질량과 마찰은 무시한다.)

① $K_1 > K_2 > K_3$ ② $K_3 > K_2 > K_1$
③ $K_1 = K_2 = K_3$ ④ $K_2 > K_1 = K_3$
⑤ $K_3 > K_1 = K_2$

26 [20701-0249]

다음은 25 °C에서 4가지 반응의 화학 반응식을 나타낸 것이다.

(가) $N_2(g) + O_2(g) \rightleftharpoons 2NO(g)$
(나) $N_2(g) + 2O_2(g) \rightleftharpoons 2NO_2(g)$
(다) $NO(g) + \frac{1}{2}O_2(g) \rightleftharpoons NO_2(g)$
(라) $H_2(g) + I_2(g) \rightleftharpoons 2HI(g)$

(가)~(라) 중 압력을 높였을 때 정반응 쪽으로 평형이 이동하는 반응의 수를 쓰시오. (단, 온도는 일정하다.)

27 [20701-0250]

다음은 일정한 온도에서 염화 코발트($CoCl_2 \cdot 6H_2O$) 결정을 증류수에 녹였을 때의 화학 반응식이다.

$$\underset{(붉은색)}{Co(H_2O)_6^{2+}(aq)} + 4Cl^-(aq) \rightleftharpoons \underset{(푸른색)}{CoCl_4^{2-}(aq)} + 6H_2O(l)$$

이 반응의 평형 상태에 대한 설명으로 옳은 것만을 〈보기〉에서 있는 대로 고른 것은? (단, 온도는 일정하다.)

┌ 보기 ┌
ㄱ. 용액에는 $Co(H_2O)_6^{2+}$만 존재한다.
ㄴ. NaCl(s)을 넣어 주면 넣기 전보다 푸른색이 짙어진다.
ㄷ. 압력을 높여 주면 평형이 역반응 쪽으로 이동한다.

① ㄱ ② ㄴ ③ ㄷ ④ ㄱ, ㄴ ⑤ ㄴ, ㄷ

28 [20701-0251]

다음은 고체 A와 기체 B가 반응하여 기체 C를 생성하는 반응의 화학 반응식이다.

$$A(s) + B(g) \rightleftharpoons 2C(g)$$

이 반응이 평형을 이루고 있을 때, 정반응 쪽으로 평형을 이동시킬 수 있는 조건으로 옳은 것만을 〈보기〉에서 있는 대로 고른 것은? (단, 온도는 일정하다.)

┌ 보기 ┌
ㄱ. 압력을 낮춘다.
ㄴ. B(g)를 더 넣어 준다.
ㄷ. C(g)를 더 넣어 준다.

① ㄱ ② ㄷ ③ ㄱ, ㄴ ④ ㄴ, ㄷ ⑤ ㄱ, ㄴ, ㄷ

29 [20701-0252] 그림은 강철 용기에서 반응 $A(g) \rightleftharpoons B(g)$ $\Delta H < 0$ 가 일어날 때, 시간에 따른 B의 농도를 나타낸 것이다. 시간 t_1 일 때 $B(g)$를 추가하였다.

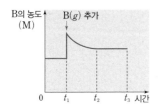

이에 대한 설명으로 옳은 것만을 〈보기〉에서 있는 대로 고른 것은? (단, 온도는 일정하다.)

┌─ 보기 ┌
ㄱ. $t_1 \sim t_2$일 때는 역반응이 우세하게 일어난다.
ㄴ. t_3일 때 온도를 낮추면 역반응이 우세하게 일어난다.
ㄷ. 평형 상수(K)는 $t_2 \sim t_3$일 때가 $t_1 \sim t_2$일 때보다 크다.

① ㄱ ② ㄴ ③ ㄱ, ㄷ ④ ㄴ, ㄷ ⑤ ㄱ, ㄴ, ㄷ

30 [20701-0253] 다음은 $A(g)$와 $B(g)$가 반응하여 $C(g)$를 생성하는 반응의 화학 반응식이다.

$$aA(g) + bB(g) \rightleftharpoons cC(g) \ (a \sim c는 \ 반응 \ 계수)$$

다음은 강철 용기에서 온도와 압력을 각각 변화시켰을 때 $C(g)$의 수득률에 대한 설명이다.

• 100기압에서 온도를 높였더니 C의 수득률이 감소하였다.
• 300 ℃에서 압력을 증가시켰더니 C의 수득률이 증가하였다.

이에 대한 설명으로 옳은 것만을 〈보기〉에서 있는 대로 고른 것은?

┌─ 보기 ┌
ㄱ. 정반응은 발열 반응이다.
ㄴ. $a + b > c$이다.
ㄷ. 온도가 높아지면 평형 상수(K)는 증가한다.

① ㄱ ② ㄷ ③ ㄱ, ㄴ ④ ㄴ, ㄷ ⑤ ㄱ, ㄴ, ㄷ

31 [20701-0254] 다음은 t ℃에서 $NO_2(g)$가 반응하여 $N_2O_4(g)$를 생성하는 반응의 화학 반응식이다.

$$\underset{(적갈색)}{2NO_2(g)} \rightleftharpoons \underset{(무색)}{N_2O_4(g)}$$

그림은 $NO_2(g)$와 $N_2O_4(g)$가 평형을 이루고 있는 상태의 시험관을 각각 온도가 다른 물에 충분한 시간 동안 넣어 두었을 때의 모습을 나타낸 것이다.

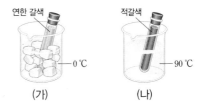

이에 대한 설명으로 옳은 것만을 〈보기〉에서 있는 대로 고른 것은?

┌─ 보기 ┌
ㄱ. 정반응은 발열 반응이다.
ㄴ. 평형 상수(K)는 (가)에서와 (나)에서가 같다.
ㄷ. $\dfrac{[N_2O_4]}{[NO_2]}$는 (가)에서가 (나)에서보다 크다.

① ㄱ ② ㄴ ③ ㄷ ④ ㄱ, ㄷ ⑤ ㄱ, ㄴ, ㄷ

32 [20701-0255] 그림은 반응 $A(g) + B(g) \rightleftharpoons C(g)$에서 반응의 진행에 따른 에너지를 나타낸 것이다.

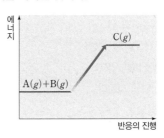

평형 상태에서 온도를 높였을 때, 이에 대한 설명으로 옳은 것만을 〈보기〉에서 있는 대로 고른 것은?

┌─ 보기 ┌
ㄱ. 정반응이 우세하게 일어난다.
ㄴ. $C(g)$의 양이 감소한다.
ㄷ. 평형 상수(K)는 감소한다.

① ㄱ ② ㄴ ③ ㄱ, ㄷ ④ ㄴ, ㄷ ⑤ ㄱ, ㄴ, ㄷ

33 [20701–0256]
다음은 탄산 칼슘($CaCO_3$)의 분해 반응에 대한 열화학 반응식이다.

$$CaCO_3(s) \rightleftharpoons CaO(s) + CO_2(g) \quad \Delta H > 0$$

이 반응이 실린더에서 평형 상태에 있을 때, 정반응 쪽으로 평형을 이동시킬 수 있는 조건만을 〈보기〉에서 있는 대로 고르시오. (단, 고체의 부피는 무시한다.)

┌ 보기 ┐
ㄱ. $CaCO_3(s)$을 더 넣는다.
ㄴ. 온도를 높인다.
ㄷ. 실린더의 피스톤에 압력을 가한다.

34 [20701–0257]
다음은 일산화 탄소(CO)와 수증기(H_2O)의 반응에 대한 열화학 반응식이다.

$$CO(g) + H_2O(g) \rightleftharpoons CO_2(g) + H_2(g) \quad \Delta H < 0$$

이 반응이 실린더에서 평형 상태에 있을 때, 역반응 쪽으로 평형을 이동시킬 수 있는 조건만을 〈보기〉에서 있는 대로 고르시오.

┌ 보기 ┐
ㄱ. 온도를 높인다.
ㄴ. 실린더의 부피를 증가시킨다.
ㄷ. 실린더에 $CO_2(g)$를 더 넣는다.

35 [20701–0258]
그림은 $N_2(g)$와 $H_2(g)$가 반응하여 $NH_3(g)$가 생성될 때, 반응 조건에 따른 암모니아의 수득률을 나타낸 것이다. $NH_3(g)$가 생성되는 반응에 대한 설명으로 옳은 것만을 〈보기〉에서 있는 대로 고른 것은?

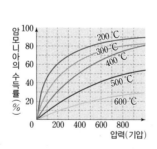

┌ 보기 ┐
ㄱ. 발열 반응이다.
ㄴ. 기체 분자 수가 증가하는 반응이다.
ㄷ. 온도를 높이고 압력을 낮추면 $NH_3(g)$의 수득률이 증가한다.

① ㄱ ② ㄴ ③ ㄱ, ㄷ ④ ㄴ, ㄷ ⑤ ㄱ, ㄴ, ㄷ

36 [20701–0259]
그림은 CO_2의 상평형 그림을 나타낸 것이다.

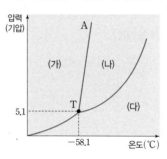

이에 대한 설명으로 옳지 않은 것은? (단, (가)~(다)는 물질의 상태이다.)

① T점은 삼중점이다.
② (가)는 고체 상태이다.
③ (나)는 액체 상태이다.
④ (다)는 기체 상태이다.
⑤ AT는 기화 곡선이다.

37 [20701–0260]
그림은 물의 상평형 그림을 나타낸 것이다.

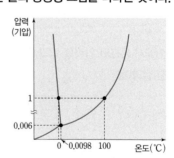

이에 대한 설명으로 옳은 것만을 〈보기〉에서 있는 대로 고른 것은?

┌ 보기 ┐
ㄱ. 1기압에서 물의 끓는점은 100 ℃이다.
ㄴ. 1기압보다 압력이 높아지면 물의 어는점은 0 ℃보다 높아진다.
ㄷ. 0.006기압보다 낮은 압력에서 물은 3가지 상태로 모두 존재할 수 있다.

① ㄱ ② ㄴ ③ ㄱ, ㄷ ④ ㄴ, ㄷ ⑤ ㄱ, ㄴ, ㄷ

[20701-0261]

38 그림은 물질 X의 상평형 그림을 나타낸 것이다.

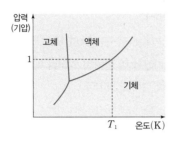

이에 대한 설명으로 옳은 것만을 〈보기〉에서 있는 대로 고른 것은?

┌ 보기 ┌
ㄱ. 1기압에서 X의 끓는점은 T_1 K이다.
ㄴ. 1기압에서는 X의 고체, 액체, 기체가 모두 존재할 수 있다.
ㄷ. 1기압보다 높은 압력에서 X는 승화할 수 있다.

① ㄱ   ② ㄷ   ③ ㄱ, ㄴ   ④ ㄴ, ㄷ   ⑤ ㄱ, ㄴ, ㄷ

[20701-0262]

39 그림은 CO_2의 상평형 그림을 나타낸 것이다.

이에 대한 설명으로 옳은 것만을 〈보기〉에서 있는 대로 고른 것은?

┌ 보기 ┌
ㄱ. P기압, T K에서 CO_2의 3가지 상태가 모두 존재한다.
ㄴ. T K에서 P기압보다 압력이 높으면 $CO_2(s)$만 존재한다.
ㄷ. P기압에서 T K보다 온도가 높으면 $CO_2(g)$만 존재한다.

① ㄱ   ② ㄴ   ③ ㄱ, ㄷ   ④ ㄴ, ㄷ   ⑤ ㄱ, ㄴ, ㄷ

[20701-0263]

40 그림 (가)는 t ℃에서 물질 X를 강철 용기에 넣고 평형에 도달한 것을 나타낸 것이고, (나)는 물질 X의 상평형 그림이다.

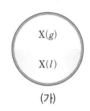
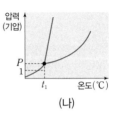

(가)   (나)

이에 대한 설명으로 옳은 것만을 〈보기〉에서 있는 대로 고른 것은?

┌ 보기 ┌
ㄱ. 1기압에서 X는 승화된다.
ㄴ. (가)에서 X(g)의 압력은 P기압보다 높다.
ㄷ. (가)에서 X(g)의 압력을 유지한 채 온도를 t_1 ℃로 변화시키면 X(s)가 생성된다.

① ㄱ   ② ㄴ   ③ ㄱ, ㄷ   ④ ㄴ, ㄷ   ⑤ ㄱ, ㄴ, ㄷ

[20701-0264]

41 그림은 서로 다른 온도의 강철 용기에서 CO_2가 상평형을 이루고 있는 것과 CO_2의 상평형 그림을 나타낸 것이다.

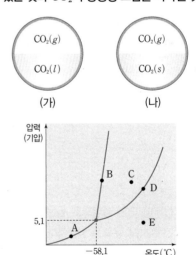

A∼E 중 (가)와 (나)의 온도와 압력으로 가장 적절한 것은?

	(가)	(나)		(가)	(나)
①	A	B	②	A	D
③	C	A	④	D	A
⑤	D	B			

[20701-0265]

01 그림은 반응 $aA(g) \rightleftharpoons bB(g)$가 일어날 때, 시간에 따른 A$(g)$와 B$(g)$의 농도를 나타낸 것이다. a와 b는 반응 계수이다.

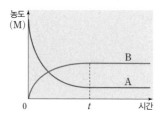

이에 대한 설명으로 옳은 것만을 〈보기〉에서 있는 대로 고른 것은? (단, 온도는 일정하다.)

┌ 보기 ┌
ㄱ. $a > b$이다.
ㄴ. 시간 t 이후에는 정반응 속도와 역반응 속도가 같다.
ㄷ. 이 반응은 반응 용기에 A만 넣고 반응시킨 것이다.

① ㄱ   ② ㄴ   ③ ㄱ, ㄷ   ④ ㄴ, ㄷ   ⑤ ㄱ, ㄴ, ㄷ

[20701-0266]

02 그림은 T K에서 강철 용기에 $N_2O_4(g)$를 넣어 반응 $N_2O_4(g) \rightleftharpoons 2NO_2(g)$가 일어날 때, 시간에 따른 $N_2O_4(g)$와 $NO_2(g)$의 농도를 나타낸 것이다.

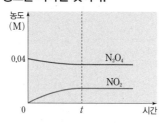

시간 t 이후의 상태에 대한 설명으로 옳은 것만을 〈보기〉에서 있는 대로 고른 것은? (단, 온도는 일정하다.)

┌ 보기 ┌
ㄱ. 평형 상태이다.
ㄴ. 정반응과 역반응이 일어나지 않는다.
ㄷ. $\dfrac{[NO_2]^2}{[N_2O_4]}$는 일정하다.

① ㄱ   ② ㄴ   ③ ㄱ, ㄷ   ④ ㄴ, ㄷ   ⑤ ㄱ, ㄴ, ㄷ

[20701-0267]

03 다음은 A(g)와 B(g)가 반응하여 C(g)를 생성하는 반응의 화학 반응식이다.

$$A(g) + bB(g) \rightleftharpoons cC(g) \quad (b, c는 반응 계수)$$

그림은 강철 용기에서 이 반응이 일어날 때, A(g)~C(g)의 시간에 따른 농도를 나타낸 것이다.

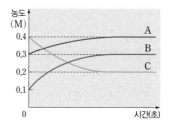

이에 대한 설명으로 옳은 것만을 〈보기〉에서 있는 대로 고른 것은? (단, 온도는 일정하다.)

┌ 보기 ┌
ㄱ. $b = c = 2$이다.
ㄴ. 농도로 정의되는 평형 상수(K)는 $\dfrac{100}{9}$이다.
ㄷ. 강철 용기에 A(g)~C(g)를 각각 1 M씩 넣으면 역반응이 우세하게 일어난다.

① ㄱ   ② ㄷ   ③ ㄱ, ㄴ
④ ㄴ, ㄷ   ⑤ ㄱ, ㄴ, ㄷ

서술형 [20701-0268]

04 다음은 X(g)가 반응하여 Y(g)를 생성하는 반응의 화학 반응식과 농도로 정의되는 평형 상수(K)이다.

$$X(g) \rightleftharpoons 2Y(g) \quad K = 0.02$$

그림은 꼭지로 분리된 용기에 X(g)와 Y(g)를 각각 넣은 초기 상태를 나타낸 것이다.

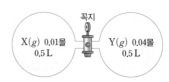

꼭지를 열어 두 기체를 반응시켰을 때 반응의 진행 방향을 예측하고, 그 이유를 서술하시오. (단, 온도는 일정하다.)

05 [20701-0269] 다음은 A(g)와 B(g)가 반응하여 C(g)를 생성하는 반응의 화학 반응식이다.

$$A(g)+3B(g) \rightleftharpoons 2C(g)$$

그림은 1 L의 강철 용기에 A(g)와 B(g)를 각각 1몰씩 넣고 반응시켰을 때, 시간에 따른 C(g)의 농도를 나타낸 것이다.

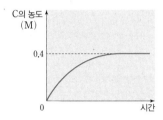

이에 대한 설명으로 옳은 것만을 〈보기〉에서 있는 대로 고른 것은? (단, 온도는 일정하다.)

┌─ 보기 ┐
ㄱ. A(g)~C(g) 중 평형 상태에서 농도가 가장 큰 것은 A(g)이다.
ㄴ. 평형 상태에서 농도 비는 B : C=2 : 1이다.
ㄷ. 농도로 정의되는 평형 상수(K)는 $\frac{5}{4}$이다.
└─────┘

① ㄱ   ② ㄷ   ③ ㄱ, ㄴ   ④ ㄴ, ㄷ   ⑤ ㄱ, ㄴ, ㄷ

06 [20701-0270] 다음은 A(g)와 B(g)가 반응하여 C(g)를 생성하는 반응의 화학 반응식과 농도로 정의되는 평형 상수(K)이다.

$$A(g)+B(g) \rightleftharpoons 2C(g) \qquad K=4$$

그림은 1 L의 강철 용기에 A(g)와 B(g)가 들어 있는 모습을 나타낸 것이다.
A(g)와 B(g)를 반응시킨 후 충분한 시간이 흐른 뒤에 대한 설명으로 옳은 것만을 〈보기〉에서 있는 대로 고른 것은? (단, 온도는 일정하다.)

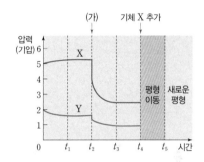

A(g) 1몰
B(g) 1몰

┌─ 보기 ┐
ㄱ. 정반응과 역반응은 일어나지 않는다.
ㄴ. C(g)의 양은 1몰이다.
ㄷ. B(g)의 몰 분율은 $\frac{1}{4}$이다.
└─────┘

① ㄱ   ② ㄷ   ③ ㄱ, ㄴ   ④ ㄴ, ㄷ   ⑤ ㄱ, ㄴ, ㄷ

07 [20701-0271] 다음은 X(g)가 반응하여 Y(g)를 생성하는 반응의 화학 반응식이다.

$$X(g) \rightleftharpoons 2Y(g)$$

그림은 실린더에서 이 반응이 일어날 때, 시간에 따른 X(g)와 Y(g)의 압력을 나타낸 것이다.

이에 대한 설명으로 옳은 것만을 〈보기〉에서 있는 대로 고른 것은? (단, 온도는 일정하다.)

┌─ 보기 ┐
ㄱ. (가)에서는 실린더의 부피를 감소시켰다.
ㄴ. t_4~t_5일 때는 정반응 쪽으로 평형이 이동한다.
ㄷ. 평형 상수는 t_1~t_2일 때가 t_3~t_4일 때보다 크다.
└─────┘

① ㄱ   ② ㄴ   ③ ㄱ, ㄷ   ④ ㄴ, ㄷ   ⑤ ㄱ, ㄴ, ㄷ

08 [20701-0272] 다음은 A(g)가 반응하여 B(g)와 C(g)를 생성하는 반응의 열화학 반응식이다.

$$a A(g) \rightleftharpoons b B(g)+C(g) \quad \Delta H \quad (a, b는 반응 계수)$$

표는 t °C에서 평형 (가)와, (가)에서 온도를 $2t$ °C로 높여 새롭게 도달한 평형 (나)에서의 각 물질의 농도를 나타낸 것이다.

평형	A(g)의 농도(M)	B(g)의 농도(M)	C(g)의 농도(M)
(가)	4	2	2
(나)	2	4	3

이에 대한 설명으로 옳은 것만을 〈보기〉에서 있는 대로 고른 것은?

┌─ 보기 ┐
ㄱ. $a+b=4$이다.
ㄴ. $\Delta H>0$이다.
ㄷ. 평형 상수(K)의 비는 (가) : (나)=1 : 12이다.
└─────┘

① ㄱ   ② ㄷ   ③ ㄱ, ㄴ   ④ ㄴ, ㄷ   ⑤ ㄱ, ㄴ, ㄷ

09 [20701-0273]
다음은 A(g)와 B(g)가 반응하여 C(g)를 생성하는 반응의 열화학 반응식이다.

$$2A(g) + B(g) \rightleftharpoons 2C(g) \qquad \Delta H < 0$$

그림은 T K에서 강철 용기에 반응물을 넣어 평형 (가)에 도달한 후, 시간 t_1에 물질을 추가하여 새로운 평형 (나)에 도달하였을 때, 반응 시간에 따른 각 물질의 농도를 나타낸 것이다.

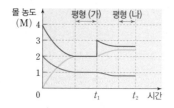

이에 대한 설명으로 옳은 것만을 〈보기〉에서 있는 대로 고른 것은? (단, 온도는 일정하다.)

┌─ 보기 ┌
ㄱ. T K에서 농도로 정의되는 평형 상수(K)는 1이다.
ㄴ. t_1에서 추가한 것은 C(g)이다.
ㄷ. (가)와 (나)에서 평형 상수(K)는 같다.

① ㄱ   ② ㄴ   ③ ㄱ, ㄷ   ④ ㄴ, ㄷ   ⑤ ㄱ, ㄴ, ㄷ

10 (서술형) [20701-0274]
그림 (가)는 t °C에서 1 L의 강철 용기에 N$_2$(g)와 H$_2$(g)를 넣은 초기 상태를, (나)는 (가)의 기체를 반응시켜 NH$_3$(g)가 생성되면서 평형에 도달하였을 때 용기 속 각 기체의 양(mol)을 나타낸 것이다.

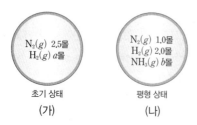

t °C에서 농도로 정의되는 평형 상수(K)를 구하는 과정을 서술하시오.

11 [20701-0275]
다음은 H$_2$(g)와 Cl$_2$(g)가 반응하여 HCl(g)를 생성하는 반응의 화학 반응식이다.

$$H_2(g) + Cl_2(g) \rightleftharpoons 2HCl(g)$$

그림 (가)는 혼합 기체가 a기압으로 평형을 이루고 있는 것을, (나)는 (가)의 부피를 2배가 되도록 한 후 새로운 평형에 도달한 것을 나타낸 것이다.

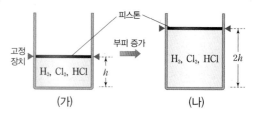

이에 대한 설명으로 옳은 것만을 〈보기〉에서 있는 대로 고른 것은? (단, 온도는 일정하다.)

┌─ 보기 ┌
ㄱ. 혼합 기체의 양(mol)은 (가) > (나)이다.
ㄴ. (나)에서 혼합 기체의 압력은 $\frac{1}{2}a$기압이다.
ㄷ. 평형 상수(K)는 (가)에서와 (나)에서가 같다.

① ㄱ   ② ㄷ   ③ ㄱ, ㄴ   ④ ㄴ, ㄷ   ⑤ ㄱ, ㄴ, ㄷ

12 (서술형) [20701-0276]
다음은 X(g)가 반응하여 Y(g)가 생성되는 반응의 열화학 반응식이다.

$$X(g) \rightleftharpoons 2Y(g) \qquad \Delta H < 0$$

그림 (가)는 평형 상태에서 시간 t에 X(g)나 Y(g) 중 어느 한 기체를 추가로 넣었을 때 시간에 따른 강철 용기 속 전체 기체의 양(mol)을, (나)는 평형 상태에서 시간 t에 어떤 변화를 주었을 때 시간에 따른 강철 용기 속 전체 기체의 양(mol)을 나타낸 것이다.

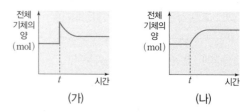

(가)에서 넣어 준 기체와 (나)에서 준 변화가 무엇인지를 구하는 과정을 서술하시오.

13 [20701-0277]
다음은 A(g)가 반응하여 B(g)를 생성하는 반응의 화학 반응식이다.

$$A(g) \rightleftharpoons 2B(g)$$

그림은 실린더에 A(g)와 B(g)가 1기압으로 평형을 이루고 있는 것을 나타낸 것이다.
일정한 온도를 유지하면서 압력을 가해 기체의 부피를 1 L가 되게 한 후 도달한 새로운 평형에 대한 설명으로 옳은 것만을 〈보기〉에서 있는 대로 고른 것은? (단, 피스톤의 질량과 마찰은 무시한다.)

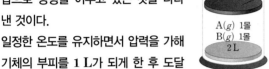

피스톤
A(g) 1몰
B(g) 1몰
2 L

┌ 보기 ┐
ㄱ. 농도로 정의되는 평형 상수(K)는 0.5이다.
ㄴ. 기체의 압력은 2기압이다.
ㄷ. [A]$=\dfrac{9}{8}$ M이다.

① ㄱ ② ㄴ ③ ㄱ, ㄷ ④ ㄴ, ㄷ ⑤ ㄱ, ㄴ, ㄷ

14 [20701-0278]
다음은 X(g)가 반응하여 Y(g)를 생성하는 반응의 화학 반응식이다.

$$2X(g) \rightleftharpoons Y(g)$$

그림은 300 K에서 2.4 L의 강철 용기에 X(g)를 넣고 반응시켰을 때, 시간에 따른 혼합 기체의 압력을 나타낸 것이다.
이에 대한 설명으로 옳은 것만을 〈보기〉에서 있는 대로 고른 것은? (단, 기체 상수(R)는 0.08 atm·L/mol·K이며, 온도는 일정하다.)

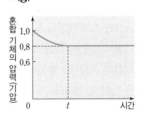

┌ 보기 ┐
ㄱ. 시간 t 이후에 존재하는 기체의 양은 0.1몰이다.
ㄴ. 시간 t 이후에 존재하는 기체의 몰 비는 X : Y=3 : 1이다.
ㄷ. 300 K에서 농도로 정의되는 평형 상수(K)는 $\dfrac{40}{3}$이다.

① ㄱ ② ㄴ ③ ㄱ, ㄷ ④ ㄴ, ㄷ ⑤ ㄱ, ㄴ, ㄷ

15 [20701-0279]
다음은 A(g)가 반응하여 B(g)를 생성하는 반응의 화학 반응식이다.

$$aA(g) \rightleftharpoons bB(g) \ (a, b는 반응 계수)$$

표는 t °C에서 각각 평형에 도달하였을 때의 농도를 나타낸 것이다.

실험	[A](M)	[B](M)
Ⅰ	10	10
Ⅱ	2.5	5

t °C에서 이 반응의 농도로 정의되는 평형 상수(K)는?

① 1 ② 2 ③ 5
④ 10 ⑤ 25

16 [20701-0280]
다음은 A(g)와 B(g)가 반응하여 C(g)를 생성하는 반응의 화학 반응식이다.

$$A(g)+3B(g) \rightleftharpoons 2C(g)$$

그림은 꼭지로 분리된 용기에 A(g)와 C(g)가 각각 들어 있는 것을 나타낸 것이다.

꼭지
A(g) 2몰 1 L
C(g) 6몰 1 L

꼭지를 열고 반응시켜 평형에 도달하였을 때, A(g)의 양이 4몰이 되었다. 이때 B의 몰 분율과 농도로 정의되는 평형 상수(K)는? (단, 온도는 일정하다.)

	B의 몰 분율	평형 상수(K)
①	0.4	1
②	0.4	$\dfrac{1}{216}$
③	0.5	$\dfrac{1}{54}$
④	0.5	$\dfrac{1}{216}$
⑤	0.6	$\dfrac{1}{54}$

17 [20701-0281]
다음은 $A(g)$가 반응하여 $B(g)$를 생성하는 반응의 화학 반응식이다.

$$A(g) \rightleftharpoons 2B(g)$$

표는 T_1 K, T_2 K에서 1 L의 강철 용기에 $A(g)$ 2몰을 넣고 각각 평형에 도달하였을 때 각 물질의 양(mol)을 나타낸 것이다. $T_1 > T_2$이고, T_1과 T_2에서 농도로 정의되는 평형 상수는 각각 K_1, K_2이다.

온도(K)	$A(g)$의 양(mol)	$B(g)$의 양(mol)
T_1	1	x
T_2	y	1

이에 대한 설명으로 옳은 것만을 〈보기〉에서 있는 대로 고른 것은?

〉보기〈
ㄱ. $x + y = 3.5$이다.
ㄴ. 정반응은 흡열 반응이다.
ㄷ. 평형 상수(K)의 비는 $K_1 : K_2 = 6 : 1$이다.

① ㄱ ② ㄷ ③ ㄱ, ㄴ ④ ㄴ, ㄷ ⑤ ㄱ, ㄴ, ㄷ

18 [20701-0282]
다음은 $A(g)$와 $B(g)$가 반응하여 $C(g)$를 생성하는 반응의 화학 반응식이다.

$$A(g) + 2B(g) \rightleftharpoons 2C(g)$$

그림은 t °C에서 꼭지로 분리된 2개의 용기에서 $A(g) \sim C(g)$의 기체가 평형을 이루고 있는 것을 나타낸 것이다.

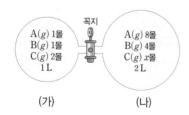

이에 대한 설명으로 옳은 것만을 〈보기〉에서 있는 대로 고른 것은? (단, 온도는 일정하다.)

〉보기〈
ㄱ. t °C에서 농도로 정의되는 평형 상수(K)는 4이다.
ㄴ. $x = 8$이다.
ㄷ. 꼭지를 열어 반응시키면 정반응이 우세하게 진행한다.

① ㄱ ② ㄷ ③ ㄱ, ㄴ ④ ㄴ, ㄷ ⑤ ㄱ, ㄴ, ㄷ

19 [20701-0283]
다음은 $NO_2(g)$가 $N_2O_4(g)$로 되는 반응의 열화학 반응식이다.

$$2NO_2(g) \rightleftharpoons N_2O_4(g) \qquad \Delta H < 0$$

그림은 $NO_2(g)$와 $N_2O_4(g)$가 평형을 이루는 용기에 t_1과 t_3에서 온도 변화를 주어 평형에 도달했을 때, 시간에 따른 두 물질의 농도를 나타낸 것이다.

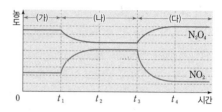

(가)~(다)에서 온도를 비교한 것으로 옳은 것은? (단, (가)~(다)에서 온도는 각각 일정하다.)

① (가)>(나)>(다)　　② (가)>(다)>(나)
③ (나)>(가)>(다)　　④ (나)>(다)>(가)
⑤ (다)>(가)>(나)

20 [20701-0284]
다음은 $A(g)$와 $B(g)$가 반응하여 $C(g)$를 생성하는 반응의 화학 반응식이다.

$$aA(g) + B(g) \rightleftharpoons 2C(g) \ (a\text{는 반응 계수})$$

그림은 t °C에서 1 L의 강철 용기에 $C(g)$ 0.6몰을 넣었을 때, 시간에 따른 각 물질의 양(mol)을 나타낸 것이다.

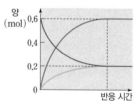

이에 대한 설명으로 옳은 것만을 〈보기〉에서 있는 대로 고른 것은? (단, 온도는 일정하다.)

〉보기〈
ㄱ. $a = 3$이다.
ㄴ. t °C에서 농도로 정의되는 평형 상수(K)는 1보다 크다.
ㄷ. t °C에서 1 L의 강철 용기에 $C(g)$ 0.5몰을 넣어 반응시키면 평형 상태에서 $C(g)$의 양은 0.2몰이다.

① ㄱ ② ㄷ ③ ㄱ, ㄴ ④ ㄴ, ㄷ ⑤ ㄱ, ㄴ, ㄷ

21 [20701-0285]

다음은 t ℃에서 A(g)가 반응하여 B(g)를 생성하는 반응의 화학 반응식과 농도로 정의되는 평형 상수(K)이다.

$$A(g) \rightleftharpoons B(g) \qquad K = 1.5$$

그림은 t ℃에서 A와 B의 몰 농도에 따른 반응 지수(Q)를 나타낸 것이다.

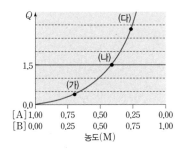

이에 대한 설명으로 옳은 것만을 〈보기〉에서 있는 대로 고른 것은? (단, 온도는 일정하다.)

┌─ 보기 ┐
ㄱ. (가)에서 정반응 쪽으로 반응이 우세하게 진행한다.
ㄴ. (다)에서 반응이 진행하여 평형에 도달하면 (나)에 해당하는 농도가 된다.
ㄷ. (나)에서 [B]=0.6 M이다.
└─────┘

① ㄱ ② ㄷ ③ ㄱ, ㄴ ④ ㄴ, ㄷ ⑤ ㄱ, ㄴ, ㄷ

23 [20701-0287]

다음은 A(g)와 B(g)가 반응하여 C(g)를 생성하는 반응의 화학 반응식이다.

$$aA(g) + bB(g) \rightleftharpoons cC(g) \ (a \sim c \text{는 반응 계수})$$

그림은 일정한 온도와 압력의 실린더에서 평형 상태 (가)의 온도를 높여 도달한 평형 상태 (나)와, 일정한 온도에서 압력을 높여 도달한 평형 상태 (다)를 나타낸 것이다.

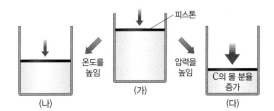

이에 대한 설명으로 옳은 것만을 〈보기〉에서 있는 대로 고른 것은? (단, 피스톤의 질량과 마찰은 무시한다.)

┌─ 보기 ┐
ㄱ. $a+b>c$이다.
ㄴ. 정반응은 흡열 반응이다.
ㄷ. 평형 상수(K)는 (다)>(가)이다.
└─────┘

① ㄱ ② ㄷ ③ ㄱ, ㄴ ④ ㄴ, ㄷ ⑤ ㄱ, ㄴ, ㄷ

서술형 **22** [20701-0286]

다음은 T K에서 A(g)와 B(g)가 반응하여 C(g)를 생성하는 반응의 화학 반응식과 농도로 정의되는 평형 상수(K)이다.

$$A(g) + B(g) \rightleftharpoons 3C(g) \qquad K = \frac{27}{4}$$

그림은 T K에서 1 L의 강철 용기에 A(g)와 B(g)를 넣은 초기 상태를 나타낸 것이다.

A(g) 3몰
B(g) 3몰
1 L, a기압

충분한 시간이 지난 뒤 도달한 평형 상태에서 기체의 압력을 구하고, 그 과정을 서술하시오.

서술형 **24** [20701-0288]

다음은 A(g)가 반응하여 B(g)를 생성하는 반응의 화학 반응식이다.

$$2A(g) \rightleftharpoons B(g)$$

그림은 실린더에 A(g)와 B(g)가 평형을 이루고 있는 것을 나타낸 것이다.

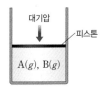

실린더에 He(g)을 넣었을 때 평형의 이동에 대하여 서술하시오. (단, 온도는 일정하고, 피스톤의 질량과 마찰은 무시한다.)

25 [20701-0289]

다음은 $X(g)$가 반응하여 $Y(g)$를 생성하는 반응의 화학 반응식이다.

$$2X(g) \rightleftharpoons Y(g)$$

그림은 일정한 온도에서 1 L의 강철 용기에 $X(g)$ 6몰을 넣고 평형에 도달한 후 t_2에서 온도를 낮추었을 때, 시간에 따른 전체 기체의 양(mol)을 나타낸 것이다.

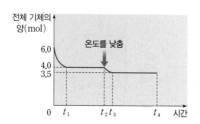

이에 대한 설명으로 옳은 것만을 〈보기〉에서 있는 대로 고른 것은?

┌─ 보기 ┌
ㄱ. t_1~t_2일 때 농도로 정의되는 평형 상수(K)는 0.5이다.
ㄴ. 정반응은 발열 반응이다.
ㄷ. t_3~t_4일 때 Y의 몰 분율은 $\frac{5}{7}$이다.

① ㄱ   ② ㄷ   ③ ㄱ, ㄴ   ④ ㄴ, ㄷ   ⑤ ㄱ, ㄴ, ㄷ

26 [20701-0290]

다음은 $A(g)$가 반응하여 $B(g)$를 생성하는 반응의 열화학 반응식이다.

$$A(g) \rightleftharpoons 2B(g) \qquad \Delta H < 0$$

표는 서로 다른 온도의 평형 상태에 대한 자료이다.

평형	온도(K)	$\dfrac{[A]}{[B]}$	평형 상수(K)
(가)	T_1	100	
(나)	T_2	1	3
(다)	T_3	0.01	

이에 대한 설명으로 옳은 것만을 〈보기〉에서 있는 대로 고른 것은?

┌─ 보기 ┌
ㄱ. 온도는 $T_3 > T_1$이다.
ㄴ. (나)에서 [A]=3 M이다.
ㄷ. T_3 K에서 A와 B를 같은 양(mol) 넣어 주면 정반응 쪽으로 반응이 우세하게 진행한다.

① ㄱ   ② ㄴ   ③ ㄱ, ㄷ   ④ ㄴ, ㄷ   ⑤ ㄱ, ㄴ, ㄷ

27 [20701-0291]

다음은 $A(g)$가 반응하여 $B(g)$를 생성하는 반응의 화학 반응식이다.

$$A(g) \rightleftharpoons 2B(g) \qquad \Delta H > 0$$

그림은 온도 T_1, T_2에서 각각 1 L의 강철 용기에 1몰의 $A(g)$를 넣고 반응시켰을 때, 시간에 따른 $B(g)$의 농도를 나타낸 것이다.

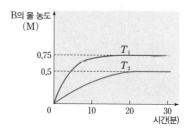

이에 대한 설명으로 옳은 것만을 〈보기〉에서 있는 대로 고른 것은?

┌─ 보기 ┌
ㄱ. $T_1 > T_2$이다.
ㄴ. T_1의 평형 상태에서 $\dfrac{[B]}{[A]} = \dfrac{6}{5}$이다.
ㄷ. T_2에서 농도로 정의되는 평형 상수(K)는 $\dfrac{9}{10}$이다.

① ㄱ   ② ㄷ   ③ ㄱ, ㄴ   ④ ㄴ, ㄷ   ⑤ ㄱ, ㄴ, ㄷ

28 [20701-0292]

그림 (가)는 P_1기압에서 물질 X의 가열 곡선을, (나)는 물질 X의 상평형 그림을 나타낸 것이다.

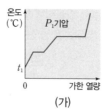
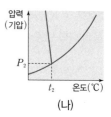

(가)   (나)

이에 대한 설명으로 옳은 것만을 〈보기〉에서 있는 대로 고른 것은?

┌─ 보기 ┌
ㄱ. $t_1 > t_2$이다.
ㄴ. $P_2 > P_1$이다.
ㄷ. P_1기압, t_2 °C에서 물질 X는 액체 상태이다.

① ㄱ   ② ㄷ   ③ ㄱ, ㄴ   ④ ㄴ, ㄷ   ⑤ ㄱ, ㄴ, ㄷ

[20701-0293]

29 그림은 물질 X의 상평형 그림의 일부를 나타낸 것이다. A∼C의 상태는 X의 고체, 액체, 기체 중 하나이다.

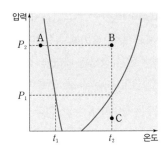

이에 대한 설명으로 옳은 것만을 〈보기〉에서 있는 대로 고른 것은?

┌ 보기 ┐
ㄱ. A∼C는 각각 다른 상태이다.
ㄴ. 압력이 P_1일 때 t_2는 X의 끓는점이다.
ㄷ. 압력이 P_1에서 P_2로 증가할 때 녹는점과 끓는점이 모두 높아진다.

① ㄱ ② ㄷ ③ ㄱ, ㄴ ④ ㄴ, ㄷ ⑤ ㄱ, ㄴ, ㄷ

[20701-0294]

30 그림은 물질 X의 상평형 그림의 일부를 나타낸 것이다. A∼C의 상태는 각각 X의 고체, 액체, 기체 중 하나이다.

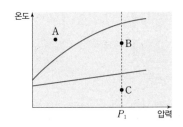

이에 대한 설명으로 옳은 것만을 〈보기〉에서 있는 대로 고른 것은?

┌ 보기 ┐
ㄱ. A는 고체 상태이다.
ㄴ. B에서 C로 되는 과정은 발열 반응이다.
ㄷ. X는 압력이 높을수록 녹는점이 낮아진다.

① ㄱ ② ㄴ ③ ㄷ ④ ㄱ, ㄷ ⑤ ㄴ, ㄷ

서술형 [20701-0295]

31 그림 (가)는 물질 X의 상평형 그림을, (나)는 T_1 ℃, 1기압에서 X의 2가지 상태가 평형을 이루고 있는 모습을 나타낸 것이다. X_A와 X_B는 각각 X의 고체, 액체, 기체 상태 중 하나이다.

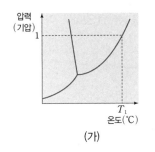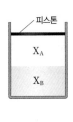

(가)   (나)

(나)에서 X_A와 X_B의 상태는 무엇인지 쓰고, 그 이유를 함께 서술하시오. (단, 대기압은 1기압이다.)

[20701-0296]

32 그림은 3가지 물질 (가)∼(다)의 상평형 그림이다.

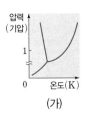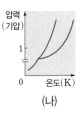

(가)   (나)   (다)

(가)∼(다)에 대한 설명으로 옳은 것만을 〈보기〉에서 있는 대로 고른 것은?

┌ 보기 ┐
ㄱ. 1기압에서 승화성이 있는 물질은 (다)이다.
ㄴ. 압력이 커질수록 끓는점이 높아지는 물질은 2가지이다.
ㄷ. (가)의 밀도는 고체 상태가 액체 상태보다 크다.

① ㄱ ② ㄴ ③ ㄱ, ㄷ ④ ㄴ, ㄷ ⑤ ㄱ, ㄴ, ㄷ

01 [20701-0297]
다음은 A(g)가 반응하여 B(g)를 생성하는 반응의 화학 반응식이다.

$$a\text{A}(g) \rightleftharpoons \text{B}(g) \ (a\text{는 반응 계수})$$

표는 강철 용기에 4.0 M의 A(g)를 넣고 반응시킨 후 평형에 도달하였을 때의 평형 농도를 나타낸 것이다. 이 평형 상태에서 A의 몰 분율은 $\frac{6}{7}$이다.

	A(g)	B(g)
평형 농도(M)	x	0.50

이에 대한 설명으로 옳은 것만을 〈보기〉에서 있는 대로 고른 것은? (단, 온도는 일정하다.)

┌─ 보기 ┐
ㄱ. $x=3.5$이다.
ㄴ. $a=2$이다.
ㄷ. 농도로 정의되는 평형 상수(K)는 $\frac{1}{18}$이다.
└────────┘

① ㄱ   ② ㄴ   ③ ㄱ, ㄷ   ④ ㄴ, ㄷ   ⑤ ㄱ, ㄴ, ㄷ

02 [20701-0298]
다음은 온도 T에서 A(g)와 B(g)가 반응하여 C(g)를 생성하는 반응의 화학 반응식과 농도로 정의되는 평형 상수(K)이다.

$$\text{A}(g) + \text{B}(g) \rightleftharpoons \text{C}(g) \qquad K$$

그림은 온도 T에서 강철 용기 Ⅰ과 Ⅱ에 혼합 기체가 각각 들어 있는 초기 상태를, 표는 Ⅰ과 Ⅱ에서 각각 반응이 일어나 도달한 평형 상태에서 A(g)의 몰 분율을 나타낸 것이다.

용기	Ⅰ	Ⅱ
A(g)의 몰 분율	$\frac{1}{3}$	$\frac{1}{4}$

A(g) 2몰 / B(g) 2몰 / 2 L (Ⅰ)
A(g) 1몰 / B(g) 1몰 / C(g) a몰 / 2 L (Ⅱ)

이에 대한 설명으로 옳은 것만을 〈보기〉에서 있는 대로 고른 것은? (단, 온도는 일정하다.)

┌─ 보기 ┐
ㄱ. Ⅰ의 평형 상태에서 A(g)와 C(g)의 양(mol)은 같다.
ㄴ. $K=2$이다.
ㄷ. Ⅱ에서 평형 상태에 도달한 C(g)의 몰 분율은 $\frac{1}{2}$이다.
└────────┘

① ㄱ   ② ㄷ   ③ ㄱ, ㄴ   ④ ㄴ, ㄷ   ⑤ ㄱ, ㄴ, ㄷ

03 [20701-0299]
다음은 온도 T에서 A(g)와 B(g)가 반응하여 C(g)를 생성하는 반응의 화학 반응식과 농도로 정의되는 평형 상수(K)이다.

$$\text{A}(g) + \text{B}(g) \rightleftharpoons 2\text{C}(g) \qquad K$$

그림은 온도 T에서 강철 용기에 A(g)와 B(g)가 들어 있는 초기 상태를 나타낸 것이다. 반응이 진행되어 C(g)의 몰 분율이 $\frac{1}{3}$일 때, 반응 지수는 Q이고 $K=3Q$이다.

A(g) 1몰 / B(g) 2몰

이에 대한 설명으로 옳은 것만을 〈보기〉에서 있는 대로 고른 것은? (단, 온도는 일정하다.)

┌─ 보기 ┐
ㄱ. C(g)의 몰 분율이 $\frac{1}{3}$일 때 B(g)의 양은 1몰이다.
ㄴ. $K=4$이다.
ㄷ. 평형 상태에서 A(g)의 양은 $\frac{2}{3}$몰이다.
└────────┘

① ㄱ   ② ㄴ   ③ ㄱ, ㄷ   ④ ㄴ, ㄷ   ⑤ ㄱ, ㄴ, ㄷ

04 [20701-0300]
다음은 A(g)와 B(g)가 반응하여 C(g)를 생성하는 반응의 화학 반응식과 농도로 정의되는 평형 상수(K)이다.

$$\text{A}(g) + \text{B}(g) \rightleftharpoons 2\text{C}(g) \qquad K$$

그림 (가)는 일정한 온도와 압력의 실린더에서 A(g)~C(g)가 평형을 이루고 있는 것을, (나)는 조건을 변화시켜 도달한 새로운 평형 상태를 나타낸 것이다.

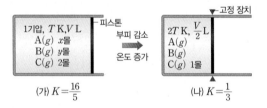

(가) $K=\frac{16}{5}$　　　　(나) $K=\frac{1}{3}$

1기압, T K, V L / 피스톤 / A(g) x몰 / B(g) y몰 / C(g) 2몰 / 부피 감소 온도 증가 / 고정 장치 / $2T$ K, $\frac{V}{2}$ L / A(g) / B(g) / C(g) 1몰

이에 대한 설명으로 옳은 것만을 〈보기〉에서 있는 대로 고른 것은? (단, 피스톤의 마찰은 무시한다.)

┌─ 보기 ┐
ㄱ. $x \times y = \frac{5}{4}$이다.
ㄴ. (나)에서 혼합 기체의 압력은 4기압이다.
ㄷ. (나)에서 C(g)의 부분 압력은 $\frac{1}{5}$기압이다.
└────────┘

① ㄱ   ② ㄷ   ③ ㄱ, ㄴ   ④ ㄴ, ㄷ   ⑤ ㄱ, ㄴ, ㄷ

05 [20701-0301] 다음은 A(g)와 B(g)가 반응하여 C(g)를 생성하는 반응의 화학 반응식과 농도로 정의되는 평형 상수(K)이다.

$$A(g)+2B(g) \Longleftrightarrow C(g) \qquad K=\frac{1}{2}$$

그림은 강철 용기에서 이 반응이 평형에 도달한 상태를 나타낸 것이다.
이에 대한 설명으로 옳은 것만을 〈보기〉에서 있는 대로 고른 것은? (단, 온도는 일정하다.)

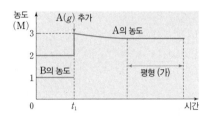
A(g) 1몰
B(g) 2몰
C(g) x몰
1 L

┌ 보기 ┌
ㄱ. $x=2$이다.
ㄴ. He(g) 1몰을 첨가하면 반응은 정반응 쪽으로 우세하게 진행한다.
ㄷ. A(g) 1몰과 C(g) 3몰을 더 넣고 도달한 새로운 평형 상태에서 B(g)의 양(mol)은 2몰보다 작다.

① ㄱ ② ㄷ ③ ㄱ, ㄴ ④ ㄴ, ㄷ ⑤ ㄱ, ㄴ, ㄷ

06 [20701-0302] 다음은 A(g)가 반응하여 B(g)를 생성하는 반응의 열화학 반응식이다.

$$aA(g) \Longleftrightarrow bB(g) \quad \Delta H < 0 \ (a, b\text{는 반응 계수})$$

그림은 강철 용기에 A(g)를 넣고 반응시켰을 때, 시간에 따른 A(g)와 B(g)의 농도를 나타낸 것이다. 시간 t_2에서 반응 조건을 변화시켰다.

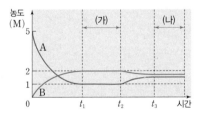

이에 대한 설명으로 옳은 것만을 〈보기〉에서 있는 대로 고른 것은?

┌ 보기 ┌
ㄱ. $a : b = 2 : 1$이다.
ㄴ. (가)에서 농도로 정의되는 평형 상수(K)는 2이다.
ㄷ. 온도는 (가)에서가 (나)에서보다 높다.

① ㄱ ② ㄷ ③ ㄱ, ㄴ ④ ㄴ, ㄷ ⑤ ㄱ, ㄴ, ㄷ

07 [20701-0303] 다음은 A(g)가 반응하여 B(g)를 생성하는 반응의 화학 반응식이다.

$$A(g) \Longleftrightarrow B(g)$$

그림은 1 L의 강철 용기에 들어 있는 평형 상태의 A(g), B(g)의 농도와, A(g) 1몰을 추가한 후 새로운 평형 상태 (가)에 도달할 때까지 시간에 따른 물질의 농도를 나타낸 것이다. 시간 t_1 이후 B의 농도는 나타내지 않았다.

(가)에 대한 설명으로 옳은 것만을 〈보기〉에서 있는 대로 고른 것은? (단, 온도는 일정하다.)

┌ 보기 ┌
ㄱ. 농도로 정의되는 평형 상수(K)는 0.5이다.
ㄴ. B의 농도는 $\frac{4}{3}$ M이다.
ㄷ. B 1몰을 추가한 후 도달한 새로운 평형 상태에서 A의 농도는 $\frac{10}{3}$ M이 된다.

① ㄱ ② ㄷ ③ ㄱ, ㄴ ④ ㄴ, ㄷ ⑤ ㄱ, ㄴ, ㄷ

08 [20701-0304] 다음은 T K에서 A(g)가 반응하여 B(g)를 생성하는 반응의 화학 반응식과 농도로 정의되는 평형 상수(K)이다.

$$A(g) \Longleftrightarrow 2B(g) \qquad K=0.08$$

T K에서 A(g) 2몰이 반응하여 평형 상태에 도달하였을 때, 혼합 기체의 부피는 50 L였다.
A의 몰 분율은? (단, 온도는 일정하다.)

① $\frac{1}{10}$ ② $\frac{1}{5}$ ③ $\frac{1}{3}$

④ $\frac{1}{2}$ ⑤ $\frac{2}{3}$

09 [20701-0305]
다음은 $A(g)$와 $B(g)$가 반응하여 $C(g)$를 생성하는 반응의 화학 반응식이다.

$$A(g)+B(g) \rightleftharpoons 2C(g)$$

표는 이 반응에 대한 실험 (가)~(다)에서 $A(g)$~$C(g)$의 초기 농도이고, 그림은 (가)~(다) 중 하나의 반응 지수(Q)를 시간에 따라 나타낸 것이다.

실험	초기 농도(M)		
	A	B	C
(가)	1	1	1
(나)	1	1	2
(다)	1	2	1

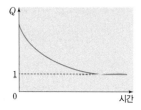

이에 대한 설명으로 옳은 것만을 〈보기〉에서 있는 대로 고른 것은?

〈보기〉
ㄱ. (가)에서는 정반응과 역반응이 일어나지 않는다.
ㄴ. (다)에서는 반응 초기에 정반응 속도가 역반응 속도보다 크다.
ㄷ. 그림은 (나)에 해당한다.

① ㄱ ② ㄴ ③ ㄷ ④ ㄱ, ㄷ ⑤ ㄴ, ㄷ

10 [20701-0306]
다음은 T K에서 $A(g)$가 반응하여 $B(g)$를 생성하는 반응의 화학 반응식과 농도로 정의되는 평형 상수(K)이다.

$$2A(g) \rightleftharpoons B(g) \qquad K$$

T K에서 0.3몰의 $A(g)$를 실린더에 넣고 반응시켜 평형에 도달하였을 때 혼합 기체의 부피는 1 L가 되었고, $A(g)$의 몰 분율은 0.8이었다.
이에 대한 설명으로 옳은 것만을 〈보기〉에서 있는 대로 고른 것은? (단, 대기압과 온도는 일정하다.)

〈보기〉
ㄱ. 반응한 $A(g)$의 양은 0.1몰이다.
ㄴ. T K에서 $K=1.25$이다.
ㄷ. 평형 상태에서 실린더의 부피를 늘리면 정반응 쪽으로 평형이 이동한다.

① ㄱ ② ㄷ ③ ㄱ, ㄴ ④ ㄴ, ㄷ ⑤ ㄱ, ㄴ, ㄷ

11 [20701-0307]
다음은 $A(g)$가 반응하여 $B(g)$를 생성하는 반응의 열화학 반응식이다.

$$A(g) \rightleftharpoons 2B(g) \qquad \Delta H > 0$$

그림은 1 L의 강철 용기에 $A(g)$ 1몰을 넣은 초기 상태를 나타낸 것이다. 온도 T의 평형 상태에서 $B(g)$의 몰 분율은 0.6이다.

A(g)
1몰
1 L

온도 T에서 평형 상태에 대한 설명으로 옳은 것만을 〈보기〉에서 있는 대로 고른 것은? (단, 온도는 일정하다.)

〈보기〉
ㄱ. $A(g)$의 농도는 $\frac{6}{7}$ M이다.
ㄴ. 농도로 정의되는 평형 상수(K)는 $\frac{9}{7}$이다.
ㄷ. 온도를 T보다 낮추면 $B(g)$의 몰 분율이 증가한다.

① ㄱ ② ㄴ ③ ㄱ, ㄷ ④ ㄴ, ㄷ ⑤ ㄱ, ㄴ, ㄷ

12 [20701-0308]
그림은 물질 X와 Y의 상평형 그림이다.

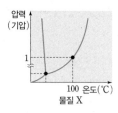
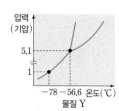

1기압에서 이에 대한 설명으로 옳은 것만을 〈보기〉에서 있는 대로 고른 것은?

〈보기〉
ㄱ. 존재할 수 있는 상태의 종류는 X가 Y보다 많다.
ㄴ. X의 끓는점에 해당하는 온도의 Y는 액체 상태이다.
ㄷ. $\frac{\text{고체의 밀도}}{\text{액체의 밀도}}$ 는 X가 Y보다 크다.

① ㄱ ② ㄷ ③ ㄱ, ㄴ ④ ㄴ, ㄷ ⑤ ㄱ, ㄴ, ㄷ

13 [20701-0309]
그림은 t ℃, 1기압에서 $H_2O(l)$이 들어 있는 실린더에 $He(g)$을 넣어 평형에 도달한 상태를 나타낸 것이다. t ℃에서 $H_2O(l)$의 증기 압력은 0.2기압이다.

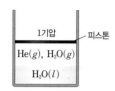

이에 대한 설명으로 옳은 것만을 〈보기〉에서 있는 대로 고른 것은? (단, 온도는 일정하고, 피스톤의 질량과 마찰은 무시한다.)

보기
ㄱ. t ℃는 1기압에서 H_2O의 끓는점이다.
ㄴ. 실린더 내 기체의 양(mol)의 비는 $He(g) : H_2O(g)$ = 4 : 1이다.
ㄷ. 실린더 내 $He(g)$을 모두 제거하면 $H_2O(g)$의 부피는 감소한다.

① ㄱ ② ㄴ ③ ㄱ, ㄷ ④ ㄴ, ㄷ ⑤ ㄱ, ㄴ, ㄷ

14 [20701-0310]
그림은 이산화 탄소(CO_2)의 상평형 그림을, 표는 온도와 압력에 따른 CO_2의 안정한 상을 나타낸 것이다. $t_1 < t_0$이다.

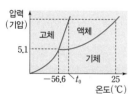

온도 (℃)	압력 (기압)	안정한 상
t_1	P_1	액체
t_1	P_2	액체, 고체

이에 대한 설명으로 옳은 것만을 〈보기〉에서 있는 대로 고른 것은?

보기
ㄱ. t_1 ℃에서 CO_2는 승화성을 갖는다.
ㄴ. $P_2 > P_1 > 5.1$이다.
ㄷ. P_2기압에서 안정한 상이 액체와 기체인 상태의 온도는 t_0 ℃보다 높다.

① ㄱ ② ㄴ ③ ㄱ, ㄷ ④ ㄴ, ㄷ ⑤ ㄱ, ㄴ, ㄷ

15 [20701-0311]
그림 (가)는 물질 X를 피스톤이 고정된 실린더에 넣어 t ℃에서 평형에 도달한 것을 나타낸 것이고, (나)는 X의 상평형 그림이다.

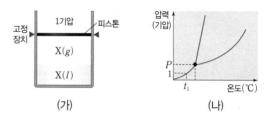

이에 대한 설명으로 옳은 것만을 〈보기〉에서 있는 대로 고른 것은? (단, 피스톤의 질량과 마찰은 무시한다.)

보기
ㄱ. (가)에서 실린더 내부의 압력은 P기압보다 크다.
ㄴ. (가)의 고정 장치를 풀고 온도를 t_1 ℃로 변화시키면 삼중점에 도달한다.
ㄷ. (가)에서 압력을 유지한 채 온도를 낮추면 $X(s)$만 존재할 수 있다.

① ㄱ ② ㄴ ③ ㄱ, ㄷ ④ ㄴ, ㄷ ⑤ ㄱ, ㄴ, ㄷ

16 [20701-0312]
그림 (가)는 물질 X의 상평형 그림을, (나)와 (다)는 실린더에 X를 넣어 압력이 다른 조건에서 평형에 도달한 상태를 각각 나타낸 것이다.

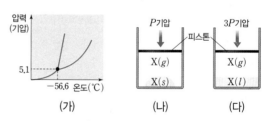

이에 대한 설명으로 옳은 것만을 〈보기〉에서 있는 대로 고른 것은? (단, 피스톤의 질량과 마찰은 무시한다.)

보기
ㄱ. $P < 5.1$이다.
ㄴ. 온도는 (다)에서가 (나)에서보다 높다.
ㄷ. $3P$기압에서 $X(s)$와 $X(l)$가 평형을 이루는 온도는 (다)에서보다 낮다.

① ㄱ ② ㄷ ③ ㄱ, ㄴ ④ ㄴ, ㄷ ⑤ ㄱ, ㄴ, ㄷ

7 산 염기 평형과 완충 용액

- 이온화 상수를 이용하여 산과 염기의 세기 이해하기
- 염의 가수 분해 설명하기
- 완충 용액이 생체 내 화학 반응에서 중요함을 이해하기

한눈에 단원 파악, 이것이 핵심!

산 염기의 세기는 어떻게 알까?

- 이온화 상수를 통해 산과 염기의 세기를 비교할 수 있다.

산 염기의 세기
• 강산, 강염기: 물에 녹아 대부분 이온화하는 산, 염기

이온화 전   이온화 후
입자 수
(상댓값)

HA   HA H⁺ A⁻

▲ 강산의 이온화 모형

- 약산, 약염기: 물에 녹아 일부만 이온화하는 산, 염기

이온화 전   이온화 후
입자 수
(상댓값)

HB   HB H⁺ B⁻

▲ 약산의 이온화 모형

이온화 상수

$$HA(aq)+H_2O(l) \rightleftharpoons H_3O^+(aq)+A^-(aq)$$

- 산의 이온화 상수: $K_a = \dfrac{[H_3O^+][A^-]}{[HA]}$

$$B(aq)+H_2O(l) \rightleftharpoons BH^+(aq)+OH^-(aq)$$

- 염기의 이온화 상수: $K_b = \dfrac{[BH^+][OH^-]}{[B]}$

이온화 상수와 산 염기의 세기

- 이온화 상수가 클수록 강한 산, 강한 염기이다.
- 산의 세기가 강할수록 그 짝염기의 세기는 약하고, 산의 세기가 약할수록 그 짝염기의 세기는 강하다.

염과 완충 용액이란?

- 산이나 염기를 가해도 pH가 변하지 않는 용액을 완충 용액이라고 한다.

염 수용액의 액성

- 강산, 강염기로부터 만들어진 염: 중성
  - 예 $NaCl(aq)$
- 약산, 강염기로부터 만들어진 염: 염기성
  - 예 $CH_3COONa(aq)$
- 강산, 약염기로부터 만들어진 염: 산성
  - 예 $NH_4Cl(aq)$

완충 용액

- 완충 용액: 약산+그 약산의 짝염기의 염, 또는 약염기+그 약염기의 짝산의 염
- 완충 용액의 원리

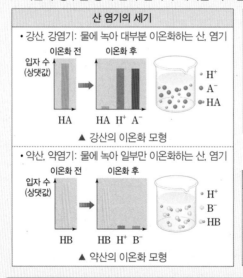

산 염기 평형

1 이온화와 산 염기의 세기

(1) **강산과 약산**: 물에 녹아 대부분 이온화하는 산을 강산, 물에 녹아 일부만 이온화하는 산을 약산이라고 한다. ➡ 강산은 약산보다 수용액에서 이온화하는 정도가 커서 수소 이온(H^+)이 더 많아 전류가 강하게 흐른다.

　📦 강산: 염산(HCl), ❶황산(H_2SO_4), 질산(HNO_3) 등
　　약산: 탄산(H_2CO_3), 인산(H_3PO_4), 아세트산(CH_3COOH) 등

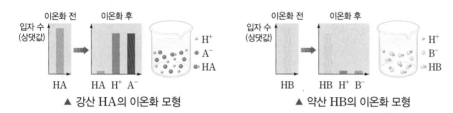

▲ 강산 HA의 이온화 모형　　　▲ 약산 HB의 이온화 모형

(2) **강염기와 약염기**: 물에 녹아 대부분 이온화하는 염기를 강염기, 물에 녹아 일부만 이온화하는 염기를 약염기라고 한다. ➡ 강염기는 약염기보다 수용액에서 이온화하는 정도가 커서 수산화 이온(OH^-)이 더 많아 전류가 강하게 흐른다.

　📦 강염기: 수산화 나트륨($NaOH$), 수산화 칼륨(KOH), 수산화 칼슘($Ca(OH)_2$) 등
　　약염기: 암모니아(NH_3), 수산화 마그네슘($Mg(OH)_2$) 등

(3) ❷**이온화도(α)**

① 이온화 평형을 이루는 전해질 수용액에서 용해된 전해질의 양(mol)에 대한 이온화된 전해질의 양(mol)의 비율을 이온화도(α)라고 한다.

$$\text{이온화도}(\alpha) = \frac{\text{이온화된 전해질의 양(mol)}}{\text{용해된 전해질의 양(mol)}} \quad (0 < \alpha < 1)$$

② 강산과 강염기는 이온화도가 1에 가깝고, 약산과 약염기는 이온화도가 매우 작다.

2 이온화 상수

(1) **산의 이온화 상수(K_a)**: 산 HA는 물에 녹아 다음과 같이 이온화 평형을 이룬다.

$$HA(aq) + H_2O(l) \rightleftharpoons A^-(aq) + H_3O^+(aq)$$

이 반응의 평형 상수 $K = \dfrac{[A^-][H_3O^+]}{[HA][H_2O]}$ 인데, 수용액에서 ❸물의 농도는 순수한 물의 농도와 거의 같고, 물과 같은 순수한 액체는 평형 상수를 구하는 식에 나타내지 않으므로

$$K_a = \frac{[H_3O^+][A^-]}{[HA]} \text{이다.}$$

(2) **염기의 이온화 상수(K_b)**: 염기 B는 물에 녹아 다음과 같이 이온화 평형을 이룬다.

$$B(aq) + H_2O(l) \rightleftharpoons BH^+(aq) + OH^-(aq) \qquad K_b = \frac{[BH^+][OH^-]}{[B]}$$

(3) 산 HA의 K_a와 그 짝염기 A^-의 K_b를 곱하면 물의 이온화 상수(K_w)와 같다.

$$K_a \times K_b = \frac{[A^-][H_3O^+]}{[HA]} \times \frac{[HA][OH^-]}{[A^-]} = [H_3O^+][OH^-] = K_w$$

THE 알기

❶ **황산**
산은 이온화하여 H^+을 내놓아야 한다. 그런데 진한 황산은 이온화가 잘 안되어 진한 황산 상태에서는 산의 성질을 갖지 않고, 농도가 작은 묽은 황산이 되었을 때 비로소 강산의 성질을 갖게 된다. 물 분자와의 상호 작용으로 생성되는 H_3O^+이 산의 성질에서 중요하다.

❷ **이온화도**
25 ℃, 0.1 M에서 몇 가지 산과 염기의 이온화도

HCl	0.94
CH_3COOH	0.013
NaOH	0.91
NH_3	0.013

❸ **물의 몰 농도**
물의 밀도를 1 g/mL라고 하면 물 1 L의 질량은 1000 g이고, 물의 분자량이 18이므로 $\dfrac{1000}{18} ≒ 55.6$이다. 따라서 물의 몰 농도는 약 55.6 M로 거의 일정하다.

---

(4) K_a, K_b와 산과 염기

① K_a와 K_b는 일종의 **평형 상수**이므로 온도가 일정하면 농도와 무관하게 항상 일정하다.

② K_a가 클수록 이온화가 잘되는 **강한 산**이다.

예 몇 가지 산의 이온화 상수(25 ℃)

산	이온화 반응	K_a(25 ℃에서)
HCl	$HCl(aq)+H_2O(l) \rightleftharpoons Cl^-(aq)+H_3O^+(aq)$	매우 크다.
CH₃COOH	$CH_3COOH(aq)+H_2O(l) \rightleftharpoons CH_3COO^-(aq)+H_3O^+(aq)$	1.8×10^{-5}
HCN	$HCN(aq)+H_2O(l) \rightleftharpoons CN^-(aq)+H_3O^+(aq)$	6.2×10^{-10}

➡ 산의 세기: $HCl > CH_3COOH > HCN$

③ K_b가 클수록 이온화가 잘되는 강한 염기이다.

예 몇 가지 염기의 이온화 상수(25 ℃)

염기	이온화 반응	K_b(25 ℃에서)
CH₃NH₂	$CH_3NH_2(aq)+H_2O(l) \rightleftharpoons CH_3NH_3^+(aq)+OH^-(aq)$	4.6×10^{-4}
NH₃	$NH_3(aq)+H_2O(l) \rightleftharpoons NH_4^+(aq)+OH^-(aq)$	1.8×10^{-5}

➡ 염기의 세기: $CH_3NH_2 > NH_3$

(5) 이온화 상수에서 H_3O^+의 농도 구하기

예 25 ℃에서 0.1 M $CH_3COOH(aq)$의 H_3O^+ 농도는 다음과 같이 구한다.

$$CH_3COOH(aq)+H_2O(l) \rightleftharpoons H_3O^+(aq)+CH_3COO^-(aq)$$

처음 농도(M)	0.1		
반응 농도(M)	$-x$	$+x$	$+x$
평형 농도(M)	$0.1-x$	x	x

평형 농도를 이온화 상수 식에 대입한다. $K_a = \dfrac{[CH_3COO^-][H_3O^+]}{[CH_3COOH]} = \dfrac{x^2}{0.1-x} = 1.8 \times 10^{-5}$

이다. 약산인 CH_3COOH은 x가 매우 작으므로 $0.1-x \fallingdotseq 0.1$로 근사하면

$\dfrac{x^2}{0.1} = 1.8 \times 10^{-5}$이므로 $x = 1.34 \times 10^{-3}$ M이다.

3 산과 염기의 세기

(1) 짝산과 짝염기: 양성자(H^+)의 이동에 의해 산과 염기로 되는 1쌍의 산과 염기를 짝산―짝염기라고 한다.

(2) 짝산과 짝염기의 상대적 세기: 산의 세기가 강할수록 그 짝염기의 세기는 약하고, 산의 세기가 약할수록 그 짝염기의 세기는 강하다.

$$CH_3COOH(aq)+H_2O(l) \rightleftharpoons CH_3COO^-(aq)+H_3O^+(aq) \quad K_a=1.8 \times 10^{-5}(25 ℃)$$
약산　　약염기　　　강염기　　　강산

- 산의 세기: $H_3O^+ > CH_3COOH$
- 염기의 세기: $CH_3COO^- > H_2O$

---

❶ 평형 상수
평형 상수는 온도에 따라 달라질 수 있으므로 산이나 염기의 이온화 상수는 온도에 따라 달라진다. 일반적으로 25 ℃에서의 값을 다룬다.

❷ 강산과 약산
강산은 수용액 상태에서 이온화되어 H_3O^+의 농도가 큰 산이다. 일반적으로 강산의 K_a는 측정할 수 없을 정도로 매우 크고, 약산은 대부분 K_a가 1보다 작다.

❸ 약산에서 이온화도(α)로부터 H_3O^+의 농도와 이온화 상수(K_a) 구하기
농도를 C M, 이온화도를 α라고 하면, $[H_3O^+]=C\alpha$이고, $K_a=C\alpha^2$이다.

❹ 짝산과 짝염기
짝산과 짝염기는 브뢴스테드―로리 산 염기 정의에서 양성자의 이동으로 설명할 때 나타낼 수 있다. 산의 세기가 강하면 K_a가 크고, 짝염기의 K_b가 작다. 또한 염기의 세기가 강하면 K_b가 크고, 짝산의 K_a가 작다.

세기	짝산	짝염기	세기
강	HNO₃	NO₃⁻	약
	H_3O^+	H_2O	
	CH₃COOH	CH₃COO⁻	
약	NH₄⁺	NH₃	강

빈칸 완성

1. 물에 녹아 대부분 이온화하는 산을 (　　　　), 물에 녹아 일부만 이온화하는 산을 (　　　　)이라고 한다.

2. 물에 녹아 대부분 이온화하는 염기를 (　　　　), 물에 녹아 일부만 이온화하는 염기를 (　　　　)라고 한다.

3. 이온화 평형을 이루는 전해질 수용액에서 용해된 전해질의 양(mol)에 대한 이온화된 전해질의 양(mol)의 비율을 (　　　　)라고 한다.

4. 산 HA의 이온화 상수(K_a) 식은 (　　　　)이다.

5. 염기 B의 이온화 상수(K_b) 식은 (　　　　)이다.

6. 산의 이온화 상수(K_a)가 클수록 이온화가 잘되는 (　　　　)이고, 염기의 이온화 상수(K_b)가 클수록 이온화가 잘되는 (　　　　)이다.

7. 양성자(H^+)의 이동에 의해 산과 염기로 되는 1쌍의 산과 염기를 (　　　　)라고 한다.

8. 산의 세기가 강할수록 그 짝염기의 세기는 (　　　　)하다.

정답 1. 강산, 약산 2. 강염기, 약염기 3. 이온화도 4. $K_a = \dfrac{[H_3O^+][A^-]}{[HA]}$ 5. $K_b = \dfrac{[BH^+][OH^-]}{[B]}$ 6. 강산, 강염기 7. 짝산−짝염기 8. 약

○X 문제

1. 산과 염기의 세기에 대한 설명으로 옳은 것은 ○, 옳지 않은 것은 ×로 표시하시오.

(1) 같은 농도의 수용액에서 강산은 약산보다 전류의 세기가 크다. (　　　)

(2) 강산과 강염기의 이온화도는 1에 가깝다. (　　　)

(3) 강산에는 염산, 아세트산, 탄산 등이 있다. (　　　)

(4) 약염기에는 수산화 나트륨, 암모니아, 수산화 칼륨 등이 있다. (　　　)

2. 이온화 상수에 대한 설명으로 옳은 것은 ○, 옳지 않은 것은 ×로 표시하시오.

(1) 산의 이온화 상수(K_a)는 온도가 달라져도 일정한 값이다. (　　　)

(2) 이온화 상수에는 물의 농도를 함께 나타낸다. (　　　)

(3) 염기의 이온화 상수(K_b)가 클수록 염기의 세기가 강하다. (　　　)

(4) 산의 이온화 상수(K_a)가 커질수록 수용액 속의 H_3O^+의 농도는 증가한다. (　　　)

3. $K_a = 1.0 \times 10^{-5}$인 0.1 M 산 HA(aq)에 대한 설명으로 옳은 것은 ○, 옳지 않은 것은 ×로 표시하시오.

(1) 이온화도(α)는 0.01이다. (　　　)

(2) HA는 강산이다. (　　　)

(3) H_3O^+의 농도는 0.01 M이다. (　　　)

(4) HA의 짝염기는 A^-이다. (　　　)

4. 산 염기 반응에 대한 설명으로 옳은 것은 ○, 옳지 않은 것은 ×로 표시하시오.

$$CH_3COOH(aq) + H_2O(l)$$
$$\Longleftrightarrow H_3O^+(aq) + CH_3COO^-(aq)$$
$$K_a = 1.8 \times 10^{-5}$$

(1) CH_3COOH은 약산이다. (　　　)

(2) H_2O의 짝산은 CH_3COOH이다. (　　　)

(3) 산의 세기는 $CH_3COOH > H_3O^+$이다. (　　　)

(4) 염기의 세기는 $CH_3COO^- > H_2O$이다. (　　　)

정답 1. (1) ○ (2) ○ (3) × (4) × 2. (1) × (2) × (3) ○ (4) ○ 3. (1) ○ (2) × (3) × (4) ○ 4. (1) ○ (2) × (3) × (4) ○

02 완충 용액

❶ 염
중화 반응뿐만 아니라 다양한 화학 반응에서도 염이 만들어질 수 있다.

❷ NaCl, KCl, NaNO₃
· NaCl: 강염기인 NaOH의 Na^+과 강산인 HCl의 Cl^-이 결합하여 생성된 염
· KCl: 강염기인 KOH의 K^+과 강산인 HCl의 Cl^-이 결합하여 생성된 염
· NaNO₃: 강염기인 NaOH의 Na^+과 강산인 HNO_3의 NO_3^-이 결합하여 생성된 염

❸ CH₃COONa, NaHCO₃, Na₂CO₃
· CH₃COONa: 약산인 CH_3COOH의 CH_3COO^-과 강염기인 NaOH의 Na^+이 결합하여 생성된 염
· NaHCO₃: 약산인 H_2CO_3의 HCO_3^-과 강염기인 NaOH의 Na^+이 결합하여 생성된 염
· Na₂CO₃: 약산인 H_2CO_3의 CO_3^{2-}과 강염기인 NaOH의 Na^+이 결합하여 생성된 염

❹ NH₄Cl, (NH₄)₂SO₄
· NH₄Cl: 강산인 HCl의 Cl^-과 약염기인 NH_3가 물과 반응하여 생성된 NH_4^+이 결합하여 생성된 염
· (NH₄)₂SO₄: 강산인 H_2SO_4의 SO_4^{2-}과 약염기인 NH_3가 물과 반응하여 생성된 NH_4^+이 결합하여 생성된 염

1 염의 가수 분해

(1) ❶염: 산의 음이온과 염기의 양이온이 결합하여 생성된 이온 결합 물질을 염이라고 한다. 중화 반응을 하면 물과 염이 생성된다.

$$
\begin{array}{cccc}
산 & 염기 & 물 & 염
\end{array}
$$
$$HCl(aq)+NaOH(aq) \longrightarrow H_2O(l)+NaCl(aq)$$
$$CH_3COOH(aq)+NaOH(aq) \longrightarrow H_2O(l)+CH_3COONa(aq)$$
$$H_2CO_3(aq)+2NaOH(aq) \longrightarrow 2H_2O(l)+Na_2CO_3(aq)$$

(2) 염의 가수 분해: 염의 수용액에서 염을 이루는 이온이 물과 반응하여 H_3O^+이나 OH^-을 생성하는 반응이다. 가수 분해에 따라 염 수용액의 액성이 달라진다.

① 강산과 강염기가 반응하여 생성된 염: 이온화되지만 가수 분해되지 않는다.

예 **❷**NaCl, KCl, NaNO₃ 등

$$NaCl(aq) \longrightarrow Na^+(aq)+Cl^-(aq)$$ ➡ 이온화만 하므로 수용액은 중성이다.

② 약산과 강염기가 반응하여 생성된 염: 약산의 짝염기인 음이온이 물과 반응하여 OH^-을 생성하므로 수용액은 염기성이 된다.

예 **❸**CH₃COONa, NaHCO₃, Na₂CO₃ 등

> [CH₃COONa(aq)이 염기성인 이유]
> $$CH_3COONa(aq) \longrightarrow \underline{CH_3COO^-(aq)}+Na^+(aq)$$
> $$\underline{CH_3COO^-(aq)}+H_2O(l) \rightleftharpoons CH_3COOH(aq)+OH^-(aq)$$
> ➡ $CH_3COO^-(aq)$이 가수 분해하므로 수용액은 염기성이다.

③ 강산과 약염기가 반응하여 생성된 염: 약염기의 짝산인 양이온이 물과 반응하여 H_3O^+을 생성하므로 수용액은 산성이 된다.

예 **❹**NH₄Cl, (NH₄)₂SO₄

> [NH₄Cl(aq)이 산성인 이유]
> $$NH_4Cl(aq) \longrightarrow \underline{NH_4^+(aq)}+Cl^-(aq)$$
> $$\underline{NH_4^+(aq)}+H_2O(l) \rightleftharpoons NH_3(aq)+H_3O^+(aq)$$
> ➡ $NH_4^+(aq)$이 가수 분해하므로 수용액은 산성이다.

반응한 산과 염기	염의 종류	염 수용액의 액성
강산＋강염기	NaCl, KNO₃, Na₂SO₄	중성
약산＋강염기	CH₃COONa, KHCO₃, Na₂CO₃	염기성
강산＋약염기	NH₄Cl, (NH₄)₂SO₄, NH₄NO₃	산성

2 완충 용액

(1) [1]완충 용액(Buffer Solution): 산이나 염기를 가해도 pH가 크게 변하지 않는 용액을 완충 용액이라고 한다.

① 완충 용액: 약산과 그 약산의 짝염기로 된 염, 또는 약염기와 그 약염기의 짝산으로 된 염을 용해시켜 만든다.

▶ 몇 가지 [2]완충 용액과 pH

완충 용액의 성분	완충 용액의 구성	pH (성분 물질의 농도가 같을 때)
CH_3COOH / CH_3COO^-	약산 / 그 짝염기	4.75
NH_3 / NH_4^+	약염기 / 그 짝산	9.25
H_2CO_3 / HCO_3^-	약산 / 그 짝염기	6.36

② [3]완충 용액의 원리: 이온의 평형 반응에 의해 pH가 일정하게 유지된다.

예 CH_3COOH과 CH_3COONa으로 이루어진 완충 용액

이온화 평형	$CH_3COOH(aq) + H_2O(l) \rightleftharpoons CH_3COO^-(aq) + H_3O^+(aq)$
	$CH_3COONa(aq) \longrightarrow CH_3COO^-(aq) + Na^+(aq)$
	용액에 약산인 CH_3COOH과 그 짝염기인 CH_3COO^-이 존재한다.

- 소량의 산을 가할 때: H^+이 수용액에 있는 CH_3COO^-과 반응하여 CH_3COOH이 되므로 H^+의 농도가 크게 증가하지 못한다.
- 소량의 염기를 가할 때: OH^-이 CH_3COOH과 반응하여 CH_3COO^-이 되므로 OH^-의 농도가 크게 증가하지 못한다.
➡ 산이나 염기를 소량 가해 주더라도 pH는 거의 변하지 않는다.

CH₃COOH   CH₃COONa
물에 용해

$CH_3COO^- + H^+$ 산 첨가	CH_3COOH CH_3COO^- H^+ CH_3COO^- Na^+ 완충 용액	염기 첨가 $OH^- + CH_3COOH$

H^+
$CH_3COO^- + H^+$
↓
CH_3COOH

OH^-
$OH^- + CH_3COOH$
↓
$CH_3COO^- + H_2O$

가한 H^+은 CH_3COO^-과 반응하므로 넣어 준 H^+이 소모된다.

수용액 중에는 CH_3COOH과 CH_3COO^-이 공존한다.

가한 OH^-은 CH_3COOH과 반응하므로 넣어 준 OH^-이 소모된다.

▲ 완충 용액의 원리

(2) [4]생체 내 완충 용액: 생체 내에서는 pH가 변하면 효소 등의 기능이 억제되므로 혈액에서는 탄산(H_2CO_3) / 탄산수소 이온(HCO_3^-)의 완충 용액과 인산이수소 이온($H_2PO_4^-$) / 인산수소 이온(HPO_4^{2-})의 완충 용액이 완충 작용을 하여 pH가 거의 변하지 않는다.

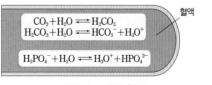

혈액

$CO_2 + H_2O \rightleftharpoons H_2CO_3$
$H_2CO_3 + H_2O \rightleftharpoons HCO_3^- + H_3O^+$
$H_2PO_4^- + H_2O \rightleftharpoons H_3O^+ + HPO_4^{2-}$

▲ 혈액 속의 완충 용액

❶ 완충 용액
'완충'이라 함은 외부의 충격에도 충격을 잘 흡수하여 보호할 수 있다는 뜻으로, 완충 용액은 pH의 변화 충격을 흡수할 수 있는 용액을 말한다.

❷ 완충 용액과 pH
$pH = -\log[H_3O^+]$이므로 $K_a = \dfrac{[H_3O^+][A^-]}{[HA]}$에서 $pH = pK_a + \log\dfrac{[A^-]}{[HA]}$로 나타낼 수 있다.

❸ 완충 용액의 원리(공통 이온 효과)
완충 용액의 원리는 수용액에 포함된 이온과 같은 종류의 이온을 가하면, 그 이온의 농도가 감소하는 방향으로 반응이 진행하는 평형 이동 현상으로 설명할 수 있다. 이러한 현상을 공통 이온 효과라고 한다.

❹ 생체 내 완충 용액
심한 운동으로 젖산이 생성되면 체내의 H^+이 증가하게 되는데, 완충 용액인 혈액 내에서는 HCO_3^-과 반응하여 H_2CO_3이 생성되므로 pH의 변화가 거의 나타나지 않는다.

개념체크

빈칸 완성

1. 산의 음이온과 염기의 양이온이 결합하여 생성된 이온 결합 물질을 ( )이라고 한다.

2. $HCl(aq)$과 $NaOH(aq)$이 반응하여 생성된 염은 ( )이다.

3. $CH_3COOH(aq)$과 $NaOH(aq)$이 반응하여 생성된 염은 ( )이다.

4. 산이나 염기를 가해도 pH가 크게 변하지 않는 용액을 ( )이라고 한다.

셋 중에 고르기

5. 강산과 강염기가 반응하여 생성된 염 수용액의 액성은 (산성 , 중성 , 염기성)이다.

6. 약산과 강염기가 반응하여 생성된 염 수용액의 액성은 (산성 , 중성 , 염기성)이다.

7. 강산과 약염기가 반응하여 생성된 염 수용액의 액성은 (산성 , 중성 , 염기성)이다.

8. CH_3COONa은 수용액에서 (산성 , 중성 , 염기성)이다.

9. NH_4Cl은 수용액에서 (산성 , 중성 , 염기성)이다.

단답형 문제

10. CH_3COO^-이 수용액 속에서 가수 분해되어 생성하는 이온을 쓰시오.

11. NH_4^+이 수용액 속에서 가수 분해되어 생성하는 이온을 쓰시오.

정답 1. 염 2. NaCl 3. CH₃COONa 4. 완충 용액 5. 중성 6. 염기성 7. 산성 8. 염기성 9. 산성 10. OH⁻ 11. H₃O⁺

○X 문제

1. 염에 대한 설명으로 옳은 것은 ○, 옳지 않은 것은 ×로 표시하시오.

(1) 중화 반응이 일어나면 염이 생성된다. ( )
(2) NaCl은 가수 분해된다. ( )
(3) $NaHCO_3$은 물과 반응하여 가수 분해 반응을 한다. ( )
(4) $Na_2CO_3(aq)$의 액성은 산성이다. ( )

2. 완충 용액에 대한 설명으로 옳은 것은 ○, 옳지 않은 것은 ×로 표시하시오.

(1) HCl과 Cl^-은 완충 용액을 만들 수 있다. ( )
(2) CH_3COOH과 CH_3COONa은 완충 용액을 만들 수 있다. ( )
(3) NH_3와 NH_4Cl은 완충 용액을 만들 수 있다. ( )

순서대로 나열하기

3. CH_3COOH과 CH_3COONa으로 이루어진 완충 용액에 $HCl(aq)$을 소량 가했을 때의 변화를 순서대로 나열하시오.

> ㉠ H_3O^+의 농도가 증가한다.
> ㉡ H_3O^+의 농도가 감소한다.
> ㉢ H_3O^+이 CH_3COO^-과 반응하여 CH_3COOH이 생성되는 반응 쪽으로 평형이 이동한다.

선다형 문제

4. 생체 내 완충 용액의 예로 적절한 것을 모두 고르시오.

① 혈액 속 H_2CO_3과 HCO_3^-의 완충 용액
② 혈액 속 $H_2PO_4^-$과 HPO_4^{2-}의 완충 용액
③ 단백질$-H^+$과 단백질의 완충 용액
④ CH_3COOH과 CH_3COO^-의 완충 용액
⑤ NaOH과 Na^+의 완충 용액

정답 1. (1) ○ (2) × (3) ○ (4) × 2. (1) × (2) ○ (3) ○ 3. ㉠-㉢-㉡ 4. ①, ②, ③

탐구 활동 — 생체 내 완충 용액의 역할 조사

정답과 해설 57쪽

목표

완충 용액이 생체 내 화학 반응에서 중요함을 설명할 수 있다.

과정

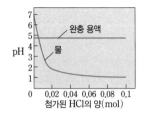

1. 그림은 완충 용액과 물에 각각 $HCl(aq)$을 넣었을 때의 pH 변화를 나타낸 것이다. 완충 용액의 원리를 설명해 본다.

2. 생체 내에서 다음 이온들이 완충 작용을 하는 원리를 조사하여 설명해 본다.

   ① HPO_4^{2-}과 $H_2PO_4^-$

   ② CO_2와 HCO_3^-

   ③ 단백질$-H^+$과 단백질

3. 생체 내에서 완충 작용과 관련된 질병에는 무엇이 있는지 조사하여 설명해 본다.

결과 정리 및 해석

1. 완충 용액의 원리: 물과 완충 용액에 $HCl(aq)$을 각각 넣으면 물은 pH가 급격하게 감소하지만, 완충 용액은 pH가 거의 변하지 않는다.

2. 생체 내에서 다음 이온들이 완충 작용을 하는 원리

① HPO_4^{2-}과 $H_2PO_4^-$은 혈액 속에서 다음과 같은 평형을 이룬다.

$$HPO_4^{2-}(aq) + H_3O^+(aq) \rightleftharpoons H_2PO_4^-(aq) + H_2O(l)$$

혈액 속 H_3O^+의 농도가 증가하면 H_3O^+이 HPO_4^{2-}과 반응하여 소모되고, 혈액 속 OH^-의 농도가 증가하면 OH^-이 $H_2PO_4^-$과 반응하여 소모되므로 pH가 일정하게 유지된다.

② CO_2와 HCO_3^-은 다음과 같은 평형을 이룬다.

$$CO_2(g) + H_2O(l) \rightleftharpoons H_2CO_3(aq) \rightleftharpoons HCO_3^-(aq) + H_3O^+(aq)$$

혈액 속 H_3O^+의 농도가 증가하면 H_3O^+이 HCO_3^-과 반응하여 소모되고, 혈액 속 OH^-의 농도가 증가하면 OH^-이 $H_2CO_3(aq)$과 반응하여 소모되므로 pH가 일정하게 유지된다.

③ 단백질의 단위체인 아미노산에서 다음과 같은 평형을 이룬다.

$$NH_3^+-CHR-COOH(aq) + H_2O(l) \rightleftharpoons NH_3^+-CHR-COO^- + H_3O^+(aq)$$

단백질의 단위체인 아미노산에 있는 작용기로부터 완충 작용을 함을 알 수 있다.

3. 생체 내에서 완충 작용과 관련된 질병

   • 산혈증: 폐에 이상이 생겨 몸속에서 이산화 탄소가 배출되지 않거나 신장에 이상이 생겨 산이 제대로 배출되지 않았을 때 pH가 적정 범위 이하로 떨어져 생기는 질병이다.

   • 알칼리 혈증: 과도한 호흡 운동으로 이산화 탄소를 과다 배출했을 때 혈액의 pH가 적정 범위보다 높아져 생기는 질병이다.

   • 고산병: 산소가 부족한 환경에서 호흡량을 늘리는 과정에서 CO_2가 많이 배출되어 pH가 적정 범위보다 높아지게 되어 생기는 질병이다.

탐구 분석

1. 생체 내 화학 반응에서 완충 용액이 중요한 이유는 무엇인가?

01 [20701-0313]
강산과 약산에 대한 설명으로 옳은 것은?

① 강산과 약산은 물에 녹아 이온화하는 정도가 같다.
② 같은 농도의 강산과 약산의 수용액은 단위 부피당 H_3O^+의 수가 같다.
③ 같은 농도의 강산 수용액은 약산 수용액보다 전류의 세기가 크다.
④ H_2CO_3은 강산이다.
⑤ H_3PO_4은 H_2SO_4보다 강산이다.

02 [20701-0314]
강염기와 약염기에 대한 설명으로 옳은 것은?

① 물에 녹아 일부만 이온화하는 염기는 강염기이다.
② 같은 농도의 강염기와 약염기의 수용액은 단위 부피당 OH^-의 수가 같다.
③ 같은 농도의 강염기와 약염기의 수용액은 전류의 세기가 같다.
④ $Ca(OH)_2$은 약염기이다.
⑤ $NaOH$은 NH_3보다 강염기이다.

03 [20701-0315]
이온화도(α)에 대한 설명으로 옳은 것만을 〈보기〉에서 있는 대로 고른 것은?

┌ 보기 ┌
ㄱ. $\dfrac{\text{용해된 전해질의 양(mol)}}{\text{이온화된 전해질의 양(mol)}}$ 이다.
ㄴ. 산의 이온화도(α)가 클수록 강한 산이다.
ㄷ. 이온화도(α)는 1보다 크고 100보다 작다.

① ㄱ   ② ㄴ   ③ ㄷ
④ ㄱ, ㄴ   ⑤ ㄱ, ㄷ

04 [20701-0316]
이온화 상수에 대한 설명으로 옳은 것만을 〈보기〉에서 있는 대로 고른 것은?

┌ 보기 ┌
ㄱ. 반응 $HA(aq)+H_2O(l) \rightleftharpoons H_3O^+(aq)+A^-(aq)$에서 산 HA의 이온화 상수($K_a$)는 $\dfrac{[H_3O^+][A^-]}{[HA]}$이다.
ㄴ. 반응 $B(aq)+H_2O(l) \rightleftharpoons BH^+(aq)+OH^-(aq)$에서 염기 B의 이온화 상수($K_b$)는 $\dfrac{[B][OH^-]}{[BH^+]}$이다.
ㄷ. 강산일수록 이온화 상수(K_a)가 크다.

① ㄱ   ② ㄴ   ③ ㄷ
④ ㄱ, ㄷ   ⑤ ㄱ, ㄴ, ㄷ

05 [20701-0317]
산의 이온화 상수(K_a)에 대한 설명으로 옳은 것만을 〈보기〉에서 있는 대로 고른 것은?

┌ 보기 ┌
ㄱ. K_a는 온도가 일정하면 농도와 무관하게 항상 일정하다.
ㄴ. K_a가 클수록 이온화가 잘되는 강한 산이다.
ㄷ. $K_a=1.0\times10^{-5}$인 산 HA는 약산이다.

① ㄱ   ② ㄴ   ③ ㄷ
④ ㄱ, ㄷ   ⑤ ㄱ, ㄴ, ㄷ

06 [20701-0318]
다음은 $CH_3COOH(aq)$의 이온화 반응식과 25 ℃에서의 이온화 상수(K_a)이다.

$$CH_3COOH(aq)+H_2O(l) \rightleftharpoons$$
$$H_3O^+(aq)+CH_3COO^-(aq) \quad K_a=1.8\times10^{-5}$$

이에 대한 설명으로 옳지 **않은** 것은?

① CH_3COOH은 약산이다.
② CH_3COOH의 짝염기는 CH_3COO^-이다.
③ H_2O의 짝산은 H_3O^+이다.
④ 산의 세기는 $CH_3COOH > H_3O^+$이다.
⑤ 염기의 세기는 $CH_3COO^- > H_2O$이다.

07 [20701-0319]
다음은 $NH_3(aq)$의 이온화 반응식과 25 ℃에서의 이온화 상수(K_a)이다.

$$NH_3(aq) + H_2O(l) \rightleftharpoons NH_4^+(aq) + OH^-(aq)$$
$$K_b = 1.8 \times 10^{-5}$$

이에 대한 설명으로 옳지 <u>않은</u> 것은?

① NH_3는 약염기이다.
② NH_3의 짝산은 NH_4^+이다.
③ H_2O의 짝염기는 OH^-이다.
④ 산의 세기는 $NH_4^+ > H_2O$이다.
⑤ 염기의 세기는 $NH_3 > OH^-$이다.

08 [20701-0320]
표는 3가지 산의 K_a에 대한 자료이다.

산	K_a(25 ℃)
HCl	매우 크다.
CH_3COOH	1.8×10^{-5}
HCN	6.2×10^{-10}

3가지 산의 세기를 비교한 것으로 옳은 것은?

① $HCl > CH_3COOH > HCN$
② $HCl > HCN > CH_3COOH$
③ $CH_3COOH > HCl > HCN$
④ $CH_3COOH > HCN > HCl$
⑤ $HCN > CH_3COOH > HCl$

09 [20701-0321]
25 ℃에서 약산 0.1 M $HA(aq)$의 pH가 3일 때, 이에 대한 설명으로 옳은 것만을 〈보기〉에서 있는 대로 고른 것은?

┌─ 보기 ┌──────────────────────────
ㄱ. $[H_3O^+] = 1.0 \times 10^{-3}$ M이다.
ㄴ. 이온화도(α)는 0.1이다.
ㄷ. K_a는 1.0×10^{-5}이다.
└──────────────────────────────────

① ㄱ   ② ㄴ   ③ ㄱ, ㄷ
④ ㄴ, ㄷ   ⑤ ㄱ, ㄴ, ㄷ

10 [20701-0322]
다음은 산 $HA(aq)$의 이온화 반응식이다.

$$HA(aq) + H_2O(l) \rightleftharpoons H_3O^+(aq) + A^-(aq)$$

25 ℃에서 0.1 M $HA(aq)$의 평형 상태에서 H_3O^+의 농도가 0.02 M이었다. 이에 대한 설명으로 옳은 것만을 〈보기〉에서 있는 대로 고른 것은?

┌─ 보기 ┌──────────────────────────
ㄱ. A^-의 농도는 0.1 M이다.
ㄴ. HA의 농도는 0.08 M이다.
ㄷ. 25 ℃에서 HA의 이온화 상수(K_a)는 5×10^{-3}이다.
└──────────────────────────────────

① ㄱ   ② ㄷ   ③ ㄱ, ㄴ   ④ ㄴ, ㄷ   ⑤ ㄱ, ㄴ, ㄷ

11 [20701-0323]
다음은 산 HA와 HB의 이온화 반응식과 25 ℃에서의 이온화 상수(K_a)이다.

┌──────────────────────────────────
• $HA(aq) + H_2O(l) \rightleftharpoons A^-(aq) + H_3O^+(aq)$
$$K_a = 6.2 \times 10^{-15}$$
• $HB(aq) + H_2O(l) \rightleftharpoons B^-(aq) + H_3O^+(aq)$
$$K_a = 1.8 \times 10^{-4}$$
└──────────────────────────────────

이에 대한 설명으로 옳은 것만을 〈보기〉에서 있는 대로 고른 것은?

┌─ 보기 ┌──────────────────────────
ㄱ. B^-은 HB의 짝염기이다.
ㄴ. 산의 세기는 $HB > HA$이다.
ㄷ. 염기의 세기는 $B^- > A^-$이다.
└──────────────────────────────────

① ㄱ   ② ㄷ   ③ ㄱ, ㄴ   ④ ㄴ, ㄷ   ⑤ ㄱ, ㄴ, ㄷ

12 [20701-0324]
그림은 25 ℃에서 산 HA 수용액 10 L에 들어 있는 입자를 모형으로 나타낸 것이다. 입자 모형 1개는 0.1몰을 의미한다. 25 ℃에서 이에 대한 설명으로 옳은 것만을 〈보기〉에서 있는 대로 고른 것은?

┌─ 보기 ┌──────────────────────────
ㄱ. HA의 이온화도(α)는 0.2이다.
ㄴ. HA의 이온화 상수(K_a)는 0.25이다.
ㄷ. 수용액의 pH는 0.5이다.
└──────────────────────────────────

① ㄱ   ② ㄷ   ③ ㄱ, ㄴ   ④ ㄴ, ㄷ   ⑤ ㄱ, ㄴ, ㄷ

13 [20701-0325]
다음 중 수용액이 중성인 염을 있는 대로 고르면?

① $NaCl$ ② KCl
③ CH_3COONa ④ Na_2CO_3
⑤ NH_4Cl

14 [20701-0326]
다음은 CH_3COO^-과 관련된 2가지 반응의 화학 반응식이다.

- $CH_3COONa(aq) \longrightarrow$ (가) $(aq) + Na^+(aq)$
- (가) $(aq) + H_2O(l)$
  $\Longleftrightarrow CH_3COOH(aq) +$ (나) (aq)

이에 대한 설명으로 옳은 것만을 〈보기〉에서 있는 대로 고른 것은?

보기
ㄱ. (가)는 CH_3COO^-이다.
ㄴ. (나)는 H_3O^+이다.
ㄷ. 이 반응들로부터 $CH_3COONa(aq)$이 염기성인 이유를 설명할 수 있다.

① ㄱ   ② ㄴ   ③ ㄱ, ㄷ
④ ㄴ, ㄷ   ⑤ ㄱ, ㄴ, ㄷ

15 [20701-0327]
다음은 NH_4^+과 관련된 반응의 화학 반응식이다.

$NH_4^+(aq) + H_2O(l) \Longleftrightarrow NH_3(aq) +$ (가) (aq)

이에 대한 설명으로 옳은 것만을 〈보기〉에서 있는 대로 고른 것은?

보기
ㄱ. 가수 분해 반응이다.
ㄴ. (가)는 H_3O^+이다.
ㄷ. 이 반응으로부터 NH_4Cl의 수용액이 염기성인 이유를 설명할 수 있다.

① ㄱ   ② ㄷ   ③ ㄱ, ㄴ
④ ㄴ, ㄷ   ⑤ ㄱ, ㄴ, ㄷ

16 [20701-0328]
완충 용액을 만들 수 있는 성분으로 옳은 것만을 〈보기〉에서 있는 대로 고른 것은?

보기
ㄱ. CH_3COOH과 CH_3COO^-
ㄴ. NH_3와 NH_4^+
ㄷ. H_2CO_3과 H_2O

① ㄱ   ② ㄷ   ③ ㄱ, ㄴ
④ ㄴ, ㄷ   ⑤ ㄱ, ㄴ, ㄷ

17 [20701-0329]
CH_3COOH과 CH_3COONa을 넣어 만든 완충 용액에 소량의 산을 가했을 때, H^+과 반응하여 pH의 변화가 일어나지 않게 하는 입자는?

① CH_3COOH ② CH_3COO^-
③ H_2O ④ H_3O^+
⑤ Na^+

18 [20701-0330]
CH_3COOH과 CH_3COONa을 넣어 만든 완충 용액에 소량의 염기를 가했을 때, OH^-과 반응하여 pH의 변화가 일어나지 않게 하는 입자는?

① CH_3COOH ② CH_3COO^-
③ CH_3COONa ④ H_2O
⑤ Na^+

19 [20701–0331]

다음은 25 ℃에서 HA와 NaA를 같은 양(mol)으로 넣어 만든 완충 용액의 평형 반응식이다.

$$HA(aq)+H_2O(l) \rightleftharpoons H_3O^+(aq)+A^-(aq)$$
$$K_a=1.0 \times 10^{-5}$$

25 ℃에서 이 용액에 대한 설명으로 옳은 것은? (단, 온도는 25 ℃로 일정하고, 25 ℃에서 물의 이온화 상수(K_w)는 1.0×10^{-14}이다.)

① HCl(aq)을 소량 넣으면 pH가 크게 감소한다.
② NaOH(aq)을 소량 넣으면 pH가 크게 증가한다.
③ pH는 5이다.
④ 산을 넣으면 정반응 쪽으로 우세하게 반응이 진행한다.
⑤ 염기를 넣으면 역반응 쪽으로 우세하게 반응이 진행한다.

20 [20701–0332]

다음은 25 ℃에서 어떤 수용액을 만드는 과정이다.

(가) 0.1 M 약산 HA(aq) 1 L를 준비한다.
(나) (가)에 NaOH(s) 0.05몰을 첨가하였다.

이에 대한 설명으로 옳은 것만을 〈보기〉에서 있는 대로 고른 것은?

┌─ 보기 ┌
ㄱ. (가)에서 용해된 HA의 양은 0.1몰이다.
ㄴ. (나)에서 중화 반응이 일어난다.
ㄷ. (나)에 소량의 HCl(aq)을 넣어도 pH 변화가 거의 없다.
└

① ㄱ　② ㄷ　③ ㄱ, ㄴ　④ ㄴ, ㄷ　⑤ ㄱ, ㄴ, ㄷ

21 [20701–0333]

완충 용액에 해당하는 혼합 용액만을 〈보기〉에서 있는 대로 고른 것은? (단, NaOH의 화학식량은 40이다.)

┌─ 보기 ┌
ㄱ. 0.1 M CH₃COOH(aq) 1 L와 NaOH(s) 2 g을 혼합한 용액
ㄴ. 0.1 M NH₃(aq) 100 mL와 NaOH(s) 1 g을 혼합한 용액
ㄷ. 0.1 M NH₄Cl(aq) 100 mL와 0.1 M NH₃(aq) 100 mL를 혼합한 용액
└

① ㄱ　② ㄴ　③ ㄱ, ㄷ　④ ㄴ, ㄷ　⑤ ㄱ, ㄴ, ㄷ

22 [20701–0334]

다음은 혈액 속에서 일어나는 완충 용액의 이온화 반응식이다.

$$H_2PO_4^-(aq)+H_2O(l) \rightleftharpoons H_3O^+(aq)+\boxed{(가)}(aq)$$

이에 대한 설명으로 옳은 것만을 〈보기〉에서 있는 대로 고른 것은?

┌─ 보기 ┌
ㄱ. (가)는 HPO_4^{2-}이다.
ㄴ. H_3O^+은 H_2O의 짝산이다.
ㄷ. 혈액 속의 OH^-의 농도가 증가하면 (가)와 반응하여 소모되어 pH가 거의 일정하게 유지된다.
└

① ㄱ　　②ㄴ　　③ㄷ
④ ㄱ, ㄴ　　⑤ ㄴ, ㄷ

23 [20701–0335]

다음은 혈액 속에서 H_2CO_3과 관련된 이온화 반응식이다.

(가) $CO_2(g)+H_2O(l) \rightleftharpoons H_2CO_3(aq)$
(나) $H_2CO_3(aq)+H_2O(l) \rightleftharpoons$
$$H_3O^+(aq)+HCO_3^-(aq)$$

이에 대한 설명으로 옳은 것만을 〈보기〉에서 있는 대로 고른 것은?

┌─ 보기 ┌
ㄱ. 탄산음료를 많이 먹게 되면 혈액 내 pH가 감소하게 된다.
ㄴ. 운동으로 젖산이 많이 생성되면 CO_2의 배출이 늘어나게 된다.
ㄷ. 고산병에 걸려 호흡이 늘어나면 CO_2의 배출이 늘어나면서 생체 내의 pH가 감소하게 된다.
└

① ㄱ　　② ㄴ　　③ ㄷ
④ ㄴ, ㄷ　　⑤ ㄱ, ㄴ, ㄷ

01 [20701-0336]
그림은 25 ℃에서 0.5 M의 산 HA(*aq*)과 0.5 M의 염기 BOH(*aq*)에 존재하는 단위 부피당 입자 수를 모형으로 나타낸 것이다.

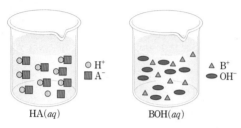

HA(*aq*)   BOH(*aq*)

25 ℃에서 이에 대한 설명으로 옳은 것만을 〈보기〉에서 있는 대로 고른 것은? (단, 25 ℃에서 물의 이온화 상수(K_w)는 1.0×10^{-14}이다.)

┌─ 보기 ┌
ㄱ. HA는 강산이다.
ㄴ. 전류의 세기는 BOH(*aq*) > HA(*aq*)이다.
ㄷ. 두 수용액을 혼합한 용액의 pH는 7보다 크다.
└──────

① ㄱ   ② ㄴ   ③ ㄱ, ㄷ
④ ㄴ, ㄷ   ⑤ ㄱ, ㄴ, ㄷ

02 [20701-0337]
표는 25 ℃에서 약산 HA와 HB의 이온화 상수(K_a)를 나타낸 것이다.

산	K_a
HA	1.0×10^{-4}
HB	1.0×10^{-8}

25 ℃에서 이에 대한 설명으로 옳은 것만을 〈보기〉에서 있는 대로 고른 것은?

┌─ 보기 ┌
ㄱ. 산의 세기는 HA > HB이다.
ㄴ. 염기의 세기는 B^- > A^-이다.
ㄷ. 반응 HA(*aq*) + B^-(*aq*) $\rightleftharpoons$ HB(*aq*) + A^-(*aq*)의 평형 상수(K)는 1.0×10^4이다.
└──────

① ㄱ   ② ㄴ   ③ ㄱ, ㄷ
④ ㄴ, ㄷ   ⑤ ㄱ, ㄴ, ㄷ

03 [20701-0338]
다음은 25 ℃에서 산 HA의 이온화 반응식과 이온화 상수(K_a)이다.

$$HA(aq) + H_2O(l) \rightleftharpoons A^-(aq) + H_3O^+(aq)$$
$$K_a = 1.0 \times 10^{-5}$$

25 ℃에서 이에 대한 설명으로 옳은 것만을 〈보기〉에서 있는 대로 고른 것은? (단, 25 ℃에서 물의 이온화 상수(K_w)는 1.0×10^{-14}이다.)

┌─ 보기 ┌
ㄱ. 0.1 M HA(*aq*)의 $[H_3O^+]$ = 0.001 M이다.
ㄴ. 0.1 M HA(*aq*)의 이온화도(a)는 0.01이다.
ㄷ. 산의 세기는 H_3O^+ > HA이다.
└──────

① ㄱ   ② ㄴ   ③ ㄱ, ㄷ
④ ㄴ, ㄷ   ⑤ ㄱ, ㄴ, ㄷ

04 [20701-0339]
다음은 25 ℃에서 산 H_2A와 HA^-의 이온화 반응식과 이온화 상수(K_a)이다.

┌──────────────────────
• $H_2A(aq) + H_2O(l) \rightleftharpoons HA^-(aq) + H_3O^+(aq)$
    $K_{a1} = 4.0 \times 10^{-7}$
• $HA^-(aq) + H_2O(l) \rightleftharpoons A^{2-}(aq) + H_3O^+(aq)$
    $K_{a2} = 5.0 \times 10^{-11}$
└──────────────────────

25 ℃에서 이에 대한 설명으로 옳은 것만을 〈보기〉에서 있는 대로 고른 것은? (단, 25 ℃에서 물의 이온화 상수(K_w)는 1.0×10^{-14}이다.)

┌─ 보기 ┌
ㄱ. 산의 세기는 H_2A > HA^-이다.
ㄴ. 염기의 세기는 HA^- > A^{2-}이다.
ㄷ. 반응 $H_2A(aq) + 2H_2O(l) \rightleftharpoons A^{2-}(aq) + 2H_3O^+$(*aq*)의 이온화 상수($K_a$)는 8×10^3이다.
└──────

① ㄱ   ② ㄷ   ③ ㄱ, ㄴ
④ ㄴ, ㄷ   ⑤ ㄱ, ㄴ, ㄷ

05 [20701-0340]

다음은 25 °C에서 산 HA와 HB 각각의 수용액과 혼합 용액에서의 평형을 나타내는 화학 반응식과 이온화 상수이다.

(가) $HA(aq) + H_2O(l) \rightleftharpoons A^-(aq) + H_3O^+(aq)$
$\qquad K_a = 1.8 \times 10^{-5}$

(나) $HB(aq) + H_2O(l) \rightleftharpoons B^-(aq) + H_3O^+(aq)$
$\qquad K_a = 7.2 \times 10^{-4}$

(다) $HB(aq) + A^-(aq) \rightleftharpoons B^-(aq) + HA(aq)$

(다)의 평형 상수(K)를 구하는 과정을 서술하시오.

06 [20701-0341]

그림은 25 °C에서 농도가 각각 1 M인 산 HA(aq)과 HB(aq)에 존재하는 몇 가지 물질의 농도를 나타낸 것이다.

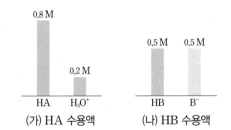

이에 대한 설명으로 옳은 것만을 〈보기〉에서 있는 대로 고른 것은?

┌─ 보기 ┐
ㄱ. 산의 세기는 HA > HB이다.
ㄴ. 25 °C에서 이온화 상수(K_a)는 HB가 HA의 10배이다.
ㄷ. pH는 (가) > (나)이다.
└────────┘

① ㄱ 　② ㄷ 　③ ㄱ, ㄴ
④ ㄴ, ㄷ 　⑤ ㄱ, ㄴ, ㄷ

07 [20701-0342]

표는 3가지 염과 그 수용액의 액성에 대한 자료이다.

염	NaNO₃	NH₄Cl	CH₃COONa
수용액의 액성	중성	산성	(가)

이에 대한 설명으로 옳은 것만을 〈보기〉에서 있는 대로 고른 것은?

┌─ 보기 ┐
ㄱ. (가)는 염기성이다.
ㄴ. NaNO₃은 수용액에서 가수 분해된다.
ㄷ. NH₄Cl 수용액에서 NH_4^+과 Cl^-의 농도는 같다.
└────────┘

① ㄱ 　② ㄴ 　③ ㄱ, ㄷ 　④ ㄴ, ㄷ 　⑤ ㄱ, ㄴ, ㄷ

08 [20701-0343]

그림은 0.1 M HCl(aq) 50 mL에 0.1 M NH₃(aq) 50 mL를 섞어 혼합하는 과정을 나타낸 것이다.

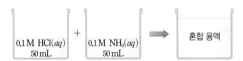

혼합 용액에 대한 설명으로 옳은 것만을 〈보기〉에서 있는 대로 고른 것은?

┌─ 보기 ┐
ㄱ. 용액의 액성은 중성이다.
ㄴ. 가장 많이 존재하는 이온은 Cl^-이다.
ㄷ. 입자의 수는 $NH_4^+ > NH_3$이다.
└────────┘

① ㄱ 　② ㄴ 　③ ㄱ, ㄷ 　④ ㄴ, ㄷ 　⑤ ㄱ, ㄴ, ㄷ

09 [20701-0344]

표는 25 °C에서 농도가 같은 3가지 염 수용액의 pH를 나타낸 것이다.

염	NaCl	NaA	NaB
수용액의 pH	7	9	11

이에 대한 설명으로 옳은 것만을 〈보기〉에서 있는 대로 고른 것은?

┌─ 보기 ┐
ㄱ. 염기의 세기는 $B^- > A^-$이다.
ㄴ. NaCl 수용액에서는 가수 분해가 일어난다.
ㄷ. NaB 수용액에서 이온 수는 $Na^+ > B^-$이다.
└────────┘

① ㄱ 　② ㄴ 　③ ㄱ, ㄷ 　④ ㄴ, ㄷ 　⑤ ㄱ, ㄴ, ㄷ

10 [20701-0345] 다음은 25 ℃에서 산 HA와 염기 B의 이온화 반응식과 이온화 상수이다.

> • $HA(aq)+H_2O(l) \rightleftharpoons A^-(aq)+H_3O^+(aq)$
> $$K_a=1.0\times10^{-10}$$
> • $B(aq)+H_2O(l) \rightleftharpoons BH^+(aq)+OH^-(aq)$
> $$K_b=1.0\times10^{-5}$$

25 ℃에서 이에 대한 설명으로 옳은 것만을 〈보기〉에서 있는 대로 고른 것은? (단, 25 ℃에서 물의 이온화 상수(K_w)는 1.0×10^{-14}이다.)

┌ 보기 ┌
ㄱ. 0.01 M HA(aq)의 pH는 6이다.
ㄴ. NaA 수용액은 염기성이다.
ㄷ. 이온화 상수(K_b)는 $B>A^-$이다.

① ㄱ   ② ㄷ   ③ ㄱ, ㄴ
④ ㄴ, ㄷ   ⑤ ㄱ, ㄴ, ㄷ

11 [20701-0346] 그림은 3가지 염을 분류하는 과정을 나타낸 것이다.

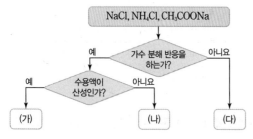

(가)~(다)로 옳은 것은?

	(가)	(나)	(다)
①	NaCl	NH_4Cl	CH_3COONa
②	NH_4Cl	NaCl	CH_3COONa
③	NH_4Cl	CH_3COONa	NaCl
④	CH_3COONa	NaCl	NH_4Cl
⑤	CH_3COONa	NH_4Cl	NaCl

12 〔서술형〕 [20701-0347] 25 ℃에서 약산 0.1 M HA(aq) 100 mL에 0.1 M NaOH(aq) 50 mL를 넣은 혼합 용액이 완충 용액이 되는 이유를 서술하시오.

13 [20701-0348] 표는 25 ℃에서 3가지 수용액 (가)~(다)의 조성을 나타낸 것이다.

수용액	조성
(가)	물+CH_3COOH 0.1몰
(나)	물+CH_3COOH 0.05몰+CH_3COONa 0.05몰
(다)	물+CH_3COOH 0.1몰+NaOH 0.1몰

이에 대한 설명으로 옳은 것만을 〈보기〉에서 있는 대로 고른 것은?

┌ 보기 ┌
ㄱ. (나)는 완충 용액이다.
ㄴ. (다)의 액성은 중성이다.
ㄷ. (가)~(다) 중 CH_3COO^-의 수가 가장 많은 것은 (다)이다.

① ㄱ   ② ㄴ   ③ ㄱ, ㄷ
④ ㄴ, ㄷ   ⑤ ㄱ, ㄴ, ㄷ

14 [20701-0349] 그림은 산과 염기의 중화 반응에 의해 생성된 3가지 염 수용액의 pH를 나타낸 것이다. A 이온의 전하량은 +1이다.

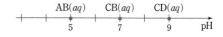

이에 대한 설명으로 옳은 것만을 〈보기〉에서 있는 대로 고른 것은? (단, 수용액의 온도는 25 ℃이고, 25 ℃에서 물의 이온화 상수(K_w)는 1.0×10^{-14}이며, CB는 약산과 약염기의 염은 아니다.)

┌ 보기 ┌
ㄱ. B^-은 물과 반응하여 가수 분해한다.
ㄴ. C^+은 강염기의 양이온이다.
ㄷ. 염기의 세기는 $B^->D^-$이다.

① ㄱ   ② ㄴ   ③ ㄷ
④ ㄱ, ㄷ   ⑤ ㄴ, ㄷ

15 [20701-0350]

표는 25 ℃에서 0.1 M 약산 $HA(aq)$과 0.1 M $NaOH(aq)$의 혼합 용액 (가)와 (나)의 혼합 전 수용액의 부피를 나타낸 것이다.

혼합 용액	혼합 전 수용액의 부피(mL)	
	$HA(aq)$	$NaOH(aq)$
(가)	100	100
(나)	100	50

혼합 용액에 대한 설명으로 옳은 것만을 〈보기〉에서 있는 대로 고른 것은? (단, 온도는 일정하고, 25 ℃에서 물의 이온화 상수(K_w)는 1.0×10^{-14}이다.)

┌─ 보기 ┐
ㄱ. (가)의 pH는 7이다.
ㄴ. 소량의 산을 넣을 때 pH 변화는 (가)가 (나)보다 크다.
ㄷ. $\dfrac{[A^-]}{[HA]}$는 (가)가 (나)보다 크다.
└─────┘

① ㄱ　② ㄷ　③ ㄱ, ㄴ　④ ㄴ, ㄷ　⑤ ㄱ, ㄴ, ㄷ

16 [20701-0351]

다음은 혈액 속 $H_2PO_4^-$과 HPO_4^{2-}의 완충 작용과 관련된 화학 반응식이다. (가)와 (나)는 각각 $H_2PO_4^-$, HPO_4^{2-} 중 하나이다.

$$\text{(가)} + H_2O \rightleftharpoons \text{(나)} + H_3O^+$$

이에 대한 설명으로 옳은 것만을 〈보기〉에서 있는 대로 고른 것은?

┌─ 보기 ┐
ㄱ. (가)는 $H_2PO_4^-$이다.
ㄴ. 혈액 속 H_3O^+의 농도가 증가하면 (가)의 양이 증가한다.
ㄷ. 혈액 속 OH^-의 농도가 증가하면 OH^-은 (나)와 반응한다.
└─────┘

① ㄱ　② ㄴ　③ ㄷ　④ ㄱ, ㄴ　⑤ ㄴ, ㄷ

17 서술형 [20701-0352]

다음은 혈액 속 완충 작용과 관련된 화학 반응식이다.

$$CO_2 + H_2O \rightleftharpoons H_2CO_3$$
$$H_2CO_3 + H_2O \rightleftharpoons HCO_3^- + H_3O^+$$

혈액 속에 H_3O^+의 농도가 증가하였을 때, 완충 작용에 대하여 서술하시오.

18 [20701-0353]

다음은 2가지 생체 내의 완충 작용과 관련된 화학 반응식이다.

┌─────────────────────────────┐
(가) (단백질)$^-$ + H_3O^+ ⇌ 단백질 + H_2O
(나) HbO_2^- + H_3O^+ ⇌ $HHb + O_2 + H_2O$
└─────────────────────────────┘

이에 대한 설명으로 옳지 않은 것은? (단, Hb는 헤모글로빈이다.)

① (가)는 단백질계에 의한 완충 작용이다.
② (나)는 헤모글로빈에 의한 완충 작용이다.
③ (가)와 (나)의 반응으로 급격한 pH의 변화가 일어나지 않는다.
④ 체내에 O_2의 농도가 높아지면 (나)의 역반응 쪽으로 평형이 이동한다.
⑤ 체내에 OH^-의 농도가 높아지면 (단백질)$^-$이 반응하여 OH^-의 농도가 증가하는 것을 막아 준다.

19 [20701-0354]

다음은 혈액에서 완충 작용과 관련된 화학 반응식이다.

┌─────────────────────────────┐
(가) $H_2O + CO_2 \rightleftharpoons H_2CO_3$
(나) $H_2CO_3 + H_2O \rightleftharpoons H_3O^+ + HCO_3^-$
└─────────────────────────────┘

이에 대한 설명으로 옳은 것만을 〈보기〉에서 있는 대로 고른 것은?

┌─ 보기 ┐
ㄱ. 혈액 속에 CO_2 농도가 증가하면 혈액의 pH는 증가한다.
ㄴ. 혈액 속에 염기가 녹으면 혈액의 pH는 급격하게 증가한다.
ㄷ. 탄산음료를 마셔도 혈액의 pH는 거의 일정하게 유지된다.
└─────┘

① ㄱ　② ㄴ　③ ㄷ　④ ㄱ, ㄷ　⑤ ㄴ, ㄷ

[20701-0355]
01 다음은 25 ℃에서 산 HA와 HNO₂의 이온화 반응식과 이온화 상수(K_a)이다.

> - $HA(aq) + H_2O(l) \rightleftharpoons H_3O^+(aq) + A^-(aq)$
> $$K_a = 3.7 \times 10^{-8}$$
> - $HNO_2(aq) + H_2O(l) \rightleftharpoons H_3O^+(aq) + NO_2^-(aq)$
> $$K_a = 6.0 \times 10^{-4}$$

이에 대한 설명으로 옳은 것만을 〈보기〉에서 있는 대로 고른 것은?

> ┌ 보기 ┐
> ㄱ. 산의 세기는 HA>HNO₂이다.
> ㄴ. 염기의 세기는 $A^- > NO_2^-$이다.
> ㄷ. 25 ℃에서 반응 $A^-(aq) + HNO_2(aq) \rightleftharpoons HA(aq) + NO_2^-(aq)$의 평형 상수($K$)는 1보다 크다.

① ㄱ   ② ㄷ   ③ ㄱ, ㄴ
④ ㄴ, ㄷ   ⑤ ㄱ, ㄴ, ㄷ

[20701-0356]
02 다음은 탄산수소 나트륨(NaHCO₃)과 관련된 반응의 화학 반응식이다.

> (가) $NaHCO_3(aq) + HCl(aq) \rightleftharpoons$
> $$H_2CO_3(aq) + NaCl(aq)$$
> (나) $NaHCO_3(aq) + NaOH(aq) \rightleftharpoons$
> $$Na_2CO_3(aq) + H_2O(l)$$

이에 대한 설명으로 옳은 것만을 〈보기〉에서 있는 대로 고른 것은?

> ┌ 보기 ┐
> ㄱ. (가)에서 HCO_3^-의 짝산은 H_2CO_3이다.
> ㄴ. NaHCO₃은 양쪽성 물질이다.
> ㄷ. NaHCO₃과 Na₂CO₃이 같은 양(mol)으로 녹아 있는 혼합 용액은 완충 용액이다.

① ㄱ   ② ㄷ   ③ ㄱ, ㄴ
④ ㄴ, ㄷ   ⑤ ㄱ, ㄴ, ㄷ

[20701-0357]
03 그림 (가)와 (나)는 25 ℃에서 농도가 0.1 M로 같은 HA(aq)과 HB(aq) 1 L를 나타낸 것이다. HA와 HB는 각각 강산과 약산 중 하나이다.

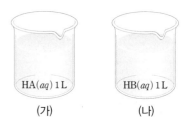

(가)   (나)

HA와 HB의 산의 세기를 비교하기 위한 실험 방법으로 옳은 것만을 〈보기〉에서 있는 대로 고른 것은? (단, 온도는 일정하다.)

> ┌ 보기 ┐
> ㄱ. 수용액의 전류의 세기를 비교한다.
> ㄴ. 0.1 M NaOH(aq) 500 mL를 가하여 pH를 측정한다.
> ㄷ. 0.1 M NaOH(aq) 1 L를 가하여 pH를 측정한다.

① ㄱ   ② ㄷ   ③ ㄱ, ㄴ
④ ㄴ, ㄷ   ⑤ ㄱ, ㄴ, ㄷ

[20701-0358]
04 표는 25 ℃에서 약산과 강염기의 혼합 용액 (가)와 (나)의 혼합 전 산과 염기 수용액의 농도와 부피 및 pH를 나타낸 것이다.

혼합 용액	혼합 전 수용액의 농도와 부피		혼합 용액의 pH
	산	염기	
(가)	0.1 M HA(aq) 100 mL	0.1 M NaOH(aq) 50 mL	9.0
(나)	0.1 M HB(aq) 100 mL	0.1 M NaOH(aq) 50 mL	5.0

이에 대한 설명으로 옳은 것만을 〈보기〉에서 있는 대로 고른 것은?

> ┌ 보기 ┐
> ㄱ. 25 ℃에서 HA의 K_a는 1.0×10^{-9}이다.
> ㄴ. 산의 세기는 HB>HA이다.
> ㄷ. (가)와 (나)는 모두 완충 용액이다.

① ㄱ   ② ㄷ   ③ ㄱ, ㄴ
④ ㄴ, ㄷ   ⑤ ㄱ, ㄴ, ㄷ

05 [20701-0359] 그림은 25 °C에서 0.1 M HA(aq) 100 mL에 0.1 M NaOH(aq) x mL를 섞어 혼합 용액을 만드는 과정을 나타낸 것이다.

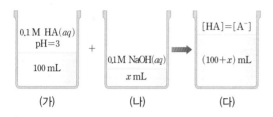

(가)   (나)   (다)

이에 대한 설명으로 옳은 것만을 〈보기〉에서 있는 대로 고른 것은? (단, 수용액의 온도는 25 °C로 일정하고, 혼합 용액의 부피는 혼합 전 각 수용액의 부피의 합과 같다.)

┌ 보기 ┐
ㄱ. (다)에 HCl(aq)을 소량 넣으면 pH는 급격하게 감소한다.
ㄴ. $x=50$이다.
ㄷ. 25 °C에서 HA의 K_a는 1.0×10^{-5}이다.

① ㄱ   ② ㄷ   ③ ㄱ, ㄴ   ④ ㄴ, ㄷ   ⑤ ㄱ, ㄴ, ㄷ

06 [20701-0360] 다음은 중화 반응 실험 과정이다.

(가) 25 °C에서 0.1 M NH₃(aq) 20 mL를 삼각 플라스크에 넣고 0.1 M HCl(aq) 10 mL를 넣어 준다.
(나) (가)의 혼합 용액에 0.1 M HCl(aq) 10 mL를 더 넣어 준다.

이에 대한 설명으로 옳은 것만을 〈보기〉에서 있는 대로 고른 것은? (단, 수용액의 온도는 일정하며, 25 °C에서 NH₃의 이온화 상수(K_b)는 1.8×10^{-5}이다.)

┌ 보기 ┐
ㄱ. (가)의 혼합 용액은 완충 용액이다.
ㄴ. (나)의 용액은 중성이다.
ㄷ. (나)에 0.1 M HCl(aq) 10 mL를 더 넣어 주어도 완충 용액이 된다.

① ㄱ   ② ㄷ   ③ ㄱ, ㄴ   ④ ㄴ, ㄷ   ⑤ ㄱ, ㄴ, ㄷ

07 [20701-0361] 다음은 0.1 M CH₃COOH(aq) 100 mL와 0.1 M CH₃COONa(aq) x mL를 혼합하여 만든 완충 용액 (가)에서 각 물질의 이온화 반응식이다. 완충 용액에서 [CH₃COOH]=[CH₃COO⁻]이다.

· CH₃COOH(aq)+H₂O(l) ⇌
             CH₃COO⁻(aq)+H₃O⁺(aq)
· CH₃COONa(aq) ⟶ CH₃COO⁻(aq)+Na⁺(aq)

이에 대한 설명으로 옳은 것만을 〈보기〉에서 있는 대로 고른 것은? (단, 수용액의 온도는 일정하다.)

┌ 보기 ┐
ㄱ. $x=50$이다.
ㄴ. (가)에 물을 넣어 10배 희석하면 pH는 1만큼 증가한다.
ㄷ. CH₃COOH(aq)에 CH₃COONa(aq) 대신 NaOH(aq)을 적당량 첨가해도 완충 용액을 만들 수 있다.

① ㄱ   ② ㄷ   ③ ㄱ, ㄴ   ④ ㄴ, ㄷ   ⑤ ㄱ, ㄴ, ㄷ

08 [20701-0362] 그림은 같은 농도의 NH₃(aq)와 NH₄⁺(aq)이 평형을 이루고 있는 생체 내의 완충 용액에서 산 또는 염기를 첨가하였을 때, 용액의 이온 농도 변화를 모형으로 나타낸 것이다. (가)와 (나)는 각각 산과 염기 중 하나이다.

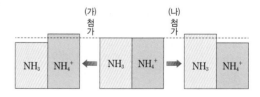

이에 대한 설명으로 옳은 것만을 〈보기〉에서 있는 대로 고른 것은?

┌ 보기 ┐
ㄱ. (가)는 염기이다.
ㄴ. (나)를 넣으면 NH₄⁺+OH⁻ ⟶ NH₃+H₂O의 반응이 일어난다.
ㄷ. 생체 내 젖산이 쌓이면 $\dfrac{[NH_4^+]}{[NH_3]}$는 증가한다.

① ㄱ   ② ㄷ   ③ ㄱ, ㄴ   ④ ㄴ, ㄷ   ⑤ ㄱ, ㄴ, ㄷ

단원 정리

1 반응 엔탈피

① 엔탈피(H): 일정한 압력과 온도에서 물질이 가지는 고유한 에너지

② 반응 엔탈피(ΔH)=생성물의 엔탈피 총합−반응물의 엔탈피 총합

③ $\Delta H > 0$이면 흡열 반응, $\Delta H < 0$이면 발열 반응

④ 열화학 반응식: 화학 반응에서 출입하는 열에너지를 화학 반응식과 함께 나타낸 것
   • 온도, 압력, 물질의 상태를 함께 나타낸다.
   • 반응 엔탈피는 물질의 양에 비례하므로 화학 반응식의 계수에 따라 비례하여 반응 엔탈피도 달라진다.

2 표준 생성 엔탈피

① 25 ℃, 표준 상태에서 가장 안정한 성분 원소들로부터 어떤 물질 1몰이 생성될 때의 반응 엔탈피

② 25 ℃, 표준 상태에서 가장 안정한 성분 원소의 표준 생성 엔탈피는 0이다.

③ 반응 엔탈피=생성물의 표준 생성 엔탈피 총합−반응물의 표준 생성 엔탈피 총합

3 결합 에너지

① 결합 에너지: 기체 상태의 물질을 구성하는 두 원자 사이의 공유 결합 1몰을 끊어 기체 상태의 원자로 만드는데 필요한 에너지를 말한다.

② 결합의 세기가 클수록 결합 에너지가 크다.

③ 반응 엔탈피=반응물의 결합 에너지 총합−생성물의 결합 에너지 총합

4 헤스 법칙(총열량 불변 법칙)

① 화학 반응에서 반응물의 종류와 상태, 생성물의 종류와 상태가 같으면 반응 경로에 관계없이 반응 엔탈피 총합이 같다.

② 헤스 법칙을 이용하여 측정하기 어려운 반응의 반응 엔탈피를 구할 수 있다.

$$\text{C}(s, \text{흑연})+\text{O}_2(g) \longrightarrow \text{CO}_2(g) \quad \Delta H_1$$
$$\text{C}(s, \text{흑연})+\frac{1}{2}\text{O}_2(g) \longrightarrow \text{CO}(g) \quad \Delta H_2$$
$$\text{CO}(g)+\frac{1}{2}\text{O}_2(g) \longrightarrow \text{CO}_2(g) \quad \Delta H_3$$
➡ $\Delta H_1 = \Delta H_2 + \Delta H_3$

5 화학 평형

① 가역 반응과 비가역 반응

구분	특징
가역 반응	농도, 압력, 온도 등의 반응 조건에 따라 정반응과 역반응이 모두 일어날 수 있는 반응이다. 예 $2\text{NO}_2(g) \rightleftharpoons \text{N}_2\text{O}_4(g)$ $\text{N}_2(g)+3\text{H}_2(g) \rightleftharpoons 2\text{NH}_3(g)$
비가역 반응	한쪽 방향으로만 진행되는 반응으로, 역반응이 정반응에 비해서 무시할 수 있을 정도로 거의 일어나지 않는다. 예 $\text{CH}_4(g)+2\text{O}_2(g) \longrightarrow \text{CO}_2(g)+2\text{H}_2\text{O}(l)$ $\text{Na}_2\text{CO}_3(aq)+\text{CaCl}_2(aq) \longrightarrow \text{CaCO}_3(s)+2\text{NaCl}(aq)$

② 화학 평형 상태: 가역 반응에서 반응물과 생성물의 농도가 변하지 않아서 겉으로 보기에 반응이 정지된 것처럼 보이는 상태를 말한다.
   • 화학 평형 상태에서는 정반응과 역반응 속도가 같다.
   • 반응물과 생성물의 농도는 외부 조건(온도, 압력 등)이 변하지 않으면 각각 일정하게 유지된다.

6 평형 상수

① 화학 평형 법칙: 일정한 온도에서 어떤 가역 반응이 화학 평형 상태에 도달하였을 때, 반응물의 농도 곱에 대한 생성물의 농도 곱의 비는 항상 일정하다.

② 평형 상수: 반응물의 농도 곱에 대한 생성물의 농도 곱의 비로, 화학 반응식으로부터 구한다.
   • 평형 상수는 온도에 의해서만 달라지고, 농도나 기체의 압력에 의해 달라지지 않는다.

$$a\text{A}+b\text{B} \rightleftharpoons c\text{C}+d\text{D} \ (a\sim d\text{: 반응 계수})$$
$$\text{평형 상수}(K)=\frac{[\text{C}]^c[\text{D}]^d}{[\text{A}]^a[\text{B}]^b}$$
([A], [B], [C], [D]는 각각 A, B, C, D의 평형 농도(M))

③ 반응 지수(Q): 평형 상수식에 반응물과 생성물의 현재 농도(M)를 대입하여 구한 값으로, 반응의 진행 방향을 예측할 수 있다.

K와 Q의 비교	반응의 진행
$Q < K$	정반응 쪽으로 우세하게 진행한다.
$Q = K$	평형 상태이다.
$Q > K$	역반응 쪽으로 우세하게 진행한다

단원 정리

7 화학 평형의 이동

① 평형 이동 법칙(르샤틀리에 원리): 화학 평형 상태에 있는 화학 반응에서 농도, 온도, 압력 등의 조건을 변화시키면, 그 조건의 변화를 감소시키려는 방향으로 반응이 우세하게 진행되어 새로운 평형에 도달하게 된다.

② 농도 변화에 의한 평형 이동

반응물 농도 증가 또는 생성물 농도 감소	정반응 쪽으로 평형이 이동 ➡ 반응물의 농도 감소, 생성물의 농도 증가
반응물 농도 감소 또는 생성물 농도 증가	역반응 쪽으로 평형이 이동 ➡ 반응물의 농도 증가, 생성물의 농도 감소

③ 압력 변화에 의한 평형 이동

압력을 높임	압력을 낮추는 방향(기체의 분자 수가 감소하는 방향)으로 평형이 이동
압력을 낮춤	압력을 높이는 방향(기체의 분자 수가 증가하는 방향)으로 평형이 이동

④ 온도 변화에 의한 평형 이동: 평형 상수가 달라진다.

온도를 높임	열을 흡수하는 흡열 반응 쪽으로 평형이 이동
온도를 낮춤	열을 방출하는 발열 반응 쪽으로 평형이 이동

8 상평형

① 상평형 곡선: 온도와 압력에 따른 물질의 상태를 나타낸 그림

② 승화 곡선(CT), 증기 압력 곡선(AT), 융해 곡선(BT)으로 이루어져 있고, 곡선 상의 모든 점에서 2가지 상태가 공존하여 평형을 이룬다. (단, 삼중점 T는 제외)

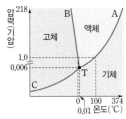

▲ 물의 상평형 그림   ▲이산화 탄소의 상평형 그림

9 이온화도와 산 염기 세기

① 물에 녹아 대부분 이온화하는 산을 강산, 물에 녹아 소량 이온화하는 산을 약산이라고 한다.

② 물에 녹아 대부분 이온화하는 염기를 강염기, 물에 녹아 소량 이온화하는 염기를 약염기라고 한다.

③ 이온화도$(\alpha) = \dfrac{\text{이온화된 전해질의 양(mol)}}{\text{용해된 전해질의 양(mol)}}$ $(0 < \alpha < 1)$

10 이온화 상수

> • 산(HA)의 이온화 상수 $K_a = \dfrac{[H_3O^+][A^-]}{[HA]}$
>
> • 염기(B)의 이온화 상수 $K_b = \dfrac{[BH^+][OH^-]}{[B]}$

① K_a와 K_b는 온도가 같으면 농도와 무관하게 일정하고, K_a와 K_b가 클수록 강한 산 또는 강한 염기이다.

② 약산의 농도를 C M, 이온화도를 α라고 하면 $[H_3O^+] = C\alpha$이고, $K_a = C\alpha^2$이다.

③ 산의 세기가 강할수록 그 짝염기의 세기는 약하고, 산의 세기가 약할수록 그 짝염기의 세기는 강하다.

11 염의 가수 분해

① 염: 산의 음이온과 염기의 양이온이 결합하여 생성된 이온 결합 물질

② 염의 가수 분해

- 강산과 강염기로부터 생성된 염: 가수 분해하지 않으므로 수용액은 중성이다.
- 약산과 강염기가 반응하여 생성된 염: 약산의 짝염기인 음이온이 물과 반응하여 OH^-을 생성하므로 수용액은 염기성이 된다.
- 강산과 약염기가 반응하여 생성된 염: 약염기의 짝산인 양이온이 물과 반응하여 H_3O^+을 생성하므로 수용액은 산성이 된다.

반응한 산과 염기	염의 종류	염 수용액의 액성
강산+강염기	$NaCl$, KNO_3, Na_2SO_4	중성
약산+강염기	CH_3COONa, $KHCO_3$, Na_2CO_3	염기성
강산+약염기	NH_4Cl, $(NH_4)_2SO_4$, NH_4NO_3	산성

12 완충 용액

① 완충 용액: 산이나 염기를 가해도 pH가 크게 변하지 않는 용액 ➡ 약산과 그 약산의 짝염기로 된 염이나, 약염기와 그 약염기의 짝산으로 된 염의 용액

② 원리: 이온의 평형 반응에 의해 pH가 일정하게 유지된다.

③ 생체 내 완충 용액

$$H_2CO_3(aq) + H_2O(l) \rightleftharpoons H_3O^+(aq) + HCO_3^-(aq)$$
$$H_2PO_4^-(aq) + H_2O(l) \rightleftharpoons H_3O^+(aq) + HPO_4^{2-}(aq)$$

01 다음은 25 ℃, 표준 상태에서 $CO_2(g)$를 생성하는 2가지 반응의 화학 반응식이다. 25 ℃에서 $CO_2(g)$의 표준 생성 엔탈피는 -394 kJ/mol이다.

- $C(s, 흑연) + O_2(g) \longrightarrow CO_2(g)$ $\Delta H = a$ kJ
- $CaCO_3(s) \longrightarrow CaO(s) + CO_2(g)$ $\Delta H = 178$ kJ

25 ℃, 표준 상태에서 이에 대한 설명으로 옳은 것만을 〈보기〉에서 있는 대로 고른 것은?

┌ 보기 ┐
ㄱ. $a = -394$이다.
ㄴ. $CaCO_3(s)$이 $CaO(s)$과 $CO_2(g)$로 분해될 때 열을 방출한다.
ㄷ. 1몰의 다이아몬드가 충분한 양의 산소($O_2(g)$)와 반응하여 $CO_2(g)$가 생성될 때 방출되는 에너지는 $-a$ kJ보다 크다.

① ㄱ   ② ㄴ   ③ ㄷ
④ ㄱ, ㄷ   ⑤ ㄴ, ㄷ

02 다음은 25 ℃, 표준 상태에서 사염화 탄소(CCl_4)를 생성하는 반응의 열화학 반응식이다.

$$CH_4(g) + aCl_2(g) \longrightarrow CCl_4(l) + bHCl(g) \quad \Delta H = x \text{ kJ}$$
$$(a, b는 반응 계수)$$

표는 25 ℃에서 2가지 화합물의 표준 생성 엔탈피를 나타낸 것이다.

화합물	$CH_4(g)$	$CCl_4(l)$
표준 생성 엔탈피(kJ/mol)	y	z

25 ℃에서 $HCl(g)$의 표준 생성 엔탈피(kJ/mol)는?

① $\dfrac{x+y-z}{4}$ ② $\dfrac{x+2y-2z}{4}$ ③ $\dfrac{-x-y+z}{4}$

④ $\dfrac{x+y-z}{2}$ ⑤ $\dfrac{-x-y+z}{2}$

03 표는 25 ℃, 표준 상태에서 2가지 결합의 결합 에너지를 나타낸 것이다. $a < b$이다.

결합	결합 에너지(kJ/mol)
C−H	a
C−F	b

25 ℃, 표준 상태에서 이에 대한 설명으로 옳은 것만을 〈보기〉에서 있는 대로 고른 것은?

┌ 보기 ┐
ㄱ. 결합 C−F가 결합 C−H보다 강하다.
ㄴ. 1몰의 결합 C−H가 끊어질 때 a kJ만큼의 에너지가 방출된다.
ㄷ. $CH_2F_2(g)$의 표준 생성 엔탈피는 $(-2a-2b)$ kJ/mol이다.

① ㄱ   ② ㄷ   ③ ㄱ, ㄴ
④ ㄴ, ㄷ   ⑤ ㄱ, ㄴ, ㄷ

04 그림은 25 ℃, 표준 상태에서 몇 가지 반응의 엔탈피(H) 변화를 나타낸 것이다.

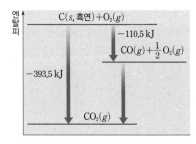

25 ℃, 표준 상태에서 이에 대한 설명으로 옳은 것만을 〈보기〉에서 있는 대로 고른 것은?

┌ 보기 ┐
ㄱ. $CO_2(g)$의 표준 생성 엔탈피는 -393.5 kJ/mol이다.
ㄴ. $CO(g)$의 표준 생성 엔탈피는 -110.5 kJ/mol이다.
ㄷ. 반응 $CO(g) + \frac{1}{2}O_2(g) \longrightarrow CO_2(g)$의
$\Delta H = -283.0$ kJ이다.

① ㄱ   ② ㄷ   ③ ㄱ, ㄴ
④ ㄴ, ㄷ   ⑤ ㄱ, ㄴ, ㄷ

05 [20701-0367] 다음은 $X(g)$가 반응하여 $Y(g)$를 생성하는 반응의 화학 반응식이다.

$$aX(g) \rightleftharpoons bY(g) \quad (a, b는 반응 계수)$$

그림은 강철 용기에 $X(g)$와 $Y(g)$의 평형 상태에서 조건을 변화시켰을 때, 혼합 기체의 총 양(mol)을 시간에 따라 나타낸 것이다.

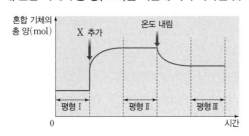

이에 대한 설명으로 옳은 것만을 〈보기〉에서 있는 대로 고른 것은? (단, 평형 Ⅰ과 Ⅱ에서 온도는 같다.)

┌─ 보기 ┌─────────────────────────────
ㄱ. $a>b$이다.
ㄴ. 평형 상수(K)는 Ⅱ에서가 Ⅲ에서보다 크다.
ㄷ. Ⅰ에서 용기의 부피를 줄이면 혼합 기체의 총 양(mol)
   이 증가한다.
└────────────────────────────────────

① ㄱ   ② ㄴ   ③ ㄷ   ④ ㄱ, ㄴ   ⑤ ㄴ, ㄷ

06 [20701-0368] 다음은 $A(g)$와 $B(g)$가 반응하여 $C(g)$를 생성하는 반응의 화학 반응식이다.

$$2A(g)+B(g) \rightleftharpoons 2C(g)$$

표는 강철 용기에 $A(g)$와 $B(g)$를 넣고 반응이 평형 (가)에 도달한 후 온도를 높여 새로운 평형 (나)에 도달했을 때, $A(g) \sim C(g)$의 농도를 나타낸 것이다. $T_2>T_1$이다.

평형	온도(K)	A의 농도(M)	B의 농도(M)	C의 농도(M)
(가)	T_1	2	1	3
(나)	T_2	4	x	y

이에 대한 설명으로 옳은 것만을 〈보기〉에서 있는 대로 고른 것은?

┌─ 보기 ┌─────────────────────────────
ㄱ. $x+y=3$이다.
ㄴ. 평형 상수(K)의 비는 (가) : (나)=72 : 1이다.
ㄷ. 정반응은 발열 반응이다.
└────────────────────────────────────

① ㄱ   ② ㄴ   ③ ㄱ, ㄷ   ④ ㄴ, ㄷ   ⑤ ㄱ, ㄴ, ㄷ

07 [20701-0369] 다음은 $A(g)$와 $B(g)$가 반응하여 $C(g)$를 생성하는 반응의 화학 반응식이다.

$$2A(g)+B(g) \rightleftharpoons cC(g) \quad (c는 반응 계수)$$

그림은 $A(g)$와 $B(g)$가 용기에 들어 있는 것을 나타낸 것이다.

두 꼭지를 열고 기체가 반응하여 도달한 평형 상태에서 기체의 몰 비가 $A : B : C=4 : 3 : 3$일 때, 이 반응의 농도로 정의되는 평형 상수(K)는? (단, 온도는 일정하다.)

① $\dfrac{1}{4}$ ② $\dfrac{9}{16}$ ③ $\dfrac{25}{16}$

④ $\dfrac{16}{9}$ ⑤ $\dfrac{25}{9}$

08 [20701-0370] 다음은 $A(g)$와 $B(g)$가 반응하여 $C(g)$를 생성하는 반응의 화학 반응식이다.

$$A(g)+B(g) \rightleftharpoons 2C(g)$$

그림은 1 L의 강철 용기에 $A(g)$와 $B(g)$를 넣은 초기 상태 (가)에서 반응이 일어나 도달한 평형 상태 (나)와, (나)에서 온도를 높여 도달한 새로운 평형 상태 (다)를 나타낸 것이다.

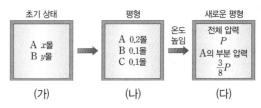

이에 대한 설명으로 옳은 것만을 〈보기〉에서 있는 대로 고른 것은? (단, (가)와 (나)의 온도는 같다.)

┌─ 보기 ┌─────────────────────────────
ㄱ. (가)에서 $x+y=0.35$이다.
ㄴ. 정반응은 흡열 반응이다.
ㄷ. 평형 상수(K)의 비는 (나) : (다)=3 : 32이다.
└────────────────────────────────────

① ㄱ   ② ㄴ   ③ ㄷ
④ ㄱ, ㄷ   ⑤ ㄴ, ㄷ

09 [20701-0371]
다음은 $A(g)$가 반응하여 $B(g)$와 $C(g)$를 생성하는 반응의 열화학 반응식이다.

$$A(g) \rightleftharpoons 2B(g) + C(g) \quad \Delta H > 0$$

그림은 1 L의 강철 용기에 들어 있는 $A(g) \sim C(g)$ 중 두 물질의 양(mol)을 시간에 따라 나타낸 것이다. 평형 상수(K)는 평형 Ⅰ에서가 평형 Ⅱ에서의 12배이다.

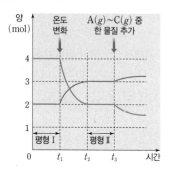

이에 대한 설명으로 옳은 것만을 〈보기〉에서 있는 대로 고른 것은?

┌─ 보기 ┐
ㄱ. t_1일 때 온도를 낮추었다.
ㄴ. t_3일 때 추가한 물질은 $C(g)$이다.
ㄷ. Ⅰ에서 농도로 정의되는 평형 상수(K)는 $\frac{4}{3}$이다.
└─────┘

① ㄱ ② ㄷ ③ ㄱ, ㄴ ④ ㄴ, ㄷ ⑤ ㄱ, ㄴ, ㄷ

10 [20701-0372]
다음은 온도 T에서 $A(g)$가 반응하여 $B(g)$와 $C(g)$를 생성하는 반응의 화학 반응식과 농도로 정의되는 평형 상수(K)이다.

$$2A(g) \rightleftharpoons B(g) + C(g) \quad K = 1$$

그림 (가)는 온도 T에서 강철 용기에 $A(g) \sim C(g)$가 들어 있는 것을, (나)는 (가)에서 반응이 진행되어 평형에 도달한 상태를 나타낸 것이다.

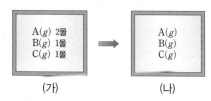

(나)에서 A의 양(mol)은? (단, 온도는 일정하다.)

① $\frac{5}{3}$몰 ② $\frac{4}{3}$몰 ③ 1몰 ④ $\frac{2}{3}$몰 ⑤ $\frac{1}{3}$몰

11 [20701-0373]
그림 (가)는 1기압에서 $X(s)$ 1 kg의 가열 곡선이고, (나)는 X의 상평형 그림이다.

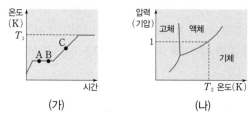

(가)   (나)

이에 대한 설명으로 옳은 것만을 〈보기〉에서 있는 대로 고른 것은?

┌─ 보기 ┐
ㄱ. $T_1 = T_2$이다.
ㄴ. (가)의 A와 B는 (나)에서 서로 다른 위치에 나타낼 수 있다.
ㄷ. C에서 X의 가장 안정한 상은 액체이다.
└─────┘

① ㄱ ② ㄴ ③ ㄱ, ㄷ ④ ㄴ, ㄷ ⑤ ㄱ, ㄴ, ㄷ

12 [20701-0374]
그림은 물의 상평형 그림을 나타낸 것이다. (가)는 상태 변화이고, (나)와 (다)는 끓는점의 변화이다.

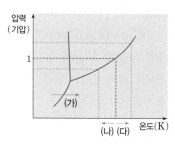

이에 대한 설명으로 옳은 것만을 〈보기〉에서 있는 대로 고른 것은?

┌─ 보기 ┐
ㄱ. (가)를 이용하면 동결 건조 식품을 만들 수 있다.
ㄴ. (나)는 높은 산에서는 밥을 하면 밥이 설익게 되는 것과 관련있다.
ㄷ. (다)는 압력 밥솥에서 밥을 빨리 할 수 있는 것과 관련있다.
└─────┘

① ㄱ ② ㄴ ③ ㄱ, ㄷ ④ ㄴ, ㄷ ⑤ ㄱ, ㄴ, ㄷ

13 [20701–0375] 다음은 25 ℃에서 $CH_3COOH(aq)$과 $NH_3(aq)$의 이온화 반응식과 이온화 상수이다.

(가) $CH_3COOH(aq)+H_2O(l) \rightleftharpoons$
$$CH_3COO^-(aq)+H_3O^+(aq)$$
$$K_a=1.8\times10^{-5}$$
(나) $NH_3(aq)+H_2O(l) \rightleftharpoons NH_4^+(aq)+OH^-(aq)$
$$K_b=1.8\times10^{-5}$$

25 ℃에서 이에 대한 설명으로 옳은 것만을 〈보기〉에서 있는 대로 고른 것은? (단, 25 ℃에서 물의 이온화 상수(K_w)는 1.0×10^{-14}이다.)

┌ 보기 ┌
ㄱ. (가)에서 산의 세기는 $CH_3COOH > H_3O^+$이다.
ㄴ. (나)에서 NH_4^+은 산으로 작용한다.
ㄷ. K_b는 $CH_3COO^- > NH_3$이다.

① ㄱ ② ㄴ ③ ㄷ ④ ㄱ, ㄴ ⑤ ㄴ, ㄷ

14 [20701–0376] 표는 25 ℃에서 0.1 M HA(aq)과 0.1 M NaOH(aq)의 부피를 달리하여 혼합한 용액 (가)~(다)에 대한 자료이다. 25 ℃에서 HA(aq)의 K_a는 1.0×10^{-5}이다.

용액	부피(mL)		pH
	HA(aq)	NaOH(aq)	
(가)	150	0	x
(나)	100	50	5
(다)	75	75	

이에 대한 설명으로 옳은 것만을 〈보기〉에서 있는 대로 고른 것은? (단, 온도는 25 ℃로 일정하고, 25 ℃에서 물의 이온화 상수(K_w)는 1.0×10^{-14}이다.)

┌ 보기 ┌
ㄱ. $x=3$이다.
ㄴ. (가)~(다) 중 HCl(aq)을 소량 넣었을 때 pH 변화가 가장 작은 것은 (나)이다.
ㄷ. (다)에서 용액의 pH는 7보다 작다.

① ㄱ ② ㄴ ③ ㄷ ④ ㄱ, ㄴ ⑤ ㄴ, ㄷ

15 [20701–0377] 그림은 25 ℃에서 0.1 M 산 HA(aq)과 0.1 M 염기 BOH(aq)에 각각 들어 있는 A^-과 B^+의 농도를 나타낸 것이다.

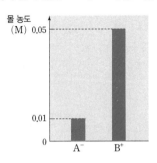

25 ℃에서 이에 대한 설명으로 옳은 것만을 〈보기〉에서 있는 대로 고른 것은?

┌ 보기 ┌
ㄱ. 25 ℃에서 0.1 M HA의 이온화도(α)는 0.1이다.
ㄴ. BOH의 이온화 상수(K_b)가 HA의 이온화 상수(K_a)보다 크다.
ㄷ. BA(aq)의 수용액은 산성이다.

① ㄱ ② ㄷ ③ ㄱ, ㄴ ④ ㄴ, ㄷ ⑤ ㄱ, ㄴ, ㄷ

16 [20701–0378] 다음은 생체 내에서 일어나는 2가지 반응의 화학 반응식이다.

(가) $H_2CO_3(aq)+H_2O(l) \rightleftharpoons$
$$H_3O^+(aq)+HCO_3^-(aq)$$
(나) $H_2PO_4^-(aq)+H_2O(l) \rightleftharpoons$
$$H_3O^+(aq)+HPO_4^{2-}(aq)$$

두 반응의 공통점에 대한 설명으로 옳은 것만을 〈보기〉에서 있는 대로 고른 것은?

┌ 보기 ┌
ㄱ. 생체 내에서 일어나는 완충 용액의 반응이다.
ㄴ. 혈액 속에 산이 들어오면 H_2O이 반응한다.
ㄷ. 혈액 속에 소량의 염기가 들어오면 평형 이동이 일어나지 않아서 혈액의 pH가 급격하게 증가한다.

① ㄱ ② ㄷ ③ ㄱ, ㄴ ④ ㄴ, ㄷ ⑤ ㄱ, ㄴ, ㄷ

III 반응 속도와 촉매

8

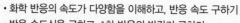

반응 속도

- 화학 반응의 속도가 다양함을 이해하고, 반응 속도 구하기
- 반응 속도식을 구하고, 1차 반응의 반감기 구하기
- 화학 반응에서 활성화 에너지 이해하기

한눈에 단원 파악, 이것이 핵심!

화학 반응의 빠르기는 어떻게 다를까?

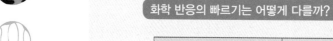

빠른 반응	느린 반응	반응의 빠르기 측정
변화를 쉽게 알 수 있다.	변화를 바로 알 수 없고 시간이 상당히 지난 후 알 수 있다.	

▲ 불꽃놀이　▲ 메테인의 연소　▲ 석회 동굴의 생성　▲ 철이 녹스는 현상

시간에 따른 반응물 또는 생성물의 양의 변화를 측정하여 $\dfrac{변화량}{시간}$으로 나타낸다.

화학 반응 속도는 어떻게 나타낼까?

반응 속도

$$a\mathrm{A}+b\mathrm{B} \longrightarrow c\mathrm{C}+d\mathrm{D}$$

- 반응 속도식
$$v=k[\mathrm{A}]^{m}[\mathrm{B}]^{n}$$
(k는 반응 속도 상수,
m과 n은 반응 차수)
- 반응 속도 상수와 반응 차수는 모두 실험으로 측정하여 결정한다.

1차 반응

반응 차수가 1인 반응으로 반응물의 농도가 $\dfrac{1}{2}$배로 되는 시간인 반감기가 일정하다.

활성화 에너지

반응물이 충돌하여 생성물이 되기 위해서는 활성화 에너지 이상의 에너지를 가져야 한다.

01 다양한 반응 속도

1 빠른 반응과 느린 반응

(1) 빠른 반응과 느린 반응: 우리 주변에서 일어나는 화학 반응은 빠르게 일어나는 반응과 느리게 일어나는 반응으로 구분할 수 있다.

① 빠른 반응: 연료의 연소, 불꽃놀이, 중화 반응, 앙금 생성 반응 등은 상대적으로 ❶빠른 반응에 해당한다.

② 느린 반응: 석회 동굴의 생성 반응, 철의 부식 반응 등은 상대적으로 ❷느린 반응에 해당한다.

(2) 반응의 빠르기 측정

① 반응의 빠르기: 기체가 발생하는 반응에서 반응의 빠르기는 일정한 시간에 발생한 기체의 부피로 나타낼 수 있으며, 일정한 시간에 소모된 반응물의 양으로도 표현할 수 있다.

② 반응의 빠르기 측정 방법

반응	기체가 발생하는 반응		앙금이 생성되는 반응
측정	시간에 따른 질량을 측정한다.	시간에 따른 발생하는 기체의 부피를 측정한다.	앙금에 의해 ×표시가 보이지 않게 될 때까지 걸린 시간을 측정한다.
실험 장치	느슨하게 막은 솜 / 묽은 염산 / 탄산 칼슘	마그네슘 / 묽은 염산	묽은 염산 / 싸이오황산 나트륨 수용액 / ×표시
화학 반응식	$CaCO_3(s)+2HCl(aq) \longrightarrow CaCl_2(aq)+H_2O(l) +CO_2(g)$	$Mg(s)+2HCl(aq) \longrightarrow MgCl_2(aq)+H_2(g)$	$Na_2S_2O_3(aq)+2HCl(aq) \longrightarrow S(s)+2NaCl(aq) +H_2O(l)+SO_2(g)$
반응의 빠르기	시간에 따라 감소하는 질량으로 나타낸다.	시간에 따라 발생하는 기체의 부피로 나타낸다.	일정한 양의 앙금이 생성될 때까지의 시간으로 나타낸다.

2 반응 속도

(1) 반응 속도: 화학 반응이 일어나는 빠르기를 반응 속도라고 한다.

① 일정한 조건에서 화학 반응이 진행되면 반응물의 농도는 감소하고, 생성물의 농도는 증가한다. 따라서 반응의 빠르기를 반응물 또는 생성물의 ❸농도 변화로 나타낼 수 있다.

② 반응 속도

$$반응 속도 = \frac{반응물의 농도 감소량}{반응 시간} \ 또는 \ \frac{생성물의 농도 증가량}{반응 시간}$$
$$(단위: mol/L \cdot 초, mol/L \cdot 분 등)$$

(2) 반응 속도의 표현: 반응 속도(v)는 시간(Δt)에 따른 반응물 또는 생성물의 농도 변화이다.

① 화학 반응식에서 반응물과 생성물의 계수가 다를 경우, 반응물로 표현한 반응 속도와 생성물로 표현한 반응 속도가 다르다. 따라서 반응물이나 생성물의 농도 변화를 ❹화학 반응식의 계수로 나누어서 나타낸다.

THE 알기

❶ 빠른 반응
불꽃의 발생, 기체의 발생 등 반응으로 변화하는 현상이 직접 관찰될 정도로 빠르게 일어난다.

▲ 불꽃놀이 　▲ 메테인의 연소

❷ 느린 반응
철의 부식과 같이 시간이 흐른 후 변화를 알게 되는 반응이다.

▲ 철이 녹스는 현상

❸ 시간에 따른 반응물과 생성물의 농도 변화

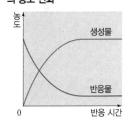

❹ 화학 반응식의 계수로 나누는 이유
반응 $A(g) \longrightarrow 2B(g)$에서 $A(g)$ 1몰이 감소할 때 $B(g)$ 2몰이 생성되므로 시간에 따른 농도 변화는 $B(g)$가 $A(g)$의 2배이다. 표현에 따라 반응 속도가 다르면 일정한 표현이 어렵기 때문에 항상 일정한 표현을 유지하기 위해 농도 변화를 반응 계수로 나누어 준다.

② 반응물의 농도는 감소하고 생성물의 농도는 증가하므로 반응물의 농도 변화로 반응 속도를 나타낼 때에는 (−)부호를 붙인다.

$$반응\ aA(g)+bB(g) \longrightarrow cC(g)+dD(g)(a\sim d는\ 반응\ 계수)에서$$
$$반응\ 속도(v)=-\frac{1}{a}\frac{\varDelta[A]}{\varDelta t}=-\frac{1}{b}\frac{\varDelta[B]}{\varDelta t}=\frac{1}{c}\frac{\varDelta[C]}{\varDelta t}=\frac{1}{d}\frac{\varDelta[D]}{\varDelta t}$$

3 반응 속도의 종류

반응 속도는 측정 조건에 따라 평균 반응 속도, 순간 반응 속도, 초기 반응 속도 등이 있다.

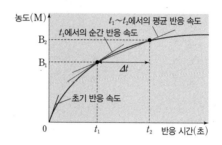

(1) 평균 반응 속도: 일정한 시간 동안의 평균 반응 속도이다.

① 두 시점에서의 농도를 측정하여 반응물이나 생성물의 농도 변화량을 반응이 일어난 시간으로 나누어 나타낸다.

② 반응 시간−농도 그래프에서 두 지점을 지나는 직선의 기울기(절댓값)에 해당한다.

$$평균\ 반응\ 속도=-\frac{A_2-A_1}{t_2-t_1}=-\frac{\varDelta[A]}{\varDelta t}=\frac{B_2-B_1}{t_2-t_1}=\frac{\varDelta[B]}{\varDelta t}$$

[반응: A ⟶ B]
- t_1에서 A와 B의 농도: A_1, B_1
- t_2에서 A와 B의 농도: A_2, B_2

❶ **순간 반응 속도**
순간 반응 속도는 측정할 수가 없고 시간−농도 그래프의 기울기로 구할 수밖에 없다.

(2) ❶순간 반응 속도: 특정 시점에서의 반응 속도를 나타내며, 반응 시간−농도 그래프에서 특정 시점(t_1)에서의 접선의 기울기(절댓값)에 해당한다.

(3) 초기 반응 속도: 반응 용기에 반응물을 넣은 직후의 반응 속도로 반응 시간−농도 그래프에서 $t=0$일 때의 순간 반응 속도이다.

THE 들여다보기   **반응 속도 측정**

다음은 탄산 칼슘과 묽은 염산의 화학 반응식이다. 이 반응의 반응 속도를 측정해 보자.
$CaCO_3(s)+2HCl(aq) \longrightarrow CaCl_2(aq)+H_2O(l)+CO_2(g)$

[실험 과정 및 결과]

① 그림과 같이 탄산 칼슘과 묽은 염산이 들어 있는 플라스크를 저울 위에 올려놓는다.
➡ 이산화 탄소가 생성되어 공기 중으로 빠져 나간다.

② 일정한 시간(10초) 간격으로 플라스크의 질량을 측정한다.
➡ 플라스크의 감소한 질량이 발생한 이산화 탄소의 질량이다.

느슨하게 막은 솜 / 묽은 염산 / 탄산 칼슘

반응 시간(초)	0	10	20	30	40	50	60	70
기체의 질량(g)	0	0.44	0.80	1.08	1.22	1.30	1.36	1.36
구간별 반응 속도(g/초)		0.044	0.036	0.028	0.014	0.008	0.006	0

[결과 해석]

① 10초 동안 발생한 이산화 탄소의 질량을 시간 간격인 10으로 나누면 반응 속도가 된다. 반응 속도의 단위는 g/초이다.
➡ 0~10초, 10~20초 … 등 10초 단위의 반응 속도를 알 수 있는데, 이는 각 10초 동안의 평균 반응 속도이다.

② 초기 반응 속도가 가장 빠르며, 반응이 진행될수록 반응 속도가 느려진다.
➡ 반응물의 농도가 점점 감소하기 때문이며, 60초 이후에는 반응 속도가 0이 된다.

③ 각 구간의 순간 반응 속도는 알 수 없으며, 순간 반응 속도가 감소한다는 것은 알 수 있다.

개념체크

1. 메테인의 연소, 중화 반응, 앙금 생성 반응은 (　　　) 반응이다.

2. 반응 속도는 (　　　)에 따른 (　　　)의 농도 증가량을 측정하여 구한다.

3. 탄산 칼슘과 묽은 염산이 들어 있는 플라스크를 저울 위에 올려놓고 시간(초)에 따라 질량(g)을 측정하면 질량이 감소한다. 이때 반응 속도의 단위는 (　　　)이다.

4. 반응 $A(g) \longrightarrow 2B(g)$에서 $A(g)$의 감소 속도는 $B(g)$의 생성 속도의 (　　　)배이다.

5. 반응 $A(g) \longrightarrow 2B(g)$에서 0~2초 사이의 평균 반응 속도가 0.2 M/초라고 할 때, 0~2초 사이에 감소한 A의 농도는 (　　　) M이다.

6. 반응 $A(g) \longrightarrow 2B(g)$에서 0~20초 사이에 A의 농도가 0.5 M에서 0.2 M이 되었다면 0~20초 사이의 평균 반응 속도는 (　　　)이다.

7. 순간 반응 속도는 시간에 따른 생성물의 농도 그래프에서 특정 시점에서의 접선의 (　　　)에 해당한다.

8. 일반적으로 반응물의 농도는 점점 감소하므로 반응 속도도 점점 (　　　)한다.

9. 기체가 발생하는 반응의 반응 속도는 시간에 따라 발생한 기체의 (　　　) 또는 (　　　) 등을 측정하여 나타낸다.

1. 반응 $aA(g) \longrightarrow bB(g)$에서의 반응 속도에 대한 설명으로 옳은 것은 ○, 옳지 않은 것은 ×로 표시하시오.

(1) 반응물로 나타낸 반응 속도는 $v = \dfrac{1}{a}\dfrac{\varDelta[A]}{\varDelta t}$이다. (　　)

(2) 생성물로 나타낸 반응 속도는 $v = \dfrac{1}{b}\dfrac{\varDelta[B]}{\varDelta t}$이다. (　　)

2. 반응의 빠르기에 대한 설명으로 옳은 것은 ○, 옳지 않은 것은 ×로 표시하시오.

(1) 반응의 빠르기는 일정한 시간 동안 생성된 생성물의 농도로 표현될 수 있다. (　　)

(2) 반응의 빠르기는 일정한 시간 동안 감소한 반응물의 농도로 표현될 수 있다. (　　)

3. 생성물의 농도가 그림과 같이 변하는 반응의 반응 속도에 대한 설명으로 옳은 것은 ○, 옳지 않은 것은 ×로 표시하시오.

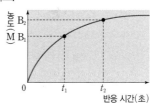

(1) t_1초와 t_2초 사이의 평균 반응 속도는 t_1초일 때의 순간 반응 속도와 t_2초일 때의 순간 반응 속도를 합한 후 2로 나누어 구한다. (　　)

(2) 초기 반응 속도가 t_1초일 때의 순간 반응 속도보다 빠르다. (　　)

02 반응 속도식과 반응 차수

1 반응 속도식

반응 속도가 반응물의 농도와 어떤 관계가 있는지 보여 주는 식이다.

(1) 반응 차수: 화학 반응 $aA(g)+bB(g) \longrightarrow cC(g)+dD(g)$의 반응 속도식은 다음과 같이 표현된다.

$$v=k[A]^m[B]^n$$

① m과 n은 반응 차수로, 반응 속도에서 반응물의 농도가 기여하는 정도를 수식으로 나타낸 것이다. ➡ 위 반응은 A에 대하여 m차, B에 대하여 n차인 반응이며, $m+n$을 전체 반응 차수라고 한다.

② 반응 차수는 화학 반응식의 계수와 관계없으며, 실험을 통해 구한다. 따라서 반응 차수가 반응 계수와 같을 수도 있고 다를 수도 있다.

예 화학 반응식	반응 속도식	전체 반응 차수
$H_2(g)+I_2(g) \longrightarrow 2HI(g)$	$v=k[H_2][I_2]$	2
$CH_3CHO(g) \longrightarrow CH_4(g)+CO(g)$	$v=k[CH_3CHO]^2$	2

(2) 반응 속도 상수(k): 반응의 빠르기를 결정하는 기본 요소이다.

① 빠른 반응의 반응 속도 상수는 크고, 느린 반응의 반응 속도 상수는 작다.

② 반응 속도 상수는 반응에 따라 다른 값을 가지며, 반응 차수와 마찬가지로 실험을 통해 결정된다.

③ 반응 속도 상수는 반응 온도에 따라 다른 값을 가진다.

④ ❶반응 속도 상수의 단위는 반응 속도식에 따라 달라진다.

반응 속도식	전체 반응 차수	반응 속도 상수(k)의 단위
$v=k[A]$	1	$1/s$
$v=k[A][B]$	2	$1/M \cdot s$
$v=k[A]^2[B]$	3	$1/M^2 \cdot s$

2 반응 속도식 구하기

반응 속도식을 구하는 것은 ❷반응 차수와 반응 속도 상수를 구하는 것이다.

> 반응물이 A와 B인 화학 반응에서 반응 속도식은 $v=k[A]^m[B]^n$이다. 이때 반응 차수 m, n과 반응 속도 상수 k를 구해 보자.
>
> ① 일정한 온도에서 A와 B의 초기 농도를 달리하는 실험을 실시하고, 초기 반응 속도를 측정한다.
>
> | 실험 | 초기 농도(mol/L) | | 초기 반응 속도(mol/L·s) |
> |---|---|---|---|
> | | A | B | |
> | I | 0.1 | 0.1 | 0.025 |
> | II | 0.2 | 0.1 | 0.050 |
> | III | 0.1 | 0.2 | 0.100 |
>
> ② 실험 I과 II에서 A의 초기 농도가 2배가 될 때 초기 반응 속도가 2배가 된다.
>   ➡ A의 반응 차수 m은 1이다.

❶ 반응 속도 상수의 단위
반응 속도는 단위 시간당 반응물 또는 생성물의 농도 변화이므로 반응 속도의 단위는 항상 mol/L·s 이다. 따라서 반응 속도 상수의 단위는 반응 차수에 따라 달라진다.

❷ 반응 차수 구하기
반응물이 1가지인 경우, 초기 농도를 변화시키면서 초기 반응 속도를 측정하여 반응 차수를 결정할 수 있다.

③ 실험 Ⅰ과 Ⅲ에서 B의 초기 농도가 2배가 될 때 초기 반응 속도가 4배가 된다.
→ B의 반응 차수 n은 2이다.
④ 실험 Ⅰ의 초기 농도와 초기 반응 속도를 반응 차수가 반영된 반응 속도식에 대입하여 반응 속도 상수를 구한다.

$$v=k[A]^m[B]^n \Rightarrow 0.025=k\times0.1\times0.1^2 \quad \therefore k=25\ \mathrm{M^{-2}\cdot s^{-1}}$$

⑤ 반응 차수와 반응 속도 상수를 반영하여 반응 속도식을 완성한다.

$$v=25[A][B]^2\ \mathrm{M\cdot s^{-1}}$$

THE 알기

❶ 반감기
반응물의 농도가 $\frac{1}{2}$배로 되는 데 걸리는 시간이므로 반감기가 1번 지나면 반응물의 농도는 초기 농도의 $\frac{1}{2}$배로 되고, 반감기가 2번 지나면 초기 농도의 $\frac{1}{4}$배로 된다. 즉, n번의 반감기가 지나면 초기 농도의 $\frac{1}{2^n}$배로 된다.

③ 1차 반응과 반감기

(1) 1차 반응: 전체 반응 차수가 1인 반응이다.
① A ⟶ B로 표현되는 화학 반응이 있을 때 반응 속도식은 $v=k[A]$로 표현되는 반응이다.
② 1차 반응에서는 반응물의 농도와 반응 속도가 비례한다.
③ 반응물의 농도에 따른 반응 속도 변화 그래프에서 기울기가 반응 속도 상수이다.

(2) 1차 반응의 ❶반감기
① ❷1차 반응은 반응 속도가 반응물의 농도에 비례하는데, 반응이 진행됨에 따라 반응물의 농도가 감소하므로 반응 속도가 느려진다.
② 반응물의 초기 농도가 1.0 M이고 반응물의 농도가 0.5 M이 될 때까지 걸린 시간이 100초라면 반응물의 농도가 0.5 M에서 0.25 M이 될 때까지 걸리는 시간도 100초가 된다.
③ 반응물의 농도가 $\frac{1}{2}$배로 되는 데 걸리는 시간을 반감기($t_{1/2}$)라고 한다.
④ 온도가 일정할 때 1차 반응에서 반감기는 농도와 관계없이 항상 일정하다.

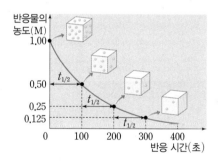

❷ 1차 반응의 시간에 따른 반응 속도
1차 반응에서 반응 속도는 농도에 비례하는데, 반응물의 농도는 시간에 따라 감소하므로 반응 속도도 시간에 따라 감소한다.

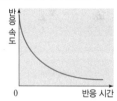

(3) ❸0차 반응: 반응 속도가 반응물의 농도와 관계없는 반응으로, 반응 속도식은 $v=k$로 표현되며, 반응물의 농도에 관계없이 반응 속도는 항상 일정하다.

❸ 0차 반응의 그래프
반응 속도가 반응물의 농도에 무관하므로 농도 및 시간에 따라 반응 속도는 일정하다.

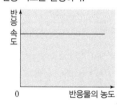

THE 들여다보기 화학 평형과 반응 속도

1. 화학 평형 상태는 정반응 속도와 역반응 속도가 같아서 더 이상 반응이 일어나지 않는 것처럼 보이는 상태이다.
2. 가역 반응에서 반응 용기에 반응물만 넣어 반응이 진행되면 반응물의 농도가 감소하면서 정반응 속도는 느려지고, 생성물의 농도가 증가하면서 역반응 속도는 빨라진다.
3. 정반응 속도와 역반응 속도가 같게 되면 화학 평형에 도달한다.

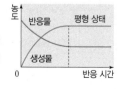

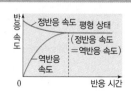

빈칸 완성

1. 반응 차수는 반응 속도에 반응물의 (   )가 기여하는 정도를 수식으로 나타낸 것이다.

2. 반응 속도 상수는 반응의 종류에 따라 다르며, (   )에 따라 달라진다.

3. 반응 속도식이 $v=k[A]^m[B]^n$로 표현된다면 전체 반응 차수는 (   )이다.

4. 1차 반응은 전체 반응 차수가 (   )인 반응이다.

5. 1차 반응에서 반응물의 농도가 반으로 감소하는 데 걸리는 시간을 (   )라고 한다.

6. 1차 반응에서 반응물의 농도가 반으로 감소하는 데 걸린 시간이 t초였다면, 반응물의 농도가 $\frac{1}{4}$배로 감소하는 데 걸리는 시간은 (   )초이다.

단답형 문제

7. 표는 일정한 온도에서 이산화 질소(NO_2)와 일산화 탄소(CO)의 초기 농도를 다르게 하여 초기 반응 속도를 측정한 결과이다.

$$NO_2(g)+CO(g) \longrightarrow NO(g)+CO_2(g)$$

실험	초기 농도(M)		초기 반응 속도(M/s)
	NO_2	CO	
1	0.10	0.10	0.0021
2	0.20	0.10	0.0084
3	0.20	0.20	0.0084

이 반응의 반응 속도식 $v=k[NO_2]^m[CO]^n$에서 반응 차수 m과 n을 각각 구하시오.

정답 **1.** 농도 **2.** 온도 **3.** $m+n$ **4.** 1 **5.** 반감기 **6.** 2t **7.** 2, 0

○X 문제

1. 반응 차수에 대한 설명으로 옳은 것은 ○, 옳지 <u>않은</u> 것은 ×로 표시하시오.

(1) 반응 차수는 반응물의 농도가 반응 속도에 영향을 미치는 정도이다. (   )

(2) 반응 차수는 화학 반응식에서 반응물의 계수와 항상 같다. (   )

(3) 전체 반응 차수는 각 반응물의 반응 차수의 합과 같다. (   )

2. 반응 속도 상수에 대한 설명으로 옳은 것은 ○, 옳지 <u>않은</u> 것은 ×로 표시하시오.

(1) 반응 속도가 빠른 반응은 반응 속도 상수도 크다. (   )

(2) 같은 반응이라도 온도가 달라지면 반응 속도 상수가 달라진다. (   )

(3) 반응 속도 상수는 단위가 없다. (   )

3. 1차 반응에 대한 설명으로 옳은 것은 ○, 옳지 <u>않은</u> 것은 ×로 표시하시오.

(1) 반응물의 농도가 반으로 되는 데 걸리는 시간은 반응물의 농도에 관계없이 일정하다. (   )

(2) 반응물의 농도에 따른 반응 속도 그래프에서 반응물의 농도가 커질수록 기울기는 증가한다. (   )

선다형 문제

4. 그림은 반응 A $\longrightarrow$ B에서 시간에 따른 A의 농도를 나타낸 것이다. 이에 대한 설명으로 옳은 것을 모두 고르시오. (단, 온도는 일정하다.)

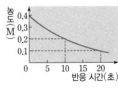

① 1차 반응이다.

② 시간이 지남에 따라 반응 속도는 일정하다.

③ 시간이 지남에 따라 반응 속도 상수는 일정하다.

④ 반응 속도는 반응물의 농도에 비례한다.

⑤ 반응 시간이 25초일 때의 A의 농도는 0.05 M이다.

정답 **1.** (1) ○ (2) × (3) ○ **2.** (1) ○ (2) ○ (3) × **3.** (1) ○ (2) × **4.** ①, ③, ④

03 활성화 에너지

1 화학 반응과 ◐충돌

(1) 화학 반응이 일어나기 위한 조건

① 화학 반응이 일어나려면 반응물 입자들끼리 충돌해야 한다.

② 반응물 입자들이 서로 충돌하는 순간 반응이 일어나기에 적합한 방향이어야 한다.

③ 반응물 입자들은 반응이 일어날 수 있는 충분한 에너지를 갖고 있어야 한다.

(2) 유효 충돌
반응물 입자들이 반응이 일어나기에 충분한 에너지를 갖고, 반응이 일어나기에 적합한 방향으로 충돌하는 것을 유효 충돌이라고 한다.

(3) ◑충돌의 방향

[A와 BC가 반응하여 AB와 C가 생성되는 반응에서의 충돌]

(가) A가 BC의 C 원자 쪽과 충돌하였을 때는 반응하지 않는다. 이를 비유효 충돌이라 한다.

(나) A가 BC의 B 원자 쪽과 충돌하였을 때 반응한다. 이를 유효 충돌이라 한다.

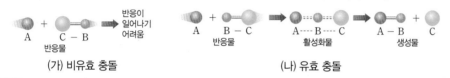

2 활성화 에너지

(1) 활성화 에너지
반응물이 충돌하여 화학 반응이 일어나는 데 필요한 최소의 에너지를 활성화 에너지라고 한다.

① 활성화 에너지는 반응물이 생성물로 되는 데 넘어야 하는 에너지 장벽이라고 할 수 있다.

② 활성화 에너지가 작을수록 반응 속도가 빠르고, 활성화 에너지가 클수록 반응 속도가 느리다.

(2) 활성화 에너지(E_a)와 반응 엔탈피(ΔH)

① 반응 엔탈피(ΔH)는 반응물과 생성물의 엔탈피 차이며, 활성화 에너지의 크기와는 관계가 없다.

$$^{◒}반응\ 엔탈피(\Delta H) = 정반응의\ 활성화\ 에너지 - 역반응의\ 활성화\ 에너지$$

② 반응 과정에서 에너지가 가장 큰 불안정한 상태를 활성화 상태라고 하며, 활성화 상태에 있는 불안정한 화합물을 ◓활성화물이라고 한다.

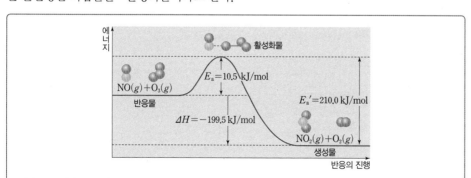

반응 $NO(g) + O_3(g) \longrightarrow NO_2(g) + O_2(g)$에서 정반응의 활성화 에너지는 10.5 kJ/mol, 역반응의 활성화 에너지는 210.0 kJ/mol이며, 반응 엔탈피(ΔH)는 −199.5 kJ/mol이다.

THE 알기

◐ 충돌

반응물 입자들이 충돌해야 반응이 일어날 수 있으며, 충돌하지 않으면 반응은 일어날 수 없다.

◑ 충돌 방향

이원자 이상의 분자인 경우 충돌하는 방향에 따라 반응은 일어날 수도 일어나지 않을 수도 있다. 생성물이 생성되기에 적합한 방향으로 충돌하여야 활성화 상태를 거쳐서 생성물이 생성된다.

◒ 활성화 에너지(E_a)와 반응 엔탈피(ΔH)

발열 반응은 정반응의 활성화 에너지가 역반응의 활성화 에너지보다 작고, 흡열 반응은 정반응의 활성화 에너지가 역반응의 활성화 에너지보다 크다.

◓ 활성화물

활성화물은 반응물의 결합 일부가 끊어지고 생성물의 결합 일부가 형성된 불안정한 상태로, 반응물로 될 수도 있고 생성물로 될 수도 있다.

개념체크

빈칸 완성

1. 화학 반응이 일어나기 위해서는 반응물 입자들이 반응하기에 충분한 (　　　)를 갖고 반응하기에 적합한 방향으로 (　　　)하여야 한다.

2. 반응물 입자들이 충돌하여 반응하는 데 필요한 최소한의 에너지를 (　　　)라고 한다.

3. 반응물 입자들이 반응하기에 충분한 에너지를 갖고 반응이 일어나기에 적합한 방향으로 충돌하는 것을 (　　　)이라고 한다.

4. 반응 과정에서 에너지가 가장 큰 불안정한 상태를 (　　　)라고 한다.

5. 발열 반응은 정반응의 활성화 에너지가 역반응의 활성화 에너지보다 (　　　)고, 흡열 반응은 정반응의 활성화 에너지가 역반응의 활성화 에너지보다 (　　　)다.

단답형 문제

6. 반응 $A(g) \longrightarrow B(g)$에서 정반응의 활성화 에너지는 $120\ kJ/mol$, 역반응의 활성화 에너지는 $160\ kJ/mol$이다. 이 반응의 반응 엔탈피($\varDelta H$)는 얼마인가?

정답 1. 에너지, 충돌 2. 활성화 에너지 3. 유효 충돌 4. 활성화 상태 5. 작, 크 6. −40 kJ/mol

○× 문제

1. 활성화 에너지에 대한 설명으로 옳은 것은 ○, 옳지 않은 것은 ×로 표시하시오.

　(1) 활성화 에너지보다 큰 에너지를 가진 반응물 입자들만이 반응에 참여할 수 있다. (　　)

　(2) 활성화 에너지보다 큰 에너지를 가진 반응물 입자들이 충돌하면 반드시 반응이 일어난다. (　　)

　(3) 활성화 에너지가 클수록 반응 속도는 빠르다. (　　)

　(4) 유효 충돌을 한 입자들은 반드시 생성물로 된다. (　　)

2. 활성화 에너지와 반응 엔탈피($\varDelta H$)의 관계에 대한 설명으로 옳은 것은 ○, 옳지 않은 것은 ×로 표시하시오.

　(1) 정반응의 활성화 에너지와 역반응의 활성화 에너지의 차이는 반응 엔탈피의 크기와 같다. (　　)

　(2) 같은 반응에서 반응 엔탈피는 활성화 에너지의 크기와 관계없이 일정하다. (　　)

　(3) 정반응의 활성화 에너지가 역반응의 활성화 에너지보다 큰 반응은 발열 반응이다. (　　)

선다형 문제

3. 그림은 화학 반응이 진행될 때 반응의 진행에 따른 에너지를 나타낸 것이다.

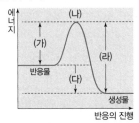

(가)~(라)에 적절한 내용을 〈보기〉에서 각각 고르시오.

┌─ 보기 ┌
ㄱ. 활성화 상태
ㄴ. 정반응의 활성화 에너지
ㄷ. 역반응의 활성화 에너지
ㄹ. 반응 엔탈피

정답 1. (1) ○ (2) × (3) × (4) × 2. (1) ○ (2) ○ (3) × 3. (가) ㄴ (나) ㄱ (다) ㄹ (라) ㄷ

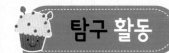
목표

반응 속도 측정 실험 결과를 해석하여 반응 차수와 반응 속도 상수를 구할 수 있다.

과정

1. 일산화 질소(NO)와 염소(Cl_2)가 반응하면 염화 나이트로실(NOCl)이 생성된다.

$$2NO(g) + Cl_2(g) \longrightarrow 2NOCl(g)$$

이 반응의 일반적인 반응 속도식을 표현해 보자.

2. 표는 일정한 온도에서 NO와 Cl_2의 초기 농도를 다르게 하면서 초기 반응 속도를 측정한 결과이다. 각 반응물의 반응 차수와 반응 속도 상수를 구해 보자.

실험	반응물의 초기 농도(M)		초기 반응 속도(M/s)
	[NO]	[Cl_2]	
1	0.02	0.03	2.4×10^{-7}
2	0.02	0.06	4.8×10^{-7}
3	0.04	0.03	9.6×10^{-7}

결과 정리 및 해석

1. NOCl이 생성되는 반응의 반응 속도식 표현: 반응 속도는 반응물의 농도에 비례하지만 반응 차수는 알 수 없으므로 $v = k[NO]^m[Cl_2]^n$으로 표현한다.

2. 각 반응물의 반응 차수 구하기

   ① NO의 반응 차수: 실험 1과 실험 3에서 초기 반응물의 농도를 비교하면, [Cl_2]는 같고 [NO]는 실험 3에서가 실험 1에서의 2배이다. 이때 초기 반응 속도는 실험 3에서가 실험 1에서의 4배이므로 NO의 반응 차수 $m = 2$이다.

   ② Cl_2의 반응 차수: 실험 1과 실험 2에서 초기 반응물의 농도를 비교하면, [NO]는 같고 [Cl_2]는 실험 2에서가 실험 1에서의 2배이다. 이때 초기 반응 속도도 실험 2에서가 실험 1에서의 2배이므로 Cl_2의 반응 차수 $n = 1$이다.

   ③ 전체 반응 차수는 $m + n = 3$이며, 반응 속도식은 $v = k[NO]^2[Cl_2]$이다.

3. 반응 속도 상수와 반응 속도식 구하기: 반응 속도식에 실험 1의 측정값을 대입하여 반응 속도 상수(k)를 구한다.

   $2.4 \times 10^{-7} = k \times 0.02^2 \times 0.03$ ∴ $k = 2.0 \times 10^{-2} \, M^{-2} \cdot s^{-1}$

   따라서 반응 속도식은 $v = 2.0 \times 10^{-2} [NO]^2[Cl_2]$ M/s이다.

탐구 분석

1. 온도가 일정할 때 Cl_2의 농도는 유지하면서 NO의 농도를 3배로 하면 반응 속도는 몇 배가 되는가?

2. 실험 1~3의 온도를 일정하게 실험해야 하는 이유는 무엇인가?

01 [20701-0379]
다음은 실생활에서 일어나는 4가지 반응이다.

(가) 과일이 익는 반응
(나) 불꽃 축제에서 폭죽이 터지는 반응
(다) 자전거의 철로 된 부분이 녹스는 반응
(라) 염화 나트륨 수용액에 질산 은 수용액을 떨어뜨렸을
  때 앙금이 생성되는 반응

(가)~(라)를 빠른 반응 2가지와 느린 반응 2가지로 구분하시오.

(1) 빠른 반응:

(2) 느린 반응:

02 [20701-0380]
1차 반응에 대한 설명으로 옳은 것만을 〈보기〉에서 있는
대로 고른 것은? (단, 온도는 일정하다.)

┌ 보기 ┐
ㄱ. 반응 속도는 반응물의 농도에 비례한다.
ㄴ. 시간이 지남에 따라 반응 속도는 감소한다.
ㄷ. 반응물의 농도가 $\frac{1}{2}$배로 되는 데 걸리는 시간은 반응
  물의 농도가 클수록 길다.

① ㄱ   ② ㄷ   ③ ㄱ, ㄴ
④ ㄴ, ㄷ   ⑤ ㄱ, ㄴ, ㄷ

03 [20701-0381]
다음은 A(g)가 반응하여 B(g)를 생성하는 반응의 화
학 반응식이다.

$$A(g) \longrightarrow 2B(g)$$

강철 용기에 일정량의 A(g)를 넣고 반응시킬 때, 반응 속도에
대한 설명으로 옳은 것만을 〈보기〉에서 있는 대로 고른 것은?
(단, 온도는 일정하다.)

┌ 보기 ┐
ㄱ. 시간이 흐르면서 A(g)의 농도는 점점 감소한다.
ㄴ. 반응 속도의 단위는 mol/L·s가 될 수 있다.
ㄷ. B(g)의 농도가 증가하는 속도는 A(g)의 농도가 감
  소하는 속도의 2배이다.

① ㄱ   ② ㄷ   ③ ㄱ, ㄴ
④ ㄴ, ㄷ   ⑤ ㄱ, ㄴ, ㄷ

04 [20701-0382]
그림 (가)~(다)는 반응의 빠르기를 측정하기 위한 장치
를 나타낸 것이다.

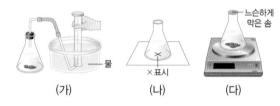

(가)   (나)   (다)

이에 대한 설명으로 옳은 것만을 〈보기〉에서 있는 대로 고른 것은?

┌ 보기 ┐
ㄱ. (가)는 생성되는 기체가 물에 잘 녹는 반응에는 이용
  하기 어렵다.
ㄴ. (나)에서 ×표시가 보이지 않게 될 때까지 걸린 시간
  이 길수록 반응은 빠르다.
ㄷ. (다)에서 측정되는 질량의 감소는 생성되는 기체의
  질량이다.

① ㄱ   ② ㄴ   ③ ㄷ
④ ㄱ, ㄷ   ⑤ ㄴ, ㄷ

05 [20701-0383]
그림은 반응 A(g) ⟶ 2B(g)에서 시간에 따른 생성
물 B의 농도를 나타낸 것이다.

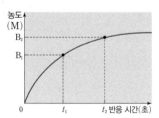

t_1~t_2초에서의 평균 반응 속도로 옳은 것은? (단, 온도는 일정
하다.)

① $\dfrac{B_1+B_2}{t_1+t_2}$ ② $\dfrac{B_2-B_1}{t_1+t_2}$ ③ $\dfrac{B_1+B_2}{t_2-t_1}$

④ $\dfrac{B_2-B_1}{t_2-t_1}$ ⑤ $\dfrac{B_1-B_2}{t_2-t_1}$

06 [20701-0384] 그림은 충분한 양의 묽은 염산에 일정량의 마그네슘 조각을 넣었을 때 시간에 따른 생성되는 기체의 부피를 나타낸 것이다.

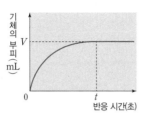

이에 대한 설명으로 옳은 것만을 〈보기〉에서 있는 대로 고른 것은?

┌ 보기 ┐
ㄱ. 0~t초 사이에는 반응 시간이 경과함에 따라 반응 속도가 느려진다.
ㄴ. t초 이후에 반응 속도는 0이다.
ㄷ. 0~t초 사이의 평균 반응 속도는 $\dfrac{V}{2}$ mL/초이다.

① ㄱ　　② ㄴ　　③ ㄷ　　④ ㄱ, ㄴ　　⑤ ㄴ, ㄷ

07 [20701-0385] 표는 반응 A ─→ B에서 시간에 따른 A의 농도 변화를 측정한 결과이다.

시간(분)	0	1	2	3
[A](mol/L)	2.0	1.4	1.0	0.7

이에 대한 설명으로 옳은 것만을 〈보기〉에서 있는 대로 고른 것은? (단, 온도는 일정하다.)

┌ 보기 ┐
ㄱ. 4분일 때 A의 농도는 0.5 mol/L이다.
ㄴ. 시간이 지날수록 반응 속도는 감소한다.
ㄷ. 2~3분 사이의 평균 반응 속도는 0.3 mol/L·분이다.

① ㄱ　② ㄷ　③ ㄱ, ㄴ　④ ㄴ, ㄷ　⑤ ㄱ, ㄴ, ㄷ

08 [20701-0386] 표는 반응물 A가 분해되는 1차 반응에서 반응 시간에 따른 A의 농도를 측정한 결과이다. (단, 온도는 일정하다.)

반응 시간(초)	0	20	50	(가)	100
농도(M)	0.40	0.28	0.20	0.14	0.10

(1) (가)를 구하시오.

(2) 같은 온도에서 반응물 A의 초기 농도가 0.06 M일 때, A의 농도가 0.015 M이 될 때까지 걸리는 시간을 구하시오.

09 [20701-0387] 표는 마그네슘 조각을 충분한 양의 묽은 염산에 넣고 반응시킬 때, 발생하는 수소 기체의 부피를 10초 간격으로 측정한 결과이다.

반응 시간(초)	0	10	20	30	40	50	60	70
수소 기체의 부피(mL)	0	55	95	120	135	145	150	150

이에 대한 설명으로 옳은 것만을 〈보기〉에서 있는 대로 고른 것은? (단, 온도는 일정하다.)

┌ 보기 ┐
ㄱ. 반응이 일어나는 동안 반응 속도는 감소한다.
ㄴ. 평균 반응 속도는 10~20초에서가 40~50초에서의 4배이다.
ㄷ. 순간 반응 속도는 10초일 때가 50초일 때보다 크다.

① ㄱ　　② ㄷ　　③ ㄱ, ㄴ
④ ㄴ, ㄷ　　⑤ ㄱ, ㄴ, ㄷ

10 [20701-0388] 그림은 20 ℃에서 N_2O_5의 분해 반응에서 시간에 따른 N_2O_5의 농도를 나타낸 것이다.

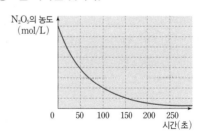

이에 대한 설명으로 옳은 것만을 〈보기〉에서 있는 대로 고른 것은?

┌ 보기 ┐
ㄱ. 반응 속도는 N_2O_5의 농도에 비례한다.
ㄴ. 반응 시간이 경과함에 따라 반응 속도 상수는 감소한다.
ㄷ. 0~50초 사이의 평균 반응 속도와 50~100초 사이의 평균 반응 속도는 같다.

① ㄱ　　② ㄴ　　③ ㄷ
④ ㄱ, ㄷ　　⑤ ㄴ, ㄷ

11 [20701-0389] 그림은 어떤 반응에서 반응물의 농도에 따른 반응 속도를 나타낸 것이다.

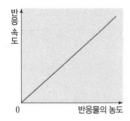

이에 대한 설명으로 옳은 것만을 〈보기〉에서 있는 대로 고른 것은? (단, 온도는 일정하다.)

┌ 보기 ┐
ㄱ. 반응 속도는 반응물의 농도와 관계없이 일정하다.
ㄴ. 일정한 크기의 용기에 반응물을 넣고 반응시킬 때 반응이 진행됨에 따라 반응 속도는 감소한다.
ㄷ. 반응 속도 상수는 반응물의 농도에 관계없이 일정하다.

① ㄱ ② ㄷ ③ ㄱ, ㄴ ④ ㄴ, ㄷ ⑤ ㄱ, ㄴ, ㄷ

12 [20701-0390] 그림은 물질 X의 분해 반응에서 시간에 따른 반응물 X의 농도를 나타낸 것이다.

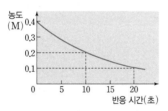

이에 대한 설명으로 옳은 것만을 〈보기〉에서 있는 대로 고른 것은? (단, 온도는 t °C로 일정하다.)

┌ 보기 ┐
ㄱ. 5초일 때의 순간 반응 속도가 10초일 때의 순간 반응 속도보다 크다.
ㄴ. t °C에서 초기 X의 농도를 1.0 M로 하였을 때 20초 후 X의 농도는 0.25 M이다.
ㄷ. 10~20초 사이의 평균 반응 속도는 0.01 M/초이다.

① ㄱ ② ㄷ ③ ㄱ, ㄴ ④ ㄴ, ㄷ ⑤ ㄱ, ㄴ, ㄷ

13 [20701-0391] 그림은 일정한 온도에서 $A(g)$가 반응하여 $B(g)$를 생성하는 반응을 시간에 따른 모형으로 나타낸 것이다.

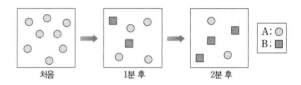

이에 대한 설명으로 옳은 것만을 〈보기〉에서 있는 대로 고른 것은?

┌ 보기 ┐
ㄱ. 화학 반응식은 $2A(g) \longrightarrow B(g)$가 적절하다.
ㄴ. 반응 속도식은 $v = k[A]$이다.
ㄷ. $A(g)$의 반감기는 2분이다.

① ㄱ ② ㄷ ③ ㄱ, ㄴ ④ ㄴ, ㄷ ⑤ ㄱ, ㄴ, ㄷ

[14~15] 표는 반응 $A(g) + B(g) \longrightarrow C(g)$에서 반응물의 초기 농도에 따른 초기 반응 속도를 나타낸 것이다. (단, 온도는 일정하다.)

실험	반응물의 초기 농도(M)		초기 반응 속도(M/s)
	[A]	[B]	
I	0.10	0.10	0.012
II	0.10	0.20	0.048
III	0.20	0.10	0.024

14 [20701-0392] 이 반응의 반응 속도식과 반응 속도 상수로 옳은 것은?

반응 속도식 　　　반응 속도 상수
① $v = k[A][B]$ 　　$0.12 \, M^{-1} \cdot s^{-1}$
② $v = k[A][B]$ 　　$12 \, M^{-1} \cdot s^{-1}$
③ $v = k[A][B]^2$ 　$1.2 \, M^{-2} \cdot s^{-1}$
④ $v = k[A][B]^2$ 　$12 \, M^{-2} \cdot s^{-1}$
⑤ $v = k[A][B]^2$ 　$24 \, M^{-2} \cdot s^{-1}$

15 [20701-0393] A와 B의 초기 농도가 각각 0.2 M일 때 초기 반응 속도 (M/s)로 옳은 것은?

① 0.024 ② 0.048 ③ 0.096
④ 0.24 ⑤ 0.48

16 [20701-0394] 그림은 반응 X ⟶ Y에서 X의 초기 농도를 달리하여 반응시켰을 때 시간에 따른 X의 농도를 나타낸 것이다.

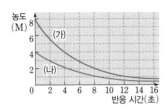

이에 대한 설명으로 옳은 것만을 〈보기〉에서 있는 대로 고른 것은? (단, 온도는 일정하다.)

┌─ 보기 ┌
ㄱ. (가)에서와 (나)에서 반응 속도 상수는 같다.
ㄴ. (가)에서와 (나)에서 반감기는 같다.
ㄷ. (나)에서의 초기 반응 속도와 (가)에서의 4초일 때의 순간 반응 속도는 같다.

① ㄱ   ② ㄷ   ③ ㄱ, ㄴ
④ ㄴ, ㄷ   ⑤ ㄱ, ㄴ, ㄷ

17 [20701-0395] 그림은 강철 용기에 A(g)를 넣고 반응 A(g) ⟶ B(g)이 일어날 때 시간에 따른 A의 농도를 나타낸 것이다.

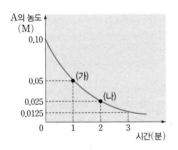

이에 대한 설명으로 옳은 것만을 〈보기〉에서 있는 대로 고른 것은? (단, 온도는 일정하다.)

┌─ 보기 ┌
ㄱ. 순간 반응 속도는 (나)에서가 (가)에서의 $\frac{1}{2}$배이다.
ㄴ. 반응 속도 상수는 (가)에서와 (나)에서 같다.
ㄷ. B의 농도는 (나)에서가 (가)에서의 2배이다.

① ㄱ   ② ㄷ   ③ ㄱ, ㄴ
④ ㄴ, ㄷ   ⑤ ㄱ, ㄴ, ㄷ

18 [20701-0396] 표는 반응 A(g) ⟶ bB(g)에 대하여 강철 용기에 A(g)를 넣고 반응시켰을 때, 시간에 따른 반응물과 생성물의 농도 합([A]+[B])을 나타낸 것이다. 반감기는 t분으로 일정하다. b는 반응 계수이다.

반응 시간(분)	0	t	$2t$	$3t$
[A]+[B]	4	x	y	7.5

$\dfrac{x+y}{b}$ 는?

① 5   ② 5.5   ③ 6   ④ 6.5   ⑤ 7

19 [20701-0397] 화학 반응에서 유효 충돌과 활성화 에너지에 대한 설명으로 옳은 것은?

① 활성화 에너지가 큰 반응은 반응 속도 상수가 크다.
② 정반응의 활성화 에너지가 역반응의 활성화 에너지보다 크면 발열 반응이다.
③ 활성화 에너지 이상의 에너지를 가진 반응물 입자가 충돌하면 모두 유효 충돌이다.
④ 활성화 에너지보다 낮은 에너지를 갖는 입자도 충돌 방향에 따라 유효 충돌이 될 수 있다.
⑤ 유효 충돌을 한 반응물 입자가 생성물로 될 수 있으므로 유효 충돌이 많을수록 반응 속도가 빠르다.

20 [20701-0398] 그림은 어떤 반응의 반응의 진행에 따른 에너지를 나타낸 것이다.
이에 대한 설명으로 옳은 것만을 〈보기〉에서 있는 대로 고른 것은?

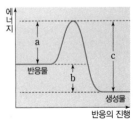

┌─ 보기 ┌
ㄱ. a보다 큰 에너지를 가진 반응물 입자만이 충돌했을 때 반응할 수 있다.
ㄴ. b가 클수록 정반응의 반응 속도 상수는 커진다.
ㄷ. 반응이 진행되면 c에 해당하는 에너지를 방출한다.

① ㄱ   ② ㄷ   ③ ㄱ, ㄴ   ④ ㄴ, ㄷ   ⑤ ㄱ, ㄴ, ㄷ

01 [20701-0399]

다음은 화학 반응의 빠르기에 대한 설명이다.

우리 주변에서 일어나는 화학 반응의 빠르기는 다양하다. (가) 반응이 일어나는 시간이 짧아 변화를 바로 알 수 있는 반응도 있고, (나) 오랜 시간이 지난 뒤에야 변화가 일어난 것을 알 수 있는 반응도 있다.

〈보기〉의 4가지 화학 반응을 (가)와 (나)로 2가지씩 나눌 때, (가)와 (나)에 해당하는 예를 각각 옳게 고른 것은?

┌ 보기 ┌
ㄱ. 마그네슘이 연소한다.
ㄴ. 석회 동굴이 생성된다.
ㄷ. 방치한 자전거에 녹이 슨다.
ㄹ. 폭약이 폭발한다.

	(가)	(나)
①	ㄱ, ㄷ	ㄴ, ㄹ
②	ㄱ, ㄹ	ㄴ, ㄷ
③	ㄴ, ㄷ	ㄱ, ㄹ
④	ㄴ, ㄹ	ㄱ, ㄷ
⑤	ㄷ, ㄹ	ㄱ, ㄴ

02 [20701-0400]

그림은 묽은 염산(HCl)과 탄산 칼슘($CaCO_3$)이 반응할 때의 반응 속도를 측정하는 실험 장치를 나타낸 것이다.

이에 대한 설명으로 옳은 것만을 〈보기〉에서 있는 대로 고른 것은? (단, 온도는 일정하다.)

┌ 보기 ┌
ㄱ. 기체가 발생하여 플라스크 속 물질의 질량이 감소한다.
ㄴ. 측정한 반응 속도의 단위는 mL/분으로 나타낸다.
ㄷ. 시간이 지남에 따라 저울의 표시 값은 감소한다.

① ㄱ   ② ㄴ   ③ ㄷ
④ ㄱ, ㄴ   ⑤ ㄱ, ㄷ

03 [20701-0401]

그림은 A가 반응하여 B를 생성하는 반응에서 시간에 따른 A와 B의 농도를 나타낸 것이다.

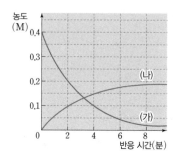

이에 대한 설명으로 옳은 것만을 〈보기〉에서 있는 대로 고른 것은? (단, 온도는 일정하다.)

┌ 보기 ┌
ㄱ. 화학 반응식은 $2A \longrightarrow B$가 적절하다.
ㄴ. (가)는 A의 농도 변화 그래프이다.
ㄷ. 반응 속도 상수가 k일 때 반응 속도는 $v=k[A]$로 나타낼 수 있다.

① ㄱ   ② ㄴ   ③ ㄱ, ㄷ
④ ㄴ, ㄷ   ⑤ ㄱ, ㄴ, ㄷ

04 [20701-0402]

표는 $A(g)$와 $B(g)$가 반응하여 $C(g)$를 생성하는 반응에서 반응물의 농도에 따른 초기 반응 속도를 나타낸 것이다. (단, 온도는 일정하다.)

실험	초기 농도(M)		초기 반응 속도(M/s)
	A	B	
I	0.1	0.1	0.1
II	0.2	0.1	0.1
III	0.3	0.2	0.2

(1) 반응 속도식을 쓰시오. (단, 반응 속도 상수는 k이다.)

(2) 반응 속도 상수 k를 단위와 함께 구하시오.

(3) $[A]=0.5$ M, $[B]=0.5$ M일 때의 반응 속도를 구하시오.

05 [20701-0403] 다음은 A(g)가 반응하여 B(g)를 생성하는 반응의 화학 반응식이다.

$$A(g) \longrightarrow 2B(g)$$

표는 강철 용기에 일정량의 A(g)를 넣고 반응시킬 때, 시간에 따른 A(g)의 부분 압력을 나타낸 것이다.

시간(분)	0	1	2	3
A(g)의 부분 압력(기압)	4.0	2.8	2.0	1.4

이에 대한 설명으로 옳은 것만을 〈보기〉에서 있는 대로 고른 것은? (단, 온도는 일정하다.)

┌ 보기 ┌
ㄱ. 반응 속도식에서 A의 반응 차수는 1이다.
ㄴ. B의 부분 압력은 3분일 때가 1분일 때의 2배이다.
ㄷ. 4분일 때 B의 부분 압력은 3기압이다.

① ㄱ　② ㄷ　③ ㄱ, ㄴ　④ ㄱ, ㄷ　⑤ ㄴ, ㄷ

06 [20701-0404] 다음은 A(g)가 반응하여 B(g)를 생성하는 반응의 화학 반응식이다.

$$A(g) \longrightarrow B(g)$$

그림은 강철 용기에 일정량의 A(g)를 넣고 반응시킬 때, 시간에 따른 B(g)의 농도를 나타낸 것이다. 이 반응은 반감기가 t초인 1차 반응이다.

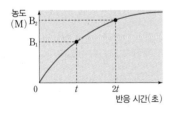

이에 대한 설명으로 옳은 것만을 〈보기〉에서 있는 대로 고른 것은? (단, 온도는 일정하다.)

┌ 보기 ┌
ㄱ. A의 농도는 $2t$초일 때 (B_2-B_1) M이다.
ㄴ. B의 농도는 $2t$초일 때가 t초일 때의 2배이다.
ㄷ. $2t$초일 때의 순간 반응 속도는 초기 반응 속도의 $\frac{1}{4}$배이다.

① ㄱ　② ㄷ　③ ㄱ, ㄴ　④ ㄱ, ㄷ　⑤ ㄴ, ㄷ

07 [20701-0405] 다음은 A(g)와 B(g)가 반응하여 C(g)를 생성하는 반응의 화학 반응식이다.

$$aA(g)+bB(g) \longrightarrow C(g) \ (a, b\text{는 반응 계수})$$

표는 강철 용기에 A(g)와 B(g)를 넣고 반응시킬 때, 반응 전과 반응 시작 후 t초가 되었을 때 A와 B의 농도를 나타낸 것이다.

실험	A의 농도(M)		B의 농도(M)	
	반응 전	t초	반응 전	t초
1	0.4	0.3	0.4	0.2
2	0.4	0.3	0.8	0.6
3	0.8	0.6	0.8	0.4

이에 대한 설명으로 옳은 것만을 〈보기〉에서 있는 대로 고른 것은? (단, 온도는 일정하다.)

┌ 보기 ┌
ㄱ. $a:b=1:2$이다.
ㄴ. 반응 속도식에서 전체 반응 차수는 1이다.
ㄷ. 실험 1과 실험 2의 반응 속도는 같다.

① ㄱ　② ㄴ　③ ㄱ, ㄷ　④ ㄴ, ㄷ　⑤ ㄱ, ㄴ, ㄷ

08 [20701-0406] 그림은 A가 반응하여 B를 생성하는 1차 반응에서 시간에 따른 A의 농도를 나타낸 것이다.

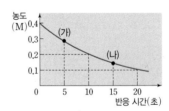

(가)와 (나)를 비교한 것으로 옳은 것만을 〈보기〉에서 있는 대로 고른 것은? (단, 온도는 일정하다.)

┌ 보기 ┌
ㄱ. 반응 속도 상수는 (가)에서가 (나)에서의 2배이다.
ㄴ. 순간 반응 속도는 (가)에서가 (나)에서의 2배이다.
ㄷ. A의 농도는 (가)에서가 (나)에서의 2배이다.

① ㄱ　② ㄴ　③ ㄱ, ㄷ　④ ㄴ, ㄷ　⑤ ㄱ, ㄴ, ㄷ

09 [20701-0407]
그림은 반응 X ⟶ Y에서 X의 초기 농도에 따른 반응 속도(v)를 나타낸 것이다.

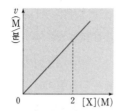

일정한 온도에서 강철 용기에 X를 넣고 반응시킬 때, 이 반응에 대한 그래프로 적절한 것만을 〈보기〉에서 있는 대로 고른 것은?

〈보기〉

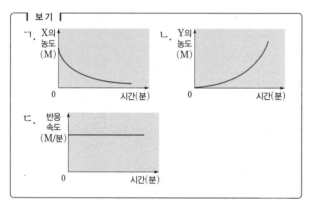

ㄱ. X의 농도(M)
ㄴ. Y의 농도(M)
ㄷ. 반응 속도(M/분)

① ㄱ ② ㄴ ③ ㄷ ④ ㄱ, ㄴ ⑤ ㄱ, ㄷ

10 [20701-0408]
다음은 기체 A가 분해되어 기체 B와 C를 생성하는 반응의 화학 반응식이다.

$$2A(g) \longrightarrow B(g) + C(g)$$

표는 A(g)의 초기 농도에 따른 반응 속도를 나타낸 것이다.

실험	A(g)의 초기 농도(M)	초기 반응 속도(M/s)
1	0.05	1.5×10^{-3}
2	0.10	3.0×10^{-3}
3	a	6.3×10^{-4}

이에 대한 설명으로 옳은 것만을 〈보기〉에서 있는 대로 고른 것은? (단, 온도는 일정하며, k는 반응 속도 상수이다.)

〈보기〉
ㄱ. a는 0.021이다.
ㄴ. 반응 속도식은 $v = k[A]^2$이다.
ㄷ. 반응 속도 상수(k)는 3.0×10^{-2} s^{-1}이다.

① ㄱ ② ㄴ ③ ㄷ
④ ㄱ, ㄷ ⑤ ㄴ, ㄷ

11 [20701-0409]
그림은 강철 용기에 A_2와 B_2를 같은 농도로 넣고, 반응 $2A_2 + B_2 \longrightarrow 2A_2B$이 일어날 때, 시간에 따른 2가지 물질의 농도를 나타낸 것이다.

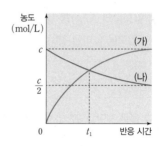

이에 대한 설명으로 옳은 것만을 〈보기〉에서 있는 대로 고른 것은? (단, 온도는 일정하나.)

〈보기〉
ㄱ. (가)는 A_2B의 농도이다.
ㄴ. 평균 반응 속도는 $0 \sim t_1$에서가 $t_1 \sim 2t_1$에서보다 빠르다.
ㄷ. 시간 t_1에서 B_2의 몰 분율은 0.4이다.

① ㄱ ② ㄴ ③ ㄱ, ㄷ ④ ㄴ, ㄷ ⑤ ㄱ, ㄴ, ㄷ

12 [20701-0410]
다음은 기체 A가 기체 B와 C를 생성하는 반응의 화학 반응식이다.

$$2A(g) \longrightarrow bB(g) + C(g) \ (b\text{는 반응 계수})$$

표는 강철 용기에 A(g)를 넣고 반응시킬 때, 시간에 따른 A(g)의 부분 압력(P_A)과 전체 압력(P_T)을 나타낸 것이다.

시간(초)	0	t	$2t$	$3t$
P_A(기압)	3.2	1.6		
P_T(기압)		4.8	5.6	6.0

이에 대한 설명으로 옳은 것만을 〈보기〉에서 있는 대로 고른 것은? (단, 온도는 일정하다.)

〈보기〉
ㄱ. $b = 4$이다.
ㄴ. 반응물 A(g)에 대한 2차 반응이다.
ㄷ. $2t$초일 때 C의 부분 압력은 1.2기압이다.

① ㄱ ② ㄷ ③ ㄱ, ㄴ ④ ㄴ, ㄷ ⑤ ㄱ, ㄴ, ㄷ

13 [20701-0411]
그림 (가)와 (나)는 반응 A ⟶ B와 반응 X ⟶ Y에서 각각 A와 X의 농도에 따른 반응 속도를 나타낸 것이다.

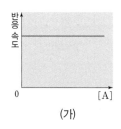
(가)

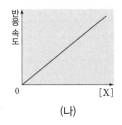
(나)

이에 대한 설명으로 옳은 것만을 〈보기〉에서 있는 대로 고른 것은?

보기
ㄱ. (가)는 1차 반응이다.
ㄴ. (나)에서 반응 속도는 반응물의 농도에 비례한다.
ㄷ. (나)에서 X의 농도가 $\frac{1}{2}$배로 되는 데 걸리는 시간은 농도에 관계없이 일정하다.

① ㄱ   ② ㄷ   ③ ㄱ, ㄴ
④ ㄴ, ㄷ   ⑤ ㄱ, ㄴ, ㄷ

14 [20701-0412]
그림은 강철 용기에서 반응 aA(g) ⟶ bB(g)이 일어날 때, 반응 시간에 따른 A와 B의 농도를 나타낸 것이다.

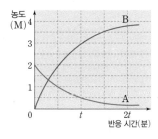

이에 대한 설명으로 옳은 것만을 〈보기〉에서 있는 대로 고른 것은? (단, a, b는 반응 계수이며, 온도는 일정하다.)

보기
ㄱ. $a : b = 2 : 1$이다.
ㄴ. 반응 시간에 따라 반응 속도는 변하지 않는다.
ㄷ. A의 초기 농도를 0.4 M로 하여 실험했을 때 0.1 M로 되는 데 걸리는 시간은 t분이다.

① ㄱ   ② ㄷ   ③ ㄱ, ㄴ
④ ㄴ, ㄷ   ⑤ ㄱ, ㄴ, ㄷ

15 [20701-0413]
그림은 일정한 온도에서 $2HI(g) \rightleftharpoons H_2(g) + I_2(g)$ 반응에서 반응의 진행에 따른 에너지 변화를 나타낸 것이다.

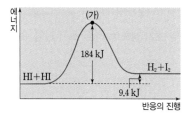

이에 대한 설명으로 옳은 것만을 〈보기〉에서 있는 대로 고른 것은?

보기
ㄱ. (가)는 HI의 결합이 모두 끊어진 상태이다.
ㄴ. 역반응의 활성화 에너지는 193.4 kJ/mol이다.
ㄷ. 반응물의 엔탈피가 생성물의 엔탈피보다 작다.

① ㄱ   ② ㄴ   ③ ㄷ
④ ㄱ, ㄷ   ⑤ ㄴ, ㄷ

16 [20701-0414]
그림은 어떤 반응에서 반응의 진행에 따른 에너지 변화를 나타낸 것이다.

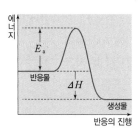

이에 대한 설명으로 옳은 것만을 〈보기〉에서 있는 대로 고른 것은?

보기
ㄱ. 반응이 진행되면 주위로 열을 방출한다.
ㄴ. 반응이 진행되면 E_a에 해당하는 에너지를 방출한다.
ㄷ. 역반응의 활성화 에너지는 $|\Delta H| + E_a$이다.

① ㄱ   ② ㄴ   ③ ㄷ
④ ㄱ, ㄷ   ⑤ ㄴ, ㄷ

[20701-0415]

01 다음은 기체 A와 B가 반응하여 기체 C를 생성하는 반응의 화학 반응식이다.

$$A(g) + B(g) \longrightarrow 2C(g)$$

표는 A와 B의 초기 농도에 따른 초기 반응 속도를 나타낸 것이다.

실험	초기 농도(M)		초기 반응 속도(M/s)
	A	B	
I	1.0	2.0	0.1
II	2.0	1.0	0.1
III	3.0	2.0	0.3

이에 대한 설명으로 옳은 것만을 〈보기〉에서 있는 대로 고른 것은? (단, 온도는 일정하며, k는 반응 속도 상수이다.)

┌ 보기 ┐
ㄱ. 반응 속도식은 $v = k[A][B]$이다.
ㄴ. 반응 속도 상수(k)의 단위는 $M^{-2} \cdot s^{-1}$이다.
ㄷ. [A]=[B]=0.1 M일 때 반응 속도는 5×10^{-4} M/s이다.

① ㄴ   ② ㄷ   ③ ㄱ, ㄴ   ④ ㄱ, ㄷ   ⑤ ㄱ, ㄴ, ㄷ

[20701-0416]

02 다음은 $A(g)$가 반응하여 $B(g)$를 생성하는 화학 반응식이다.

$$2A(g) \longrightarrow B(g)$$

그림은 강철 용기에 일정량의 $A(g)$를 넣고 반응시킬 때, 시간에 따른 $B(g)$의 농도를 나타낸 것이다.

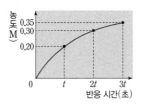

이에 대한 설명으로 옳은 것만을 〈보기〉에서 있는 대로 고른 것은? (단, 온도는 일정하다.)

┌ 보기 ┐
ㄱ. 반감기가 t초인 반응이다.
ㄴ. 이 반응은 A에 대하여 2차 반응이다.
ㄷ. 반응 전 강철 용기에 들어 있는 $A(g)$의 초기 농도는 0.4 M이다.

① ㄱ   ② ㄴ   ③ ㄷ   ④ ㄱ, ㄴ   ⑤ ㄱ, ㄷ

[20701-0417]

03 표는 반응 A ⟶ 2B에서 시간에 따른 반응 속도와 B의 농도를 나타낸 것이다.

시간(초)	0	t	$2t$	$3t$
반응 속도 (M/s)	4.0×10^{-2}	2.0×10^{-2}	1.0×10^{-2}	0.5×10^{-2}
[B](M)	0	2	3	3.5

이에 대한 설명으로 옳은 것만을 〈보기〉에서 있는 대로 고른 것은? (단, 온도는 일정하다.)

┌ 보기 ┐
ㄱ. $2t$초일 때 A의 농도는 0.5 M이다.
ㄴ. 반응 속도 상수는 0.5×10^{-2} s^{-1}이다.
ㄷ. A의 초기 농도를 8 M로 실험하면 $3t$초일 때 B의 농도는 12 M이 된다.

① ㄱ   ② ㄷ   ③ ㄱ, ㄴ   ④ ㄴ, ㄷ   ⑤ ㄱ, ㄴ, ㄷ

[20701-0418]

04 그림은 반응 A ⟶ 2B에서 반응물의 농도에 따른 반응 속도(v)를 나타낸 것이다.

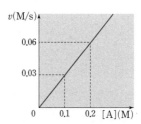

이에 대한 설명으로 옳은 것만을 〈보기〉에서 있는 대로 고른 것은? (단, 온도는 일정하다.)

┌ 보기 ┐
ㄱ. 반응 속도 상수는 0.3 s^{-1}이다.
ㄴ. A의 초기 농도가 0.8 M일 때 초기 반응 속도는 0.12 M/s이다.
ㄷ. [A]가 0.3 M에서 0.2 M로 줄어드는 데 걸리는 시간은 0.2 M에서 0.1 M로 줄어드는 데 걸리는 시간보다 짧다.

① ㄱ   ② ㄴ   ③ ㄱ, ㄷ   ④ ㄴ, ㄷ   ⑤ ㄱ, ㄴ, ㄷ

05 [20701-0419]
표는 A와 B를 각각 반응물로 하는 반응 (가), (나)에서 시간에 따른 반응물의 농도를 나타낸 것이다.

반응	화학 반응식	반응물의 농도(M)			
		0초	10초	20초	30초
(가)	$2A \longrightarrow P$	1.6	1.1	0.8	0.55
(나)	$B \longrightarrow Q$	2.0	1.0	0.5	0.25

이에 대한 설명으로 옳은 것만을 〈보기〉에서 있는 대로 고른 것은? (단, 온도는 두 반응이 같고 일정하다.)

┌ 보기 ┐
ㄱ. 반응물의 반응 차수는 (가)가 (나)보다 크다.
ㄴ. 반응 속도 상수는 (가)가 (나)보다 크다.
ㄷ. 반응 속도 상수의 단위는 (가)와 (나)가 같다.
└──────┘

① ㄱ   ② ㄴ   ③ ㄷ
④ ㄱ, ㄷ   ⑤ ㄴ, ㄷ

06 [20701-0420]
그림은 반응 $A(g) \longrightarrow B(g) + cC(g)$ (c는 반응 계수)이 강철 용기에서 일어날 때, 시간에 따른 B와 C의 농도를 나타낸 것이다.

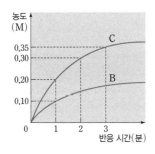

이에 대한 설명으로 옳은 것만을 〈보기〉에서 있는 대로 고른 것은? (단, 온도는 일정하다.)

┌ 보기 ┐
ㄱ. A의 초기 농도는 0.4 M이다.
ㄴ. 2분일 때 $\dfrac{[B]+[C]}{[A]}=9$이다.
ㄷ. 반응 속도는 2분일 때가 1분일 때의 2배이다.
└──────┘

① ㄱ   ② ㄴ   ③ ㄷ
④ ㄱ, ㄴ   ⑤ ㄴ, ㄷ

07 [20701-0421]
표는 반응 $A(g) \longrightarrow 2B(g)$에 대하여 강철 용기에 $A(g)$를 넣고 반응시킬 때, 시간에 따른 반응물과 생성물의 몰 농도의 합([A]+[B])을 나타낸 것이다. 반감기는 30초로 일정하다.

시간(초)	0	30	60	90
[A]+[B] (M)	(가)	0.12	0.14	0.15

이에 대한 설명으로 옳은 것만을 〈보기〉에서 있는 대로 고른 것은? (단, 온도는 일정하다.)

┌ 보기 ┐
ㄱ. (가)는 0.08이다.
ㄴ. 순간 반응 속도는 30초일 때가 60초일 때의 2배이다.
ㄷ. A의 초기 농도를 1.0 M로 하여 반응시키면 30초 후 B의 농도는 1.0 M이다.
└──────┘

① ㄱ   ② ㄷ   ③ ㄱ, ㄴ   ④ ㄴ, ㄷ   ⑤ ㄱ, ㄴ, ㄷ

08 [20701-0422]
그림은 반응 $2A(g) \longrightarrow B(g)$에서 반응물 $A(g)$의 농도에 따른 반응 속도(v)를 나타낸 것이다.

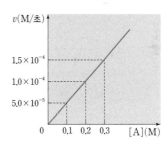

표는 강철 용기에 $A(g)$를 넣고 반응시킬 때, 시간에 따른 B의 양(mol)을 나타낸 것이다.

시간(초)	0	t	$2t$
B의 양(mol)	0	1.2	1.8

이에 대한 설명으로 옳지 않은 것은? (단, 온도는 일정하다.)

① 반감기가 t초인 1차 반응이다.
② A의 초기 양(mol)은 4.8몰이다.
③ 반응 속도 상수는 $5 \times 10^{-4} \, \mathrm{s}^{-1}$이다.
④ $2t$초일 때 기체의 몰 비는 A : B$=2$: 3이다.
⑤ 강철 용기 속 기체의 총 몰 비는 t초 : $2t$초$=3$: 2이다.

9 반응 속도에 영향을 미치는 요인

- 반응물의 농도가 반응 속도에 미치는 영향을 확인하고 이해하기
- 온도가 달라졌을 때 반응 속도가 어떻게 달라지는지 이해하기
- 촉매가 있을 때와 없을 때의 반응 속도를 비교하고 이해하기

한눈에 단원 파악, 이것이 핵심!

반응물의 농도는 반응 속도에 어떤 영향을 미칠까?

용액에서 반응물의 농도를 증가시킨다.

기체 반응에서 압력을 증가시킨다.

고체가 반응할 때 잘게 쪼개 표면적을 증가시킨다.

→ 반응물 입자 사이의 충돌 횟수가 증가한다.

→ 충돌 횟수가 증가하면 반응하는 입자의 수가 많아져 반응 속도가 빨라진다.

온도가 높아지면 반응 속도는 어떻게 될까?

온도를 높인다.

↓

반응물 입자의 운동 에너지가 증가한다.

↓

활성화 에너지 이상의 에너지를 가진 입자의 수가 증가한다.

↓

유효 충돌하는 입자의 수가 증가한다.

↓

반응 속도가 빨라진다.

촉매를 넣으면 반응 속도는 어떻게 될까?

정촉매를 넣는다.

↓

활성화 에너지가 감소한다.

↓

활성화 에너지 이상의 에너지를 가진 입자의 수가 증가한다.

↓

반응 속도가 빨라진다.

부촉매를 넣는다.

↓

활성화 에너지가 증가한다.

↓

활성화 에너지 이상의 에너지를 가진 입자의 수가 감소한다.

↓

반응 속도가 느려진다.

농도와 반응 속도

1 농도 변화와 반응 속도

(1) 농도의 충돌 횟수에 대한 영향

① 액체 상태의 반응에서 반응물의 농도가 증가하면 단위 부피당 반응물 입자의 수가 증가한다.

② 단위 부피당 반응물 입자의 수가 증가하면 같은 시간 동안 충돌하는 반응물 입자의 수가 증가한다.

③ 일정한 크기의 용기에 A와 B를 1개씩 넣었을 때는 ❶충돌 횟수가 1이지만 A의 수를 2개로 하면 충돌 횟수가 2가 되고, B의 수를 2개로 하면 총 충돌 횟수가 4가 되는 등 충돌 횟수는 단위 부피당 입자의 수에 비례한다.

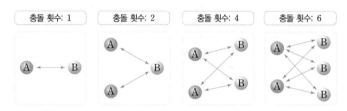

(2) 농도의 반응 속도에 대한 영향: 같은 시간 동안 단위 부피당 반응물 입자 간의 충돌 횟수가 많아지면 반응할 수 있는 입자의 수도 많아지므로 반응 속도는 빨라진다.

$$\boxed{\text{농도 증가}} \implies \boxed{\text{충돌 횟수 증가}} \implies \boxed{\text{반응 속도 증가}}$$

(3) 농도에 따른 반응 속도의 변화 예

① 강철 솜이 공기 중에서보다 산소가 들어 있는 집기병에서 빠르게 연소하는 것은 산소의 농도가 커서 반응 속도가 증가한 것이다.

② ❷석회석과 염산의 반응에서 염산의 농도를 증가시키면 반응 속도가 증가하여 이산화 탄소 기체가 더 빠르게 발생한다.

(4) 농도와 반응 속도식

① 반응 속도에 대한 농도의 영향은 반응 속도식에 반응물의 반응 차수로 표현된다.

② 화학 반응의 종류마다 농도가 반응 속도에 미치는 영향이 다르기 때문에 0차, 1차, 2차 등으로 ❸반응 차수는 다르다.

2 기체의 압력 변화와 반응 속도

(1) 기체의 ❹압력 변화와 충돌 횟수 변화

① 일정한 온도에서 기체의 부피가 감소하여 기체의 압력이 증가하면, 분자 사이의 거리가 가까워지고 단위 부피당 분자의 수가 증가한다.

② 단위 부피당 기체 분자의 수가 증가하면 서로 충돌하는 분자의 수도 증가한다.

THE 알기

❶ **충돌 횟수**
충돌 횟수가 증가하면 유효 충돌 횟수도 증가하고, 활성화물로 되는 반응물 입자의 수도 증가한다.

❷ **석회석과 염산의 반응**
충분한 양의 염산에 석회석을 넣어 이산화 탄소를 발생시킬 때 염산의 농도를 증가시키면 이산화 탄소가 생성되는 속도는 빨라진다. 그러나 석회석의 양이 일정하므로 생성되는 이산화 탄소의 총량은 일정하다.

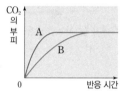

➡ 염산의 농도: A>B

❸ **반응 차수**
반응 속도식에서 해당 반응물의 농도기 반응 속도에 영향을 주는 정도를 나타낸다.

❹ **압력**
일정한 온도에서 기체 분자들은 일정한 평균 속력으로 운동하므로, 부피가 감소하면 압력이 커진다.

(2) 기체의 압력 변화가 반응 속도에 미치는 영향

① 기체의 부분 압력이 증가하여 같은 시간 동안 단위 부피에서 충돌하는 분자의 수가 증가하면 반응할 수 있는 분자의 수도 증가하므로 반응 속도는 빨라진다.

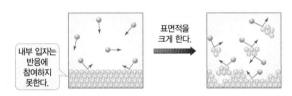

② 기체의 부분 압력이 감소하면 단위 부피당 충돌 횟수가 감소하므로 반응 속도는 느려진다.

❸ 고체의 표면적 변화와 반응 속도

(1) 반응물이 고체인 화학 반응

① 반응물이 고체일 때 고체 내부의 입자들은 다른 반응물과 충돌하지 못하므로 반응에 참여하지 못하고, 표면에 있는 입자들만 반응에 참여한다.

② 고체를 잘게 쪼개거나 가루로 만들면 ❶표면적이 넓어진다.

③ 고체의 표면적이 넓어지면 다른 반응물과 충돌하여 반응에 참여할 수 있는 입자의 수가 증가한다.

❶ 표면적
고체를 잘게 쪼개면 그림과 같이 표면적이 증가한다.

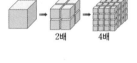

(2) 표면적의 증가가 반응 속도에 미치는 영향: 반응물이 고체일 경우 표면적을 크게 하면 다른 반응물과 충돌하는 입자의 수가 증가하여 반응에 참여하는 입자의 수가 증가하므로 반응 속도가 빨라진다.

(3) 표면적의 증가에 따른 반응 속도의 변화 예

① 먼지가 많은 탄광이나 밀가루 공장에서 폭발 사고가 잘 일어나는 것은 가루로 존재하는 석탄이나 밀가루가 공기 중의 산소와 반응하여 폭발을 일으키기 때문이다.

② 같은 성분의 약이라도 알약보다 가루약이 흡수가 빨라 효과가 빠르게 나타난다.

THE 들여다보기 **농도가 반응 속도에 영향을 미치는 이유**

1. 일정한 온도에서 분자들은 일정한 에너지 분포를 갖고 있으며, 활성화 에너지 이상의 에너지를 가지는 분자들의 비율도 일정하게 존재한다.
2. 농도가 증가하여 단위 부피당 분자의 수가 증가하면 단위 부피당 활성화 에너지 이상의 에너지를 가진 분자의 수도 같은 비율로 증가한다.
3. 단위 부피당 활성화 에너지 이상의 에너지를 가진 분자의 수가 증가하므로 반응에 참여하는 분자의 수가 증가하여 반응 속도가 빨라진다.

전체 농도가 2배가 될 때 활성화 에너지 이상의 에너지를 가진 분자(⬤)의 농도도 2배가 된다.

빈칸 완성

1. 일정한 온도에서 일정량의 기체가 들어 있는 용기에서 압력이 높아지면 기체의 부피가 (　　)지고, 기체 분자 사이의 거리가 (　　)진다.

2. 일정한 온도에서 반응물의 농도가 증가하면 반응물 입자 간의 충돌 횟수가 (　　)한다.

3. 일정량의 기체가 들어 있는 실린더의 부피를 감소시키면 단위 부피당 기체 분자의 수가 (　　)하고, 기체 분자들 사이의 거리가 (　　)져서, 기체 분자들 사이의 충돌 횟수가 (　　)한다.

4. 기체 반응에서 반응물인 기체의 부분 압력이 증가하면 단위 부피당 기체 분자의 수가 (　　)하고, 분자 간의 충돌 횟수가 (　　)한다.

5. 반응물이 고체인 화학 반응에서 고체를 잘게 쪼개어 (　　)이 증가하면 충돌 횟수가 (　　)한다.

6. 일정 부피에서 반응물 입자 간의 충돌 횟수가 증가하면 반응 속도는 (　　)한다.

7. 일정한 온도에서 그림과 같이 A와 B의 농도를 변화시켰을 때 A와 B의 충돌 횟수는 (나)가 (가)의 (　　)배이다.

(가)　　　　(나)

○X 문제

1. $A(g)$와 $B(g)$가 반응하여 $C(g)$가 생성되는 반응에서 그림과 같이 A와 B의 농도를 증가시켰을 때 나타나는 현상으로 옳은 것은 ○, 옳지 않은 것은 ×로 표시하시오.

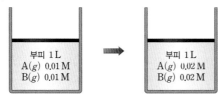

부피 1 L
$A(g)$ 0.01 M
$B(g)$ 0.01 M

부피 1 L
$A(g)$ 0.02 M
$B(g)$ 0.02 M

(1) 반응물 입자 A와 B 사이의 충돌 횟수가 증가한다.
(　　)

(2) 활성화 에너지 이상의 에너지를 가진 반응물 입자의 수가 증가한다. (　　)

(3) 활성화 에너지 이상의 에너지를 가진 반응물 입자의 비율이 증가한다. (　　)

(4) 반응물 입자들이 충돌하였을 때 유효 충돌을 하는 비율이 높아진다. (　　)

(5) 반응물 입자들이 충돌하여 활성화물로 되는 반응물 입자의 수가 증가한다. (　　)

2. 다음은 반응물의 농도 또는 표면적에 변화를 주어 반응 속도가 증가하는 사례이다. 농도가 증가하여 반응 속도가 증가한 경우에는 [농도], 표면적이 증가하여 반응 속도가 증가한 경우에는 [표면적]이라고 표시하시오.

(1) 고압 산소실에서 치료하면 회복이 빠르다.
(　　)

(2) 통나무를 작게 쪼갠 장작이 통나무보다 빨리 연소한다. (　　)

(3) 알약보다 가루약을 먹을 때 흡수가 빠르다.(　　)

(4) 마그네슘 리본을 묽은 염산에 넣으면 수소 기체가 발생하는데, 2 % 묽은 염산에 넣었을 때보다 4 % 묽은 염산에 넣었을 때 수소 기체의 발생 속도가 더 빠르다. (　　)

02 온도 및 촉매와 반응 속도

1 온도 변화와 반응 속도 변화

(1) 분자의 운동 에너지와 온도의 관계: 온도가 변하면 분자들의 평균 운동 에너지가 변한다.

① 기체 분자의 평균 운동 에너지는 절대 온도에 비례하므로 온도가 높을수록 운동 에너지가 큰 분자의 존재 비율이 커진다.

② 액체 상태의 분자도 온도가 높을수록 운동 에너지가 큰 분자의 비율이 증가한다.

(2) 온도와 반응 속도: 온도가 높아지면 ●분자 운동 속도가 증가하여 충돌 횟수가 증가하므로 반응 속도가 조금 빨라지기는 하지만, 온도가 10 ℃ 높아질 때 반응 속도가 2배 정도 빨라지는 것을 설명하지는 못한다.

① 온도가 높아져서 평균 분자 운동 에너지가 증가하면 활성화 에너지 이상의 에너지를 갖는 분자의 수가 증가한다.

② 부피가 일정할 때 활성화 에너지 이상의 에너지를 갖는 분자의 수가 증가하는 것은 반응에 참여할 수 있는 유효 충돌을 하는 분자의 비율이 증가하는 것이다.

③ $T_1 < T_2$일 때 전체 분자의 수는 같으나 활성화 에너지(E_a) 이상의 에너지를 갖는 분자의 수가 T_2에서가 T_1에서보다 더 많기 때문에 유효 충돌을 하는 분자의 수도 많고 반응 속도도 T_2에서가 T_1에서보다 크다.

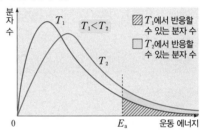

❶ 분자 운동 속도
기체 분자의 평균 분자 운동 에너지는 절대 온도에 비례하며 $\frac{1}{2}mv^2$이므로 온도가 2배가 되면 운동 속도는 $\sqrt{2}$배가 된다. 이는 실제로 온도가 10 ℃만 증가히여도 반응 속도가 2배가 되는 것은 설명하지 못한다.

(3) 온도와 반응 속도 상수(k)

① 반응물의 농도 변화 없이 반응 속도가 변하는 것은 반응 속도 상수(k)가 변하기 때문이다.

② 온도가 높아지면 반응 속도 상수(k)가 증가하여 반응 속도가 빨라진다.

(4) 온도 변화에 따른 반응 속도 변화의 예

① 냉장고에 음식물을 보관하는 것은 온도를 낮추어 음식물이 상하는 속도를 느리게 하기 위함이다.

② 겨울철에 비닐 하우스에서 채소를 재배하는 것은 온도를 높여 식물의 물질 대사 속도를 빠르게 하기 위함이다.

온도 변화와 반응물 및 생성물의 농도 변화

1. 묽은 염산에 탄산 칼슘을 넣어 반응시키면 CO_2가 발생한다.
2. 반응으로 발생하는 CO_2의 총량은 같으나 시간에 따른 기울기는 온도가 높은 A가 B보다 크다.

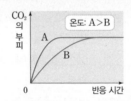

1. 1차 반응에서는 반응물의 농도가 $\frac{1}{2}$배로 되는 데 걸리는 시간인 반감기가 일정하다.
2. 온도를 변화시키면 반응 속도가 변하므로 반감기도 변한다.
3. 반감기가 짧은 T_2가 T_1보다 높은 온도이다.

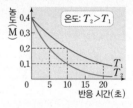

2 촉매와 반응 속도

(1) 촉매: 화학 반응에서 자신은 변하지 않으면서 반응 속도를 빠르게 혹은 느리게 하는 물질을 촉매라고 한다.

(2) 촉매의 종류

① 정촉매: 활성화 에너지를 감소시킨다.

  • 정촉매를 사용하면 활성화 에너지가 감소하여 반응할 수 있는 분자의 수가 증가하므로 반응 속도가 빨라진다.

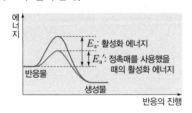 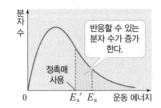

  • **예** 과산화 수소를 분해할 때 이산화 망가니즈를 넣으면 더 빠르게 분해된다.

② 부촉매: 활성화 에너지를 증가시킨다.

  • 부촉매를 사용하면 활성화 에너지가 증가하여 반응할 수 있는 분자의 수가 감소하므로 반응 속도가 느려진다.

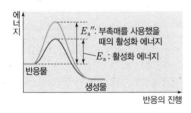 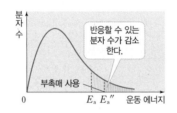

  • **예** 과산화 수소를 분해할 때 인산을 넣으면 분해 속도가 느려진다.

(3) 촉매의 특징

① 자신은 변하지 않으면서 활성화 에너지가 다른 새로운 반응 경로로 반응이 일어나도록 한다.
② 촉매를 사용해도 반응물과 생성물이 달라지지 않기 때문에 ❶반응 엔탈피는 변하지 않는다.
③ 촉매를 사용해도 화학 평형은 이동하지 않고, 화학 평형에 도달하는 속도가 달라질 뿐이다.
④ 정촉매를 사용하면 ❷반응 속도 상수가 증가하여 반응 속도가 빨라지고, 부촉매를 사용하면 반응 속도 상수가 감소하여 반응 속도가 느려진다.

❶ **촉매와 반응 엔탈피**
반응 엔탈피=[생성물의 엔탈피−반응물의 엔탈피]로, 반응물과 생성물이 달라지지 않으면 반응 엔탈피는 변하지 않는다.

❷ **촉매와 반응 속도 상수**
촉매를 사용하면 반응 경로가 달라지므로 반응 속도 상수도 달라진다.

THE 들여다보기   **암모니아의 합성 반응에서 촉매의 사용**

1. 암모니아 합성 반응의 화학 반응식은 다음과 같다.

$$N_2(g) + 3H_2(g) \longrightarrow 2NH_3(g)$$

2. 암모니아를 합성할 때 정촉매를 사용하면 반응 속도가 빨라지므로 시간이 단축되고, 활성화 에너지가 작으므로 낮은 온도에서도 반응이 진행된다.

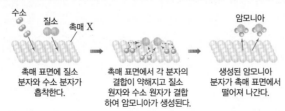

촉매 표면에 질소 분자와 수소 분자가 흡착한다. | 촉매 표면에서 각 분자의 결합이 약해지고 질소 원자와 수소 원자가 결합하여 암모니아가 생성된다. | 생성된 암모니아 분자가 촉매 표면에서 떨어져 나간다.

1. 겨울철에 비닐 하우스에서 채소를 재배하는 것은 ( )를 높여 성장 속도를 빠르게 하기 위함이다.

2. ( )가 높아지면 활성화 에너지는 변하지 않지만 활성화 에너지보다 큰 에너지를 갖는 반응물 입자의 수가 증가한다.

3. 화학 반응에서 자신은 변하지 않으면서 반응 속도를 변화시키는 물질을 ( )라고 한다.

4. 부촉매를 사용하면 활성화 에너지가 ( )하여, 반응을 일으킬 수 있는 분자의 수가 ( )하므로 반응 속도가 ( )한다.

5. 온도가 높아지면 분자들의 평균 운동 에너지는 (증가 , 감소)한다.

6. 온도가 낮아지면 활성화 에너지 이상의 에너지를 갖는 분자의 비율이 (증가 , 감소)한다.

7. 정촉매를 사용하면 활성화 에너지가 (증가 , 감소)한다.

8. 활성화 에너지가 증가하면 반응을 일으킬 수 있는 분자의 비율이 (증가 , 감소)한다.

정답 1. 온도 2. 온도 3. 촉매 4. 증가, 감소, 감소 5. 증가 6. 감소 7. 감소 8. 감소

1. 그림은 온도 T_1, T_2에서 분자 운동 에너지 분포 곡선을 나타낸 것이다. 이에 대한 설명으로 옳은 것은 ○, 옳지 않은 것은 ×로 표시하시오.

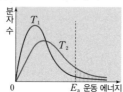

(1) 평균 운동 에너지는 T_1에서가 T_2에서보다 크다.
( )

(2) 활성화 에너지보다 큰 에너지를 갖는 분자 수는 T_2에서가 T_1에서보다 크다. ( )

(3) 반응 속도 상수는 T_2에서가 T_1에서보다 크다.
( )

(4) 반응 속도는 T_2에서가 T_1에서보다 빠르다.
( )

2. 촉매와 반응 속도에 대한 설명으로 옳은 것은 ○, 옳지 않은 것은 ×로 표시하시오.

(1) 정촉매를 사용하면 정반응과 역반응의 속도가 모두 빨라진다. ( )

(2) 정촉매를 사용하면 반응 엔탈피(ΔH)가 감소한다.
( )

3. 온도를 변화시켰을 때 반응 속도가 변하는 이유를 설명한 것으로 옳은 것은 ○, 옳지 않은 것은 ×로 표시하시오.

(1) 온도를 변화시키면 활성화 에너지가 변하여 반응 속도가 변한다. ( )

(2) 온도를 변화시키면 반응 속도 상수가 변하여 반응 속도가 변한다. ( )

(3) 온도를 변화시키면 반응 엔탈피가 변하여 반응 속도가 변한다. ( )

4. 화학 반응에서 정촉매를 사용했을 때 나타나는 현상으로 옳은 것을 모두 고르시오.

① 활성화 에너지가 작아진다.
② 반응 속도가 빨라진다.
③ 반응 엔탈피가 증가한다.
④ 평균 분자 운동 에너지가 증가한다.
⑤ 반응에 참여할 수 있는 분자들의 수가 증가한다.

정답 1. (1) × (2) ○ (3) ○ (4) ○ 2. (1) ○ (2) × 3. (1) × (2) ○ (3) × 4. ①, ②, ⑤

온도에 따른 반응 속도의 변화

목표

반응물의 온도가 반응 속도에 미치는 영향을 알 수 있다.

과정

1. 삼각 플라스크 3개를 준비하여 바닥에 각각 ×표시를 하고, 0.1 M 싸이오황산 나트륨($Na_2S_2O_3$) 수용액을 50 mL씩 넣는다.
2. 시험관 3개에 각각 0.5 M 묽은 염산($HCl(aq)$)을 10 mL씩 넣는다.
3. 삼각 플라스크 1개와 염산이 담긴 시험관 1개를 실온에 두었다가 용액의 온도를 측정한다.
4. 시험관의 염산을 삼각 플라스크에 재빨리 붓고, 붓는 순간 초시계를 작동하여 ×표시가 보이지 않을 때까지 걸린 시간을 측정한다.
5. 삼각 플라스크와 염산이 담긴 시험관을 더운물에 잠시 담가 두었다가 온도를 측정한 다음, 과정 4를 반복한다.
6. 삼각 플라스크와 염산이 담긴 시험관을 찬물에 잠시 담가 두었다가 온도를 측정한 다음, 과정 4를 반복한다.

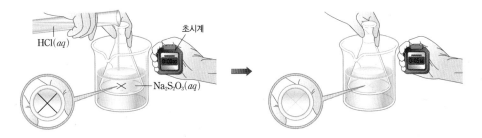

결과 정리 및 해석

1. ×표시가 보이지 않게 될 때까지 걸린 시간과 반응 속도

구분	찬물(15 ℃)	실온의 물(25 ℃)	더운물(45 ℃)
×표시가 보이지 않을 때까지 걸린 시간(초)	140	70	18
반응 속도(1/초)	0.0071	0.0143	0.0556

2. 온도와 ×표시가 보이지 않게 되는 시간 사이의 관계: 온도가 높을수록 ×표시가 보이지 않을 때까지 걸리는 시간은 짧아진다.
3. 온도와 반응 속도 사이의 관계: 온도가 높을수록 반응 속도는 빨라진다.

탐구 분석

1. 온도가 높아질 때 반응 속도가 빨라지는 이유는 무엇인가?
2. 온도가 달라질 때 활성화 에너지는 변화하는가? 반응 속도식에서 달라지는 것은 무엇인가?

01 [20701-0423]
다음은 반응 속도를 설명하는 이론 중의 하나이다.

> 반응물 입자들 사이의 충돌 횟수가 많을수록 반응 속도가 빨라진다.

이와 같은 이론으로 설명할 수 있는 현상만을 〈보기〉에서 있는 대로 고른 것은?

┌ 보기 ┌
ㄱ. 알약보다 가루약의 효과가 더 빠르다.
ㄴ. 모닥불을 피울 때 부채질을 하면 더 잘 탄다.
ㄷ. 석탄의 분진이 많은 탄광의 갱도에서는 폭발 사고가 자주 일어난다.

① ㄱ   ② ㄴ   ③ ㄱ, ㄷ   ④ ㄴ, ㄷ   ⑤ ㄱ, ㄴ, ㄷ

02 [20701-0424]
다음은 반응 조건을 변화시키며 반응 속도를 측정하는 실험 과정이다.

[실험 과정]
(가) 뒷면에 ×표시를 한 6홈판의 각 홈에 20 ℃의 $Na_2S_2O_3(aq)$과 $HCl(aq)$을 각각 농도를 달리하여 그림과 같이 넣고, ×표시가 보이지 않을 때까지 걸린 시간(t)을 측정한다.

$HCl(aq)$의 농도(M) \ $Na_2S_2O_3(aq)$의 농도(M)	0.1	0.2	0.3
1	×	×	×
2	×	×	×

(나) 용액의 온도를 35 ℃로 하여 과정 (가)를 반복한다.

이에 대한 설명으로 옳은 것만을 〈보기〉에서 있는 대로 고른 것은?

┌ 보기 ┌
ㄱ. (가)와 (나)에서 ×표시가 보이지 않을 때까지 생성된 앙금의 양은 같다고 가정한다.
ㄴ. (가)와 (나)의 결과를 비교하여 반응 속도에 미치는 온도의 영향을 알 수 있다.
ㄷ. ×표시가 보이지 않을 때까지 걸린 시간 t는 (나)에서 가 (가)에서보다 짧다.

① ㄱ   ② ㄷ   ③ ㄱ, ㄴ   ④ ㄴ, ㄷ   ⑤ ㄱ, ㄴ, ㄷ

03 [20701-0425]
그림은 반응 $A(g) \rightleftarrows B(g)$에서 반응의 진행에 따른 에너지를 나타낸 것이다.
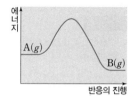
$A(g)$의 초기 농도를 같게 하고 온도를 일정하게 유지하면서 정촉매를 첨가하였을 때의 변화에 대한 설명으로 옳은 것만을 〈보기〉에서 있는 대로 고른 것은?

┌ 보기 ┌
ㄱ. 반응 엔탈피가 감소한다.
ㄴ. 역반응의 활성화 에너지는 감소한다.
ㄷ. 정반응 속도와 역반응 속도가 모두 빨라진다.

① ㄱ   ② ㄴ   ③ ㄱ, ㄷ   ④ ㄴ, ㄷ   ⑤ ㄱ, ㄴ, ㄷ

04 [20701-0426]
일정한 온도에서 10 % 염산 100 mL에 탄산 칼슘 조각 5 g을 넣었더니 처음 20초 동안 이산화 탄소 기체가 100 mL 생성되었으며, 5분 후에는 탄산 칼슘이 남아 있지 않았다.
초기 반응 속도를 빠르게 하는 방법으로 옳은 것만을 〈보기〉에서 있는 대로 고르시오.

┌ 보기 ┌
ㄱ. 10 % 염산 200 mL를 사용한다.
ㄴ. 20 % 염산 100 mL를 사용한다.
ㄷ. 온도를 높인다.
ㄹ. 탄산 칼슘 5 g을 가루로 만들어 넣는다.

05 [20701-0427]
화학 반응에서 촉매를 사용할 때 달라지는 것만을 〈보기〉에서 있는 대로 고른 것은?

┌ 보기 ┌
ㄱ. 분자 운동 에너지 분포
ㄴ. 반응 엔탈피
ㄷ. 활성화 에너지

① ㄱ   ② ㄷ   ③ ㄱ, ㄴ   ④ ㄴ, ㄷ   ⑤ ㄱ, ㄴ, ㄷ

06 [20701-0428] 다음은 반응 속도에 영향을 미치는 요인을 알아보기 위한 실험 과정이다.

(가) 눈금 실린더 A~C를 준비하여 같은 농도의 과산화 수소수를 10 mL씩 넣고, 합성 세제 수용액을 3 mL씩 넣는다.
(나) A에는 아무것도 넣지 않고, B에는 이산화 망가니즈를, C에는 묽은 인산을 넣은 다음, 20초 동안 발생하는 거품의 높이를 측정한다.

이에 대한 설명으로 옳은 것만을 〈보기〉에서 있는 대로 고른 것은?

보기
ㄱ. 반응물의 충돌 횟수의 변화가 반응 속도에 미치는 영향을 알아보기 위한 실험이다.
ㄴ. 같은 온도로 일정하게 유지해야 실험 목적을 달성할 수 있다.
ㄷ. 반응의 활성화 에너지는 A~C에서가 모두 다르다.

① ㄱ   ② ㄴ   ③ ㄱ, ㄷ
④ ㄴ, ㄷ   ⑤ ㄱ, ㄴ, ㄷ

07 [20701-0429] 표는 일정한 농도의 염산에 충분한 양의 탄산 칼슘을 넣고 반응시킬 때의 실험 조건을 나타낸 것이다.

실험	염산의 부피(mL)	온도(℃)	탄산 칼슘의 상태
(가)	200	25	조각
(나)	100	50	조각
(다)	200	50	가루

이에 대한 설명으로 옳은 것만을 〈보기〉에서 있는 대로 고른 것은?

보기
ㄱ. 초기 반응 속도는 (나)에서가 (가)에서보다 빠르다.
ㄴ. (가)와 (다)의 결과를 비교하여 온도가 반응 속도에 미치는 영향을 알 수 있다.
ㄷ. 발생하는 기체의 총량은 (가)에서가 (나)에서보다 많다.

① ㄱ   ② ㄴ   ③ ㄱ, ㄷ
④ ㄴ, ㄷ   ⑤ ㄱ, ㄴ, ㄷ

08 [20701-0430] 5 % 염산 10 mL에 충분한 양의 탄산 칼슘을 넣어 반응시킬 때, 반응 속도에 영향을 미치는 요인들 중 한 가지 조건을 변화시키는 실험을 하고자 한다.
생성되는 이산화 탄소의 총량에 변화를 주지 않는 조건만을 〈보기〉에서 있는 대로 고른 것은?

보기
ㄱ. 5 % 염산 대신 10 % 염산을 사용한다.
ㄴ. 반응 전 염산에 촉매를 첨가한 후 반응시킨다.
ㄷ. 온도가 더 높은 염산을 사용한다.

① ㄱ   ② ㄴ   ③ ㄱ, ㄷ
④ ㄴ, ㄷ   ⑤ ㄱ, ㄴ, ㄷ

09 [20701-0431] 그림은 강철 용기에서 반응 A(g) ⟶ B(g)이 일어날 때, 반응의 진행에 따른 에너지를 나타낸 것이다. (가)는 물질 A와 물질 X를, (나)는 물질 A만을, (다)는 물질 A와 물질 Y를 반응 용기에 각각 넣고 반응시켰으며, 반응 후 X와 Y의 양은 변하지 않았다.

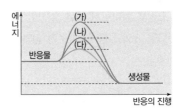

(가)~(다)를 비교한 설명으로 옳은 것만을 〈보기〉에서 있는 대로 고른 것은? (단, 온도는 일정하다.)

보기
ㄱ. 반응 속도는 (가)에서 가장 빠르다.
ㄴ. 반응 속도 상수는 (나)에서가 (다)에서보다 크다.
ㄷ. 반응 전 활성화 에너지 이상의 에너지를 가진 반응물 A 입자의 비율은 (다)에서 가장 크다.

① ㄱ   ② ㄷ   ③ ㄱ, ㄴ
④ ㄴ, ㄷ   ⑤ ㄱ, ㄴ, ㄷ

10 [20701–0432] 그림은 반응 $X(g) \longrightarrow Y(g)$에 대하여 부피가 같은 강철 용기 (가), (나)에 X의 초기 농도를 달리하여 각각 넣었을 때, 시간에 따른 X의 농도를 나타낸 그래프이다.

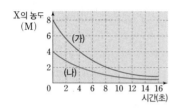

이에 대한 설명으로 옳은 것만을 〈보기〉에서 있는 대로 고른 것은? (단, 반응이 진행되는 동안 온도는 일정하며, k는 반응 속도 상수이다.)

┌─ 보기 ┐
ㄱ. 반응 속도식은 $v=k[X]$이다.
ㄴ. 초기 반응 속도는 (가)에서가 (나)에서의 2배이다.
ㄷ. 반응 속도 상수는 (가)에서가 (나)에서의 2배이다.
└──────┘

① ㄱ   ② ㄷ   ③ ㄱ, ㄴ
④ ㄴ, ㄷ   ⑤ ㄱ, ㄴ, ㄷ

11 [20701–0433] 그림은 반응 $A(g)+B(g) \longrightarrow C(g)$에서 반응 속도에 영향을 미치는 요인을 알아보기 위해, 일정한 온도에서 동일한 강철 용기에 반응물 A와 B를 넣은 초기 상태를 입자 수 모형으로 나타낸 것이다.

이 실험에서 알아보고자 하는 요인과 가장 관련이 큰 현상은?

① 압력 밥솥에 밥을 하면 쌀이 빨리 익는다.
② 장작을 태울 때 잘게 쪼개면 더 잘 탄다.
③ 김치를 냉장고에 보관하면 더 오랜 시간 보관할 수 있다.
④ 과산화 수소수에 인산을 넣으면 산소의 발생 속도가 느려진다.
⑤ 강철 솜에 불을 붙일 때 공기 중에서보다 산소 기체 속에서 더 잘 탄다.

12 [20701–0434] 그림은 T K에서 분자 운동 에너지 분포 곡선을 나타낸 것이다. (가)는 운동 에너지가 E_a보다 작은 분자들이고, (나)는 운동 에너지가 E_a보다 큰 분자들이다.

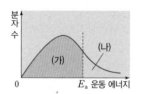

이에 대한 설명으로 옳은 것만을 〈보기〉에서 있는 대로 고른 것은?

┌─ 보기 ┐
ㄱ. (가)에 해당하는 분자는 충돌해도 반응하지 않는다.
ㄴ. (나)에 해당하는 분자는 충돌하면 모두 반응하여 생성물이 된다.
ㄷ. 온도를 높이면 (나)에 해당하는 분자의 비율이 증가한다.
└──────┘

① ㄱ   ② ㄴ   ③ ㄱ, ㄷ
④ ㄴ, ㄷ   ⑤ ㄱ, ㄴ, ㄷ

13 [20701–0435] 표는 반응 $2H_2O_2(aq) \longrightarrow 2H_2O(l)+O_2(g)$에서 같은 농도의 과산화 수소($H_2O_2$) 수용액 20 mL를 서로 다른 조건에서 반응시킨 결과이다.

실험	초기 반응 조건		0~20초 동안 발생한 기체의 양(mol)
	촉매	온도	
I	없음	T_1	n
II	없음	T_2	$3n$
III	$X(s)$	T_2	$15n$

이에 대한 설명으로 옳은 것만을 〈보기〉에서 있는 대로 고른 것은? (단, 각 실험에서 온도는 일정하게 유지되었고, $X(s)$의 질량 변화는 없다.)

┌─ 보기 ┐
ㄱ. $T_2 > T_1$이다.
ㄴ. $X(s)$는 정촉매이다.
ㄷ. 반응의 활성화 에너지는 실험 III에서가 실험 I에서보다 크다.
└──────┘

① ㄱ   ② ㄷ   ③ ㄱ, ㄴ
④ ㄴ, ㄷ   ⑤ ㄱ, ㄴ, ㄷ

14 [20701-0436]
그림의 ㉠은 소량의 염산과 충분한 양의 대리석 덩어리를 반응시킬 때, ㉡~㉣은 ㉠의 조건에서 일부의 조건을 변화시켰을 때, 반응 시간에 따라 발생하는 CO_2의 부피를 나타낸 것이다. 각 실험에서 온도는 일정하게 유지되었다.

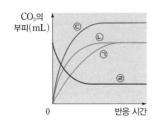

(1) 대리석 덩어리 대신에 같은 질량의 대리석 가루를 사용한 경우가 있다면, ㉡~㉣ 중 이에 해당하는 실험 결과를 나타내는 그래프로 적절한 것은?

(2) 농도가 ㉠에서보다 진한 염산을 같은 부피만큼 넣고 실험한 경우가 있다면, ㉡~㉣ 중 이에 해당하는 실험 결과를 나타내는 그래프로 적절한 것은?

15 [20701-0437]
표는 $A(g)$와 $B(g)$가 반응하여 $C(g)$를 생성하는 반응에서 일정한 부피의 용기에 $A(g)$와 $B(g)$를 넣고 반응시킨 실험 (가)~(라)에 대한 자료이다.

실험	온도	초기 농도(M)		t초 후 농도(M)	
		A	B	A	B
(가)	T_1	4.0	4.0	2.0	3.0
(나)	T_1	8.0	4.0	4.0	2.0
(다)	T_1	4.0	8.0	2.0	7.0
(라)	T_2	4.0	4.0	1.0	2.5

이에 대한 설명으로 옳지 <u>않은</u> 것은? (단, k는 반응 속도 상수이다.)

① 반응 속도식은 $v = k[A]$이다.
② 활성화 에너지는 (가)에서가 (라)에서보다 크다.
③ 반응 속도 상수(k)는 (라)에서가 (나)에서보다 크다.
④ 초기 반응 속도는 (가)에서와 (다)에서가 같다.
⑤ t초일 때의 반응 속도는 (나)에서가 (다)에서보다 크다.

16 [20701-0438]
그림은 충분한 양의 묽은 염산에 탄산 칼슘 조각을 넣고 발생하는 이산화 탄소(CO_2) 기체의 질량을 시간에 따라 나타낸 것이다. A는 5 % 염산에 탄산 칼슘 조각을 넣었을 때의 결과이다.

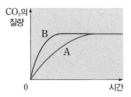

B와 같은 결과가 나올 수 있는 실험 설계로 옳은 것만을 〈보기〉에서 있는 대로 고른 것은? (단, 〈보기〉의 조건만을 변화시킨다고 가정한다.)

┌ 보기 ┌
ㄱ. 10 % 염산을 사용한다.
ㄴ. 같은 질량의 탄산 칼슘을 가루로 만들어 넣는다.
ㄷ. 염산의 온도를 낮추어 실험한다.

① ㄱ ② ㄷ ③ ㄱ, ㄴ ④ ㄴ, ㄷ ⑤ ㄱ, ㄴ, ㄷ

17 [20701-0439]
그림은 어떤 반응에서 일부의 조건을 변화시켰을 때, 반응의 진행에 따른 에너지를 나타낸 것이다.

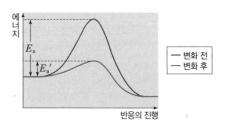

이 그래프로 설명할 수 있는 생활 주변 현상만을 〈보기〉에서 있는 대로 고른 것은?

┌ 보기 ┌
ㄱ. 통나무보다 잘게 쪼갠 장작에 불이 더 잘 붙는다.
ㄴ. 냉장고에 음식물을 넣으면 오래 보관할 수 있다.
ㄷ. 과산화 수소수에 소의 생간이나 혈액을 넣어 주면 기포가 활발하게 생긴다.

① ㄴ ② ㄷ ③ ㄱ, ㄴ ④ ㄱ, ㄷ ⑤ ㄱ, ㄴ, ㄷ

18 [20701-0440]
다음은 반응 속도에 영향을 미치는 어떤 요인을 설명하는 자료이다.

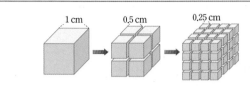

한 변의 길이가 1 cm인 정육면체의 표면적은 정육면체를 8등분하면 2배가 되고, 64등분하면 4배가 된다.

이 요인이 반응 속도에 미치는 영향에 대한 설명으로 옳은 것만을 〈보기〉에서 있는 대로 고른 것은?

┌ 보기 ┐
ㄱ. 반응의 활성화 에너지를 낮출 수 있다.
ㄴ. 반응물 입자의 총 충돌 횟수를 증가시킬 수 있다.
ㄷ. 반응물 입자들 중 반응에 참여하는 입자의 비율을 증가시킬 수 있다.

① ㄱ ② ㄴ ③ ㄱ, ㄷ
④ ㄴ, ㄷ ⑤ ㄱ, ㄴ, ㄷ

19 [20701-0441]
그림은 반응 $A(g) \longrightarrow B(g)$에서 반응의 진행에 따른 에너지 변화를 나타낸 것이다.

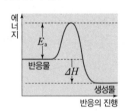

이에 대한 설명으로 옳은 것만을 보기에서 있는 대로 고른 것은? (단, 온도는 일정하다.)

┌ 보기 ┐
ㄱ. 반응물의 농도를 크게 하면 E_a는 작아진다.
ㄴ. 부촉매를 사용하면 E_a가 커진다.
ㄷ. E_a가 커지면 반응 속도 상수가 커진다.

① ㄱ ② ㄴ ③ ㄱ, ㄷ
④ ㄴ, ㄷ ⑤ ㄱ, ㄴ, ㄷ

20 [20701-0442]
그림은 반응 $A(g) \longrightarrow B(g)$에서 크기가 같은 2개의 강철 용기에 각각 $A(g)$를 넣었을 때, 각 용기에서의 분자 운동 에너지 분포 곡선을 나타낸 것이다.

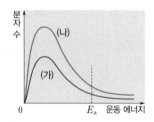

(나)에서가 (가)에서보다 큰 값을 가지는 물리량을 〈보기〉에서 있는 대로 고른 것은? (단, 온도는 일정하다.)

┌ 보기 ┐
ㄱ. 같은 시간 동안 용기 안에서 충돌하는 분자의 수
ㄴ. 충돌하여 반응할 수 있는 분자의 수
ㄷ. 반응 속도

① ㄱ ② ㄴ ③ ㄱ, ㄷ
④ ㄴ, ㄷ ⑤ ㄱ, ㄴ, ㄷ

21 [20701-0443]
표는 강철 용기에서 1차 반응 $A(g) \longrightarrow B(g)$에서 A의 초기 농도와 온도를 달리하여 반응시켰을 때, 초기 반응 속도를 나타낸 것이다.

A의 초기 농도(M)		0.1	0.2
초기 반응 속도(M/초)	T_1	a	$2a$
	T_2	$2a$	x

이에 대한 설명으로 옳은 것만을 〈보기〉에서 있는 대로 고른 것은?

┌ 보기 ┐
ㄱ. $x = 4a$이다.
ㄴ. 반응 속도 상수는 T_2에서가 T_1에서의 2배이다.
ㄷ. A의 반감기는 T_1에서가 T_2에서의 2배이다.

① ㄱ ② ㄷ ③ ㄱ, ㄴ
④ ㄴ, ㄷ ⑤ ㄱ, ㄴ, ㄷ

22 [20701-0444]
1차 반응 $X(g) \longrightarrow Y(g)$에서 다른 조건은 일정하게 하고 온도만을 다르게 하였을 때의 변화를 나타낸 그래프로 적절한 것만을 〈보기〉에서 있는 대로 고른 것은? (단, 온도는 $T_1 < T_2$이다.)

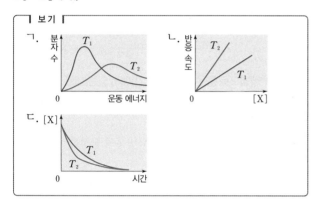

① ㄱ   ② ㄴ   ③ ㄱ, ㄷ
④ ㄴ, ㄷ   ⑤ ㄱ, ㄴ, ㄷ

23 [20701-0445]
그림은 반응 $X(g) \longrightarrow Y(g)$에서 강철 용기에 $X(g)$를 넣고 반응시킨 (가)~(다)에 대하여 반응 시간에 따른 X의 농도를 나타낸 것이다.

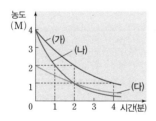

이에 대한 설명으로 옳은 것만을 〈보기〉에서 있는 대로 고른 것은? (단, 온도는 각각 일정하게 유지되었다.)

┌─ 보기 ─────────────────────────────┐
ㄱ. 반응 $X(g) \longrightarrow Y(g)$는 X에 대하여 1차 반응이다.
ㄴ. (가)에 온도를 높여 반응시키면 (나)와 같은 그래프가 얻어질 수 있다.
ㄷ. (가)에 부촉매를 가하면 (다)와 같은 그래프가 얻어질 수 있다.
└──────────────────────────────────┘

① ㄱ   ② ㄷ   ③ ㄱ, ㄴ
④ ㄴ, ㄷ   ⑤ ㄱ, ㄴ, ㄷ

24 [20701-0446]
다음은 질소(N_2)와 수소(H_2)가 반응할 때의 열화학 반응식이다.

$$N_2(g) + 3H_2(g) \rightleftharpoons 2NH_3(g) \quad \Delta H < 0$$

그림은 일정 온도의 강철 용기에서 N_2와 H_2가 반응할 때, 반응 시간에 따른 용기의 압력을 나타낸 것이다. (나)는 (가)와 반응 초기 압력과 온도는 같고, 시간 t에서 어떤 반응 조건을 변화시켰을 때의 결과를 나타낸 것이다.

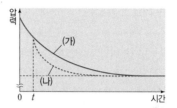

시간 t에서 변화시킨 조건으로 가장 적절한 것은?

① 온도를 낮췄다.
② 온도를 높였다.
③ 정촉매를 넣었다.
④ 부촉매를 넣었다.
⑤ 질소를 추가하였다.

25 [20701-0447]
그림은 반응 $A(g) \longrightarrow B(g)$에 대하여 반응물의 분자 운동 에너지 분포 곡선을 나타낸 것이다. (나)는 (가)에서 어떤 한 가지 조건을 변화시켰을 때의 분자 운동 에너지 분포 곡선을 나타낸 것이다.

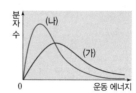

(가)에서 변화시킨 조건으로 가장 적절한 것은?

① 온도를 낮췄다.
② 온도를 높였다.
③ 정촉매를 넣었다.
④ 부촉매를 넣었다.
⑤ 초기 반응물의 농도를 크게 하였다.

[20701-0448]
01 다음은 반응 속도를 설명하는 이론 중의 하나이다.

> 활성화 에너지 이상의 에너지를 가진 반응물 입자들이 반
> 응하기에 적합한 방향으로 충돌할 때 반응이 일어날 수
> 있다. 이때 활성화 에너지 이상의 에너지를 갖는 입자들
> 의 비율을 증가시키면 반응 속도가 빨라진다.

이와 같은 이론을 이용하여 반응 속도를 빠르게 한 현상만을
〈보기〉에서 있는 대로 고른 것은?

┌ 보기 ┌
ㄱ. 겨울철에 채소를 비닐 하우스에서 재배한다.
ㄴ. 대장간에서 공기를 넣는 풍구를 사용한다.
ㄷ. 과산화 수소수에 이산화 망가니즈를 넣으면 산소 발
　생 속도가 빨라진다.

① ㄱ　　　　　② ㄴ　　　　　③ ㄱ, ㄷ
④ ㄴ, ㄷ　　　　⑤ ㄱ, ㄴ, ㄷ

[20701-0449]
02 그림은 반응 $2A(g) \longrightarrow B(g)$이 서로 다른 온도에서
일어날 때, 시간에 따른 A와 B의 입자 수를 모형으로 나타낸
것이다.

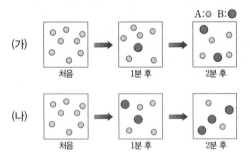

이에 대한 설명으로 옳은 것만을 〈보기〉에서 있는 대로 고른 것은?

┌ 보기 ┌
ㄱ. 온도는 (나)에서가 (가)에서보다 높다.
ㄴ. 반응 속도 상수는 (나)에서가 (가)에서보다 크다.
ㄷ. (가)의 2분에서와 (나)의 1분에서의 반응 속도는 같다.

① ㄱ　　　　　② ㄷ　　　　　③ ㄱ, ㄴ
④ ㄴ, ㄷ　　　　⑤ ㄱ, ㄴ, ㄷ

[20701-0450]
03 그림은 반응 $A(g) \rightleftharpoons B(g)$에서 반응의 진행에 따른 에
너지를 나타낸 것이다.

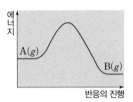

이에 대한 설명으로 옳은 것만을 〈보기〉에서 있는 대로 고른 것은?

┌ 보기 ┌
ㄱ. 정반응은 발열 반응이다.
ㄴ. 정반응의 활성화 에너지는 역반응의 활성화 에너지보
　다 크다.
ㄷ. 부촉매를 첨가하면 역반응 속도는 빨라지고 정반응
　속도는 느려진다.

① ㄱ　　② ㄷ　　③ ㄱ, ㄴ　　④ ㄴ, ㄷ　　⑤ ㄱ, ㄴ, ㄷ

서술형
[20701-0451]
04 다음은 반응 속도에 영향을 미치는 요인을 알아보기 위
한 실험이다.

[가설]

[실험 과정]
(가) 항온 수조에 담긴 4개의 눈금실린더에 마그네슘 리
　본을 1 cm씩 잘라서 넣는다.
(나) 표와 같이 진한 염산, 증류수, 합성 세제를 혼합한
　용액 A~D를 만들어 각각 마그네슘이 들어 있는 눈
　금실린더에 넣는다.

용액	진한 염산	증류수	합성 세제
A	1.0 mL	9.0 mL	5방울
B	2.0 mL	8.0 mL	5방울
C	3.0 mL	7.0 mL	5방울
D	4.0 mL	6.0 mL	5방울

(다) 10초 동안 생성된 거품의 높이를 측정한다.

(1) 위 실험을 통하여 검증하고자 하는 가설은 무엇인지 쓰시오.

(2) 위 가설과 관련하여 실험의 결과를 예상하여 쓰시오.

[20701-0452]

05 그림은 반응 $A(g) \rightleftharpoons B(g)$에서 반응의 진행에 따른 에너지를 나타낸 것이다.

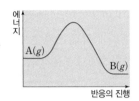

$A(g)$의 초기 농도는 같게 유지하고 온도를 높일 때의 변화에 대한 설명으로 옳은 것만을 〈보기〉에서 있는 대로 고른 것은?

┌─ 보기 ┐
ㄱ. 반응 엔탈피가 감소한다.
ㄴ. 반응 속도 상수가 커진다.
ㄷ. 활성화 에너지가 작아진다.
└─────┘

① ㄱ   ② ㄴ   ③ ㄱ, ㄷ
④ ㄴ, ㄷ   ⑤ ㄱ, ㄴ, ㄷ

[20701-0453]

06 표는 강철 용기에 $A(g)$를 넣고 반응 $A(g) \longrightarrow B(g)$을 일으켰을 때의 자료이다.

실험	온도(K)	A의 농도(M)		
		$t=0$	$t=10$초	$t=20$초
(가)	T_1	1.0	0.5	0.25
(나)	T_2	2.0		1.0

이에 대한 설명으로 옳은 것만을 〈보기〉에서 있는 대로 고른 것은? (단, (가)와 (나)에서 온도는 각각 일정하고, 반응 차수는 (가)와 (나)가 같다.)

┌─ 보기 ┐
ㄱ. $T_2 > T_1$이다.
ㄴ. 반응 $A(g) \longrightarrow B(g)$은 A에 대하여 1차 반응이다.
ㄷ. 반응의 활성화 에너지는 (나)에서가 (가)에서보다 크다.
└─────┘

① ㄱ   ② ㄴ   ③ ㄱ, ㄷ
④ ㄴ, ㄷ   ⑤ ㄱ, ㄴ, ㄷ

[20701-0454]

07 그림은 반응 $A(g) \longrightarrow B(g)$에서 A의 초기 농도와 온도를 달리하여 반응시켰을 때, 시간에 따른 A의 농도를 나타낸 것이다.

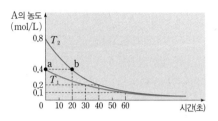

이에 대한 설명으로 옳은 것만을 〈보기〉에서 있는 대로 고른 것은?

┌─ 보기 ┐
ㄱ. 온도는 $T_2 > T_1$이다.
ㄴ. 반응 속도는 a점에서가 b점에서보다 빠르다.
ㄷ. $\dfrac{T_2에서의 [A]}{T_1에서의 [A]}$는 20초일 때가 40초일 때보다 크다.
└─────┘

① ㄱ   ② ㄴ   ③ ㄱ, ㄷ   ④ ㄴ, ㄷ   ⑤ ㄱ, ㄴ, ㄷ

[20701-0455]

08 다음은 기체 A가 반응하여 기체 B와 C를 생성하는 반응의 화학 반응식이다.

$$2A(g) \longrightarrow 2B(g) + C(g)$$

그림은 T_1 K인 강철 용기 Ⅰ과 T_2 K인 강철 용기 Ⅱ에서 각각 $A(g)$가 반응할 때, 시간에 따른 A의 농도를 나타낸 것이다.

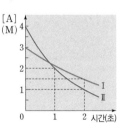

이에 대한 설명으로 옳은 것만을 〈보기〉에서 있는 대로 고른 것은? (단, 온도 T_1과 T_2에서의 반응 차수는 같다.)

┌─ 보기 ┐
ㄱ. $T_2 > T_1$이다.
ㄴ. 2초일 때의 반응 속도 상수(k)는 Ⅰ에서가 Ⅱ에서보다 크다.
ㄷ. 초기 반응 속도는 Ⅱ에서가 Ⅰ에서보다 크다.
└─────┘

① ㄱ   ② ㄴ   ③ ㄱ, ㄷ   ④ ㄴ, ㄷ   ⑤ ㄱ, ㄴ, ㄷ

서술형

[20701-0456]

09 다음은 기체 A와 기체 B가 반응하여 기체 C를 생성하는 반응의 화학 반응식이다.

$$A(g)+B(g) \longrightarrow cC(g) \ (c는 반응 계수)$$

그림 (가)는 강철 용기에 A와 B를 넣고 반응시킬 때 반응 시간에 따른 용기의 전체 압력을, (나)는 A와 B를 넣고 반응시키다가 시간 t에서 촉매를 넣었을 때 반응 시간에 따른 A의 농도를 나타낸 것이다. (단, 온도는 일정하다.)

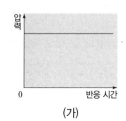
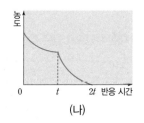

(가) (나)

(1) 화학 반응식의 계수 c를 구하시오.

(2) (나)에서 시간 t에서 넣은 촉매는 정촉매인지 부촉매인지 쓰고, 넣은 후의 활성화 에너지 변화를 서술하시오.

[20701-0457]

10 그림 (가)와 (나)는 반응 $A(g) \longrightarrow B(g)$에서 크기가 같은 2개의 강철 용기에 일정량의 같은 농도의 A를 각각 넣고 온도를 달리하여 시간에 따른 반응 속도를 나타낸 것이다.

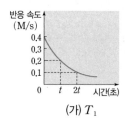
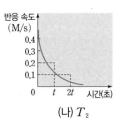

(가) T_1 (나) T_2

이에 대한 설명으로 옳은 것만을 〈보기〉에서 있는 대로 고른 것은?

┌─ 보기 ┐
ㄱ. $T_2>T_1$이다.
ㄴ. t초일 때의 반응 속도 상수(k)는 (가)에서가 (나)에서 보다 크다.
ㄷ. $\dfrac{2t초일\ 때의\ [A]}{t초일\ 때의\ [A]}$는 (가)에서가 (나)에서보다 크다.

① ㄱ   ② ㄴ   ③ ㄱ, ㄷ
④ ㄴ, ㄷ   ⑤ ㄱ, ㄴ, ㄷ

[20701-0458]

11 다음은 기체 A가 기체 B를 생성하는 반응의 화학 반응식과 반응 속도식이다.

$$2A(g) \longrightarrow B(g) \ \ v=k[A] \ (k는 반응 속도 상수)$$

표는 3개의 강철 용기에 각각 초기 농도와 온도를 달리하여 $A(g)$를 넣고 반응시킨 실험 I ~ III의 조건을 나타낸 것이다.

실험	A의 초기 농도(M)	온도(K)
I	a	T
II	$2a$	T
III	$2a$	$2T$

이에 대한 설명으로 옳은 것만을 〈보기〉에서 있는 대로 고른 것은?

┌─ 보기 ┐
ㄱ. 초기 반응 속도는 III > II > I 이다.
ㄴ. 반응 속도 상수(k)는 III > II > I 이다.
ㄷ. $\dfrac{활성화\ 에너지\ 이상의\ 에너지를\ 가진\ A\ 분자\ 수}{용기\ 속\ A\ 분자\ 수}$는 III > II > I 이다.

① ㄱ   ② ㄴ   ③ ㄱ, ㄷ   ④ ㄴ, ㄷ   ⑤ ㄱ, ㄴ, ㄷ

[20701-0459]

12 그림은 온도 T_1과 T_2에서 반응 $A \longrightarrow B$이 각각 진행될 때, A의 농도에 따른 반응 속도(v)를 나타낸 것이다.

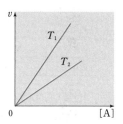

이에 대한 설명으로 옳은 것만을 〈보기〉에서 있는 대로 고른 것은?

┌─ 보기 ┐
ㄱ. $T_2>T_1$이다.
ㄴ. 반응 속도식에서 A의 반응 차수는 1이다.
ㄷ. 반응 속도 상수(k)는 T_1에서가 T_2에서보다 크다.

① ㄱ   ② ㄴ   ③ ㄱ, ㄷ
④ ㄴ, ㄷ   ⑤ ㄱ, ㄴ, ㄷ

13 [20701-0460]
다음은 기체 A가 기체 B를 생성하는 반응의 열화학 반응식이다.

$$2A(g) \longrightarrow B(g) \quad \Delta H$$

표는 3개의 강철 용기에 각각 A(g)를 넣고 반응시킨 실험 Ⅰ ~ Ⅲ의 조건을 나타낸 것이다.

실험	A의 초기 농도(M)	온도(K)	촉매 사용 여부
Ⅰ	a	$2T$	정촉매 사용
Ⅱ	a	$2T$	사용 안함
Ⅲ	$2a$	T	사용 안함

이에 대한 설명으로 옳은 것만을 〈보기〉에서 있는 대로 고른 것은?

┌ 보기 ┌
ㄱ. ΔH는 Ⅰ에서와 Ⅱ에서가 같다.
ㄴ. 반응 속도 상수(k)는 Ⅲ에서가 Ⅱ에서보다 크다.
ㄷ. 활성화 에너지(E_a)는 Ⅲ에서가 Ⅰ에서보다 크다.

① ㄱ ② ㄴ ③ ㄱ, ㄷ ④ ㄴ, ㄷ ⑤ ㄱ, ㄴ, ㄷ

14 [20701-0461]
표는 반응 조건 Ⅰ과 Ⅱ에서 일어나는 반응 A(g) ⟶ B(g)에 대한 자료이고, 그림은 온도 $T_Ⅰ$과 $T_Ⅱ$에서 A(g)의 분자 운동 에너지 분포 곡선을 나타낸 것이다.

반응 조건	온도(K)	촉매	활성화 에너지	초기 반응 속도
Ⅰ	$T_Ⅰ$	없음	$E_Ⅰ$	$v_Ⅰ$
Ⅱ	$T_Ⅱ$	없음	$E_Ⅱ$	$v_Ⅱ$

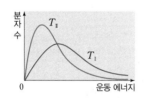

Ⅰ에서와 Ⅱ에서의 온도, 활성화 에너지, 초기 반응 속도를 옳게 비교한 것만을 〈보기〉에서 있는 대로 고른 것은? (단, Ⅰ에서와 Ⅱ에서 A의 초기 농도는 같다.)

┌ 보기 ┌
ㄱ. $T_Ⅰ > T_Ⅱ$이다.
ㄴ. $E_Ⅰ = E_Ⅱ$이다.
ㄷ. $v_Ⅰ > v_Ⅱ$이다.

① ㄱ ② ㄴ ③ ㄱ, ㄷ ④ ㄴ, ㄷ ⑤ ㄱ, ㄴ, ㄷ

15 [20701-0462]
다음은 기체 X가 반응하여 기체 Y를 생성하는 반응의 화학 반응식이다.

$$aX(g) \longrightarrow bY(g) \ (a, b는 반응 계수)$$

표는 400 K에서 강철 용기에 X를 넣고 반응시킬 때, 시간에 따른 X와 Y의 부분 압력을 나타낸 것이다. 반응 시간이 2분이 되었을 때 소량의 고체 촉매를 넣었다.

반응 시간(분)	X의 압력(기압)	Y의 압력(기압)
0	4.0	0
1	2.0	1.0
2	1.0	1.5
3	x	y
4	0.5	z

이에 대한 설명으로 옳은 것만을 〈보기〉에서 있는 대로 고른 것은? (단, 온도와 반응 차수는 일정하다.)

┌ 보기 ┌
ㄱ. 초기 반응 속도는 1분일 때의 순간 반응 속도의 2배이다.
ㄴ. 순간 반응 속도는 1분일 때가 4분일 때의 4배이다.
ㄷ. $2x > \dfrac{y}{z}$이다.

① ㄱ ② ㄴ ③ ㄱ, ㄷ
④ ㄴ, ㄷ ⑤ ㄱ, ㄴ, ㄷ

16 [20701-0463]
반응 A(g) ⟶ B(g)에서 온도($T_1 < T_2$)만을 달리하여 반응시킬 때, 시간에 따른 생성물의 농도 변화를 나타낸 그래프로 가장 적절한 것은?

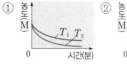

17 [20701-0464]
그림은 반응 $A(g) \longrightarrow B(g)$에서 온도가 각각 T_1, T_2일 때, 반응 시간에 따른 A의 농도를 나타낸 것이다.

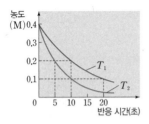

이에 대한 설명으로 옳은 것만을 〈보기〉에서 있는 대로 고른 것은?

〈보기〉
ㄱ. 온도는 $T_2 > T_1$이다.
ㄴ. 이 반응의 반응 속도식은 $v=k[A]$이다.
ㄷ. $\dfrac{T_2에서의 \ [A]}{T_1에서의 \ [A]}$는 20초일 때가 10초일 때보다 크다.

① ㄱ ② ㄷ ③ ㄱ, ㄴ
④ ㄴ, ㄷ ⑤ ㄱ, ㄴ, ㄷ

18 [20701-0465]
그림은 반응 $X(g) \longrightarrow Y(g)$에 대하여 부피가 같은 강철 용기 (가), (나)에 X의 초기 농도를 달리하여 각각 넣고 시간에 따른 X의 농도를 나타낸 것이다.

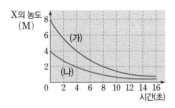

이에 대한 설명으로 옳은 것만을 〈보기〉에서 있는 대로 고른 것은? (단, 각각의 용기에서 반응이 진행되는 동안 온도는 일정하다.)

〈보기〉
ㄱ. (가)에서와 (나)에서의 온도는 같다.
ㄴ. $\dfrac{(나)에서의 \ [X]}{(가)에서의 \ [X]}$는 4초일 때가 8초일 때보다 크다.
ㄷ. (가)에서 8초일 때와 (나)에서 4초일 때의 순간 반응 속도는 같다.

① ㄱ ② ㄴ ③ ㄱ, ㄷ
④ ㄴ, ㄷ ⑤ ㄱ, ㄴ, ㄷ

19 [20701-0466]
그림은 반응 $A(g) \longrightarrow B(g)$에 대하여 부피가 같은 2개의 강철 용기에 초기 농도와 온도를 달리하여 A를 각각 넣고 반응시켰을 때, 시간에 따른 A의 농도를 나타낸 것이다.

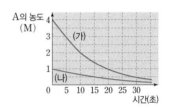

이에 대한 설명으로 옳은 것만을 〈보기〉에서 있는 대로 고른 것은?

〈보기〉
ㄱ. 온도는 (가)에서가 (나)에서보다 높다.
ㄴ. 초기 반응 속도는 (가)에서가 (나)에서의 4배보다 크다.
ㄷ. $\dfrac{(가)에서의 \ 순간 \ 반응 \ 속도}{(나)에서의 \ 순간 \ 반응 \ 속도}$는 5초일 때와 15초일 때가 같다.

① ㄱ ② ㄷ ③ ㄱ, ㄴ ④ ㄴ, ㄷ ⑤ ㄱ, ㄴ, ㄷ

20 [20701-0467]
그림은 물질 X가 분해되는 반응에서 초기 조건을 달리하여 수행한 실험 (가)~(다)에 대하여, 시간에 따른 X의 농도를 나타낸 것이다.

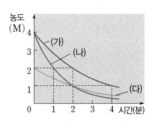

이에 대한 설명으로 옳은 것만을 〈보기〉에서 있는 대로 고른 것은? (단, 온도는 각각 일정하게 유지되었으며, 촉매는 사용하지 않았다.)

〈보기〉
ㄱ. 초기 반응 속도는 (나)에서가 (가)에서보다 크다.
ㄴ. 2분일 때의 순간 반응 속도는 (나)에서가 (다)에서보다 크다.
ㄷ. 4분일 때 X의 농도는 (다)에서가 (나)에서의 2배이다.

① ㄱ ② ㄴ ③ ㄱ, ㄷ ④ ㄴ, ㄷ ⑤ ㄱ, ㄴ, ㄷ

21 [20701-0468] 그림은 반응 $X(g) \longrightarrow 2Y(g)$에 대하여 초기 농도와 온도를 달리하여 반응시켰을 때, 시간에 따른 X의 농도를 나타낸 것이다.

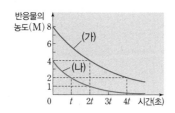

$4t$초일 때 (가)의 $\dfrac{[X]}{[Y]} \times$ (나)의 $\dfrac{[Y]}{[X]}$는?

① 2   ② 2.5   ③ 3
④ 5   ⑤ 6

22 [20701-0469] 그림에서 (가)는 반응 $X(g) \longrightarrow Y(g)$에서 분자 운동 에너지에 따른 분자 수 분포를, (나)와 (다)는 (가)에서 어떤 조건을 변화시켰을 때의 분자 운동 에너지에 따른 분자 수 분포를 나타낸 것이다.

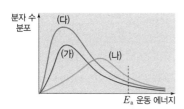

(나)와 (다)의 분포를 나타내는 조건 변화를 〈보기〉에서 각각 고르시오. (단, 분포 곡선 아래의 면적은 (가)=(나)<(다)이다.)

┌ 보기 ┌
ㄱ. 온도를 높인다.
ㄴ. 촉매를 넣는다.
ㄷ. $X(g)$의 농도를 증가시킨다.
└

23 [20701-0470] 그림은 반응 $X(g) \longrightarrow Y(g)$이 온도 T_1과 T_2에서 각각 진행될 때, 시간에 따른 X의 농도를 나타낸 것이다.

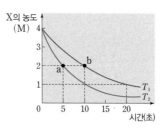

이에 대한 설명으로 옳은 것만을 〈보기〉에서 있는 대로 고른 것은?

┌ 보기 ┌
ㄱ. 0~10초 사이의 평균 반응 속도는 T_2에서가 T_1에서의 2배이다.
ㄴ. 20초일 때 X의 농도는 T_1에서가 T_2에서의 4배이다.
ㄷ. 반응 속도는 a에서가 b에서보다 크다.
└

① ㄱ   ② ㄴ   ③ ㄱ, ㄷ   ④ ㄴ, ㄷ   ⑤ ㄱ, ㄴ, ㄷ

24 [20701-0471] 다음은 오산화 이질소(N_2O_5)의 분해 반응을 나타낸 것이다.

$$2N_2O_5(g) \longrightarrow 4NO_2(g) + O_2(g)$$

그림은 온도 T_1과 T_2에서 강철 용기에 $N_2O_5(g)$를 넣고 반응시켰을 때, 시간에 따른 $O_2(g)$의 농도를 나타낸 것이다.

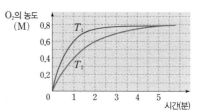

이에 대한 설명으로 옳은 것만을 〈보기〉에서 있는 대로 고른 것은?

┌ 보기 ┌
ㄱ. 반응 속도식은 $v = k[N_2O_5]^2$이다.
ㄴ. 반응 속도 상수(k)는 T_1에서가 T_2에서보다 크다.
ㄷ. $\dfrac{T_2\text{에서의 반응 속도}}{T_1\text{에서의 반응 속도}}$는 1분일 때가 2분일 때보다 크다.
└

① ㄴ   ② ㄷ   ③ ㄱ, ㄴ   ④ ㄱ, ㄷ   ⑤ ㄱ, ㄴ, ㄷ

[20701-0472]
01 다음은 $A(g)$가 반응하여 $B(g)$를 생성하는 반응의 화학 반응식이다.

$$A(g) \longrightarrow B(g)$$

그림은 T_1 K과 T_2 K에서 $A(g)$의 운동 에너지 분포 곡선을 나타낸 것이다. E_a는 활성화 에너지이다.

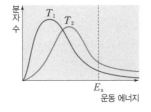

이에 대한 설명으로 옳지 않은 것은?

① 온도는 $T_1 < T_2$이다.
② 활성화 에너지(E_a)는 T_1 K < T_2 K이다.
③ 반응 속도는 T_1 K < T_2 K이다.
④ 반응 속도 상수는 T_1 K < T_2 K이다.
⑤ 반응에 필요한 최소한의 에너지를 갖는 분자 수는 T_1 K < T_2 K이다.

[20701-0473]
02 다음은 $X(g)$가 반응하여 $Y(g)$를 생성하는 반응의 화학 반응식이다.

$$aX(g) \longrightarrow bY(g) \ (a, b는 반응 계수)$$

표는 400 K에서 강철 용기에 X를 넣고 반응시킬 때 시간에 따른 X와 Y의 부분 압력을 나타낸 것이다. 반응 시간이 2분이 되었을 때 소량의 고체 촉매를 넣었다.

반응 시간	X의 압력(기압)	Y의 압력(기압)
0	4.0	0
1	2.0	1.0
2	1.0	1.5
3	0.8	x

이에 대한 설명으로 옳은 것만을 〈보기〉에서 있는 대로 고른 것은? (단, k는 반응 속도 상수이다.)

┌─ 보기 ┐
ㄱ. 반응 속도식은 $v = k[X]$이다.
ㄴ. 넣어 준 촉매는 부촉매이다.
ㄷ. x는 2.1이다.
└────┘

① ㄱ ② ㄷ ③ ㄱ, ㄴ ④ ㄴ, ㄷ ⑤ ㄱ, ㄴ, ㄷ

[20701-0474]
03 그림은 반응 $A(g) \rightleftharpoons 2B(g)$에서 반응의 진행에 따른 에너지를 나타낸 것이다. (가)는 촉매를 사용하지 않은 경우이고, (나)는 촉매를 사용한 경우이다.

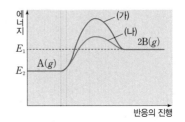

이에 대한 설명으로 옳은 것만을 〈보기〉에서 있는 대로 고른 것은? (단, (가)와 (나)의 온도는 같다.)

┌─ 보기 ┐
ㄱ. $A(g)$의 농도가 같을 때 초기 반응 속도는 (나)가 (가)보다 크다.
ㄴ. (정반응의 활성화 에너지−역반응의 활성화 에너지)는 (가)가 (나)보다 크다.
ㄷ. 정반응의 반응 속도 상수(k)는 (나)가 (가)보다 크다.
└────┘

① ㄱ ② ㄴ ③ ㄱ, ㄷ ④ ㄴ, ㄷ ⑤ ㄱ, ㄴ, ㄷ

[20701-0475]
04 표는 반응 $2A(g) + B(g) \longrightarrow 2C(g)$에 대하여 반응물의 초기 농도와 온도에 따른 초기 반응 속도를 나타낸 것이다.

실험	온도	초기 농도(mol/L)		초기 반응 속도 (mol/L·s)
		[A]	[B]	
(가)	T_1	0.1	0.1	1.0×10^{-3}
(나)	T_1	0.2	0.1	2.0×10^{-3}
(다)	T_1	0.1	0.2	2.0×10^{-3}
(라)	T_2	0.2	0.2	2.0×10^{-3}

이에 대한 설명으로 옳은 것만을 〈보기〉에서 있는 대로 고른 것은? (단, k는 반응 속도 상수이다.)

┌─ 보기 ┐
ㄱ. 반응 속도식은 $v = k[A]^2[B]$이다.
ㄴ. 온도는 T_1이 T_2보다 높다.
ㄷ. T_2에서의 반응 속도 상수 $k = 5 \times 10^{-2}$ $M^{-1} \cdot s^{-1}$이다.
└────┘

① ㄱ ② ㄷ ③ ㄱ, ㄴ ④ ㄴ, ㄷ ⑤ ㄱ, ㄴ, ㄷ

05 [20701-0476]
다음은 기체 A가 반응하여 기체 B와 C를 생성하는 반응의 화학 반응식과 반응 속도식이다. 반응 차수(m)는 0과 1 중 하나이다.

$$2A(g) \longrightarrow 2B(g) + C(g) \quad v = k[A]^m (k는 반응 속도 상수)$$

그림은 같은 부피의 용기에 온도가 T_1과 T_2인 A(g)를 각각 넣고 반응시킬 때, 시간에 따른 순간 반응 속도(v)를 나타낸 것이다. k는 T_2 K에서가 T_1 K에서의 2배이다.

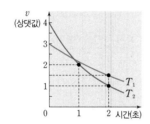

이에 대한 설명으로 옳은 것만을 〈보기〉에서 있는 대로 고른 것은?

┌ 보기 ┐
ㄱ. A의 초기 농도의 비는 $T_1 : T_2 = 3 : 2$이다.
ㄴ. 반응 속도 상수의 단위는 M/s이다.
ㄷ. 온도는 $T_1 > T_2$이다.

① ㄱ   ② ㄷ   ③ ㄱ, ㄴ
④ ㄴ, ㄷ   ⑤ ㄱ, ㄴ, ㄷ

06 [20701-0477]
표는 반응 조건을 달리한 실험 Ⅰ과 Ⅱ에서 일어나는 반응 A(g) ⟶ B(g)에 대한 자료이다.

실험	온도(K)	촉매	활성화 에너지	초기 반응 속도
Ⅰ	$2T$	없음	$E_Ⅰ$	v_1
Ⅱ	T	있음	$E_Ⅱ$	$2v_1$

이에 대한 설명으로 옳은 것만을 〈보기〉에서 있는 대로 고른 것은? (단, Ⅰ과 Ⅱ에서 A의 초기 농도는 같다.)

┌ 보기 ┐
ㄱ. $E_Ⅰ > E_Ⅱ$이다.
ㄴ. Ⅱ에서 첨가한 물질은 정촉매이다.
ㄷ. 반응 속도 상수(k)는 Ⅱ에서가 Ⅰ에서보다 크다.

① ㄱ   ② ㄷ   ③ ㄱ, ㄴ
④ ㄴ, ㄷ   ⑤ ㄱ, ㄴ, ㄷ

07 [20701-0478]
다음은 기체 X가 반응하여 기체 Y를 생성하는 반응의 화학 반응식이다.

$$X(g) \longrightarrow 2Y(g)$$

표는 3개의 동일한 강철 용기에 기체 X 1몰씩을 각각 넣고 온도를 다르게 하여 반응시켰을 때에 대한 자료이다. 이 반응은 X에 대하여 1차 반응이다.

실험	온도(K)	반감기(분)
(가)	T_1	1
(나)	T_2	2
(다)	T_3	4

이에 대한 설명으로 옳은 것만을 〈보기〉에서 있는 대로 고른 것은?

┌ 보기 ┐
ㄱ. $T_3 > T_2$이다.
ㄴ. 반응 속도는 (가)에서가 (나)에서보다 빠르다.
ㄷ. 4분일 때 [Y]는 (가)에서가 (나)에서의 2배이다.

① ㄱ   ② ㄴ   ③ ㄱ, ㄷ
④ ㄴ, ㄷ   ⑤ ㄱ, ㄴ, ㄷ

08 [20701-0479]
그림은 반응 A(g) ⟶ B(g)에 대하여 2개의 강철 용기에 A를 각각 넣고 서로 다른 온도를 유지하면서 반응시켰을 때, 시간에 따른 A(g)의 몰 농도를 나타낸 것이다.

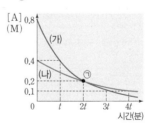

이에 대한 설명으로 옳은 것만을 〈보기〉에서 있는 대로 고른 것은?

┌ 보기 ┐
ㄱ. 반응 속도 상수는 (가) > (나)이다.
ㄴ. ㉠에서 순간 반응 속도는 (가) > (나)이다.
ㄷ. ㉠에서 B의 몰 분율은 (나) > (가)이다.

① ㄱ   ② ㄷ   ③ ㄱ, ㄴ
④ ㄴ, ㄷ   ⑤ ㄱ, ㄴ, ㄷ

09 [20701-0480]
표는 서로 다른 온도의 두 강철 용기에서 반응 $A(g)$ $\longrightarrow 2B(g)$이 일어날 때, 시간에 따른 B의 농도를 나타낸 것이다.

실험	온도	[B](M)			
		$t=0$	$t=20$분	$t=40$분	$t=60$분
I	T_1	0	6.4	9.6	11.2
II	T_2	0	4.8	6.0	6.3

이에 대한 설명으로 옳은 것만을 〈보기〉에서 있는 대로 고른 것은?

┌─ 보기 ┐
ㄱ. 반응 $A(g) \longrightarrow 2B(g)$은 A에 대하여 1차 반응이다.
ㄴ. $T_2 > T_1$이다.
ㄷ. II에서 $t=20$분일 때 A의 농도는 1.2 M이다.
└─────┘

① ㄱ ② ㄷ ③ ㄱ, ㄴ ④ ㄴ, ㄷ ⑤ ㄱ, ㄴ, ㄷ

10 [20701-0481]
다음은 $A(g)$가 반응하여 $B(g)$를 생성하는 반응의 화학 반응식이다.

$$A(g) \longrightarrow 2B(g)$$

그림은 서로 다른 온도 T_1과 T_2에서 A의 초기 농도에 따른 초기 반응 속도와, T_1과 T_2에서 각각 다른 강철 용기에 $A(g)$를 넣고 반응시킬 때 시간에 따른 $A(g)$의 농도를 나타낸 것이다. (가), (나)에서의 온도는 각각 T_1, T_2 중 하나이다.

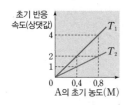 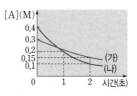

이에 대한 설명으로 옳은 것만을 〈보기〉에서 있는 대로 고른 것은? (단, 온도는 일정하다.)

┌─ 보기 ┐
ㄱ. 반응 속도 상수(k)는 (가)에서가 (나)에서의 2배이다.
ㄴ. (가)에서의 온도는 T_2이다.
ㄷ. 2초일 때의 순간 반응 속도는 (나)에서가 (가)에서의 $\frac{4}{3}$배이다.
└─────┘

① ㄱ ② ㄷ ③ ㄱ, ㄴ ④ ㄴ, ㄷ ⑤ ㄱ, ㄴ, ㄷ

11 [20701-0482]
그림은 강철 용기에서 반응 $A(g) \longrightarrow B(g)$이 일어날 때, A의 초기 농도에 따른 초기 반응 속도를 나타낸 것이다. (가)~(다)에서 촉매는 사용하지 않았고, 이 반응은 1차 반응이다.

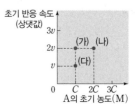

이에 대한 설명으로 옳은 것만을 〈보기〉에서 있는 대로 고른 것은?

┌─ 보기 ┐
ㄱ. A의 반감기는 (가)>(나)이다.
ㄴ. 반응 온도는 (가)>(다)이다.
ㄷ. 반응 속도 상수(k)는 (나)>(다)이다.
└─────┘

① ㄱ ② ㄴ ③ ㄱ, ㄷ ④ ㄴ, ㄷ ⑤ ㄱ, ㄴ, ㄷ

12 [20701-0483]
다음은 반응 $A(g) \longrightarrow B(g)$에 대한 자료이다.

• 반응 속도식은 $v=k[A]$이다. (k는 반응 속도 상수)
• 반응 시작 전 강철 용기에 들어 있는 입자 모형은 다음과 같다.

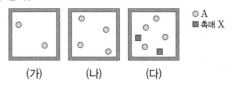

• 초기 반응 속도 비는 (가) : (나) : (다) = 1 : 2 : 4이다.
• (가)의 반감기는 20분이다.

이에 대한 설명으로 옳은 것만을 〈보기〉에서 있는 대로 고른 것은? (단, (가)~(다)의 온도는 일정하다.)

┌─ 보기 ┐
ㄱ. (다)에서의 반감기는 5분이다.
ㄴ. 반응의 활성화 에너지는 (나)>(다)이다.
ㄷ. (나)에서 20분 후의 반응 속도는 (가)의 초기 반응 속도와 같다.
└─────┘

① ㄱ ② ㄷ ③ ㄱ, ㄴ ④ ㄴ, ㄷ ⑤ ㄱ, ㄴ, ㄷ

13 [20701-0484] 다음은 A(g)가 반응하여 B(g)를 생성하는 반응의 화학 반응식이다.

$$A(g) \longrightarrow 2B(g)$$

그림은 3개의 강철 용기에 A(g)를 각각 넣고 반응시킬 때, 시간에 따른 A의 농도를 나타낸 것이다. 3개의 강철 용기 중 1개에만 촉매를 넣었다.

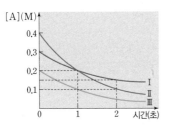

이에 대한 설명으로 옳은 것만을 〈보기〉에서 있는 대로 고른 것은? (단, 온도는 일정하다.)

┌ 보기 ┐
ㄱ. 촉매를 넣은 강철 용기는 Ⅱ이다.
ㄴ. 반응의 활성화 에너지는 Ⅰ에서가 Ⅲ에서보다 크다.
ㄷ. 0~2초 동안의 평균 반응 속도는 Ⅱ에서가 Ⅰ에서의 2배이다.

① ㄱ　　② ㄷ　　③ ㄱ, ㄴ　　④ ㄴ, ㄷ　　⑤ ㄱ, ㄴ, ㄷ

14 [20701-0485] 그림은 기체 A가 반응하여 기체 B를 생성하는 반응에 대하여 온도 T_1과 T_2에서 기체 A의 초기 농도에 따른 초기 반응 속도를 나타낸 것이다.

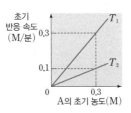

이에 대한 설명으로 옳은 것만을 〈보기〉에서 있는 대로 고른 것은?

┌ 보기 ┐
ㄱ. 온도는 $T_1 > T_2$이다.
ㄴ. 반응 속도 상수(k)는 T_1에서가 T_2에서의 3배이다.
ㄷ. 반감기는 T_1에서가 T_2에서보다 짧다.

① ㄱ　　　② ㄷ　　　③ ㄱ, ㄴ
④ ㄴ, ㄷ　　　⑤ ㄱ, ㄴ, ㄷ

15 [20701-0486] 반응 X(g) ⟶ Y(g)에서 다른 조건은 같게 하고 촉매를 가하지 않고 반응시킨 실험 (가)와, 정촉매를 가하고 반응시킨 실험 (나)의 결과를 비교한 그래프로 적절한 것만을 〈보기〉에서 있는 대로 고른 것은?

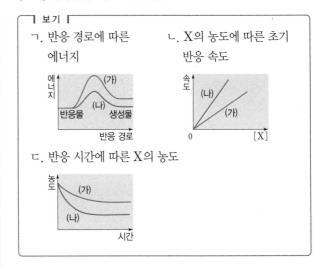

① ㄱ　　② ㄴ　　③ ㄱ, ㄷ　　④ ㄴ, ㄷ　　⑤ ㄱ, ㄴ, ㄷ

16 [20701-0487] 그림은 반응 A(g) ⟶ 2B(g)에서 부피와 온도가 같은 두 강철 용기에 각각 A(g)의 농도가 다르게 하여 넣고 반응시켰을 때, 5분 후 용기 내 입자를 모형으로 나타낸 것이다.

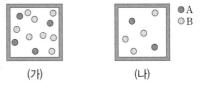

이에 대한 설명으로 옳은 것만을 〈보기〉에서 있는 대로 고른 것은? (단, 온도는 일정하다.)

┌ 보기 ┐
ㄱ. 반감기는 10분이다.
ㄴ. 반응 속도 상수는 (가)에서와 (나)에서 같다.
ㄷ. 반응 시작 전 용기 내 전체 압력은 (가)에서가 (나)에서의 2배이다.

① ㄱ　　　② ㄴ　　　③ ㄱ, ㄷ
④ ㄴ, ㄷ　　　⑤ ㄱ, ㄴ, ㄷ

10 촉매

- 생명 현상에서 효소의 작용 이해하기
- 암모니아 합성 반응에서 표면 촉매의 이용 설명하기
- 광촉매의 작용과 이용 설명하기

한눈에 단원 파악, 이것이 핵심!

생명 현상에서 효소는 어떠한 역할을 할까?

- 효소: 생물체 내에서 일어나는 여러 가지 화학 반응에서 활성화 에너지(E_a)를 감소시켜 반응 속도를 빠르게 하는 물질

$$\boxed{\text{효소 사용} \Rightarrow \text{활성화 에너지}(E_a) \text{ 감소} \Rightarrow \text{반응 속도 증가}}$$

- 효소의 기질 특이성: 효소에는 특정 기질과 반응할 수 있는 활성 자리가 존재하므로 효소는 특정 기질에만 작용한다.
- 효소는 주로 단백질로 이루어져 있기 때문에 온도와 pH의 영향을 받는다.

산업 현장에서 촉매는 어디에 이용될까?

표면 촉매	금속이 포함된 고체 상태의 촉매로, 암모니아의 합성, 탄소 2중 결합(C=C)의 수소화 반응, 촉매 변환기 등에 널리 이용된다. 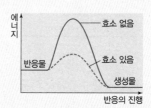 NO_x, CO, C_mH_n → 촉매 변환기 (Pt, Rh, Pd) → CO_2, H_2O, N_2
유기 촉매	유기물 형태의 촉매로, 반응의 선택성이 높고, 쉽게 분해될 수 있으며, 의약품의 합성 과정 등에 이용된다.
광촉매	빛에너지를 받을 때 촉매 작용을 일으키는 물질로, 수소 연료 전지, 공기 청정기, 타일, 벽지 등의 세균 번식을 막는 데 이용된다.

01 생명 현상과 효소

1 효소

(1) 효소

① 효소는 생물체 내에서 일어나는 다양한 화학 반응에서 촉매로 작용하는 물질로, 생체 촉매라고도 한다.

② 효소는 반응의 ❶활성화 에너지(E_a)를 감소시켜 반응 속도를 증가시킨다.

> 효소 사용 ➡ 활성화 에너지(E_a) 감소 ➡ 반응 속도 증가

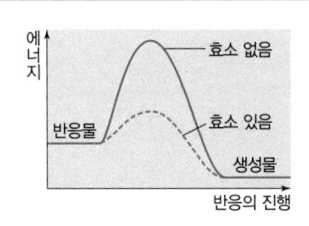

➡ 반응 속도는 효소가 작용할 때가 작용하지 않을 때보다 빠르다.

③ 효소 작용의 예

- $2H_2O_2(l) \longrightarrow 2H_2O(l) + O_2(g)$
  ➡ 과산화 수소(H_2O_2)수에 감자 조각을 넣으면 감자 속의 ❷카탈레이스가 효소로 작용하여 과산화 수소(H_2O_2)가 물(H_2O)과 산소(O_2)로 빠르게 분해된다.
- $CO_2(g) + H_2O(l) \longrightarrow H^+(aq) + HCO_3^-(aq)$
  ➡ 적혈구 속의 ❸탄산 무수화 효소는 호흡 등에 의해 혈액으로 들어온 이산화 탄소(CO_2)를 물(H_2O)과 결합시켜 수소 이온(H^+)과 탄산수소 이온(HCO_3^-)으로 만든다.
- 김치, 된장, 고추장, 식혜 등과 같은 발효 식품을 만드는 데 효소가 사용된다.

(2) 효소의 기질 특이성

① 기질: 효소의 촉매 작용을 받아 반응하는 물질로, 효소의 활성 자리와 결합한다.

② 효소의 기질 특이성: 효소에는 특정 기질과 반응할 수 있는 활성 자리가 존재한다. 따라서 효소는 특정 기질과 반응하며, 다른 기질과는 반응하지 않는 기질 특이성이 있다.

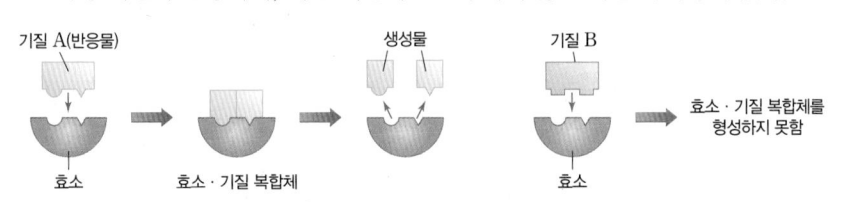

▲ 효소의 기질 특이성 모형

예 ❹수크레이스의 기질 특이성

셀룰로오스나 엿당은 수크레이스와 결합하지 못하지만, 설탕은 수크레이스의 활성 자리에 결합하여 효소 작용을 받을 수 있다.

THE 알기

❶ 활성화 에너지
반응물이 충돌하여 화학 반응을 일으키는 데 필요한 최소한의 에너지이다.

❷ 카탈레이스(catalase)
간, 적혈구, 신장에 들어 있는 효소로, 대사 반응에서 생성되는 과산화물이 몸의 조직을 손상시키는 것을 방지해 준다. 상처난 곳에 과산화 수소수를 바르면 거품이 나오는 이유는 혈액 속의 카탈레이스에 의해 과산화 수소가 분해되어 산소 기체가 발생하기 때문이다.

❸ 탄산 무수화 효소
동물의 적혈구에서 CO_2 수송 속도와 피로 회복을 빠르게 해주고, 위산 분비에도 관여한다. 식물에서는 광합성에도 관여한다.

❹ 수크레이스의 기질 특이성

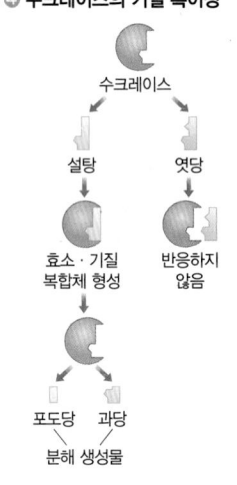

[효소 작용의 열쇠–자물쇠 모형 비유]

여러 가지 자물쇠   열쇠

여러 가지 자물쇠 중에서 자물쇠의 구멍 모양과 맞는 열쇠만이 자물쇠를 열 수 있다.

생성물

여러 가지 기질   효소   효소·기질 복합체

여러 가지 기질 중에서 효소의 입체 구조와 맞는 입체 구조를 가진 기질만이 효소와 반응한다.

➡ 효소(열쇠)는 특정 기질(자물쇠)과 반응할 수 있는 활성 자리가 존재하기 때문에 다른 기질과는 반응하지 않는다.

2 효소 작용의 조건

(1) 효소의 작용과 온도

① 일반적으로 온도가 높아질수록 반응 속도가 증가하지만, 효소는 주로 단백질로 되어 있기 때문에 너무 높은 온도에서는 효소가 변성되거나 파괴되어 효소의 기능을 잃어버리게 되어 반응 속도가 현저하게 감소한다.

② 효소가 작용하는 반응의 경우, 효소마다 반응 속도가 최대가 되는 최적 온도를 가진다.

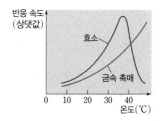

반응 속도 (상댓값)
효소
금속 촉매
0 10 20 30 40 온도(℃)

(2) 효소의 작용과 pH

① 효소는 특정 pH에서 반응 속도가 최대가 되며, pH에 따라 효소의 활성 자리가 파괴될 수도 있다.

② ❶효소마다 반응 속도가 최대인 최적 pH가 서로 다르다. 펩신은 pH가 약 2일 때, 아밀레이스는 pH가 약 7일 때 반응 속도가 최대이다.

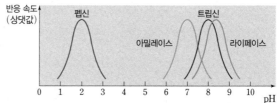

반응 속도 (상댓값)
펩신   트립신
아밀레이스   라이페이스
0 1 2 3 4 5 6 7 8 9 10 pH

❶ 인체의 효소

아밀레이스는 입 안에서 녹말을 분해하여 소화를 돕는 효소이고, 펩신과 트립신은 단백질의 분해를 돕는 효소이며, 라이페이스는 지방의 분해를 돕는 효소이다.

3 다양한 효소 작용

• 폭탄먼지벌레는 하이드로퀴논과 과산화 수소를 카탈레이스를 이용하여 빠르게 반응시켜 자극적인 물질인 퀴논과 뜨거운 증기를 분사한다.

• 뿌리혹박테리아는 질소 고정 효소를 이용하여 질소를 암모니아로 변환시킨다.

• 메주, 청국장, 식혜, 치즈 등의 발효 식품을 만드는 데 효소를 사용한다.

THE 들여다보기   효소와 온도

금속 촉매를 사용하는 반응의 경우 일반적으로 온도가 높아질수록 반응 속도가 증가하지만, 효소가 작용하는 반응의 경우 온도가 너무 낮으면 기질과의 결합 기회가 감소하여 반응 속도가 느려지고, 온도가 너무 높으면 주성분이 단백질인 효소가 파괴된다. 따라서 효소마다 작용하는 최적 온도가 존재한다.

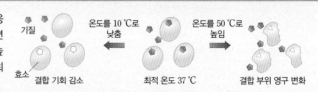

기질
온도를 10 ℃로 낮춤
온도를 50 ℃로 높임
효소   결합 기회 감소   최적 온도 37 ℃   결합 부위 영구 변화

빈칸 완성

1. ( )는 생물체 내에서 일어나는 여러 가지 화학 반응에서 촉매 역할을 하여 반응 속도를 ( )게 하며, 생체 촉매라고도 한다.

2. 효소는 생물체 내에서 일어나는 화학 반응의 ( )를 감소시켜 반응 속도를 빠르게 한다.

3. 과산화 수소수에 감자 조각을 넣으면 감자에 들어 있는 효소인 ( )가 과산화 수소를 ( )과 ( )로 빠르게 분해한다.

4. 효소의 촉매 작용을 받아 반응하는 물질로 효소의 활성 자리와 결합하는 물질을 ( )이라고 한다.

5. 효소 작용의 열쇠−자물쇠 모형에서 활성 자리가 존재하는 ( )가 열쇠에 해당한다면, ( )은 자물쇠에 해당한다.

6. 효소는 특정 기질과 반응하며 다른 기질과는 반응하지 않는 ( )이 있다.

7. (㉠)를 사용하는 반응은 온도가 높을수록 반응 속도가 증가하지만, (㉡)를 사용하는 반응은 반응 속도가 최대가 되는 최적 온도를 가진다. ㉠, ㉡은 각각 금속 촉매와 효소 중 하나이다.

8. ( )는 녹말을 분해하는 효소이고, 펩신, 트립신은 ( )의 분해를 돕는 효소이다.

9. 펩신은 pH가 약 ( )일 때, 아밀레이스는 pH가 약 ( )일 때 반응 속도가 최대가 된다.

10. 효소가 작용하는 반응의 경우, 온도가 너무 ( )으면 효소와 기질과의 결합 기회가 감소하여 반응 속도가 ( )지고, 온도가 너무 ( )으면 효소가 파괴되어 반응 속도가 ( )진다.

> **정답** **1.** 효소, 빠르 **2.** 활성화 에너지 **3.** 카탈레이스, 물, 산소 **4.** 기질 **5.** 효소, (특정) 기질 **6.** 기질 특이성 **7.** ㉠ 금속 촉매, ㉡ 효소 **8.** 아밀레이스, 단백질
> **9.** 2, 7 **10.** 낮, 느려, 높, 느려

○X 문제

1. 효소에 대한 설명으로 옳은 것은 ○, 옳지 않은 것은 ×로 표시하시오.

   (1) 반응 속도는 효소가 작용할 때가 작용하지 않을 때보다 빠르다. ( )

   (2) 하나의 효소는 다양한 여러 가지 종류의 기질과 반응할 수 있다. ( )

   (3) 효소마다 반응 속도가 최대가 되는 최적 pH가 서로 다르다. ( )

2. 그림은 반응 $A(g) \longrightarrow B(g)$에서 반응의 진행에 따른 에너지를 나타낸 것이다.
촉매를 사용했을 때에 대한 설명으로 옳은 것은 ○, 옳지 않은 것은 ×로 표시하시오.

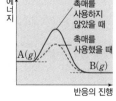

   (1) 사용한 촉매는 정촉매이다. ( )

   (2) 반응 속도는 느려진다. ( )

   (3) 활성화 에너지는 감소한다. ( )

   (4) 촉매를 사용하지 않았을 때보다 반응이 완결되었을 때 생성물 $B(g)$의 양이 증가한다. ( )

3. 그림은 촉매 ㉠, ㉡의 온도에 따른 반응 속도를 나타낸 것이다. ㉠, ㉡은 각각 금속 촉매와 효소 중 하나이다.
이에 대한 설명으로 옳은 것은 ○, 옳지 않은 것은 ×로 표시하시오.

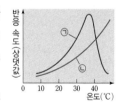

   (1) ㉠은 효소이다. ( )

   (2) ㉠과 ㉡ 모두 온도가 높을수록 반응 속도가 빠르다. ( )

   (3) 지방의 분해를 돕는 라이페이스는 ㉠과 ㉡ 중 ㉠에 해당한다. ( )

   (4) 김치, 된장, 식혜 등과 같은 발효 식품을 만드는 데 사용하는 촉매의 종류는 ㉡에 해당한다. ( )

> **정답** **1.** (1) ○ (2) × (3) ○ **2.** (1) ○ (2) × (3) ○ (4) × **3.** (1) ○ (2) × (3) ○ (4) ×

02 산업 현장에서 촉매의 이용

THE 알기

❶ 암모니아의 합성
19세기 산업 혁명 이후 인구가 급증하자 많은 식량이 필요하였다. 이때 곡식의 생산량을 늘리기 위한 질소 비료의 주원료인 암모니아를 대량 생산하는 방법인 하버-보슈법이 개발되었다. 하버-보슈법에서는 철, 산화 알루미늄, 산화 칼륨, 오스뮴 등으로 구성된 촉매가 사용된다.

❷ 수소화 반응
수소화 반응은 불포화 지방을 포화 지방으로 만드는 공업 과정에 많이 이용된다. 마가린은 니켈, 팔라듐, 백금과 같은 촉매 존재하에서 불포화 식용유에 수소를 첨가시켜 고체 지방으로 만든 것이다.

❸ 유기 화합물
탄소를 중심으로 수소, 산소, 질소, 할로젠 원소 등이 결합한 탄소 화합물이다.

❹ 프롤린
아미노산의 일종

1 현대 산업과 촉매

촉매를 사용하면 반응의 활성화 에너지가 작아지므로 낮은 온도에서도 반응이 빠르게 일어날 수 있어서 산업 현장에서 제조 비용의 감소, 시간의 단축, 생산량 증가 측면에서 매우 유용하다.

(1) 표면 촉매

① 백금(Pt), 팔라듐(Pd), 니켈(Ni) 등과 같은 금속이 포함된 고체 상태의 촉매로, **❶**암모니아의 합성, 탄소 2중 결합(C=C)의 **❷**수소화 반응, 촉매 변환기 등에 널리 사용된다.

② 표면 촉매의 작용은 기체 상태의 반응물이 고체 상태의 촉매 표면에 흡착되어 일어난다.

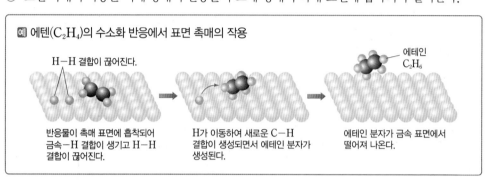

예 에텐(C_2H_4)의 수소화 반응에서 표면 촉매의 작용

H-H 결합이 끊어진다.

에테인 C_2H_6

반응물이 촉매 표면에 흡착되어 금속-H 결합이 생기고 H-H 결합이 끊어진다.

H가 이동하여 새로운 C-H 결합이 생성되면서 에테인 분자가 생성된다.

에테인 분자가 금속 표면에서 떨어져 나온다.

③ 표면 촉매는 촉매로서의 활성이 높아서 널리 사용되지만, 불안정하고 부수적인 반응물에 대한 예측이 어려워서 폐기물의 문제가 나타나기도 한다.

(2) 유기 촉매

① 촉매로 사용되는 비교적 작은 분자량의 **❸**유기 화합물을 유기 촉매라고 한다.

② 반응을 조절하기 어려운 표면 촉매의 단점을 보완하고자 유기물 형태로 유기 촉매를 만들어 사용하고 있다.

③ 유기 촉매는 반응의 선택성이 높고, 쉽게 분해될 수 있다.

예 의약품 합성 과정에서 유기 촉매로 사용하는 **❹**프롤린($C_5H_9NO_2$)

THE 들여다보기　　**촉매 변환기**

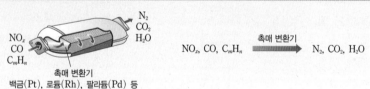

NO_x, CO, C_mH_n　━━촉매 변환기━━▶　N_2, CO_2, H_2O

백금(Pt), 로듐(Rh), 팔라듐(Pd) 등

- 자동차의 촉매 변환기에는 백금(Pt), 로듐(Rh), 팔라듐(Pd) 등의 촉매가 산화 알루미늄(Al_2O_3)으로 만든 벌집 모양의 구조물 표면에 입혀져 있다.
- 자동차 배기가스에 포함된 질소 산화물(NO_x), 일산화 탄소(CO), 탄화수소(C_mH_n) 등은 대기 오염의 원인 물질이다. 배기가스를 자동차의 촉매 변환기에 통과시키면 이들은 질소(N_2), 이산화 탄소(CO_2), 수증기(H_2O)와 같은 기체로 변환된다.
➡ 대기 오염 물질의 분해 반응은 공기 중에서 오랜 시간이 걸리지만, 대기 오염 물질이 촉매 변환기를 통과하면 반응 속도가 빨라져 촉매 변환기를 사용하지 않는 경우보다 빠르게 대기 오염을 일으키지 않는 물질로 변한다.

(3) 광촉매

① 빛에너지를 받을 때 촉매 작용을 일으키는 물질을 광촉매라고 한다.
② 이산화 타이타늄(TiO_2)이 가장 널리 사용되며, TiO_2은 빛에너지를 받으면 ❶물을 수소와 산소로 분해하거나 유기물을 분해하는 특징을 나타낸다.
　🄮 TiO_2은 수소 연료 전지에 수소 공급, 공기 청정기, 타일, 벽지 등의 세균 번식을 막는 데 이용된다.

2 산업 현장에서 촉매의 이용

(1) 효소의 ❷산업적 이용: 효소를 산업에 적용하여 효율적으로 이용할 수 있다.

분류	효소의 이용	효소(주성분)
식품	녹말을 엿당으로 분해시킨다.	아밀레이스
	유지방을 지방산으로 분해시켜 치즈의 생성 속도를 빠르게 한다.	라이페이스
생활용품	세탁물의 때를 빠르게 분해시킨다. 콘텍트렌즈에 남아 있는 단백질을 빠르게 분해시킨다.	프로테이스, 라이페이스 등
의약품	소화 효소를 포함한 소화제를 복용하면 소화가 빨리 된다.	펩신, 아밀레이스, 프로테이스 등

(2) 화학 공업에서의 촉매

① 화학 공업 분야에서 다양한 촉매를 개발하여 사용함으로써 낮은 온도에서도 다양한 화합물을 합성할 수 있게 되었고, 그 결과 폐기물의 양을 최소화하였다.
② 생산 공정 과정에서 부산물 없이 원하는 반응만을 빠르게 진행시킬 수 있는 촉매를 개발하기 위한 연구가 활발하게 이루어지고 있다.

생성물	반응물	촉매
암모니아	수소, 질소	철, 산화 철(Ⅲ)
질산	암모니아, 산소	백금
황산	이산화 황, 산소	산화 바나듐(Ⅴ)
메탄올	메테인, 산소	산화 크로뮴(Ⅲ) 또는 산화 아연
마가린	식용유, 수소	니켈 또는 백금

THE 알기

❶ 물의 광분해
태양 에너지를 이용하여 물을 분해함으로써 수소를 얻는 방법이다. 이때 광촉매는 식물의 광합성 과정에서의 엽록소와 같은 역할을 한다.

❷ 효소의 이용
사과나 오렌지와 같은 과일에 많이 함유되어 있는 펙티네이스(pectinase)라는 효소는 식물 세포를 단단하게 결합시켜 주는 펙틴을 분해하므로 과일에서 즙을 짜는 데 이용된다. 또한 고단백질 식품에 단백질 분해 효소를 처리하면 아기들이 영양소를 쉽게 분해할 수 있으므로 아기들의 이유식을 만드는 데도 이용된다.

THE 들여다보기　**광촉매의 작용과 이용**

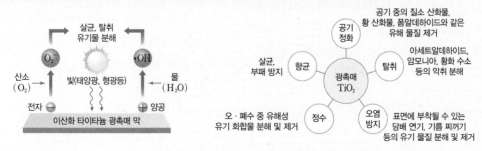

• 광촉매인 TiO_2에 빛에너지를 가하면 공기 중의 산소와 수분으로부터 에너지가 높은 활성화물을 만들고, 이 물질들이 오염 물질을 분해하게 된다.
• 광촉매는 항균, 공기 정화, 탈취, 정수, 오염 방지 등에 활용할 수 있다.

빈칸 완성

1. 정촉매를 사용하면 반응의 활성화 에너지가 (   )아지므로 (   )은 온도에서도 반응이 빠르게 일어날 수 있어 산업 현장에서 매우 유용하다.

2. (   ) 촉매는 백금(Pt), 팔라듐(Pd), 니켈(Ni) 등과 같은 금속이 포함된 고체 상태의 촉매이다.

3. 표면 촉매는 불안정하고 부수적인 반응물에 대한 예측이 어려워 (   )의 문제가 나타난다.

4. 촉매로 사용되는 비교적 작은 분자량의 유기 화합물을 (   ) 촉매라고 한다.

5. 반응을 조절하기 어려운 표면 촉매의 단점을 보완하기 위해 (   )의 형태로 유기 촉매를 만든다.

6. 빛에너지를 받을 때 촉매 작용을 일으키는 물질을 (   )라고 한다.

7. 광촉매로 가장 널리 사용되는 물질은 (   )이고, 이 물질은 수소 연료 전지에 수소를 공급하거나 타일, 벽지 등의 세균 번식을 막는 데 이용된다.

8. 물의 광분해 반응에서 (   )는 식물의 광합성 과정에서의 엽록소와 같은 역할을 한다.

9. 화학 공업 분야에서는 (   ) 없이 원하는 반응만을 빠르게 진행시킬 수 있는 (   )를 개발하기 위해 노력하고 있다.

10. 마가린은 (   ) 반응을 이용하여 고체 지방으로 만든 것인데, 니켈, 팔라듐, 백금과 같은 금속 촉매의 존재 하에 불포화 식용유에 (   )를 첨가시켜 만든다.

정답 1. 작, 낮 2. 표면 3. 폐기물 4. 유기 5. 유기물 6. 광촉매 7. TiO_2(이산화 타이타늄) 8. 광촉매 9. 부산물, 촉매 10. 수소화, 수소

○ × 문제

1. 산업 현장에서 촉매의 이용에 대한 설명으로 옳은 것은 ○, 옳지 않은 것은 ×로 표시하시오.

(1) 표면 촉매의 작용은 기체 상태의 반응물이 액체 상태의 촉매 표면에 흡착되어 일어난다. (   )

(2) 유기 촉매는 표면 촉매에 비해 쉽게 분해될 수 있다. (   )

(3) 표면 촉매보다 유기 촉매가 반응을 조절하기 더 어렵다. (   )

(4) 광촉매는 빛에너지를 이용하여 수소와 산소를 반응시켜 물을 생성할 때 이용한다. (   )

(5) 마가린을 만들 때 이용하는 수소화 반응은 불포화 지방을 포화 지방으로 만드는 공업 과정에 많이 이용된다. (   )

(6) 광촉매는 공기 정화나 탈취에 효과적이다. (   )

2. 그림은 자동차에 설치되어 있는 촉매 변환기를 나타낸 것이다.

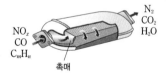

촉매 변환기에 대한 설명으로 옳은 것은 ○, 옳지 않은 것은 ×로 표시하시오.

(1) 촉매 변환기 내부의 촉매는 정촉매이다. (   )

(2) 촉매 변환기는 표면 촉매를 이용한다. (   )

(3) NO가 N_2로 되는 반응은 공기 중에서보다 촉매 변환기 내부에서 더 빠르게 일어난다. (   )

(4) 촉매 변환기 내부에서 CO가 CO_2로 되는 반응은 산화 반응이다. (   )

정답 1. (1) × (2) ○ (3) × (4) × (5) ○ (6) ○ 2. (1) ○ (2) ○ (3) ○ (4) ○

온도와 pH에 따른 효소의 촉매 작용

정답과 해설 88쪽

목표

온도와 pH가 효소의 촉매 작용에 미치는 영향을 설명할 수 있다.

과정

[실험 I] 온도에 따른 효소의 촉매 작용

1. 감자를 갈아 즙을 낸 다음 페트리 접시에 담는다.
2. 같은 크기의 거름종이를 감자즙이 들어 있는 페트리 접시에 담근다.
3. 온도가 서로 다른 3 % 과산화 수소수 30 mL를 4개의 비커에 각각 넣는다.

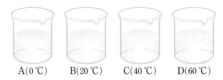

A(0 ℃)   B(20 ℃)   C(40 ℃)   D(60 ℃)

4. 감자즙에 담근 거름종이 조각 1개씩을 A~D 비커의 바닥에 각각 넣고, 거름종이가 수면 위로 떠오르는 데 걸리는 시간을 측정한다.
5. 3회 반복하여 측정한 후 평균 시간을 구한다.

[실험 II] pH에 따른 효소의 촉매 작용

1. 감자를 갈아 즙을 낸 다음 페트리 접시에 담는다.
2. 같은 크기의 거름종이를 감자즙이 들어 있는 페트리 접시에 담근다.
3. pH가 서로 다른 3 % 과산화 수소수 30mL를 3개의 비커에 각각 넣는다.

E(pH 3)   F(pH 7)   G(pH 11)

4. 일정한 온도에서 감자즙에 담근 거름종이 조각 1개씩을 E~G 비커의 바닥에 각각 넣고, 거름종이가 수면 위로 떠오르는 데 걸리는 시간을 측정한다.
5. 3회 반복하여 측정한 후 평균 시간을 구한다.

결과 정리 및 해석

[실험 I] 온도에 따른 효소의 촉매 작용

비커	A	B	C	D
온도(℃)	0	20	40	60
평균 시간(초)	10.2	9.4	5.0	6.1

1. 비커 A~C의 결과를 비교하였을 때, 온도가 0 ℃에서 40 ℃가 될 때까지는 온도가 높아질수록 거름종이가 수면 위로 떠오르는 데 걸리는 시간이 감소하였다.
2. 비커 C와 D의 결과를 비교하였을 때, 온도가 60 ℃일 때가 40 ℃일 때보다 시간이 더 많이 걸렸다.
   ➡ 40 ℃까지는 온도가 높아지면 반응 속도가 증가하였지만, 40 ℃ 이후에는 온도가 높아지면 오히려 반응 속도가 감소하였다.
   ➡ 감자에 들어 있는 효소는 반응 속도가 최대가 되는 적정 온도가 40 ℃ 부근이다.

[실험 II] pH에 따른 효소의 촉매 작용

비커	E	F	G
pH	3	7	11
평균 시간(초)	5.3	3.8	5.1

1. 비커 E와 F의 결과를 비교하였을 때, pH=3인 산성 조건에서보다 pH=7인 중성 조건에서 거름종이가 수면 위로 떠오르는 데 시간이 더 적게 걸렸다.
2. 비커 F와 G의 결과를 비교하였을 때, pH=11인 염기성 조건에서보다 pH=7인 중성 조건에서 시간이 더 적게 걸렸다.
   ➡ 산성이나 염기성 조건에서보다 중성 조건에서 시간이 적게 걸렸으므로 반응 속도가 가장 빠르다.
   ➡ 감자에 들어 있는 효소는 반응 속도가 최대가 되는 적정 pH가 7 부근이다.

탐구 분석

1. 효소가 작용하는 반응의 경우 반응 속도가 최대가 되는 온도를 가지는 이유는 무엇인가?
2. 효소가 작용하는 반응의 경우 반응 속도가 최대가 되는 pH를 가지는 이유는 무엇인가?

01 [20701-0488]
효소에 대한 설명으로 옳은 것은?

① 효소는 주로 금속 원소로 이루어져 있다.
② 효소는 특정 기질과 반응하는 성질이 있다.
③ 효소는 온도가 높을수록 반응 속도를 증가시킨다.
④ 효소는 반응 엔탈피(ΔH)를 변화시켜 반응 속도를 증가시킨다.
⑤ 모든 효소는 pH가 7일 때 반응 속도가 최대가 되게 한다.

02 [20701-0489]
다음은 X에 대한 설명이다.

> (가) 에너지를 받을 때 촉매 작용을 일으키는 물질을 X라고 하며, 이산화 타이타늄(TiO_2)이 가장 널리 사용된다. TiO_2은 (가) 에너지를 받으면 물을 수소와 산소로 분해하거나 유기물을 분해하는 특징을 나타낸다.

(가)로 가장 적절한 것은?

① 열   ② 빛   ③ 화학
④ 위치   ⑤ 운동

03 [20701-0490]
그림은 어떤 반응에서 촉매 X의 온도에 따른 반응 속도를 나타낸 것이다. X는 효소 또는 표면 촉매 중 하나이다.

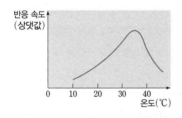

이에 대한 설명으로 옳은 것만을 〈보기〉에서 있는 대로 고른 것은?

┌─ 보기 ┌
ㄱ. X는 효소이다.
ㄴ. 반응 속도가 최대가 되게 하는 최적 온도가 존재한다.
ㄷ. 40 ℃에서 X는 부촉매로 작용한다.

① ㄱ   ② ㄷ   ③ ㄱ, ㄴ
④ ㄴ, ㄷ   ⑤ ㄱ, ㄴ, ㄷ

04 [20701-0491]
다음은 몇 가지 촉매를 나타낸 것이다.

> (가) 트립신   (나) 백금
> (다) 카탈레이스   (라) 이산화 망가니즈

(가)~(라) 중 특정 기질과 반응하는 기질 특이성이 있는 것을 옳게 고른 것은?

① (가), (나)   ② (가), (다)   ③ (가), (라)
④ (나), (다)   ⑤ (다), (라)

05 [20701-0492]
그림은 일정한 온도에서 20 mL의 과산화 수소수($H_2O_2(aq)$)가 분해될 때 생성되는 기체 X의 부피를 시간에 따라 나타낸 것이다. a는 생성된 X의 총 부피를, b는 반응이 완결된 시간이다.

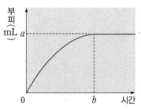

이에 대한 설명으로 옳은 것은?

① X는 수소(H_2) 기체이다.
② 같은 농도의 과산화 수소수 30 mL가 분해되더라도 a는 일정하다.
③ 부촉매를 넣어 주면 b가 감소한다.
④ 감자 조각을 넣어 주면 a가 증가한다.
⑤ 감자 조각을 넣어 주면 b가 감소한다.

06 [20701-0493]
그림은 어떤 반응에서 효소와 표면 촉매의 온도에 따른 반응 속도를 나타낸 것이다.
효소와 표면 촉매의 공통점으로 옳은 것만을 〈보기〉에서 있는 대로 고른 것은?

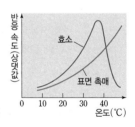

┌─ 보기 ┌
ㄱ. 반응의 활성화 에너지를 변화시킨다.
ㄴ. 반응 전과 후에 질량이 변하지 않는다.
ㄷ. 반응 속도가 최대가 되게 하는 최적 온도가 존재한다.

① ㄱ   ② ㄷ   ③ ㄱ, ㄴ
④ ㄴ, ㄷ   ⑤ ㄱ, ㄴ, ㄷ

07 [20701-0494] 다음은 인체 내에서 소화를 돕는 효소 (가)~(다)에 대한 설명이다. (가)~(다)에 해당하는 효소를 각각 쓰시오. (가)~(다)는 각각 펩신, 라이페이스, 아밀레이스 중 하나이다.

(1) | (가) | : 입 안에서 녹말을 분해하여 소화를 돕는 효소로, pH가 약 7일 때 반응 속도가 최대이다.

(2) | (나) | : 우리 몸의 위에서 단백질의 분해를 돕는 효소로, pH가 약 2일 때 반응 속도가 최대이다.

(3) | (다) | : 지방의 분해를 돕는 효소로, pH가 약 8일 때 반응 속도가 최대이다.

08 [20701-0495] 그림은 효소 E가 물질 A와는 반응을 하고, 물질 B와는 반응을 하지 않는 모습을 나타낸 것이다.

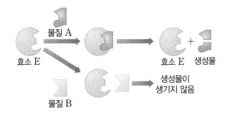

이에 대한 설명으로 옳은 것만을 〈보기〉에서 있는 대로 고른 것은?

┌─ 보기 ┌
ㄱ. 효소 E는 물질 A와 결합하는 활성 자리를 가지고 있다.
ㄴ. 온도를 높여 주면 효소 E는 물질 B와 반응할 수 있다.
ㄷ. 효소 E는 기질 특이성이 있다.

① ㄱ   ② ㄷ   ③ ㄱ, ㄴ
④ ㄱ, ㄷ   ⑤ ㄴ, ㄷ

09 [20701-0496] 다음은 자동차의 촉매 변환기와 촉매 변환기의 내부에서 일어나는 화학 반응 중 하나를 화학 반응식으로 나타낸 것이다.

$$(가)\ 2NO+2CO \longrightarrow N_2+2CO_2$$

촉매 변환기에서 일어나는 화학 반응 (가)와 같이 반응 전과 후에 산화수가 변하는 원자를 포함하는 물질이 있는 반응만을 〈보기〉에서 있는 대로 고른 것은?

┌─ 보기 ┌
ㄱ. 메테인이 연소하면 이산화 탄소와 물이 생성된다.
ㄴ. 수소를 공기 중의 질소와 반응시키면 암모니아가 생성된다.
ㄷ. 석회수에 이산화 탄소 기체를 불어 넣으면 석회수가 뿌옇게 흐려진다.

① ㄱ   ② ㄷ   ③ ㄱ, ㄴ
④ ㄴ, ㄷ   ⑤ ㄱ, ㄴ, ㄷ

10 [20701-0497] 그림은 수소(H_2)와 질소(N_2)가 반응하여 암모니아를 생성하는 반응에서 금속 X를 넣었을 때 일어나는 과정을 모형으로 나타낸 것이다.

이 반응에서 X의 역할로 옳은 것만을 〈보기〉에서 있는 대로 고른 것은?

┌─ 보기 ┌
ㄱ. 최종 생성물의 양을 증가시킨다.
ㄴ. 반응의 반응 엔탈피(ΔH)를 변화시킨다.
ㄷ. 반응의 활성화 에너지를 변화시킨다.

① ㄱ   ② ㄴ   ③ ㄷ
④ ㄱ, ㄷ   ⑤ ㄴ, ㄷ

01 [20701-0498]
다음 중 생명 현상이나 실생활에서 효소를 이용하는 사례가 <u>아닌</u> 것은?

① 인체 내에서, 아밀레이스는 녹말을 분해하여 소화를 돕는다.
② 에텐과 수소를 반응시킬 때 백금을 넣어 주면 반응 속도가 빨라진다.
③ 술을 만들 때 누룩을 이용하여 쌀의 탄수화물을 알코올로 발효시킨다.
④ 라이페이스는 유지방을 지방산으로 분해시켜 치즈의 생성 속도를 빠르게 한다.
⑤ 폭탄먼지벌레는 하이드로퀴논과 과산화 수소를 카탈레이스를 이용하여 빠르게 반응시킨다.

02 [20701-0499]
그림은 3가지 촉매를 주어진 기준에 따라 분류한 것이다.

(가)~(다)에 해당하는 것으로 옳은 것은?

	(가)	(나)	(다)
①	아밀레이스	이산화 타이타늄	백금
②	아밀레이스	백금	이산화 타이타늄
③	이산화 타이타늄	아밀레이스	백금
④	이산화 타이타늄	백금	아밀레이스
⑤	백금	이산화 타이타늄	아밀레이스

03 [20701-0500]
다음은 자동차의 촉매 변환기와 촉매 변환기의 내부에서 일어나는 반응의 일부를 화학 반응식으로 나타낸 것이다.

(가) $2NO + 2CO \longrightarrow N_2 + 2CO_2$
(나) $2C_6H_6 + 15O_2 \longrightarrow 12CO_2 + 6H_2O$

이에 대한 설명으로 옳은 것만을 〈보기〉에서 있는 대로 고른 것은?

┌ 보기 ┌
ㄱ. (가)에서 NO는 산화된다.
ㄴ. X는 반응 (나)의 활성화 에너지를 감소시킨다.
ㄷ. (가), (나) 모두 공기 중에서보다 촉매 변환기 내에서 더 빠르게 일어난다.

① ㄱ   ② ㄷ   ③ ㄱ, ㄴ
④ ㄴ, ㄷ   ⑤ ㄱ, ㄴ, ㄷ

04 [20701-0501]
표는 과산화 수소를 물과 산소로 분해하는 반응에서 촉매를 사용하지 않은 경우와 촉매 A~C를 사용한 경우에 반응의 활성화 에너지를 나타낸 것이다.

촉매	사용 안함	A	B	C
활성화 에너지 (상댓값)	75	23	58	130

이에 대한 설명으로 옳은 것만을 〈보기〉에서 있는 대로 고른 것은? (단, 주어진 조건 이외의 다른 조건은 동일하다.)

┌ 보기 ┌
ㄱ. A~C 중 부촉매는 2가지이다.
ㄴ. 반응 엔탈피(ΔH)는 C를 사용하는 경우가 가장 크다.
ㄷ. 반응 속도는 A를 사용하는 경우가 가장 빠르다.

① ㄱ   ② ㄴ   ③ ㄷ
④ ㄱ, ㄷ   ⑤ ㄴ, ㄷ

정답과 해설 90쪽

05 [20701-0502] 다음은 효소 X에 대한 자료이다.

- 효소 X는 반응 $2H_2O_2 \longrightarrow 2H_2O + O_2$의 활성화 에너지를 감소시켜 반응 속도를 빠르게 한다.
- 효소 X는 단백질로 구성되어 있고, 다음과 같은 모형으로 X의 작용을 설명할 수 있다.

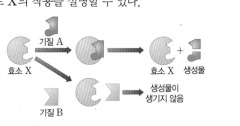

다음 중 효소 X가 기질 A와 결합할 때 온도와 반응 속도의 관계를 나타낸 그래프로 가장 적절한 것은?

① 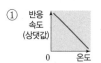 ②   ③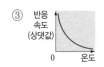

④ 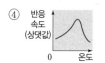 ⑤

06 [20701-0503] 그림은 수소(H_2)와 질소(N_2)가 반응할 때, 반응의 진행에 따른 에너지를 나타낸 것이다.

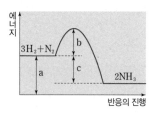

이 반응에 표면 촉매인 백금 촉매를 사용하였을 때 값이 변하는 것만을 〈보기〉에서 있는 대로 고른 것은?

┌ 보기 ┐
ㄱ. a   ㄴ. b+c   ㄷ. a−c

① ㄱ   ② ㄴ   ③ ㄱ, ㄷ
④ ㄱ, ㄴ   ⑤ ㄴ, ㄷ

07 [20701-0504] 그림은 같은 농도와 부피의 과산화 수소(H_2O_2)수에 촉매를 넣지 않은 경우와 촉매를 넣은 경우에 H_2O_2가 모두 물과 산소로 분해될 때 걸리는 시간을 나타낸 것이다.

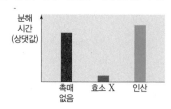

이에 대한 설명으로 옳은 것만을 〈보기〉에서 있는 대로 고른 것은? (단, 온도는 일정하다.)

┌ 보기 ┐
ㄱ. 인산은 부촉매이다.
ㄴ. 효소 X는 과산화 수소 분해 반응의 활성화 에너지를 증가시킨다.
ㄷ. 반응 속도는 효소 X를 사용한 경우가 인산을 사용한 경우보다 빠르다.

① ㄱ   ② ㄴ   ③ ㄷ   ④ ㄱ, ㄷ   ⑤ ㄴ, ㄷ

08 [20701-0505] 그림은 반응 $2N_2O(g) \longrightarrow 2N_2(g) + O_2(g)$에서 촉매를 사용하지 않은 경우 (가)와 표면 촉매인 백금(Pt)을 사용한 경우 (나)의 반응 초기 모습을 모형으로 나타낸 것이다.

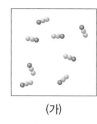 

(가)   (나)

이에 대한 설명으로 옳은 것만을 〈보기〉에서 있는 대로 고른 것은? (단, 온도는 (가)와 (나)가 같다.)

┌ 보기 ┐
ㄱ. 반응 속도는 (나)에서가 (가)에서보다 빠르다.
ㄴ. 반응 엔탈피(ΔH)는 (가)에서와 (나)에서가 같다.
ㄷ. 반응 속도 상수(k)는 (나)에서가 (가)에서보다 크다.

① ㄱ   ② ㄷ   ③ ㄱ, ㄴ   ④ ㄴ, ㄷ   ⑤ ㄱ, ㄴ, ㄷ

[20701-0506]
09 그림 (가)는 효소-기질 반응의 열쇠-자물쇠 모형을, (나)는 수크레이스의 작용으로 설탕이 분해되는 과정을 나타낸 것이다.

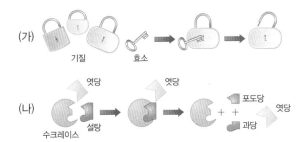

수크레이스에 대한 설명으로 옳은 것만을 〈보기〉에서 있는 대로 고른 것은?

┌─ 보기 ┌
ㄱ. 효소이다.
ㄴ. 기질 특이성이 있다.
ㄷ. 과당을 분해할 수 있다.
└─

① ㄱ   ② ㄷ   ③ ㄱ, ㄴ
④ ㄴ, ㄷ   ⑤ ㄱ, ㄴ, ㄷ

[20701-0507]
10 그림은 이산화 타이타늄(TiO_2) 막이 포함된 전극을 이용하여 물을 분해하는 장치를 나타낸 것이다.

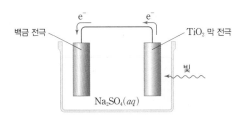

이에 대한 설명으로 옳은 것만을 〈보기〉에서 있는 대로 고른 것은?

┌─ 보기 ┌
ㄱ. TiO_2은 유기 촉매이다.
ㄴ. 반응이 일어나기 위해서 빛에너지가 필요하다.
ㄷ. TiO_2은 물 분해 반응의 반응 속도 상수(k)를 증가시킨다.
└─

① ㄱ   ② ㄷ   ③ ㄱ, ㄴ
④ ㄴ, ㄷ   ⑤ ㄱ, ㄴ, ㄷ

[20701-0508]
11 그림은 효소 X와 기질이 반응할 때 반응의 진행에 따른 에너지를 나타낸 것이다. A와 B는 각각 효소 X와 기질 중 하나이다.

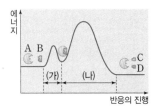

이에 대한 설명으로 옳은 것만을 〈보기〉에서 있는 대로 고른 것은?

┌─ 보기 ┌
ㄱ. 효소 X는 B이다.
ㄴ. 활성화 에너지는 (나)에서가 (가)에서보다 크다.
ㄷ. 효소 X를 사용하면 온도가 높아질수록 반응 속도를 항상 빠르게 한다.
└─

① ㄱ   ② ㄴ   ③ ㄷ   ④ ㄱ, ㄴ   ⑤ ㄴ, ㄷ

[20701-0509]
12 그림 (가)는 35 °C에서 반응 $2H_2O_2(l) \longrightarrow 2H_2O(l) + O_2(g)$에서 촉매를 사용하지 않을 때 반응의 진행에 따른 에너지를, (나)는 (가)의 반응에 정촉매인 카탈레이스를 사용할 때 온도에 따른 반응 속도를 나타낸 것이다.

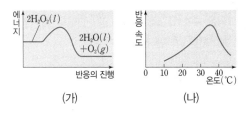

(가)   (나)

이에 대한 설명으로 옳은 것만을 〈보기〉에서 있는 대로 고른 것은?

┌─ 보기 ┌
ㄱ. 35 °C에서의 반응 속도 상수(k)는 (나)에서가 (가)에서보다 크다.
ㄴ. 35 °C에서 생성되는 산소 기체의 양(mol)은 (나)에서가 (가)에서보다 크다.
ㄷ. (나)에서 반응 속도는 60 °C일 경우가 30 °C일 경우보다 빠르다.
└─

① ㄱ   ② ㄴ   ③ ㄷ   ④ ㄱ, ㄴ   ⑤ ㄱ, ㄷ

정답과 해설 92쪽

01 [20701-0510]
다음은 효소의 작용에 대한 자료와 실험이다.

[자료]
• 감자에 들어 있는 카탈레이스는 과산화 수소의 분해 반응을 빠르게 하는 효소이다.
$$2H_2O_2 \longrightarrow 2H_2O + O_2$$

[실험 과정 및 결과]
(가) 시험관 A~D를 준비하여 A, B에는 증류수를, C에는 묽은 염산을, D에는 묽은 수산화 나트륨을 각각 3 mL씩 넣는다.
(나) A~D 각 시험관에 과산화 수소수를 3 mL씩 넣은 후, B~D에만 감자 조각을 넣고 t초 후의 기포 발생량을 비교하였더니, 다음과 같았다.

시험관	A	B	C	D
기포 발생량 (상댓값)	1	8	2	3

이에 대한 설명으로 옳은 것만을 〈보기〉에서 있는 대로 고른 것은? (단, 주어진 조건 이외에 다른 조건은 동일하고, A~D 모두 t초 후 반응이 완결되지 않았다.)

보기
ㄱ. A에서 증류수는 부촉매로 작용한다.
ㄴ. 카탈레이스는 과산화 수소 분해 반응의 활성화 에너지를 감소시킨다.
ㄷ. 카탈레이스는 pH가 클수록 반응 속도를 빠르게 한다.

① ㄱ   ② ㄴ   ③ ㄷ
④ ㄱ, ㄴ   ⑤ ㄴ, ㄷ

02 [20701-0511]
다음은 기체 A가 반응하여 기체 B를 생성하는 반응의 열화학 반응식이다.

$$A(g) \rightleftharpoons B(g) \quad \Delta H = -a \text{ kJ}$$

그림은 반응 $A(g) \rightleftharpoons B(g)$에서 반응물의 운동 에너지에 따른 분자 수와, 촉매를 사용하지 않았을 때의 활성화 에너지(E_a)와 철(Fe) 촉매를 사용했을 때의 활성화 에너지(E_a')를 나타낸 것이다. $E_a = b$이고, $E_a' = c$이며, a~c는 모두 양의 값이다.

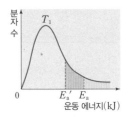

이에 대한 설명으로 옳은 것만을 〈보기〉에서 있는 대로 고른 것은?

보기
ㄱ. 철(Fe) 촉매는 반응의 반응 속도 상수(k)를 증가시킨다.
ㄴ. 철(Fe) 촉매를 사용할 경우 반응 $A(g) \rightleftharpoons B(g)$의 반응 엔탈피($\Delta H$)는 $-a$ kJ이다.
ㄷ. 철(Fe) 촉매를 사용할 경우 역반응의 활성화 에너지는 $(a+c)$ kJ이다.

① ㄱ   ② ㄴ   ③ ㄱ, ㄷ   ④ ㄴ, ㄷ   ⑤ ㄱ, ㄴ, ㄷ

03 [20701-0512]
다음은 A가 반응하여 B와 C를 생성하는 반응의 화학 반응식이다.

$$2A(g) \longrightarrow 2B(g) + cC(g) \quad (c\text{는 반응 계수})$$

그림 (가)는 $A(g)$ 1몰을, (나)는 $A(g)$ 1몰과 $X(s)$를 같은 부피의 용기에 각각 넣었을 때, 반응 전과 t분 후의 용기 속 물질들의 양(mol)의 비율을 나타낸 것이다. X는 B, C와 반응하지 않는다.

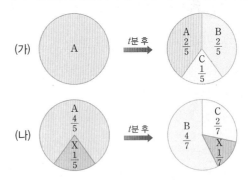

이에 대한 설명으로 옳은 것만을 〈보기〉에서 있는 대로 고른 것은?

보기
ㄱ. (가)에서 t분 후 C의 양은 0.25몰이다.
ㄴ. (나)에서 X의 양(mol)은 반응 전이 t분 후보다 크다.
ㄷ. (나)에서 X는 반응의 반응 속도 상수(k)를 감소시킨다.

① ㄱ   ② ㄴ   ③ ㄷ   ④ ㄱ, ㄴ   ⑤ ㄱ, ㄷ

1 반응 속도

① 반응 속도의 표현

$$반응 속도 = \frac{반응물의 농도 감소량}{반응 시간} \ 또는 \ \frac{생성물의 농도 증가량}{반응 시간}$$

② 평균 반응 속도와 순간 반응 속도

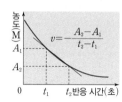
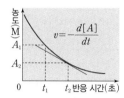

평균 반응 속도 = 구간의 기울기 　순간 반응 속도 = 접선의 기울기

2 반응 속도식

① 반응 $aA(g) + bB(g) \longrightarrow cC(g) + dD(g)$에 대한 반응 속도식 $v = k[A]^m[B]^n$

$$
\left\{
\begin{array}{l}
A의 반응 차수: m, \ B의 반응 차수: n \\
\Rightarrow 전체 반응 차수: m+n \\
k: 반응 속도 상수
\end{array}
\right.
$$

• 반응 차수와 반응 속도 상수는 실험으로 결정한다.

② 1차 반응: 반응 속도가 농도에 비례하는 반응

③ 반감기: 반응물의 농도가 $\frac{1}{2}$배로 되는 데 걸리는 시간

➡ 1차 반응에서 반감기는 농도에 관계없이 일정하다.

3 활성화 에너지

① 유효 충돌: 반응이 일어나기에 충분한 에너지를 가진 입자들의 적합한 방향으로의 충돌

② 활성화 에너지: 반응이 일어나기 위해 필요한 최소한의 에너지

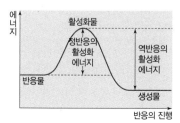

4 농도의 충돌 횟수에 대한 영향

① 반응물 농도가 증가하면 단위 부피당 반응물 입자 수가 증가하여 같은 시간 동안 입자의 충돌 횟수가 증가한다.

② 농도 증가에 따른 입자의 충돌 횟수 모형

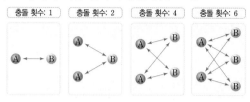

5 반응 속도에 미치는 농도의 영향

① 농도와 반응 속도(반응물이 액체, 기체인 경우)

농도 증가 ➡ 단위 부피당 분자 수 증가 ➡ 분자 간 충돌 횟수 증가 ➡ 반응 속도 증가

② 농도에 따른 반응 속도의 변화 예

• 강철 솜이 공기 중에서보다 산소가 들어 있는 집기병에서 빠르게 연소한다.

• 석회석과 염산의 반응에서 염산의 농도를 증가시키면 이산화 탄소 기체가 더 빠르게 발생한다.

6 반응 속도에 미치는 압력의 영향(반응물이 기체인 경우)

압력 증가 ➡ 기체의 부피 감소 ➡ 단위 부피당 분자 수 증가 ➡ 분자 간 충돌 횟수 증가 ➡ 반응 속도 증가

7 반응 속도에 미치는 표면적의 영향

① 고체를 잘게 쪼개거나 가루로 만들면 표면적이 넓어진다.

② 표면적과 반응 속도(반응물이 고체인 경우)

▲ 고체의 표면적에 따른 충돌 횟수

③ 표면적의 증가에 따른 반응 속도의 변화 예

• 먼지가 많은 탄광이나 밀가루 공장에서 폭발 사고가 잘 일어난다.

• 같은 성분의 약이라도 알약보다 가루약이 흡수가 빨라 효과가 빠르게 나타난다.

단원 정리

8 반응 속도에 미치는 온도의 영향

① 온도가 높을수록 운동 에너지가 큰 분자의 존재 비율이 커진다.

② 온도와 반응 속도

> 온도 높임 ➡ 분자의 평균 운동 에너지 증가 ➡ 활성화 에너지 이상의 에너지를 갖는 분자 수 증가 ➡ 반응 속도 증가

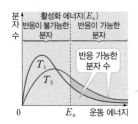

- 온도: $T_1 < T_2$
- 평균 운동 에너지: $T_1 < T_2$
- 활성화 에너지: $T_1 = T_2$
- 총 분자 수 : $T_1 = T_2$
- 반응 속도: $T_1 < T_2$

③ 온도 변화에 따른 반응 속도의 변화 예
- 냉장고에 음식물을 보관하는 것은 온도를 낮추어 음식물이 상하는 속도를 느리게 하기 위함이다.
- 겨울철에 비닐 하우스에서 채소를 재배하는 것은 온도를 높여 식물의 물질 대사 속도를 빠르게 하기 위함이다.

9 반응 속도에 미치는 촉매의 영향

① 촉매: 자신은 변하지 않으면서 반응 속도를 변화시키는 물질로, 활성화 에너지가 다른 새로운 반응 경로로 반응이 일어나도록 한다.

② 촉매와 반응 속도

> - 정촉매 사용 ➡ 활성화 에너지 감소 ➡ 반응할 수 있는 분자 수 증가 ➡ 반응 속도 증가
> - 부촉매 사용 ➡ 활성화 에너지 증가 ➡ 반응할 수 있는 분자 수 감소 ➡ 반응 속도 감소

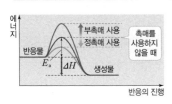

③ 촉매 사용에 따른 반응 속도의 변화 예
- 과산화 수소를 분해할 때 이산화 망가니즈를 넣으면 빠르게 분해되고, 인산을 넣으면 느리게 분해된다.

10 생명 현상과 효소

① 효소와 반응 속도: 효소는 생물체 내에서 일어나는 반응의 활성화 에너지(E_a)를 감소시켜 반응 속도를 증가시킨다.

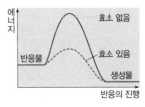

② 효소의 기질 특이성: 효소에는 특정 기질과 반응할 수 있는 활성 자리가 존재하여 다른 기질과는 반응하지 않는다.

③ 효소는 주로 단백질로 이루어져 있기 때문에 표면 촉매와는 달리 최적 온도와 최적 pH가 있다.

11 산업 현장에서 촉매의 이용

① 표면 촉매: 백금(Pt), 팔라듐(Pd), 니켈(Ni) 등과 같은 금속이 포함된 고체 상태의 촉매이다.

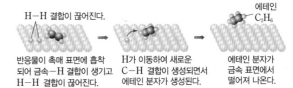

반응물이 촉매 표면에 흡착되어 금속-H 결합이 생기고 H-H 결합이 끊어진다.

H가 이동하여 새로운 C-H 결합이 생성되면서 에테인 분자가 생성된다.

에테인 분자가 금속 표면에서 떨어져 나온다.

② 유기 촉매: 촉매로 사용되는 비교적 작은 분자량의 유기 화합물이다. 금속 촉매에 비해 반응성은 낮지만 적은 양으로 반응 속도를 증가시킬 수 있는 친환경 촉매이다.

③ 광촉매: 빛에너지를 받을 때 특정 반응에 대해 촉매 작용을 일으키는 물질이다. 이산화 타이타늄(TiO_2)은 물을 수소와 산소로 분해하거나 유기물을 분해하는 데 널리 사용되는 광촉매이다.

01 [20701-0513]
표는 반응 $A_2(g) + B_2(g) \longrightarrow 2AB(g)$을 초기 농도를 달리하여 동일한 강철 용기에서 반응시킬 때, 용기에 들어 있는 A_2, B_2의 초기 입자 수 모형과 초기 반응 속도를 나타낸 것이다.

실험	(가)	(나)	(다)
입자 수 모형 ○: A_2 ■: B_2	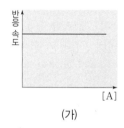	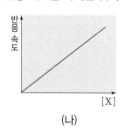	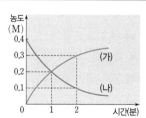
초기 반응 속도 (M/s)	v	$2v$	$2v$

이에 대한 설명으로 옳은 것만을 〈보기〉에서 있는 대로 고른 것은? (단, 온도는 일정하다.)

┌─ 보기 ┌
ㄱ. 전체 반응 속도식의 반응 차수는 2이다.
ㄴ. $[A_2]$가 $\frac{1}{2}$배로 되는 데 걸리는 시간은 (가)에서와 (나)에서 같다.
ㄷ. 반응 속도 상수(k)는 (가)~(다)에서가 모두 같다.

① ㄱ   ② ㄴ   ③ ㄱ, ㄴ   ④ ㄱ, ㄷ   ⑤ ㄴ, ㄷ

02 [20701-0514]
그림 (가)와 (나)는 반응 $A \longrightarrow B$와 반응 $X \longrightarrow Y$에서 각각 반응물의 농도에 따른 반응 속도를 나타낸 것이다.

2가지 반응이 각각 강철 용기에서 일어날 때의 변화에 대한 설명으로 옳은 것만을 〈보기〉에서 있는 대로 고른 것은?

┌─ 보기 ┌
ㄱ. (가)에서 시간에 따라 반응 속도 상수(k)가 감소한다.
ㄴ. (나)에서 시간에 따라 반응 속도가 감소한다.
ㄷ. (나)에서 같은 시간 동안 감소하는 $[X]$는 일정하다.

① ㄱ   ② ㄴ   ③ ㄱ, ㄴ   ④ ㄱ, ㄷ   ⑤ ㄴ, ㄷ

03 [20701-0515]
표는 $A(g)$가 반응하여 $B(g)$를 생성하는 반응에서 강철 용기에 $A(g)$를 넣고 반응시킬 때, 시간에 따른 용기 속 기체의 전체 압력을 나타낸 것이다. 반감기는 30초로 일정하다.

시간(초)	0	30	60
압력(기압)	0.8	1.2	1.4

90초일 때 $\dfrac{\text{B의 부분 압력}}{\text{A의 부분 압력}}$으로 옳은 것은?

① 0.14   ② 0.15   ③ 7
④ 14   ⑤ 15

04 [20701-0516]
다음은 기체 A의 분해 반응의 화학 반응식과 시간에 따른 2가지 물질의 농도를 나타낸 그래프이다.

$$2A(g) \longrightarrow 2B(g) + C(g)$$

이에 대한 설명으로 옳은 것만을 〈보기〉에서 있는 대로 고른 것은?

┌─ 보기 ┌
ㄱ. A에 대한 1차 반응이다.
ㄴ. (가)는 B의 농도 변화 그래프이다.
ㄷ. 반응 시작 후 3분에서 C의 농도는 0.175 M이다.

① ㄱ   ② ㄷ   ③ ㄱ, ㄴ
④ ㄴ, ㄷ   ⑤ ㄱ, ㄴ, ㄷ

05 [20701-0517] 다음은 화학 반응에서 촉매의 역할에 대한 학생들의 대화이다.

정촉매는 정반응의 활성화 에너지를 낮추지. (학생 A)

부촉매는 역반응의 반응 속도를 빠르게 해. (학생 B)

정촉매를 사용하면 반응 속도 상수가 작아져. (학생 C)

제시한 의견이 옳은 학생만을 있는 대로 고른 것은?

① A ② B ③ C
④ A, B ⑤ B, C

07 [20701-0519] 다음은 기체 A가 반응하여 기체 B를 생성하는 화학 반응식과 반응 속도식이다.

$$2A(g) \longrightarrow B(g) \quad v=k[A]$$

반응 속도 상수(k)를 변화시킬 수 있는 조건의 변화로 옳은 것만을 〈보기〉에서 있는 대로 고른 것은?

┌ 보기 ┐
ㄱ. 온도를 변화시킨다.
ㄴ. 반응물의 농도를 변화시킨다.
ㄷ. 촉매를 첨가한다.

① ㄱ ② ㄴ ③ ㄱ, ㄷ
④ ㄴ, ㄷ ⑤ ㄱ, ㄴ, ㄷ

06 [20701-0518] 그림은 온도 T에서 반응 $A(g) \longrightarrow B(g)$이 일어날 때 반응 용기에 들어 있는 A의 운동 에너지 분포 곡선을 나타낸 것이다.

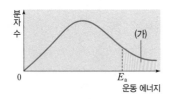

(가)에 해당하는 분자 수를 증가시킬 수 있는 방법을 〈보기〉에서 있는 대로 고른 것은?

┌ 보기 ┐
ㄱ. 온도를 높인다.
ㄴ. 반응물의 농도를 크게 한다.
ㄷ. 정촉매를 첨가한다.

① ㄱ ② ㄴ ③ ㄱ, ㄷ
④ ㄴ, ㄷ ⑤ ㄱ, ㄴ, ㄷ

08 [20701-0520] 그림은 물질 X가 분해되는 반응에서 초기 농도 또는 온도를 달리하여 시간에 따른 X의 농도를 나타낸 것이다. (나)는 초기 농도를, (다)는 온도를 달리한 것이다.

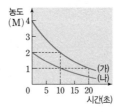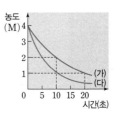

이에 대한 설명으로 옳은 것만을 〈보기〉에서 있는 대로 고른 것은?

┌ 보기 ┐
ㄱ. (가)에서 30초일 때 X의 농도는 0.5 M이다.
ㄴ. (나)에서 5초일 때의 반응 속도는 15초일 때의 2배이다.
ㄷ. 반응 속도 상수(k)는 (다)에서가 (나)에서보다 크다.

① ㄱ ② ㄷ ③ ㄱ, ㄴ
④ ㄴ, ㄷ ⑤ ㄱ, ㄴ, ㄷ

09 [20701−0521]

그림은 일정한 온도에서 반응 $A \longrightarrow B$이 일어날 때, 반응의 진행에 따른 에너지를 나타낸 것이다. (가)는 촉매를 사용하지 않은 경우이고, (나)는 촉매를 사용한 경우이다.

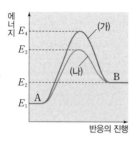

이에 대한 설명으로 옳은 것만을 〈보기〉에서 있는 대로 고른 것은?

┌─ 보기 ┐
ㄱ. (나)에서 사용한 촉매는 정촉매이다.
ㄴ. (가)의 온도를 높이면 $E_2 - E_1$이 커진다.
ㄷ. (가)에 부촉매를 사용하면 활성화 에너지는 $E_4 - E_1$
　보다 커진다.

① ㄱ　　② ㄴ　　③ ㄱ, ㄷ　　④ ㄴ, ㄷ　　⑤ ㄱ, ㄴ, ㄷ

10 [20701−0522]

다음은 동일한 3개의 강철 용기에서 각각 $A(g)$를 넣어 $B(g)$를 생성시킨 실험 (가)~(다)에 대한 자료이다. 촉매는 사용하지 않았으며, 반응이 일어나는 동안 온도는 각각 일정하게 유지되었다.

- 반응 속도식은 $v = k[A]$이다. (k는 반응 속도 상수)
- 반응 시작 전 A의 몰 비는 (가) : (나) : (다) = 1 : 2 : 2 이다.
- 초기 반응 속도의 비는 (가) : (나) : (다) = 1 : 1 : 2이다.

이에 대한 설명으로 옳은 것만을 〈보기〉에서 있는 대로 고른 것은?

┌─ 보기 ┐
ㄱ. A의 반감기는 (가)에서와 (다)에서가 같다.
ㄴ. 반응 속도 상수(k)는 (가)에서가 (나)에서의 2배이다.
ㄷ. 온도는 (다)에서가 (나)에서보다 높다.

① ㄱ　　② ㄷ　　③ ㄱ, ㄴ　　④ ㄴ, ㄷ　　⑤ ㄱ, ㄴ, ㄷ

11 [20701−0523]

표는 반응 $2N_2O_5(g) \longrightarrow 4NO_2(g) + O_2(g)$이 일어날 때, 온도에 따른 반응 속도 상수(k)를 나타낸 것이다.

온도(K)	k(1/초)
310	5.1×10^{-4}
320	1.7×10^{-3}
330	x

이에 대한 설명으로 옳은 것만을 〈보기〉에서 있는 대로 고른 것은?

┌─ 보기 ┐
ㄱ. x는 1.7×10^{-3}보다 작다.
ㄴ. 반응 속도식은 $v = k[N_2O_5]$이다.
ㄷ. 1.0 M의 $N_2O_5(g)$가 0.5 M이 되는 데 걸리는 시간
　은 310 K에서가 320 K에서보다 짧다.

① ㄱ　　② ㄴ　　③ ㄱ, ㄷ　　④ ㄴ, ㄷ　　⑤ ㄱ, ㄴ, ㄷ

12 [20701−0524]

다음은 반응 (가)와 (나)의 화학 반응식이다.

(가) $A(g) \longrightarrow B(g)$
(나) $X(g) \longrightarrow Y(g)$

그림은 T K에서 부피가 1 L인 2개의 강철 용기에 A와 X를 각각 0.8몰씩 넣고 반응시킬 때, 반응 시간에 따른 반응 속도(v)를 나타낸 것이다.

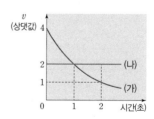

이에 대한 설명으로 옳은 것만을 〈보기〉에서 있는 대로 고른 것은? (단, 반응 속도 상수는 각각 일정하다.)

┌─ 보기 ┐
ㄱ. 반응 차수는 (나)에서가 (가)에서보다 크다.
ㄴ. (나)에서 반응 속도 상수(k)의 단위는 M/초이다.
ㄷ. 반응 속도 상수(k)는 (가)에서가 (나)에서보다 크다.

① ㄱ　　② ㄷ　　③ ㄱ, ㄴ　　④ ㄴ, ㄷ　　⑤ ㄱ, ㄴ, ㄷ

13 [20701-0525]
다음은 효소에 대한 설명이다.

> 효소가 작용하는 반응의 경우 (가) 가(이) 너무 낮
> 으면 반응 속도가 느려지고, (가) 가(이) 너무 높으면
> 주성분이 단백질인 효소가 파괴된다. 따라서 효소마다 반
> 응 속도가 최대가 되는 최적 (가) 가 존재한다.

(가)로 가장 적절한 것은?

① 온도   ② 농도   ③ pH
④ 밀도   ⑤ 전기 전도성

14 [20701-0526]
다음은 촉매를 이용한 반응 (가)~(다)를 나타낸 것이다.

> (가) 아미노산의 일종인 프롤린을 이용하여 의약품을 합
> 성한다.
> (나) 팔라듐(Pd)을 이용하여 자동차 엔진에서 생성되는
> 일산화 질소(NO)를 질소(N_2)로 환원시킨다.
> (다) 이산화 타이타늄(TiO_2)을 이용하여 유기물을 분해
> 한다.

이에 대한 설명으로 옳은 것만을 〈보기〉에서 있는 대로 고른 것은?

> 보기
> ㄱ. (가)에서의 촉매는 구성 원소가 모두 비금속 원소이다.
> ㄴ. (나)에서의 촉매는 광촉매이다.
> ㄷ. (다)에서의 촉매는 열에너지를 받을 때 촉매 작용을
> 한다.

① ㄱ   ② ㄴ   ③ ㄷ   ④ ㄱ, ㄴ   ⑤ ㄱ, ㄷ

15 [20701-0527]
그림은 온도 T에서 반응 $A(g) \longrightarrow B(g)$이 일어날 때 촉매를 사용하지 않은 (가)와 효소 X를 사용한 (나)의 반응의 진행에 따른 에너지를 나타낸 것이다. $E_a > E_a{}'$이고, 온도는 일정하다.

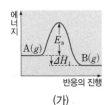

(가)   (나)

이에 대한 설명으로 옳은 것만을 〈보기〉에서 있는 대로 고른 것은?

> 보기
> ㄱ. $\Delta H_1 = \Delta H_2$이다.
> ㄴ. 반응이 완결되었을 때 생성되는 B의 양은 (가)와 (나)
> 가 같다.
> ㄷ. 반응에 사용된 효소 X는 활성화 에너지를 감소시킨다.

① ㄱ   ② ㄷ   ③ ㄱ, ㄴ   ④ ㄴ, ㄷ   ⑤ ㄱ, ㄴ, ㄷ

16 [20701-0528]
다음은 생명 현상과 산업 현장에서 이용되는 촉매에 대한 세 학생의 대화이다.

> 유기 촉매는 표면 촉매보다 폐기물이 많이 생기기 때문에 이에 대한 해결책이 필요해. (학생 A)
> 광촉매는 항균, 공기 정화, 정수 등에 이용되고 있어. (학생 B)
> 촉매를 이용하면 낮은 온도에서도 다양한 화합물을 합성할 수가 있어. (학생 C)

제시한 내용이 옳은 학생만을 있는 대로 고른 것은?

① A   ② B   ③ A, C   ④ B, C   ⑤ A, B, C

17 [20701-0529]
그림은 수소(H_2)와 에텐(C_2H_4)이 반응하여 에테인(C_2H_6)을 생성하는 반응에서 금속 M을 넣었을 때 일어나는 과정을 모형으로 나타낸 것이다.

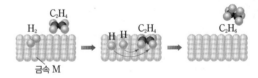

이에 대한 설명으로 옳은 것만을 〈보기〉에서 있는 대로 고른 것은?

> 보기
> ㄱ. 반응 후 M의 질량은 일정하다.
> ㄴ. M은 반응 속도를 변화시킨다.
> ㄷ. 동일한 조건에서 M의 양을 늘리면 최종 생성물의 양
> 이 증가한다.

① ㄱ   ② ㄴ   ③ ㄷ   ④ ㄱ, ㄴ   ⑤ ㄴ, ㄷ

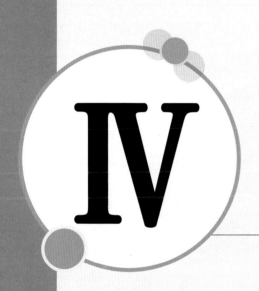

IV

전기 화학과 이용

11 화학 전지

- 금속과 금속 이온의 산화 환원 반응을 통해 금속의 반응성 비교하기
- 볼타 전지와 다니엘 전지를 통해 화학 전지의 원리 이해하기
- 실용 전지의 종류와 특징 설명하기

한눈에 단원 파악, 이것이 핵심!

산화 환원 반응을 통해 금속의 반응성을 비교할 수 있을까?

[황산 구리(CuSO₄) 수용액에 철(Fe)판을 넣은 경우]

- 황산 구리($CuSO_4$) 수용액의 푸른색이 점차 옅어지면서 철판 표면에 붉은색 구리(Cu)가 석출된다.
- ➡ 금속의 반응성: $Fe > Cu$

볼타 전지와 다니엘 전지에서는 어떤 반응이 일어날까?

볼타 전지	다니엘 전지
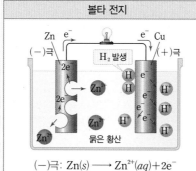	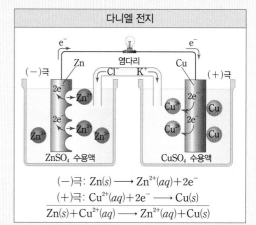

볼타 전지
$$(-)\text{극}: Zn(s) \longrightarrow Zn^{2+}(aq) + 2e^-$$
$$(+)\text{극}: 2H^+(aq) + 2e^- \longrightarrow H_2(g)$$
$$\overline{Zn(s) + 2H^+(aq) \longrightarrow Zn^{2+}(aq) + H_2(g)}$$

다니엘 전지
$$(-)\text{극}: Zn(s) \longrightarrow Zn^{2+}(aq) + 2e^-$$
$$(+)\text{극}: Cu^{2+}(aq) + 2e^- \longrightarrow Cu(s)$$
$$\overline{Zn(s) + Cu^{2+}(aq) \longrightarrow Zn^{2+}(aq) + Cu(s)}$$

일상생활에서 화학 전지를 어떻게 사용할까?

실용 전지	• 망가니즈 건전지: 값이 저렴하고 안전하지만, 전압이 빨리 떨어지는 단점이 있는 1차 전지이다. • 알칼리 건전지: 망가니즈 건전지에 비해 수명이 길고, 전압이 일정하게 유지되는 장점이 있다. • 납축전지: 자동차의 전원으로 사용되는 2차 전지이다. • 리튬 전지: 가볍고 에너지 저장 능력이 큰 리튬(Li)을 사용한 2차 전지로, 전자 기기 및 전기 자동차 등에 사용된다.

01 금속의 반응성과 산화 환원 반응

① 산화 환원 반응

(1) 산화와 환원

① 산화: 물질이 ❶산소를 얻거나 전자를 잃거나 산화수가 증가하는 반응이다.

② 환원: 물질이 산소를 잃거나 전자를 얻거나 산화수가 감소하는 반응이다.

❷기준	산화	환원
산소	• 산소를 얻음	• 산소를 잃음
	예 $C+O_2 \longrightarrow CO_2$	예 $2Ag_2O \longrightarrow 4Ag+O_2$
전자	• 전자를 잃음	• 전자를 얻음
	예 $Cu+2Ag^+ \longrightarrow Cu^{2+}+2Ag$ (산화, 환원)	산화 반응: $Cu \longrightarrow Cu^{2+}+2e^-$ 환원 반응: $2Ag^++2e^- \longrightarrow 2Ag$
산화수	• 산화수 증가	• 산화수 감소
	예 산화(산화수 1×2 증가) $MnO_2+4HCl \longrightarrow MnCl_2+2H_2O+Cl_2$ 환원(산화수 2×1 감소)	

(2) 산화제와 환원제

① 산화제: 자신은 환원되면서 다른 물질을 산화시키는 물질이다.

② 환원제: 자신은 산화되면서 다른 물질을 환원시키는 물질이다.

(3) ❸산화와 환원의 동시성

① 한 물질이 전자를 잃어 산화될 때 다른 물질이 그 전자를 얻어 환원되므로 산화 반응과 환원 반응은 항상 동시에 일어난다.

② 산화되는 물질이 잃은 전자 수와 환원되는 물질이 얻은 전자 수는 같다.

아연(Zn)은 전자 2개를 잃고 아연 이온(Zn^{2+})으로 산화되고, 구리 이온(Cu^{2+})은 전자 2개를 얻어 구리(Cu)로 환원된다. 이처럼 산화 반응과 환원 반응은 항상 동시에 일어난다.

② 금속의 반응성

(1) 이온화 경향

① ❹금속들은 공기 중의 산소, 물, 산 수용액과 반응하는 정도가 서로 다르다.

금속	K	Ca	Na	Mg	Al	Zn	Fe	Ni	Sn	Pb	(H)	Cu	Hg	Ag	Pt	Au
공기 중의 산소와의 반응	상온에서 내부까지 산화			상온에서 표면이 산화됨								산화되지 않음				
물과의 반응	찬물과도 반응 하여 수소 발생			고온의 수증기와 반응 하여 수소 발생			반응하지 않음									
산과의 반응	묽은 산과 반응하여 수소 발생											진한 질산, 진한 황산 과 반응			왕수와 반응	

THE 알기

❶ 산소
프리스틀리가 수은을 가열하여 얻은 산화 수은을 렌즈를 이용하여 태양열로 가열하여 기체가 생성되는 것을 발견하였고, 라부아지에가 이 기체를 '산소'라고 명명하였다.

❷ 산화 환원 반응과 수소(H)
수소를 포함하는 물질들의 반응은 수소를 기준으로 산화 환원 반응을 설명할 수 있다. 비금속 원소가 수소를 얻는 것은 환원 반응이고, 금속 원소가 수소를 얻는 것은 산화 반응이다.
• $2H_2+O_2 \longrightarrow 2H_2O$
➡ O_2는 수소를 얻어 H_2O로 환원된다.
• $2Na+H_2 \longrightarrow 2NaH$
➡ Na은 수소를 얻어 NaH으로 산화된다.

❸ 산화 환원 반응의 동시성과 화학 반응식
산화 반응과 환원 반응은 동시에 일어난다. 따라서 전체 화학 반응식을 나타낼 때 산화 반응에서 잃은 전자 수와 환원 반응에서 얻은 전자 수를 같게 하여 반응을 더한다.
산화 반응: $Zn \longrightarrow Zn^{2+}+2e^-$
환원 반응:
$2Ag^++2e^- \longrightarrow 2Ag$
전체 반응식:
$Zn+2Ag^+ \longrightarrow Zn^{2+}+2Ag$

❹ 금속의 반응성
금속이 공기 중의 산소, 물, 수용액과 반응하는 빠르기나 반응 여부에 따라 금속의 반응성 순서가 정해진다.

② 금속과 산의 반응: ❶산 수용액에 수소(H)보다 반응성이 큰 금속(아연, 철, 니켈 등)을 넣으면 금속은 산화되어 양이온이 되고, H^+이 환원되어 수소 기체가 발생한다. 반면, 수소(H)보다 반응성이 작은 금속(금, 백금, 은, 수은, 구리)은 H^+과 반응하지 않는다.

㉠ · $\overbrace{Zn+2H^+}^{\text{산화}} \longrightarrow Zn^{2+}+H_2$ (산화 반응: $Zn \longrightarrow Zn^{2+}+2e^-$, 환원 반응: $2H^++2e^- \longrightarrow H_2$)

· $Cu+2H^+ \longrightarrow$ 반응하지 않음(H_2 발생 안 함)

③ 이온화 경향: 금속이 전자를 잃고 양이온이 되려고 하는 성질을 이온화 경향이라고 하며, 금속의 종류에 따라 다르다. 이온화 경향이 클수록 전자를 잃고 산화되기 쉽다.

K 칼륨	Ca 칼슘	Na 나트륨	Mg 마그네슘	Al 알루미늄	Zn 아연	Fe 철	Ni 니켈	Sn 주석	Pb 납	(H) 수소	Cu 구리	Hg 수은	Ag 은	Pt 백금	Au 금

전자를 잃기 쉽다. ◄─────► 전자를 잃기 어렵다.
산화되기 쉽다. ◄─────► 산화되기 어렵다.
양이온이 되기 쉽다. ◄─────► 양이온이 되기 어렵다.
반응성이 크다. ◄─────► 반응성이 작다.

(2) 금속의 반응성과 산화 환원 반응

① 금속과 금속 이온의 반응

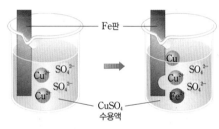

[황산 구리($CuSO_4$) 수용액에 철(Fe)판을 넣은 경우]

· 금속의 반응성은 Fe>Cu이다.
· 황산 구리($CuSO_4$) 수용액의 푸른색이 점차 옅어지면서 철판 표면에서 붉은색 구리(Cu)가 석출된다.
· Fe은 전자를 잃고 Fe^{2+}으로 산화되고, Cu^{2+}은 전자를 얻어 Cu로 환원된다.

산화 반응: $Fe(s) \longrightarrow Fe^{2+}(aq)+2e^-$
환원 반응: $Cu^{2+}(aq)+2e^- \longrightarrow Cu(s)$
전체 반응: $Fe(s)+Cu^{2+}(aq) \longrightarrow Fe^{2+}(aq)+Cu(s)$

② ❷금속의 반응성 비교와 산화 환원 반응: 어떤 금속의 이온이 들어 있는 용액에 다른 금속을 넣어 줄 때의 반응 여부에 따라 금속의 반응성을 비교할 수 있다.

· A^{2+}이 들어 있는 수용액에 금속 B를 넣어 줄 때: 반응이 일어나면 금속의 반응성은 B>A이고, 반응이 일어나지 않으면 금속의 반응성은 A>B이다.
· 상대적으로 반응성이 큰 금속은 반응성이 작은 금속의 이온에게 전자를 주고 양이온이 된다.

㉠ 황산 구리($CuSO_4$) 수용액에 아연(Zn)을 넣으면 산화 환원 반응이 일어난다.

$Zn(s)+Cu^{2+}(aq) \longrightarrow Zn^{2+}(aq)+Cu(s)$ ➡ 반응성: Zn>Cu

황산 구리($CuSO_4$) 수용액에 은(Ag)을 넣으면 산화 환원 반응이 일어나지 않는다.

$Ag(s)+Cu^{2+}(aq) \longrightarrow$ 반응이 일어나지 않음 ➡ 반응성: Cu>Ag

· 금속의 반응성 크기를 알고 있을 경우, 반응의 여부를 예측할 수 있다.

반응성: A>B ➡ $A(s)+B^{2+}(aq) \longrightarrow$ 반응이 일어날 것으로 예측
반응성: C>D ➡ $D(s)+C^{2+}(aq) \longrightarrow$ 반응이 일어나지 않을 것으로 예측

○X 문제

1. 산화 환원 반응에 대한 설명으로 옳은 것은 ○, 옳지 않은 것은 ×로 표시하시오.

   (1) 전자를 잃기 쉬운 금속일수록 환원되기 쉽다.
   (　　)

   (2) 탄소가 연소할 때 산화 반응만 일어난다. (　　)

   (3) 산화 환원 반응이 일어날 때 산화수가 증가하는 원소와 감소하는 원소가 항상 함께 존재한다. (　　)

   (4) 산화되는 물질이 잃는 총 전자 수와 환원되는 물질이 얻는 총 전자 수는 항상 같다. (　　)

2. 질산 은($AgNO_3$) 수용액에 구리(Cu)를 넣었을 때의 설명으로 옳은 것은 ○, 옳지 않은 것은 ×로 표시하시오.

   (1) Ag^+은 전자를 얻는 환원 반응을 한다. (　　)

   (2) Cu는 전자를 잃는 산화 반응을 한다. (　　)

   (3) 수용액의 푸른색이 연해진다. (　　)

둘 중에 고르기

3. 물질이 산소를 (얻, 잃)거나 전자를 (얻, 잃)거나 산화수가 (증가, 감소)하는 반응을 산화라고 한다.

4. 자신은 (산화, 환원)되면서 다른 물질을 (산화, 환원)시키는 물질을 환원제라고 한다.

5. 금속의 반응성이 (큰, 작은) 금속을 반응성이 (큰, 작은) 금속의 이온이 포함된 수용액에 넣으면 산화 환원 반응이 일어난다.

6. 금속 A와 금속 이온 B^+을 반응시켰을 때, 금속 A 표면에 금속 B가 석출되면 금속의 반응성은 A (>, <) B이다.

7. 아연(Zn)을 황산 구리($CuSO_4$) 수용액에 넣으면 (Zn, Cu^{2+})은 산화되고, (Zn, Cu^{2+})은 환원되며, 수용액의 푸른색이 점점 (진해, 연해)진다.

8. 이온화 경향이 (클, 작을)수록 전자를 잃어 (산화, 환원)되기 쉽다.

정답 1. (1) × (2) × (3) ○ (4) ○ 2. (1) ○ (2) ○ (3) × 3. 얻, 잃, 증가 4. 산화, 환원 5. 큰, 작은 6. > 7. Zn, Cu²⁺, 연해 8. 클, 산화

단답형 문제

1. 어떤 반응에서 한 물질이 산소를 잃어 환원될 때 다른 물질은 그 산소를 얻어 산화되는데, 이를 무엇이라고 하는가?

2. 구리(Cu)선을 질산 은($AgNO_3$) 수용액에 넣었더니, 구리선의 표면에 은(Ag)이 석출되었다.

   (1) 환원되는 물질은?
   (2) 환원제로 작용한 물질은?
   (3) Cu와 Ag 중 이온화 경향이 큰 금속은?

3. 표는 금속 A를 B^{2+}과 C^{2+}이 포함된 수용액에 각각 넣었을 때의 실험 결과이다. A∼C는 임의의 금속 원소 기호이다.

	B^{2+}	C^{2+}
A	B 석출	반응하지 않음

   (1) A∼C의 반응성 크기를 비교하시오.
   (2) B^{2+}이 포함된 수용액에 금속 C를 넣으면 산화 환원 반응이 일어나는가?

4. Fe^{2+} 1몰이 Fe로 환원될 때 이동한 전자는 몇 몰인가?

5. 표는 금속 A∼C에 대해 묽은 염산(HCl)과의 반응과 질산 은($AgNO_3$) 수용액과의 반응 결과를 나타낸 것이다. A∼C는 임의의 원소 기호이다.

금속	$HCl(aq)$과의 반응	$AgNO_3(aq)$과의 반응
A	수소 발생 안 함	Ag 석출 안 됨
B	수소 발생	㉠
C	수소 발생 안 함	Ag 석출

   (1) A∼C 중 수소(H)보다 반응성이 큰 금속의 가짓수는?
   (2) ㉠에 해당하는 말은?
   (3) B 이온과 C 이온 중 환원되기 쉬운 이온은?
   (4) 금속 A∼C, H, Ag을 이온화 경향이 큰 순서대로 나타내시오.

정답 1. 산화 환원 반응의 동시성 2. (1) 은 이온(Ag^+) (2) 구리(Cu) (3) Cu 3. (1) C>A>B (2) 일어난다. 4. 2몰 5. (1) 1(가지) (2) Ag 석출 (3) C 이온
(4) B>H>C>Ag>A

화학 전지

1 화학 전지의 원리

(1) ❶화학 전지: 자발적인 산화 환원 반응을 이용하여 화학 에너지를 전기 에너지로 전환시키는 장치이다.

① 전지의 구성: (−)극 | 전해질 용액 | (+)극

② 전자의 이동: 도선을 따라 (−)극에서 (+)극으로 이동한다.

③ 전류의 방향: (+)극에서 (−)극으로 흐른다.

④ 원리: 일반적으로 (−)극과 (+)극의 두 전극으로 이온화 경향 차이가 큰 두 금속을 이용한다. (−)극은 이온화 경향이 큰 금속으로 산화 반응이 일어나고, (+)극은 이온화 경향이 작은 금속으로 환원 반응이 일어난다.

(2) ❷볼타 전지: 아연(Zn)판과 구리(Cu)판을 묽은 황산(H_2SO_4)에 담그고 도선으로 두 금속판을 연결한 전지이다.

① 전극 반응

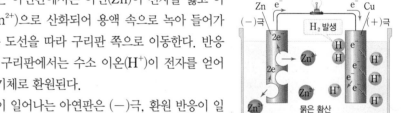

- 반응성이 큰 아연판에서는 아연(Zn)이 전자를 잃고 아연 이온(Zn^{2+})으로 산화되어 용액 속으로 녹아 들어가고, 전자는 도선을 따라 구리판 쪽으로 이동한다. 반응성이 작은 구리판에서는 수소 이온(H^+)이 전자를 얻어 수소(H_2) 기체로 환원된다.

- 산화 반응이 일어나는 아연판은 (−)극, 환원 반응이 일어나는 구리판은 (+)극이 된다.

  (−)극: $Zn(s) \longrightarrow Zn^{2+}(aq) + 2e^-$ (아연판의 질량 감소)

  (+)극: $2H^+(aq) + 2e^- \longrightarrow H_2(g)$ (구리판의 질량 일정)

  전체 반응: $Zn(s) + 2H^+(aq) \longrightarrow Zn^{2+}(aq) + H_2(g)$

  ➡ 아연판은 Zn^{2+}이 되어 용액 속으로 녹아 들어가므로 아연판의 질량은 감소하고, 구리판에서는 H_2가 발생하므로 구리판의 질량은 변하지 않는다.

② 분극 현상: 볼타 전지에서는 전류가 잠시 흐르다가 (+)극 표면의 수소 기체에 의해 전압이 급격히 떨어지는 분극 현상이 일어난다.

THE 알기

❶ 화학 전지

(−)극
이온화 경향이 큰 금속 전자를 내어놓는 전극 산화 반응이 일어남

전자의 이동 ↓ ↑ 전류의 흐름

(+)극
이온화 경향이 작은 금속 전자를 받는 전극 환원 반응이 일어남

❷ 볼타(Alessandro Volta)
이탈리아의 물리학자로, 아연판과 구리판 사이에 소금물을 적신 천 조각을 쌓아 올리면 계속 흐르는 전기가 발생한다는 것을 증명하였다. 전압을 측정하는 단위인 볼트는 볼타의 업적을 기려 그의 이름을 따서 만들어진 것이다.

 THE 들여다보기 | **분극 현상**

1. 분극 현상의 원인
   구리판의 표면에서 발생한 수소(H_2) 기체가 구리판을 둘러싸 수소 이온이 구리판에서 전자를 받는 반응을 방해하기 때문에 분극 현상이 일어난다.

2. 감극제
   분극 현상을 없애는 물질로, 구리판을 둘러싸고 있는 수소 기체를 물로 산화시키는 강한 산화제이다. 이산화 망가니즈(MnO_2), 과산화 수소(H_2O_2), 다이크로뮴산 칼륨($K_2Cr_2O_7$) 등이 감극제로 사용된다.

(3) **❶다니엘 전지**: 아연(Zn)판을 황산 아연(ZnSO₄) 수용액에 담그고, 구리(Cu)판을 황산 구리(CuSO₄) 수용액에 담근 다음 두 전해질 용액을 염다리로 연결하고, 도선으로 두 금속판을 연결한 전지이다.

THE 알기

❶ 다니엘 전지
분극 현상이 일어나는 볼타 전지의 단점을 보완하기 위해 만들어진 전지이다.

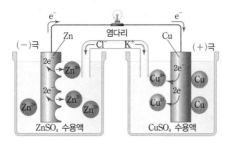

① 전극 반응
   • 반응성이 큰 아연판에서는 아연(Zn)이 전자를 잃고 아연 이온(Zn^{2+})으로 산화되어 용액 속으로 녹아 들어가고, 전자는 도선을 따라 구리판 쪽으로 이동한다. 반응성이 작은 구리판에서는 전해질 용액 속의 구리 이온(Cu^{2+})이 전자를 얻어 구리(Cu)로 석출된다.
   • 산화 반응이 일어나는 아연판은 (−)극, 환원 반응이 일어나는 구리판은 (+)극이 된다.

   (−)극: $Zn(s) \longrightarrow Zn^{2+}(aq) + 2e^-$ (아연판의 질량 감소)

   (+)극: $Cu^{2+}(aq) + 2e^- \longrightarrow Cu(s)$ (구리판의 질량 증가)

   전체 반응: $Zn(s) + Cu^{2+}(aq) \longrightarrow Zn^{2+}(aq) + Cu(s)$

   ➡ 아연판은 Zn^{2+}이 되어 용액 속으로 녹아 들어가므로 아연판의 질량은 감소하고, 구리판에서는 용액 속의 Cu^{2+}이 Cu로 석출되므로 구리판의 질량은 증가한다.

② **❷염다리의 역할**: 반응이 진행됨에 따라 (−)극 주위에는 Zn이 산화되어 Zn^{2+}이 생성되므로 Zn^{2+}이 SO_4^{2-}보다 상대적으로 많아지게 되고, (+)극 주위에는 Cu^{2+}이 Cu로 환원되어 소모되므로 SO_4^{2-}이 Cu^{2+}보다 상대적으로 많아지게 되어 양전하와 음전하의 불균형이 생긴다.

   ➡ 이때 염다리 내부에 있는 음이온(Cl^-)은 (−)극 쪽으로 이동하고, 양이온(K^+)은 (+)극 쪽으로 이동하여 양쪽 전해질 수용액에서의 전하 불균형이 해소된다.

❷ 염다리
전극 반응에 영향을 주지 않는 전해질인 KCl, KNO_3, Na_2SO_4 등을 한천 용액에 녹여 U자형 유리관에 넣어 굳혀서 만든다. 염다리 내부에 있는 양이온은 (+)극으로 이동하고, 음이온은 (−)극으로 이동하여 다니엘 전지의 두 전해질 수용액에서의 전하 불균형이 해소된다.

2 실용 전지

(1) **건전지(망가니즈 건전지)**: **❸**1차 전지로, 값이 싸고 안전하며 다양한 크기로 만들 수 있지만 다른 전지에 비해 전압이 빨리 떨어지는 단점이 있다.

(2) **알칼리 건전지**: 망가니즈 건전지의 산성 전해질인 NH_4Cl 대신 염기성인 KOH을 전해질로 사용하여 수명이 길고 전압이 일정하게 유지된다.

(3) **납축전지**: 묽은 황산(H_2SO_4)에 Pb판과 PbO_2판을 넣어 만든 **❸**2차 전지로, 짧은 시간에 비교적 큰 전기 에너지를 얻을 수 있는 장점이 있다.

(4) **❹리튬 전지**: 가볍고 에너지 저장 능력이 매우 큰 리튬(Li)을 이용한 2차 전지로, 휴대 전화, 노트북, 태블릿 PC, MP3 등의 전자 기기에 널리 쓰이며, 수명이 길어 전기 자동차에도 사용된다. 리튬 이온 전지와 리튬 폴리머 전지 등이 개발되어 있다.

❸ 1차 전지와 2차 전지
실용 전지는 한 번 사용한 후 충전할 수 없는 1차 전지와 충전하여 다시 사용할 수 있는 2차 전지로 구분할 수 있다.

❹ 리튬 전지의 원리
리튬 이온이 (−)극에서 (+)극으로 이동하면서 전류가 흐른다.

▲ 건전지

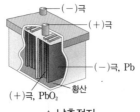

▲ 납축전지

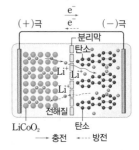

개념체크

둘 또는 셋 중에 고르기

1. 화학 전지는 (자발적 , 비자발적)인 산화 환원 반응을 이용한다.

2. 화학 전지는 (화학 , 전기) 에너지를 (화학 , 전기) 에너지로 전환시키는 장치이다.

3. 화학 전지에서 전자의 이동은 (도선 , 전해질 용액)을 따라 (+ , −)극에서 (+ , −)극으로 이동한다.

4. 볼타 전지에서 (−)극인 아연판의 질량은 (증가 , 일정 , 감소), (+)극인 구리판의 질량은 (증가한 , 일정하 , 감소한)다.

5. 다니엘 전지에서 염다리 내의 (양이온 , 음이온)은 (+)극 쪽으로, (양이온 , 음이온)은 (−)극 쪽으로 이동하여 전해질 용액에서의 전하 불균형을 해소한다.

6. 한 번 사용하고 난 후 충전하여 다시 사용할 수 있는 전지를 (1차 , 2차) 전지라고 한다.

7. 망가니즈 건전지에서 (+)극은 (아연통 , 탄소 막대)이고, (−)극은 (아연통 , 탄소 막대)이다.

바르게 연결하기

8. 실용 전지와 실용 전지에 대한 설명을 옳게 연결하시오.

(1) 알칼리 건전지	•	• ㉠	1차 전지로, 값이 싸고 안전하지만 전압이 빨리 떨어진다.
(2) 리튬 전지	•	• ㉡	2차 전지로, 수명이 길고, 휴대 전화, 노트북 등의 전자 기기와 전기 자동차에 사용된다.
(3) 망가니즈 건전지	•	• ㉢	2차 전지로, 짧은 시간에 큰 에너지를 얻을 수 있고, 자동차에 사용된다.
(4) 납축전지	•	• ㉣	KOH을 전해질로 사용하며, 수명이 길고 전압이 일정하게 유지된다.

정답 1. 자발적 2. 화학, 전기 3. 도선, −, + 4. 감소, 일정하 5. 양이온, 음이온 6. 2차 7. 탄소 막대, 아연통 8. (1)—㉣ (2)—㉡ (3)—㉠ (4)—㉢

빈칸 완성

1. 화학 전지에서 (−)극은 이온화 경향이 큰 금속으로 ( ) 반응이 일어나고, (+)극은 이온화 경향이 작은 금속으로 ( ) 반응이 일어난다.

2. 볼타 전지에서 전류가 잠시 흐르다가 전압이 급격히 떨어지는 현상을 ( ) 현상이라고 한다.

3. 볼타 전지에서 분극 현상을 없애기 위해 넣어 주는 물질을 ( )라고 한다.

4. 다니엘 전지에서 ( )는 이온의 이동 통로로 두 전해질 용액에서의 전하의 불균형을 해소한다.

5. 망가니즈 건전지에서 ( )는 감극제로 작용한다.

6. 망가니즈 건전지와 납축전지 중 1차 전지는 ( )이고, 2차 전지는 ( )이다.

단답형 문제

7. 그림은 아연(Zn)판과 구리(Cu)판을 $H_2SO_4(aq)$에 담고 도선으로 연결한 화학 전지이다.

(1) (+)극과 (−)극은 각각 무엇인가?

(2) 아연판과 구리판에서 일어나는 반응의 화학 반응식을 각각 쓰시오.

(3) 아연판과 구리판의 질량은 각각 어떻게 되는가?

정답 1. 산화, 환원 2. 분극 3. 감극제 4. 염다리 5. 이산화 망가니즈 6. 망가니즈 건전지, 납축전지 7. (1) (+)극: 구리(Cu)판, (−)극: 아연(Zn)판 (2) 아연판: $Zn \longrightarrow Zn^{2+} + 2e^-$, 구리판: $2H^+ + 2e^- \longrightarrow H_2$ (3) 아연판: 질량 감소, 구리판: 질량 일정

탐구 활동   화학 전지의 원리

정답과 해설 96쪽

목표

이온화 경향이 서로 다른 두 금속을 전극으로 하는 화학 전지에서 일어나는 산화 환원 반응을 통해 화학 전지의 원리를 설명할 수 있다.

과정

1. 그림 (가)와 같이 묽은 황산(H_2SO_4)에 아연(Zn)판과 구리(Cu)판을 서로 떨어지게 하여 넣고 일어나는 변화를 관찰한다.
2. 그림 (나)와 같이 과정 1에서의 두 금속판을 도선을 이용하여 연결한 후, 일어나는 변화를 관찰한다.

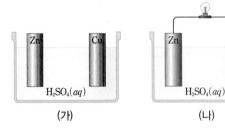

(가)   (나)

결과 정리 및 해석

1. 과정 1에서는 아연(Zn)판의 표면에서만 기포가 발생하였다.
2. 과정 2에서는 구리(Cu)판의 표면에서 기포가 발생하였고, 도선을 따라 전류가 흘러 전구에 불이 들어왔다.

탐구 분석

1. 과정 1에서 일어나는 반응에 대해 서술하시오.
2. 과정 2에서 일어나는 반응에 대해 서술하시오.
3. Zn, Cu, H의 이온화 경향을 부등호로 비교하시오.

[20701–0530]
01 다음 중 산화 환원 반응에 대한 설명으로 옳지 **않은** 것은?

① 어떤 물질이 산소를 잃는 과정은 환원 반응이다.
② 어떤 물질이 전자를 얻는 과정은 환원 반응이다.
③ 산화 반응과 환원 반응은 항상 동시에 일어난다.
④ 다른 물질을 환원시키는 물질을 환원제라고 한다.
⑤ 산소와 결합하여 산화되는 물질을 산화제라고 한다.

[20701–0531]
02 다음은 4가지 반응의 화학 반응식이다.

> (가) $Zn(s) + 2HCl(aq) \longrightarrow ZnCl_2(aq) + H_2(g)$
> (나) $HCl(aq) + NaOH(aq) \longrightarrow H_2O(l) + NaCl(aq)$
> (다) $NaCl(aq) + AgNO_3(aq) \longrightarrow$
> $\qquad\qquad\qquad\qquad AgCl(s) + NaNO_3(aq)$
> (라) $Cu(s) + 2AgNO_3(aq) \longrightarrow Cu(NO_3)_2(aq) + 2Ag(s)$

(가)~(라) 중 산화 환원 반응에 해당하는 반응의 가짓수는?

① 0   ② 1   ③ 2   ④ 3   ⑤ 4

[20701–0532]
03 다음은 리튬을 칼로 잘랐을 때 자른 단면에서 일어나는 반응의 화학 반응식이다.

> $a\mathrm{Li} + O_2 \longrightarrow 2Li_2O$

이에 대한 설명으로 옳은 것만을 〈보기〉에서 있는 대로 고른 것은?

┌ 보기 ┌
ㄱ. $a = 2$이다.
ㄴ. Li은 환원제이다.
ㄷ. 환원 반응은 일어나지 않는다.

① ㄱ   ② ㄴ   ③ ㄷ
④ ㄱ, ㄴ   ⑤ ㄴ, ㄷ

[20701–0533]
04 그림은 금속 A와 B를 서로 떨어지게 하여 $HCl(aq)$에 넣었을 때 A에서만 수소 기체가 발생하는 것을 나타낸 것이다.

이에 대한 설명으로 옳은 것만을 〈보기〉에서 있는 대로 고른 것은? (단, A와 B는 임의의 원소 기호이다.)

┌ 보기 ┌
ㄱ. 이온화 경향은 A가 B보다 크다.
ㄴ. B에서는 환원 반응이 일어난다.
ㄷ. A와 B를 도선으로 연결하면 B에서 수소 기체가 발생한다.

① ㄱ   ② ㄷ   ③ ㄱ, ㄴ
④ ㄱ, ㄷ   ⑤ ㄴ, ㄷ

[20701–0534]
05 표는 금속 A~D의 반응성에 대한 자료이다. (가)~(라)는 각각 '반응함' 또는 '반응 안 함' 중 하나이다.

금속	찬물	뜨거운 물	묽은 염산
A		반응 안 함	반응함
B	(가)		반응 안 함
C	반응 안 함	반응함	(나)
D	반응함	(다)	(라)

이에 대한 설명으로 옳은 것만을 〈보기〉에서 있는 대로 고른 것은? (단, A~D는 임의의 원소 기호이다.)

┌ 보기 ┌
ㄱ. (가)~(라) 중 '반응함'에 해당하는 것은 2가지이다.
ㄴ. C를 B 이온이 들어 있는 수용액에 넣으면 B가 석출된다.
ㄷ. A와 B를 $HCl(aq)$에 넣고 도선으로 연결하였을 때 B의 질량은 감소한다.

① ㄱ   ② ㄴ   ③ ㄷ
④ ㄱ, ㄴ   ⑤ ㄴ, ㄷ

06 [20701-0535]
다음 중 화학 전지에 대한 설명으로 옳지 <u>않은</u> 것은?

① 화학 전지에서는 산화 환원 반응이 일어난다.
② 이온화 경향이 큰 금속이 (−)극이 된다.
③ (+)극에서 환원 반응이 일어난다.
④ 화학 에너지를 전기 에너지로 전환시키는 장치이다.
⑤ 전자는 도선을 따라 (+)극에서 (−)극으로 이동한다.

07 [20701-0536]
다음은 금속 A와 B를 전극으로 하는 볼타 전지의 각 전극에서 일어나는 반응을 나타낸 것이다.

- 전극 A: $A(s) \longrightarrow A^{2+}(aq) + 2e^-$
- 전극 B: $2H^+(aq) + 2e^- \longrightarrow H_2(g)$

이에 대한 설명으로 옳은 것만을 〈보기〉에서 있는 대로 고른 것은? (단, A와 B는 임의의 원소 기호이다.)

┌─ 보기 ┐
ㄱ. 전자는 전극 A에서 도선을 따라 전극 B로 이동한다.
ㄴ. 분극 현상이 일어난다.
ㄷ. $A^{2+}(aq)$에 B(s)를 넣으면 B가 산화된다.
└──────┘

① ㄱ   ② ㄴ   ③ ㄷ
④ ㄱ, ㄴ   ⑤ ㄱ, ㄷ

08 [20701-0537]
그림과 같이 금속 A와 B를 묽은 황산(H_2SO_4)에 넣은 후 도선으로 연결하였더니, A에서 기체가 발생하였다.
이에 대한 설명으로 옳지 <u>않은</u> 것은? (단, A와 B는 임의의 원소 기호이다.)

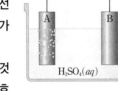

① A의 질량은 증가한다.
② A에서 H^+이 환원된다.
③ B에서 산화 반응이 일어난다.
④ 이온화 경향은 B가 A보다 크다.
⑤ 반응이 진행됨에 따라 수용액의 pH는 증가한다.

09 [20701-0538]
그림은 아연(Zn)과 구리(Cu)를 전극으로 하는 다니엘 전지를 나타낸 것이다. 금속의 이온화 경향은 Zn > Cu이다.

이에 대한 설명으로 옳은 것만을 〈보기〉에서 있는 대로 고른 것은?

┌─ 보기 ┐
ㄱ. Cu 전극에서 환원 반응이 일어난다.
ㄴ. 염다리를 통해 전자가 이동한다.
ㄷ. 반응이 일어날 때 감소한 Zn 전극의 질량과 증가한 Cu 전극의 질량은 같다.
└──────┘

① ㄱ   ② ㄴ   ③ ㄷ   ④ ㄱ, ㄴ   ⑤ ㄱ, ㄷ

10 [20701-0539]
다음은 납축전지에서 일어나는 반응의 화학 반응식과 전지의 모형을 나타낸 것이다.

$$Pb(s) + PbO_2(s) + 2H_2SO_4(aq) \underset{\text{충전}}{\overset{\text{방전}}{\rightleftharpoons}} 2PbSO_4(s) + 2H_2O(l)$$

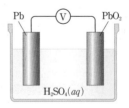

이에 대한 설명으로 옳은 것만을 〈보기〉에서 있는 대로 고른 것은?

┌─ 보기 ┐
ㄱ. 납축전지는 2차 전지이다.
ㄴ. Pb 전극에서 환원 반응이 일어난다.
ㄷ. 전지 반응이 일어나는 동안 $H_2SO_4(aq)$의 농도는 감소한다.
└──────┘

① ㄱ   ② ㄴ   ③ ㄱ, ㄴ   ④ ㄱ, ㄷ   ⑤ ㄴ, ㄷ

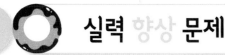

[20701-0540]
01 다음 중 산화 환원 반응이 **아닌** 것은?

① 구리를 가열하니 검은색으로 변하였다.
② 옷에 묻은 염기성 얼룩을 레몬즙을 이용하여 제거하였다.
③ 은 숟가락의 녹을 알루미늄과 반응시켜 제거하였다.
④ 마그네슘 리본을 묽은 염산에 넣었더니 수소 기체가 발생하였다.
⑤ 구리를 질산 은 수용액에 넣었더니 구리 표면에 은이 석출되었다.

[20701-0541]
02 다음은 3가지 산화 환원 반응의 화학 반응식이다.

> (가) $2C + O_2 \longrightarrow 2CO$
> (나) $2Na + Cl_2 \longrightarrow 2NaCl$
> (다) $Cl_2 + 2Br^- \longrightarrow 2Cl^- + Br_2$

(가)~(다)에서 환원제로 작용하는 물질을 각각 쓰시오.

[03~04] 다음은 금속의 반응성을 알아보기 위한 실험이다. A~D는 임의의 원소 기호이다.

[실험 과정]
(가) 각각 B^{2+}, C^{2+}, D^{2+}이 들어 있는 수용액을 준비한다.
(나) (가)의 3가지 용액에 각각 금속 A를 넣는다.

[실험 결과]
· B^{2+}이 들어 있는 수용액에 A를 넣어도 아무런 변화가 없었다.
· C^{2+}이 들어 있는 수용액에 A를 넣어도 아무런 변화가 없었다.
· D^{2+}이 들어 있는 수용액에 A를 넣었더니 A 표면에 D가 석출되었다.

[20701-0542]
03 이에 대한 설명으로 옳은 것만을 〈보기〉에서 있는 대로 고른 것은?

> ┌ 보기 ┐
> ㄱ. 이온화 경향은 C가 A보다 크다.
> ㄴ. B^{2+}은 D^{2+}보다 환원되기 쉽다.
> ㄷ. D^{2+}이 들어 있는 수용액에 C를 넣으면 D^{2+}은 산화제로 작용한다.

① ㄱ ② ㄴ ③ ㄱ, ㄷ ④ ㄴ, ㄷ ⑤ ㄱ, ㄴ, ㄷ

[20701-0543]
04 금속 A~D의 반응성을 비교하기 위해 추가로 필요한 실험으로 가장 적절한 것은?

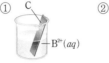

[20701-0544]
05 그림 (가)는 $HCl(aq)$에 금속 A와 B를 분리하여 넣었을 때 B에서만 $H_2(g)$가 발생하는 것을, (나)는 $HCl(aq)$에 금속 A와 B를 접촉시켜 넣었을 때 A에서 $H_2(g)$가 발생하는 것을 나타낸 것이다. A 이온과 B 이온의 산화수는 각각 +1, +2이다.

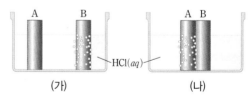

(가)   (나)

반응이 진행될 때, (가)와 (나)에서의 공통점으로 옳은 것만을 〈보기〉에서 있는 대로 고른 것은? (단, A와 B는 임의의 원소 기호이다.)

> ┌ 보기 ┐
> ㄱ. B의 질량이 감소한다.
> ㄴ. 수용액의 pH는 감소한다.
> ㄷ. 수용액 속의 양이온 수는 감소한다.

① ㄱ ② ㄴ ③ ㄷ ④ ㄱ, ㄷ ⑤ ㄴ, ㄷ

[20701-0545]

06 그림은 A^{2+}이 들어 있는 수용액에 금속 B판을 넣었을 때, 반응한 B의 원자 수에 따른 수용액 속에 들어 있는 전체 양이온 수와 금속 B판의 질량을 나타낸 것이다. B 이온의 산화수는 3 이하의 자연수이다.

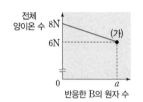 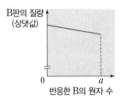

이에 대한 설명으로 옳은 것만을 〈보기〉에서 있는 대로 고른 것은? (단, A와 B는 임의의 원소 기호이고, 모든 금속은 물과 반응하지 않으며, 음이온은 반응에 참여하지 않는다.)

┌ 보기 ┌
ㄱ. B 이온의 산화수는 +3이다.
ㄴ. (가)에서 $a=4N$이다.
ㄷ. 원자량은 B가 A보다 크다.

① ㄱ   ② ㄴ   ③ ㄱ, ㄷ   ④ ㄴ, ㄷ   ⑤ ㄱ, ㄴ, ㄷ

[20701-0546]

07 그림은 아연(Zn)과 구리(Cu)를 전극으로 하는 다니엘 전지를 모형으로 나타낸 것이다. 금속의 이온화 경향은 Zn＞Cu이고, 염다리에 들어 있는 전해질은 KCl이다.

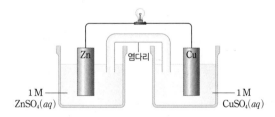

반응이 진행될 때, 이에 대한 설명으로 옳은 것만을 〈보기〉에서 있는 대로 고른 것은?

┌ 보기 ┌
ㄱ. Zn 전극의 질량은 감소한다.
ㄴ. 염다리의 K^+은 $ZnSO_4(aq)$ 쪽으로 이동한다.
ㄷ. $CuSO_4(aq)$의 푸른색이 진해진다.

① ㄱ   ② ㄴ   ③ ㄷ   ④ ㄱ, ㄴ   ⑤ ㄱ, ㄷ

[20701-0547]

08 그림은 볼타 전지와 납축전지의 모형과 각 전지의 두 전극에서 일어나는 반응의 화학 반응식을 나타낸 것이다.

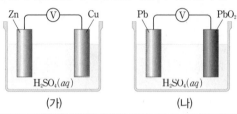

(가)	Zn 전극: $Zn(s) \longrightarrow Zn^{2+}(aq)+2e^-$ Cu 전극: $2H^+(aq)+2e^- \longrightarrow H_2(g)$
(나)	Pb 전극: $Pb(s)+SO_4^{2-}(aq) \longrightarrow PbSO_4(s)+2e^-$ PbO_2 전극: $PbO_2(s)+4H^+(aq)+SO_4^{2-}(aq)+2e^-$ $\longrightarrow PbSO_4(s)+2H_2O(l)$

반응이 진행될 때, (가)와 (나)의 공통점으로 옳은 것만을 〈보기〉에서 있는 대로 고른 것은?

┌ 보기 ┌
ㄱ. (−)극의 질량이 감소한다.
ㄴ. 수용액의 pH는 증가한다.
ㄷ. 분극 현상이 일어난다.

① ㄱ   ② ㄴ   ③ ㄷ   ④ ㄱ, ㄴ   ⑤ ㄴ, ㄷ

[20701-0548]

09 다음은 망가니즈 건전지의 모형과 각 전극에서 일어나는 전극 반응을 나타낸 것이다.

탄소 막대
MnO_2, C, NH_4Cl
격리막
아연통

- 전극 (가): $Zn(s) \longrightarrow Zn^{2+}(aq)+2e^-$
- 전극 (나): $2MnO_2(s)+2NH_4^+(aq)+2e^- \longrightarrow Mn_2O_3(s)+H_2O(l)+2NH_3(aq)$

반응이 진행될 때, 이에 대한 설명으로 옳은 것만을 〈보기〉에서 있는 대로 고른 것은?

┌ 보기 ┌
ㄱ. 아연통의 질량은 감소한다.
ㄴ. 전극 (나)는 (+)극이다.
ㄷ. 분극 현상이 일어나지 않는다.

① ㄱ   ② ㄴ   ③ ㄱ, ㄷ   ④ ㄴ, ㄷ   ⑤ ㄱ, ㄴ, ㄷ

[20701-0549]

01 그림은 금속 A를 BSO_4 수용액에 넣었을 때, 금속 B가 석출되는 모습을 나타낸 것이다. A 이온의 산화수는 +1이다.

이에 대한 설명으로 옳은 것만을 〈보기〉에서 있는 대로 고른 것은? (단, A와 B는 임의의 원소 기호이다.)

┌─ 보기 ┌
ㄱ. A는 환원제로 작용한다.
ㄴ. 이온화 경향은 A가 B보다 크다.
ㄷ. 반응이 일어날 때 수용액 속의 양이온 수는 증가한다.
└─────

① ㄱ   ② ㄴ   ③ ㄱ, ㄷ   ④ ㄴ, ㄷ   ⑤ ㄱ, ㄴ, ㄷ

[20701-0550]

02 다음은 금속의 산화 환원 반응에 대한 실험이다. B 이온의 산화수는 +1이고, 수용액의 부피는 일정하다.

[실험 과정 및 결과]
(가) 금속 A를 $HCl(aq)$에 넣었더니 기체가 발생하였다.
(나) 금속 A를 $CuSO_4(aq)$에 넣었더니 수용액의 밀도가 감소하였다.
(다) 금속 B를 $ASO_4(aq)$에 넣었더니 수용액의 밀도가 감소하였다.

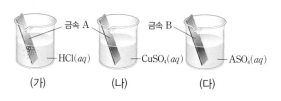

이에 대한 설명으로 옳은 것만을 〈보기〉에서 있는 대로 고른 것은? (단, A와 B는 임의의 원소 기호이다.)

┌─ 보기 ┌
ㄱ. 이온화 경향은 B가 Cu보다 크다.
ㄴ. 원자의 상대적 질량은 Cu가 B보다 크다.
ㄷ. B를 $HCl(aq)$에 넣으면 H_2 기체가 발생한다.
└─────

① ㄱ   ② ㄴ   ③ ㄱ, ㄷ   ④ ㄴ, ㄷ   ⑤ ㄱ, ㄴ, ㄷ

[20701-0551]

03 그림 (가)는 금속 A와 B를 $HCl(aq)$에 넣었을 때, (나)는 금속 C를 $BSO_4(aq)$에 넣었을 때의 결과를 나타낸 것이다. C 이온의 산화수는 +3이다.

이에 대한 설명으로 옳은 것만을 〈보기〉에서 있는 대로 고른 것은? (단, A~C는 임의의 원소 기호이고, 모든 금속은 물과 반응하지 않는다.)

┌─ 보기 ┌
ㄱ. 금속의 이온화 경향은 C가 A보다 크다.
ㄴ. (가)에서 B는 산화된다.
ㄷ. (나)에서 B가 석출될 때 수용액 속 전체 이온의 양(mol)은 감소한다.
└─────

① ㄱ   ② ㄴ   ③ ㄱ, ㄷ   ④ ㄴ, ㄷ   ⑤ ㄱ, ㄴ, ㄷ

[20701-0552]

04 다음은 금속의 반응성에 대한 실험이다.

[실험 과정 및 결과]
(가) B^{2+}이 들어 있는 수용액에 A 막대를 넣었더니 A 막대의 질량이 증가하였고, 양이온 수의 변화는 없었다.
(나) C^{3+}, D^{2+}이 들어 있는 수용액에 A 막대를 넣었더니 A 막대의 질량이 감소하였고, 양이온 수의 변화는 없었다.

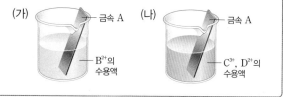

이에 대한 설명으로 옳은 것만을 〈보기〉에서 있는 대로 고른 것은? (단, A~D는 임의의 금속 원소 기호이다.)

┌─ 보기 ┌
ㄱ. A 이온의 산화수는 +2이다.
ㄴ. 이온화 경향은 D가 C보다 크다.
ㄷ. 원자의 상대적 질량은 D가 B보다 크다.
└─────

① ㄱ   ② ㄴ   ③ ㄷ   ④ ㄱ, ㄴ   ⑤ ㄱ, ㄷ

05 [20701-0553] 그림은 같은 양(mol)의 금속 A~C를 충분한 양의 HCl(aq)과 각각 반응시켜 반응을 완결하였을 때, 발생한 수소(H_2) 기체의 부피를 나타낸 것이다. A~C의 이온은 각각 A^{a+}, B^{b+}, C^{c+}이고, a~c는 3 이하의 정수이며, 이온화 경향은 C > Ag이다.

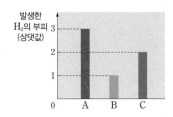

이에 대한 설명으로 옳은 것만을 〈보기〉에서 있는 대로 고른 것은? (단, A~C는 임의의 원소 기호이고, 온도와 압력은 일정하다.)

┌ 보기 ┐
ㄱ. $a = b + c$이다.
ㄴ. 1몰의 금속 C를 충분한 양의 AgNO$_3$(aq)에 넣어 모두 반응시켰을 때 석출되는 Ag의 양은 1몰이다.
ㄷ. A와 B 0.2몰씩을 충분한 양의 HCl(aq)에 넣어 모두 반응시켰을 때 생성되는 총 H_2의 양은 0.4몰이다.

① ㄱ   ② ㄴ   ③ ㄱ, ㄷ   ④ ㄴ, ㄷ   ⑤ ㄱ, ㄴ, ㄷ

06 [20701-0554] 그림은 볼타 전지와 다니엘 전지를 모형으로 나타낸 것이다. 금속의 이온화 경향은 Zn > Cu이다.

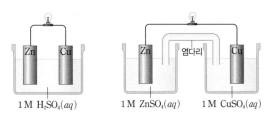

볼타 전지와 다니엘 전지의 공통점으로 옳은 것만을 〈보기〉에서 있는 대로 고른 것은?

┌ 보기 ┐
ㄱ. Zn 전극에서 산화 반응이 일어난다.
ㄴ. Cu 전극의 질량이 증가한다.
ㄷ. 전자는 도선을 따라 Zn 전극에서 Cu 전극으로 이동한다.

① ㄱ   ② ㄴ   ③ ㄱ, ㄷ   ④ ㄴ, ㄷ   ⑤ ㄱ, ㄴ, ㄷ

07 [20701-0555] 그림 (가)는 금속 A와 B를 HCl(aq)에 넣은 것을, (나)는 (가)에서 금속 A와 B를 도선으로 연결한 것을, (다)는 금속 A와 B를 전극으로 하는 다니엘 전지를 나타낸 것이다. (가)에서 B에서만 수소 기체가 발생하였고, (다)에서 수용액의 부피는 일정하다.

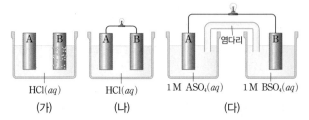

반응이 진행될 때, 이에 대한 설명으로 옳은 것은? (단, A와 B는 임의의 원소 기호이다.)

① (나)에서 전극 A의 질량은 감소한다.
② (나)에서 전자는 A에서 도선을 따라 B로 이동한다.
③ (다)에서 전극 B의 질량은 증가한다.
④ (다)에서 $\dfrac{[B^{2+}]}{[A^{2+}]}$는 증가한다.
⑤ (나)와 (다)에서 모두 분극 현상이 일어난다.

08 [20701-0556] 그림 (가)는 Zn판과 Ag판을 전극으로 하는 화학 전지를, (나)는 (가)에서 감소한 Zn판의 질량에 따른 증가한 Ag판의 질량을 나타낸 것이다. Zn과 Ag의 원자량은 각각 65, 108이다.

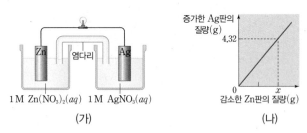

이에 대한 설명으로 옳은 것만을 〈보기〉에서 있는 대로 고른 것은?

┌ 보기 ┐
ㄱ. 감소한 Zn의 양(mol)은 증가한 Ag의 양(mol)과 같다.
ㄴ. $\dfrac{4.32}{x} = \dfrac{108}{65}$이다.
ㄷ. 감소한 Zn판의 질량이 x g일 때 이동한 전자의 양은 0.04몰이다.

① ㄱ   ② ㄴ   ③ ㄷ   ④ ㄱ, ㄷ   ⑤ ㄴ, ㄷ

12 전기 분해와 수소 연료 전지

- 전해질 용융액과 수용액의 전기 분해 반응 설명하기
- 전기 도금의 원리 이해하기
- 수소 연료 전지의 전기 발생 원리 이해하기

한눈에 단원 파악, 이것이 핵심!

염화 나트륨 용융액을 전기 분해하면 전극에서 어떤 반응이 일어날까?

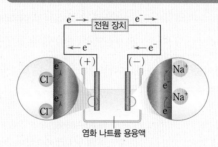

- (+)극: 염화 이온(Cl^-)이 전자를 내놓고 산화되어 염소(Cl_2) 기체가 발생한다.
  ➡ $2Cl^-(l) \longrightarrow Cl_2(g) + 2e^-$ (산화 반응)
- (−)극: 나트륨 이온(Na^+)이 전자를 얻고 환원되어 나트륨(Na)이 생성된다.
  ➡ $Na^+(l) + e^- \longrightarrow Na(l)$ (환원 반응)

전기 분해의 원리를 이용하여 어떻게 은(Ag) 도금을 할 수 있을까?

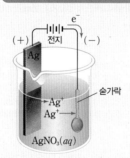

- 구성 ┬ (+)극: Ag판(도금할 재료의 금속)
  ├ (−)극: 숟가락(도금할 물체)
  └ 전해질: $AgNO_3$ 수용액(금속 이온(Ag^+) 포함)
- (+)극: $Ag(s) \longrightarrow Ag^+(aq) + e^-$ (산화 반응)
- (−)극: $Ag^+(aq) + e^- \longrightarrow Ag(s)$ (환원 반응)

수소 연료 전지에서는 어떻게 전기가 발생할까?

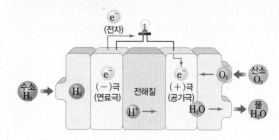

- 연료극에 수소, 공기극에 산소를 공급한다.
  ➡ H_2는 H^+과 전자(e^-)로 분리된다.
  ➡ H^+은 전해질을 통해, 전자(e^-)는 외부 회로를 통해 공기극으로 이동한다.
  ➡ H^+, 전자(e^-), 산소(O)가 만나 물(H_2O)이 생성된다.

01 전기 분해

1 전기 분해

(1) 전기 분해

① 전기 에너지를 이용하여 **❶비자발적인 산화 환원 반응**을 일으켜 물질을 분해하는 과정이다.

② 전해질 수용액이나 용융액에 **❷전극**을 담고 직류 전류를 흘려 주면 양이온은 (−)극으로 이동하고, 음이온은 (+)극으로 이동하여 산화 환원 반응을 한다.

(2) ❸전해질 용융액의 전기 분해

① 염화 나트륨(NaCl) 용융액의 전기 분해: (+)극에 서는 염화 이온(Cl^-)이 전자를 내놓고 산화되어 염 소(Cl_2) 기체가 발생하고, (−)극에서는 나트륨 이 온(Na^+)이 전자를 얻고 환원되어 나트륨(Na)이 생성된다.

(+)극: $2Cl^-(l) \longrightarrow Cl_2(g)+2e^-$ ➡ 산화 반응
(−)극: $2Na^+(l)+2e^- \longrightarrow 2Na(l)$ ➡ 환원 반응
전체 반응: $2Na^+(l)+2Cl^-(l) \longrightarrow 2Na(l)+Cl_2(g)$

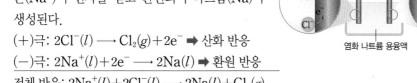

염화 나트륨 용융액

② 염화 마그네슘($MgCl_2$) 용융액의 전기 분해: (+)극에서는 염화 이온(Cl^-)이 전자를 내놓고 산화되어 염소(Cl_2) 기체가 발생하고, (−)극에서는 마그네슘 이온(Mg^{2+})이 전자를 얻고 환 원되어 마그네슘(Mg)이 생성된다.

(+)극: $2Cl^-(l) \longrightarrow Cl_2(g)+2e^-$ ➡ 산화 반응
(−)극: $Mg^{2+}(l)+2e^- \longrightarrow Mg(l)$ ➡ 환원 반응
전체 반응: $Mg^{2+}(l)+2Cl^-(l) \longrightarrow Mg(l)+Cl_2(g)$

(3) ❹전해질 수용액의 전기 분해

① 염화 구리(Ⅱ) 수용액의 전기 분해: (+)극에서는 염화 이온(Cl^-)이 전자를 내놓고 산화되어 염소(Cl_2) 기체가 발생하고, (−)극에서는 구리 이온(Cu^{2+}) 이 전자를 얻고 환원되어 구리(Cu)가 생성된다.

(+)극: $2Cl^-(aq) \longrightarrow Cl_2(g)+2e^-$ ➡ 산화 반응
(−)극: $Cu^{2+}(aq)+2e^- \longrightarrow Cu(s)$ ➡ 환원 반응
전체 반응: $Cu^{2+}(aq)+2Cl^-(aq) \longrightarrow Cu(s)+Cl_2(g)$

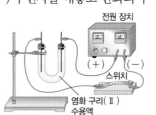

전원 장치
(+) (−)
스위치
염화 구리(Ⅱ)
수용액

THE 알기

❶ 비자발적인 산화 환원 반응
화학 전지는 자발적인 산화 환원 반응을 이용하여 화학 에너지를 전기 에너지로 전환하는 과정인 반면, 전기 분해는 비자발적인 산화 환원 반응을 일으켜 물질을 분해하는 과정이다. 따라서 전기 분해가 일어나기 위해서는 전기 에너지를 공급해 주어야 한다.

❷ 전기 분해 장치의 전극
전기 분해할 때 일반적으로 백금 이나 흑연을 전극으로 많이 사용 하는데, 그 이유는 백금이나 흑 연은 물질의 전기 분해 반응에 영향을 주지 않기 때문이다.

❸ 전해질 용융액
전해질 용융액에는 액체 상태의 전해질 양이온과 음이온만 존재 한다.

❹ 전해질 수용액
전해질 수용액에는 전해질의 양 이온과 음이온, 그리고 물(H_2O) 이 함께 존재한다.

THE 들여다보기   전해질 수용액의 전기 분해에서 이온과 H_2O의 산화 환원 반응

[(+)극에서의 반응]
• 전해질의 음이온과 H_2O 중 산화되기 쉬운 물질이 먼저 산화된다.
• F^-, NO_3^-, SO_4^{2-}, CO_3^{2-}, PO_4^{3-} 등은 산화되기 어려우므로 H_2O 이 먼저 산화되면서 산소(O_2) 기체가 발생하고, H^+이 생성된다.
   $2H_2O(l) \longrightarrow O_2(g)+4H^+(aq)+4e^-$
• Cl^-, Br^-, OH^- 등은 H_2O보다 먼저 산화된다.
   $2Cl^-(aq) \longrightarrow Cl_2(g)+2e^-$
   $2Br^-(aq) \longrightarrow Br_2(g)+2e^-$
   $4OH^-(aq) \longrightarrow O_2(g)+2H_2O(l)+4e^-$

[(−)극에서의 반응]
• 전해질의 양이온과 H_2O 중 환원되기 쉬운 물질이 먼저 환원된다.
• Li^+, Na^+, K^+, Mg^{2+}, Ca^{2+}, Al^{3+} 등은 환원되기 어려우므로 H_2O 이 먼저 환원되면서 수소(H_2) 기체가 발생하고, OH^-이 생성된다.
   $2H_2O(l)+2e^- \longrightarrow H_2(g)+2OH^-(aq)$
• Cu^{2+}, Ag^+ 등은 H_2O보다 환원되기 쉬우므로 먼저 환원되어 금속 으로 석출된다.
   $Cu^{2+}(aq)+2e^- \longrightarrow Cu(s)$
   $Ag^+(aq)+e^- \longrightarrow Ag(s)$

② ❶염화 나트륨 수용액의 전기 분해: (+)극에서는 H_2O보다 염화 이온(Cl^-)이 전자를 내놓고 먼저 산화되어 염소(Cl_2) 기체가 발생하고, (−)극에서는 나트륨 이온(Na^+)보다 H_2O이 전자를 얻어 먼저 환원되어 수소(H_2) 기체가 발생하고 OH^-이 생성된다.

(+)극: $2Cl^-(aq) \longrightarrow Cl_2(g)+2e^-$ ➡ 산화 반응

(−)극: $2H_2O(l)+2e^- \longrightarrow H_2(g)+2OH^-(aq)$ ➡ 환원 반응

전체 반응: $2Cl^-(aq)+2H_2O(l) \longrightarrow Cl_2(g)+H_2(g)+2OH^-(aq)$

③ ❷황산 구리(Ⅱ) 수용액의 전기 분해: (+)극에서는 SO_4^{2-}보다 H_2O이 전자를 내놓고 먼저 산화되어 산소(O_2) 기체가 발생하고 H^+이 생성되며, (−)극에서는 H_2O보다 구리 이온(Cu^{2+})이 전자를 얻고 먼저 환원되어 구리가 석출된다.

(+)극: $2H_2O(l) \longrightarrow O_2(g)+4H^+(aq)+4e^-$ ➡ 산화 반응

(−)극: $2Cu^{2+}(aq)+4e^- \longrightarrow 2Cu(s)$ ➡ 환원 반응

전체 반응: $2Cu^{2+}(aq)+2H_2O(l) \longrightarrow 2Cu(s)+O_2(g)+4H^+(aq)$

(4) 물의 전기 분해

① 황산 나트륨(Na_2SO_4)과 같은 ❸전해질이 소량 녹아 있는 물(H_2O)에 전류를 흘려 주면, (+)극에서는 H_2O의 산화 반응이 일어나고, (−)극에서는 H_2O의 환원 반응이 일어난다.

전원 장치

(+)   (−)

증류수+황산 나트륨

② (+)극에서는 SO_4^{2-}이 H_2O보다 산화되기 어려우므로 H_2O이 산화되면서 산소(O_2) 기체와 H^+이 생성되고, (−)극에서는 Na^+이 H_2O보다 환원되기 어려우므로 H_2O이 환원되면서 수소(H_2) 기체와 OH^-이 생성된다.

(+)극: $2H_2O(l) \longrightarrow O_2(g)+4H^+(aq)+4e^-$ ➡ 산화 반응

(−)극: $4H_2O(l)+4e^- \longrightarrow 2H_2(g)+4OH^-(aq)$ ➡ 환원 반응

전체 반응: $2H_2O(l) \longrightarrow 2H_2(g)+O_2(g)$

(5) ❹전기 분해 반응에서의 양적 관계: 전기 분해에서 분해되거나 생성되는 물질의 양은 전기 분해에서 이동한 전자의 양(mol)에 비례한다.

① 염화 구리($CuCl_2$) 용융액의 전기 분해 반응에서의 양적 관계

(+)극: $2Cl^-(l) \longrightarrow Cl_2(g)+2e^-$ ➡ 산화 반응

(−)극: $Cu^{2+}(l)+2e^- \longrightarrow Cu(l)$ ➡ 환원 반응

전체 반응: $Cu^{2+}(l)+2Cl^-(l) \longrightarrow Cu(l)+Cl_2(g)$

➡ 이동한 전자의 양이 2몰일 때 (+)극에서는 염소(Cl_2) 기체 1몰이 생성되고, (−)극에서는 구리(Cu) 1몰이 생성된다. 만약 이동한 전자의 양이 1몰이면 염소(Cl_2) 기체와 구리(Cu)가 각각 0.5몰씩 생성된다.

② 황산 구리($CuSO_4$) 수용액의 전기 분해 반응에서의 양적 관계

(+)극: $2H_2O(l) \longrightarrow O_2(g)+4H^+(aq)+4e^-$ ➡ 산화 반응

(−)극: $2Cu^{2+}(aq)+4e^- \longrightarrow 2Cu(s)$ ➡ 환원 반응

전체 반응: $2Cu^{2+}(aq)+2H_2O(l) \longrightarrow 2Cu(s)+O_2(g)+4H^+(aq)$

➡ 이동한 전자의 양이 4몰일 때 (+)극에서는 산소(O_2) 기체 1몰이 생성되고, (−)극에서는 구리(Cu) 2몰이 생성된다.

2 전기 분해의 이용

(1) 전기 도금: 금속에 녹이 스는 것을 방지하거나 표면을 아름답게 하기 위해 전기 분해를 이용하여 금속의 표면에 얇은 금속 막을 입히는 것을 전기 도금이라고 한다.

 ◀ 목걸이
(금 도금)

 ◀ 반지
(은 도금)

 ◀ 수도꼭지
(크로뮴 도금)

 ◀ 네오디뮴
자석
(니켈 도금)

① 전기 도금의 원리: 금속 이온이 들어 있는 용액에 전극을 넣고 전류를 흘려 주면 (＋)극에서 도금할 재료의 금속이 산화되고, (－)극에서 금속 이온이 환원되어 금속으로 ❶석출되면서 도금된다.
- 도금할 재료의 금속: 전원 장치의 (＋)극에 연결한다.
- 도금할 물체: 전원 장치의 (－)극에 연결한다.

② 은 도금
- (＋)극: Ag판(도금할 재료의 금속)
- (－)극: 숟가락(도금할 물체)
- 전해질: $AgNO_3$ 수용액(은 이온(Ag^+) 포함)
➡ (＋)극: $Ag(s) \longrightarrow Ag^+(aq) + e^-$ ➡ 산화 반응
(－)극: $Ag^+(aq) + e^- \longrightarrow Ag(s)$ ➡ 환원 반응

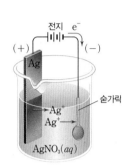

THE 알기

❶ 도금되는 금속의 양
도금되는 금속의 양은 이동한 전자의 양(mol)에 따라 다르다. 이동한 전자의 양(mol)은 흘려 준 전류의 세기와 시간에 의해 조절된다.

(2) 전기 도금의 이용

[구리(Cu)의 제련]

(＋)극: $Cu(s) \longrightarrow Cu^{2+}(aq) + 2e^-$ ➡ 산화 반응
(－)극: $Cu^{2+}(aq) + 2e^- \longrightarrow Cu(s)$ ➡ 환원 반응

- 황산 구리(Ⅱ) 수용액을 전해질로 하여 불순물이 포함된 구리를 전지의 (＋)극에 연결하고, 순수한 구리를 (－)극에 연결하여 전류를 흘려 주면 순수한 구리를 얻을 수 있다.
- 불순물 중 구리보다 이온화 경향이 큰 Zn, Fe 등은 구리와 함께 금속 양이온으로 용액 속에 녹아 들어가고, 구리보다 이온화 경향이 작은 Ag, Au, Pt 등은 금속 상태로 (＋)극 아래에 쌓인다.

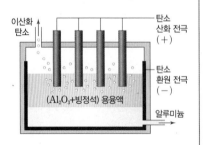

불순물이 포함된 구리 (＋)
순수한 구리 (－)
Cu^{2+} Cu^{2+} Cu^{2+} Zn^{2+} Cu^{2+} Fe^{2+} SO_4^{2-}
(＋)극 찌꺼기 (Ag, Au, Pt)
$CuSO_4$ 수용액

[알루미늄(Al)의 제련]

(＋)극: $6O^{2-} + 3C \longrightarrow 3CO_2 + 12e^-$ ➡ 산화 반응
(－)극: $4Al^{3+} + 12e^- \longrightarrow 4Al$ ➡ 환원 반응

- 알루미늄은 자연 상태에서 보크사이트라고 불리는 광석에 산화물(Al_2O_3)로 존재하는데, ❷용융 Al_2O_3을 전기 분해하여 얻는다.
- 고체 Al_2O_3은 녹는점이 2,050 ℃로 매우 높지만, Al_2O_3과 Na_3AlF_6(빙정석)의 혼합물은 1,000 ℃ 정도에서 녹기 때문에 용융 혼합물을 전기 분해한다.
- 전기 분해법으로 생산된 알루미늄의 순도는 99.5 % 정도이다.

이산화 탄소
탄소 산화 전극 (＋)
탄소 환원 전극 (－)
(Al_2O_3+빙정석) 용융액
알루미늄

❷ 용융 Al_2O_3의 전기 분해
Al^{3+}은 물(H_2O)보다 환원되기 어렵기 때문에 Al^{3+}이 들어 있는 수용액의 전기 분해로 알루미늄을 얻는 것은 불가능하다. 따라서 용융 Al_2O_3을 전기 분해하여 알루미늄(Al)을 얻는다.

개념체크

○X 문제

1. 전기 분해에 대한 설명으로 옳은 것은 ○, 옳지 않은 것은 ×로 표시하시오.

(1) 전기 분해 장치에서는 자발적인 산화 환원 반응이 일어난다. ( )

(2) 전기 분해 장치의 (+)극에서는 산화 반응이 일어난다. ( )

(3) 물을 전기 분해할 때 염화 구리($CuCl_2$)와 같은 전해질을 넣어 주어야 한다. ( )

2. 전기 도금에 대한 설명으로 옳은 것은 ○, 옳지 않은 것은 ×로 표시하시오.

(1) 전기 분해의 원리를 이용한 것이다. ( )

(2) 전기 도금을 할 때 도금할 재료의 금속은 전원 장치의 (+)극에 연결한다. ( )

(3) 불순물이 포함된 구리를 제련할 때 (−)극에서 순수한 구리가 석출된다. ( )

둘 중에 고르기

3. 전기 분해는 (화학 , 전기) 에너지를 (화학 , 전기) 에너지로 전환하는 과정이다.

4. 전해질 용융액의 전기 분해가 일어날 때 (+)극에서는 (양 , 음)이온이 전자를 (얻 , 잃)는 (산화 , 환원) 반응이 일어난다.

5. 황산 구리($CuSO_4$) 수용액을 전기 분해할 때, (+)극에서는 (SO_4^{2-} , H_2O)이 먼저 (산화 , 환원)되어 (H_2 , O_2) 기체가 발생하고, (H^+ , OH^-)이 생성된다.

6. 염화 칼륨(KCl) 수용액을 전기 분해할 때, (−)극에서는 (K^+ , H_2O)이 먼저 (산화 , 환원)되어 (H_2 , O_2) 기체가 발생하고, (H^+ , OH^-)이 생성된다.

7. 전기 도금을 할 때 (+ , −)극에서 도금할 재료의 금속이 (산화 , 환원)되고, (+ , −)극에서 금속 이온이 (산화 , 환원)되어 석출된다.

정답 **1.** (1) × (2) ○ (3) × **2.** (1) ○ (2) ○ (3) ○ **3.** 전기, 화학 **4.** 음, 잃, 산화 **5.** H_2O, 산화, O_2, H^+ **6.** H_2O, 환원, H_2, OH^- **7.** +, 산화, −, 환원

단답형 문제

1. 물의 전기 분해 반응에 대해 물음에 답하시오.

(1) 전류가 거의 흐르지 않는 물을 전기 분해하기 위해 넣어 주는 전해질을 3가지 이상 쓰시오.

(2) (+)극과 (−)극에서 각각 생성되는 기체의 종류는?

(3) (+)극과 (−)극에서 각각 생성되는 기체의 몰 비는?

2. 염화 나트륨(NaCl) 용융액의 전기 분해에 대해 물음에 답하시오.

(1) (+)극과 (−)극에서 일어나는 반응의 화학 반응식을 각각 쓰시오.

(2) 이동한 전자의 양이 1몰일 때 (+)극에서 생성되는 물질의 양(mol)은?

3. 그림은 숟가락에 은(Ag) 도금을 하기 위한 장치를 나타낸 것이다. Ag의 원자량은 108이다.

(1) 은(Ag)판과 숟가락에서 일어나는 반응의 화학 반응식을 각각 쓰시오.

(2) 숟가락은 (+)극과 (−)극 중 어느 전극에 해당하는가?

(3) 이동한 전자의 양이 0.1몰일 때 도금되는 Ag의 질량은 몇 g인가?

정답 **1.** (1) Na_2SO_4, KNO_3, Na_2CO_3 등 (2) (+)극: 산소(O_2), (−)극: 수소(H_2) (3) (+)극 : (−)극=O_2 : H_2=1:2 **2.** (1) (+)극: $2Cl^-(l) \longrightarrow Cl_2(g)+2e^-$, (−)극: $Na^+(l)+e^- \longrightarrow Na(l)$ (2) 0.5몰 **3.** (1) 은(Ag)판: $Ag(s) \longrightarrow Ag^+(aq)+e^-$, 숟가락: $Ag^+(aq)+e^- \longrightarrow Ag(s)$ (2) (−)극 (3) 10.8 g

240 EBS 개념완성 화학 Ⅱ

02 수소 연료 전지

1 연료 전지

① 공급된 **①연료**를 산화시켜서 화학 에너지를 전기 에너지로 전환시키는 장치를 연료 전지라고 한다.

② 반응물이 전지 내부에 저장되어 있지 않고, 외부로부터 계속 공급되어 지속적으로 작동되는 전지이므로 충전할 필요는 없다.

2 수소 연료 전지

(1) 수소 연료 전지: 연료인 **②수소**가 공기 중의 산소와 반응할 때 발생하는 에너지를 전기 에너지로 전환시키는 전지를 수소 연료 전지라고 한다.

① **③수소 연료 전지의 구성**: 수소 연료 전지는 2개의 전극(연료극, 공기극)과 분리막, 전해질로 이루어져 있고, 외부에서 수소 기체와 산소 기체가 계속 공급된다.

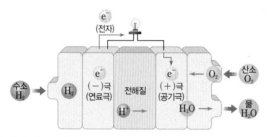

② 수소 연료 전지의 전기 발생 원리

⊙ 연료극에는 수소를 공급하고, 공기극에는 산소를 공급한다.

ⓒ 전자(e^-)는 H^+과 달리 전해질을 통과하지 못하고, 전위차에 의해 외부 회로를 따라 연료극에서 공기극으로 이동하면서 전기가 발생한다. 이때 연료극이 (−)극이 되고, 공기극이 (+)극이 된다.

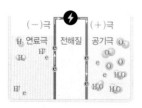

ⓛ 공급된 수소(H_2)는 연료극에서 수소 이온(H^+)과 전자(e^-)로 분리되고, H^+은 전해질을 통과해 산소가 있는 공기극으로 이동한다.

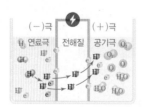

ⓔ 전해질을 통과해 온 H^+과 외부 회로를 통해 이동해 온 전자(e^-)가 산소(O)와 만나 물(H_2O)이 생성된다.

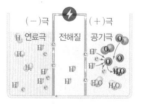

THE 알기

① 연료 전지의 연료
연료 전지에 사용되는 연료에는 수소, 메탄올, 폼산 등 다양한 물질이 있다.

② 수소 생산 방법
수소를 생산하는 방법으로는 전기 에너지를 이용하여 화석 연료를 리포밍(개질)하는 방법, 미생물을 이용하는 방법, 물을 전기 분해하는 방법, 물의 광분해 반응 등이 있다.

③ 수소 연료 전지의 종류
수소 연료 전지는 작동 온도와 전해질의 종류에 따라 알칼리형, 인산형, 용융 탄산염형, 고체 산화물형, 고분자 전해질형, 직접 메탄올형 등 여러 가지 종류가 있다.

③ **①수소 연료 전지의 전극 반응식**

$(-)$극: $2H_2(g) \longrightarrow 4H^+(aq) + 4e^-$ ➡ 산화 반응

$(+)$극: $O_2(g) + 4H^+(aq) + 4e^- \longrightarrow 2H_2O(l)$ ➡ 환원 반응

전체 반응: $2H_2(g) + O_2(g) \longrightarrow 2H_2O(l)$

④ **②수소 연료 전지의 특징**
- 생성물은 H_2O이므로 환경 오염을 거의 일으키지 않고, 소음도 없다.
- 수소를 연소하지 않고 산화 환원 반응을 이용한 전기 화학적 발전 방식이므로 다른 발전 방식에 비해 높은 효율의 발전이 가능한 친환경적 발전이다.

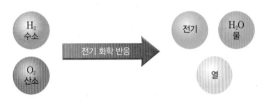

(2) 수소 연료 전지의 이용

① 수소 연료 전지의 실용성을 높이기 위해서는 수소를 효율적으로 생산하는 기술과 **❸수소 저장 기술** 등 해결해야 할 과제가 남아 있다.

② 수소 연료 전지의 이용
- 노트북 전원
- 수소 연료 전지 승용차 · 버스 · 선박 등 수송용
- 가정용 · 상업용 · 병원용 연료 전지 분산 발전 시스템
- 산업용 발전 시스템

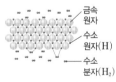
▲ 수소 저장 합금

▲ 수소 연료 전지

▲ 노트북 전원

▲ 수송용

▲ 발전용

THE **들여다보기**   **물의 광분해**

- 물의 광분해 반응은 태양 에너지를 이용하여 물을 분해함으로써 미래의 에너지 원인 수소(H_2)를 얻는 방법이다. 식물의 광합성 과정 중 엽록소에 빛이 흡수되면 물이 분해되어 수소 이온과 산소 기체가 발생하는데, 엽록소를 대신하여 광촉매나 반도체성 광전극을 개발하여 물을 광분해하면 수소 기체를 얻을 수 있다.
- 광촉매 전극에서의 반응: $2H_2O \longrightarrow O_2 + 4H^+ + 4e^-$ ➡ 산화 반응

  백금 전극에서의 반응 : $4H^+ + 4e^- \longrightarrow 2H_2$ ➡ 환원 반응

전체 반응   : $2H_2O(l) \longrightarrow 2H_2(g) + O_2(g)$

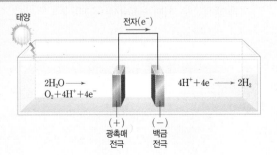

○X 문제

1. 수소 연료 전지에 대한 설명으로 옳은 것은 ○, 옳지 않은 것은 ×로 표시하시오.

(1) 수소 연료 전지는 반응물이 전지 내부에 저장되어 있다. ( )

(2) 수소 연료 전지에서는 공급된 기체를 연소시켜 에너지를 얻을 수 있다. ( )

(3) 수소 연료 전지의 최종 생성물은 물(H_2O)이므로 친환경적이다. ( )

(4) 수소 연료 전지는 수소를 직접 연소하는 방법보다 에너지 효율이 높다. ( )

둘 중에 고르기

2. 수소 연료 전지는 공급된 수소 연료를 (산화 , 환원)시켜 (전기 , 화학) 에너지를 (전기 , 화학) 에너지로 전환시키는 장치이다.

3. 수소 연료 전지의 연료극에는 (수소 , 산소)를 공급하고, 공기극에는 (수소 , 산소)를 공급한다.

4. 수소 연료 전지에서 (연료극 , 공기극)이 (−)극이 되고, (연료극 , 공기극)이 (+)극이 된다.

5. 수소 연료 전지의 연료극에서 (수소 , 산소)의 (산화 , 환원) 반응이 일어나고, 공기극에서 (수소 , 산소)의 (산화 , 환원) 반응이 일어난다.

6. 수소 저장 합금에 수소가 흡수되어 저장될 때는 열이 (흡수 , 방출)되고, 수소가 합금으로부터 떨어져 나올 때 열이 (흡수 , 방출)된다.

정답 1. (1) × (2) × (3) ○ (4) ○ 2. 산화, 화학, 전기 3. 수소, 산소 4. 연료극, 공기극 5. 수소, 산화, 산소, 환원 6. 방출, 흡수

빈칸 완성

1. 다음은 수소 연료 전지에서 전기가 발생하는 과정을 설명한 것이다.

(1) 수소 연료 전지에서 연료극에 공급된 수소(H_2)는 ( )과 ( )로 분리된다.

(2) 수소(H_2)에서 분리된 ( )은 전해질을 통과해 공기극으로 이동한다.

(3) 수소(H_2)에서 분리된 ( )는 외부 회로를 따라 공기극으로 이동하면서 전기가 발생한다.

(4) 전해질을 통과해 온 ( )과 외부 회로를 통해 이동해 온 ( )가 산소와 만나 ( )이 생성된다.

2. 물의 ( )는 태양 에너지를 이용하여 물을 분해하여 수소를 얻는 방법이다.

단답형 문제

3. 다음은 수소 연료 전지의 구조와 각 전극에서 일어나는 반응의 화학 반응식을 나타낸 것이다.

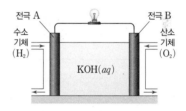

> (가) $2H_2(g) + 4OH^-(aq) \longrightarrow 4H_2O(l) + 4e^-$
> (나) $O_2(g) + 2H_2O(l) + 4e^- \longrightarrow 4OH^-(aq)$

(1) (가)와 (나) 중 전극 A에서 일어나는 반응은?

(2) 전극 B는 (+)극과 (−)극 중 어느 전극인가?

(3) 수소 연료 전지에서 일어나는 전체 반응의 화학 반응식을 쓰시오.

(4) 이동한 전자의 양이 1몰일 때 생성되는 물(H_2O)의 양(mol)은 얼마인가?

정답 1. (1) 수소 이온(H^+), 전자(e^-) (2) 수소 이온(H^+) (3) 전자(e^-) (4) 수소 이온(H^+), 전자(e^-), 물(H_2O) 2. 광분해 3. (1) (가) (2) (+)극 (3) $2H_2(g) + O_2(g) \longrightarrow 2H_2O(l)$ (4) 0.5몰

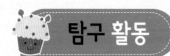 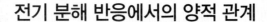

목표

염화 마그네슘($MgCl_2$) 용융액과 질산 은($AgNO_3$) 수용액의 전기 분해에서 이동하는 전자의 양(mol)과 생성된 금속의 양(mol) 관계를 설명할 수 있다.

과정

1. 그림과 같이 염화 마그네슘($MgCl_2$) 용융액과 질산 은($AgNO_3$) 수용액의 전기 분해 장치를 만든다.

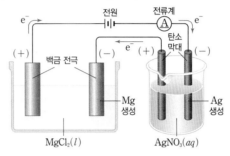

2. 전기 분해가 진행될 때 이동한 전자의 양(mol)에 따른 생성된 금속의 질량을 측정한다.

결과 정리 및 해석

이동한 전자의 양(mol)에 따른 생성된 금속의 질량은 표와 같다. Mg과 Ag의 원자량은 각각 24, 108이다.

이동한 전자의 양(mol)	생성된 Mg의 질량(g)	생성된 Ag의 질량(g)
0.05	0.6	5.4
0.10	1.2	10.8
0.15	1.8	16.2
0.20	2.4	21.6

1. 이동한 전자의 양이 0.05몰씩 증가할 때 생성되는 Mg의 양은 $\dfrac{0.6 \text{ g}}{24 \text{ g/mol}} = 0.025$몰씩 증가한다.

2. 이동한 전자의 양이 0.05몰씩 증가할 때 생성되는 Ag의 양은 $\dfrac{5.4 \text{ g}}{108 \text{ g/mol}} = 0.05$몰씩 증가한다.

탐구 분석

1. 염화 마그네슘($MgCl_2$) 용융액과 질산 은($AgNO_3$) 수용액의 전기 분해가 진행될 때 ($-$)극에서 일어나는 반응의 화학 반응식을 각각 쓰시오.

2. 각 금속 1몰이 생성되기 위해 이동한 전자의 양(mol)은 각각 얼마인가?

3. 이동한 전자의 양(mol)과 생성되는 금속의 양(mol)에는 어떤 관계가 있는가?

01 [20701-0557] 다음 중 전기 분해에 대한 설명으로 옳지 <u>않은</u> 것은?

① 전기 에너지를 이용하여 산화 환원 반응을 일으키는 과정이다.

② 자발적인 산화 환원 반응이 일어난다.

③ (−)극에서 환원 반응이 일어난다.

④ 물을 전기 분해할 때는 전해질을 넣어 준다.

⑤ 각 전극에서 생성되는 물질의 양(mol)은 이동한 전자의 양(mol)에 비례한다.

02 [20701-0558] 다음 중 전기 도금에 대한 설명으로 옳지 <u>않은</u> 것은?

① 전기 분해의 원리를 이용한 것이다.

② 도금할 물체는 전원 장치의 (−)극에 연결한다.

③ 전기 도금 장치의 (+)극에서는 산화 반응이 일어난다.

④ 도금할 재료는 칼륨(K), 나트륨(Na)과 같은 이온화 경향이 큰 금속을 이용한다.

⑤ 은(Ag) 도금을 할 때 은 이온(Ag^+)이 포함된 전해질을 사용한다.

03 [20701-0559] 다음 중 수소 연료 전지에 대한 설명으로 옳지 <u>않은</u> 것은?

① 화학 에너지를 이용하여 전기 에너지를 만드는 장치이다.

② 수소 연료 전지의 최종 생성물은 물(H_2O)이다.

③ 수소 연료 전지에서는 반응물을 외부에서 공급한다.

④ 수소 연료 전지에서는 수소(H_2)를 연소시켜 에너지를 얻는다.

⑤ 수소를 직접 연소하는 방법보다 에너지 효율이 높다.

04 [20701-0560] 그림은 염화 나트륨(NaCl) 용융액의 전기 분해 장치를 나타낸 것이다.

반응이 진행될 때 이에 대한 설명으로 옳은 것은?

① (+)극에서 환원 반응이 일어난다.

② (−)극에서 기체가 발생한다.

③ (+)극의 질량은 증가한다.

④ 용융액에 들어 있는 이온 수는 일정하다.

⑤ 두 전극에서 생성되는 물질의 몰 비는 (+)극 : (−)극 =1 : 2이다.

05 [20701-0561] 그림은 염화 구리($CuCl_2$) 수용액을 전기 분해하여 구리(Cu)와 염소(Cl_2)를 얻는 장치이다.

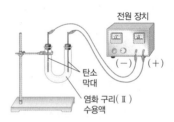

이에 대한 설명으로 옳은 것만을 〈보기〉에서 있는 대로 고른 것은?

┌─ 보기 ┐
ㄱ. (−)극에서는 환원 반응이 일어난다.
ㄴ. 생성되는 물질의 몰 비는 Cu : Cl_2=1 : 2이다.
ㄷ. 반응이 일어나는 동안 두 전극의 질량은 모두 증가한다.
└──────┘

① ㄱ   ② ㄴ   ③ ㄷ

④ ㄱ, ㄴ   ⑤ ㄱ, ㄷ

06 [20701-0562]

다음은 수소 연료 전지의 두 전극에서 일어나는 화학 반응식과 이에 대한 세 학생의 대화이다.

(가) $H_2(g) \longrightarrow 2H^+(aq)+2e^-$
(나) $O_2(g)+4H^+(aq)+4e^- \longrightarrow 2H_2O(l)$

학생 A: 연료로 공급된 수소는 산화돼.
학생 B: 수소 연료 전지의 (+)극에서 산소의 환원 반응이 일어나.
학생 C: 수소 연료 전지의 생성물은 환경 오염을 일으키지 않아.

제시한 내용이 옳은 학생만을 있는 대로 고른 것은?

① A   ② B   ③ A, C
④ B, C   ⑤ A, B, C

07 [20701-0563]

그림은 물(H_2O)의 전기 분해 장치를 나타낸 것이다.

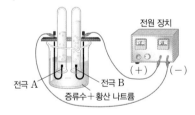

이에 대한 설명으로 옳은 것만을 〈보기〉에서 있는 대로 고른 것은?

보기
ㄱ. 전극 B에서는 환원 반응이 일어난다.
ㄴ. 전극에서 생성되는 기체의 몰 비는 A : B=2 : 1이다.
ㄷ. 전극 A 주위에 페놀프탈레인 용액을 떨어뜨리면 전극 A 주위 용액의 색이 붉은색으로 변한다.

① ㄱ   ② ㄴ   ③ ㄱ, ㄴ
④ ㄱ, ㄷ   ⑤ ㄴ, ㄷ

08 [20701-0564]

표는 백금 전극을 사용하여 2가지 수용액을 전기 분해할 때 (+)극과 (−)극에서 생성되는 물질을 나타낸 것이다.

물질	(+)극	(−)극
$KBr(aq)$	Br_2	㉠
$Na_2SO_4(aq)$	㉡	

㉠과 ㉡에 해당하는 물질로 가장 적절한 것은?

	㉠	㉡		㉠	㉡		㉠	㉡
①	K	O_2	②	K	H_2	③	H_2	H_2
④	H_2	O_2	⑤	H_2	Na			

09 [20701-0565]

표는 3가지 서로 다른 물질을 전기 분해시켰을 때 (−)극에서 일어나는 반응의 화학 반응식을 나타낸 것이다.

실험	화학 반응식
(가)	$Ag^++e^- \longrightarrow Ag$
(나)	$Cu^{2+}+2e^- \longrightarrow Cu$
(다)	$Au^{3+}+3e^- \longrightarrow Au$

같은 양(mol)의 전자가 이동하였을 때 생성되는 금속의 몰 비는?

Ag : Cu : Au   Ag : Cu : Au
① 1 : 1 : 1   ② 1 : 2 : 3
③ 3 : 2 : 1   ④ 6 : 3 : 2
⑤ 12 : 6 : 1

10 [20701-0566]

다음은 3가지 물질을 나타낸 것이다.

(가) $NaCl(l)$ (나) $CuSO_4(aq)$ (다) $KNO_3(aq)$

(가)~(다)의 전기 분해 반응에서 같은 양(mol)의 전자가 이동하였을 때, 이에 대한 설명으로 옳은 것만을 〈보기〉에서 있는 대로 고른 것은?

보기
ㄱ. (+)극에서 물(H_2O)의 산화 반응이 일어나는 물질은 2가지이다.
ㄴ. (−)극에서 금속이 생성되는 물질은 1가지이다.
ㄷ. (+)극에서 생성되는 기체의 양(mol)은 (가)가 가장 많다.

① ㄱ   ② ㄴ   ③ ㄱ, ㄷ   ④ ㄴ, ㄷ   ⑤ ㄱ, ㄴ, ㄷ

01 [20701–0567]
그림은 이온 결합 물질 MCl_2의 용융액을 전기 분해할 때 용융액 속에 존재하는 입자의 이동을 모형으로 나타낸 것이다.

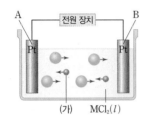

이에 대한 설명으로 옳은 것만을 〈보기〉에서 있는 대로 고른 것은? (단, M은 임의의 원소 기호이다.)

┌ 보기 ┐
ㄱ. 전극 B는 (+)극이다.
ㄴ. 전극 A에서 (가)는 산화된다.
ㄷ. 전극 B의 질량은 증가한다.

① ㄱ   ② ㄴ   ③ ㄷ
④ ㄱ, ㄴ   ⑤ ㄱ, ㄷ

02 [20701–0568]
그림은 백금(Pt) 전극을 이용하여 MCl_2 수용액을 전기 분해하여 금속 M과 염소(Cl_2)를 얻는 장치이다.

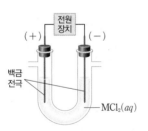

이에 대한 설명으로 옳은 것만을 〈보기〉에서 있는 대로 고른 것은? (단, M은 임의의 원소 기호이다.)

┌ 보기 ┐
ㄱ. (+)극에서 염소(Cl_2) 기체가 발생한다.
ㄴ. (−)극에서 산화 반응이 일어난다.
ㄷ. 수용액 속의 전체 이온 수는 감소한다.

① ㄱ   ② ㄴ   ③ ㄱ, ㄷ
④ ㄴ, ㄷ   ⑤ ㄱ, ㄴ, ㄷ

[03~04] 다음은 5가지 물질을 나타낸 것이다.

┌─────────────────────────────────────┐
(가) $KCl(l)$ (나) $MgCl_2(l)$
(다) $CuSO_4(aq)$ (라) $NaNO_3(aq)$
(마) $H_2O(l)$
└─────────────────────────────────────┘

03 [20701–0569]
(가)~(마) 중 전기 분해하였을 때, (−)극에서 기체가 발생하는 물질의 가짓수는? (단, $H_2O(l)$을 전기 분해할 때에는 Na_2SO_4을 소량 넣어 주었다.)

① 1   ② 2   ③ 3   ④ 4   ⑤ 5

04 [20701–0570]
(가)~(마) 중 같은 양(mol)의 전자가 이동하였을 때, 두 전극에서 생성되는 금속과 기체의 총 양(mol)이 가장 많은 물질은?

① (가)   ② (나)   ③ (다)   ④ (라)   ⑤ (마)

05 [20701–0571]
표는 각각 x몰의 전자를 이동시켜 2가지 물질을 전기 분해시켰을 때 전극 A에서 생성되는 물질의 종류와 양을 나타낸 것이다. 전극 A는 (+)극과 (−)극 중 하나이다.

물질	전극 A	
	물질의 종류	물질의 양
$CaCl_2$ 용융액	Ca	5.0 g
KNO_3 수용액		y L

이에 대한 설명으로 옳은 것만을 〈보기〉에서 있는 대로 고른 것은? (단, Ca의 원자량은 40이고, 실험 조건에서 기체 1몰의 부피는 24 L이다.)

┌ 보기 ┐
ㄱ. A는 (−)극이다.
ㄴ. $x=0.125$이다.
ㄷ. $y=1.5$이다.

① ㄱ   ② ㄴ   ③ ㄷ
④ ㄱ, ㄴ   ⑤ ㄱ, ㄷ

06 [20701-0572]
그림은 25 ℃에서 HCl(aq)을 전기 분해하는 장치를 나타낸 것이다.

HCl(aq)

이에 대한 설명으로 옳은 것만을 〈보기〉에서 있는 대로 고른 것은? (단, 온도는 일정하고, H^+은 H_2O보다 환원되기 쉽다.)

┌ 보기 ┐
ㄱ. 두 전극의 질량은 모두 변화 없다.
ㄴ. 전극에서 생성되는 몰 비는 (+)극 : (−)극=1 : 2이다.
ㄷ. 반응이 진행될 때 수용액의 pH는 감소한다.
└───────┘

① ㄱ   ② ㄴ   ③ ㄱ, ㄷ
④ ㄴ, ㄷ   ⑤ ㄱ, ㄴ, ㄷ

07 [20701-0573]
그림은 백금 전극을 사용하여 NaOH 수용액과 Na_2SO_4 수용액을 각각 전기 분해하는 장치를 나타낸 것이다.

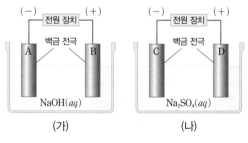

NaOH(aq) Na_2SO_4(aq)
(가)   (나)

전기 분해가 일어날 때, 이에 대한 설명으로 옳은 것만을 〈보기〉에서 있는 대로 고른 것은? (단, 온도는 일정하고, 물의 증발은 일어나지 않는다.)

┌ 보기 ┐
ㄱ. 전극 A와 C에서 모두 수소(H_2) 기체가 생성된다.
ㄴ. 전극 B와 D에서 모두 이온 수가 증가하는 반응이 일어난다.
ㄷ. (가)와 (나)에서 모두 수용액의 농도가 증가한다.
└───────┘

① ㄱ   ② ㄴ   ③ ㄱ, ㄷ
④ ㄴ, ㄷ   ⑤ ㄱ, ㄴ, ㄷ

08 [20701-0574]
그림은 ANO_3(aq)과 $B(NO_3)_2$(aq)을 전기 분해하였을 때, 이동한 전자의 양(mol)에 따른 석출되는 금속의 질량을 나타낸 것이다.

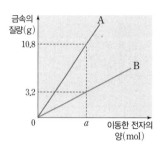

A와 B의 원자량 비는? (단, A, B는 임의의 원소 기호이다.)

원자량 비(A : B)   원자량 비(A : B)
①   4 : 27   ②   8 : 27
③   27 : 4   ④   27 : 8
⑤   27 : 16

09 [20701-0575]
그림과 같은 장치로 x몰의 전자를 이동시켜 MCl_a(aq)과 MCl_b(aq)을 전기 분해하였더니 각각 1.28 g, 2.56 g의 M이 석출되었다. a와 b는 3 이하의 자연수이다.

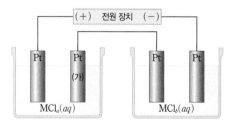

MCl_a(aq) MCl_b(aq)

이에 대한 설명으로 옳은 것만을 〈보기〉에서 있는 대로 고른 것은? (단, M의 원자량은 64이다.)

┌ 보기 ┐
ㄱ. $a : b$=2 : 1이다.
ㄴ. x=0.02이다.
ㄷ. 전극 (가)에서 일어나는 반응은 $M^+(aq)+e^- \longrightarrow M(s)$이다.
└───────┘

① ㄱ   ② ㄴ   ③ ㄷ
④ ㄱ, ㄴ   ⑤ ㄱ, ㄷ

10 [20701-0576]
표는 2가지 물질의 전기 분해 반응에 대한 자료이다.

물질	생성된 물질의 종류와 양	
	(+)극	(−)극
$KCl(l)$	$Cl_2(g)$ 0.2몰	㉠ (l) x몰
$ZnCl_2(l)$	$Cl_2(g)$ y몰	$Zn(l)$ 0.1몰

이에 대한 설명으로 옳은 것만을 〈보기〉에서 있는 대로 고른 것은?

┌ 보기 ┐
ㄱ. ㉠은 K(칼륨)이다.
ㄴ. $\dfrac{x}{y}=2$이다.
ㄷ. 전기 분해 반응에서 이동한 전자의 양(mol)은 $KCl(l)$과 $ZnCl_2(l)$이 같다.

① ㄱ.　　　② ㄴ　　　③ ㄷ
④ ㄱ, ㄴ　　　⑤ ㄱ, ㄷ

11 [20701-0577]
다음은 수소 연료 전지의 구조와 두 전극에서 일어나는 반응의 화학 반응식을 나타낸 것이다.

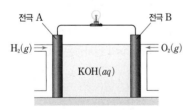

┌──────────────────────────────┐
(가) $2H_2(g)+4OH^-(aq) \longrightarrow 4H_2O(l)+4e^-$
(나) $O_2(g)+2H_2O(l)+4e^- \longrightarrow 4OH^-(aq)$
└──────────────────────────────┘

이에 대한 설명으로 옳은 것만을 〈보기〉에서 있는 대로 고른 것은?

┌ 보기 ┐
ㄱ. (가)는 전극 A에서 일어난다.
ㄴ. 전극 B는 (+)극이다.
ㄷ. 전지 반응이 진행될 때 OH^-의 양(mol)은 일정하다.

① ㄱ　　　② ㄴ　　　③ ㄱ, ㄷ
④ ㄴ, ㄷ　　　⑤ ㄱ, ㄴ, ㄷ

12 [20701-0578]
다음은 연료 전지 X에 대한 설명이다.

┌──────────────────────────────┐
연료 전지 X는 연료인 ┌─㉠─┐ 이/가 산소와 반응할 때 발생하는 에너지를 전기 에너지로 전환시키는 전지이다. 연료 전지 X는 최종 생성물로 물(H_2O)만 생성되므로 환경 오염을 거의 일으키지 않는다.
└──────────────────────────────┘

㉠으로 가장 적절한 것은?

① 수소(H_2)　　　② 질소(N_2)
③ 산소(O_2)　　　④ 이산화 탄소(CO_2)
⑤ 메탄올(CH_3OH)

13 [20701-0579]
다음은 X에 대한 설명이다.

┌──────────────────────────────┐
수소 연료 전지의 실용성을 높이기 위해서는 수소를 효율적으로 생산하는 기술과 수소 저장 기술 등 해결해야 할 과제가 남아 있다. X가 수소를 흡수하여 저장할 때 열이 방출되고, 수소가 X로부터 떨어져 나올 때 열이 흡수되므로 냉난방 장치에 이용한다.
└──────────────────────────────┘

X로 옳은 것은?

① 수소 엔진　　② 수소 전극　　③ 수소 저장 합금
④ 그래핀　　⑤ 탄소 나노 튜브

14 [20701-0580]
다음은 수소 연료 전지에서 전기가 발생하는 과정을 순서 없이 나타낸 것이다.

┌──────────────────────────────┐
(가) H_2는 연료극에서 H^+과 전자로 분리된다.
(나) H^+은 전해질을 통과하고 전자는 외부 회로를 따라 공기극으로 이동하여 산소와 반응한다.
(다) 연료극에는 H_2를 공급하고, 공기극에는 O_2를 공급한다.
└──────────────────────────────┘

수소 연료 전지에서 전기가 발생하는 과정의 순서로 옳은 것은?

① (가) → (나) → (다)　　② (나) → (가) → (다)
③ (나) → (다) → (가)　　④ (다) → (가) → (나)
⑤ (다) → (나) → (가)

01 [20701-0581]
그림 (가)는 백금 전극을 이용한 전기 분해 장치를, (나)는 전기 분해하였을 때 $\dfrac{\text{생성된 금속의 양(mol)}}{\text{생성된 기체의 양(mol)}}$ 을 나타낸 것이다.

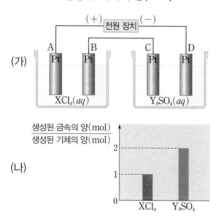

이에 대한 설명으로 옳은 것만을 〈보기〉에서 있는 대로 고른 것은? (단, X와 Y는 임의의 금속 원소 기호이다.)

┌─ 보기 ┌
ㄱ. $a:b=1:2$이다.
ㄴ. 생성되는 금속의 몰 비는 $XCl_a:Y_bSO_4=1:1$이다.
ㄷ. 생성되는 기체의 몰 비는 $XCl_a:Y_bSO_4=1:1$이다.
└─────────

① ㄱ ② ㄴ ③ ㄷ ④ ㄱ, ㄴ ⑤ ㄱ, ㄷ

02 [20701-0582]
그림은 25 ℃, 1기압에서 1.0 M $NaCl(aq)$을 전기 분해하는 장치를 나타낸 것이다.
전자 0.05몰을 이동시켜 전기 분해시켰을 때, 이에 대한 설명으로 옳은 것만을 〈보기〉에서 있는 대로 고른 것은? (단, 온도와 압력은 일정하고, 25 ℃, 1기압에서 기체 1몰의 부피는 24 L이다.)

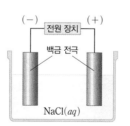

┌─ 보기 ┌
ㄱ. (+)극에서 생성되는 기체의 양은 0.05몰이다.
ㄴ. (−)극에서 생성되는 기체의 부피는 600 mL이다.
ㄷ. 수용액의 pH는 7보다 크다.
└─────────

① ㄱ ② ㄴ ③ ㄱ, ㄷ ④ ㄴ, ㄷ ⑤ ㄱ, ㄴ, ㄷ

03 [20701-0583]
그림 (가)는 $NaCl(l)$과 $ZnCl_2(l)$의 혼합 용융액의 전기 분해 장치를, (나)는 전기 분해 전과 a몰의 전자가 이동한 후의 혼합 용액에 존재하는 양이온 수의 비율 변화를 나타낸 것이다. Zn^{2+}이 모두 환원된 후 Na^+이 환원된다.

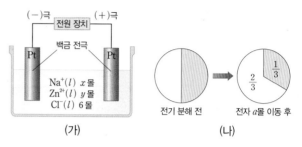

이에 대한 설명으로 옳은 것만을 〈보기〉에서 있는 대로 고른 것은?

┌─ 보기 ┌
ㄱ. $x+y=4$이다.
ㄴ. $a=2$이다.
ㄷ. a몰의 전자가 이동한 후에 혼합 용융액 속에 존재하는 Cl^- 양은 4몰이다.
└─────────

① ㄱ ② ㄴ ③ ㄱ, ㄷ ④ ㄴ, ㄷ ⑤ ㄱ, ㄴ, ㄷ

04 [20701-0584]
그림은 철(Fe)로 만든 숟가락에 구리(Cu)를 도금하는 장치를 나타낸 것이다. Cu의 원자량은 64이다.

0.05몰의 전자를 이동시켰을 때, 이에 대한 설명으로 옳은 것만을 〈보기〉에서 있는 대로 고른 것은?

┌─ 보기 ┌
ㄱ. 전극 A는 (−)극이다.
ㄴ. Cu판에서 감소하는 Cu의 양은 0.025몰이다.
ㄷ. Fe 숟가락에 도금되는 Cu의 질량은 1.6 g이다.
└─────────

① ㄱ ② ㄴ ③ ㄱ, ㄷ ④ ㄴ, ㄷ ⑤ ㄱ, ㄴ, ㄷ

05 [20701-0585]
다음은 수소 연료 전지의 두 전극에서 일어나는 반응의 화학 반응식을 나타낸 것이다.

> (가) $2H_2(g) + 4OH^-(aq) \longrightarrow 4H_2O(l) + 4e^-$
> (나) $O_2(g) + 2H_2O(l) + 4e^- \longrightarrow 4OH^-(aq)$

이에 대한 설명으로 옳은 것만을 〈보기〉에서 있는 대로 고른 것은?

> **보기**
> ㄱ. (가)는 (−)극에서 일어나는 반응이다.
> ㄴ. (나)에서 산소(O_2)는 환원된다.
> ㄷ. 수소 연료 전지의 반응에서 최종 생성물은 물(H_2O)이다.

① ㄱ   ② ㄴ   ③ ㄱ, ㄷ
④ ㄴ, ㄷ   ⑤ ㄱ, ㄴ, ㄷ

06 [20701-0586]
다음은 수소 연료 전지의 구조와 두 전극에서 일어나는 반응의 화학 반응식을 나타낸 것이다.

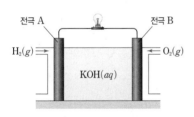

> (가) $H_2(g) + 2OH^-(aq) \longrightarrow 2H_2O(l) + 2e^-$
> (나) $O_2(g) + 2H_2O(l) + 4e^- \longrightarrow 4OH^-(aq)$

이에 대한 설명으로 옳은 것만을 〈보기〉에서 있는 대로 고른 것은?

> **보기**
> ㄱ. O_2는 전극 B에서 환원된다.
> ㄴ. 반응이 진행됨에 따라 OH^-의 양(mol)은 증가한다.
> ㄷ. 전체 반응에서 H_2O 1몰이 생성될 때 전자 2몰이 이동한다.

① ㄱ   ② ㄴ   ③ ㄷ
④ ㄱ, ㄷ   ⑤ ㄴ, ㄷ

07 [20701-0587]
다음은 메탄올(CH_3OH) 연료 전지의 구조와 두 전극에서 일어나는 반응의 화학 반응식을 나타낸 것이다.

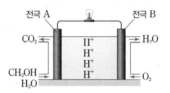

> (가) $O_2(g) + 4\boxed{\ \bigcirc\ }(aq) + 4e^- \longrightarrow 2H_2O(l)$
> (나) $CH_3OH(aq) + H_2O(l) \longrightarrow$
> $\qquad CO_2(g) + 6\boxed{\ \bigcirc\ }(aq) + 6e^-$

이에 대한 설명으로 옳은 것만을 〈보기〉에서 있는 대로 고른 것은?

> **보기**
> ㄱ. ㉠에 해당하는 물질은 OH^-이다.
> ㄴ. (나)는 전극 A에서 일어난다.
> ㄷ. 전체 반응에서 H_2O 1몰이 생성될 때 전자 2몰이 이동한다.

① ㄱ   ② ㄴ   ③ ㄱ, ㄷ   ④ ㄴ, ㄷ   ⑤ ㄱ, ㄴ, ㄷ

08 [20701-0588]
그림은 물을 분해하여 수소를 발생시키는 광분해 장치와 두 전극에서 일어나는 반응의 화학 반응식을 나타낸 것이다.

> (가) $2H^+(aq) + 2e^- \longrightarrow H_2(g)$
> (나) $2H_2O(l) \longrightarrow O_2(g) + 4H^+(aq) + 4e^-$

이에 대한 설명으로 옳은 것만을 〈보기〉에서 있는 대로 고른 것은?

> **보기**
> ㄱ. (가)는 백금 전극에서 일어난다.
> ㄴ. 생성되는 기체의 몰 비는 (+)극 : (−)극 = 1 : 2이다.
> ㄷ. 물(H_2O) 1몰이 분해될 때 이동하는 전자의 양은 2몰이다.

① ㄱ   ② ㄷ   ③ ㄱ, ㄴ   ④ ㄴ, ㄷ   ⑤ ㄱ, ㄴ, ㄷ

1 금속의 반응성과 산화 환원 반응

① 이온화 경향: 금속이 전자를 잃고 양이온이 되려는 성질

K 칼륨	Ca 칼슘	Na 나트륨	Mg 마그네슘	Al 알루미늄	Zn 아연	Fe 철	Ni 니켈	Sn 주석	Pb 납	(H) 수소	Cu 구리	Hg 수은	Ag 은	Pt 백금	Au 금

전자를 잃기 쉽다. ◀━━━━━▶ 전자를 잃기 어렵다.
산화되기 쉽다. ◀━━━━━▶ 산화되기 어렵다.
양이온이 되기 쉽다. ◀━━━━━▶ 양이온이 되기 어렵다.
반응성이 크다. ◀━━━━━▶ 반응성이 작다.

② 금속의 반응성과 산화 환원 반응

- $Zn(s) + Cu^{2+}(aq) \longrightarrow Zn^{2+}(aq) + Cu(s)$

  ➡ 반응성: $Zn > Cu$

- $Ag(s) + Cu^{2+}(aq) \longrightarrow$ 반응이 일어나지 않음

  ➡ 반응성: $Cu > Ag$

2 화학 전지의 원리

① 화학 전지: 자발적인 산화 환원 반응을 이용하여 화학 에너지를 전기 에너지로 전환시키는 장치
- (−)극: 이온화 경향이 큰 금속 ➡ 산화 반응
- (+)극: 이온화 경향이 작은 금속 ➡ 환원 반응

② 볼타 전지

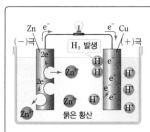

- (−)극: $Zn \longrightarrow Zn^{2+} + 2e^-$ (산화)
- (+)극: $2H^+ + 2e^- \longrightarrow H_2$ (환원)
- (−)극: 질량 감소, (+)극: 질량 일정
- 전압이 급격히 떨어지는 분극 현상

③ 다니엘 전지

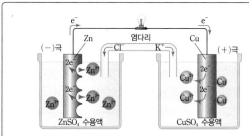

- (−)극: $Zn \longrightarrow Zn^{2+} + 2e^-$ (산화)
  (+)극: $Cu^{2+} + 2e^- \longrightarrow Cu$ (환원)
- (−)극: 질량 감소, (+)극: 질량 증가
- 염다리: 이온이 이동하여 용액의 전하 불균형 해소

3 전해질 용융액과 수용액의 전기 분해

물질	전기 분해 반응
$MgCl_2(l)$	• (+)극: $2Cl^-(l) \longrightarrow Cl_2(g) + 2e^-$ ➡ 산화 • (−)극: $Mg^{2+}(l) + 2e^- \longrightarrow Mg(l)$ ➡ 환원 전체 반응: $Mg^{2+}(l) + 2Cl^-(l) \longrightarrow Mg(l) + Cl_2(g)$
$CuCl_2(aq)$	• (+)극: $2Cl^-(aq) \longrightarrow Cl_2(g) + 2e^-$ ➡ 산화 • (−)극: $Cu^{2+}(aq) + 2e^- \longrightarrow Cu(s)$ ➡ 환원 전체 반응: $Cu^{2+}(aq) + 2Cl^-(aq) \longrightarrow Cu(s) + Cl_2(g)$

4 전기 분해 반응의 양적 관계

전기 분해에서 분해되거나 생성되는 물질의 양(mol)은 전기 분해에서 이동한 전자의 양(mol)에 비례한다.

5 전기 도금(구리의 제련)

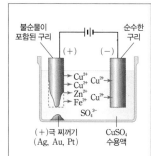

- (+)극: $Cu(s) \longrightarrow Cu^{2+}(aq) + 2e^-$ (산화 반응)
- (−)극: $Cu^{2+}(aq) + 2e^- \longrightarrow Cu(s)$ (환원 반응)
- 불순물 중 구리보다 산화되기 쉬운 Zn, Fe 등은 구리와 함께 금속 양이온으로 용액 속에 녹아 들어가고, 구리보다 산화되기 어려운 Ag, Au, Pt 등은 금속 상태로 (+)극 아래에서 얻을 수 있다.

6 수소 연료 전지

① 연료인 수소가 공기 중의 산소와 반응할 때 발생하는 에너지를 전기 에너지로 전환시키는 전지이다.

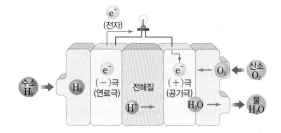

② 수소 연료 전지는 2개의 전극(연료극, 공기극)과 분리막, 전해질로 이루어져 있고, 외부에서 수소 기체와 산소 기체가 계속 공급된다.

(−)극: $2H_2(g) \longrightarrow 4H^+(aq) + 4e^-$ (산화 반응)
(+)극: $O_2(g) + 4H^+(aq) + 4e^- \longrightarrow 2H_2O(l)$ (환원 반응)
전체 반응: $2H_2(g) + O_2(g) \longrightarrow 2H_2O(l)$

단원 마무리 문제

정답과 해설 109쪽

01 [20701-0589] 그림 (가)는 묽은 황산(H_2SO_4)에 아연(Zn)판과 구리(Cu)판을 각각 넣은 것을, (나)는 아연(Zn)판과 구리(Cu)판을 도선으로 연결한 것을 나타낸 것이다.

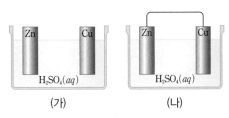

(가)   (나)

반응이 진행될 때 (가)와 (나)의 공통점으로 옳은 것만을 〈보기〉에서 있는 대로 고른 것은? (단, 수용액의 부피는 일정하다.)

┌ 보기 ┐
ㄱ. 아연(Zn)판의 질량이 감소한다.
ㄴ. 구리(Cu)판에서 환원 반응이 일어난다.
ㄷ. 수용액의 pH는 증가한다.

① ㄱ   ② ㄴ   ③ ㄱ, ㄷ   ④ ㄴ, ㄷ   ⑤ ㄱ, ㄴ, ㄷ

02 [20701-0590] 그림은 금속 A와 B를 전극으로 하는 다니엘 전지를 모형으로 나타낸 것이다. 전자는 전극 B에서 도선을 따라 전극 A로 이동한다.

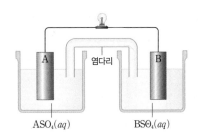

$ASO_4(aq)$ $BSO_4(aq)$

이에 대한 설명으로 옳은 것은? (단, A와 B는 임의의 원소 기호이다.)

① 금속의 반응성은 A가 B보다 크다.
② 전극 A의 질량은 감소한다.
③ B에서는 산화 반응이 일어난다.
④ 전극 A에서 금속 B가 석출된다.
⑤ 분극 현상이 일어난다.

03 [20701-0591] 다음은 금속의 산화 환원 반응 실험이다. A 이온의 산화수는 +2이다.

┌─────────────────────────────────┐
│ (가) 황산 구리($CuSO_4$) 수용액에 금속 A를 넣었더니 A │
│   표면에 구리가 석출되었다.   │
│ (나) 황산 구리($CuSO_4$) 수용액에 금속 B를 넣었더니 아 │
│   무런 변화가 없었다.   │
│   │
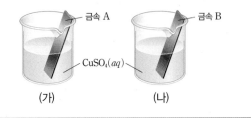
│   (가)   (나)   │
└─────────────────────────────────┘

이에 대한 설명으로 옳은 것만을 〈보기〉에서 있는 대로 고른 것은? (단, A와 B는 임의의 원소 기호이다.)

┌ 보기 ┐
ㄱ. 금속의 반응성은 A가 B보다 크다.
ㄴ. (가)에서 수용액 속의 이온 수는 감소한다.
ㄷ. Cu^{2+}과 B^{2+}이 함께 들어 있는 용액에 충분한 양의 A를 넣으면 Cu가 먼저 석출된다.

① ㄱ   ② ㄴ   ③ ㄷ   ④ ㄱ, ㄴ   ⑤ ㄱ, ㄷ

04 [20701-0592] 그림은 구리(Cu)와 은(Ag)을 전극으로 하는 화학 전지를 모형으로 나타낸 것이다.

전지 반응이 일어나 구리(Cu) 전극의 질량이 0.32 g 감소하였을 때, 석출된 은(Ag)의 질량은 얼마인가? (단, Cu, Ag의 원자량은 각각 64, 108이다.)

① 0.32 g   ② 0.504 g   ③ 0.64 g
④ 1.08 g   ⑤ 2.16 g

05 [20701-0593]
그림은 몇 가지 금속 불순물이 포함된 구리에서 순수한 구리를 얻는 장치를 나타낸 것이다.

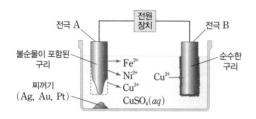

이에 대한 설명으로 옳은 것만을 〈보기〉에서 있는 대로 고른 것은?

┌ 보기 ┐
ㄱ. 전극 B에서 환원 반응이 일어난다.
ㄴ. 수용액 속의 Cu^{2+}의 양(mol)은 일정하다.
ㄷ. 금속의 이온화 경향은 Ni>Cu>Ag이다.

① ㄱ   ② ㄴ   ③ ㄱ, ㄷ   ④ ㄴ, ㄷ   ⑤ ㄱ, ㄴ, ㄷ

06 [20701-0594]
그림 (가)는 물(H_2O)에 소량의 황산 나트륨(Na_2SO_4)을 넣고 전기 분해하였을 때 두 전극에서 기체 ㉠과 ㉡이 발생하는 모습을, (나)는 수소 연료 전지에 기체 ㉢과 ㉣을 공급하여 반응이 일어나는 모습을 나타낸 것이다.

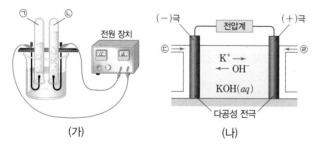

이에 대한 설명으로 옳은 것만을 〈보기〉에서 있는 대로 고른 것은?

┌ 보기 ┐
ㄱ. ㉠과 ㉢은 같은 종류의 기체이다.
ㄴ. ㉡ 기체가 수소 연료 전지에 공급되었을 때, (+)극에서 환원된다.
ㄷ. (가)와 (나)의 최종 생성물은 같다.

① ㄱ   ② ㄷ   ③ ㄱ, ㄴ   ④ ㄴ, ㄷ   ⑤ ㄱ, ㄴ, ㄷ

07 [20701-0595]
그림 (가)와 (나)는 백금 전극을 사용하여 NaCl 용융액과 NaCl 수용액을 각각 전기 분해하는 장치를 나타낸 것이다.

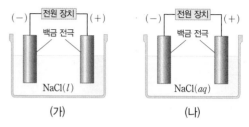

(가)와 (나)에서 전기 분해가 일어날 때의 공통점으로 옳은 것만을 〈보기〉에서 있는 대로 고른 것은?

┌ 보기 ┐
ㄱ. (+)극에서 염소(Cl_2) 기체가 발생한다.
ㄴ. (−)극에서 금속 Na이 생성된다.
ㄷ. 전체 이온 수는 감소한다.

① ㄱ   ② ㄴ   ③ ㄷ   ④ ㄱ, ㄴ   ⑤ ㄱ, ㄷ

08 [20701-0596]
그림 (가)는 백금 전극을 이용한 전기 분해 장치를, (나)는 (가)의 전기 분해 장치에서 전자 x몰이 이동하였을 때, 전극 C와 전극 ㉠에서 생성되는 금속 또는 기체의 양(mol)을 나타낸 것이다. 전극 ㉠은 전극 A, B, D 중 하나이다.

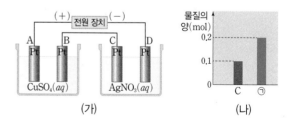

이에 대한 설명으로 옳은 것만을 〈보기〉에서 있는 대로 고른 것은?

┌ 보기 ┐
ㄱ. $x=0.2$이다.
ㄴ. ㉠은 전극 B이다.
ㄷ. 전극에서 생성되는 물질의 몰 비는 B : D=1 : 2이다.

① ㄱ   ② ㄴ   ③ ㄱ, ㄷ   ④ ㄴ, ㄷ   ⑤ ㄱ, ㄴ, ㄷ

MEMO

MEMO

내신에서 수능으로
수능의 시작, 감부터 잡자!

국어, 영어, 수학Ⅰ, 수학Ⅱ, 확률과 통계, 미적분

내신에서 수능으로 연결되는 포인트를 잡는 학습 전략

내신형 문항
내신 유형의 문항으로
익히는 개념과 해결법

**동일한
소재·유형**

수능형 문항
수능 유형의 문항을
통해 익숙해지는 수능

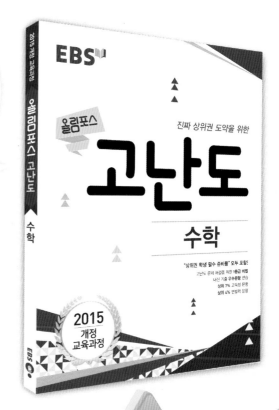

EBS

정답과 해설

개념 완성

과학탐구영역

기본 개념부터 실전 연습, 수능 + 내신까지
한 번에 다 끝낼 수 있는 **탐구영역 기본서**

화학 II

작품 감상과 지문 해석, **6**개 원리로 모두 정리됩니다!

EBS가 만든 수능·내신 대비 국어 기본서

국어 독해의 원리 시리즈

수능 신경향 반영

현대시
- 화자와 대상
- 발상 및 표현
- 정서와 태도
- 시상 전개 방식
- 시어와 심상
- 소통 구조와 맥락

고전 시가
- 출제 과정
- 화자
- 정확한 해독
- 시적 대상
- 시적 상황
- 표현 방식

현대 소설
- 소설의 인물
- 배경과 소재의 기능
- 사건의 구성 방식
- 서술 방식
- 갈등의 양상
- 주제와 감상

고전 산문
- 인물
- 배경과 소재
- 갈등과 전개 양상
- 시점과 서술 방식
- 사건과 구성 방식
- 주제와 감상

독서
비문학
- 핵심 정보 짚기
- 정보 추리하기
- 관계로 읽기
- 관점(입장) 따지기
- 구조로 읽기
- 사례 적용하기

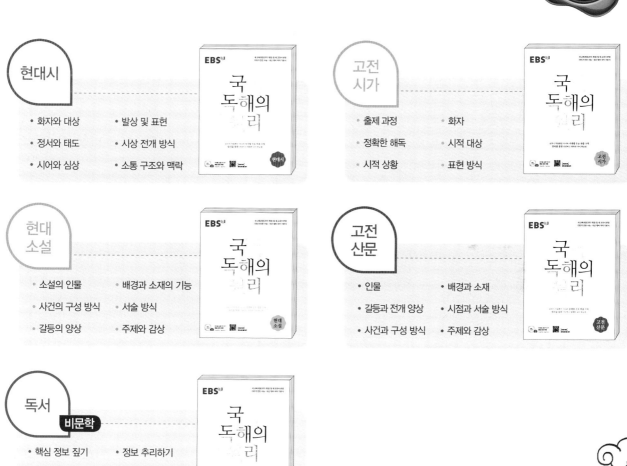

EBS 개념완성

화학 Ⅱ
정답과 해설

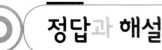

I. 물질의 세 가지 상태와 용액

1 기체의 성질

탐구 활동   본문 012쪽

1 해설 참조   **2** 해설 참조

1

둥근바닥 플라스크 표면의 물방울을 닦아내지 않으면 w_2가 크게 측정되어 (w_2-w_1)으로 구한 아이소프로판올의 질량이 커지게 된다. 커진 아이소프로판올의 질량을 $M=\dfrac{wRT}{PV}$에 대입하여 아이소프로판올의 분자량을 구하면 결과 정리 및 해석 2에서 구한 분자량보다 커진다.

모범 답안 둥근바닥 플라스크 표면의 물방울을 닦아내지 않고 실험하여 구한 아이소프로판올의 분자량은 결과 정리 및 해석 2에서 구한 분자량보다 크다.

2

물의 부피가 크게 측정되면 아이소프로판올의 부피가 커진다. 커진 아이소프로판올의 부피를 $M=\dfrac{wRT}{PV}$에 대입하여 아이소프로판올의 분자량을 구하면 결과 정리 및 해석 2에서 구한 분자량보다 작아진다.

모범 답안 물의 부피를 크게 측정하여 구한 아이소프로판올의 분자량은 결과 정리 및 해석 2에서 구한 분자량보다 작다.

내신 기초 문제   본문 013~014쪽

01 ③   **02** ⑤   **03** ④   **04** ③   **05** ⑤
06 ④   **07** ⑤   **08** ①   **09** ②

01

정답 맞히기 ㄱ. 대기압이 수은의 액면을 누르는 압력과 유리관 내 수은 기둥이 누르는 압력이 평형을 이루므로 두 압력이 같다.
ㄴ. 1기압=760 mmHg=76 cmHg이므로 이 지역의 대기압은 1기압이다.

오답 피하기 ㄷ. 대기압이 1기압보다 낮은 지역에서는 대기압이 수은의 액면을 누르는 압력이 작으므로 수은 기둥의 높이 h도 760 mm보다 작다.

02

정답 맞히기 ⑤ J자관 왼쪽 수은면에 작용하는 기체 A의 압력은 오른쪽 수은면에 작용하는 압력(=대기압+38 cm 수은 기둥의 압력)과 같다. 대기압은 1기압이고, 수은 기둥 38 cm의 압력은 0.5기압이므로 기체 A의 압력은 1.5기압이다.

03

정답 맞히기 ㄴ. 용기에 들어 있는 기체의 부피는 용기의 부피와 같으므로 A(g)와 B(g)의 부피는 같다. A(g)와 B(g)는 부피와 온도가 같으므로 기체의 압력은 기체의 양(mol)에 비례한다. 기체의 양(mol)은 B(g)가 A(g)보다 크므로 기체의 압력은 B(g)가 A(g)보다 크다.
ㄷ. A(g)는 V L에 1몰이 있고, B(g)는 V L에 2몰이 있으므로 단위 부피당 기체 분자 수는 B(g)가 A(g)보다 크다.

오답 피하기 ㄱ. A(g)와 B(g)의 부피는 V L로 같다.

04

정답 맞히기 ㄱ. 보일 법칙에 의하면 일정한 온도에서 일정량의 기체의 압력과 부피는 반비례한다. 제시된 그래프는 압력과 부피가 반비례하는 것을 나타내므로 보일 법칙을 나타내는 그래프이다.
ㄷ. 보일 법칙에 의하면 일정한 온도에서 일정량의 기체의 압력과 부피의 곱은 일정하다. 제시된 그래프는 부피가 증가해도 압력과 부피의 곱은 일정한 것을 나타내므로 보일 법칙을 나타내는 그래프이다.

오답 피하기 ㄴ. 제시된 그래프는 절대 온도와 부피가 비례하므로 샤를 법칙을 나타내는 그래프이다.

05

정답 맞히기 ⑤ 풍선에 공기를 불어 넣으면 풍선 속으로 들어가는 기체의 양(mol)이 증가하므로 풍선 속 기체의 부피가 증가한다. 따라서 (가)는 아보가드로 법칙과 관련된 예이다. 찌그러진 탁구공을 끓는 물에 넣으면 탁구공 속 기체의 온도가 올라가 부피가 증가하고, 탁구공이 다시 펴진다. 따라서 (나)는 샤를 법칙과 관련된 예이다.

06

정답 맞히기 ④ 이상 기체 방정식 $PV=nRT$를 기체의 양(mol)

에 관한 식으로 정리하면 $n=\dfrac{PV}{RT}$이다. 왼쪽 실린더에서 A(g)의

양(mol) $n_1=\dfrac{1\times 2}{RT}$이고, 오른쪽 실린더에서 A$(g)$의 양(mol)

$n_2=\dfrac{1\times 3}{2RT}$이다. 따라서 $n_1:n_2=\dfrac{2}{RT}:\dfrac{3}{2RT}=4:3$이다.

07

정답 맞히기 ㄱ. 샤를은 실험을 통해 기체의 부피는 온도가 1 ℃

높아질 때마다 0 ℃일 때 부피의 $\dfrac{1}{273}$배씩 증가한다는 것을 발견

하였다.

$$V_t=V_0+V_0\times\dfrac{1}{273}t=\dfrac{V_0}{273}(273+t)$$

$273+t$를 절대 온도 T라고 하면 기체의 부피는 절대 온도에 비
례한다.

ㄴ. 절대 온도는 기체의 부피가 이론적으로 0이 되는 온도인
-273 ℃를 0 K으로 하고, 섭씨 온도와 같은 간격으로 나타내는
온도이다. 따라서 기체의 섭씨 온도가 1 ℃ 높아지면 기체의 절대
온도는 1 K 높아진다.

ㄷ. 샤를 법칙에 의하면 기체의 부피는 절대 온도에 비례한다.

08

정답 맞히기 ① 이상 기체 방정식을 만족하는 기체를 이상 기체
라고 한다. 이상 기체는 분자 사이의 인력이나 반발력이 작용하지
않는다.

오답 피하기 ② $PV=nRT$에서 T와 n이 일정하면 이상 기체
방정식은 P와 V의 관계식을 나타내므로 보일 법칙이 적용된다.

③ $PV=nRT$에서 P와 n이 일정하면 이상 기체 방정식은 V와
T의 관계식을 나타내므로 샤를 법칙이 적용된다.

④ $PV=nRT$에서 T와 P가 일정하면 이상 기체 방정식은 V
와 n의 관계식을 나타내므로 아보가드로 법칙이 적용된다.

⑤ 0 ℃, 1기압인 기체 1몰의 부피가 22.4 L이므로 $PV=nRT$
에 값을 대입하면 기체 상수 $R=0.082$ atm·L/mol·K이다.

09

정답 맞히기 ㄴ. 이상 기체 방정식 $PV=nRT$를 변형하여 기
체의 밀도(d)와 기체의 분자량(M)에 관련된 식으로 나타내면
$M=\dfrac{dRT}{P}$이다. 기체의 밀도를 구하기 위해서는 M, R, T, P
의 값을 알아야 한다. 따라서 T K에서 A(g)의 밀도를 구하기
위해 필요한 자료는 기체의 압력 P이다.

오답 피하기 ㄱ. 기체의 밀도를 알기 위해서는 기체의 부피와 질
량을 모두 알아야 한다.

ㄷ. 기체의 화학식은 기체의 밀도를 구하는 것과 관련이 없다.

실력 향상 문제   본문 015~016쪽

01 ②   **02** ①   **03** ②   **04** ①
05 해설 참조   **06** ③   **07** ④   **08** ①
09 ③

01 기체의 압력

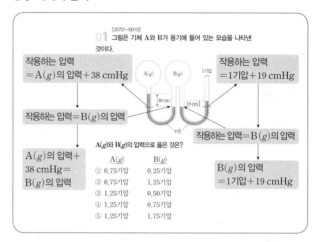

정답 맞히기 ② 오른쪽 U자관에서 B(g)의 압력=1기압+19 cm
의 수은 기둥의 압력이므로 B(g)의 압력은 1.25기압이다. 왼쪽
U자관에서 A(g)의 압력+38 cm의 수은 기둥의 압력=B(g)
의 압력이므로 A(g)의 압력은 1.25기압−0.5기압=0.75기압이다.

02 보일 법칙

정답 맞히기 ㄱ. 보일 법칙에서 $P_1V_1=P_2V_2$이므로 (나)에서
He(g)의 부피를 V'이라고 하면 $1\times V=3\times V'$, $V'=\dfrac{1}{3}V$(L)이다.

오답 피하기 ㄴ. 아래 그림과 같이 ㉠과 ㉡ 사이에 위치한 부분의
면적을 ㉢이라고 하면, 보일 법칙에 의해 ㉠과 ㉢의 면적 합은 ㉡
과 ㉢의 면적 합과 같다. ㉠+㉢=㉡+㉢이므로 ㉠과 ㉡은 같다.

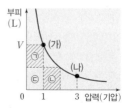

ㄷ. 보일 법칙에서 압력×부피는 일정하므로 (가)와 (나)에서 압력×부피는 같다.

03 보일 법칙

정답 맞히기 ㄴ. 기체 분자 운동론에 의하면 기체 분자의 평균 운동 에너지는 기체의 절대 온도에 비례한다. (가)와 (나)에서 A(g)의 절대 온도는 T K으로 같으므로 기체 분자의 평균 운동 에너지는 (가)=(나)이다.

오답 피하기 ㄱ. A(g)의 질량은 (가)=(나)이고, A(g)의 부피는 (가)>(나)이므로 A(g)의 밀도$\left(=\dfrac{질량}{부피}\right)$는 (나)>(가)이다.

ㄷ. (나)에서 A(g)의 압력은 (대기압+추의 압력)이므로 1.5기압이다. (나)에서 A(g)의 온도를 $2T$ K으로 높이면 A(g)의 압력=(대기압+추의 압력)일 때까지 A(g)의 부피가 증가한다. 따라서 A(g)의 온도를 $2T$ K으로 높인 후 충분한 시간이 흐르면 A(g)의 압력은 1.5기압이다.

04 보일 법칙

정답 맞히기 ① 꼭지를 열기 전 A(g)의 압력과 부피는 각각 2기압, 2 L이다. 꼭지를 연 후 A(g)의 압력을 x기압이라고 하면, 꼭지를 연 후 A(g)의 부피가 5 L이므로 보일 법칙에 의해 $2×2=x×5$, $x=0.8$(기압)이다.

05 샤를 법칙

샤를 법칙에 의해 일정량의 공기의 부피는 온도가 높은 여름철이 겨울철보다 크다. 여름철에 자전거 바퀴에 넣는 공기의 부피를 겨울철일 때와 같게 한다면 바퀴의 부피가 겨울철보다 커져서 충격에 의해 쉽게 터질 수가 있다. 따라서 여름철에는 겨울철보다 자전거 바퀴에 공기를 약간 적게 넣는다.

모범 답안 샤를 법칙에 의해 일정량의 공기의 부피는 기온이 높은 여름철이 겨울철보다 크므로 여름철에 겨울철보다 자전거 바퀴에 공기를 약간 적게 넣는다.

06 아보가드로 법칙

정답 맞히기 ㄷ. T K에서 고정 장치를 풀고 충분한 시간이 흘렀을 때 (가)와 (나)에서 A(g)의 압력은 1기압이 된다. 고정 장치를 풀고 충분한 시간이 흘렀을 때 (가)에서 A(g)의 부피를 x L라고 하면, 보일 법칙에 의해 $3×2=1×x$, $x=6$(L)이다. 고정 장치를 풀고 충분한 시간이 흘렀을 때 (나)에서 A(g)의 부피를 y L라고 하면, 보일 법칙에 의해 $2×3=1×y$, $y=6$(L)이다.

오답 피하기 ㄱ. 온도가 일정할 때 기체의 양(mol)은 압력×부피에 비례한다. A(g)의 압력×부피는 (가)에서와 (나)에서가 6으

로 같으므로 A(g)의 양(mol)은 (가)=(나)이다.

ㄴ. (가)에서 A(g)의 부피가 일정하므로 온도를 높이면 A(g)의 압력은 증가한다.

07 이상 기체 방정식

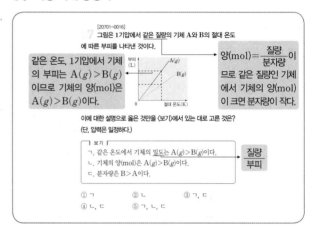

정답 맞히기 ㄴ. 일정한 온도와 압력에서 기체의 부피와 기체의 양(mol)은 비례한다. 같은 온도에서 기체의 부피는 A(g)>B(g)이므로 기체의 양(mol)은 A(g)>B(g)이다.

ㄷ. A(g)와 B(g)의 질량은 같지만 기체의 양(mol)은 A(g)>B(g)이므로 분자량은 B>A이다.

오답 피하기 ㄱ. 기체의 밀도는 $\dfrac{질량}{부피}$이다. 같은 온도에서 기체의 부피는 A(g)>B(g)이고, 기체의 질량은 A(g)=B(g)이므로 같은 온도에서 기체의 밀도는 B(g)>A(g)이다.

08 이상 기체 방정식

정답 맞히기 ① 이상 기체 방정식 $PV=nRT=\dfrac{wRT}{M}$에 제시된 자료를 대입하면 $2.4×4.1=\dfrac{12}{30}×0.082×T$, $T=300$(K)이다. 절대 온도(K)=273+섭씨 온도(℃)이므로 용기 속 X(g)의 온도는 $300-273=27$(℃)이다.

09 기체의 분자량 측정

정답 맞히기 ㄱ. 이상 기체 방정식을 변형하여 기체의 분자량을 구하는 식을 나타내면 $M=\dfrac{wRT}{PV}$이다. 실험 과정 (라)에서 측정한 온도와 대기압 및 (가)와 (마)에서 측정한 질량으로부터 식의 P, T, w를 구할 수 있다. 아이소프로판올의 분자량을 구하기 위해 더 필요한 자료는 기체 상수 R과 기체의 부피 V이다.

ㄷ. 기화된 아이소프로판올의 부피 V는 플라스크의 부피와 같으

므로 아이소프로판올의 분자량을 구하기 위해서는 플라스크의 부피가 필요하다.

[오답 피하기] ㄴ. 플라스크를 식혔을 때의 온도는 필요한 자료가 아니다.

신유형 · 수능 열기   본문 017쪽

01 ③   **02** ②   **03** ①   **04** ⑤

01

[정답 맞히기] ㄱ. (가)에서 $A(g)$의 압력은 $1-0.25=0.75$(기압)이고, (나)에서 $A(g)$의 압력은 $1+0.25=1.25$(기압)이다. 따라서 (가)와 (나)에서 $A(g)$의 압력 비는 $0.75:1.25=3:5$이다.

ㄴ. (나)에서 $A(g)$의 부피를 x cm³라고 하면 보일 법칙에 의해 $15 \times 0.75 = x \times 1.25$, $x=9$(cm³)이다.

[오답 피하기] ㄷ. (가)에서 J자관에 수은을 첨가하면 수은의 일부가 왼쪽으로 이동하여 $A(g)$의 부피를 감소시키므로 첨가한 수은의 부피는 38 cm³보다 크다.

02

[정답 맞히기] ② 이상 기체 방정식에서 기체의 양(mol) $n = \dfrac{PV}{RT}$이다. (가)에서 실린더 속 $A(g)$의 양(mol)은 $\dfrac{1 \times 2}{RT} = \dfrac{2}{RT}$이고, (나)에서 실린더 속 혼합 기체의 양(mol)은 $\dfrac{1.5 \times 4}{2RT} = \dfrac{3}{RT}$이다. $A(g)$와 $B(g)$가 서로 반응하지 않으므로 첨가한 $B(g)$의 양(mol)은 $\dfrac{1}{RT}$이다. 따라서 (나)에서 $A(g)$와 $B(g)$의 몰 비는 $\dfrac{2}{RT} : \dfrac{1}{RT} = 2:1$이다.

03

[정답 맞히기] ㄱ. ㉠과 ㉡에서 $A(g)$의 온도와 압력은 같지만, 부피는 ㉠에서가 ㉡에서의 2배이므로 기체의 양(mol)은 ㉠에서가 ㉡에서의 2배이고, 질량도 ㉠에서가 ㉡에서의 2배이다. ㉡에서 $A(g)$의 질량이 w g이므로 ㉠에서 $A(g)$의 질량은 $2w$ g이다.

[오답 피하기] ㄴ. ㉢과 ㉣에서 기체의 양(mol)과 온도가 같지만, 부피는 ㉢에서가 ㉣에서의 2배이므로 $A(g)$의 압력은 ㉣에서가 ㉢에서의 2배이다.

ㄷ. ㉡에서 $A(g)$의 질량이 w g, 온도가 T K, 압력이 P기압,

부피가 V L이고, ㉣에서 $A(g)$의 질량이 w g, 온도가 T K, 부피가 V L이므로 ㉣에서 $A(g)$의 압력은 ㉡에서와 같은 P기압이다. ㉠에서 기체의 압력과 질량은 각각 P기압, $2w$ g이고, ㉣에서 기체의 압력과 질량은 각각 P기압, w g이므로 (기체의 압력 × 기체의 질량)은 ㉠에서가 ㉣에서의 2배이다.

04

[정답 맞히기] ㄱ. 밀도 $= \dfrac{\text{질량}}{\text{부피}}$이므로 $A(g)$의 밀도는 $\dfrac{2}{3V}$(g/L)이고, $B(g)$의 밀도는 $\dfrac{1}{2V}$(g/L)이다. 따라서 기체의 밀도는 $A(g) > B(g)$이다.

ㄴ. 기체의 양(mol) $n = \dfrac{PV}{RT}$이므로 $A(g)$의 양(mol)은 $\dfrac{3PV}{2RT}$이고, $B(g)$의 양(mol)은 $\dfrac{4PV}{3RT}$이다. 따라서 기체의 양(mol)은 $A(g) > B(g)$이다.

ㄷ. 기체의 분자량을 구하는 식 $M = \dfrac{wRT}{PV}$이므로 A의 분자량은 $\dfrac{4RT}{3PV}$이고, B의 분자량은 $\dfrac{3RT}{4PV}$이다. 따라서 분자량은 A > B이다.

2 혼합 기체와 상호 작용

탐구 활동   본문 025쪽

1 해설 참조

1

산소의 부분 압력은 (대기압−수증기의 압력)이다. 실험 온도가 낮을수록 수증기의 압력이 작아지므로 눈금 실린더 속 산소의 부분 압력은 커진다. 따라서 t_1 ℃보다 낮은 온도에서의 산소의 부분 압력은 t_1 ℃에서보다 크다.

[모범 답안] t_1 ℃보다 낮은 온도에서의 산소의 부분 압력은 t_1 ℃에서보다 크다.

내신 기초 문제   본문 026~029쪽

01 ③	**02** ②	**03** ②	**04** ①	**05** ④
06 ⑤	**07** ②	**08** ③	**09** ①	**10** ⑤
11 (나)	**12** ③	**13** ②	**14** ④	**15** ⑤
16 ③	**17** ③			

01

[정답 맞히기] ③ 용기에 들어 있는 기체의 부피는 용기의 부피와 같으므로 A(g)의 부피는 (가)에서와 (나)에서가 같다.

[오답 피하기] ① 혼합 기체에서 A(g)와 B(g)의 양(mol)의 합이 n몰이므로 A(g)의 양(mol)은 n몰보다 작다.
② 혼합 기체에서 A(g)와 B(g)의 부분 압력의 합이 1기압이므로 A(g)의 부분 압력은 1기압보다 작다.
④ 혼합 기체의 온도는 각 성분 기체의 온도와 같으므로 (나)에서 A(g)와 B(g)의 온도는 같다.
⑤ (나)에서 A(g)와 B(g)의 부피는 용기의 부피와 같다.

02

[정답 맞히기] ② 혼합 기체의 전체 압력은 각 성분 기체의 부분 압력의 합과 같다. 온도와 부피가 일정하면 기체의 압력은 기체의 양(mol)에 비례한다. 따라서 T K에서 부피가 V L인 용기에 들어 있는 A(g) a몰, B(g) b몰, C(g) c몰의 부분 압력을 각각 x기압, y기압, z기압이라고 하면 $x+y=4$,

$x+z=3$, $y+z=5$이다. 이 식을 풀면 $x=1$, $y=3$, $z=2$이다. 따라서 T K에서 부피가 V L인 용기에 각각 들어 있는 A(g) a몰은 1기압, B(g) b몰은 3기압, C(g) c몰은 2기압이다.

03

[정답 맞히기] ② A(g)와 B(g)의 혼합 기체의 전체 압력이 5기압이고, A(g)의 압력이 3기압이므로 B(g)의 압력은 2기압이다. 온도와 부피가 일정하면 기체의 압력은 기체의 양(mol)에 비례하므로 기체 0.1몰의 압력은 2기압에 해당한다. 혼합 기체의 전체 압력이 5기압이므로 혼합 기체에서 전체 기체의 양(mol)은 0.25몰이다.

04

[정답 맞히기] ㄱ. 부분 압력 법칙에 의하면 혼합 기체의 전체 압력은 각 성분 기체의 부분 압력의 합과 같으므로 $P_A+P_B=P$, $P_A=P-P_B$이다.

[오답 피하기] ㄴ. 이상 기체 방정식 $P_A V=n_A RT$이므로 $P_A=\dfrac{n_A RT}{V}$이다.

ㄷ. 혼합 기체에서 각 성분 기체의 부분 압력은 전체 압력에 기체의 몰 분율을 곱한 값과 같으므로 $P_A=\dfrac{n_A}{n_A+n_B} \times P$이다.

05

[정답 맞히기] ㄴ. 이상 기체 방정식 $PV=nRT$에서 혼합 기체의 전체 압력 $P=\dfrac{(0.1+0.15) \times 0.082 \times (273+27)}{4.1}=1.5$(기압)이다.

ㄷ. B의 몰 분율 $X_B=\dfrac{0.15}{0.1+0.15}=0.6$이다. B($g$)의 부분 압력 $P_B=P_T \times X_B=1.5 \times 0.6=0.9$(기압)이다.

[오답 피하기] ㄱ. A의 몰 분율 $X_A=\dfrac{0.1}{0.1+0.15}=0.4$이다.

06

[정답 맞히기] ㄱ. B(g)의 양(mol)을 n몰이라고 하면, $\dfrac{\text{B}(g)\text{의 양(mol)}}{\text{A}(g)\text{의 양(mol)}}=\dfrac{1}{2}$이므로 A($g$)의 양(mol)은 $2n$몰이다. C(g)의 양(mol)을 x몰이라고 하면 C의 몰 분율은 $\dfrac{x}{2n+n+x}=\dfrac{2}{3}$에서 $x=6n$이다. A(g)~C(g)의 양(mol)은 각각 $2n$몰, n몰, $6n$몰이므로 기체의 양(mol)은 C(g)가 A(g)의 3배이다.

ㄴ. 혼합 기체에서 각 성분 기체의 부분 압력은 기체의 양(mol)에 비례한다. 기체의 양(mol)은 $C(g)$가 $B(g)$의 6배이므로 부분 압력은 $C(g)$가 $B(g)$의 6배이다.

ㄷ. 혼합 기체에서 전체 기체의 양(mol)은 $2n+n+6n=9n$(몰)이고, 전체 압력이 1기압이다. 기체 n몰은 $\frac{1}{9}$기압에 해당하므로 $B(g)$의 부분 압력은 $\frac{1}{9}$기압이다.

07

정답 맞히기 ㄴ. (가)에서는 눈금 실린더 안의 수면이 밖의 수면보다 높으므로 눈금 실린더 밖 대기가 물을 밀어내는 힘이 눈금 실린더 속 기체가 물을 밀어내는 힘보다 더 크다. 따라서 (가)에서는 [$A(g)$의 압력$+H_2O(g)$의 압력]<대기압이다. (나)에서는 눈금 실린더 안과 밖의 수면이 같으므로 [$A(g)$의 압력$+H_2O(g)$의 압력]=대기압이다. 따라서 $A(g)$의 부분 압력은 (나)에서가 (가)에서보다 크다.

오답 피하기 ㄱ. (가)와 (나)에서 눈금 실린더 속 $A(g)$의 양 (mol)은 일정하므로 $A(g)$의 양(mol)은 (가)와 (나)에서 같다.

ㄷ. 눈금 실린더 속 $A(g)$의 부분 압력은 (나)>(가)이다. 기체의 부피와 압력은 반비례하므로 $A(g)$의 부피는 (가)>(나)이다.

08

정답 맞히기 ㄱ. 일정한 온도와 압력에서 기체의 양(mol)과 기체의 부피는 비례하므로 기체의 양(mol)의 비는 $A(g):B(g)=3:(5-3)=3:2$이다. 따라서 기체의 양(mol)은 $A(g)>B(g)$이다.

ㄷ. (나)에서 $A(g)$의 양(mol)을 $3n$몰이라고 하면, $B(g)$의 양 (mol)은 $2n$몰이다. 따라서 A의 몰 분율은 $\frac{3n}{3n+2n}=0.6$이다. 대기압이 1기압이므로 (가)에서 실린더 속 $A(g)$의 압력은 1기압이다. (나)에서 $A(g)$의 부분 압력은 1기압×0.6=0.6기압이다. 따라서 $A(g)$의 압력은 (가)에서가 (나)에서의 $\frac{5}{3}$배이다.

오답 피하기 ㄴ. (나)에서 B의 몰 분율은 $\frac{2n}{3n+2n}=0.4$이다.

09

정답 맞히기 ㄱ. (가)는 액체 상태, (나)는 고체 상태, (다)는 기체 상태이다.

오답 피하기 ㄴ. 온도가 높아지면 분자의 운동이 활발해지므로 분자의 평균 운동 에너지는 (다)>(가)이다.

ㄷ. 분자 사이의 힘은 고체 상태>액체 상태>기체 상태이므로 (나)>(다)이다.

10

정답 맞히기 ⑤ 쌍극자·쌍극자 힘은 극성 분자 사이에서는 작용하지만, 무극성 분자 사이에서는 작용하지 않는다. 따라서 쌍극자·쌍극자 힘이 작용하는 분자는 (가)와 (다)이다. 분산력은 모든 분자 사이에서 작용하므로 분산력이 작용하는 분자는 (가)~(라) 모두이다. 따라서 ㈀은 2, ㈁은 4이다.

11

정답 맞히기 같은 분자 사이에 수소 결합이 작용하는 경우는 분자에 F, O, N 원자 중 1가지 원자와 H 원자가 있고, H 원자는 F, O, N 중 1가지 원자와 공유 결합하는 경우이다. 이것을 만족하는 분자는 (나)이다.

오답 피하기 (가)에는 F, O, N 중 1가지 원자가 없으므로 (가)는 같은 분자 사이에 수소 결합이 작용하지 않고, (다)에는 H 원자가 O 원자와 공유 결합하고 있지 않으므로 (다)는 같은 분자 사이에 수소 결합이 작용하지 않는다.

12

정답 맞히기 ㄱ. 무극성 분자가 편극 현상에 의해 순간적으로 부분적인 전하를 띠는 분자가 되었을 때, 그 분자를 순간 쌍극자라고 한다.

ㄴ. 무극성 분자가 순간 쌍극자에 의해 부분적인 전하를 띠는 분자가 되었을 때, 그 분자를 유발 쌍극자라고 한다.

오답 피하기 ㄷ. 순간 쌍극자와 유발 쌍극자 사이의 힘을 분산력이라고 한다.

13

정답 맞히기 ② 극성 분자에는 쌍극자·쌍극자 힘이 작용하므로 분자량이 비슷하면 극성 분자의 끓는점이 무극성 분자보다 높다. 따라서 (가)에서 끓는점에 영향을 주는 주된 분자 사이의 힘은 쌍극자·쌍극자 힘이다. H_2O은 수소 결합을 하므로 분자량이 비슷한 다른 물질보다 끓는점이 높다. 따라서 (나)에서 끓는점에 영향을 주는 주된 분자 사이의 힘은 수소 결합이다. 분자량이 큰 분자일수록 분산력이 커서 끓는점이 높다. 따라서 (다)에서 끓는점에 영향을 주는 주된 분자 사이의 힘은 분산력이다.

14

정답 맞히기 ㄴ. NH_3 분자의 N와 이웃한 NH_3 분자의 H 사이에는 수소 결합이 작용한다. 따라서 결합 A는 수소 결합이다.

ㄷ. 액체에서 기체로 상태가 변할 때 분자 사이의 힘이 끊어진다. 따라서 액체 상태의 NH_3가 기체 상태로 변할 때 수소 결합의 수는 감소한다.

오답 피하기 ㄱ. 전기 음성도는 N 원자가 H 원자보다 크므로 N 원자는 부분적인 음전하(δ^-)를 띠고, H 원자는 부분적인 양전하(δ^+)를 띤다.

15

정답 맞히기 ㄱ. 18족 원소는 무극성 분자이므로 분자 사이에 분산력만 작용한다. 따라서 He 분자 사이에는 분산력이 작용한다.
ㄴ. 기준 끓는점이 높을수록 액체 분자 사이의 힘이 크다. 기준 끓는점은 Ar>Ne이므로 액체 분자 사이의 힘은 Ar>Ne이다.
ㄷ. 분자량이 큰 분자일수록 분산력이 커지므로 끓는점이 높아진다. Ar의 기준 끓는점이 가장 높은 이유는 분자량이 클수록 분산력이 커지기 때문이다.

16

정답 맞히기 ㄱ. (가)는 극성 분자이므로 쌍극자·쌍극자 힘이 작용한다.
ㄴ. 분자량은 (나)>(가)이므로 분산력은 (나)>(가)이다.
오답 피하기 ㄷ. 기준 끓는점은 (나)가 (가)보다 높으므로 액체 분자 사이의 힘은 (나)>(가)이다.

17

정답 맞히기 ㄱ. 분자 사이의 힘은 $Z_2>Y_2>X_2$이므로 X~Z는 각각 Cl, Br, I이다.
ㄷ. ㉠은 Y_2의 녹는점보다 높고, Z_2의 끓는점보다 낮아야 하므로 $-7<㉠<184$이다.
오답 피하기 ㄴ. 분자량은 $Z_2>Y_2>X_2$이다.

▶ **실력 향상 문제**   본문 030~033쪽

01 ②	**02** ①	**03** 해설 참조		**04** ⑤
05 ④	**06** 해설 참조	**07** ④	**08** ③	
09 ③	**10** ②	**11** ④	**12** ⑤	**13** ①
14 ④	**15** ③	**16** ③	**17** 해설 참조	
18 ②				

---

01 혼합 기체

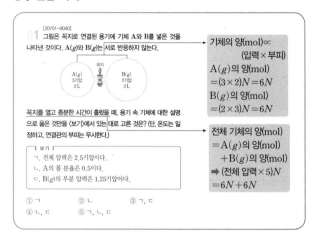

정답 맞히기 ㄴ. 일정한 온도에서 혼합 기체의 양(mol)은 (압력×부피)에 비례하므로, A(g)와 B(g)의 양(mol)을 각각 $6N$몰이라고 하면 혼합 후 A의 몰 분율은 $\dfrac{6N}{6N+6N}=\dfrac{1}{2}$이다.

오답 피하기 ㄱ. 혼합 기체의 전체 압력을 P기압이라고 하면, 전체 기체의 양(mol)=A(g)의 양(mol)+B(g)의 양(mol)이다. $\{P\times(2+3)\}N=6N+6N$, $P=\dfrac{12}{5}$(기압)이다.

ㄷ. B(g)의 부분 압력=전체 압력×B의 몰 분율=$\dfrac{12}{5}\times\dfrac{1}{2}=\dfrac{6}{5}$=1.2(기압)이다.

02 혼합 기체의 성질

정답 맞히기 ㄱ. 강철 용기는 부피가 일정하므로 강철 용기에 He(g)을 넣어도 (가)에서 혼합 기체의 부피는 증가하지 않는다. 실린더 속 기체의 압력은 일정하므로 실린더에 He(g)을 넣으면 (나)에서 혼합 기체의 부피는 증가한다. 따라서 혼합 기체의 부피는 (나)에서가 (가)에서보다 크다.

오답 피하기 ㄴ. 강철 용기는 부피가 일정하므로 강철 용기에 He(g)을 넣으면 (가)에서 혼합 기체의 압력은 증가한다. 실린더 속 기체의 압력은 일정하므로 실린더에 He(g)을 넣어도 (나)에서 혼합 기체의 압력은 증가하지 않는다. 따라서 혼합 기체의 전체 압력은 (가)에서가 (나)에서보다 크다.

ㄷ. (가)에서 강철 용기에 He(g)을 넣어도 A(g)의 양(mol), 부피, 온도가 일정하므로 A(g)의 부분 압력은 변하지 않는다. (나)에서 실린더에 He(g)을 넣으면 A(g)의 부피는 증가하므로 A(g)의 부분 압력은 감소한다. 따라서 A(g)의 부분 압력은 (가)에서가 (나)에서보다 크다.

03 몰 분율

몰 분율은 혼합 기체에서 각 성분 기체의 양(mol)의 비율로, 각 성분 기체의 양(mol)을 전체 기체의 양(mol)으로 나눈 값이다. $A(g)$ n_A몰과 $B(g)$ n_B몰의 혼합 기체에서 A의 몰 분율은 $\dfrac{n_A}{n_A+n_B}$이고, B의 몰 분율은 $\dfrac{n_B}{n_A+n_B}$이다. A의 몰 분율과 B의 몰 분율의 합은 1이므로 A의 몰 분율이 a라면 B의 몰 분율은 $1-a$이다.

모범 답안 $\dfrac{n_A}{n_A+n_B}$, $\dfrac{n_B}{n_A+n_B}$, $1-a$

04 혼합 기체

정답 맞히기 ㄱ. 용기에 들어 있는 $A(g)$의 양(mol)은 $\dfrac{2}{4}=\dfrac{1}{2}$(몰)이고, $B(g)$의 양(mol)은 $\dfrac{5}{20}=\dfrac{1}{4}$(몰)이다. 따라서 A의 몰 분율은 $\dfrac{\dfrac{1}{2}}{\dfrac{1}{2}+\dfrac{1}{4}}=\dfrac{2}{3}$이다.

ㄴ. 이상 기체 방정식 $PV=nRT$를 이용하면 $B(g)$의 부분 압력$=\dfrac{n_B RT}{V}=\dfrac{\dfrac{1}{4}\times 24}{12}=\dfrac{1}{2}$(기압)이다.

ㄷ. 용기 속 전체 기체의 양(mol)은 $\dfrac{1}{2}+\dfrac{1}{4}=\dfrac{3}{4}$(몰)이므로 용기 속 기체의 전체 압력$=\dfrac{nRT}{V}=\dfrac{\dfrac{3}{4}\times 24}{12}=\dfrac{3}{2}$(기압)이다.

05 혼합 기체에서 전체 압력

정답 맞히기 ④ A의 몰 분율과 B의 몰 분율의 합이 1이므로 B의 몰 분율$=1-$A의 몰 분율$=1-\dfrac{2}{5}=\dfrac{3}{5}$이다. 혼합 기체의 전체 압력을 P_T라고 하면 $B(g)$의 부분 압력은 $P_T\times$(B의 몰 분율)$=P_T\times\dfrac{3}{5}=\dfrac{9}{10}$에서 $P_T=\dfrac{3}{2}$(기압)이다.

06 부분 압력으로 분자량 구하기

$KClO_3$을 가열하면 다음과 같은 반응이 일어난다.
$$2KClO_3(s) \longrightarrow 2KCl(s) + 3O_2(g)$$
$KClO_3$을 가열한 후 시험관의 감소한 질량 (w_1-w_2) g은 생성된 $O_2(g)$의 질량이다. 눈금 실린더에 포집한 $O_2(g)$의 부피는 V L이고, 눈금 실린더 속에는 $O_2(g)$와 수증기가 있다. 대기압은 1기압이고, $t\ ℃$에서 수증기의 압력은 a기압이므로 눈금 실린더 속 $O_2(g)$의 부분 압력은 $(1-a)$기압이다. 기체의 분자량을 구하는 식을 이

용하면 O_2의 분자량$=\dfrac{wRT}{PV}=\dfrac{(w_1-w_2)\times R\times(273+t)}{(1-a)\times V}$이다.

모범 답안 발생한 O_2의 질량은 (w_1-w_2) g, 눈금 실린더에 포집한 O_2의 부피는 V L, O_2의 부분 압력은 $(1-a)$기압이다. 따라서 O_2의 분자량은 $\dfrac{(w_1-w_2)\times R\times(273+t)}{(1-a)\times V}$이다.

07 혼합 기체

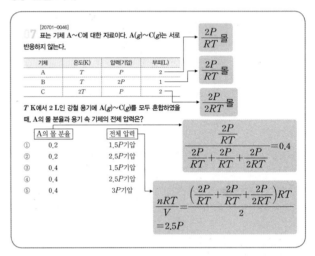

정답 맞히기 ④ 이상 기체 방정식 $PV=nRT$에서 기체의 양(mol) $n=\dfrac{PV}{RT}$이므로 $A(g)\sim C(g)$의 양(mol)은 각각 $\dfrac{2P}{RT}$, $\dfrac{2P}{RT}$, $\dfrac{2P}{2RT}$이다. A의 몰 분율은 $\dfrac{\dfrac{2P}{RT}}{\dfrac{2P}{RT}+\dfrac{2P}{RT}+\dfrac{2P}{2RT}}=0.4$이다. 용기 속 기체의 전체 압력은 $\dfrac{nRT}{V}=\dfrac{\left(\dfrac{2P}{RT}+\dfrac{2P}{RT}+\dfrac{2P}{2RT}\right)\times RT}{2}=2.5P$(기압)이다.

08 혼합 기체의 전체 압력

정답 맞히기 ㄱ. 수은 기둥 19 cm는 0.25기압에 해당하므로 $B(g)$의 압력은 1.25기압이다. 일정한 온도에서 기체의 양(mol)은 (압력×부피)에 비례하므로 $A(g)$와 $B(g)$의 양(mol)의 비는 $(2\times 2):(1.25\times 4)=4:5$이다. 따라서 기체의 양(mol)은 $B(g) > A(g)$이다.

ㄷ. 꼭지를 열어 $A(g)$와 $B(g)$를 혼합하였을 때 혼합 기체의 전체 압력을 P라고 하면, 혼합 기체의 양(mol)$=A(g)$의 양(mol)$+B(g)$의 양(mol)이므로 $P\times(2+4)=2\times 2+1.25\times 4$, $P=1.5$이다. 혼합 기체의 전체 압력이 1.5기압이고 대기압은 1기압이므로 수은 기둥의 높이 차 h는 38 cm가 된다.

오답 피하기 ㄴ. 일정한 온도에서 기체 분자의 평균 운동 에너지는 일정하므로 A(g)와 B(g)의 평균 운동 에너지는 같다.

09 혼합 기체

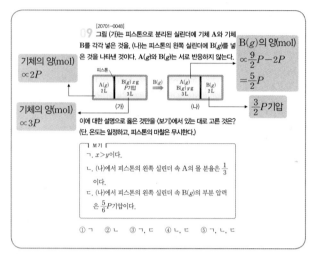

정답 맞히기 ㄱ. 피스톤의 오른쪽 실린더 속 B(g)의 부피는 (나)에서가 (가)에서의 $\frac{2}{3}$배이므로 (나)에서 피스톤의 오른쪽 실린더 속 B(g)의 압력은 $\frac{3}{2}P$기압이다. 일정한 온도에서 기체의 양(mol)은 (압력×부피)에 비례하므로 (가)에서 A(g)의 양(mol)을 $2P$라고 하면 (가)에서 B(g)의 양(mol)은 $3P$이다. (나)에서 피스톤의 왼쪽 실린더 속 전체 기체의 양(mol)은 $\frac{3}{2}P×3=\frac{9}{2}P$이다. (나)의 피스톤의 왼쪽 실린더에서 A의 양(mol)이 $2P$이므로 B(g)의 양(mol)은 $\frac{9}{2}P-2P=\frac{5}{2}P$이다. B($g$)의 양(mol)과 질량은 비례하므로 $x:y=3P:\frac{5}{2}P=6:5$이다. 따라서 $x>y$이다.

ㄷ. (나)에서 피스톤의 왼쪽 실린더 속 B의 몰 분율은

$\dfrac{\frac{5}{2}P}{2P+\frac{5}{2}P}=\dfrac{5}{9}$이고, 전체 압력은 $\frac{3}{2}P$기압이므로 B(g)의 부분 압력은 $\frac{3}{2}P×\frac{5}{9}=\frac{5}{6}P$(기압)이다.

오답 피하기 ㄴ. (나)에서 피스톤의 왼쪽 실린더 속 A의 몰 분율은 $(1-$B의 몰 분율$)=1-\frac{5}{9}=\frac{4}{9}$이다.

10 혼합 기체

정답 맞히기 ② 꼭지를 열기 전 A(g)~C(g)의 압력을 각각 x기

압, y기압, z기압이라 하고, A(g)의 양(mol)을 xN몰이라고 하면 B(g)와 C(g)의 양(mol)은 각각 yN몰, zN몰이다. A(g)~C(g)의 혼합 기체에서 A의 몰 분율은 $\dfrac{xN}{xN+yN+zN}=\dfrac{1}{2}$이므로 $x=y+z$(ⓐ식)이다.

혼합 기체에서 성분 기체의 부분 압력은 기체의 양(mol)에 비례한다. 부분 압력은 C(g)가 B(g)의 2배이므로 $z=2y$(ⓑ식)이다. 혼합 기체의 전체 압력은 2기압이므로 $2×3=6=x+y+z$(ⓒ식)이다.

ⓐ~ⓒ식을 풀면 $x=3$, $y=1$, $z=2$이다. 따라서 꼭지를 열기 전 $\dfrac{\text{A}(g)\text{의 압력}+\text{B}(g)\text{의 압력}}{\text{C}(g)\text{의 압력}}=\dfrac{3+1}{2}=2$이다.

11 기체의 반응과 혼합 기체

정답 맞히기 일정한 온도에서 기체의 양(mol)은 (압력×부피)에 비례하므로 A(g)의 양(mol)을 $3N$몰이라고 하면 B(g)의 양(mol)은 $4N$몰이다. A(g)와 B(g)의 반응에서 양적 관계를 구하면 다음과 같다.

	A(g)	+	2B(g)	⟶	2C(g)
반응 전(몰)	$3N$		$4N$		
반응(몰)	$-2N$		$-4N$		$+4N$
반응 후(몰)	N		0		$4N$

ㄴ. 반응 후 용기 속 전체 기체의 양(mol)은 $5N$몰이므로 C의 몰 분율은 $\dfrac{4N}{N+4N}=0.8$이다.

ㄷ. 반응 후 용기 속 전체 기체의 양(mol)은 (전체 압력×부피)N =(전체 압력×5)$N=5N$이므로 전체 압력은 1기압이다. 따라서 C(g)의 부분 압력은 $1×0.8=0.8$(기압)이다.

오답 피하기 ㄱ. 반응 후 용기 속에는 A(g)와 C(g)가 있다.

12 분자 사이의 힘

정답 맞히기 ㄱ. HF는 분자 사이에 수소 결합을 하므로 분자 사이의 힘이 매우 커서 끓는점이 매우 높다.

ㄴ. HCl에서 H는 부분적인 양전하(δ^+), Cl는 부분적인 음전하(δ^-)를 띠므로 HCl 분자 사이에는 쌍극자·쌍극자 힘이 작용한다.

ㄷ. 분자량이 클수록 분산력이 커지므로 분산력은 HBr>HCl이다.

13 분자 사이의 힘

정답 맞히기 ㄱ. 같은 분자 사이에 수소 결합을 하는 물질은 (나) 1가지이다.

오답 피하기 ㄴ. 모든 분자 사이에는 분산력이 작용한다. 따라서 같은 분자 사이에 분산력이 작용하는 것은 3가지이다.

ㄷ. (가)와 (다)는 무극성 분자이므로 분자 사이에 분산력이 작용하고 쌍극자·쌍극자 힘이 작용하지 않는다. (다)가 (가)보다 끓는점이 높은 이유는 (다)가 (가)보다 분자량이 커서 분자 사이의 분산력이 (다)가 (가)보다 크기 때문이다.

14 쌍극자·쌍극자 힘과 분산력

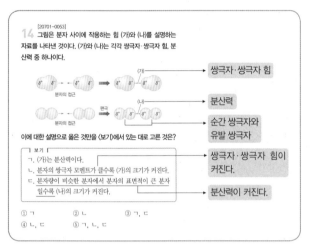

정답 맞히기 (가)는 쌍극자·쌍극자 힘이고, (나)는 분산력이다.

ㄴ. 쌍극자·쌍극자 힘은 분자의 쌍극자 모멘트가 클수록 커진다.

ㄷ. 분자량이 큰 분자일수록 분산력이 커진다. 분자량이 비슷한 분자에서는 분자의 표면적이 큰 분자일수록 분산력이 커진다.

오답 피하기 ㄱ. (가)는 쌍극자·쌍극자 힘이다.

15 분자 사이의 힘

정답 맞히기 ㄱ. 끓는점이 높을수록 액체 분자 사이의 힘이 크다. 따라서 끓는점이 가장 높은 (나)가 액체 분자 사이의 힘이 가장 크다.

ㄴ. (나)는 (가)보다 분자량이 크므로 분산력이 더 크게 작용한다.

오답 피하기 ㄷ. (나)와 (다)는 분자량이 같지만, 끓는점은 (나)가 (다)보다 높다. 이는 분자의 표면적이 (나)가 (다)보다 크므로 (나)의 분산력이 (다)보다 크기 때문이다.

16 수소 결합

정답 맞히기 ㄱ. 수소 결합은 F, O, N 원자에 결합된 H 원자와 다른 분자의 F, O, N 원자 사이에 작용한다. (가) 분자에서 −OH의 H 원자와 다른 (가) 분자의 O 원자 사이에서 수소 결합을 한다.

ㄷ. (가) 분자에서 −OH의 H 원자와 (나) 분자에서 O 원자 사이에서 수소 결합을 한다.

오답 피하기 ㄴ. (나) 분자에는 O 원자에 결합된 H 원자가 없으므로 (나) 분자와 (나) 분자 사이에서 수소 결합을 하지 않는다.

17 수소 결합

벤젠과 같은 무극성 용매에서 아세트산의 H 원자와 다른 아세트산의 O 원자 사이에는 수소 결합이 작용하므로 아세트산 분자 2개는 강하게 결합한다. 이처럼 아세트산 분자 2개가 강하게 결합하여 1개의 분자처럼 행동하는 것을 이합체라고 한다.

모범 답안 아세트산은 분자 사이에 수소 결합을 하여 2개의 분자가 강하게 결합하기 때문이다.

18 분자 사이의 힘

정답 맞히기 ㄴ. (가)의 기준 끓는점은 −50 ℃와 25 ℃ 사이에 있고, (나)의 기준 끓는점은 −50 ℃보다 낮으며, (다)의 기준 끓는점은 25 ℃보다 높다. 끓는점이 높을수록 액체 분자 사이의 힘이 크므로 액체 분자 사이의 힘은 (다)>(가)>(나)이다.

오답 피하기 ㄱ. (가)의 기준 끓는점은 25 ℃보다 낮다.

ㄷ. 분자량은 $Br_2 > Cl_2 > F_2$이므로 액체 분자 사이의 힘은 $Br_2 > Cl_2 > F_2$이다. (나)는 액체 분자 사이의 힘이 가장 작으므로 F_2이다.

신유형·수능 열기   본문 034~035쪽

01 ③   02 ①   03 ④   04 ②   05 ③
06 ②   07 ⑤   08 ⑤

01

정답 맞히기 ㄱ. 용기 Ⅱ의 부피는 용기 Ⅰ의 2배이므로 꼭지를 열고 충분한 시간이 흘렀을 때 용기 속 기체의 양(mol)은 용기 Ⅱ에서가 용기 Ⅰ에서의 2배이다.

$\bigcirc = \frac{4}{3} \times 2 = \frac{8}{3}$이고, $\bigcirc = \frac{4}{3} \times \frac{1}{2} = \frac{2}{3}$이다. 따라서 $\bigcirc = 4 \times \bigcirc$이다.

ㄷ. 용기 속 전체 A(g)의 양(mol)은 $\frac{4}{3} + \frac{8}{3} = 4$(몰)이고, B(g)

의 양(mol)은 $\frac{2}{3}+\frac{4}{3}=2$(몰)이므로 B의 몰 분율은 $\frac{2}{4+2}=\frac{1}{3}$ 이다. 따라서 꼭지를 열고 충분한 시간이 흘렀을 때 B(g)의 부분 압력은 $2\times\frac{1}{3}=\frac{2}{3}$(기압)이다.

오답 피하기 ㄴ. 기체의 양(mol)은 (압력×부피)에 비례하므로 꼭지를 열기 전 A(g)와 B(g)의 양(mol)의 비는 A(g) : B(g) $=x:2y$이다. 꼭지를 연 후에도 몰 비는 변하지 않으므로 $x:2y=4:2$이다. 따라서 $x:y=4:1$이다.

02

정답 맞히기 ㄱ. (가)에서 용기 Ⅰ 속 A(g)의 양(mol)을 $4N$몰 이라고 하면 용기 Ⅲ 속 B(g)의 양(mol)은 $6N$몰이다. (나)에서 용기 Ⅰ 속 A(g)의 양(mol)은 $2N$몰이므로 용기 Ⅱ 속 A(g) 의 양(mol)은 $4N-2N=2N$(몰)이다. (나)에서 용기 Ⅲ 속 B(g)의 양(mol)은 $3N$몰이므로 용기 Ⅱ 속 B(g)의 양(mol)은 $6N-3N=3N$(몰)이다. 따라서 (나)에서 용기 Ⅱ 속 기체의 양 (mol)은 B(g)>A(g)이다.

오답 피하기 ㄴ. (나)에서 칸막이를 제거하고 반응을 완결시켰을 때 화학 반응에서 양적 관계는 다음과 같다.

	A(g)	+	3B(g)	$\longrightarrow$	2C(g)
반응 전(몰)	$2N$		$3N$		
반응(몰)	$-N$		$-3N$		$+2N$
반응 후(몰)	N		0		$2N$

반응 후 C의 몰 분율은 $\frac{2N}{N+2N}=\frac{2}{3}$이다.

ㄷ. 반응 후 용기 Ⅱ 속 전체 기체의 양(mol)은 $N+2N=3N$ (몰)이다. 용기 Ⅱ 속 전체 기체의 압력을 P기압이라고 하면 용기 Ⅱ의 부피가 4 L이므로 $4PN=3N$, $P=\frac{3}{4}=0.75$(기압)이다.

03

정답 맞히기 ㄴ. 꼭지를 열고 충분한 시간이 흘렀을 때 용기와 실 린더 속 기체의 전체 압력은 대기압과 같은 1기압이다. 이때 실린 더의 부피를 V L라고 하면 $1\times(2+V)=1.5\times2+1\times3$, $V=4$ 이다. 따라서 꼭지를 열고 충분한 시간이 흘렀을 때 실린더 속 기 체의 부피는 4 L이다.

ㄷ. 피스톤에 0.5기압에 해당하는 추를 올려놓으면 전체 압력은 1.5기압이 된다. A(g)의 양(mol)을 $3N$몰($=1.5\times2N$)이라고 하면 B(g)의 양(mol)은 $3N$몰($=1\times3N$)이다. B의 몰 분율은 $\frac{3N}{3N+3N}=0.5$이므로 B(g)의 부분 압력은 $1.5\times0.5=0.75$ (기압)이다.

오답 피하기 ㄱ. A의 몰 분율은 0.5이다.

04

정답 맞히기 ② (다)에서 측정한 실린더 속 기체의 부피는 6 L 이므로 (다) 과정 후 전체 기체의 부피는 $(2V+6)$ L이고, 전 체 압력은 1기압이다. 전체 기체의 양(mol)=He(g)의 양 (mol)+Ne(g)의 양(mol)이므로 $1\times(2V+6)=x\times V+2\times V$에서 $xV=6$이다. (나) 과정 후 전체 압력을 P기압이라고 하면 $P\times(2V+4)=xV+2V$에서 $P=\frac{V+3}{V+2}$이고, He(g)의 부분 압 력은 $P\times\left(\frac{xV}{xV+2V}\right)=\left(\frac{V+3}{V+2}\right)\times\left(\frac{6}{2V+6}\right)=\frac{3}{4}$에서 $V=2$ 이다. $V=2$이므로 $x=3$이고, $\frac{x}{V}=\frac{3}{2}$이다.

05

정답 맞히기 ㄱ. (가)는 분자 사이에 수소 결합을 하므로 분자 사 이의 힘이 커서 (가)~(다) 중 기준 끓는점이 가장 높다.

ㄴ. (나)는 극성 분자이므로 분자 사이에 쌍극자·쌍극자 힘이 작 용하지만, (다)는 무극성 분자이므로 분자 사이에 쌍극자·쌍극자 힘이 작용하지 않는다. (나)와 (다)는 분자량이 비슷하지만, (나)는 쌍극자·쌍극자 힘이 작용하여 (다)보다 기준 끓는점이 높다.

오답 피하기 ㄷ. 모든 분자는 분자 사이에 분산력이 작용하므로 (가)와 (나)는 분자 사이에 분산력이 작용한다.

06

정답 맞히기 ㄴ. 할로젠 원소의 기준 끓는점은 $Br_2>Cl_2>F_2$이 고, 할로젠화 수소의 기준 끓는점은 HF>HBr>HCl이다. A 는 HF이므로 분자 사이에 수소 결합을 한다.

오답 피하기 ㄱ. (가)는 할로젠 원소에 해당하고, (나)는 할로젠화 수소에 해당한다.

ㄷ. B는 Br_2이므로 분자 사이에 쌍극자·쌍극자 힘이 작용하지 않고, C는 HBr이므로 분자 사이에 쌍극자·쌍극자 힘이 작용한 다. 분자량은 $Br_2>HBr$이므로 B(Br_2)가 C(HBr)보다 기준 끓 는점이 높은 이유는 B(Br_2)가 C(HBr)보다 분산력이 크기 때문 이다.

07

정답 맞히기 ⑤ CH_2O, CH_3OH, CF_4 중 무극성 분자는 CF_4이 므로 쌍극자 모멘트가 0인 분자는 CF_4이다. 따라서 (가)는 CF_4 이다. 분자량은 CH_3OH이 CH_2O보다 크며, CH_3OH은 분자 사 이에 수소 결합을 하므로 기준 끓는점은 $CH_3OH>CH_2O$이다. 따라서 (나)는 CH_3OH이고, (다)는 CH_2O이다.

08

정답 맞히기 원자가 전자 수가 4인 2~4주기 원소의 수소 화합물은 CH_4, SiH_4, GeH_4이다. 분자량이 클수록 기준 끓는점이 높으므로 기준 끓는점은 $GeH_4 > SiH_4 > CH_4$이다. 따라서 A~C는 각각 Ge, Si, C이다. 원자가 전자 수가 5인 2~4주기 원소의 수소 화합물은 NH_3, PH_3, AsH_3이다. NH_3는 분자 사이에 수소 결합을 하므로 기준 끓는점은 $NH_3 > PH_3$이고, 분자량은 $AsH_3 > PH_3$이므로 기준 끓는점은 $AsH_3 > PH_3$이다. 원자량은 Y > Z이므로 기준 끓는점은 $NH_3 > AsH_3 > PH_3$이다. 따라서 X~Z는 각각 N, As, P이다.

ㄱ. A~C, X~Z 중 4주기 원소는 A(Ge)와 Y(As)이다.

ㄴ. A~C, X~Z 중 3주기 원소는 B(Si)와 Z(P)이다.

ㄷ. A~C, X~Z 중 2주기 원소는 C(C)와 X(N)이다.

---

3 액체와 고체의 특성

탐구 활동

본문 043쪽

1 해설 참조	2 해설 참조	3 해설 참조

1

비누는 물에 녹아 물 분자 사이에 위치한다. 물은 분자 사이의 수소 결합 때문에 분자 사이의 인력이 커서 표면 장력이 크지만, 비누가 물 분자 사이에 위치하면 물 분자 사이의 인력이 감소하여 표면 장력이 작아진다.

모범 답안 비누를 녹인 비눗물의 표면 장력이 물보다 작다. 즉, 비누는 물에 녹아 물의 표면 장력을 감소시킨다.

2

핀은 물보다 밀도가 크므로 비커를 흔들면 핀이 물 표면 분자 사이로 들어가 물속으로 가라앉는다.

모범 답안 핀은 물보다 밀도가 크므로 비커를 흔들면 핀이 물속으로 가라앉는다.

3

에탄올은 분자 사이의 인력이 물보다 작으므로 표면 장력이 물보다 작다. 비눗물을 물에 넣었을 때와 같이 에탄올을 물에 넣으면 표면 장력이 감소하여 핀이 물속으로 가라앉는다.

모범 답안 에탄올의 표면 장력이 물보다 작아서 물에 에탄올을 혼합하면 물의 표면 장력이 감소하기 때문이다.

내신 기초 문제

본문 044~047쪽

01 ②	02 ③	03 ③	04 ①	05 ⑤
06 ⑤	07 ④	08 ②	09 ③	

10 증발 속도: (가)=(나), 응축 속도: (나)>(가)

11 ①	12 ③	13 ⑤	14 ⑤	15 ①
16 ②	17 ④	18 ④		

01

정답 맞히기 ㄴ. 액체는 기체에 비해 입자 사이의 거리가 가깝

고 부피가 작다. 따라서 액체는 같은 질량의 기체에 비해 밀도가 크다.

오답 피하기 ㄱ. 액체는 압력 변화에 의해 부피가 거의 변하지 않는다. 일정한 온도에서 압력과 부피가 반비례하는 것은 기체의 특성이다.

ㄷ. 분자의 배열이 규칙적이어서 일정한 모양을 가지는 것은 고체의 특성이다.

02

정답 맞히기 ㄱ. 물 분자는 결합각이 104.5°인 굽은 형 구조이다.

ㄴ. 물 분자를 구성하는 2개의 H 원자는 다른 2개의 물 분자의 O 원자와 수소 결합을 하고, 1개의 O 원자는 다른 물 분자의 2개의 H 원자와 수소 결합을 할 수 있다. 따라서 물 분자 1개는 최대 4개의 수소 결합을 할 수 있다.

오답 피하기 ㄷ. 전기 음성도는 O>H이므로 물 분자를 구성하는 O 원자는 부분적인 음전하(δ^-)를 띠고, H 원자는 부분적인 양전하(δ^+)를 띤다.

03

정답 맞히기 ㄷ. 물은 분자 사이에 수소 결합을 하므로 분자 사이의 인력이 강하다. 따라서 분자량이 비슷한 다른 물질에 비해 끓는점이 높다.

오답 피하기 ㄱ. 물이 높은 곳에서 낮은 곳으로 흐르는 것은 물에 중력이 작용하기 때문이다.

ㄴ. 물은 극성 분자이므로 이온 결합 물질인 염화 나트륨을 잘 녹인다.

04

정답 맞히기 ㄱ. 결합 ㉠은 수소 결합이고, 결합 ㉡은 공유 결합이다.

오답 피하기 ㄴ. 수소 결합은 분자 사이의 힘이고 공유 결합은 원자 사이의 결합이므로 결합력은 공유 결합이 수소 결합보다 크다. 따라서 결합력은 결합 ㉡>결합 ㉠이다.

ㄷ. 결합 ㉡은 H 원자와 O 원자 사이의 공유 결합이므로 물의 온도를 높여도 결합 ㉡의 길이는 감소하지 않는다.

05

정답 맞히기 ⑤ (가)는 분자 배열이 규칙적이므로 고체 상태이고, (나)는 분자 배열이 (가)보다 불규칙하므로 액체 상태이다. 물(H_2O)은 액체 상태의 밀도가 고체 상태의 밀도보다 크므로 밀도는

(나)>(가)이다. 밀도는 $\dfrac{질량}{부피}$이므로 단위 부피당 질량은 (나)>(가)이다. 물(H_2O)의 질량이 클수록 물(H_2O)의 분자 수가 크므로 단위 부피당 분자 수는 (나)>(가)이다.

06

정답 맞히기 ㄱ. (가)에서 밀도는 물>얼음이다. 밀도=$\dfrac{질량}{부피}$이므로 같은 질량의 부피는 밀도가 클수록 작아진다. 따라서 같은 질량의 부피는 얼음>물이다.

ㄴ. (나)에서 X(s)는 X(l)에서 가라앉으므로 밀도는 X(s)>X(l)이다.

ㄷ. 밀도는 (가)에서 물>얼음이고 (나)에서 X(s)>X(l)이다. 제시된 자료에서 (가)에서의 얼음이 (나)에서의 X(s)보다 밀도가 크므로 밀도는 물>얼음>X(s)>X(l)이다. 따라서 (가)의 물과 (나)의 X(l)를 혼합하여 두 층의 액체로 나뉘면 아래층에 위치하는 액체는 물이다.

07

정답 맞히기 ④ 일정한 열원으로 가열하였을 때 일정한 시간 동안 온도 변화는 A(l)>물이다. 물질의 열용량이 클수록 온도가 잘 변하지 않으므로 물은 A(l)보다 열용량이 크다. 따라서 제시된 자료로부터 알 수 있는 물의 특성은 '열용량이 크다.'이다.

08

정답 맞히기 ㄴ. 액체 방울이 구형일수록 표면 장력이 크다. 따라서 물의 표면 장력은 (가)>(나)이다.

오답 피하기 ㄱ. 물방울이 구형일수록 표면적이 작으므로 물방울의 표면적은 (나)>(가)이다.

ㄷ. 물의 표면 장력은 온도가 낮은 (가)에서가 온도가 높은 (나)에서보다 크므로 물은 온도가 높아질수록 표면 장력이 감소한다.

09

정답 맞히기 ㄷ. 물은 표면 장력이 크므로 물이 가득 찬 컵에 동전을 넣으면 표면에 있는 물 분자 사이의 강한 인력에 의해 물이 넘치지 않고 가운데가 볼록 솟아오른다.

오답 피하기 ㄱ. 사람의 체온이 크게 변하지 않는 것은 물의 열용량이 크기 때문이다.

ㄴ. 암석 틈에 스며든 물에 의해 암석이 쪼개지는 것은 물이 얼 때 부피가 증가하기 때문이다.

10

온도가 일정하면 물의 증발 속도는 일정하므로 물의 증발 속도는 (가)＝(나)이다. 수증기의 양이 많아질수록 물의 응축 속도가 커진다. 수증기의 양은 (나)＞(가)이므로 물의 응축 속도는 (나)＞(가)이다.

11

정답 맞히기 ㄱ. 흑연을 구성하는 원자의 배열이 규칙적이므로 흑연은 결정성 고체이다.

오답 피하기 ㄴ. 흑연은 결정성 고체이므로 원자 사이의 결합력이 일정하다.

ㄷ. 흑연은 원자 사이의 공유 결합으로 이루어진 공유 결정이다.

12

정답 맞히기 ㄱ. 염화 나트륨의 구성 원소는 금속 원소인 Na과 비금속 원소인 Cl이므로 염화 나트륨은 이온 결정이다.

ㄴ. 염화 나트륨의 구성 입자는 양이온인 Na^+과 음이온인 Cl^-이다.

오답 피하기 ㄷ. 연성과 전성이 있는 결정은 금속 결정이다.

13

정답 맞히기 ㄱ. 다이아몬드는 C 원자의 공유 결합으로 이루어진 공유 결정이다.

ㄴ. 고체 아이오딘은 2개의 I 원자가 공유 결합하여 I_2 분자를 구성하므로 분자 결정이다.

ㄷ. 다이아몬드의 공유 결합이 I_2 분자에서 분자 사이의 힘보다 강하므로 일정한 압력에서 녹는점은 공유 결정인 다이아몬드가 분자 결정인 아이오딘보다 높다.

14

정답 맞히기 ㄱ. 금속 결합은 금속 양이온과 자유 전자 사이에 형성되는 결합이므로 (가)는 자유 전자이다.

ㄴ. Na^+은 (＋)전하를 띠고 자유 전자는 (－)전하를 띠므로 Na^+과 자유 전자 사이에는 전기적 인력이 작용한다.

ㄷ. 나트륨(Na)에 열을 가하면 자유 전자가 열에너지를 전달하므로 나트륨(Na)은 열전도성이 크다. 따라서 나트륨(Na)의 열전도성이 큰 이유는 자유 전자 때문이다.

15

정답 맞히기 ㄱ. (가)는 고체 상태와 액체 상태에서 전기 전도성이 있으므로 (가)의 고체는 금속 결정이다. 금속 결정의 구성 원소인 X는 금속 원소이다.

오답 피하기 ㄴ. (나)는 고체 상태에서 전기 전도성이 없지만, 액체 상태에서 전기 전도성이 있으므로 (나)의 고체는 이온 결정이다.

ㄷ. (다)는 고체 상태와 액체 상태에서 전기 전도성이 없으므로 (다)의 고체는 분자 결정 또는 공유 결정이다. 분자 결정과 공유 결정의 구성 원자는 공유 결합을 한다.

16

정답 맞히기 ㄴ. X 원자는 정육면체의 꼭짓점에 8개, 면 중심에 6개 있으므로 단위 세포에 포함된 X 원자 수는 $8 \times \frac{1}{8} + 6 \times \frac{1}{2} = 4$이다.

오답 피하기 ㄱ. X의 결정 구조는 면심 입방 구조이다.

ㄷ. 면심 입방 구조에서 한 원자를 둘러싸고 있는 가장 인접한 원자 수는 12이다.

17

정답 맞히기 ④ (가)는 단순 입방 구조이고, (나)는 체심 입방 구조이다. 단순 입방 구조에서 한 원자를 둘러싸고 있는 가장 인접한 원자 수는 6이고, 체심 입방 구조에서 한 원자를 둘러싸고 있는 가장 인접한 원자 수는 8이다. 따라서 고체 A와 B의 한 원자를 둘러싸고 있는 가장 인접한 원자 수의 비는 A : B＝3 : 4이다.

18

정답 맞히기 ④ (가)는 분자 결정, (나)는 이온 결정, (다)는 금속 결정이다. 금속 결정은 광택이 있으므로 ㉠은 금속 결정에 해당한다. 분자 결정은 분자 사이의 인력이 약해서 승화성이 있으므로 ㉡은 분자 결정에 해당한다. 이온 결정은 외부에서 힘을 받으면 층이 밀리면서 같은 전하를 띠는 이온끼리 만나 반발하여 부서지므로 ㉢은 이온 결정이다. 따라서 ㉠~㉢에 해당하는 결정은 각각 (다), (가), (나)이다.

실력 향상 문제　　　　　　　　본문 048~051쪽

01 ①	02 ③	03 해설 참조	04 ③
05 ⑤	06 ④	07 ①	08 해설 참조
09 ⑤	10 ③	11 ①	12 ⑤　13 ②
14 ③	15 ④	16 ⑤	17 ②　18 ⑤

01 고체, 액체, 기체의 일반적인 성질

정답 맞히기 ㄱ. (가)는 기체 상태, (나)는 액체 상태, (다)는 고체 상태이다.

오답 피하기 ㄴ. 일정한 압력에서 고체 상태인 (다)가 액체 상태인 (나)로 될 때의 온도는 녹는점이고, 액체 상태인 (나)가 기체 상태인 (가)로 될 때의 온도는 끓는점이다.

ㄷ. 액체 상태와 고체 상태는 압력 변화에 따른 부피 변화가 거의 없으므로 X에 일정한 압력을 가했을 때 X의 부피 변화는 (가)가 (나)보다 크다.

02 가열 곡선

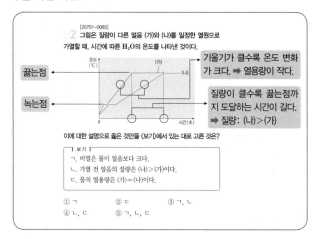

[20701-0085]
2 그림은 질량이 다른 얼음 (가)와 (나)를 일정한 열원으로 가열할 때, 시간에 따른 H_2O의 온도를 나타낸 것이다.

끓는점
녹는점

기울기가 클수록 온도 변화가 크다. ➡ 열용량이 작다.

질량이 클수록 끓는점까지 도달하는 시간이 길다. ➡ 질량: (나)>(가)

이에 대한 설명으로 옳은 것만을 〈보기〉에 있는 대로 고른 것은?

〈보기〉
ㄱ. 비열은 물이 얼음보다 크다.
ㄴ. 가열 전 얼음의 질량은 (나)>(가)이다.
ㄷ. 물의 열용량은 (가)=(나)이다.

① ㄱ ② ㄷ ③ ㄱ, ㄴ
④ ㄴ, ㄷ ⑤ ㄱ, ㄴ, ㄷ

정답 맞히기 ㄱ. 그래프의 기울기가 크면 온도 변화가 크므로 열용량이 작다. (가)에서 그래프의 기울기는 얼음>물이므로 열용량은 물>얼음이다. 열용량=비열×질량이고 (가)에서 물과 얼음의 질량이 같으므로 비열은 물이 얼음보다 크다.

ㄴ. 끓는점까지 도달하는 시간은 (나)>(가)이므로 가열 전 얼음의 질량은 (나)>(가)이다.

오답 피하기 ㄷ. 물의 질량은 (나)>(가)이다. 열용량=비열×질량이므로 물의 열용량은 (나)>(가)이다.

03 온도에 따른 물의 부피 변화

0 ℃ 얼음이 녹아 0 ℃ 물이 되면 부피가 감소하고 밀도가 증가한다. 유리 막대를 이용하여 밀도가 작은 얼음을 물속에 넣은 상태에서 얼음이 모두 녹으면 얼음보다 부피가 작은 물이 되므로 수면의 높이는 h cm보다 작아진다.

모범 답안 부피는 0 ℃ 얼음>0 ℃ 물이므로 얼음이 녹아 0 ℃ 물이 되면 부피가 작아진다. 따라서 얼음이 모두 녹아 0 ℃ 물이 되었을 때 수면의 높이는 h cm보다 작다.

04 물의 특성

정답 맞히기 ③ 얼음은 물보다 밀도가 작으므로 겨울철에 호수가 얼 때 수면부터 언다. 또 얼음은 물보다 부피가 크므로 페트병에 물을 가득 채우고 얼리면 부피가 증가하여 페트병이 터진다. 이와 관련된 물의 특성은 '물이 얼면 밀도가 감소한다.'이다.

05 온도에 따른 물의 밀도 변화

정답 맞히기 ㄱ. A에서 B로 될 때 물의 밀도가 크게 증가하므로 A → B 과정에서 얼음이 물로 변한다. 따라서 얼음이 물로 변하는 온도 t ℃는 녹는점이다.

ㄴ. A → B 과정에서 물의 밀도가 증가하고 부피가 감소하므로 A에서 B로 될 때 물 분자 사이의 평균 거리는 감소한다.

ㄷ. 물의 온도가 높을수록 물 분자 사이의 수소 결합의 수가 감소하고, 녹는점에서 얼음이 물로 상태 변화할 때 H_2O 분자 사이의 수소 결합이 끊어지므로 A~C 중 물 분자의 평균 수소 결합 수는 A에서가 가장 크다.

06 물의 특성

정답 맞히기 ㄱ. 끓는점이 높을수록 액체 분자 사이의 인력이 크다. 끓는점은 물이 액체 A보다 높으므로 액체 분자 사이의 인력은 물>액체 A이다.

ㄷ. 일정한 열원으로 일정한 시간 동안 가열하면 물과 액체 A가 받는 열량은 같다. 같은 열량을 가했을 때 열용량이 클수록 온도가 쉽게 변하지 않는다. 열용량은 액체 A 200 g>물 100 g이므로 25 ℃의 액체를 일정한 열원으로 일정한 시간 동안 가열했을 때의 온도는 물 100 g>액체 A 200 g이다.

오답 피하기 ㄴ. 열용량=비열×질량이므로 열용량은 물 100 g이 $4.2×100=420(J/℃)$, 액체 A 200 g이 $2.5×200=500(J/℃)$이다. 액체의 온도를 10 ℃ 높이는 데 필요한 열량은 물이 $420×10=4200(J)$이고, 액체 A가 $500×10=5000(J)$이다. 따라서 액체의 온도를 10 ℃ 높이는 데 필요한 열량은 액체 A가 물보다 크다.

07 표면 장력

정답 맞히기 ㄱ. 액체 방울의 모양은 25 ℃ 물이 25 ℃ 에탄올보다 더 구형이므로 25 ℃에서 표면 장력은 물이 에탄올보다 크다.

오답 피하기 ㄴ. 25 ℃ 에탄올의 표면 장력은 25 ℃ 물보다 작으므로 25 ℃ 물에 25 ℃ 에탄올을 혼합하면 용액의 표면 장력은 물보다 감소한다.

ㄷ. 물방울의 모양은 25 ℃ 물이 50 ℃ 물보다 더 구형이므로 표면 장력은 25 ℃ 물이 50 ℃ 물보다 크다. 따라서 온도가 높아지면 물의 표면 장력은 감소한다.

08 표면 장력

일정한 온도에서 물의 표면 장력은 일정하다. 유리판과 X(s)판에 떨어뜨린 물의 온도는 t °C로 같으므로 유리판과 X(s)판에서 물의 표면 장력이 같다. 물방울의 모양은 X(s)판에서가 유리판에서보다 더 구형이므로 유리가 X(s)보다 물 분자를 더 강하게 끌어당기는 것을 알 수 있다.

모범 답안 유리와 물 분자 사이의 인력이 X(s)와 물 분자 사이의 인력보다 크기 때문이다.

09 증기 압력 곡선

정답 맞히기 ㄱ. t °C에서 y축의 값은 A>B이므로 t °C에서 증기 압력은 A>B이다.

ㄴ. 1기압(760 mmHg)에서의 끓는점을 기준 끓는점이라고 한다. 증기 압력과 외부 압력이 같을 때 액체는 끓고, 이때의 온도가 끓는점이다. 760 mmHg일 때 끓는점은 C>B>A이므로 기준 끓는점은 C>B>A아다.

ㄷ. 끓는점이 높을수록 액체 분자 사이의 인력이 크므로 A~C 중 액체 분자 사이의 인력은 C가 가장 크다.

10 증기 압력

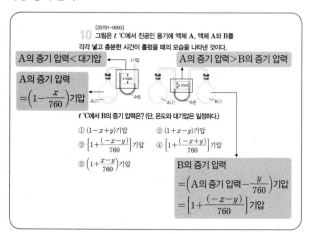

정답 맞히기 ③ A(l)가 들어 있는 용기에서 A(g)의 압력은 A의 증기 압력이고, B(l)가 들어 있는 용기에서 B(g)의 압력은 B의 증기 압력이다. 대기압은 1기압(760 mmHg)이고, 대기압은 A의 증기 압력보다 x mmHg만큼 더 크므로 A의 증기 압력은 $\left(1-\dfrac{x}{760}\right)$기압이다. A($l$)와 B($l$)가 들어 있는 용기가 연결되어 있을 때 A의 증기 압력은 B의 증기 압력보다 y mmHg만큼 더 크므로 B의 증기 압력은 $\left(1-\dfrac{x}{760}\right)-\dfrac{y}{760}=1+\dfrac{(-x-y)}{760}$(기압)이다.

11 결정성 고체와 비결정성 고체

정답 맞히기 (가)는 입자의 배열이 규칙적이므로 결정성 고체이고, (나)는 입자의 배열이 불규칙적이므로 비결정성 고체이다.

ㄱ. 유리와 석영 중 결정성 고체는 석영이고, 비결정성 고체는 유리이다. 따라서 (가)는 석영이다.

오답 피하기 ㄴ. (나)는 비결정성 고체이므로 입자 사이의 결합력이 일정하지 않아 녹는점이 일정하지 않다.

ㄷ. 결정성 고체는 (가)이다.

12 금속 결정과 이온 결정

정답 맞히기 ㄱ. (가)는 금속 결정이고, (나)는 이온 결정이다.

ㄴ. (나)의 이온 결합을 구성하는 입자는 양이온과 음이온이다. 양이온과 음이온 사이에는 전기적 인력이 작용한다.

ㄷ. 금속 결정과 이온 결정은 모두 액체 상태에서 전기 전도성이 있으므로 (가)와 (나)는 액체 상태에서 전기 전도성이 있다.

13 화학 결합에 따른 고체의 분류

정답 맞히기 ㄴ. (가)와 (라)는 고체 상태와 액체 상태에서 전기 전도성이 없으므로 각각 분자 결정, 공유 결정 중 하나이다. 녹는점은 (라)가 (가)보다 훨씬 높으므로 (가)는 분자 결정이고, (라)는 공유 결정이다. 분자 결정과 공유 결정은 구성 원자 사이의 결합이 공유 결합이다.

오답 피하기 ㄱ. (나)는 고체 상태에서 전기 전도성이 있으므로 (나)의 고체는 금속 결정이다. (다)는 액체 상태에서 전기 전도성이 있으므로 (다)의 고체는 이온 결정이다.

ㄷ. 금속 결정은 액체 상태에서 전기 전도성이 있고, 이온 결정은 고체 상태에서 전기 전도성이 없다. 따라서 ⊙은 '○'이고, ⓒ은 '×'이다.

14 금속 결정과 이온 결정

정답 맞히기 ㄱ. (가)는 힘을 가했을 때 부서지므로 이온 결정이고, (나)는 힘을 가했을 때 모양만 변형되므로 금속 결정이다. 이온 결정을 물에 녹인 수용액은 전기 전도성이 있다.

ㄴ. 금속 결정은 광택이 있으므로 (나)는 광택이 있다.

오답 피하기 ㄷ. 금속 결정은 열전도성이 크지만, 이온 결정은 열전도성이 작다. 따라서 고체 상태에서 열전도성이 (나)가 (가)보다 크다.

15 고체의 분류

정답 맞히기 ㄴ. (나)는 정육면체의 꼭짓점 8개와 정육면체 중심에 원자가 있으므로 체심 입방 구조이다.

ㄷ. (다)에서 Cs^+의 수는 1, Cl^-의 수는 $8 \times \frac{1}{8} = 1$이므로 (다)는 단위 세포에 포함된 전체 이온 수가 2이다.

오답 피하기 ㄱ. (가)는 분자 결정이다.

16 고체의 결정 구조

정답 맞히기 ㄱ. (가)~(다)의 결정 구조는 각각 단순 입방 구조, 체심 입방 구조, 면심 입방 구조이다.

ㄴ. (가)의 단위 세포에 포함된 금속 원자의 수는 $8 \times \frac{1}{8} = 1$이고, (나)의 단위 세포에 포함된 금속 원자의 수는 $8 \times \frac{1}{8} + 1 = 2$이다. 따라서 단위 세포에 포함된 금속 원자의 수는 (나)가 (가)의 2배이다.

ㄷ. 한 원자를 둘러싸고 있는 가장 인접한 원자는 (가)가 6, (다)가 12로 (다)가 (가)의 2배이다.

17 고체의 결정 구조

정답 맞히기 ㄴ. 정육면체 중심에 위치한 X^+을 기준으로 생각하면 1개의 X^+을 둘러싸고 있는 가장 인접한 Y^-의 수는 6이다.

오답 피하기 ㄱ. 단위 세포에 포함된 X^+의 이온 수는 $12 \times \frac{1}{4} + 1$ $= 4$이고, Y^-의 이온 수는 $8 \times \frac{1}{8} + 6 \times \frac{1}{2} = 4$이다.

ㄷ. 1개의 Y^-을 둘러싸고 있는 가장 인접한 Y^-의 수는 12이다.

18 고체의 결정 구조

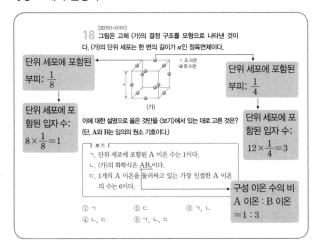

정답 맞히기 ㄱ. 단위 세포에 포함된 A 이온 수는 $8 \times \frac{1}{8} = 1$이다.

ㄴ. 단위 세포에 포함된 B 이온 수는 $12 \times \frac{1}{4} = 3$이다. 단위 세포에 포함된 A 이온 수와 B 이온 수의 비는 A 이온 : B 이온 = 1 : 3이므로 (가)의 화학식은 AB_3이다.

ㄷ. (가)의 결정 구조에서 A 이온만의 배열을 보면 단순 입방 구조에 해당한다. 따라서 1개의 이온을 둘러싸고 있는 가장 인접한 A 이온의 수는 6이다.

신유형·수능 열기   본문 052~053쪽

01 ⑤   02 ①   03 ③   04 ②   05 ④
06 ⑤   07 ③   08 ①

01

정답 맞히기 ㄱ. 고체를 가열했을 때 첫 번째로 온도가 일정한 구간에서 고체는 액체로 상태 변화한다. 이때의 온도가 녹는점이므로 녹는점은 Y가 X보다 높다.

ㄴ. 고체를 가열했을 때 두 번째로 온도가 일정한 구간에서 액체는 기체로 상태 변화한다. 이때의 온도가 끓는점이고, 끓는점이 높을수록 액체 분자 사이의 인력이 크다. 끓는점은 Y가 X보다 높으므로 액체 분자 사이의 인력은 Y가 X보다 크다.

ㄷ. 액체 상태에서 그래프의 기울기가 작을수록 온도 변화가 작으므로 열용량이 크다. 액체 상태에서 열용량은 Y가 X보다 크다.

02

정답 맞히기 ㄱ. 물의 부피는 A > B이므로 분자 사이의 평균 거리는 A > B이다.

오답 피하기 ㄴ. 결합 ㉠은 공유 결합이다. 공유 결합의 수는 일정하므로 결합 ㉠의 수는 B = C이다.

ㄷ. 같은 질량의 B의 물과 C의 물을 혼합한 물의 온도는 B와 C의 중간 정도가 되므로 이 물의 밀도는 a보다 크다.

03

정답 맞히기 ㄱ. 액체 방울의 모양은 t_1 ℃ 물이 t_1 ℃ A(l)보다 더 구형이므로 t_1 ℃에서 표면 장력은 물 > A(l)이다.

ㄴ. 물방울의 모양은 t_1 ℃ 물이 t_2 ℃ 물보다 더 구형이므로 표면 장력은 t_1 ℃ 물 > t_2 ℃ 물이다. 온도가 높을수록 표면 장력은 작아지므로 $t_2 > t_1$이다.

오답 피하기 ㄷ. (나)에서 B(l) 위에 있는 물방울이 유리판 위에 있는 물방울보다 더 구형이므로 유리와 물 사이에 작용하는 힘이 물과 B 사이에 작용하는 힘보다 크다.

04

정답 맞히기 수은 기둥 높이 h는 일정한 온도에서 용기에 들어 있는 액체의 증기 압력이며, 증기 압력은 온도가 높을수록 크다. Y의 증기 압력은 t_1 ℃에서가 t_2 ℃에서보다 크므로 $t_1 > t_2$이다.

ㄴ. X의 증기 압력은 온도가 높은 t_1 ℃에서가 t_2에서보다 크므로 $a > 2b$이다. 따라서 t_1 ℃에서 액체의 증기 압력은 X > Y이다.

오답 피하기 ㄱ. 온도는 t_1 ℃가 t_2 ℃보다 높으므로 $t_1 > t_2$이다.

ㄷ. 같은 온도에서 증기 압력은 X > Y이므로 기준 끓는점은 Y가 X보다 높다.

05

정답 맞히기 ④ 철(Fe)은 금속 결정, 얼음(H_2O)은 분자 결정, 석영(SiO_2)은 공유 결정, 염화 칼슘($CaCl_2$)은 이온 결정이다. 구성 원소에 비금속 원소가 있는 것은 분자 결정인 얼음, 원자 결정인 석영, 이온 결정인 염화 칼슘이다. 고체 상태에서 전기 전도성이 있는 것은 금속 결정이므로 철이다. 따라서 (가)에 해당하는 물질의 가짓수는 3이고, (나)에 해당하는 물질의 가짓수는 1이다.

06

정답 맞히기 ㄱ. (가)는 정육면체 꼭짓점 8개에 원자가 있고, 면 6개에 원자가 있으므로 면심 입방 구조이다.

ㄴ. (나)에서 정육면체 중심에 있는 Na^+을 기준으로 생각하면 1개의 Na^+을 둘러싸고 있는 가장 인접한 Na^+의 수는 12이다.

ㄷ. (가)에서 단위 세포에 포함된 Cu의 수는 $8 \times \frac{1}{8} + 6 \times \frac{1}{2} = 4$이다. (나)에서 단위 세포에 포함된 Cl^-의 수도 $8 \times \frac{1}{8} + 6 \times \frac{1}{2} = 4$이다.

07

정답 맞히기 ③ X는 단위 세포 한 변의 길이가 꼭짓점에 위치한 두 원자의 반지름의 합보다 크므로 체심 입방 구조이다. Y는 단위 세포 한 변의 길이가 꼭짓점에 위치한 두 원자의 반지름의 합과 같으므로 단순 입방 구조이다.

08

정답 맞히기 ① 단위 세포에 포함된 X 이온의 수는 $6 \times \frac{1}{2} = 3$이고, Y 이온의 수는 $12 \times \frac{1}{4} = 3$이다. 단위 세포에 포함된 X 이온 수와 Y 이온 수의 비는 X 이온 : Y 이온 = 3 : 3 = 1 : 1이다. 따라서 (가)의 화학식은 XY이다.

4 용액의 농도와 총괄성

탐구 활동
본문 062~063쪽

1 해설 참조　　**2** 해설 참조　　**3** 0.31 ℃
4 180

1

퍼센트 농도는 용액 100 g 속에 녹아 있는 용질의 질량(g)을 나타낸 것이다.

$$\text{퍼센트 농도}(\%) = \frac{\text{용질의 질량(g)}}{\text{용액의 질량(g)}} \times 100$$

모범 답안 1000 ppm 포도당 수용액을 퍼센트 농도로 환산하면 $\frac{0.1\,g}{100\,g} \times 100 = 0.1\,\%$이다. $1\,m$ 포도당 수용액을 퍼센트 농도로 환산하면 $\frac{18\,g}{100\,g + 18\,g} \times 100 ≒ 15.3\,\%$이다. 따라서 포도당 수용액의 퍼센트 농도는
$1\,m$ 수용액 > $1\,\%$ 수용액 > 1000 ppm 수용액이다.

2

퍼센트 농도, ppm 농도, 몰랄 농도는 질량 또는 물질의 양(mol)과 관련된 농도이므로 온도 변화의 영향을 받지 않는다. 반면, 몰 농도는 용액의 부피와 관련된 농도이므로 온도 변화의 영향을 받는다.

모범 답안 3가지 포도당 수용액을 만들 때 사용된 측정 도구는 질량을 측정하는 저울뿐이다. 질량과 물질의 양(mol)은 온도의 영향을 받지 않으므로 $1\,\%$, 1000 ppm, $1\,m$ 포도당 수용액은 모두 온도의 변화에 따라 농도가 달라지지 않는다.

3

어는점 내림 = 물의 어는점(℃) − 수용액 A의 어는점(℃)
= 0.00 ℃ − (−0.31 ℃) = 0.31 ℃이다.

4

수용액 A의 몰랄 농도는 $\dfrac{\dfrac{3\,g}{M\,g/mol}}{0.1\,kg} = \dfrac{30}{M}\,m$이다.

어는점 내림은 0.31 ℃이므로 $1.86\,℃/m \times \dfrac{30}{M}\,m = 0.31\,℃$에서 X의 분자량 $M = \dfrac{1.86}{0.31} \times 30 = 180$이다.

01 ⑤	**02** ④	**03** ③	**04** ①	**05** ③
06 ④	**07** ①	**08** ③	**09** ⑤	**10** ④
11 ①	**12** ⑤	**13** ③	**14** ③	**15** ③
16 ③	**17** ⑤	**18** ③	**19** ③	**20** ④
21 ④	**22** ⑤	**23** ③	**24** ⑤	

01

정답 맞히기 ⑤ 퍼센트 농도(%)=$\dfrac{\text{용질의 질량(g)}}{\text{용액의 질량(g)}}\times 100$

=$\dfrac{\text{용질의 질량(g)}}{\text{용매의 질량(g)+용질의 질량(g)}}\times 100$이다. 따라서 A의 퍼센트 농도는=$\dfrac{10\text{ g}}{90\text{ g}+10\text{ g}}\times 100=10\text{ %}$이다.

02

정답 맞히기 ㄴ. $\dfrac{1}{100}$ %인 용액의 질량을 100 g이라 할 때 용질의 질량은 $100\text{ g}\times\dfrac{1}{100}\times\dfrac{1}{100}=0.01\text{ g}$이다. 따라서 ppm 농도는 $\dfrac{0.01\text{ g}}{100\text{ g}}\times 10^6=100\text{ ppm}$이다.

ㄷ. 퍼센트 농도(%)=$\dfrac{\text{용질의 질량(g)}}{\text{용액의 질량(g)}}\times 100$이다. 질량은 온도의 영향을 받지 않으므로 퍼센트 농도는 용액의 온도가 높아져도 농도가 변하지 않는다.

오답 피하기 ㄱ. 퍼센트 농도(%)=$\dfrac{\text{용질의 질량(g)}}{\text{용액의 질량(g)}}\times 100$이다.

03

정답 맞히기 ③ 퍼센트 농도(%)=$\dfrac{\text{용질의 질량(g)}}{\text{용액의 질량(g)}}\times 100$이다. 포도당의 질량을 x g이라 할 때 $5\text{ %}=\dfrac{x\text{ g}}{200\text{ g}}\times 100$이므로 포도당의 질량 x g=10 g이다.

04

정답 맞히기 ① ppm 농도(ppm)=$\dfrac{\text{용질의 질량(g)}}{\text{용액의 질량(g)}}\times 10^6$이다. 철의 농도가 0.03 ppm이면 이 지하수의 질량을 10^6 g이라 할 때 포함된 철의 질량은 0.03 g이다. 이를 퍼센트 농도로 환산하면 퍼센트 농도(%)=$\dfrac{\text{용질의 질량(g)}}{\text{용액의 질량(g)}}\times 100$이므로

$\dfrac{0.03\text{ g}}{10^6\text{ g}}\times 100=0.000003\text{ %}$이다.

05

정답 맞히기 ③ ppm 농도(ppm)=$\dfrac{\text{용질의 질량(g)}}{\text{용액의 질량(g)}}\times 10^6$이다. 용존 산소량은 물에 녹아 있는 산소의 양으로, ppm 농도로 나타내면 $\dfrac{\text{산소 }0.7\text{ g}}{\text{강물 }10^5\text{ g}}\times 10^6=7\text{ ppm}$이다.

06

정답 맞히기 ㄴ. 몰랄 농도는 용매 1 kg 속에 녹아 있는 용질의 양(mol)이므로 1 m 설탕 수용액은 물 1000 g에 설탕 1몰이 녹아 있는 용액과 농도가 같다. 설탕의 분자량을 M이라 할 때 설탕 1몰의 질량은 M g이므로 1 m 설탕 수용액은 용액 $(1000+M)$ g에 설탕 1몰이 녹아 있는 용액이 된다. 따라서 1 m 설탕 수용액 1 kg(=1000 g)에는 설탕 $\dfrac{1000}{1000+M}$ 몰이 녹아 있으므로 설탕의 양은 1몰보다 작다.

ㄷ. 몰랄 농도(m)=$\dfrac{\text{용질의 양(mol)}}{\text{용매의 질량(kg)}}$이다. 질량과 물질의 양(mol)은 온도의 영향을 받지 않으므로 용액의 온도가 높아져도 몰랄 농도는 변하지 않는다.

오답 피하기 ㄱ. 몰랄 농도(m)=$\dfrac{\text{용질의 양(mol)}}{\text{용매의 질량(kg)}}$이다.

07

정답 맞히기 ① 몰랄 농도(m)=$\dfrac{\text{용질의 양(mol)}}{\text{용매의 질량(kg)}}$이다. 설탕의 분자량이 342이므로 설탕 34.2 g은 0.1몰이다. 따라서 몰랄 농도(m)=$\dfrac{0.1\text{ mol}}{1\text{ kg}}=0.1\text{ }m$이다.

08

정답 맞히기 ③ 몰랄 농도는 용매 1 kg 속에 녹아 있는 용질의 양(mol)이므로 1 m 요소 수용액은 물 1000 g에 요소 1몰이 녹아 있는 용액과 농도가 같다. 요소의 분자량이 60이므로 요소 1몰의 질량은 60 g이고, 1 m 요소 수용액은 용액 $(1000+60)$ g에 요소 60 g이 녹아 있는 용액이 된다. 따라서 1 m 요소 수용액 106 g에는 요소가 6 g 녹아 있다.

09

정답 맞히기 ⑤ 퍼센트 농도(%)=$\dfrac{\text{용질의 질량(g)}}{\text{용액의 질량(g)}}\times 100$이다. 35 % HCl($aq$)의 질량을 100 g이라 할 때 용질 HCl의 질량은 35 g이고 물의 질량은 100 g-35 g=65 g이다. HCl의 분자량이 36.5이므로 HCl 35 g은 $\dfrac{35\text{ g}}{36.5\text{ g/mol}}=\dfrac{70}{73}$ mol이다.

몰랄 농도$(m) = \dfrac{\text{용질의 양(mol)}}{\text{용매의 질량(kg)}}$이므로 35 % HCl$(aq)$의 몰랄

농도는 $\dfrac{\text{HCl } \frac{70}{73} \text{ mol}}{\text{물 } 0.065 \text{ kg}} = \dfrac{14000}{949} \, m$이다.

10

정답 맞히기 ④ 퍼센트 농도$(\%) = \dfrac{\text{용질의 질량(g)}}{\text{용액의 질량(g)}} \times 100$이다.

35 % HCl(aq)의 질량을 100 g이라 할 때 용질 HCl의 질량은
35 g이다. HCl의 분자량이 36.5이므로 HCl 35 g은

$\dfrac{35 \text{ g}}{36.5 \text{ g/mol}} = \dfrac{70}{73}$ mol이다.

HCl(aq)의 밀도는 1.18 g/mL이므로 HCl(aq) 100 g의 부피는

$100 \text{ g} \times \dfrac{1 \text{ mL}}{1.18 \text{ g}} = \dfrac{10000}{118} \text{ mL} = \dfrac{10}{118}$ L이다.

몰 농도(M)$= \dfrac{\text{용질의 양(mol)}}{\text{용액의 부피(L)}}$이므로 35 % HCl$(aq)$의 몰 농도

는 $\dfrac{\text{HCl } \frac{70}{73} \text{ mol}}{\text{HCl}(aq) \, \frac{10}{118} \text{ L}} = \dfrac{826}{73}$ M이다.

11

정답 맞히기 ㄱ. 액체의 증발 속도와 기체의 응축 속도가 같아지
는 동적 평형 상태에 도달하였을 때 기체가 나타내는 압력을 증기
압력이라고 한다.

오답 피하기 ㄴ. 용액의 경우, 용질 입자 때문에 용액의 표면에서
증발할 수 있는 용매 입자 수가 용매에 비해 작으므로 증기압 내림
이 나타난다.

ㄷ. 묽은 용액의 증기압 내림(ΔP)은 용질의 몰 분율$(X_{용질})$에 비
례한다. 용액의 농도가 클수록 용질의 몰 분율도 커지므로 증기압
내림도 커진다.

12

정답 맞히기 ⑤ 라울 법칙에 따라 비휘발성, 비전해질인 용질이
녹아 있는 묽은 용액의 증기 압력$(P_{용액})$은 용매의 몰 분율$(X_{용매})$
에 비례한다$(P_{용액} = P_{용매} \times X_{용매})$. 물 9.9몰에 포도당 0.1몰을 녹
인 25 ℃ 포도당 수용액에서 물의 몰 분율$(X_{용매})$은

$\dfrac{\text{물 } 9.9\text{몰}}{\text{물 } 9.9\text{몰} + \text{포도당 } 0.1\text{몰}} = \dfrac{99}{100}$이므로 물의 증기 압력이 P일 때

수용액의 증기 압력은 $P \times \dfrac{99}{100}$이다.

13

정답 맞히기 ㄱ. 비휘발성 용질이 녹아 있는 용액의 증기 압력은
용매의 증기 압력보다 작으므로 용액이 용매보다 더 높은 온도에

서 끓는다.

ㄴ. 비휘발성, 비전해질 용질이 녹아 있는 묽은 용액의 끓는점 오
름은 용질의 종류와 관계없이 용액의 몰랄 농도(m)에 비례한다.

오답 피하기 ㄷ. 외부 압력이 1기압일 때 물의 끓는점은 100 ℃
이고, 외부 압력이 1기압보다 높을 때 물의 끓는점은 100 ℃보다
높다. 그러나 이 현상은 묽은 용액에 대한 성질이 아니므로 묽은
용액의 끓는점 오름으로 설명할 수 없다.

14

정답 맞히기 ③ 비휘발성, 비전해질 용질이 녹아 있는 묽은 용액
의 끓는점 오름은 용질의 종류와 관계없이 용액의 몰랄 농도(m)
에 비례한다. 포도당은 비휘발성, 비전해질 용질이고, 물의 몰랄
오름 상수(K_b)는 0.52 ℃/m이므로 끓는점 오름 $\Delta T_b = K_b \times$
$m = 0.52$ ℃/$m \times 0.1 \, m = 0.052$ ℃이다. 1기압에서 물
의 끓는점은 100 ℃이므로 0.1 m 포도당 수용액의 끓는점은
$(100 + 0.052)$ ℃$= 100.052$ ℃이다.

15

정답 맞히기 ③ 비휘발성, 비전해질 용질이 녹아 있는 묽은 용액
의 끓는점 오름은 용질의 종류와 관계없이 용액의 몰랄 농도(m)
에 비례한다. 설탕은 비휘발성, 비전해질 용질이고, 1기압에서 물
의 끓는점은 100 ℃이며, 물의 몰랄 오름 상수(K_b)는 0.52 ℃/m
이다. 따라서 몰랄 농도를 $x \, m$이라 할 때, 끓는점 오름 $\Delta T_b =$
$K_b \times m = 0.52$ ℃/$m \times x \, m = 0.39$ ℃이므로 설탕 수용액의
몰랄 농도 $x \, m = \dfrac{0.39}{0.52} \, m = 0.75 \, m$이다.

16

정답 맞히기 ③ 비휘발성, 비전해질 용질이 녹아 있는 묽은 용액
의 끓는점 오름은 용질의 종류와 관계없이 용액의 몰랄 농도(m)

에 비례한다. 몰랄 농도$(m) = \dfrac{\text{용질의 양(mol)}}{\text{용매의 질량(kg)}} = \dfrac{0.3 \text{ mol}}{0.6 \text{ kg}} =$

0.5 m이다. 용질 Y는 비휘발성, 비전해질 용질이므로 용매 X의
몰랄 오름 상수(K_b)를 x ℃/m이라 할 때, 끓는점 오름 $\Delta T_b =$
$K_b \times m = x$ ℃/$m \times 0.5 \, m = 1.61$ ℃이다. 따라서 X의 몰랄 오

름 상수(K_b)는 $\dfrac{1.61 \text{ ℃}}{0.5 \, m} = 3.22$ ℃/m이다.

17

정답 맞히기 ⑤ 비휘발성, 비전해질 용질이 녹아 있는 묽은 용액
의 끓는점 오름은 용질의 종류와 관계없이 용액의 몰랄 농도(m)
에 비례한다. 용질 A의 분자량을 M_A라 할 때,

몰랄 농도(m)=$\dfrac{\text{용질의 양(mol)}}{\text{용매의 질량(kg)}}$=$\dfrac{\frac{18\text{ g}}{M_A\text{ g/mol}}}{0.1\text{ kg}}$=$\dfrac{180}{M_A}m$이다.
용질 A는 비휘발성, 비전해질이고, 1기압에서 물의 끓는점은 100 ℃이며, 물의 몰랄 오름 상수(K_b)는 0.52 ℃/m이므로 끓는점 오름 $\Delta T_b=K_b\times m$=0.52 ℃/m$\times\dfrac{180}{M_A}m$=0.52 ℃이다. 따라서 용질 A의 분자량 M_A=180이다.

18

정답 맞히기 ㄱ. 용매의 어는점과 용액의 어는점의 차를 용액의 어는점 내림이라고 한다.
ㄴ. 비휘발성, 비전해질 용질이 녹아 있는 묽은 용액의 어는점 내림은 용질의 종류와 관계없이 용액의 몰랄 농도(m)에 비례한다.
오답 피하기 ㄷ. 얼음은 물보다 부피가 크므로 얼음에 스케이트 날로 압력을 가하면 얼음이 녹아 물이 되면서 부피가 감소한다. 그러나 이 현상은 묽은 용액에 대한 성질이 아니므로 묽은 용액의 어는점 내림으로 설명할 수 없다.

19

정답 맞히기 ③ 비휘발성, 비전해질 용질이 녹아 있는 묽은 용액의 어는점 내림은 용질의 종류와 관계없이 용액의 몰랄 농도(m)에 비례한다. 설탕은 비휘발성, 비전해질 용질이고, 물의 몰랄 내림 상수(K_f)는 1.86 ℃/m이므로 어는점 내림 $\Delta T_f=K_f\times m$=1.86 ℃/m$\times\dfrac{1}{6}m$=0.31 ℃이다. 1기압에서 물의 어는점은 0 ℃이므로 $\dfrac{1}{6}$ m 설탕 수용액의 어는점은 $(0-0.31)$℃=-0.31 ℃이다.

20

정답 맞히기 ④ 비휘발성, 비전해질 용질이 녹아 있는 묽은 용액의 어는점 내림은 용질의 종류와 관계없이 용액의 몰랄 농도(m)에 비례한다. 포도당은 비휘발성, 비전해질 용질이고, 1기압에서 물의 어는점은 0 ℃이며, 물의 몰랄 내림 상수(K_f)는 1.86 ℃/m이다. 따라서 몰랄 농도를 x m라 할 때, 어는점 내림 $\Delta T_f=K_f\times m$=1.86 ℃/m$\times x$ m=0.62 ℃이므로 포도당 수용액의 몰랄 농도 x m=$\dfrac{0.62}{1.86}$ m=$\dfrac{1}{3}$ m이다.

21

정답 맞히기 ④ 비휘발성, 비전해질 용질이 녹아 있는 묽은 용액의 어는점 내림은 용질의 종류와 관계없이 용액의 몰랄 농도(m)에 비례한다. 몰랄 농도(m)=$\dfrac{\text{용질의 양(mol)}}{\text{용매의 질량(kg)}}$=$\dfrac{0.1\text{ mol}}{0.5\text{ kg}}$=

0.2 m이다. 용질 B는 비휘발성, 비전해질이므로 용매 A의 몰랄 내림 상수(K_f)를 x ℃/m라 할 때, 어는점 내림 $\Delta T_f=K_f\times m$=x ℃/m$\times$0.2 m=0.398 ℃이다. 따라서 용매 A의 몰랄 내림 상수(K_f)는 x ℃/m=$\dfrac{0.398\text{ ℃}}{0.2\text{ m}}$=1.99 ℃/m이다.

22

정답 맞히기 ⑤ 비휘발성, 비전해질 용질이 녹아 있는 묽은 용액의 어는점 내림은 용질의 종류와 관계없이 용액의 몰랄 농도(m)에 비례한다. 용질 B의 분자량을 M_B라 할 때,

몰랄 농도(m)=$\dfrac{\text{용질의 양(mol)}}{\text{용매의 질량(kg)}}$=$\dfrac{\frac{12.7\text{ g}}{M_B\text{ g/mol}}}{1\text{ kg}}$=$\dfrac{12.7}{M_B}m$

이다. 용질 B는 비휘발성, 비전해질이고, 용매 A의 몰랄 내림 상수(K_f)는 5 ℃/m이므로 어는점 내림 $\Delta T_f=K_f\times m$=5 ℃/m$\times\dfrac{12.7}{M_B}m$=0.25 ℃이다. 따라서 용질 B의 분자량 $M_B=\dfrac{5\times 12.7}{0.25}$=254이다.

23

정답 맞히기 ㄱ. 크기가 작은 용매 입자는 통과할 수 있지만 크기가 큰 용질 입자는 통과하지 못하는 막을 반투막이라고 한다.
ㄷ. 반투막을 사이에 두고 용매와 용액이 있을 때, 삼투 현상을 막기 위해 용액 쪽에 가해 주어야 하는 최소의 압력을 삼투압이라고 한다.
오답 피하기 ㄴ. 반투막을 사이에 두고 농도가 서로 다른 용액이 있을 때, 농도가 작은 쪽에서 큰 쪽으로 용매가 이동하는 현상을 삼투 현상이라고 한다.

24

정답 맞히기 ⑤ 반트 호프 법칙에 따라 비휘발성, 비전해질인 용질이 녹아 있는 묽은 용액의 삼투압(π)은 용매나 용질의 종류와 관계없이 용액의 몰 농도(C)와 절대 온도(T)에 비례한다.
온도 $(25+273)$ K=298 K에서 0.1 M 포도당 수용액의 삼투압 $\pi=CRT$=0.1 M$\times a$ L·atm/mol·K$\times$298 K=29.8a기압이다.

실력 향상 문제 본문 068~071쪽

01 ②	02 ⑤	03 해설 참조	04 ①
05 ④	06 ⑤	07 ①	08 ③	09 ⑤
10 ⑤	11 ②	12 ④	13 ②
14 해설 참조		15 ②	16 ④	17 ②

01 몰랄 농도

정답 맞히기 ㄴ. 몰랄 농도$(m)=\dfrac{\text{용질의 양(mol)}}{\text{용매의 질량(kg)}}$이다. 아이오

딘의 분자량을 M_{I_2}라 할 때 몰랄 농도는 $\dfrac{\dfrac{126\ g}{M_{I_2}\ g/mol}}{0.5\ kg}=\dfrac{252}{M_{I_2}}\ m$

이다. 따라서 용액 A의 몰랄 농도를 구하기 위해서는 아이오딘의 분자량이 필요하다.

오답 피하기 ㄱ. 몰랄 농도를 구할 때 용매의 질량이 사용되므로 벤젠의 분자량은 필요하지 않다.

ㄷ. 몰랄 농도를 구하기 위해서는 용질의 양(mol)과 용매의 질량이 필요하며, 부피가 주어진 경우가 아니므로 용액의 밀도는 필요하지 않다.

02 몰랄 농도

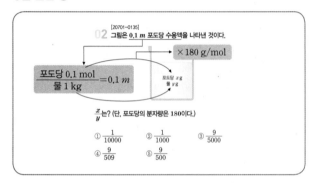

정답 맞히기 ⑤ 몰랄 농도$(m)=\dfrac{\text{용질의 양(mol)}}{\text{용매의 질량(kg)}}$이다. $0.1\ m$

포도당 수용액은 물 $1\ kg=1000\ g$에 포도당 0.1몰이 녹아 있는 용액과 농도가 같다. 포도당의 분자량은 180이므로 0.1몰은 $18\ g$이다. 즉, 포도당과 물의 질량비가 $18:1000=x:y$이므로 $\dfrac{x}{y}=\dfrac{18}{1000}=\dfrac{9}{500}$이다.

03 여러 가지 농도

퍼센트 농도$(\%)=\dfrac{\text{용질의 질량(g)}}{\text{용액의 질량(g)}}\times100$이다. 질량은 온도의 영향을 받지 않으므로 퍼센트 농도도 온도의 영향을 받지 않는다. 몰랄 농도$(m)=\dfrac{\text{용질의 양(mol)}}{\text{용매의 질량(kg)}}$이다. 질량과 물질의 양(mol)은 온도의 영향을 받지 않으므로 몰랄 농도도 온도의 영향을 받지 않는다. 반면, 몰 농도(M)$=\dfrac{\text{용질의 양(mol)}}{\text{용액의 부피(L)}}$이다. 물질의 양(mol)은 온도의 영향을 받지 않지만 부피는 온도에 따라 달라지므로 몰 농도는 온도의 영향을 받는다.

모범 답안 몰 농도, 몰 농도는 $\dfrac{\text{용질의 양(mol)}}{\text{용액의 부피(L)}}$인데 온도가 변하면 용액의 부피가 변하기 때문이다.

04 몰 분율을 몰랄 농도로 환산

정답 맞히기 ㄱ. $NaCl(aq)$에서

$NaCl$의 몰 분율$=\dfrac{NaCl\text{의 양(mol)}}{\text{물의 양(mol)}+NaCl\text{의 양(mol)}}$이다.

$NaCl$의 몰 분율이 $\dfrac{1}{100}$인 $NaCl(aq)$에서 $NaCl$의 양이 1몰이라면 물의 양은 99몰이다. 물의 분자량을 M_{H_2O}이라 하면 용매인 물의 질량은 $(99\times M_{H_2O})\ g$이다.

몰랄 농도$(m)=\dfrac{\text{용질의 양(mol)}}{\text{용매의 질량(kg)}}=\dfrac{NaCl\ 1\ mol}{\dfrac{99\times M_{H_2O}}{1000}\ kg}$

$=\dfrac{1000}{99\times M_{H_2O}}\ m$이다. 따라서 이 용액의 몰랄 농도를 계산하려면 물의 분자량이 필요하다.

오답 피하기 ㄴ, ㄷ. 이 용액의 몰랄 농도를 계산하고자 할 때 $NaCl$의 화학식량과 $NaCl(aq)$의 밀도는 필요하지 않다.

05 여러 가지 농도

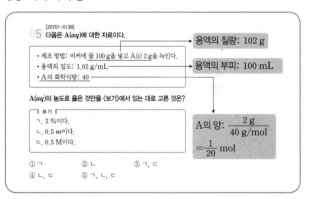

정답 맞히기 ㄴ. A의 화학식량이 40이므로 $A(s)$ 2 g은 $\dfrac{2\ g}{40\ g/mol}=\dfrac{1}{20}\ mol$이다.

따라서 몰랄 농도$(m)=\dfrac{\text{용질의 양(mol)}}{\text{용매의 질량(kg)}}=\dfrac{\dfrac{1}{20}\ mol}{0.1\ kg}=0.5\ m$이다.

ㄷ. 용액의 밀도가 $1.02\ g/mL$이므로 용액 102 g의 부피는 $\dfrac{102\ g}{1.02\ g/mL}=100\ mL$이다.

따라서 몰 농도(M)$=\dfrac{\text{용질의 양(mol)}}{\text{용액의 부피(L)}}=\dfrac{\dfrac{1}{20}\ mol}{0.1\ L}=0.5\ M$이다.

ㄱ. 퍼센트 농도(%)=$\dfrac{\text{용질의 질량(g)}}{\text{용액의 질량(g)}}\times 100$

=$\dfrac{2\text{ g}}{100\text{ g}+2\text{ g}}\times 100=\dfrac{100}{51}$ %이므로 2 %보다 작다.

06 퍼센트 농도와 몰랄 농도

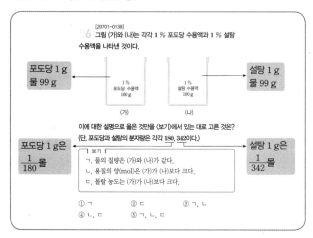

[20701-0139]

06 그림 (가)와 (나)는 각각 1 % 포도당 수용액과 1 % 설탕 수용액을 나타낸 것이다.

포도당 1 g
물 99 g →

1 %
포도당
수용액
100 g

(가)

1 %
설탕
수용액
100 g

(나)

← 설탕 1 g
물 99 g

포도당 1 g은
$\dfrac{1}{180}$ 몰

설탕 1 g은
$\dfrac{1}{342}$ 몰

이에 대한 설명으로 옳은 것만을 〈보기〉에서 있는 대로 고른 것은? (단, 포도당과 설탕의 분자량은 각각 180, 342이다.)

〈보기〉
ㄱ. 물의 질량은 (가)와 (나)가 같다.
ㄴ. 용질의 양(mol)은 (가)가 (나)보다 크다.
ㄷ. 몰랄 농도는 (가)가 (나)보다 크다.

① ㄱ   ② ㄷ   ③ ㄱ, ㄴ
④ ㄴ, ㄷ   ⑤ ㄱ, ㄴ, ㄷ

정답 맞히기 ㄱ. 퍼센트 농도(%)=$\dfrac{\text{용질의 질량(g)}}{\text{용액의 질량(g)}}\times 100$이므로 (가) 1 % 포도당 수용액 100 g은 포도당 1 g과 물 99 g이 혼합된 용액이고, (나) 1 % 설탕 수용액 100 g은 설탕 1 g과 물 99 g이 혼합된 용액이다. 따라서 물의 질량은 (가)와 (나)에서 각각 99 g으로 같다.

ㄴ. (가)에는 포도당 1 g이 들어 있고, 포도당의 분자량은 180이므로 (가)에 들어 있는 용질의 양(mol)은 $\dfrac{1\text{ g}}{180\text{ g/mol}}=\dfrac{1}{180}$ mol 이다. (나)에는 설탕 1 g이 들어 있고, 설탕의 분자량은 342이므로 (나)에 들어 있는 용질의 양(mol)은 $\dfrac{1\text{ g}}{342\text{ g/mol}}=\dfrac{1}{342}$ mol 이다. 따라서 용질의 양(mol)은 (가)가 (나)보다 크다.

ㄷ. 몰랄 농도(m)=$\dfrac{\text{용질의 양(mol)}}{\text{용매의 질량(kg)}}$이다. (가)와 (나)에서 용매의 질량은 각각 99 g으로 같은데 용질의 양(mol)이 (가)가 (나)보다 크므로 몰랄 농도는 (가)가 (나)보다 크다.

07 증기압 내림

정답 맞히기 ① 라울 법칙에 따라 비휘발성, 비전해질인 용질이 녹아 있는 묽은 용액의 증기압 내림(ΔP)은 용질의 몰 분율($X_{용질}$)에 비례한다($\Delta P=P_{용매}\times X_{용질}$). t ℃에서 물의 증기 압력이 P이고, A(aq)의 증기 압력이 $\dfrac{19}{20}P$이므로 증기압 내림은 $P-\dfrac{19}{20}P$

=$\dfrac{1}{20}P$이다. A의 몰 분율을 X_A라 하면 $\dfrac{1}{20}P=P\times X_A$이므로 $X_A=\dfrac{1}{20}$이다.

08 라울 법칙

정답 맞히기 ㄱ. 용매의 증기 압력($P_{용매}$)과 용액의 증기 압력($P_{용액}$)의 차를 용액의 증기압 내림(ΔP)이라고 한다($\Delta P=P_{용매}-P_{용액}$). t ℃에서 설탕 수용액의 증기압 내림이 ΔP이고, 물의 증기 압력이 $P_물$이므로 설탕 수용액의 증기 압력 $P_{용액}=P_물-\Delta P$이다.

ㄷ. 비휘발성, 비전해질 용질이 녹아 있는 묽은 용액의 증기 압력($P_{용매}$)은 용매의 몰 분율($X_{용매}$)에 비례한다($P_{용매}=P_{용매}\times X_{용매}$). 설탕의 몰 분율이 $X_{설탕}$이므로 물의 몰 분율은 $(1-X_{설탕})$이다. 물의 증기 압력이 $P_물$이므로 설탕 수용액의 증기 압력 $P_{용액}=P_물\times(1-X_{설탕})$이다.

ㄴ. 묽은 용액의 증기압 내림(ΔP)은 용질의 몰 분율($X_{용질}$)에 비례한다($\Delta P=P_{용매}\times X_{용질}$). 따라서 $P_물\times X_{설탕}$은 증기압 내림(ΔP)에 해당한다.

09 증기압 내림

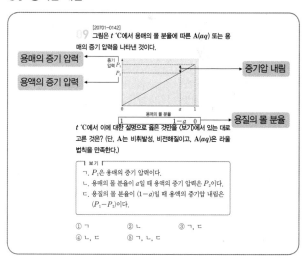

[20701-0142]

09 그림은 t ℃에서 용매의 몰 분율에 따른 A(aq) 또는 용매의 증기 압력을 나타낸 것이다.

용매의 증기 압력

용액의 증기 압력

증기
압력

P_1

P_2

증기압 내림

용질의 몰 분율

용매의 몰 분율

1        $1-a$ 0

t ℃에서 이에 대한 설명으로 옳은 것만을 〈보기〉에 있는 대로 고른 것은? (단, A는 비휘발성, 비전해질이고, A(aq)은 라울 법칙을 만족한다.)

〈보기〉
ㄱ. P_1은 용매의 증기 압력이다.
ㄴ. 용매의 몰 분율이 a일 때 용액의 증기 압력은 P_2이다.
ㄷ. 용질의 몰 분율이 $(1-a)$일 때 용매의 증기압 내림은 (P_1-P_2)이다.

① ㄱ   ② ㄴ   ③ ㄱ, ㄷ
④ ㄴ, ㄷ   ⑤ ㄱ, ㄴ, ㄷ

정답 맞히기 ㄱ. P_1은 용매의 몰 분율이 1일 때의 증기 압력이므로 순수한 용매의 증기 압력이다.

ㄴ. 그림에서 용매의 몰 분율이 a일 때 용액의 증기 압력은 P_2이다.

ㄷ. 용질의 몰 분율이 $(1-a)$일 때는 용매의 몰 분율이 a일 때와 같고, 이때 용액의 증기 압력은 P_2이고, 용매의 증기 압력은 P_1이므로 증기압 내림은 (P_1-P_2)이다.

10 증기압 내림과 농도의 환산

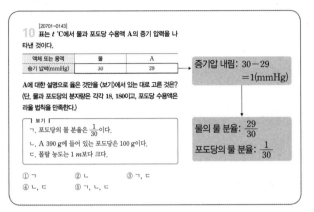

정답 맞히기 ㄱ. 라울 법칙에 따라 비휘발성, 비전해질 용질이 녹아 있는 묽은 용액의 증기압 내림(ΔP)은 용질의 몰 분율($X_{용질}$)에 비례한다($\Delta P = P_{용매} \times X_{용질}$). t ℃에서 물의 증기 압력이 30 mmHg, 포도당 수용액 A의 증기 압력이 29 mmHg이므로 증기압 내림은 $(30-29)$ mmHg = 1 mmHg이다. 포도당의 몰 분율을 x라 하면 1 mmHg = 30 mmHg $\times x$이므로 $x = \dfrac{1}{30}$이다.

ㄴ. 포도당 수용액 A에서 포도당의 몰 분율이 $\dfrac{1}{30}$이므로 포도당 수용액 A는 포도당 1몰과 물 29몰을 혼합한 용액과 농도가 같다. 포도당과 물의 분자량은 각각 180, 18이므로 포도당 수용액 A는 포도당 180 g과 물 18 g/mol $\times$ 29 mol = 522 g을 혼합한 용액과 농도가 같다. 이때 수용액과 포도당의 질량 비는 $(522+180) : 180 = 390 : y$이므로, A 390 g에 들어 있는 포도당의 질량 $y = \dfrac{180 \times 390}{522 + 180} = 100$(g)이다.

ㄷ. 수용액 A를 포도당 180 g과 물 522 g을 혼합한 용액이라 가정할 때, 몰랄 농도(m) $= \dfrac{용질의 \ 양(mol)}{용매의 \ 질량(kg)} = \dfrac{1 \ mol}{0.522 \ kg} = \dfrac{500}{261} \ m$이다. 따라서 몰랄 농도는 1 m보다 크다.

11 끓는점 오름과 몰랄 농도

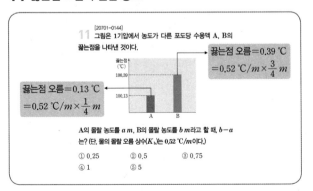

정답 맞히기 ② 비휘발성, 비전해질 용질이 녹아 있는 묽은 용액의 끓는점 오름은 용질의 종류와 관계없이 용액의 몰랄 농도(m)에 비례한다. 1기압에서 물의 끓는점은 100 ℃이며, 물의 몰랄 오름 상수(K_b)는 0.52 ℃/m이므로

A의 몰랄 농도 a $m = \dfrac{\Delta T_b}{K_b} = \dfrac{0.13}{0.52} \ m = 0.25 \ m$,

B의 몰랄 농도 b $m = \dfrac{\Delta T_b}{K_b} = \dfrac{0.39}{0.52} \ m = 0.75 \ m$이다.

따라서 $b - a = 0.75 - 0.25 = 0.5$이다.

12 몰랄 오름 상수와 몰랄 내림 상수

정답 맞히기 ④ 끓는점 오름은 몰랄 오름 상수와 몰랄 농도의 곱이다($\Delta T_b = K_b \times m$). 3가지 용매 1 kg에 0.1몰의 용질 A(s)를 각각 녹인 3가지 용액의 몰랄 농도는 모두 같다. 따라서 몰랄 오름 상수가 클수록 끓는점 오름도 크다. 아세트산의 몰랄 오름 상수가 3.22 ℃/m로 가장 크므로 0.1 m 용액의 끓는점 오름이 가장 큰 용매 (가)는 아세트산이다. 어는점 내림은 몰랄 내림 상수와 몰랄 농도의 곱이다($\Delta T_f = K_f \times m$). 따라서 몰랄 내림 상수가 작을수록 어는점 내림도 작다. 물의 몰랄 내림 상수가 1.86 ℃/m로 가장 작으므로 0.1 m 용액의 어는점 내림이 가장 작은 용매 (나)는 물이다.

13 묽은 용액의 총괄성과 관련된 일상생활 속의 예

정답 맞히기 (나) 배추에 소금을 뿌리면 배추의 숨이 죽는 것은 배추 내부의 물이 소금이 있는 배추의 바깥쪽으로 이동해서 나타나는 현상으로, 삼투 현상으로 설명할 수 있다.

오답 피하기 (가) 책상에 흘린 같은 질량의 물과 주스 중 물이 더 빨리 마르는 것은 증기압 내림으로 설명할 수 있다.

(다) 겨울철 자동차 냉각수로 에틸렌 글리콜 수용액을 사용하는 것은 어는점 내림으로 설명할 수 있다.

14 삼투압과 몰 농도

반트 호프 법칙에 따라 비휘발성, 비전해질 용질이 녹아 있는 묽은 용액의 삼투압(π)은 용매나 용질의 종류에 관계없이 용액의 몰 농도(C)와 절대 온도(T)에 비례한다($\pi = CRT$). A의 삼투압이 5기압이고, $RT = 25$ L·atm/mol이므로 A의 몰 농도를 C라 할 때 5기압 $= C \times 25$ L·atm/mol이다. 따라서 A의 몰 농도 $C = 0.2$ mol/L이다.

몰 농도(M) $= \dfrac{용질의 \ 양(mol)}{용액의 \ 부피(L)}$이므로 설탕의 양을 x mol이라 할 때 0.2 mol/L $= \dfrac{x \ mol}{0.5 \ L}$에서 x mol $= 0.1$ mol이다.

모범 답안 0.1몰, A의 몰 농도를 C라 할 때 삼투압 5기압 $=C \times 25$ L·atm/mol이므로 $C=0.2$ mol/L이다. 따라서 A 에 들어 있는 설탕의 양은 0.2 mol/L × 0.5 L = 0.1 mol이다.

15 삼투 현상 실험

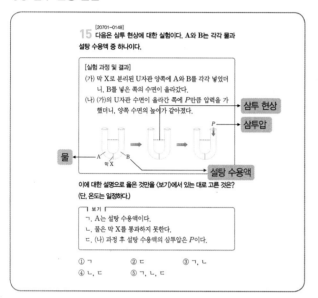

[20701-0148]
15 다음은 삼투 현상에 대한 실험이다. A와 B는 각각 물과 설탕 수용액 중 하나이다.

[실험 과정 및 결과]
(가) 막 X로 분리된 U자관 양쪽에 A와 B를 각각 넣었더니, B를 넣은 쪽의 수면이 올라갔다.
(나) (가)의 U자관 수면이 올라간 쪽에 P만큼 압력을 가 했더니, 양쪽 수면의 높이가 같아졌다.

삼투 현상
삼투압
물
막 X
설탕 수용액

이에 대한 설명으로 옳은 것만을 〈보기〉에서 있는 대로 고른 것은? (단, 온도는 일정하다.)

〈보기〉
ㄱ. A는 설탕 수용액이다.
ㄴ. 물은 막 X를 통과하지 못한다.
ㄷ. (나) 과정 후 설탕 수용액의 삼투압은 P이다.

① ㄱ ② ㄷ ③ ㄱ, ㄴ
④ ㄴ, ㄷ ⑤ ㄱ, ㄴ, ㄷ

정답 맞히기 ㄷ. 반투막을 사이에 두고 용매와 용액이 있을 때 삼 투 현상을 막기 위해 용액 쪽에 가해 주어야 하는 최소의 압력을 삼투압이라고 한다. 과정 (나)에서 U자관의 수면이 올라간 쪽에 P만큼 압력을 가했더니 양쪽 수면의 높이가 같아졌으므로 (나) 과정 후 설탕 수용액의 삼투압은 P이다.

오답 피하기 ㄱ. 과정 (가)에서 B를 넣은 쪽의 수면이 올라갔으므 로 A가 용매인 물이고, B가 용액인 설탕 수용액이다.

ㄴ. 과정 (가)에서 수면의 높이 변화가 생긴 것은 물이 이동하였기 때문이다. 따라서 물은 막 X를 통과한다.

16 삼투압으로 분자량 계산

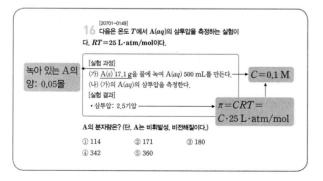

[20701-0149]
16 다음은 온도 T에서 A(aq)의 삼투압을 측정하는 실험이 다. $RT=25$ L·atm/mol이다.

녹아 있는 A의 양: 0.05몰

[실험 과정]
(가) A(s) 17.1 g을 물에 녹여 A(aq) 500 mL를 만든다.
(나) (가)의 A(aq)의 삼투압을 측정한다.

[실험 결과]
• 삼투압: 2.5기압

$C=0.1$ M

$\pi=CRT=$
$C \cdot 25$ L·atm/mol

A의 분자량은? (단, A는 비휘발성, 비전해질이다.)

① 114 ② 171 ③ 180
④ 342 ⑤ 360

정답 맞히기 ④ 몰 농도(M) $= \dfrac{용질의\ 양(mol)}{용액의\ 부피(L)}$ 이므로 A의 분자 량을 x라 할 때, A(s) 17.1 g을 물에 녹여 만든 500 mL A(aq)의

몰 농도는 $\dfrac{\dfrac{17.1\ \text{g}}{x\ \text{g/mol}}}{0.5\ \text{L}} = \dfrac{34.2}{x}$ mol/L이다. 삼투압 $\pi=CRT$에서

$RT=25$ L·atm/mol이고, A(aq)의 삼투압이 2.5기압이므로

$2.5\ \text{atm} = \dfrac{34.2}{x}$ mol/L × 25 L·atm/mol에서 $x=342$이다.

17 묽은 용액의 총괄성과 관련된 일상생활 속의 예

정답 맞히기 ㄴ. 비휘발성 용질이 녹아 있는 용액의 증기 압력은 용매의 증기 압력보다 작으므로 용액이 용매보다 더 높은 온도에 서 끓는다. 찌개가 생수보다 더 높은 온도에서 끓는 것은 찌개가 생수보다 농도가 커서 같은 온도에서는 증기 압력이 낮기 때문이 다. 따라서 25 °C에서 증기 압력은 생수가 찌개보다 높다.

오답 피하기 ㄱ. 용액의 증기 압력은 용매의 몰 분율에 비례한다. 바닷물에 젖은 옷보다 강물에 젖은 옷이 더 빨리 마르는 것은 바 닷물의 증기 압력이 강물보다 작기 때문이다. 따라서 용매인 물의 몰 분율은 바닷물이 강물보다 작다.

ㄷ. 삼투 현상은 반투막을 사이에 두고 농도가 서로 다른 용액이 있을 때 농도가 작은 쪽에서 큰 쪽으로 용매가 이동하는 현상이 다. 오이를 소금물에 넣어 두면 오이가 쪼그라드는 것은 오이 내 부에서 소금물 쪽으로 용매인 물이 이동하기 때문이다. 따라서 몰 농도는 소금물이 오이 내부의 수용액보다 크다.

신유형·수능 열기 본문 072~073쪽

| 01 ③ | 02 ④ | 03 ② | 04 ⑤ | 05 ⑤ |
| 06 ① | 07 ③ | 08 ② | | |

01

정답 맞히기 ㄱ. 물 x g에 A y g을 녹인 수용액의 퍼센트 농도는

25 °C에서 $a\ \% = \dfrac{y\ \text{g}}{(x+y)\ \text{g}} \times 100$이다. A의 화학식량이 30이

므로 수용액의 몰랄 농도는 25 °C에서 $\dfrac{a}{2}\ m = \dfrac{\dfrac{y\ \text{g}}{30\ \text{g/mol}}}{\dfrac{x}{1000}\ \text{kg}} =$

$\dfrac{100\ y}{3x}\ m$이다. $a = 2 \times \dfrac{100\ y}{3x} = \dfrac{100\ y}{x+y}$이므로 $2x+2y=3x$에서

$\dfrac{x}{y}=2$이다.

ㄴ. $\dfrac{x}{y}=2$를 $a\,\% = \dfrac{y\ \text{g}}{(x+y)\ \text{g}}\times 100$에 대입하면

$a = \dfrac{y}{2y+y}\times 100 = \dfrac{100}{3}$이다.

오답 피하기 ㄷ. 퍼센트 농도와 몰랄 농도는 온도의 영향을 받지 않는다. 따라서 $b=a$이고, $c=\dfrac{a}{2}$이므로 $\dfrac{b}{c}=2$이다.

02

정답 맞히기 ㄴ. 몰랄 농도$(m) = \dfrac{\text{용질의 양(mol)}}{\text{용매의 질량(kg)}}$이고, 아세트

산의 분자량이 60이므로 Ⅱ에서 몰랄 농도는 $\dfrac{\dfrac{ⓒ\ \text{g}}{60\ \text{g/mol}}}{1\ \text{kg}}=x\ m$

이고, ⓒ$=60x$이다.

ㄷ. Ⅱ에서 아세트산 수용액의 퍼센트 농도는

$\dfrac{60x\ \text{g}}{(1000+60x)\ \text{g}}\times 100 = x\ \%$이므로, $6000=1000+60x$에서

$x=\dfrac{5000}{60}=\dfrac{250}{3}$이다.

오답 피하기 ㄱ. 퍼센트 농도$(\%) = \dfrac{\text{용질의 질량(g)}}{\text{용액의 질량(g)}}\times 100$이므로

Ⅰ에서 퍼센트 농도는 $\dfrac{x\ \text{g}}{(ⓐ+x)\ \text{g}}\times 100 = x\ \%$이고,

ⓐ$+x=100$, ⓐ$=100-x$이다.

03

정답 맞히기 ㄴ. 설탕의 몰 분율이 $\dfrac{1}{700}$이면 물의 몰 분율은

$1-\dfrac{1}{700}=\dfrac{699}{700}$이다. 라울 법칙에 따라 비휘발성, 비전해질 용질이 녹아 있는 묽은 용액의 증기 압력$(P_{용액})$은 용매의 몰 분율$(X_{용매})$에 비례한다$(P_{용액}=P_{용매}\times X_{용매})$. $t\ ℃$일 때 물의 증기 압력이 $700\ \text{mmHg}$이므로 이 수용액의 증기 압력은

$700\ \text{mmHg}\times \dfrac{699}{700}=699\ \text{mmHg}$이다.

오답 피하기 ㄱ. $0\ ℃$ 물의 증기 압력은 $4.6\ \text{mmHg}$로 0이 아니다. 따라서 $0\ ℃$ 물의 증발 속도는 0이 아니다.

ㄷ. $t\ ℃$일 때 물의 증기 압력이 $700\ \text{mmHg}$이므로 외부 압력이 $700\ \text{mmHg}$이면 $t\ ℃$의 물은 끓는다. $1\ \%$ 설탕물은 끓는점 오름으로 물보다 끓는점이 더 높으므로 외부 압력이 $700\ \text{mmHg}$이면 $t\ ℃$보다 더 높은 온도에서 끓는다. 즉, $t\ ℃$의 $1\ \%$ 설탕 수용액을 외부 압력이 $700\ \text{mmHg}$인 곳에 두면 끓지 않는다.

04

정답 맞히기 ㄱ. 몰랄 오름 상수(K_b)는 $1\ m$ 용액의 끓는점 오름에 해당하고, 몰랄 내림 상수(K_f)는 $1\ m$ 용액의 어는점 내림에 해당한다. 물의 몰랄 오름 상수(K_b)는 $0.52\ ℃/m$이고, 물의 몰랄 내림 상수(K_f)는 $1.86\ ℃/m$이므로 $1\ m$ 포도당 수용액에서 끓는점 오름과 어는점 내림은 각각 $0.52\ ℃$, $1.86\ ℃$이다. 끓는점 오름과 어는점 내림은 모두 몰랄 농도에 비례하므로 $0.1\ m$ 포도당 수용액에서 끓는점 오름과 어는점 내림은 각각 $0.052\ ℃$, $0.186\ ℃$이다. 이때 수용액의 끓는점과 어는점은 각각 $100.052\ ℃$, $-0.186\ ℃$이므로 차(x)는 $100.238\ ℃$이다.

ㄴ. y는 몰랄 농도가 0일 때, 즉 순수한 물일 때의 끓는점과 어는점의 차이므로 $(100-0)\ ℃=100\ ℃$이다.

ㄷ. 끓는점 오름과 어는점 내림이 모두 몰랄 농도에 비례하므로 (끓는점 오름과 어는점 내림의 합)도 몰랄 농도에 비례한다. (끓는점 오름과 어는점 내림의 합)이 $2.38\ ℃$일 때 수용액의 몰랄 농도가 $1\ m$이므로 (끓는점 오름과 어는점 내림의 합)이 $0.714\ ℃$일 때 수용액의 몰랄 농도는 $z\ m = \dfrac{0.714}{2.38}\ m = 0.3\ m$이다. 용매의 어는점 내림은 용질의 종류와 관계없이 몰랄 농도에 비례하므로 $0.3\ m$ 설탕 수용액의 어는점 내림은 $1.86\ ℃/m \times 0.3\ m = 0.558\ ℃$이다. 따라서 어는점은 $-0.558\ ℃$이다.

05

정답 맞히기 ㄱ. 용매 Y의 어는점은 $b\ ℃$이고, $0.3\ m$ 용액 A의 어는점은 $(b-1.521)\ ℃$이므로 어는점 내림은 $b\ ℃-(b-1.521)\ ℃=1.521\ ℃=K_f\times 0.3\ m$이다. 따라서 용매 Y의 몰랄 내림 상수$(K_f)$는 $\dfrac{1.521\ ℃}{0.3\ m}=5.07\ ℃/m$이다. $x\ m$ 용액 B의 어는점 내림 $0.507\ ℃=5.07\ ℃/m\times x\ m$이므로 $x=0.1$이다.

ㄴ. 용매 Y의 끓는점은 $a\ ℃$이고, $0.1\ m$ 용액 B의 끓는점은 $(a+0.264)\ ℃$이므로 끓는점 오름은 $(a+0.264)\ ℃-a\ ℃=0.264\ ℃=K_b\times 0.1\ m$이다. 따라서 용매 Y의 몰랄 오름 상수$(K_b)$는 $\dfrac{0.264\ ℃}{0.1\ m}=2.64\ ℃/m$이다. $0.3\ m$ 용액 A의 끓는점 오름은 $2.64\ ℃/m\times 0.3\ m = 0.792\ ℃$이므로 $y=0.792$이다.

ㄷ. $0.3\ m$ 용액 A의 어는점 내림을 이용하여 용매 Y의 몰랄 내림 상수(K_f)를 구하면 $\dfrac{1.521\ ℃}{0.3\ m}=5.07\ ℃/m$이다.

06

정답 맞히기 ㄱ. 비휘발성, 비전해질 용질이 녹아 있는 묽은 용액의 어는점 내림은 용질의 종류와 관계없이 용액의 몰랄 농도(m)

에 비례한다. 용질 A는 비휘발성, 비전해질이고, 1기압에서 물의 어는점은 0 ℃이며, 물의 몰랄 내림 상수(K_f)는 1.86 ℃/m이므로 몰랄 농도를 $x\ m$라 할 때, 어는점 내림 $\Delta T_f = K_f \times m$ $=1.86\ ℃/m \times x\ m = 0.31\ ℃$이다. 따라서 a에서 A 수용액의 몰랄 농도 $x\ m = \dfrac{0.31}{1.86}\ m = \dfrac{1}{6}\ m$이다.

오답 피하기 ㄴ. 순물질은 응고될 때 온도가 일정하다. 그러나 수용액에서는 물만 응고되면서 상대적으로 용액의 농도가 점점 증가한다. 어는점 내림은 용액의 몰랄 농도에 비례하므로 농도가 증가할수록 어는점 내림이 커진다. 따라서 수용액의 농도는 a에서가 b에서보다 작다.

ㄷ. A의 분자량을 x라 할 때, 물 200 g에 용질 A 6 g을 녹인 수용액의 몰랄 농도는 $\dfrac{\dfrac{6\ \text{g}}{x\ \text{g/mol}}}{0.2\ \text{kg}} = \dfrac{30}{x}\ m$이다. 어는점 내림을 통해 구한 a에서의 몰랄 농도가 $\dfrac{1}{6}\ m$이므로 A의 분자량 $x = 180$이다.

07

정답 맞히기 ㄱ. 라울 법칙에 따라 비휘발성, 비전해질 용질이 녹아 있는 묽은 용액의 증기 압력($P_{용액}$)은 용매의 몰 분율($X_{용매}$)에 비례한다($P_{용액} = P_{용매} \times X_{용매}$). t_1 ℃에서 물의 증기 압력은 20.0 mmHg이고, 포도당 수용액 A의 증기 압력은 19.5 mmHg이므로 A에서 물의 몰 분율은 $\dfrac{19.5\ \text{mmHg}}{20.0\ \text{mmHg}} = \dfrac{39}{40}$이다. t_3 ℃에서 물의 증기 압력은 40.0 mmHg이므로 이때 A의 증기 압력은 40.0 mmHg $\times \dfrac{39}{40} = 39.0$ mmHg이다.

ㄷ. 포도당 수용액 A에서 물의 몰 분율이 $\dfrac{39}{40}$이므로 포도당 수용액 A는 포도당 1몰과 물 39몰을 혼합한 용액과 농도가 같다. 물의 분자량은 18이므로 포도당 수용액 A는 포도당 1몰과 물 18 g/mol $\times$ 39 mol = 702 g을 혼합한 용액과 농도가 같다. 따라서 A의 몰랄 농도(m) = $\dfrac{\text{용질의 양(mol)}}{\text{용매의 질량(kg)}} = \dfrac{1\ \text{mol}}{0.702\ \text{kg}} = \dfrac{500}{351}\ m$이다.

오답 피하기 ㄴ. 물의 증기 압력 곡선에서 온도가 높아질수록 온도 변화에 대한 증기 압력 변화량(기울기)이 증가한다. 따라서 증기 압력이 20.0 mmHg에서 30.0 mmHg로 증가할 때의 온도 변화($t_2 - t_1$)가 30.0 mmHg에서 40.0 mmHg로 증가할 때의 온도 변화($t_3 - t_2$)보다 크다.

08

정답 맞히기 ㄷ. 포도당 수용액은 (가)에서 (나)가 될 때 물이 추가되어 농도가 작아진다. 삼투압은 몰 농도에 비례하므로 포도당 수용액의 삼투압은 (가)에서가 (나)에서보다 크다.

오답 피하기 ㄱ. (가) 과정 후 충분한 시간이 흐른 뒤 U자관의 오른쪽 수면이 올라갔으므로 (가)에서 단위 시간당 반투막의 왼쪽에서 오른쪽으로 이동하는 물 분자 수가 오른쪽에서 왼쪽으로 이동하는 물 분자 수보다 크다. 따라서 ㉠ > ㉡이다.

ㄴ. (나) 과정 후는 충분한 시간이 흘러 동적 평형에 도달한 상태이므로 단위 시간당 반투막의 왼쪽에서 오른쪽으로 이동하는 물 분자 수와 오른쪽에서 왼쪽으로 이동하는 물 분자 수가 같다. 따라서 ㉠ = ㉡이다.

01 ②	**02** ④	**03** ⑤	**04** ③	**05** ③
06 ②	**07** ③	**08** ①	**09** ⑤	**10** ①
11 ③	**12** ④	**13** ③	**14** ⑤	**15** ①
16 ⑤				

01

정답 맞히기 같은 부피일 때 기체의 밀도는 ⓒ>⊙이므로 기체의 질량은 A(g)>B(g)이다.

ㄴ. 기체의 양(mol)은 A(g)와 B(g)가 같지만 기체의 질량은 A(g)>B(g)이므로 분자량은 A>B이다.

오답 피하기 ㄱ. 기체의 질량은 A(g)>B(g)이다.

ㄷ. 기체의 압력과 기체의 양(mol)이 같을 때 기체의 부피는 A(g)>B(g)이므로 기체의 온도는 A(g)>B(g)이다.

02

정답 맞히기 ④ 일정한 온도에서 기체의 압력과 부피는 반비례한다. He(g)의 부피는 (나)에서가 (가)에서의 $\frac{2}{3}$배이므로 He(g)의 압력은 (나)에서가 (가)에서의 $\frac{3}{2}$배이다. (가)에서 He(g)의 압력은 1기압이므로 (나)에서 He(g)의 압력은 1.5기압이고, 추 1개는 0.5기압에 해당한다. (다)에서 추 2개가 피스톤 위에 있으므로 He(g)의 압력은 2기압이다. 기체의 절대 온도는 기체의 양이 일정할 때 기체의 압력과 부피의 곱에 비례한다. 따라서 (나)와 (다)에서 He(g)의 절대 온도의 비 $T_1 : T_2 = 1.5 \times 2 : 2 \times 2 = 3 : 4$이다.

03

정답 맞히기 ㄱ. 기체의 평균 운동 에너지는 기체의 절대 온도에 비례한다. 기체의 절대 온도는 (나)에서가 (가)에서의 2배이므로 기체의 평균 운동 에너지는 (나)에서가 (가)에서보다 크다.

ㄴ. 기체의 분자량을 구하는 식 $M = \frac{dRT}{P}$에서 기체의 밀도 $d = \frac{PM}{RT}$이다. (가)와 (다)에서 A(g)의 밀도 비는 (가) : (다)$=\frac{2PM}{RT} : \frac{PM}{RT} = 2 : 1$이다. 따라서 A($g$)의 밀도는 (가)에서가 (다)에서의 2배이다.

ㄷ. 이상 기체 방정식 $PV = nRT$에서 기체의 부피 $V = \frac{nRT}{P}$이고, 기체의 양(mol)(n)은 A(g)의 질량에 비례한다. (나)와 (다)

에서 기체의 부피 비는 $\frac{2wRT}{P} : \frac{2wRT}{P} = 1 : 1$이다. 따라서 기체의 부피는 (나)에서와 (다)에서가 같다.

04

정답 맞히기 ③ 분자량을 구하는 식 $M = \frac{wRT}{PV}$을 이용하여 X의 분자량을 구하면 $\frac{0.8 \times R \times 300}{6P} = \frac{40R}{P}$이다. 분자량을 구하는 식 $M = \frac{dRT}{P}$를 이용하여 Y의 분자량을 구하면 $\frac{1.5 \times R \times 400}{3P} = \frac{200R}{P}$이다. X의 분자량이 4일 때 $\frac{40R}{P} = 4$에서 $\frac{R}{P} = \frac{1}{10}$이므로 Y의 분자량은 $\frac{200R}{P} = \frac{200}{10} = 20$이다.

05

정답 맞히기 ㄱ. 일정한 부피에서 일정량의 기체의 압력은 기체의 절대 온도에 비례한다. 실린더 속 기체의 온도를 낮추면 전체 압력이 작아지므로 A(g)의 부분 압력은 감소한다.

ㄷ. 고정 장치를 풀고 실린더에 B(g)를 넣으면 대기압이 일정하므로 실린더 속 기체의 부피가 증가한다. A(g)의 부피는 증가하므로 A(g)의 부분 압력은 감소한다.

오답 피하기 ㄴ. 실린더에 He 기체를 넣으면 실린더 속 기체의 전체 압력은 증가하지만, A(g)의 양(mol), 부피, 온도가 일정하므로 A(g)의 부분 압력은 변하지 않는다.

06

정답 맞히기 ② A(g)의 양(mol)을 $2xN$몰이라고 하면 B(g)의 양(mol)은 N몰이다. A(g)와 B(g)가 반응하면 A(g)가 모두 반응하거나 B(g)가 모두 반응한다. A(g)가 모두 반응한다고 할 경우, 화학 반응에서 양적 관계를 구하면 다음과 같다.

	$2A(g)$	$+$	$B(g)$	$\longrightarrow$	$2C(g)$
반응 전(몰)	$2xN$		N		
반응(몰)	$-2xN$		$-xN$		$+2xN$
반응 후(몰)	0		$(1-x)N$		$2xN$

반응 후 전체 기체의 양(mol)은 $(1-x)N + 2xN = (1+x)N$(몰)이다. 반응 후 전체 기체의 부피는 4 L이므로 $1+x=4$에서 $x=3$이다. $x=3$이면 반응 후 B(g)의 양(mol)은 $-2N$몰이 되어 모순이다. 따라서 B(g)가 모두 반응하며, 이 반응의 양적 관계를 구하면 다음과 같다.

	$2A(g)$	$+$	$B(g)$	$\longrightarrow$	$2C(g)$
반응 전(몰)	$2xN$		N		
반응(몰)	$-2N$		$-N$		$+2N$
반응 후(몰)	$(2x-2)N$		0		$2N$

반응 후 전체 기체의 양(mol)은 $(2x-2)N+2N=2xN$(몰)이다. 반응 후 전체 기체의 부피는 4 L이므로 $2x=4$에서 $x=2$이다.

07

정답 맞히기 ③ 분자량은 NH_3가 17, SiH_4이 32, PH_3이 34이다. 분자량은 $PH_3>SiH_4$이고, PH_3과 SiH_4 중 쌍극자·쌍극자 힘이 작용하는 것은 PH_3이므로 기준 끓는점이 PH_3이 SiH_4보다 높다. NH_3는 PH_3보다 분자량이 작지만 분자 사이에 수소 결합을 하므로 기준 끓는점은 NH_3가 PH_3보다 높다. 즉, 기준 끓는점은 $NH_3>PH_3>SiH_4$이므로 (가)~(다)는 각각 SiH_4, PH_3, NH_3이다.

08

정답 맞히기 ㄱ. HF는 분자량이 가장 작지만, 분자 사이에 수소 결합을 하므로 기준 끓는점이 가장 높다. 따라서 (가)는 HF이다.

오답 피하기 ㄴ. (라)는 분자량이 가장 크므로 Cl_2이다. Cl_2는 무극성 분자이므로 분자 사이에 쌍극자·쌍극자 힘이 작용하지 않는다.

ㄷ. 분자량이 비슷한 (나)와 (다)는 각각 HCl, F_2 중 하나이다. 극성 분자인 HCl는 분자 사이에 쌍극자·쌍극자 힘이 작용하지만, 무극성 분자인 F_2은 분자 사이에 쌍극자·쌍극자 힘이 작용하지 않으므로 기준 끓는점은 HCl가 F_2보다 높다. 즉, (나)와 (다)는 각각 HCl, F_2이며, (나)가 (다)보다 기준 끓는점이 높은 주된 이유는 (나)는 분자 사이에 쌍극자·쌍극자 힘이 작용하기 때문이다.

09

정답 맞히기 ⑤ 액체를 가득 채운 컵에 액체가 넘칠 때까지 넣어 준 동전의 개수가 많은 액체일수록 표면 장력이 크다. 물이 넘칠 때까지 넣은 동전의 개수가 A(l)가 넘칠 때까지 넣은 동전의 개수보다 많으므로 표면 장력은 물이 A(l)보다 크다.

10

정답 맞히기 ㄱ. (가)에서 B는 (나)에서 물의 부피가 a mL일 때에 해당한다. 얼음은 온도가 높을수록 부피가 증가하므로 A에서 H_2O의 부피는 a mL보다 작다.

오답 피하기 ㄴ. A에서 B로 될 때 H_2O의 부피가 증가하므로 밀도는 감소한다.

ㄷ. B에서 C로 될 때 얼음은 물로 상태 변화한다. H_2O의 평균 수소 결합 수는 얼음>물이므로 B에서 C로 될 때 H_2O의 평균 수소 결합 수는 감소한다.

11

정답 맞히기 ㄱ. A의 증기 압력은 (나)>(가)이므로 평형 상태에서 A(g)의 양은 (나)>(가)이다.

ㄴ. 온도가 높을수록 증기 압력이 크므로 온도는 t_2 ℃가 t_1 ℃보다 높다. 온도가 높을수록 증발 속도가 크므로 A의 증발 속도는 (나)>(가)이다.

오답 피하기 ㄷ. 평형 상태에서 A의 증발 속도와 응축 속도는 같다. 따라서 평형 상태에서 A의 응축 속도는 (나)>(가)이다.

12

정답 맞히기 ㄴ. (가)에서 단위 세포에 포함된 Cl^-의 수는 $8\times\dfrac{1}{8}=1$이고, (나)에서 단위 세포에 포함된 Cl^-의 수는 $8\times\dfrac{1}{8}+6\times\dfrac{1}{2}=4$이다. 따라서 단위 세포에 포함된 Cl^-의 수의 비는 (가) : (나)$=1:4$이다.

ㄷ. (가)에서 단위 세포에 포함된 Cs^+의 수는 1, Cl^-의 수는 1이므로 단위 세포에 포함된 $\dfrac{\text{양이온 수}}{\text{음이온 수}}=1$이다. (나)에서 단위 세포에 포함된 Na^+의 수는 $12\times\dfrac{1}{4}+1=4$, Cl^-의 수는 4이므로 단위 세포에 포함된 $\dfrac{\text{양이온 수}}{\text{음이온 수}}=1$이다. 따라서 단위 세포에 포함된 $\dfrac{\text{양이온 수}}{\text{음이온 수}}$는 (가)=(나)이다.

오답 피하기 ㄱ. (가)에서 1개의 Cs^+을 둘러싸고 있는 가장 인접한 Cl^-의 수는 8이다. (나)에서 1개의 Na^+을 둘러싸고 있는 가장 인접한 Cl^-의 수는 6이다. 따라서 1개의 양이온을 둘러싸고 있는 가장 인접한 Cl^-의 수는 (가)>(나)이다.

13

정답 맞히기 ㄱ. 퍼센트 농도(%)$=\dfrac{\text{용질의 질량(g)}}{\text{용액의 질량(g)}}\times100$
$=\dfrac{\text{용질의 질량(g)}}{\text{용매의 질량(g)+용질의 질량(g)}}\times100$이다. 따라서 (가)의 퍼센트 농도$=\dfrac{1\text{ g}}{100\text{ g}+1\text{ g}}\times100=\dfrac{100}{101}$ %는 1 %보다 작다.

ㄷ. 몰랄 농도(m)$=\dfrac{\text{용질의 양(mol)}}{\text{용매의 질량(kg)}}$이다. (나)와 (다)의 용매의

질량은 200 g으로 같고 용질의 양(mol)은 (다)가 (나)의 2배이므로 몰랄 농도는 (다)가 (나)의 2배이다.

오답 피하기 ㄴ. (나)의 퍼센트 농도(%)$=\dfrac{1\,\text{g}}{200\,\text{g}+1\,\text{g}}\times100=\dfrac{100}{201}$ %이고, (다)의 퍼센트 농도(%)$=\dfrac{2\,\text{g}}{200\,\text{g}+2\,\text{g}}\times100=\dfrac{100}{101}$ %이다. 따라서 퍼센트 농도는 (다)가 (나)의 2배보다 작다.

14

정답 맞히기 ㄱ. 라울 법칙에 따라 비휘발성, 비전해질 용질이 녹아 있는 묽은 용액의 증기 압력($P_{용액}$)은 용매의 몰 분율($X_{용매}$)에 비례한다($P_{용액}=P_{용매}\times X_{용매}$). t_2 ℃에서 물의 증기 압력은 P_1 mmHg이고, A(aq)의 증기 압력은 P_2 mmHg이므로 A(aq)에서 물의 몰 분율은 $\dfrac{P_2}{P_1}$이다.

ㄴ. 비휘발성 용질이 녹아 있는 용액의 증기 압력은 용매의 증기 압력보다 작으므로 용액이 용매보다 더 높은 온도에서 끓는다. 따라서 A(aq)의 끓는점은 물보다 높다.

ㄷ. t_2 ℃에서 물의 증기 압력은 P_1 mmHg이고, A(aq)의 증기 압력은 P_2 mmHg이므로 A(aq)에서 물의 몰 분율은 $\dfrac{P_2}{P_1}$이다. 마찬가지로 t_1 ℃에서 물의 증기 압력은 P_2 mmHg이고, A(aq)의 증기 압력은 P_3 mmHg이므로 A(aq)에서 물의 몰 분율은 $\dfrac{P_3}{P_2}$이다. A(aq)에서 물의 몰 분율은 t_1 ℃와 t_2 ℃에서 같으므로 $\dfrac{P_2}{P_1}=\dfrac{P_3}{P_2}$이다. 따라서 $(P_2)^2=P_1\times P_3$이다.

15

정답 맞히기 ㄱ. 비휘발성 용질이 녹아 있는 용액의 증기 압력은 용매의 증기 압력보다 작으므로 용액이 용매보다 더 높은 온도에서 끓는다. 따라서 1기압에서 끓는점은 1 % 포도당 수용액 A가 물보다 높다.

오답 피하기 ㄴ. 비휘발성 용질이 녹아 있는 용액에서 용질 입자들이 용매가 어는 것을 방해하므로 용액은 순수한 용매보다 어는점이 낮다. 따라서 1기압에서 어는점은 1 % 포도당 수용액 A가 물보다 낮다.

ㄷ. 비휘발성 용질이 녹아 있는 용액은 용질 입자 때문에 용액의 표면에서 증발할 수 있는 용매 입자 수가 용매에 비해 작으므로 증기압 내림이 나타난다. 따라서 25 ℃에서 증기 압력은 1 % 포도당 수용액 A가 물보다 낮다.

16

정답 맞히기 ⑤ 삼투압(π)은 설탕 수용액의 몰 농도(C)와 절대 온도(T)에 비례한다($\pi=CRT=\dfrac{n}{V}RT$). 따라서 설탕의 양(mol)은 삼투압과 용액의 부피의 곱에 비례한다($n\propto\pi V$). 삼투압과 용액의 부피의 곱(기압·mL)은 (가)~(다)에서 각각 $3\times100=300$, $2.5\times200=500$, $2\times300=600$이므로 설탕의 양(mol)은 (다)>(나)>(가)이고, 설탕의 질량도 (다)>(나)>(가)이다.

II. 반응 엔탈피와 화학 평형

5 열과 엔탈피

탐구 활동

본문 089쪽

1 해설 참조   **2** $\Delta H = -42.84$ kJ

1

헤스 법칙은 화학 반응에서 반응물의 종류와 상태, 생성물의 종류와 상태가 같으면 반응 경로에 관계없이 반응 엔탈피의 총합이 같은 것이다.

모범 답안 실험 I과 II의 두 화학 반응식을 합하면 실험 III과 같은 것처럼, 실험 I과 II의 반응 엔탈피 합(-2142 J -2742 J)은 실험 III의 반응 엔탈피(-4884 J)와 같다.

2

반응 $NaOH(s) \longrightarrow NaOH(aq)$의 반응 엔탈피($\Delta H$)는 1몰의 $NaOH(s)$이 물에 용해되어 1몰의 $NaOH(aq)$이 될 때의 반응 엔탈피이다. 실험 I에서 $\frac{1}{20}$몰의 $NaOH(s)$이 물에 용해될 때 2142 J의 열이 발생하였으므로 1몰의 $NaOH(s)$이 물에 용해될 때 2142 J $\times 20 = 42.84$ kJ의 열이 발생한다. 따라서 $\Delta H = -42.84$ kJ이다.

내신 기초 문제

본문 090~093쪽

01 ①	**02** ②	**03** ③	**04** ③	**05** 1780 kJ
06 ④	**07** ③	**08** ③	**09** ④	**10** ②
11 ⑤	**12** ③	**13** ④	**14** ⑤	**15** ③
16 ③	**17** ⑤	**18** ①	**19** ②	**20** ③
21 ④	**22** ②	**23** ①	**24** ②	

01

정답 맞히기 ㄱ. $\Delta H > 0$인 반응은 반응이 진행될 때 엔탈피가 증가하는 반응이므로 흡열 반응이다.

오답 피하기 ㄴ. 반응물의 엔탈피보다 생성물의 엔탈피가 크면 $\Delta H > 0$이므로 흡열 반응이다.

ㄷ. 반응 엔탈피는 물질의 양에 비례한다. 화학 반응식의 계수에 따라 반응 엔탈피도 비례하여 달라진다.

02

정답 맞히기 ② 반응 $CaCO_3(s) \longrightarrow CaO(s) + CO_2(g)$은 $\Delta H = 178$ kJ > 0이므로 흡열 반응이다.

오답 피하기 ① 반응 $C(s, \text{흑연}) + O_2(g) \longrightarrow CO_2(g)$은 $\Delta H = -394$ kJ < 0이므로 발열 반응이다.
③ 반응 $2H_2(g) + O_2(g) \longrightarrow 2H_2O(g)$은 $\Delta H = -484$ kJ < 0이므로 발열 반응이다.
④ 반응 $2H_2(g) + O_2(g) \longrightarrow 2H_2O(l)$은 $\Delta H = -572$ kJ < 0이므로 발열 반응이다.
⑤ 반응 $CH_4(g) + 2O_2(g) \longrightarrow CO_2(g) + 2H_2O(l)$은 $\Delta H = -890$ kJ < 0이므로 발열 반응이다.

03

정답 맞히기 ㄱ. 반응 엔탈피는 물질의 양에 비례하므로 화학 반응식의 계수에 따라 반응 엔탈피도 비례하여 달라진다. 반응 $2CH_3OH(l) + 3O_2(g) \longrightarrow 2CO_2(g) + 4H_2O(l)$은 제시된 반응 $CH_3OH(l) + \frac{3}{2}O_2(g) \longrightarrow CO_2(g) + 2H_2O(l)$보다 양이 2배로 증가된 반응이므로 반응 엔탈피도 비례하여 2배가 된다. 따라서 $\Delta H = 2a$ kJ이다.

ㄴ. 반응 $\frac{1}{2}CH_3OH(l) + \frac{3}{4}O_2(g) \longrightarrow \frac{1}{2}CO_2(g) + H_2O(l)$은 제시된 반응 $CH_3OH(l) + \frac{3}{2}O_2(g) \longrightarrow CO_2(g) + 2H_2O(l)$보다 양이 $\frac{1}{2}$배로 감소된 반응이므로 반응 엔탈피도 비례하여 $\frac{1}{2}$배로 감소된다. 따라서 $\Delta H = \frac{a}{2}$ kJ이다.

오답 피하기 ㄷ. $H_2O(g)$의 엔탈피는 $H_2O(l)$의 엔탈피보다 크다. 반응 $CH_3OH(l) + \frac{3}{2}O_2(g) \longrightarrow CO_2(g) + 2H_2O(g)$은 제시된 반응 $CH_3OH(l) + \frac{3}{2}O_2(g) \longrightarrow CO_2(g) + 2H_2O(l)$보다 생성물의 엔탈피가 크므로 반응 엔탈피도 크다. 따라서 $\Delta H > a$ kJ이다.

04

정답 맞히기 ㄱ. 반응 엔탈피는 물질의 양에 비례하므로 화학 반응식의 계수에 따라 반응 엔탈피도 비례하여 달라진다.

반응 $\frac{1}{2}N_2(g)+\frac{3}{2}H_2(g) \longrightarrow NH_3(g)$은 제시된 반응 $N_2(g)+3H_2(g) \longrightarrow 2NH_3(g)$보다 양이 $\frac{1}{2}$배로 감소된 반응이므로 반응 엔탈피도 $\frac{1}{2}$배로 감소된다. 따라서 $\Delta H=-92\text{ kJ}\times\frac{1}{2}=-46\text{ kJ}$이다.

ㄷ. 정반응이 발열 반응이면 역반응은 흡열 반응이므로 정반응과 역반응의 ΔH의 크기는 같고, 부호는 서로 반대이다. 반응 $2NH_3(g) \longrightarrow N_2(g)+3H_2(g)$은 제시된 반응 $N_2(g)+3H_2(g) \longrightarrow 2NH_3(g)$의 역반응이므로 $\Delta H=92\text{ kJ}$이다.

오답 피하기 ㄴ. 반응 $2N_2(g)+6H_2(g) \longrightarrow 4NH_3(g)$은 제시된 반응 $N_2(g)+3H_2(g) \longrightarrow 2NH_3(g)$보다 양이 2배로 증가된 반응이므로 반응 엔탈피도 2배가 된다. 따라서 $\Delta H=-92\text{ kJ}\times2=-184\text{ kJ}$이다.

05

반응 엔탈피는 물질의 양에 비례한다. 2몰의 $CH_4(g)$이 충분한 양의 $O_2(g)$와 반응하여 연소되는 반응의 화학 반응식은 $2CH_4(g)+4O_2(g) \longrightarrow 2CO_2(g)+4H_2O(l)$이다. 이는 제시된 반응 $CH_4(g)+2O_2(g) \longrightarrow CO_2(g)+2H_2O(l)$보다 양이 2배로 증가된 반응이므로 반응 엔탈피도 2배가 된다. 따라서 $\Delta H=-890\text{ kJ}\times2=-1780\text{ kJ}$이고, 방출되는 에너지는 1780 kJ이다.

06

정답 맞히기 ㄴ. 1몰의 $H_2(g)$를 충분한 양의 $O_2(g)$와 반응시켰더니 x몰의 $H_2O(l)$이 생성되고 열이 발생하였으므로 $H_2(g)$와 $O_2(g)$가 반응하여 $H_2O(l)$이 생성되는 반응은 발열 반응이다.

ㄷ. 1몰의 $H_2(g)$와 $\frac{1}{2}$몰의 $O_2(g)$가 반응하여 $H_2O(l)$이 생성되는 반응의 열화학 반응식은 $H_2(g)+\frac{1}{2}O_2(g) \longrightarrow H_2O(l)$ $\Delta H<0$이다. 이 반응은 발열 반응이므로 반응물인 $H_2(g)$ 1몰의 엔탈피와 $O_2(g)$ $\frac{1}{2}$몰의 엔탈피 합은 생성물인 $H_2O(l)$ 1몰의 엔탈피보다 크다.

오답 피하기 ㄱ. 1몰의 $H_2(g)$가 충분한 양의 $O_2(g)$와 반응할 때 생성되는 $H_2O(l)$의 양은 1몰이다. 따라서 $x=1$이다.

07

정답 맞히기 ③ 25 ℃, 표준 상태에서 가장 안정한 성분 원소의 표준 생성 엔탈피는 0이다. 탄소(C)의 가장 안정한 원소는 흑연이고, 다이아몬드는 흑연보다 엔탈피가 크다. 따라서 다이아몬드의 표준 생성 엔탈피는 0보다 크다.

오답 피하기 ① $H_2(g)$, ② C(s, 흑연), ④ $N_2(g)$, ⑤ $O_2(g)$는 가장 안정한 원소이므로 표준 생성 엔탈피가 모두 0이다.

08

정답 맞히기 ㄱ. 반응 C(s, 흑연)$+O_2(g) \longrightarrow CO_2(g)$의 $\Delta H=-394\text{ kJ}$이므로 C(s, 흑연) 1몰이 충분한 양의 $O_2(g)$와 반응하여 연소하면 394 kJ의 에너지가 방출된다.

ㄴ. 표준 생성 엔탈피는 표준 상태에서 가장 안정한 성분 원소들로부터 어떤 물질 1몰이 생성될 때의 반응 엔탈피이다. $CO_2(g)$의 표준 생성 엔탈피는 가장 안정한 성분 원소인 C(s, 흑연)과 $O_2(g)$로부터 1몰의 $CO_2(g)$가 생성될 때의 반응 엔탈피이므로 이는 제시된 열화학 반응식 C(s, 흑연)$+O_2(g) \longrightarrow CO_2(g)$ $\Delta H=-394\text{ kJ}$로부터 $CO_2(g)$의 표준 생성 엔탈피가 -394 kJ/mol임을 알 수 있다.

오답 피하기 ㄷ. C(s, 다이아몬드)의 엔탈피는 C(s, 흑연)의 엔탈피보다 크다. 반응 C(s, 다이아몬드)$+O_2(g) \longrightarrow CO_2(g)$은 제시된 반응 C(s, 흑연)$+O_2(g) \longrightarrow CO_2(g)$보다 반응물의 엔탈피가 커서 방출하는 에너지가 크므로 반응 엔탈피는 작다. 따라서 $\Delta H<-394\text{ kJ}$이다.

09

정답 맞히기 ④ 표준 생성 엔탈피는 표준 상태에서 가장 안정한 성분 원소들로부터 어떤 물질 1몰이 생성될 때의 반응 엔탈피이다.

오답 피하기 ① 25 ℃, 표준 상태에서 가장 안정한 성분 원소의 표준 생성 엔탈피는 0이다. 산소의 동소체 중 가장 안정한 원소는 $O_2(g)$이고, 오존($O_3(g)$)은 $O_2(g)$보다 엔탈피가 크다. 따라서 $O_3(g)$의 표준 생성 엔탈피는 0보다 크다.
② $H_2O(g)$의 표준 생성 엔탈피는 $H_2O(l)$의 표준 생성 엔탈피보다 크다.
③ 탄소(C)의 가장 안정한 원소는 흑연이고, 다이아몬드는 흑연보다 엔탈피가 크다. 따라서 C(s, 다이아몬드)의 표준 생성 엔탈피는 0보다 크다.
⑤ 기체 상태의 물질을 구성하는 두 원자 사이의 공유 결합을 끊어 기체 상태의 원자로 만드는 데 필요한 에너지는 결합 에너지이다.

10

정답 맞히기 ㄴ. 25 ℃, 표준 상태에서 가장 안정한 성분 원소의 표준 생성 엔탈피는 0이다. 따라서 $F_2(g)$의 표준 생성 엔탈피는 0이다.

오답 피하기 ㄱ. C(s, 흑연)의 표준 생성 엔탈피는 0이고, C(s, 다이아몬드)의 표준 생성 엔탈피는 0보다 크다.

ㄷ. $O_2(g)$의 표준 생성 엔탈피는 0이고, $O_3(g)$의 표준 생성 엔탈피는 0보다 크다. 따라서 표준 생성 엔탈피는 $O_3(g) > O_2(g)$이다.

11

정답 맞히기 ㄱ. (가) $A(g) \longrightarrow B(g)$는 $\varDelta H > 0$이므로 흡열 반응이다.

ㄴ. (나) $C(g) \longrightarrow D(g)$는 $\varDelta H < 0$이므로 발열 반응이다. 따라서 반응이 일어날 때 주위로 열이 방출된다.

ㄷ. (나) $C(g) \longrightarrow D(g)$는 발열 반응이므로 엔탈피는 반응물인 $C(g)$가 생성물인 $D(g)$보다 크다.

12

정답 맞히기 ㄱ. 반응 엔탈피($\varDelta H$)는 생성물의 엔탈피 총합에서 반응물의 엔탈피 총합을 뺀 값이다.

ㄷ. 반응 엔탈피($\varDelta H$)는 생성물의 표준 생성 엔탈피 총합에서 반응물의 표준 생성 엔탈피 총합을 뺀 값이다.

오답 피하기 ㄴ. 반응물과 생성물이 모두 기체인 반응에서 반응 엔탈피($\varDelta H$)는 반응물의 결합 에너지 총합에서 생성물의 결합 에너지 총합을 뺀 값이다.

13

정답 맞히기 ④ 반응물과 생성물의 표준 생성 엔탈피를 알면 화학 반응의 반응 엔탈피를 구할 수 있다. 25 ℃에서 에테인($C_2H_6(g)$)의 표준 생성 엔탈피는 a kJ/mol이다.
반응 $2C(s, 흑연) + 2H_2(g) \longrightarrow C_2H_4(g)$의 $\varDelta H = b$ kJ이므로 에텐($C_2H_4(g)$)의 표준 생성 엔탈피는 b kJ/mol이다. 표준 상태에서 가장 안정한 성분 원소의 표준 생성 엔탈피는 0이므로 $H_2(g)$의 표준 생성 엔탈피는 0이다. 반응 엔탈피는 생성물의 표준 생성 엔탈피 총합에서 반응물의 표준 생성 엔탈피 총합을 뺀 값이다. 반응 $C_2H_4(g) + H_2(g) \longrightarrow C_2H_6(g)$의 반응 엔탈피($\varDelta H$)는 생성물($C_2H_6(g)$)의 표준 생성 엔탈피 a kJ에서 반응물($C_2H_4(g) + H_2(g)$)의 표준 생성 엔탈피 총합(b kJ$+0 = b$ kJ)을 뺀 $(a - b)$ kJ이다.

14

정답 맞히기 ⑤ 정반응이 발열 반응이면 역반응은 흡열 반응이다. 이때 $\varDelta H$의 크기는 서로 같고, 부호는 반대이다.
반응 $CO_2(g) \longrightarrow CO(g) + \frac{1}{2}O_2(g)$은 제시된 반응
$CO(g) + \frac{1}{2}O_2(g) \longrightarrow CO_2(g)$의 역반응이므로
$\varDelta H = 283$ kJ이다.

오답 피하기 ① $\varDelta H = -283$ kJ < 0이므로 발열 반응이다.

② 반응물의 엔탈피 총합이 생성물의 엔탈피 총합보다 283 kJ만큼 크다.

③ 표준 생성 엔탈피는 표준 상태에서 가장 안정한 성분 원소들로부터 어떤 물질 1몰이 생성될 때의 반응 엔탈피이다. $CO_2(g)$의 표준 생성 엔탈피는 가장 안정한 성분 원소인 $C(s, 흑연)$과 $O_2(g)$로부터 1몰의 $CO_2(g)$가 생성될 때의 반응 엔탈피이므로 이는 제시된 열화학 반응식 $CO(g) + \frac{1}{2}O_2(g) \longrightarrow CO_2(g)$ $\varDelta H = -283$ kJ으로부터는 알 수 없다. $CO_2(g)$의 표준 생성 엔탈피는 -393.5 kJ/mol이다.

④ 반응 엔탈피는 물질의 양에 비례하므로 화학 반응식의 계수에 따라 반응 엔탈피도 비례하여 달라진다. 반응 $2CO(g) + O_2(g) \longrightarrow 2CO_2(g)$은 제시된 반응 $CO(g) + \frac{1}{2}O_2(g) \longrightarrow CO_2(g)$보다 양이 2배로 증가된 반응이므로 반응 엔탈피도 비례하여 2배가 된다. 따라서 $\varDelta H = -283$ kJ $\times 2 = -566$ kJ이다.

15

정답 맞히기 ③ 표준 생성 엔탈피는 표준 상태에서 가장 안정한 성분 원소들로부터 어떤 물질 1몰이 생성될 때의 반응 엔탈피이다. $NO_2(g)$의 표준 생성 엔탈피는 가장 안정한 성분 원소인 $N_2(g)$와 $O_2(g)$로부터 1몰의 $NO_2(g)$가 생성될 때의 반응 엔탈피이므로 이는 제시된 열화학 반응식 $N_2(g) + 2O_2(g) \longrightarrow 2NO_2(g)$ $\varDelta H_1 = 68$ kJ로부터 $NO_2(g)$의 표준 생성 엔탈피가 68 kJ $\times \frac{1}{2} = 34$ kJ/mol임을 알 수 있다. 반응물과 생성물의 표준 생성 엔탈피를 알면 화학 반응의 반응 엔탈피를 구할 수 있다. 반응 엔탈피는 생성물의 표준 생성 엔탈피 총합에서 반응물의 표준 생성 엔탈피 총합을 뺀 값이다. 구하고자 하는 $NO(g)$의 표준 생성 엔탈피를 x kJ/mol이라 하면, 제시된 반응 $2NO(g) + O_2(g) \longrightarrow 2NO_2(g)$의 반응 엔탈피($\varDelta H_2$)는 생성물($2NO_2(g)$)의 표준 생성 엔탈피 총합($2 \times 34$ kJ $= 68$ kJ)에서 반응물($2NO(g) + O_2(g)$)의 표준 생성 엔탈피 총합 $(2x$ kJ $+ 0 = 2x$ kJ$)$을 뺀 $(68 - 2x)$ kJ이다. 따라서 $\varDelta H_2 = -112$ kJ $= (68 - 2x)$ kJ에서 $x = \frac{68 + 112}{2} = 90$(kJ/mol)이다.

16

정답 맞히기 ③ 원자 사이의 결합을 끊을 때는 에너지가 필요하고, 원자 사이의 결합이 생성될 때는 에너지를 방출한다. 반응 $F_2(g) \longrightarrow 2F(g)$은 $F-F$ 결합을 끊어야 하므로 에너지가 필요한 흡열 반응이다.

오답 피하기 ① $\Delta H<0$인 반응은 반응이 진행될 때 엔탈피가 감소하는 반응이므로 발열 반응이다.

② $CH_4(g)$의 연소 반응은 발열 반응이다.

④ 반응 $H^+(aq)+OH^-(aq) \longrightarrow H_2O(l)$은 중화 반응으로 발열 반응이다.

⑤ 생성물의 엔탈피 총합이 반응물의 엔탈피 총합보다 작은 반응은 발열 반응이다.

17

정답 맞히기 ㄱ. 결합 에너지는 기체 상태의 물질을 구성하는 두 원자 사이의 공유 결합 1몰을 끊어 기체 상태의 원자로 만드는 데 필요한 에너지이다. 즉, 원자 사이의 결합을 끊기 위해서는 에너지가 필요하므로 $N\equiv N$의 결합 에너지 a kJ/mol>0이다.

ㄴ. 결합의 세기가 강할수록 결합을 끊기가 어려우므로 결합 에너지가 크기 때문에 다중 결합일수록 결합 에너지가 크다. 따라서 결합 $N-N$의 결합 에너지는 $N\equiv N$의 결합 에너지인 a kJ/mol보다 작다.

ㄷ. 반응 $N_2(g) \longrightarrow 2N(g)$의 반응 엔탈피($\Delta H$)는 기체 상태에서 공유 결합을 이루는 원자 사이의 결합($N\equiv N$) 1몰을 끊는 데 필요한 에너지에 해당하므로 $\Delta H=a$ kJ이다.

18

정답 맞히기 ① 결합 에너지는 기체 상태의 물질을 구성하는 두 원자 사이의 공유 결합 1몰을 끊어 기체 상태의 원자로 만드는 데 필요한 에너지이다. 기체 반응에서의 반응 엔탈피(ΔH)는 반응물의 결합 에너지 총합에서 생성물의 결합 에너지 총합을 뺀 값이다. $Cl-Cl$의 결합 에너지를 x kJ/mol이라 할 때, 반응 $H_2(g)+Cl_2(g) \longrightarrow 2HCl(g)$의 반응 엔탈피($\Delta H=a$ kJ)는 반응물($H_2(g)+Cl_2(g)$)의 결합 에너지 총합 $(b+x)$ kJ에서 생성물($2HCl(g)$)의 결합 에너지 총합 $2c$ kJ을 뺀 값이다.

즉, $a=b+x-2c$이므로 $Cl-Cl$의 결합 에너지(kJ/mol) $x=a-b+2c$이다.

19

정답 맞히기 ㄴ. 결합 에너지는 기체 상태의 물질을 구성하는 두 원자 사이의 공유 결합 1몰을 끊어 기체 상태의 원자로 만드는 데 필요한 에너지이다. 화학 반응에서 반응물의 결합을 끊을 때는 에너지가 필요하여 엔탈피가 증가하고($\Delta H>0$), 새로운 결합이 형성될 때는 에너지를 방출하여 엔탈피가 감소한다($\Delta H<0$). 따라서 기체 반응에서의 반응 엔탈피(ΔH)는 반응물의 결합 에너지 총합에서 생성물의 결합 에너지 총합을 뺀 값이다.

오답 피하기 ㄱ. $H-H$ 결합 에너지는 1몰의 $H_2(g)$의 공유 결합을 끊어 2몰의 $H(g)$를 만드는 데 필요한 에너지이다.

ㄷ. 결합의 세기가 강할수록 결합을 끊기가 어려워 결합 에너지가 크기 때문에 다중 결합일수록 결합 에너지가 크다. 따라서 2중 결합인 $O=O$의 결합 에너지가 단일 결합인 $O-O$의 결합 에너지보다 크다.

20

정답 맞히기 ③ 결합의 세기가 강할수록 결합을 끊기가 어려우므로 결합 에너지가 크다. 4가지 결합의 결합 에너지가 $O=O(498$ kJ/mol$)>H-H(436$ kJ/mol$)>Cl-Cl(243$ kJ/mol$)>F-F(159$ kJ/mol$)$ 순이므로 결합의 세기도 $O=O>H-H>Cl-Cl>F-F$ 순이다. 따라서 결합의 세기가 가장 강한 것 (가)는 $O=O$이고, 가장 약한 것 (나)는 $F-F$이다.

21

정답 맞히기 ④ 정반응이 발열 반응이면 역반응은 흡열 반응이며, 정반응과 역반응의 ΔH의 크기는 서로 같고, 부호는 반대이다. 제시된 반응 $A(l) \longrightarrow B(l)$ $\Delta H=a$ kJ의 역반응의 열화학 반응식은 $B(l) \longrightarrow A(l)$ $\Delta H=-a$ kJ $\cdots$ (i)이다. 헤스 법칙에 따라 화학 반응에서 반응물의 종류와 상태, 생성물의 종류와 상태가 같으면 반응 경로에 관계없이 반응 엔탈피의 총합이 같으므로, (i)과 반응 $A(l) \longrightarrow C(l)$ $\Delta H=b$ kJ $\cdots$ (ii)를 합하면 반응 $B(l) \longrightarrow C(l)$ $\Delta H=x$ kJ이 되는 것처럼 (i)과 (ii)의 반응 엔탈피 합 $(b-a)$ kJ은 반응 $B(l) \longrightarrow C(l)$의 반응 엔탈피($\Delta H$) x kJ과 같다. 따라서 $x=b-a$이다.

22

정답 맞히기 ② 정반응이 발열 반응이면 역반응은 흡열 반응이며, 정반응과 역반응의 ΔH의 크기는 서로 같고, 부호는 반대이다. 제시된 반응 $2H_2(g)+O_2(g) \longrightarrow 2H_2O(g)$ $\Delta H=-484$ kJ의 역반응의 열화학 반응식은 $2H_2O(g) \longrightarrow 2H_2(g)+O_2(g)$ $\Delta H=484$ kJ $\cdots$ (i)이다. 헤스 법칙에 따르면 화학 반응에서 반응물의 종류와 상태, 생성물의 종류와 상태가 같으면 반응 경로에 관계없이 반응 엔탈피의 총합이 같다. 즉, (i)과 반응 $2H_2(g)+O_2(g) \longrightarrow 2H_2O(l)$ $\Delta H=-572$ kJ $\cdots$ (ii)를 합하면 반응 $2H_2O(g) \longrightarrow 2H_2O(l)$이 되는 것처럼 (i)과 (ii)의 반응 엔탈피 합 484 kJ$+(-572$ kJ$)=-88$ kJ은 반응 $2H_2O(g) \longrightarrow 2H_2O(l)$의 반응 엔탈피와 같다. 따라서 반응 $H_2O(g) \longrightarrow H_2O(l)$의 반응 엔탈피는 $\frac{-88\text{ kJ}}{2}=-44$ kJ이다.

23

정답 맞히기 ① 헤스 법칙에 따라 화학 반응에서 반응물의 종류

와 상태, 생성물의 종류와 상태가 같으면 반응 경로에 관계없이 반응 엔탈피의 총합이 같다.

$2S(s, \text{사방황})+2O_2(g) \longrightarrow 2SO_2(g)\ \Delta H=a \text{ kJ} \cdots (\text{i})$

$2SO_2(g)+O_2(g) \longrightarrow 2SO_3(g)\ \Delta H=b \text{ kJ} \cdots (\text{ii})$

(i)과 (ii)를 합하면 반응 $2S(s, \text{사방황})+3O_2(g) \longrightarrow$ $2SO_3(g)$이 되는 것처럼 (i)과 (ii)의 반응 엔탈피 합 $(a+b)$ kJ 은 반응 $2S(s, \text{사방황})+3O_2(g) \longrightarrow 2SO_3(g)$의 반응 엔탈피 (ΔH) x kJ과 같다. 따라서 $x=a+b$이다.

24

정답 맞히기 ② 정반응이 발열 반응이면 역반응은 흡열 반응이며, 정반응과 역반응의 ΔH의 크기는 서로 같고, 부호는 반대이다. 제시된 반응 $MgO(s)+2HCl(aq) \longrightarrow MgCl_2(aq)+H_2O(l)$ ΔH_2의 역반응인 $MgCl_2(aq)+H_2O(l) \longrightarrow MgO(s)+2HCl(aq)$ 의 반응 엔탈피는 $-\Delta H_2$이다. 표준 생성 엔탈피는 표준 상태에 서 가장 안정한 성분 원소들로부터 어떤 물질 1몰이 생성될 때의 반응 엔탈피이다. 따라서 $MgO(s)$의 표준 생성 엔탈피는 가장 안 정한 성분 원소인 $Mg(s)$과 $O_2(g)$로부터 1몰의 $MgO(s)$이 생성될 때의 반응인 $Mg(s)+\frac{1}{2}O_2(g) \longrightarrow MgO(s)$의 반응 엔탈피에 해당한다.

$Mg(s)+2HCl(aq) \longrightarrow MgCl_2(aq)+H_2(g)\ \Delta H_1 \cdots (\text{i})$

$MgCl_2(aq)+H_2O(l) \longrightarrow MgO(s)+2HCl(aq)\ -\Delta H_2$
$\cdots (\text{ii})$

$H_2(g)+\frac{1}{2}O_2(g) \longrightarrow H_2O(l)\ \Delta H_3 \cdots (\text{iii})$

$Mg(s)+\frac{1}{2}O_2(g) \longrightarrow MgO(s)\ \Delta H \cdots (\text{iv})$

헤스 법칙에 따르면 화학 반응에서 반응물의 종류와 상태, 생성물 의 종류와 상태가 같으면 반응 경로에 관계없이 반응 엔탈피의 총 합이 같다. 즉, (i), (ii), (iii)을 합하면 (iv)가 되는 것처럼 (i), (ii), (iii)의 반응 엔탈피 합 $\Delta H_1-\Delta H_2+\Delta H_3$은 반응 (iv)의 반 응 엔탈피 ΔH와 같다. 따라서 $MgO(s)$의 표준 생성 엔탈피(ΔH) 는 $\Delta H_1-\Delta H_2+\Delta H_3$이다.

실력 향상 문제
본문 094~097쪽

01 해설 참조	**02** ①	**03** ①	**04** ③
05 ⑤	**06** ③	**07** ①	**08** 해설 참조
09 ⑤	**10** ⑤	**11** ②	**12** ①	**13** ⑤
14 ⑤	**15** ①	**16** ⑤	**17** ⑤

---

01 반응 엔탈피 측정

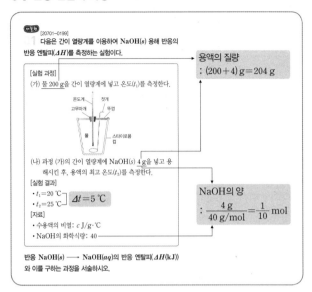

간이 열량계를 이용하여 화학 반응에서 온도 변화를 측정하고, 용 액의 비열과 질량을 이용하여 반응열(Q)을 계산할 수 있다. 반응 열은 (비열×질량×온도 변화)이며, 흡열 반응에서 $\Delta H > 0$이고, 발열 반응에서 $\Delta H < 0$이다.

모범 답안 $-10.2c$ kJ, NaOH의 화학식량이 40이므로 $NaOH(s)$ 4 g은 0.1몰이다. $NaOH(s)$ 0.1몰을 물에 녹 여 용해시킬 때 발생하는 열은 c J/g·℃×(200+4) g× (25−20) ℃=1020c J=1.02c kJ이다. 이에 $NaOH(s)$ 1몰을 물에 녹여 용해시킬 때 발생하는 열은 1.02c kJ×10=10.2c kJ 이다. 반응 $NaOH(s) \longrightarrow NaOH(aq)$은 발열 반응이므로 반응 엔탈피$(\Delta H)$는 $-10.2c$ kJ이다.

02 반응 계수와 반응 엔탈피

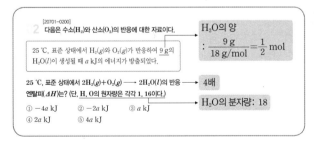

정답 맞히기 ① 자료에서 $H_2(g)$와 $O_2(g)$가 반응하여 9 g의 $H_2O(l)$이 생성될 때 a kJ의 에너지가 방출되었다. H_2O의 분자 량이 18이므로 9 g의 H_2O의 양은 $\frac{9 \text{ g}}{18 \text{ g/mol}}=\frac{1}{2}$ mol이다.

또 발열 반응에서 $\Delta H < 0$이므로 이를 열화학 반응식으로 나타내면 $\frac{1}{2}H_2(g) + \frac{1}{4}O_2(g) \longrightarrow \frac{1}{2}H_2O(l)$ $\Delta H = -a$ kJ이다. 반응 엔탈피는 물질의 양에 비례하므로 화학 반응식의 계수에 따라 반응 엔탈피도 비례하여 달라진다. 따라서 반응 $2H_2(g) + O_2(g) \longrightarrow 2H_2O(l)$의 $\Delta H = -4a$ kJ이다.

03 열화학 반응식과 반응 엔탈피

정답 맞히기 ㄱ. 반응물 $A(g)$가 생성물 $B(g)$보다 엔탈피가 크므로 반응 $A(g) \longrightarrow B(g)$은 발열 반응이다.

오답 피하기 ㄴ. 발열 반응은 $\Delta H < 0$이므로 $a < 0$이다.

ㄷ. 반응 엔탈피는 물질의 양에 비례하므로 화학 반응식의 계수에 따라 반응 엔탈피도 비례하여 달라진다. 반응 $2A(g) \longrightarrow 2B(g)$은 제시된 반응 $A(g) \longrightarrow B(g)$보다 양이 2배로 증가된 반응이므로 반응 엔탈피도 비례하여 2배가 된다. 따라서 반응 $2A(g) \longrightarrow 2B(g)$의 $\Delta H = 2a$ kJ이다.

04 열화학 반응식과 표준 생성 엔탈피

정답 맞히기 ㄷ. $H_2O(g)$의 엔탈피는 $H_2O(l)$의 엔탈피보다 크다. 따라서 $H_2O(g)$의 표준 생성 엔탈피도 $H_2O(l)$의 표준 생성 엔탈피인 -286 kJ/mol보다 크다.

오답 피하기 ㄱ. $\Delta H < 0$이면 발열 반응이다. 이때 생성물의 엔탈피가 반응물의 엔탈피보다 작다. 따라서 생성물인 $2H_2O(l)$의 엔탈피는 반응물인 $2H_2(g)$와 $O_2(g)$의 엔탈피 합보다 작다.

ㄴ. 표준 생성 엔탈피는 표준 상태에서 가장 안정한 성분 원소들로부터 어떤 물질 1몰이 생성될 때의 반응 엔탈피이다. $H_2O(l)$의 표준 생성 엔탈피는 가장 안정한 성분 원소인 $H_2(g)$와 $O_2(g)$로부터 1몰의 $H_2O(l)$이 생성될 때의 반응 엔탈피이므로, 제시된 열화학 반응식 $2H_2(g) + O_2(g) \longrightarrow 2H_2O(l)$ $\Delta H = -572$ kJ보다 양이 $\frac{1}{2}$배로 감소된 반응에 해당하는 열화학 반응식 $H_2(g) + \frac{1}{2}O_2(g) \longrightarrow H_2O(l)$ $\Delta H = -286$ kJ로부터 $H_2O(l)$의 표준 생성 엔탈피가 -286 kJ/mol임을 알 수 있다.

05 표준 생성 엔탈피와 반응 엔탈피

정답 맞히기 ⑤ 반응 $CO_2(g) + H_2O(l) \longrightarrow H_2CO_3(aq)$의 반응 엔탈피를 알기 위해서는 자료에서 주어진 $CO_2(g)$와 $H_2O(l)$의 표준 생성 엔탈피 이외에도 $H_2CO_3(aq)$의 표준 생성 엔탈피와 같은 추가적인 자료가 필요하다.

오답 피하기 ① 반응 $C(s, 흑연) + O_2(g) \longrightarrow CO_2(g)$의 반응 엔탈피는 $CO_2(g)$의 표준 생성 엔탈피와 같은 b kJ이다.

② 반응 $C(s, 흑연) + \frac{1}{2}O_2(g) \longrightarrow CO(g)$의 반응 엔탈피는 $CO(g)$의 표준 생성 엔탈피와 같은 a kJ이다.

③ 반응 $H_2(g) + \frac{1}{2}O_2(g) \longrightarrow H_2O(l)$의 반응 엔탈피는 $H_2O(l)$의 표준 생성 엔탈피와 같은 c kJ이다.

④ 반응 $CO(g) + \frac{1}{2}O_2(g) \longrightarrow CO_2(g)$의 반응 엔탈피는 $(b-a)$ kJ이다.

06 표준 생성 엔탈피와 반응 엔탈피

정답 맞히기 ③ 25 °C, 표준 상태에서 1몰의 $H_2(g)$가 충분한 양의 $O_2(g)$와 반응하여 $H_2O(l)$이 생성될 때의 화학 반응식은 $H_2(g) + \frac{1}{2}O_2(g) \longrightarrow H_2O(l)$이므로 이 반응의 반응 엔탈피는 $H_2O(l)$의 표준 생성 엔탈피와 같은 -286 kJ이다. 따라서 286 kJ의 에너지가 방출된다.

오답 피하기 ① 반응 $2H_2O(l) \longrightarrow 2H_2(g) + O_2(g)$의 $\Delta H = 286$ kJ × 2 = 572 kJ이다.

② $C(s, 흑연)$과 $O_2(g)$가 반응하여 1몰의 $CO_2(g)$가 생성될 때 394 kJ의 에너지가 방출된다.

④ $H_2O(g)$의 표준 생성 엔탈피는 -286 kJ/mol보다 크다.

⑤ 반응 $CH_4(g) + 2O_2(g) \longrightarrow CO_2(g) + 2H_2O(l)$의 $\Delta H = (-a - 966)$ kJ이다.

07 표준 생성 엔탈피와 반응 엔탈피

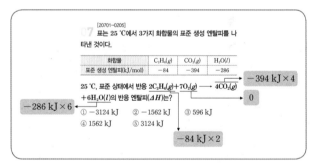

정답 맞히기 ① 반응물과 생성물의 표준 생성 엔탈피를 알면 화학 반응의 반응 엔탈피를 구할 수 있다. 표준 상태에서 가장 안정한 성분 원소의 표준 생성 엔탈피는 0이므로 $O_2(g)$의 표준 생성 엔탈피는 0이다. 반응 엔탈피는 생성물의 표준 생성 엔탈피 총합에서 반응물의 표준 생성 엔탈피 총합을 뺀 값이다. 반응 $2C_2H_6(g) + 7O_2(g) \longrightarrow 4CO_2(g) + 6H_2O(l)$의 반응 엔탈피($\Delta H$)는 생성물($4CO_2(g) + 6H_2O(l)$)의 표준 생성 엔탈피 총합 $\{4 \times (-394 \text{ kJ}) + 6 \times (-286 \text{ kJ})\}$에서 반응물($2C_2H_6(g) + 7O_2(g)$)의 표준 생성 엔탈피 총합

$\{2\times(-84\ \text{kJ})+(7\times0)\ \text{kJ}\}$을 뺀 $-3292\ \text{kJ}-(-168\ \text{kJ})$
$=-3124\ \text{kJ}$이다.

08 표준 생성 엔탈피와 열화학 반응식

$\text{NO}_2(g)$가 결합하여 1몰의 $\text{N}_2\text{O}_4(g)$가 생성되는 반응의 화학 반응식은 $2\text{NO}_2(g)\longrightarrow\text{N}_2\text{O}_4(g)$이다. 반응물과 생성물의 표준 생성 엔탈피를 알면 화학 반응의 반응 엔탈피를 구할 수 있다. 반응 엔탈피는 생성물의 표준 생성 엔탈피 9 kJ에서 반응물의 표준 생성 엔탈피 총합 $(2\times33\ \text{kJ}=66\ \text{kJ})$을 뺀 $(9-66)\ \text{kJ}=$ $-57\ \text{kJ}$이다.

모범 답안 $2\text{NO}_2(g)\longrightarrow\text{N}_2\text{O}_4(g)\quad\Delta H=-57\ \text{kJ}$

09 결합 에너지와 표준 생성 엔탈피

정답 맞히기 ⑤ 표준 생성 엔탈피는 표준 상태에서 가장 안정한 성분 원소들로부터 어떤 물질 1몰이 생성될 때의 반응 엔탈피이다. $\text{NH}_3(g)$의 표준 생성 엔탈피는 가장 안정한 성분 원소인 $\text{N}_2(g)$와 $\text{H}_2(g)$로부터 1몰의 $\text{NH}_3(g)$가 생성될 때의 반응 엔탈피이므로 이에 대한 화학 반응식은 $\frac{3}{2}\text{H}_2(g)+\frac{1}{2}\text{N}_2(g)\longrightarrow$ $\text{NH}_3(g)$이다. 결합 에너지는 기체 상태의 물질을 구성하는 두 원자 사이의 공유 결합 1몰을 끊어 기체 상태의 원자로 만드는 데 필요한 에너지이고, 기체 반응에서의 반응 엔탈피는 반응물의 결합 에너지 총합에서 생성물의 결합 에너지 총합을 뺀 값이다. 따라서 반응 $\frac{3}{2}\text{H}_2(g)+\frac{1}{2}\text{N}_2(g)\longrightarrow\text{NH}_3(g)$의 반응 엔탈피는 반응물 $\left(\frac{3}{2}\text{H}_2(g)+\frac{1}{2}\text{N}_2(g)\right)$의 결합 에너지 총합 $\left(\frac{3}{2}a+\frac{1}{2}c\right)$ kJ에서 생성물($\text{NH}_3(g)$)의 결합 에너지 총합 $3b$ kJ을 뺀 값이다. 따라서 $\text{NH}_3(g)$의 표준 생성 엔탈피는 $\left(\frac{3a-6b+c}{2}\right)$ kJ/mol이다.

10 결합 에너지와 결합 세기

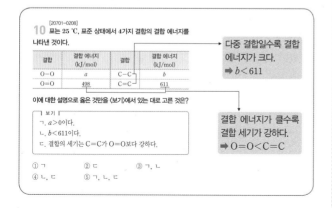

11 결합 에너지와 반응 엔탈피

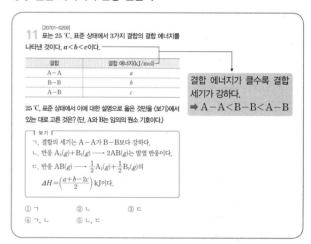

정답 맞히기 ㄱ. 원자 사이의 결합을 끊을 때는 에너지가 필요하고, 원자 사이의 결합이 생성될 때는 에너지를 방출한다. 결합 에너지는 기체 상태의 물질을 구성하는 두 원자 사이의 공유 결합 1몰을 끊어 기체 상태의 원자로 만드는 데 필요한 에너지이므로 0보다 크다. 따라서 $\text{O}-\text{O}$의 결합 에너지 $a>0$이다.

ㄴ. $\text{C}-\text{C}$은 단일 결합으로 2중 결합인 $\text{C}=\text{C}$보다 원자 사이의 결합을 끊기 쉬우므로 결합을 끊는 데 필요한 에너지가 작고, 따라서 결합 에너지가 작다. 즉, 결합 에너지는 $\text{C}-\text{C}(b\ \text{kJ/mol})$가 $\text{C}=\text{C}(611\ \text{kJ/mol})$보다 작다.

ㄷ. 결합의 세기가 강할수록 결합을 끊기가 어려우므로 결합 에너지가 크다. 따라서 결합 에너지가 큰 $\text{C}=\text{C}$가 결합 에너지가 작은 $\text{O}=\text{O}$보다 결합 세기가 강하다.

정답 맞히기 ㄴ. 기체 반응에서의 반응 엔탈피(ΔH)는 반응물의 결합 에너지 총합에서 생성물의 결합 에너지 총합을 뺀 값이다. 따라서 반응 $\text{A}_2(g)+\text{B}_2(g)\longrightarrow2\text{AB}(g)$의 반응 엔탈피는 반응물($\text{A}_2(g)+\text{B}_2(g)$)의 결합 에너지 총합 $(a+b)$ kJ에서 생성물 $(2\text{AB}(g))$의 결합 에너지 총합 $2c$ kJ을 뺀 $(a+b-2c)$ kJ이다. 이때 $a<b<c$이므로 $\Delta H=(a+b-2c)\ \text{kJ}<0$으로 이 반응은 발열 반응이다.

오답 피하기 ㄱ. 결합의 세기가 강할수록 결합을 끊기 어려우므로 결합 에너지가 크다. 따라서 결합 에너지가 큰 $\text{B}-\text{B}$가 결합 에너지가 작은 $\text{A}-\text{A}$보다 결합 세기가 강하다.

ㄷ. 반응 $\text{AB}(g)\longrightarrow\frac{1}{2}\text{A}_2(g)+\frac{1}{2}\text{B}_2(g)$의 반응 엔탈피는 반응물($\text{AB}(g)$)의 결합 에너지 c kJ에서 생성물 $\left(\frac{1}{2}\text{A}_2(g)+\frac{1}{2}\text{B}_2(g)\right)$의 결합 에너지 총합 $\left(\frac{a}{2}+\frac{b}{2}\right)$ kJ을 뺀 $\left(\frac{-a-b+2c}{2}\right)$ kJ이다.

12 결합 에너지와 반응 엔탈피

[정답 맞히기] ㄱ. 반응 $H_2(g) \longrightarrow 2H(g)$의 반응 엔탈피는 $H-H$의 결합 에너지와 같다. 따라서 $H_2(g) \longrightarrow 2H(g)$의 $\Delta H = 436$ kJ이다.

[오답 피하기] ㄴ. 반응 $H(g) \longrightarrow \frac{1}{2}H_2(g)$의 $\Delta H = -\frac{436}{2}$ kJ $= -218$ kJ이다.

ㄷ. 반응 $O_2(g) \longrightarrow 2O(g)$의 반응 엔탈피($\Delta H$)는 $O=O$의 결합 에너지와 같다. $O=O$의 결합 에너지는 $O-O$의 결합 에너지보다 크므로 $\Delta H > 180$ kJ이다.

13 결합 에너지와 원자의 표준 생성 엔탈피

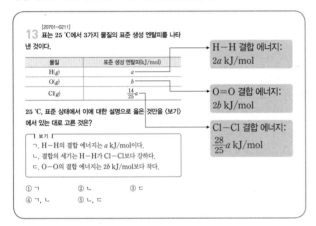

[정답 맞히기] ㄴ. $H(g)$의 표준 생성 엔탈피 a kJ/mol은 반응 $\frac{1}{2}H_2(g) \longrightarrow H(g)$의 반응 엔탈피와 같다. 기체 반응에서의 반응 엔탈피는 반응물의 결합 에너지 총합에서 생성물의 결합 에너지 총합을 뺀 값이다. 따라서 반응 $\frac{1}{2}H_2(g) \longrightarrow H(g)$의 반응 엔탈피 a kJ은 반응물$\left(\frac{1}{2}H_2(g)\right)$의 결합 에너지에 해당하므로 $H-H$의 결합 에너지는 $2a$ kJ/mol이다. 마찬가지로 $Cl-Cl$의 결합 에너지는 $\frac{28}{25}a$ kJ/mol이다. 결합 에너지는 0보다 크므로 $2a > \frac{28}{25}a > 0$이다. 또 결합의 세기가 강할수록 결합을 끊기가 어려우므로 결합 에너지가 크다. 따라서 결합 에너지가 큰 $H-H$가 결합 에너지가 작은 $Cl-Cl$보다 결합의 세기가 강하다.

ㄷ. $O(g)$의 표준 생성 엔탈피 b kJ/mol은 반응 $\frac{1}{2}O_2(g) \longrightarrow O(g)$의 반응 엔탈피와 같다. 따라서 $O=O$의 결합 에너지는 $2b$ kJ/mol이다. 단일 결합인 $O-O$의 결합 에너지는 2중 결합인 $O=O$의 결합 에너지($2b$ kJ/mol)보다 작다.

[오답 피하기] ㄱ. $H-H$의 결합 에너지는 $2a$ kJ/mol이다.

14 결합 에너지

[정답 맞히기] ㄱ. 결합 에너지는 기체 상태의 물질을 구성하는 두 원자 사이의 공유 결합 1몰을 끊어 기체 상태의 원자로 만드는 데 필요한 에너지이다. $H-H$의 결합 에너지가 436 kJ/mol이므로 1몰의 $H_2(g)$를 2몰의 $H(g)$로 분해시키는 데 436 kJ의 에너지가 필요하다.

ㄴ. 단일 결합인 $O-O$의 결합 에너지는 2중 결합인 $O=O$의 결합 에너지(498 kJ/mol)보다 작다.

ㄷ. $O(g)$의 표준 생성 엔탈피는 반응 $\frac{1}{2}O_2(g) \longrightarrow O(g)$의 반응 엔탈피와 같다. $O=O$의 결합 에너지가 498 kJ/mol이므로 $O(g)$의 표준 생성 엔탈피는 $498 \times \frac{1}{2} = 249$(kJ/mol)이다.

15 결합 에너지와 반응 엔탈피

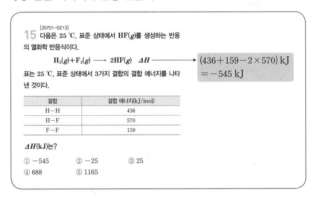

[정답 맞히기] ① 기체 반응에서의 반응 엔탈피(ΔH)는 반응물의 결합 에너지 총합에서 생성물의 결합 에너지 총합을 뺀 값이다. 따라서 반응 $H_2(g) + F_2(g) \longrightarrow 2HF(g)$의 반응 엔탈피는 반응물($H_2(g) + F_2(g)$)의 결합 에너지 총합 $(436+159)$ kJ $= 595$ kJ에서 생성물($2HF(g)$)의 결합 에너지 총합 2×570 kJ $= 1140$ kJ을 뺀 595 kJ $- 1140$ kJ $= -545$ kJ이다.

16 헤스 법칙

[정답 맞히기] ㄱ. 그림에서 반응 $NaOH(s) + HCl(aq) \longrightarrow NaOH(aq) + HCl(aq)$의 $\Delta H_1 = a$ kJ이므로 반응 $NaOH(s) \longrightarrow NaOH(aq)$의 반응 엔탈피($\Delta H$) $= a$ kJ이다.

ㄴ. 그림에서 반응 $NaOH(aq) + HCl(aq) \longrightarrow NaCl(aq) + H_2O(l)$의 $\Delta H_2 = b$ kJ이므로 반응 $H^+(aq) + OH^-(aq) \longrightarrow H_2O(l)$의 반응 엔탈피($\Delta H$) $= b$ kJ이다.

ㄷ. 헤스 법칙에 따라 화학 반응에서 반응물의 종류와 상태, 생성물의 종류와 상태가 같으면 반응 경로에 관계없이 반응 엔탈피의 총합이 같다.

$$NaOH(s) \longrightarrow NaOH(aq) \quad \Delta H_1 = a \text{ kJ} \cdots (\text{ i })$$
$$NaOH(aq) + HCl(aq) \longrightarrow NaCl(aq) + H_2O(l) \quad \Delta H_2 = b \text{ kJ}$$
$$\cdots (\text{ ii })$$

(i)과 (ii)를 합하면 반응 $NaOH(s) + HCl(aq) \longrightarrow NaCl(aq) + H_2O(l)$이 되는 것처럼 (i)과 (ii)의 반응 엔탈피 합 $(a+b)$ kJ은 반응 $NaOH(s) + HCl(aq) \longrightarrow NaCl(aq) + H_2O(l)$의 반응 엔탈피$(\Delta H_3)$ c kJ과 같다. 따라서 $a+b=c$이다.

17 헤스 법칙

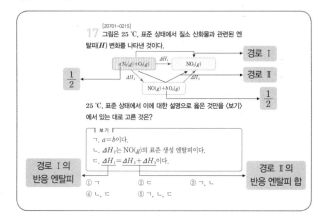

[20701-0215]

17 그림은 25 °C, 표준 상태에서 질소 산화물과 관련된 엔탈피(H) 변화를 나타낸 것이다.

25 °C, 표준 상태에서 이에 대한 설명으로 옳은 것만을 〈보기〉에서 있는 대로 고른 것은?

〈 보기 〉
ㄱ. $a=b$이다.
ㄴ. ΔH_2는 $NO(g)$의 표준 생성 엔탈피이다.
ㄷ. $\Delta H_1 = \Delta H_2 + \Delta H_3$이다.

① ㄱ ② ㄷ ③ ㄱ, ㄴ ④ ㄴ, ㄷ ⑤ ㄱ, ㄴ, ㄷ

경로 Ⅰ의 반응 엔탈피 / 경로 Ⅱ의 반응 엔탈피 합

정답 맞히기 ㄱ. 질량 보존 법칙에 따라 반응 전후에 원소의 종류와 양(mol)이 같아야 하므로 반응 $aN_2(g) + O_2(g) \longrightarrow NO(g) + bO_2(g)$에서 $a=b=\dfrac{1}{2}$이다.

ㄴ. 표준 생성 엔탈피는 표준 상태에서 가장 안정한 성분 원소들로부터 어떤 물질 1몰이 생성될 때의 반응 엔탈피이다. $NO(g)$의 표준 생성 엔탈피는 가장 안정한 성분 원소인 $N_2(g)$와 $O_2(g)$로부터 1몰의 $NO(g)$가 생성될 때의 반응 엔탈피이므로 이에 대한 화학 반응식은 $\dfrac{1}{2}N_2(g) + \dfrac{1}{2}O_2(g) \longrightarrow NO(g)$이다. 따라서 ΔH_2는 $NO(g)$의 표준 생성 엔탈피이다.

ㄷ. 헤스 법칙에 따라 화학 반응에서 반응물의 종류와 상태, 생성물의 종류와 상태가 같으면 반응 경로에 관계없이 반응 엔탈피의 총합이 같다.

$$\dfrac{1}{2}N_2(g) + O_2(g) \longrightarrow NO(g) + \dfrac{1}{2}O_2(g) \quad \Delta H_2 \cdots (\text{ i })$$

$$NO(g) + \dfrac{1}{2}O_2(g) \longrightarrow NO_2(g) \quad \Delta H_3 \cdots (\text{ ii })$$

(i)과 (ii)를 합하면 반응 $\dfrac{1}{2}N_2(g) + O_2(g) \longrightarrow NO_2(g)$이 되는 것처럼 (i)과 (ii)의 반응 엔탈피 합$(\Delta H_2 + \Delta H_3)$은 반응 $\dfrac{1}{2}N_2(g) + O_2(g) \longrightarrow NO_2(g)$의 반응 엔탈피$(\Delta H_1)$와 같다. 따라서 $\Delta H_1 = \Delta H_2 + \Delta H_3$이다.

신유형·수능 열기
본문 098~099쪽

01 ③   02 ③   03 ①   04 ⑤   05 ⑤
06 ②   07 ③   08 ③

01

정답 맞히기 ㄱ. (가) $X(g) \longrightarrow Y(g)$는 $\Delta H = a$ kJ > 0이므로 흡열 반응이다.

ㄴ. (가) $X(g) \longrightarrow Y(g)$의 $\Delta H = a$ kJ, (나) $X(g) \longrightarrow Z(g)$의 $\Delta H = b$ kJ이므로 헤스 법칙에 따라 반응 $Y(g) \longrightarrow Z(g)$의 $\Delta H = (b-a)$ kJ이다. $a > b > 0$이므로 반응 $Y(g) \longrightarrow Z(g)$의 $\Delta H = (b-a)$ kJ < 0이다. 따라서 반응 $Y(g) \longrightarrow Z(g)$는 발열 반응이다. 발열 반응은 반응물의 엔탈피가 생성물의 엔탈피보다 크므로 엔탈피는 $Y(g) > Z(g)$이다.

오답 피하기 ㄷ. 반응 엔탈피는 물질의 양에 비례하므로 화학 반응식의 계수에 따라 반응 엔탈피도 비례하여 달라진다. 반응 $2Y(g) \longrightarrow 2Z(g)$는 반응 $Y(g) \longrightarrow Z(g)$보다 양이 2배로 증가된 반응이므로 반응 엔탈피도 비례하여 2배가 된다. 따라서 반응 $2Y(g) \longrightarrow 2Z(g)$의 $\Delta H = (2b-2a)$ kJ이다.

02

정답 맞히기 ㄱ. 25 °C, 표준 상태에서 가장 안정한 성분 원소의 표준 생성 엔탈피는 0이다. 따라서 $H_2(g)$의 표준 생성 엔탈피 a kJ/mol은 0이다.

ㄷ. 결합 에너지는 기체 상태의 물질을 구성하는 두 원자 사이의 공유 결합 1몰을 끊어 기체 상태의 원자로 만드는 데 필요한 에너지이다. $H-H$의 결합 에너지가 b kJ/mol이므로 이는 반응 $H_2(g) \longrightarrow 2H(g)$의 반응 엔탈피와 같다. 정반응이 흡열 반응이면 역반응은 발열 반응이며, 정반응과 역반응의 ΔH의 크기는 서로 같고, 부호는 반대이다. 반응 $2H(g) \longrightarrow H_2(g)$은 반응 $H_2(g) \longrightarrow 2H(g)$의 역반응이므로 $\Delta H = -b$ kJ이다.

ㄴ. 원자 사이의 결합을 끊을 때는 에너지가 필요하고, 원자 사이의 결합이 생성될 때는 에너지를 방출한다. 결합 에너지는 기체 상태의 물질을 구성하는 두 원자 사이의 공유 결합 1몰을 끊어 기체 상태의 원자로 만드는 데 필요한 에너지이므로 0보다 크다. 따라서 H–H의 결합 에너지 b kJ/mol>0이며, $a=0$이므로 $b>a$이다.

03

ㄱ. 반응 $2H_2(g)+O_2(g) \longrightarrow 2H_2O(g)$은 $\Delta H=-484$ kJ로 발열 반응이므로 생성물 $2H_2O(g)$의 엔탈피는 반응물 $2H_2(g)$와 $O_2(g)$의 엔탈피 합보다 작다.

ㄴ. 표준 생성 엔탈피는 표준 상태에서 가장 안정한 성분 원소들로부터 어떤 물질 1몰이 생성될 때의 반응 엔탈피이다. $H_2O(g)$의 표준 생성 엔탈피는 가장 안정한 성분 원소인 $H_2(g)$와 $O_2(g)$로부터 1몰의 $H_2O(g)$가 생성될 때의 반응 엔탈피이므로, 제시된 열화학 반응식 $2H_2(g)+O_2(g) \longrightarrow 2H_2O(g)$ $\Delta H=-484$ kJ로부터 $H_2O(g)$의 표준 생성 엔탈피가 -484 kJ$\times\dfrac{1}{2 \text{ mol}}=-242$ kJ/mol임을 알 수 있다.

ㄷ. 기체 반응에서의 반응 엔탈피는 반응물의 결합 에너지 총합에서 생성물의 결합 에너지 총합을 뺀 값이다. 따라서 $O=O$의 결합 에너지를 x kJ/mol이라 할 때, 반응 $2H_2(g)+O_2(g) \longrightarrow 2H_2O(g)$의 반응 엔탈피($\Delta H=-484$ kJ)는 반응물($2H_2(g)+O_2(g)$)의 결합 에너지 총합 $(2a+x)$ kJ에서 생성물($2H_2O(g)$)의 결합 에너지 총합 $4b$ kJ을 뺀 값이다. 즉, $2a+x-4b=-484$이므로 $O=O$의 결합 에너지 x kJ/mol $=(-2a+4b-484)$ kJ/mol이다.

04

ㄱ. 결합의 세기가 강할수록 결합을 끊기가 어려우므로 결합 에너지가 크다. H–H의 결합 에너지 a kJ/mol이 $O-O$의 결합 에너지 b kJ/mol보다 크므로 H–H가 $O-O$보다 결합의 세기가 강하다.

ㄷ. 기체 반응에서의 반응 엔탈피는 반응물의 결합 에너지 총합에서 생성물의 결합 에너지 총합을 뺀 값이다. H–O의 결합 에너지를 x kJ/mol이라 할 때, 반응 $\dfrac{1}{2}O_2(g)+H_2O(g) \longrightarrow H_2O_2(g)$의 반응 엔탈피는 반응물$\left(\dfrac{1}{2}O_2(g)+H_2O(g)\right)$의 결합 에너지 총합 $\left(\dfrac{1}{2}c+2x\right)$ kJ에서 생성물($H_2O_2(g)$)의 결합 에너지 총합 $(b+2x)$ kJ을 뺀 값이다. 즉, $\left(-b+\dfrac{c}{2}\right)$ kJ이다.

ㄴ. 결합 에너지는 기체 상태의 물질을 구성하는 두 원자 사이의 공유 결합 1몰을 끊어 기체 상태의 원자로 만드는 데 필요한 에너지이다. 즉, 원자 사이의 결합을 끊기 위해서는 에너지가 필요하다. 따라서 H–H의 결합 에너지 a kJ/mol>0이다. 25 °C, 표준 상태에서 가장 안정한 성분 원소의 표준 생성 엔탈피는 0이다. 따라서 $H_2(g)$의 표준 생성 엔탈피는 0으로 $-a$ kJ/mol이 아니다.

05

ㄴ. 기체 반응에서의 반응 엔탈피(ΔH)는 반응물의 결합 에너지 총합에서 생성물의 결합 에너지 총합을 뺀 값이다. 따라서 반응 $A_2(g)+B_2(g) \longrightarrow 2AB(g)$의 반응 엔탈피는 반응물($A_2(g)+B_2(g)$)의 결합 에너지 총합 $(a+b)$ kJ에서 생성물($2AB(g)$)의 결합 에너지 총합 $2c$ kJ을 뺀 $(a+b-2c)$ kJ이다.

ㄷ. 표준 생성 엔탈피는 표준 상태에서 가장 안정한 성분 원소들로부터 어떤 물질 1몰이 생성될 때의 반응 엔탈피이다. $AB(g)$의 표준 생성 엔탈피는 가장 안정한 성분 원소인 $A_2(g)$와 $B_2(g)$로부터 1몰의 $AB(g)$가 생성될 때의 반응 엔탈피이므로, 제시된 열화학 반응식 $A_2(g)+B_2(g) \longrightarrow 2AB(g)$ ΔH로부터 $AB(g)$의 표준 생성 엔탈피(d kJ/mol)가 $\left(\dfrac{a+b-2c}{2}\right)$ kJ/mol임을 알 수 있다. 따라서 $\dfrac{a+b}{2}=c+d$이다.

ㄱ. $A(g)$의 표준 생성 엔탈피는 반응 $\dfrac{1}{2}A_2(g) \longrightarrow A(g)$의 반응 엔탈피와 같다. 기체 반응에서의 반응 엔탈피는 반응물의 결합 에너지 총합에서 생성물의 결합 에너지 총합을 뺀 값이다. 따라서 반응 $\dfrac{1}{2}A_2(g) \longrightarrow A(g)$의 반응 엔탈피는 반응물$\left(\dfrac{1}{2}A_2(g)\right)$의 결합 에너지에 해당하므로 $\dfrac{a}{2}$ kJ/mol이다.

06

ㄴ, ㄷ. N_2H_4의 구조식은 다음과 같다.

$$H \quad \quad H$$
$$\underset{H}{\overset{}{}}N-N\underset{H}{\overset{}{}}$$

즉, 4개의 결합 H–N과 1개의 결합 N–N으로 구성되어 있다. 표준 생성 엔탈피는 표준 상태에서 가장 안정한 성분 원소들로부터 어떤 물질 1몰이 생성될 때의 반응 엔탈피이다. $N_2H_4(g)$의 표준 생성 엔탈피는 가장 안정한 성분 원소인 $N_2(g)$와 $H_2(g)$로부터 1몰의 $N_2H_4(g)$가 생성될 때의 반응 $N_2(g)+2H_2(g) \longrightarrow N_2H_4(g)$의 반응 엔탈피와 같다. 기체 반응에서의 반응 엔탈피는 반응물의 결합 에너지 총합에서 생성물의 결합 에너지 총합

을 뺀 값이므로 $N_2(g)+2H_2(g) \longrightarrow N_2H_4(g)$의 반응 엔탈피는 반응물($N_2(g)+2H_2(g)$)의 결합 에너지 총합((N≡N 결합 에너지)+2×(H−H 결합 에너지))에서 생성물($N_2H_4(g)$)의 결합 에너지 총합[4×(H−N 결합 에너지)+(N−N 결합 에너지)]을 뺀 값이다. 따라서 N≡N 결합 에너지, H−H 결합 에너지, H−N 결합 에너지, N−N 결합 에너지를 알면 $N_2H_4(g)$의 표준 생성 엔탈피를 구할 수 있다. 그런데 H(g)의 표준 생성 엔탈피에서 H−H 결합 에너지를, N(g)의 표준 생성 엔탈피에서 N≡N 결합 에너지를 알 수 있으므로 추가로 필요한 자료는 H−N 결합 에너지, N−N 결합 에너지이다.

오답 피하기 ㄱ, ㅁ. 자료에서 H(g)의 표준 생성 엔탈피가 a kJ/mol임으로부터 H−H 결합 에너지는 $2a$ kJ/mol임을 알 수 있다. 마찬가지로 N(g)의 표준 생성 엔탈피가 b kJ/mol임으로부터 N≡N 결합 에너지는 $2b$ kJ/mol임을 알 수 있다. 따라서 H−H 결합 에너지와 N≡N 결합 에너지는 꼭 필요한 자료가 아니다.

ㄹ. 반응 $N_2(g)+2H_2(g) \longrightarrow N_2H_4(g)$의 반응물과 생성물 중에서 결합 N=N을 가진 것이 없으므로 N=N 결합 에너지는 필요한 자료가 아니다.

07

정답 맞히기 ㄱ. 질량 보존 법칙에 따라 반응 전후에 원소의 종류와 양(mol)이 같아야 하므로 반응 $CO_2(g) \longrightarrow CO(g)+aO_2(g)$에서 $a=\dfrac{1}{2}$이다.

ㄷ. 헤스 법칙에 따라 화학 반응에서 반응물의 종류와 상태, 생성물의 종류와 상태가 같으면 반응 경로에 관계없이 반응 엔탈피의 총합이 같다.

$C(s, \text{흑연})+O_2(g) \longrightarrow CO_2(g) \ \varDelta H_1 \cdots (\text{i})$

$CO_2(g) \longrightarrow CO(g)+\dfrac{1}{2}O_2(g) \ \varDelta H_3 \cdots (\text{ii})$

(i)과 (ii)를 합하면 반응 $C(s, \text{흑연})+O_2(g) \longrightarrow CO(g)+\dfrac{1}{2}O_2(g)$이 되는 것처럼 (i)과 (ii)의 반응 엔탈피 합은 반응 $C(s, \text{흑연})+O_2(g) \longrightarrow CO(g)+\dfrac{1}{2}O_2(g)$의 반응 엔탈피($\varDelta H_2$)와 같다. 따라서 $\varDelta H_2=\varDelta H_1+\varDelta H_3$이다. (i)은 흑연의 연소 반응으로 발열 반응이므로 $\varDelta H_1<0$이다. $\varDelta H_1=\varDelta H_2-\varDelta H_3<0$이므로 $\varDelta H_3 > \varDelta H_2$이다.

오답 피하기 ㄴ. $\varDelta H_1=\varDelta H_2-\varDelta H_3$이다.

08

정답 맞히기 ㄱ. 그림에서 반응 $CO_2(g)+2H_2O(l) \longrightarrow$

$CO_2(g)+2H_2O(g)$의 반응 엔탈피가 88 kJ이므로 반응 $H_2O(l) \longrightarrow H_2O(g)$의 $\varDelta H=44$ kJ이다.

ㄴ. 반응 $CH_4(g)+2O_2(g) \longrightarrow CO_2(g)+2H_2O(l)$의 $\varDelta H=-890$ kJ이므로 반응 $\dfrac{1}{2}CH_4(g)+O_2(g) \longrightarrow \dfrac{1}{2}CO_2(g)+H_2O(l)$의 반응 엔탈피는 $\left(-890 \times \dfrac{1}{2}\right)$ kJ$=-445$ kJ이다. 즉, 이 반응은 반응 엔탈피가 0보다 작으므로 발열 반응이다.

오답 피하기 ㄷ. 헤스 법칙에 따라 화학 반응에서 반응물의 종류와 상태, 생성물의 종류와 상태가 같으면 반응 경로에 관계없이 반응 엔탈피의 총합이 같다.

$CH_4(g)+2O_2(g) \longrightarrow CO_2(g)+2H_2O(l)$
$$\varDelta H=-890 \text{ kJ} \cdots (\text{i})$$

$CO_2(g)+2H_2O(l) \longrightarrow CO_2(g)+2H_2O(g)$
$$\varDelta H=88 \text{ kJ} \cdots (\text{ii})$$

(i)과 (ii)를 합하면 반응 $CH_4(g)+2O_2(g) \longrightarrow CO_2(g)+2H_2O(g)$이 되는 것처럼 (i)과 (ii)의 반응 엔탈피 합인 -890 kJ$+88$ kJ$=-802$ kJ은 반응 $CH_4(g)+2O_2(g) \longrightarrow CO_2(g)+2H_2O(g)$의 반응 엔탈피이다.

6 화학 평형과 평형 이동

본문 109쪽

탐구 활동

1 해설 참조　**2** 해설 참조　**3** 해설 참조

1

주어진 평형 반응식에서 이온의 농도가 변하는 것을 찾아야 한다.

$$\underset{\text{주황색}}{Cr_2O_7^{2-}(aq)}+H_2O(l) \rightleftharpoons \underset{\text{노란색}}{2CrO_4^{2-}(aq)}+2H^+(aq)$$

NaOH 수용액을 넣으면 NaOH이 이온화되어 생성된 OH^-이 H^+과 중화 반응하여 H^+의 농도가 감소하게 되므로 정반응 쪽으로 평형이 이동하고, 묽은 H_2SO_4을 넣으면 H_2SO_4이 이온화하여 H^+의 농도가 증가하게 되므로 역반응 쪽으로 평형이 이동한다.

모범 답안 수산화 나트륨 수용액을 넣으면 중화 반응으로 H^+이 감소하므로 정반응 쪽으로 평형이 이동하여 용액의 색이 노란색으로 변하고, 묽은 황산을 넣으면 H^+이 증가하므로 역반응 쪽으로 평형이 이동하여 용액의 색이 주황색으로 변한다.

2

주사기 속 기체 중 NO_2는 적갈색, N_2O_4는 무색이다. 압력을 가한 순간에는 부피가 감소하여 농도가 증가하는 모습을 보이지만, 이후 N_2O_4가 생성되는 반응(분자 수가 감소하는 반응) 쪽으로 평형이 이동하게 된다.

모범 답안 화학 반응식은 $2NO_2(g) \rightleftharpoons N_2O_4(g)$이다. 압력이 증가하면 농도가 증가하여 색이 진해졌다가 분자 수가 감소하는 정반응 쪽으로 평형이 이동하게 되므로 무색인 N_2O_4의 농도가 증가하여 색이 옅어지게 된다.

3

$$\underset{\text{붉은색}}{Co(H_2O)_6^{2+}(aq)}+4Cl^-(aq) \rightleftharpoons \underset{\text{푸른색}}{CoCl_4^{2-}(aq)}+6H_2O(l)$$

온도를 높이면 평형 이동이 흡열 반응 쪽으로 일어나고, 온도를 낮추면 평형 이동이 발열 반응 쪽으로 일어나게 된다. 이러한 평형 이동 법칙을 주어진 색 변화에서 이해하고, 반응식에서 정반응이 흡열 반응인지 발열 반응인지 고르면 된다.

모범 답안 실험에서 온도를 높였을 때 푸른색으로 변한 것은 평형 이동이 정반응 쪽으로 일어난 것이므로 정반응은 흡열 반응임을 알 수 있다.

내신 기초 문제

본문 110~117쪽

01 ②	**02** ④	**03** ⑤	**04** ③	**05** ④
06 ③	**07** ④	**08** ③	**09** ③	**10** ⑤
11 4	**12** ①	**13** ②	**14** ③	**15** ③
16 ⑤	**17** ②	**18** ②	**19** ⑤	**20** ④
21 ③	**22** ②	**23** ②	**24** ③	**25** ③
26 2	**27** ②	**28** ③	**29** ①	**30** ③
31 ④	**32** ①	**33** ㄴ	**34** ㄱ, ㄷ	**35** ①
36 ⑤	**37** ①	**38** ②	**39** ⑤	**40** ⑤
41 ④				

01

정답 맞히기 ② 화학 평형 상태는 정반응과 역반응의 속도가 같아서 반응이 일어나지 않는 것처럼 보이는 동적 평형 상태이다.

오답 피하기 ① 화학 평형 상태에서는 정반응과 역반응이 모두 일어난다.
③ 화학 평형 상태는 가역 반응에서만 나타난다.
④ 평형 상수는 온도가 달라지면 달라진다.
⑤ 화학 평형 상태에서는 반응물과 생성물이 모두 존재한다.

02

정답 맞히기 ④ 시간 t까지 정반응뿐만 아니라 역반응도 일어난다.

오답 피하기 ① 시간 t 이후는 농도 변화가 일어나지 않으므로 화학 평형 상태이다.
② NO_2는 반응물이므로 시간에 따라 농도가 감소하다가 일정해진다.
③ N_2O_4는 생성물이므로 시간에 따라 농도가 증가하다가 일정해진다.
⑤ 화학 반응식은 $2NO_2 \rightleftharpoons N_2O_4$이므로 NO_2의 농도 감소 속도가 N_2O_4의 농도 증가 속도의 2배이다.

03

정답 맞히기 ㄴ. 시간 t 이후에는 농도 변화가 없으므로 평형 상태에 도달한 것이다. 따라서 정반응 속도와 역반응 속도가 같다.
ㄷ. 가역 반응의 방향에 관계없이 평형에 도달할 수 있으므로 반응 용기에 $B(g)$만 넣어도 반응이 진행하여 평형 상태에 도달할 수 있다.

오답 피하기 ㄱ. 시간 $0 \sim t$까지는 반응물 A가 감소하고 생성물 B가 증가하므로 정반응 속도는 반응물의 농도가 감소하면서 점점 감소한다.

04

ㄱ. 시간 t 이후에는 A와 B의 농도 변화가 없으므로 화학 평형 상태이다.

ㄷ. 반응 전 기체의 농도는 5 M이었는데 반응 후 혼합 기체의 농도는 6 M이므로 용기 내 전체 기체의 압력은 반응 후가 반응 전보다 크다.

ㄴ. 화학 평형 상태에서는 정반응과 역반응의 속도가 같아서 반응이 일어나지 않는 것처럼 보인다.

05

ㄱ. 평형 상수(K)는 반응물의 농도 곱에 대한 생성물의 농도 곱의 비로 나타낸다.

ㄴ. 평형 상수는 온도에 의해서만 달라질 수 있고, 농도나 압력에 따라 달라지지 않는다.

ㄷ. 일정한 온도에서는 반응물의 농도가 달라져도 새로운 농도에 도달하여 평형 상수는 일정하게 유지된다.

06

③ 평형 상수(K)는 반응물의 농도 곱에 대한 생성물의 농도 곱의 비로 나타낼 수 있다. 따라서 반응 $H_2(g)+I_2(g)$ $\rightleftharpoons 2HI(g)$의 평형 상수($K$)는 $\dfrac{[HI]^2}{[H_2][I_2]}$이다.

07

④ 고체나 액체는 평형 상수식에 나타내지 않는다. 따라서 반응 $CaCO_3(s) \rightleftharpoons CaO(s)+CO_2(g)$의 평형 상수 $K=[CO_2]$이다.

08

③ 역반응의 평형 상수는 정반응의 평형 상수(K)의 역수이므로 $\dfrac{1}{K}$이다.

09

③ $K=\dfrac{[H^+]^2[CO_3^{2-}]}{[H_2CO_3]}$이므로 $K_1=\dfrac{[H^+][HCO_3^-]}{[H_2CO_3]}$과 $K_2=\dfrac{[H^+][CO_3^{2-}]}{[HCO_3^-]}$에서 $K=K_1 \times K_2$로 나타낼 수 있다.

10

⑤ 평형 상수가 K인 반응식은 평형 상수가 K_1인 첫 번째 반응의 역반응에 평형 상수가 K_2인 반응을 더하여 $\dfrac{1}{2}$배 하면 되므로 $K=\sqrt{\dfrac{K_2}{K_1}}$이다.

11

반응 전 B는 0.1몰이 들어 있었는데 반응 후 평형 상태에서 0.05몰이 존재하므로 0.05몰이 반응한 것이다. A와 B의 계수가 같으므로 A도 0.05몰이 반응하고 평형 상태에서 0.05몰이 존재하게 된다. 화학 반응식의 계수에 따라 C는 0.1몰이 생성되고, 평형 상태에서 A~C의 농도는 각각 0.05 M, 0.05 M, 0.1 M이므로 $K=\dfrac{(0.1)^2}{0.05 \times 0.05}=4$이다.

12

ㄱ. 반응한 농도로부터 화학 반응식의 계수를 구할 수 있다. A는 1 M 감소, B는 2 M 감소, C는 2 M 증가했으므로 화학 반응식의 계수 비는 A : B : C=1 : 2 : 2이며, 화학 반응식은 $A(g)+2B(g) \rightleftharpoons 2C(g)$가 된다.

ㄴ. $K=\dfrac{[C]^2}{[A][B]^2}=\dfrac{2^2}{1 \times 3^2}=\dfrac{4}{9}$이다.

ㄷ. 시간 t 이후는 평형 상태이므로 정반응과 역반응은 모두 일어나고 그 속도가 같다.

13

② 온도가 같으면 평형 상수가 같다. 왼쪽 용기에서 평형 상수 $K=1$이므로 오른쪽 용기에서도 $K=1$이어야 한다. 따라서 $x=4$이다.

14

③ N_2는 1몰이 감소하였으므로 H_2는 3몰이 감소하여 평형에서 N_2와 H_2는 모두 1몰이 존재하며, 생성된 NH_3의 양은 2몰이다. 강철 용기의 부피가 1 L이므로 몰 농도는 N_2가 1 M, H_2가 1 M, NH_3가 2 M이고, $K=\dfrac{2^2}{1 \times 1^3}=4$이다.

15

③ 화학 반응식의 계수는 $a=2$, $b=1$이다. 따라서 반응 후 AB_3의 양이 0.1몰이 되었으므로 반응한 AB_2의 양은 0.1몰, B_2의 양은 0.05몰이다. 강철 용기의 부피가 1 L이므로 평형 상태에서 농도는 AB_2가 0.1 M, B_2가 0.05 M, AB_3가 0.1 M이고, $K=\dfrac{0.1^2}{0.1^2 \times 0.05}=20$이다.

16

정답 맞히기 ㄱ. 감소한 A의 농도는 2 M, 감소한 B의 농도는 2 M, 증가한 C의 농도는 4 M이므로 화학 반응식의 계수 비는 A : B : C = 1 : 1 : 2이다. 따라서 화학 반응식은 $A(g) + B(g) \rightleftharpoons 2C(g)$이다.

ㄴ. t초 이후에는 농도 변화가 없이 일정하므로 평형 상태에 도달하였다.

ㄷ. $K = \dfrac{[C]^2}{[A][B]} = \dfrac{4^2}{4 \times 1} = 4$이다.

17

정답 맞히기 ㄴ. 평형 상태에서 NO_2는 0.16몰, N_2O_4는 0.32몰이 들어 있다. 따라서 기체의 몰 비는 $NO_2 : N_2O_4 = 1 : 2$이다.

오답 피하기 ㄱ. NO_2가 0.2몰에서 0.16몰로 되었으므로 0.04몰이 감소한 것이다. 따라서 N_2O_4는 0.02몰이 증가하여 평형 상태에서 N_2O_4는 0.32몰이 들어 있다.

ㄷ. $K = \dfrac{[N_2O_4]}{[NO_2]^2} = \dfrac{0.32}{0.16^2} = \dfrac{25}{2}$이다.

18

정답 맞히기 ㄴ. 시간 t 이후에는 농도 변화가 없으므로 평형 상태에 도달한 것이다. 평형 상태에서는 정반응 속도와 역반응 속도가 같다.

오답 피하기 ㄱ. 감소한 A의 농도는 0.3 M, 감소한 B의 농도는 0.1 M, 증가한 C의 농도는 0.2 M이므로 화학 반응식은 $3A(g) + B(g) \rightleftharpoons 2C(g)$이다.

ㄷ. $K = \dfrac{[C]^2}{[A]^3[B]} = \dfrac{0.2^2}{0.1^3 \times 0.1} = 400$이다.

19

정답 맞히기 ⑤ $Q = K$이면 평형 상태이다. 평형 상태에서 정반응과 역반응은 모두 일어나고 속도가 서로 같아서 반응이 일어나지 않는 것처럼 보이는 것이다.

오답 피하기 ① 반응 지수(Q)는 평형 상수식에 반응물과 생성물의 현재 농도를 대입하여 구한 값이다.

② Q와 K의 비교를 통해 반응의 진행 방향을 예측할 수 있다.

③ $Q > K$이면 Q가 감소해야 하므로 반응물이 증가하는 역반응 쪽으로 반응이 우세하게 진행한다.

④ $Q < K$이면 Q가 증가해야 하므로 생성물이 증가하는 정반응 쪽으로 반응이 우세하게 진행한다.

20

정답 맞히기 ㄴ. 정반응이 우세하게 일어나므로 평형 상태에서 기체의 농도는 $N_2O_4(g) > NO_2(g)$이다.

ㄷ. t ℃에서 강철 용기에 $NO_2(g)$와 $N_2O_4(g)$를 각각 0.25 M씩 넣으면 반응 지수 $Q = \dfrac{0.25}{0.25^2} = 4$이므로 $Q < K$이다. 따라서 정반응 쪽으로 반응이 우세하게 진행한다.

오답 피하기 ㄱ. $NO_2(g)$ 0.4 M과 $N_2O_4(g)$ 1.0 M을 넣으면 반응 지수 $Q = \dfrac{1}{0.4^2} = \dfrac{25}{4} < K$이므로 정반응 쪽으로 반응이 우세하게 진행한다.

21

정답 맞히기 ③ 역반응 쪽으로 평형이 이동하려면 반응 지수 $Q > K$이어야 한다. 반응 지수 Q는 (가)에서 $\dfrac{1^2}{1 \times 1} = 1$, (나)에서 $\dfrac{2^2}{1 \times 1} = 4$, (다)에서 $\dfrac{8^2}{2 \times 2} = 16$, (라)에서 $\dfrac{3^2}{1 \times 2} = 4.5$이므로 $Q > K$인 것은 (다), (라) 2가지이다.

22

정답 맞히기 ㄴ. 반응 지수 $Q > K$이므로 역반응 쪽으로 반응이 진행한다.

오답 피하기 ㄱ. 꼭지를 열면 기체의 부피는 2 L가 되므로 각 기체의 농도는 $A(g)$ 1 M, $B(g)$ 4 M이다. 따라서 $Q = \dfrac{4^2}{1} = 16$이다.

ㄷ. 평형 상태에서 A의 농도를 $(1+x)$ M, B의 농도를 $(4-2x)$ M이라고 하면, 평형 상태에서 $K = \dfrac{[B]^2}{[A]} = \dfrac{(4-2x)^2}{1+x} = 2$에서 $x = 1$이므로 농도는 $[A] = [B] = 2$ M이다.

23

정답 맞히기 ② 평형 상태에 있는 화학 반응에서 생성물의 농도를 감소시키면 생성물의 농도를 증가시키는 방향인 정반응 쪽으로 평형이 이동한다.

오답 피하기 ① 평형 상태에 있는 화학 반응에서 반응물의 농도를 증가시키면 반응물의 농도를 감소시키는 방향인 정반응 쪽으로 평형이 이동한다.

③ 평형 상태에 있는 화학 반응에서 압력을 높이면 압력을 낮추는 방향인 기체의 분자 수가 감소하는 쪽으로 평형이 이동한다.

④ 평형 상태에 있는 화학 반응에서 압력을 낮추면 압력을 높이는 방향인 기체의 분자 수가 증가하는 쪽으로 평형이 이동한다.

⑤ 평형 상태에 있는 화학 반응에서 온도를 높이면 열을 흡수하여 온도를 낮출 수 있는 흡열 반응 쪽으로 평형이 이동한다.

24

정답 맞히기 ③ 평형 상태에서 H_2를 넣어 주면 H_2를 넣기 전보다 H_2의 양은 증가하고 반응이 정반응 쪽으로 진행하여 생성되는 HI의 양도 증가하게 된다.

25

정답 맞히기 ③ 평형 상수는 압력에 의해서 변하지 않고 온도에 의해서만 변한다. (가)~(다)에서 온도는 일정하므로 평형 상수는 모두 같다.

26

정답 맞히기 압력을 높이면 기체 분자 수가 감소하는 방향으로 평형이 이동하게 된다. 반응 전보다 반응 후에 분자 수가 감소하는 것은 (나), (다) 2가지이다.

27

정답 맞히기 ㄴ. $NaCl(s)$을 넣어 주면 Cl^-의 수가 증가하므로 정반응 쪽으로 평형이 이동하게 된다. 따라서 푸른색이 짙어지게 된다.

오답 피하기 ㄱ. 평형 상태이므로 $CoCl_4^{2-}$과 $Co(H_2O)_6^{2+}$이 모두 존재한다.

ㄷ. 압력에 의한 평형 이동은 기체 상태의 물질에서 나타나므로 압력에 의한 평형 이동은 없다.

28

정답 맞히기 ㄱ. 압력을 낮추면 기체의 분자 수가 증가하는 방향으로 평형이 이동하므로 정반응 쪽으로 평형이 이동하게 된다.

ㄴ. $B(g)$를 넣어 주면 $B(g)$의 양을 감소시키는 정반응 쪽으로 평형이 이동하게 된다.

오답 피하기 ㄷ. $C(g)$를 넣어 주면 $C(g)$의 양을 감소시키는 방향인 역반응 쪽으로 평형이 이동하게 된다.

29

정답 맞히기 ㄱ. 시간 t_1에서 $B(g)$를 추가하였으므로 t_1~t_2일 때는 역반응이 우세하게 일어난다.

오답 피하기 ㄴ. 시간 t_3일 때 온도를 낮추면 발열 반응 쪽으로 평형이 이동하므로 정반응이 우세하게 일어난다.

ㄷ. 온도가 일정하므로 평형 상수는 모든 구간에서 같다.

30

정답 맞히기 ㄱ. 100기압에서 온도를 높였으므로 흡열 반응 쪽으로 평형이 이동해야 하는데, 이때 C의 수득률이 감소하였으므로 역반응이 흡열 반응이고 정반응이 발열 반응임을 알 수 있다.

ㄴ. 300 ℃에서 압력을 증가시키면 기체 분자 수가 감소하는 방향으로 평형이 이동해야 하는데, 이때 C의 수득률이 증가하였으므로 정반응이 기체 분자 수가 감소하는 반응이다. 따라서 $a+b>c$이다.

오답 피하기 ㄷ. 정반응은 발열 반응이므로 온도가 높아지면 역반응 쪽으로 평형이 이동하여 평형 상수(K)는 감소한다.

31

정답 맞히기 ㄱ. 온도가 높아졌을 때 적갈색이 되었으므로 역반응 쪽으로 반응이 진행한 것이다. 온도가 높아지면 흡열 반응 쪽으로 반응이 진행한 것이므로 역반응은 흡열 반응이고, 정반응은 발열 반응이다.

ㄷ. (가)에서는 연한 갈색이고, (나)에서는 적갈색이므로 NO_2의 농도는 (나)>(가)이다. 따라서 $\dfrac{[N_2O_4]}{[NO_2]}$는 (가)에서가 (나)에서보다 크다.

오답 피하기 ㄴ. 온도가 (나)가 더 높으므로 평형 상수는 역반응 쪽으로 평형 이동한 (나)에서가 (가)에서보다 작다.

32

정답 맞히기 ㄱ. 정반응이 흡열 반응이므로 온도를 높이면 정반응이 우세하게 일어난다.

오답 피하기 ㄴ. 온도를 높이면 정반응 쪽으로 평형이 이동하므로 $C(g)$의 양이 증가한다.

ㄷ. 온도가 높아지면 정반응 쪽으로 평형이 이동하므로 평형 상수는 증가한다.

33

정답 맞히기 ㄴ. 정반응은 흡열 반응이므로 온도를 높이면 정반응 쪽으로 평형이 이동한다.

오답 피하기 ㄱ. $CaCO_3(s)$은 고체로, 평형 상수에 영향을 주지 않으므로 $CaCO_3$을 더 넣어도 평형은 이동하지 않는다.

ㄷ. 실린더의 피스톤에 압력을 가하면 기체 분자 수가 감소하는 방향으로 평형이 이동하므로 역반응 쪽으로 평형이 이동한다.

34

정답 맞히기 ㄱ. 정반응이 발열 반응이므로 온도를 높이면 흡열 반응인 역반응 쪽으로 평형이 이동한다.

ㄷ. $CO_2(g)$는 생성물이며, 생성물을 더 넣으면 평형이 역반응

쪽으로 이동한다.

오답 피하기 ㄴ. 실린더의 부피를 증가시키면 압력이 작아지므로 기체의 분자 수가 증가하는 쪽으로 평형이 이동한다. 그런데 화학 반응식에서 반응 전후 기체의 분자 수 변화가 없으므로 부피의 증가에 따른 평형 이동은 일어나지 않는다.

35

정답 맞히기 ㄱ. $NH_3(g)$의 수득률은 온도가 낮아질수록 커지므로 $NH_3(g)$가 생성되는 반응은 발열 반응임을 알 수 있다.

오답 피하기 ㄴ. $NH_3(g)$의 수득률은 압력이 높아질수록 커지므로 $NH_3(g)$가 생성되는 반응은 기체의 분자 수가 감소하는 반응이다.

ㄷ. $NH_3(g)$의 생성 반응은 발열 반응이므로 온도를 낮춰야 $NH_3(g)$의 수득률이 증가하고, 기체 분자 수가 감소하는 반응이므로 압력을 높여야 $NH_3(g)$의 수득률이 증가한다.

36

정답 맞히기 ⑤ AT는 고체와 액체가 평형을 이루는 온도와 압력이므로 융해 곡선이다.

오답 피하기 ① T점은 고체, 액체, 기체의 3가지가 평형을 이루는 삼중점이다.

② (가)는 같은 압력에서 가장 온도가 낮은 상태이므로 고체 상태이다.

③ (나)는 고체와 기체 사이의 상태이므로 액체 상태이다.

④ (다)는 같은 압력에서 가장 온도가 높은 상태이므로 기체 상태이다.

37

정답 맞히기 ㄱ. 1기압에서 끓는점은 액체와 기체가 평형을 이루는 온도이므로 100 ℃이다.

오답 피하기 ㄴ. 물의 융해 곡선의 기울기는 음(−)이므로 1기압보다 압력이 높아지면 물의 어는점은 0 ℃보다 낮아진다.

ㄷ. 0.006기압, 0.0098 ℃는 삼중점이므로 0.006기압보다 낮은 압력에서는 고체 상태와 기체 상태만 존재할 수 있고 액체 상태는 존재할 수 없다.

38

정답 맞히기 ㄱ. 1기압에서 T_1 K은 액체와 기체 상태가 평형을 이루므로 끓는점이다.

ㄴ. 1기압에서는 온도가 낮으면 고체 상태, 온도가 중간 정도면 액체 상태, 온도가 높으면 기체 상태의 3가지 상태가 가능하다.

오답 피하기 ㄷ. 물질 X가 승화하기 위해서는 삼중점에 해당하는

압력보다 낮아야 하므로 1기압보다 높은 압력에서는 승화할 수 없다.

39

정답 맞히기 ㄱ. P기압, T K은 삼중점이므로 CO_2 3가지 상태가 평형을 이루면서 모두 존재한다.

ㄴ. T K에서 P기압보다 압력이 높으면 삼중점보다 압력이 높으므로 고체 상태의 CO_2가 가장 안정한 상이 된다.

ㄷ. P기압에서 T K보다 온도가 높으면 삼중점보다 온도가 높으므로 기체 상태의 CO_2가 가장 안정한 상이 된다.

40

정답 맞히기 ㄱ. 1기압에서 X는 고체와 기체 상태만 존재하게 되므로 고체와 기체의 상태 변화가 일어나는 승화성이 있다.

ㄴ. (가)에서 X(g)와 X(l)가 평형을 이루므로 기화 곡선 상의 온도와 압력에 해당한다. 따라서 X(g)의 압력은 삼중점의 압력인 P기압보다 높다.

ㄷ. (가)에서 X(g)의 압력은 삼중점의 압력인 P기압보다 높으므로 온도를 t_1 ℃로 낮추면 고체 상태의 X가 가장 안정한 상태가 된다.

41

정답 맞히기 ④ (가)에서는 액체와 기체 상태의 CO_2가 평형을 이루고 있으므로 기화 곡선에 위치한 D가 가장 적절하다. (나)는 고체와 기체 상태의 CO_2가 평형을 이루고 있으므로 승화 곡선에 위치한 A가 가장 적절하다.

실력 향상 문제
본문 118~125쪽

01 ⑤	02 ③	03 ①	04 해설 참조	
05 ①	06 ④	07 ②	08 ③	09 ③
10 해설 참조		11 ④	12 해설 참조	
13 ③	14 ④	15 ④	16 ③	17 ⑤
18 ①	19 ③	20 ①	21 ⑤	
22 해설 참조		23 ③	24 해설 참조	
25 ⑤	26 ④	27 ③	28 ②	29 ③
30 ②	31 해설 참조		32 ①	

01 화학 평형

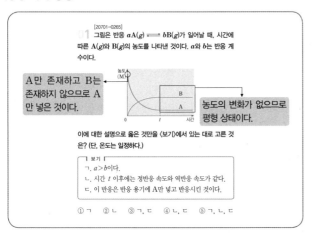

정답 맞히기 ㄱ. A의 농도 감소량이 B의 농도 증가량보다 크므로 반응 계수 $a>b$이다.

ㄴ. 시간 t 이후에는 화학 평형에 도달하므로 정반응과 역반응 속도가 같다.

ㄷ. 반응 초기에 A만 존재하고 B는 존재하지 않으므로 이 반응은 반응 용기에 A만 넣은 것이다.

02 화학 평형

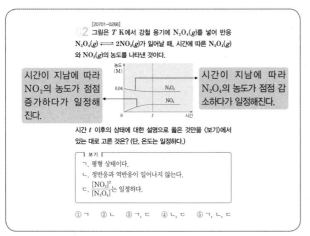

정답 맞히기 ㄱ. 시간 t 이후에는 농도의 변화가 없으므로 평형 상태에 도달한 것이다.

ㄷ. $\dfrac{[NO_2]^2}{[N_2O_4]}$는 평형 상수($K$)이므로 온도가 일정하면 같다.

오답 피하기 ㄴ. 평형 상태에서는 정반응과 역반응 모두 일어난다. 단, 정반응 속도와 역반응 속도가 같아서 반응이 일어나지 않는 것처럼 보이는 것이다.

03 평형 상수

정답 맞히기 ㄱ. 농도 변화량은 A가 0.1 M, B가 0.2 M, C가 0.2 M이므로 반응 계수 $b=2$, $c=2$이다.

오답 피하기 ㄴ. 평형 상수(K)$=\dfrac{[C]^2}{[A][B]^2}=\dfrac{0.2^2}{0.4\times0.3^2}=\dfrac{10}{9}$이다.

ㄷ. 강철 용기에 A~C를 각각 1 M씩 넣으면 반응 지수 $Q=1<K$이므로 정반응이 우세하게 일어난다.

04 반응 지수

꼭지를 열면 용기의 부피가 1 L가 되므로 이때의 반응 지수를 통해 반응의 진행 방향을 예측할 수 있다.

모범 답안 꼭지를 열었을 때 부피는 2배가 되면서 1 L가 되므로 X의 몰 농도는 0.01 M, Y의 몰 농도는 0.04 M이 된다. 따라서 반응 지수 $Q=\dfrac{(0.04)^2}{0.01}=0.16$이므로 $Q>K$이다. 따라서 역반응 쪽으로 반응이 진행한다.

05 평형 상수

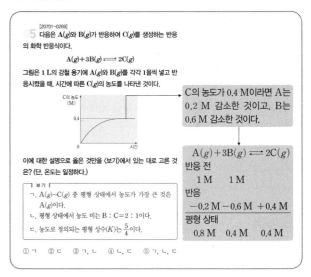

정답 맞히기 ㄱ. C가 0.4 M 생성되었으므로 A는 0.2 M 감소하고, B는 0.6 M 감소하여 평형에 도달한 것이다. 따라서 평형 상태에서 A는 0.8 M, B는 0.4 M, C는 0.4 M이 존재하게 된다. 따라서 A(g)~C(g) 중 평형 상태에서 농도가 가장 큰 것은 A(g)이다.

오답 피하기 ㄴ. 평형 상태에서 [B]=0.4 M, [C]=0.4 M이므로 농도 비는 B : C=1 : 1이다.

ㄷ. 평형 상수(K)$=\dfrac{[C]^2}{[A][B]^3}=\dfrac{0.4^2}{0.8\times0.4^3}=\dfrac{25}{8}$이다.

06 평형 농도

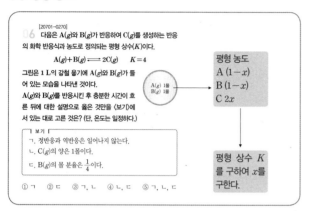

정답 맞히기 ㄴ. 반응한 A의 양(mol)을 x몰이라고 하면 평형 상태에서의 양은 A가 $(1-x)$몰, B가 $(1-x)$몰, C가 $2x$몰이다. 평형 상수 $K = \dfrac{(2x)^2}{(1-x)^2} = 4$이므로 $x = 0.5$이다. 따라서 C의 양은 1몰이다.

ㄷ. 평형 상태에서 A~C의 양은 각각 0.5몰, 0.5몰, 1몰이므로 B의 몰 분율은 $\dfrac{1}{4}$이다.

오답 피하기 ㄱ. 충분한 시간이 흐른 뒤이므로 평형 상태에 도달한다. 평형 상태에서 정반응과 역반응은 모두 일어난다.

07 평형 이동

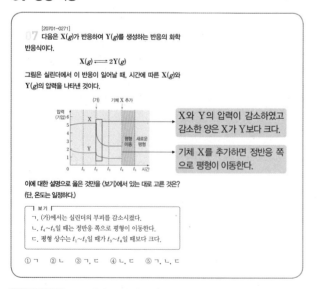

정답 맞히기 ㄴ. 시간 t_4에서 X를 추가하였으므로 $t_4 \sim t_5$일 때는 정반응 쪽으로 평형이 이동한다.

오답 피하기 ㄱ. (가)에서는 X와 Y의 압력이 모두 감소하고 X의 압력이 Y보다 크게 감소하고 있다. 따라서 (가)에서는 실린더의 부피를 증가시켜 압력을 감소시키고 있는 것이다.

ㄷ. 온도가 일정하므로 평형 상수는 $t_1 \sim t_2$일 때와 $t_3 \sim t_4$일 때가 같다.

08 온도와 평형 이동

정답 맞히기 ㄱ. (가)와 (나)에서 A는 2 M 감소하고, B는 2 M 증가하며, C는 1 M 증가하였다. 따라서 반응 계수는 A : B : C = 2 : 2 : 1이다. 따라서 $a+b=4$이다.

ㄴ. 온도가 높아졌을 때 정반응이 우세하게 진행되고 있으므로 정반응은 흡열 반응이다. 따라서 $\Delta H > 0$이다.

오답 피하기 ㄷ. (가)에서 평형 상수(K)는 $\dfrac{2^2 \times 2}{4^2} = \dfrac{1}{2}$이고, (나)에서 평형 상수($K$)는 $\dfrac{4^2 \times 3}{2^2} = 12$이므로 평형 상수($K$)의 비는 (가) : (나) = 1 : 24이다.

09 평형 이동 법칙

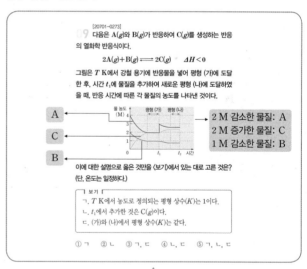

정답 맞히기 ㄱ. 평형 농도의 변화에서 2 M 감소한 물질은 A이고, 2 M 증가한 물질은 C, 1 M 감소한 물질은 B이다. 따라서 (가)에서의 농도로부터 평형 상수(K) $= \dfrac{[C]^2}{[A]^2[B]} = \dfrac{2^2}{2^2 \times 1} = 1$이다.

ㄷ. 온도가 일정하므로 평형 상수의 변화는 없다. 따라서 (가)와 (나)에서 평형 상수(K)는 같다.

오답 피하기 ㄴ. t_1에서 물질을 추가했을 때 한 물질은 증가하고 한 물질은 감소하므로 추가한 물질은 반응물 중 하나이며, 농도의 변화로부터 추가한 물질은 A(g)임을 알 수 있다.

10 평형 상수

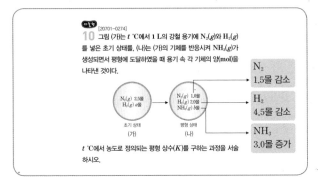

초기 상태에서 평형 상태로 될 때 물질의 농도는 화학 반응식의 계수에 따라 변하게 된다. N_2는 1.0몰이 되었으므로 1.5몰이 감소하였고 나머지 물질들도 화학 반응식의 계수에 따른 양적 변화를 나타내게 된다.

모범 답안 평형 상태에서 NH_3가 생성되었으므로 화학 반응식은 $N_2 + 3H_2 \rightleftharpoons 2NH_3$이다. N_2 1몰이 남았으므로 반응한 N_2는 1.5몰, H_2는 4.5몰이고 생성된 NH_3는 3몰임을 알 수 있다. 따라서 평형 상수 $K = \dfrac{3^2}{1 \times 2^3} = \dfrac{9}{8}$이다.

11 압력과 평형 이동

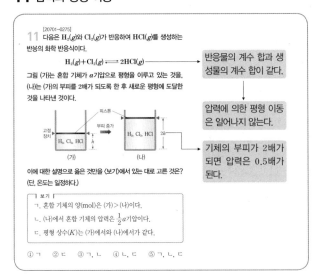

정답 맞히기 ㄴ. 반응물과 생성물의 계수 합이 같으므로 압력에 의한 평형 이동은 일어나지 않는다. 따라서 (나)에서 혼합 기체의 부피가 2배가 되었으므로 압력은 $\dfrac{1}{2}a$기압이다.

ㄷ. 온도가 같고 압력 변화만 있으므로 평형 상수는 (가)에서와 (나)에서가 같다.

오답 피하기 ㄱ. 화학 반응식에서 반응물과 생성물의 계수 합이 같으므로 혼합 기체의 양(mol)은 변하지 않는다.

12 평형 이동 법칙

(가)의 시간 t에서 어떤 물질을 넣었고 그 이후 전체 기체의 양이 감소하는 모습을 보이고 있다. (나)에서는 시간 t 이후 전체 기체의 양이 증가하고 있으므로 온도 변화를 주어 기체의 양이 늘어나게 한 것이다.

모범 답안 (가)의 시간 t에서 기체를 넣어 주었을 때 전체 기체의 양이 감소하므로 역반응 쪽으로 반응이 진행한 것이다. 따라서 (가)의 시간 t에서 넣어 준 기체는 Y이다. (나)의 시간 t 이후에는 전체 기체의 양이 증가하므로 정반응 쪽으로 반응이 진행한 것이다. 따라서 (나)의 시간 t에서는 온도를 낮춘 것이다.

13 압력과 평형 이동

정답 맞히기 ㄱ. 일정한 온도를 유지하였으므로 평형 상수(K)는 일정하다. 따라서 $K = \dfrac{[B]^2}{[A]} = \dfrac{0.5^2}{0.5} = 0.5$이다.

ㄷ. 압력을 가했으므로 역반응 쪽으로 평형이 이동하게 된다. 부피를 1 L가 되게 하였으므로 $K = \dfrac{(1-2x)^2}{1+x} = \dfrac{1}{2}$이므로 $x = \dfrac{1}{8}$이다. 따라서 $[A] = 1 + \dfrac{1}{8} = \dfrac{9}{8}$(M)이다.

오답 피하기 ㄴ. 압력을 가해 기체의 부피를 1 L가 되게 하면 분자 수가 감소하는 방향으로 평형이 이동하게 되므로 기체의 압력은 2기압보다 작게 된다.

14 화학 평형 농도

정답 맞히기 혼합 기체의 양(mol)은 $PV = nRT$에서 $n = \dfrac{PV}{RT}$로 구할 수 있다. X(g)를 넣었을 때 $n = \dfrac{1.0 \times 2.4}{0.08 \times 300} = 0.1$(몰)이고, 시간 t 이후에는 0.08몰이 된다.

ㄴ. 화학 반응식이 $2X(g) \rightleftharpoons Y(g)$이므로 반응 전 0.1몰의 X($g$) 중 0.04몰이 반응하고 Y($g$) 0.02몰이 생성되면 전체 기체

의 양(mol)은 0.08몰이 된다. 따라서 시간 t 이후에 존재하는 기체의 몰 비는 X : Y = 0.06 : 0.02 = 3 : 1이다.

ㄷ. 평형 상수$(K) = \dfrac{[Y]}{[X]^2} = \dfrac{\dfrac{0.02}{2.4}}{\left(\dfrac{0.06}{2.4}\right)^2} = \dfrac{40}{3}$이다.

오답 피하기 ㄱ. 시간 t 이후에 존재하는 혼합 기체의 압력이 0.8 기압이므로 $PV = nRT$에서 $0.8 \times 2.4 = n \times 0.08 \times 300$이고 $n = 0.08$몰이다.

15 평형 상수

정답 맞히기 ④ 실험 Ⅰ과 Ⅱ에서 온도가 같으므로 평형 상수(K)는 같다. 실험 Ⅰ에서 $K = \dfrac{[B]^b}{[A]^a} = \dfrac{10^b}{10^a}$이고, 실험 Ⅱ에서

$K = \dfrac{5^b}{2.5^a}$이므로 $\dfrac{10^b}{10^a} = \dfrac{5^b}{2.5^a}$이다. $\dfrac{2^b \times 5^b}{2^a \times 5^a} = \dfrac{5^b}{2.5^a}$이므로 $b = 2a$이며, $a = 1$, $b = 2$이다. 따라서 $K = \dfrac{10^2}{10} = 10$이다.

16 평형 상수

정답 맞히기 ③ A(g)의 양(mol)이 반응 후에 4몰이 되었으므로 초기 양에서 2몰이 증가한 것이다. 화학 반응식의 계수에 따라 평형 상태에서 A~C는 각각 4몰, 6몰, 2몰이고, 전체 용기의 부피는 2 L이므로 A~C의 몰 농도는 각각 2 M, 3 M, 1 M이다. 따라서 $K = \dfrac{1^2}{2 \times 3^3} = \dfrac{1}{54}$이다. 또한 B의 몰 분율은 $\dfrac{6}{4+6+2} = 0.5$이다.

17 화학 평형과 평형 상수

정답 맞히기 ㄱ. T_1 K에서 A는 1몰 감소하였으므로 B는 2몰이 생성되었다. 따라서 $x = 2$이다. T_2 K에서 B가 1몰 생성되었으므로 A는 0.5몰이 감소하여 1.5몰이 존재하게 된다. 따라서 $y = 1.5$이고, $x + y = 3.5$이다.

ㄴ. $T_1 > T_2$이므로 온도가 높을 때 정반응 쪽으로 반응이 더 진행한 것이므로 정반응은 흡열 반응이다.

ㄷ. T_1에서 $K = \dfrac{2^2}{1} = 4$이고, T_2에서 $K = \dfrac{1^2}{1.5} = \dfrac{2}{3}$이다. 따라서 평형 상수$(K)$의 비는 $K_1 : K_2 = 4 : \dfrac{2}{3} = 6 : 1$이다.

18 평형 상수와 평형 이동

정답 맞히기 ㄱ. $t\,°C$에서 (가)와 (나)는 화학 평형 상태이므로 (가)에서 평형 상수 $K = \dfrac{2^2}{1 \times 1^2} = 4$이다.

오답 피하기 ㄴ. (나)에서 용기의 부피가 2 L이므로 A~C의 농도는 각각 4 M, 2 M, $0.5x$ M이다. (가)와 (나)의 평형 상수는 같으므로 평형 상수 $K = \dfrac{(0.5x)^2}{4 \times 2^2} = 4$이므로 $x = 16$이다.

ㄷ. 꼭지를 열면 전체 부피가 3 L가 되므로 A~C의 농도는 각각 3 M, $\dfrac{5}{3}$ M, 6 M이다. 따라서 반응 지수$(Q) = \dfrac{6^2}{3 \times \left(\dfrac{5}{3}\right)^2} = \dfrac{108}{25}$ $> K(=4)$이므로 역반응 쪽으로 평형이 이동한다.

19 온도와 평형 이동

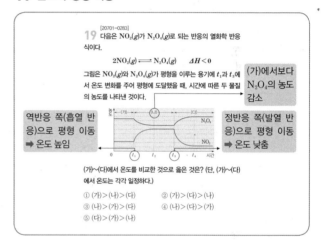

정답 맞히기 ③ (나)에서 역반응 쪽으로 반응이 진행하였는데 역반응은 흡열 반응이므로 온도를 높인 것이다. 따라서 온도는 (나) > (가)이다. (다)에서 정반응 쪽으로 반응이 진행하였으므로 발열 반응 쪽으로 반응이 진행한 것이고 이때 온도는 낮춰진 것인데, N_2O_4의 평형 농도가 (다) > (가)이므로 온도는 (가) > (다)이다. 따라서 온도는 (나) > (가) > (다)이다.

20 화학 평형과 평형 상수

정답 맞히기 ㄱ. C(g) 0.6몰을 넣었을 때 평형 농도가 0.2몰이므로 0.4몰이 반응한 것이다. 이때 생성된 B(g)의 양은 반응한 C(g)의 절반이므로 평형 상태에서 B(g)의 양은 0.2몰이다. 따라서 평형 상태에서 0.6몰인 것은 A(g)이고, $a = 3$이다.

오답 피하기 ㄴ. 1 L의 용기에 A~C의 양이 각각 0.6몰, 0.2몰, 0.2몰이므로 A~C의 농도는 각각 0.6 M, 0.2 M, 0.2 M이다. 따라서 평형 상수 $K = \dfrac{0.2^2}{0.6^3 \times 0.2} = \dfrac{0.2}{0.6^3} < 1$이다.

ㄷ. 온도가 일정하므로 평형 상수는 일정하다. $C(g)$ 0.5몰을 반응 초기에 넣으면 반응 후 농도는 $C(g)$ 0.6몰일 때 도달한 0.2 M보다 높은 농도에서 새로운 평형을 이루게 된다.

21 평형 상수와 반응 지수

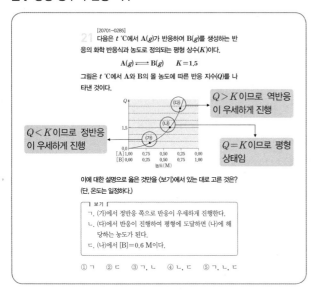

[20701-0285]
21 다음은 t °C에서 $A(g)$가 반응하여 $B(g)$를 생성하는 반응의 화학 반응식과 농도로 정의되는 평형 상수(K)이다.

$$A(g) \rightleftharpoons B(g) \qquad K = 1.5$$

그림은 t °C에서 A와 B의 몰 농도에 따른 반응 지수(Q)를 나타낸 것이다.

$Q > K$이므로 역반응이 우세하게 진행

$Q < K$이므로 정반응이 우세하게 진행

$Q = K$이므로 평형 상태임

이에 대한 설명으로 옳은 것만을 〈보기〉에서 있는 대로 고른 것은? (단, 온도는 일정하다.)

보기
ㄱ. (가)에서 정반응 쪽으로 반응이 우세하게 진행한다.
ㄴ. (다)에서 반응이 진행하여 평형에 도달하면 (나)에 해당하는 농도가 된다.
ㄷ. (나)에서 [B]=0.6 M이다.

① ㄱ ② ㄷ ③ ㄱ, ㄴ ④ ㄴ, ㄷ ⑤ ㄱ, ㄴ, ㄷ

정답 맞히기 ㄱ. (가)에서는 $Q < K$이므로 정반응 쪽으로 반응이 진행되어 평형 상태에 도달하게 된다.

ㄴ. (다)에서는 $Q > K$이므로 반응이 역반응 쪽으로 진행되어 평형에 도달하는데, (나)에서 $Q = K$이므로 (나)에 해당하는 농도에 도달하게 된다.

ㄷ. $A(g)$ 0.5 M과 $B(g)$ 0.5 M이면 반응 지수 $Q = 1$이므로 정반응 쪽으로 평형이 이동한다. 이때 평형에 도달하면 $\frac{0.5+x}{0.5-x} = \frac{3}{2}$이므로 $x = 0.1$이다. 따라서 $B(g)$의 농도는 0.6 M이다.

22 화학 평형

용기에서 $A(g)$와 $B(g)$는 반응이 진행되면 같은 양(mol)으로 감소하여 반응하게 된다. T K에서 A~C는 각각 $(3-x)$몰, $(3-x)$몰, $3x$몰이므로 평형 상수를 구하면

$$\frac{(3x)^3}{(3-x)(3-x)} = \frac{27}{4}, \ x = 1 \text{이다.}$$

모범 답안 정반응 쪽으로 반응이 진행되어 평형 상태에서 $A(g)$~$C(g)$의 양(mol)을 각각 $(3-x)$몰, $(3-x)$몰, $3x$몰이라고 하면 $K = \frac{(3x)^3}{(3-x)^2} = \frac{27}{4}$에서 $x = 1$이다. 따라서 A는 2몰, B는 2몰, C는 3몰이 존재한다. 기체가 총 6몰일 때 기체의 압력이 a기압이었으므로 총 7몰의 기체가 존재하면 $\frac{7}{6}a$기압이 된다.

23 평형 이동 법칙

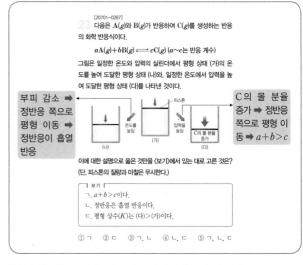

[20701-0287]
23 다음은 $A(g)$와 $B(g)$가 반응하여 $C(g)$를 생성하는 반응의 화학 반응식이다.

$$a\text{A}(g) + b\text{B}(g) \rightleftharpoons c\text{C}(g) \ (a{\sim}c\text{는 반응 계수})$$

그림은 일정한 온도와 압력의 실린더에서 평형 상태 (가)의 온도를 높여 도달한 평형 상태 (나)와, 일정한 온도에서 압력을 높여 도달한 평형 상태 (다)를 나타낸 것이다.

부피 감소 ⇒ 정반응 쪽으로 평형 이동 ⇒ 정반응이 흡열 반응

C의 몰 분율 증가 ⇒ 정반응 쪽으로 평형 이동 ⇒ $a + b > c$

이에 대한 설명으로 옳은 것만을 〈보기〉에서 있는 대로 고른 것은? (단, 피스톤의 질량과 마찰은 무시한다.)

보기
ㄱ. $a + b > c$이다.
ㄴ. 정반응은 흡열 반응이다.
ㄷ. 평형 상수(K)는 (다)>(가)이다.

① ㄱ ② ㄷ ③ ㄱ, ㄴ ④ ㄴ, ㄷ ⑤ ㄱ, ㄴ, ㄷ

정답 맞히기 ㄱ. (다)의 평형 상태가 (가)보다 정반응 쪽으로 이동하여 C의 몰 분율이 증가하였고, 전체 기체의 부피가 감소하였으므로 반응물의 계수 합이 생성물의 계수 합보다 큼을 알 수 있다. 따라서 $a + b > c$이다.

ㄴ. (나)의 평형 상태가 (가)보다 부피가 작으므로 정반응 쪽으로 평형이 이동한 것임을 알 수 있다. 온도를 높였을 때 흡열 반응 쪽으로 평형이 이동하므로 정반응이 흡열 반응이다.

오답 피하기 ㄷ. (가)와 (다)는 온도는 같고 압력만 다른 경우이므로 평형 상수(K)는 (가)와 (다)에서 같다.

24 압력과 평형의 이동

실린더에서 $A(g)$와 $B(g)$는 대기압과 평형을 이루고 있다. $He(g)$을 넣어 주면 대기압과 평형을 이루어야 하므로 $A(g)$와 $B(g)$의 부분 압력은 감소하게 되고 평형 이동이 일어나게 된다.

모범 답안 실린더에 $He(g)$을 넣으면 대기압과 평형을 이루고 있던 $A(g)$와 $B(g)$의 부분 압력이 감소하게 된다. 압력이 감소하면 분자 수가 증가하는 방향으로 평형이 이동하므로 역반응 쪽으로 평형이 이동하게 된다.

25 평형 이동 법칙

정답 맞히기 ㄱ. 6몰의 $X(g)$가 반응하여 $Y(g)$가 생성되면서 $t_1{\sim}t_2$의 평형 상태에서 4몰의 혼합 기체가 되었으므로 X는 4몰 감소하고, Y는 2몰 증가한 반응이 일어나 평형 상태에서는 X가 2몰, Y가 2몰 존재한다. 따라서 평형 상수(K)는 $\frac{2}{2^2} = \frac{1}{2} = 0.5$이다.

ㄴ. t_2에서 온도를 낮추었을 때 전체 기체의 양(mol)이 감소하였으므로 정반응 쪽으로 평형이 이동한 것이다. 온도를 낮추었을 때는 발열 반응 쪽으로 평형이 이동하게 되므로 정반응은 발열 반응이다.

ㄷ. t_2에서 온도를 낮추었을 때 X는 1몰 반응하여 감소하고, Y는 0.5몰이 증가하여 X는 1몰, Y는 2.5몰이 되므로 Y의 몰 분율은 $\frac{2.5}{1+2.5}=\frac{5}{7}$이다.

26 평형 이동 법칙

정답 맞히기 ㄴ. (나)에서 $\frac{[A]}{[B]}=1$이므로 $[A]=x$ M이라고 하면

$\frac{x^2}{x}=3$이므로 $x=3$이다.

ㄷ. T_3 K에서 $\frac{[A]}{[B]}=0.01$이므로 B의 농도가 A의 농도보다 크다. 따라서 A와 B를 같은 양(mol) 넣어 준다면 B가 더 많아지는 정반응 쪽으로 반응이 우세하게 진행되어 평형에 도달하게 된다.

오답 피하기 ㄱ. $\frac{[A]}{[B]}$가 (가)>(나)>(다)이므로 (다)보다 (가)에서 역반응 쪽으로 반응이 우세하게 진행된 것이다. 역반응은 흡열 반응이며, 온도가 높을수록 역반응 쪽으로 반응이 우세하게 진행되므로 온도는 $T_1>T_3$이다.

27 온도와 평형 이동

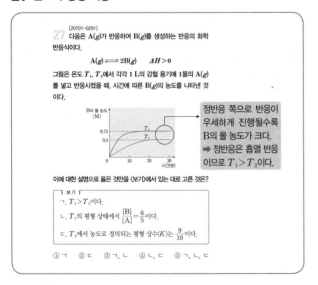

28 상평형 그림과 가열 곡선

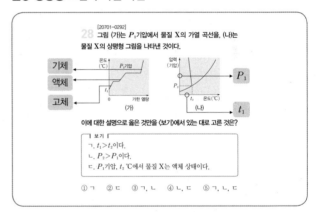

정답 맞히기 ㄱ. T_1에서가 T_2에서보다 B의 몰 농도가 크므로 정반응 쪽으로 반응이 더 진행한 것이다. 정반응은 흡열 반응이므로 온도는 $T_1>T_2$이다.

ㄴ. T_1에서 $[B]=0.75$ M이므로 반응 전 A(g) 1 M 중 $\frac{3}{8}$ M이 반응하고 B(g) $\frac{3}{4}$ M이 생성된다. 따라서 T_1의 평형 상태에서 $[A]=\frac{5}{8}$ M, $[B]=\frac{3}{4}$ M이므로 $\frac{[B]}{[A]}=\frac{6}{5}$이다.

오답 피하기 ㄷ. T_2에서는 A(g) 1 M 중 0.25 M이 반응하고 B(g) 0.5 M이 생성된다. 따라서 $[A]=0.75$ M, $[B]=0.5$ M이므로 $K=\frac{0.5^2}{0.75}=\frac{1}{3}$이다.

정답 맞히기 ㄷ. P_1기압, t_2 ℃는 융해 곡선에 해당하는 지점보다 온도가 높으므로 물질 X는 액체 상태이다.

오답 피하기 ㄱ. P_1기압에서 X는 고체, 액체, 기체의 3가지 상태를 모두 가질 수 있으므로 P_1은 P_2보다 크고, 온도는 $t_2>t_1$이다.

ㄴ. P_1기압에서는 X가 3가지 상태로 존재할 수 있으므로 $P_1>P_2$이다.

29 상평형 그림

정답 맞히기 ㄱ. A는 고체 상태, B는 액체 상태, C는 기체 상태이다.

ㄴ. 압력이 P_1일 때 온도 t_2에 해당하는 상태가 증기 압력 곡선 상에 있으므로 t_2는 액체와 기체 상태가 존재하는 온도로 X의 끓는점이다.

오답 피하기 ㄷ. 융해 곡선의 기울기는 $(-)$이고, 증기 압력 곡선의 기울기는 $(+)$이므로 압력이 P_1에서 P_2로 증가하면 녹는점은 낮아지고, 끓는점은 높아진다.

30 상평형 그림

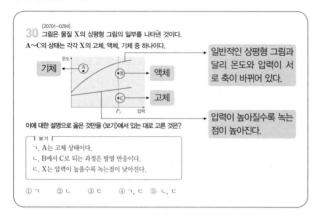

[정답 맞히기] ㄴ. B는 액체, C는 고체이므로 B에서 C로 되는 과정은 주위로 열을 방출하는 발열 반응이다.

[오답 피하기] ㄱ. A는 압력이 낮고 온도가 가장 높은 상태이므로 기체 상태이다. B는 액체, C는 고체 상태이다.

ㄷ. X의 융해 곡선은 압력이 높아질수록 온도가 높아지므로 압력이 높아질수록 녹는점이 높아진다.

31 상평형 그림

(나)의 실린더는 T_1 ℃, 1기압 상태에 있는 것이므로 (가)의 상평형 그림에서 T_1 ℃, 1기압에서 물질 X의 상태를 찾아야 한다.

[모범 답안] X_A: 기체, X_B: 액체, T_1 ℃, 1기압은 물질 X의 증기압력 곡선 상에 있으므로 액체와 기체의 상변화가 일어날 수 있는 상태이다. 따라서 (나)에서 X_A와 X_B는 액체 또는 기체 중 하나인데, 밀도는 액체가 기체보다 크므로 X_A는 기체, X_B는 액체이다.

32 3가지 물질의 상평형

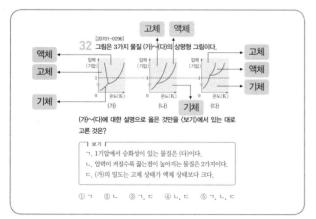

[정답 맞히기] ㄱ. 1기압에서 (가)와 (나)는 고체, 액체, 기체 상태가 모두 가능하고, (다)는 고체와 기체 상태만 가능하므로 (다)만

승화성을 갖는다.

[오답 피하기] ㄴ. 3가지 물질의 증기 압력 곡선은 모두 기울기가 양(+)이므로 압력이 커질수록 3가지 물질은 모두 끓는점이 높아진다.

ㄷ. (가)는 압력이 높아지면서 녹는점이 낮아지는 모습을 나타내는데, 이는 고체 상태의 부피가 액체 상태의 부피보다 커서 압력이 높아지면 고체 상태가 불안정해지고 액체 상태가 안정해지기 때문이다. 따라서 밀도는 부피가 큰 고체 상태가 액체 상태보다 낮다.

신유형·수능 열기 　　　　　　본문 126~129쪽

01 ④	**02** ⑤	**03** ②	**04** ③	**05** ①
06 ③	**07** ⑤	**08** ③	**09** ⑤	**10** ③
11 ②	**12** ①	**13** ④	**14** ④	**15** ③
16 ⑤				

01

[정답 맞히기] ㄴ. 평형 농도가 A는 3 M, B는 0.5 M이므로 반응한 농도 비는 A : B=2 : 1이다. 따라서 $a=2$이다.

ㄷ. 평형 상수 $K=\dfrac{[B]}{[A]^2}=\dfrac{0.5}{3^2}=\dfrac{1}{18}$이다.

[오답 피하기] ㄱ. 평형 상태에서 A의 몰 분율이 $\dfrac{6}{7}=\dfrac{x}{x+0.5}$이므로 $x=3$이다.

02

[정답 맞히기] ㄱ. Ⅰ에서 정반응이 진행하여 C가 생성된 것이므로 반응한 A의 양(mol)을 x라고 하면, 반응 후에 평형 상태에서 $A(g)$~$C(g)$의 양(mol)은 각각 $(2-x)$몰, $(2-x)$몰, x몰이다. A의 몰 분율은 $\dfrac{2-x}{4-x}=\dfrac{1}{3}$이므로 $x=1$이다. 따라서 A~C의 양(mol)은 각각 1몰, 1몰, 1몰이므로 $A(g)$와 $C(g)$의 양은 같다.

ㄴ. Ⅰ의 평형 상태에서 A~C의 양(mol)은 각각 1몰, 1몰, 1몰이고 용기 부피는 2 L이므로 평형 상수 $K=\dfrac{[C]}{[A][B]}=\dfrac{\dfrac{1}{2}}{\left(\dfrac{1}{2}\right)\left(\dfrac{1}{2}\right)}=2$이다.

ㄷ. $A(g)$의 몰 분율이 Ⅱ에서 $\dfrac{1}{4}$이고, 반응 전 A와 B의 양(mol)이 같으므로 평형 상태에서 A~C의 양(mol)은 각각 n몰, n몰, $2n$몰이다.

$K=\dfrac{\dfrac{2n}{2}}{\left(\dfrac{n}{2}\right)\left(\dfrac{n}{2}\right)}=\dfrac{4}{n}=2$이므로 $n=2$이다. 따라서 $A(g)\sim C(g)$

의 양은 각각 2몰, 2몰, 4몰이고, $C(g)$의 몰 분율은 $\dfrac{1}{2}$이다.

03

정답 맞히기 ㄴ. 강철 용기의 부피를 V L라고 하면, 반응 지수

$Q=\dfrac{\left(\dfrac{1}{V}\right)^2}{\dfrac{0.5}{V}\times\dfrac{1.5}{V}}=\dfrac{4}{3}$이다. $K=3Q$이므로 $K=4$이다.

오답 피하기 ㄱ. $A(g)$ 1몰, $B(g)$ 2몰이 들어 있는 상태에서 반응이 진행되어 $C(g)$의 몰 분율이 $\dfrac{1}{3}$일 때는 A~C의 양(mol)이 각각 $(1-x)$몰, $(2-x)$몰, $2x$몰이어야 하므로 $x=0.5$이다. 따라서 B의 양(mol)은 1.5몰이다.

ㄷ. 평형 상태에서 A~C의 양(mol)을 각각 $(1-p)$몰, $(2-p)$몰, $2p$몰이라고 하고 강철 용기의 부피를 V L라고 하면, $K=\dfrac{[C]^2}{[A][B]}$

$=\dfrac{\left(\dfrac{2p}{V}\right)^2}{\left(\dfrac{1-p}{V}\right)\left(\dfrac{2-p}{V}\right)}=4$이고, $p=\dfrac{2}{3}$이다. 따라서 평형 상태에서

A의 양(mol)은 $\dfrac{1}{3}$몰이다.

04

정답 맞히기 ㄱ. (가)에서 평형 상수$(K)=\dfrac{\left(\dfrac{2}{V}\right)^2}{\dfrac{x}{V}\times\dfrac{y}{V}}=\dfrac{16}{5}$이므로

$x\times y=\dfrac{5}{4}$이다.

ㄴ. $PV=nRT$에서 (가)는 T K, V L일 때 1기압이고, 반응이 일어나도 전체 물질의 양(mol)은 일정하므로 (나)는 $2T$ K, $\dfrac{V}{2}$ L 일 때 4기압이다.

오답 피하기 ㄷ. (나)에서 C는 1몰이 감소하였으므로 A는 $(x+0.5)$몰, B는 $(y+0.5)$몰이 존재한다. 따라서

$[A]=\dfrac{(x+0.5)}{\dfrac{V}{2}}$ M, $[B]=\dfrac{(y+0.5)}{\dfrac{V}{2}}$ M, $[C]=\dfrac{1}{\dfrac{V}{2}}$ M이며, 평

형 상수 $K=\dfrac{1^2}{(x+0.5)(y+0.5)}=\dfrac{1}{3}$이다. 식을 풀면

$xy+\dfrac{1}{2}(x+y)+\dfrac{1}{4}=3$이고, $x+y=3$이다. (나)에서 전체 압력은 4기압이고 A와 B의 양(mol)의 합 $x+y+1=4$(몰)이며, C는 1몰이므로 C의 부분 압력은 4기압$\times\dfrac{1}{5}=\dfrac{4}{5}$기압이다.

05

정답 맞히기 ㄱ. $K=\dfrac{x}{1\times 2^2}=\dfrac{1}{2}$이므로 $x=2$이다.

오답 피하기 ㄴ. He(g) 1몰을 첨가하면 He의 압력이 추가되지만 용기가 강철 용기이므로 각 기체의 압력에는 변화가 없다. 따라서 평형이 이동하지 않는다.

ㄷ. $A(g)$ 1몰과 $C(g)$ 3몰을 추가하면 반응 지수 $Q=\dfrac{5}{2\times 2^2}=$

$\dfrac{5}{8}>K$이므로 역반응 쪽으로 평형이 이동한다. 따라서 새로운 평형에서 $B(g)$의 양은 2몰보다 크다.

06

정답 맞히기 ㄱ. 감소한 A의 농도는 4 M, 증가한 B의 농도는 2 M이므로 $a=2$, $b=1$이다.

ㄴ. (가)에서 평형 상수$(K)=\dfrac{[B]}{[A]^2}=\dfrac{2}{1^2}=2$이다.

오답 피하기 ㄷ. (나)에서는 역반응 쪽으로 반응이 우세하게 진행한 것이므로 흡열 반응 쪽으로 반응이 진행한 것이다. 따라서 온도를 높인 것이므로 (나)에서의 온도가 (가)에서의 온도보다 높다.

07

정답 맞히기 ㄱ. 온도가 일정하므로 초기의 평형 상태와 평형 상수가 같다. 따라서 평형 상수(K)는 $\dfrac{[B]}{[A]}=\dfrac{1}{2}=0.5$이다.

ㄴ. A 1몰을 추가하면 A x몰이 반응하고 B x몰이 생성되며 평형 상수는 변하지 않으므로 $\dfrac{1+x}{3-x}=\dfrac{1}{2}$이다. $x=\dfrac{1}{3}$이므로 B의 농도는 $\dfrac{4}{3}$ M이다.

ㄷ. (가)에서 B 1몰을 추가해도 평형 상수는 변하지 않으므로

$\dfrac{\dfrac{4}{3}+1-x}{\dfrac{8}{3}+x}=0.5$에서 $x=\dfrac{2}{3}$이다. 따라서 A의 농도는

$\dfrac{8}{3}+\dfrac{2}{3}=\dfrac{10}{3}$(M)이다.

08

정답 맞히기 ③ 반응한 A의 양(mol)을 x몰이라고 하면 생성된 B의 양(mol)은 $2x$몰이다. 평형 상태에서 A는 $(2-x)$몰, B는

$2x$몰이 존재하므로 평형 상수 $K=\dfrac{\left(\dfrac{2x}{50}\right)^2}{\dfrac{2-x}{50}}=0.08$이다. 따라서

$x=1$이고 A와 B의 양(mol)은 각각 1몰, 2몰이므로 A의 몰 분율은 $\dfrac{1}{3}$이다.

09

정답 맞히기 ㄴ. (다)에서는 반응 지수 $Q=\dfrac{1^2}{1\times2}<K$이므로 정반응이 우세하게 진행되어야 한다. 따라서 반응 초기에 정반응 속도가 역반응 속도보다 크다.

ㄷ. 그림은 Q가 K보다 큰 값에서 점점 감소하므로 (나)가 $Q=4$에서 $Q=K=1$로 감소하는 것에 해당한다.

오답 피하기 ㄱ. 그림에서 시간에 따라 Q가 1에 가까워지고 있으므로 평형 상수(K)는 1임을 알 수 있다. (가)의 반응 지수 $Q=\dfrac{1^2}{1\times1}=1$이므로 K와 같다. 따라서 (가)는 평형 상태이므로 정반응과 역반응이 일어나면서 그 속도가 같은 상태이다.

10

정답 맞히기 ㄱ. 반응한 A의 양(mol)을 $2x$몰, 생성된 B의 양(mol)을 x몰이라고 하면 평형 상태에서 A의 몰 분율이 0.8이므로 $\dfrac{0.3-2x}{0.3-2x+x}=0.8$이다. 따라서 $x=0.05$이고 반응한 A의 양(mol)은 0.1몰이다.

ㄴ. 평형 상태에서 A는 0.2몰, B는 0.05몰이 존재하고 부피는 1 L이므로 $K=\dfrac{0.05}{(0.2)^2}=1.25$이다.

오답 피하기 ㄷ. 평형 상태에서 실린더의 부피를 늘리면 압력이 감소하므로 분자 수가 증가하는 방향으로 평형이 이동하게 된다. 따라서 역반응 쪽으로 평형이 이동하게 된다.

11

정답 맞히기 ㄴ. 평형 농도는 A(g)가 $\dfrac{4}{7}$ M, B(g)가 $\dfrac{6}{7}$ M이므로 평형 상수(K)는 $\dfrac{\left(\dfrac{6}{7}\right)^2}{\left(\dfrac{4}{7}\right)}=\dfrac{9}{7}$이다.

오답 피하기 ㄱ. 초기 상태에서 A가 x M 반응하여 평형 상태에 도달하였다고 하면 A는 $(1-x)$ M, B는 $2x$ M이다. 따라서 B의 몰 분율은 $\dfrac{2x}{(1-x)+2x}=0.6$으로 $x=\dfrac{3}{7}$이므로 A(g)의 농도는 $\dfrac{4}{7}$ M이다.

ㄷ. 정반응이 흡열 반응이므로 온도를 T보다 낮추면 발열 반응 쪽인 역반응이 우세하게 진행되므로 B(g)의 몰 분율이 감소한다.

12

정답 맞히기 ㄱ. 1기압에서 X는 고체, 액체, 기체 상태가 가능하고, Y는 고체와 기체 상태만 가능하다.

오답 피하기 ㄴ. 1기압에서 X의 끓는점은 100 °C이므로 이때 Y는 기체 상태이다.

ㄷ. X는 융해 곡선의 기울기가 음(−)이므로 고체의 밀도가 액체보다 작고, Y는 융해 곡선의 기울기가 양(+)이므로 고체의 밀도가 액체보다 크다. 따라서 $\dfrac{\text{고체의 밀도}}{\text{액체의 밀도}}$는 Y가 X보다 크다.

13

정답 맞히기 ㄴ. 외부 압력이 1기압이므로 $H_2O(g)$의 압력은 0.2기압이고, He(g)의 압력은 0.8기압이다. 온도와 부피가 같을 때 기체의 양(mol)은 기체의 압력에 비례하므로 실린더 내 기체의 양(mol)의 비는 He(g) : $H_2O(g)$=4 : 1이다.

ㄷ. 실린더 내 He(g)을 모두 제거하면 0.2기압의 $H_2O(g)$가 있게 되므로 외부 압력보다 압력이 낮아서 부피가 감소하게 된다.

오답 피하기 ㄱ. t °C, 1기압에서 $H_2O(l)$의 증기 압력이 0.2기압이므로 1기압이 되어야 끓는점이다. 따라서 t °C는 1기압에서 H_2O의 끓는점보다 낮다.

14

정답 맞히기 ㄴ. P_1기압, t_1 °C에서 안정한 상이 액체이므로 P_1은 삼중점의 압력보다 크고, P_2기압, t_1 °C에서 안정한 상이 액체와 고체이므로 압력은 $P_2>P_1>5.1$이다.

ㄷ. P_2기압에서 안정한 상이 액체와 기체인 상태의 온도는 기화 곡선에 있어야 하므로 t_0 °C보다 높다.

오답 피하기 ㄱ. $t_1<t_0$이므로 t_1 °C에서는 압력에 따라 고체, 액체, 기체 상태를 모두 나타낼 수 있으므로 승화성을 갖진 못한다.

15

정답 맞히기 ㄱ. (가)에서는 X(g)와 X(l)가 평형을 이루고 있으므로 내부 압력은 삼중점의 압력인 P기압보다 크다.

ㄷ. (가)는 기화 곡선에 해당하는 온도와 압력이므로 온도를 낮추면 X(s)만 존재할 수 있다.

오답 피하기 ㄴ. (가)의 고정 장치를 풀고 1기압이 되게 하면 평형이 이동하여 승화 곡선에 해당하는 온도에 도달하여 X(s)와 X(g)가 평형을 이루게 된다.

16

정답 맞히기 ㄱ. (나)는 X(g)와 X(s)가 평형을 이루므로 승화 곡선에 해당하는 온도와 압력이다. 따라서 P기압은 5.1기압보다 작다.

ㄴ. (나)는 승화 곡선, (다)는 증기 압력 곡선에 해당하는 온도와 압력이므로 온도는 (다)에서가 (나)에서보다 높다.

ㄷ. $3P$기압에서 X(s)와 X(l)가 평형을 이루는 온도는 융해 곡선에 존재하므로 기화 곡선인 (다)에서보다 온도가 낮다.

탐구 **활동** 본문 137쪽

1 해설 참조

1

생명체는 항상성을 유지해야 하는데, 그 중 다양한 효소들은 특정 pH에서만 최적화된 모습을 보이므로 체내의 pH가 일정하게 유지되어야 한다.

모범 답안 완충 용액이 pH를 일정하게 유지하여 항상성 유지에 도움이 되기 때문이다.

내신 **기초 문제** 본문 138~141쪽

01 ③	**02** ⑤	**03** ②	**04** ④	**05** ⑤
06 ④	**07** ⑤	**08** ①	**09** ③	**10** ④
11 ③	**12** ①	**13** ①, ②	**14** ③	**15** ③
16 ③	**17** ②	**18** ①	**19** ③	**20** ⑤
21 ③	**22** ④	**23** ②		

01

정답 맞히기 ③ 강산은 약산보다 이온화하여 존재하는 이온 수가 많으므로 같은 농도의 강산 수용액은 약산 수용액보다 전류의 세기가 크다.

오답 피하기 ① 강산은 약산보다 이온화하는 정도가 크다.
② 같은 농도 수용액의 경우 강산은 약산보다 이온화를 많이 하므로 단위 부피당 H_3O^+의 수가 많다.
④ 탄산(H_2CO_3)은 약산이다.
⑤ 인산(H_3PO_4)은 약산이고, 황산(H_2SO_4)은 강산이다.

02

정답 맞히기 ⑤ 수산화 나트륨(NaOH)은 강염기이고, 암모니아(NH_3)는 약염기이다.

오답 피하기 ① 물에 녹아 일부만 이온화하는 염기는 약염기이다.
② 같은 농도 수용액의 경우 강염기는 약염기보다 이온화를 많이 하므로 단위 부피당 OH^-의 수가 많다.

③ 같은 농도의 강염기 수용액은 약염기 수용액보다 단위 부피당 이온의 수가 많으므로 전류의 세기가 크다.
④ 수산화 칼슘($Ca(OH)_2$)은 강염기이다.

03

정답 맞히기 ㄴ. 산의 이온화도가 클수록 많은 입자가 이온화되므로 강한 산이다.

오답 피하기 ㄱ. 이온화도는 이온화되는 정도를 나타내는 것으로 $\dfrac{\text{이온화된 전해질의 양(mol)}}{\text{용해된 전해질의 양(mol)}}$으로부터 구한다.

ㄷ. 이온화도(a)는 0에서 1의 값을 갖는다.

04

정답 맞히기 ㄱ. 산 HA의 이온화 평형 반응은
$HA(aq)+H_2O(l) \rightleftharpoons H_3O^+(aq)+A^-(aq)$이고, 이온화 상수는 평형 상수 $K=\dfrac{[H_3O^+][A^-]}{[HA][H_2O]}$에서 H_2O의 농도가 일정하므로 $K_a=\dfrac{[H_3O^+][A^-]}{[HA]}$로 나타낸다.

ㄷ. 강산일수록 이온화된 이온들이 많이 존재하므로 이온화 상수가 크다.

오답 피하기 ㄴ. 염기 B의 이온화 평형 반응은
$B(aq)+H_2O(l) \rightleftharpoons BH^+(aq)+OH^-(aq)$이므로 이온화 상수 $K_b=\dfrac{[BH^+][OH^-]}{[B]}$이다.

05

정답 맞히기 ㄱ. K_a는 일종의 평형 상수이므로 온도가 일정하면 농도와 무관하게 항상 일정한 값이다.
ㄴ. K_a가 클수록 이온화가 잘되므로 강한 산이다.
ㄷ. 대체로 $K_a<1$인 산은 약산이므로 $K_a=1.0\times10^{-5}$인 산 HA는 약산이다.

06

정답 맞히기 ④ CH_3COOH은 K_a가 작으므로 약산이며, 약염기인 H_2O의 짝산인 H_3O^+은 강산이 된다. 따라서 산의 세기는 $H_3O^+>CH_3COOH$이다.

오답 피하기 ① CH_3COOH은 K_a가 작으므로 약산이다.
② CH_3COOH이 H^+를 주고 생성된 짝염기는 CH_3COO^-이다.
③ H_2O은 반응에서 염기이고, 그 짝이 되는 산은 H_3O^+이다.
⑤ CH_3COOH이 약산이므로 그 짝염기인 CH_3COO^-은 강염기이다. 따라서 염기의 세기는 $CH_3COO^->H_2O$이다.

07

정답 맞히기 ⑤ K_b가 작으므로 NH_3는 약염기이고, 생성물의 OH^-이 강염기가 된다. 따라서 염기의 세기는 $OH^- > NH_3$이다.

오답 피하기 ① K_b가 작으므로 NH_3는 약염기이다.
② NH_3가 H^+를 받아 생성된 짝산은 NH_4^+이다.
③ H_2O이 H^+를 주고 생성된 OH^-은 H_2O의 짝염기이다.
④ NH_3가 약염기이므로 짝산인 NH_4^+은 강산이다. 따라서 산의 세기는 $NH_4^+ > H_2O$이다.

08

정답 맞히기 ① 산의 이온화 상수(K_a)가 클수록 산의 세기가 크므로 산의 세기는 $HCl > CH_3COOH > HCN$이다.

09

정답 맞히기 ㄱ. $pH = -\log[H_3O^+]$이므로
$[H_3O^+] = 1.0 \times 10^{-3}$ M이다.
ㄷ. 약산의 K_a는 몰 농도×(이온화도)^{2}으로 구할 수 있으므로
$K_a = 0.1 \times (0.01)^2 = 1.0 \times 10^{-5}$이다.

오답 피하기 ㄴ. $[H_3O^+]$=몰 농도×이온화도(α)이므로 이온화도(α)=0.01이다.

10

정답 맞히기 ㄴ. HA 0.1 M이 이온화하여 생성된 H_3O^+의 농도가 0.02 M이므로 평형 상태에서 HA의 농도는 0.08 M이다.
ㄷ. $K_a = \dfrac{(0.02)^2}{0.08} = 5 \times 10^{-3}$이다.

오답 피하기 ㄱ. A^-은 H_3O^+과 같은 수로 이온화하므로
$[A^-] = [H_3O^+] = 0.02$ M이다.

11

정답 맞히기 ㄱ. B^-은 HB가 H^+를 주고 생성되는 짝염기이다.
ㄴ. K_a는 HA가 HB보다 작으므로 산의 세기는 $HB > HA$이다.

오답 피하기 ㄷ. 산의 세기가 세면 그 짝염기의 세기는 약하므로 산의 세기가 HB보다 약한 HA의 짝염기인 A^-은 B^-보다 염기의 세기가 크다.

12

정답 맞히기 ㄱ. 이온화 전 5개의 입자가 들어 있고, 그 중 1개의 입자만 이온화하였으므로 이온화도(α)$=\dfrac{1}{5}=0.2$이다.

오답 피하기 ㄴ. $K_a = \dfrac{[H_3O^+][A^-]}{[HA]} = \dfrac{0.01^2}{0.04} = 0.0025$이다.

ㄷ. HA는 5개 중 1개만 이온화되므로 HA의 이온화도는 0.2이고, 0.5몰의 HA가 10 L의 수용액에 용해되었으므로 몰 농도는 0.05 M이다. $[H_3O^+]$=몰 농도×이온화도(α)이므로
$[H_3O^+] = 0.05$ M$\times 0.2 = 0.01$ M이므로 pH는 2이다.

13

정답 맞히기 ①, ② 수용액이 중성인 염은 강산과 강염기로부터 생성된 염이어야 한다. NaCl은 강산 HCl의 Cl^-과 강염기 NaOH의 Na^+으로부터 생성된 염이므로 중성이다. KCl은 강산 HCl의 Cl^-과 강염기 KOH의 K^+으로부터 생성된 염이므로 중성이다.

오답 피하기 ③ CH_3COONa은 약산인 CH_3COOH과 강염기인 NaOH으로부터 생성된 염이므로 염기성이다.
④ Na_2CO_3은 약산인 H_2CO_3과 강염기인 NaOH으로부터 생성된 염이므로 염기성이다.
⑤ NH_4Cl은 강산인 HCl과 약염기인 NH_3로부터 생성된 염이므로 산성이다.

14

정답 맞히기 ㄱ. (가)는 CH_3COONa이 이온화하여 생성되는 음이온이므로 CH_3COO^-이다.
ㄷ. 이 반응에서 CH_3COO^-이 물과 가수 분해하여 OH^-이 생성되므로 수용액의 액성은 염기성이다.

오답 피하기 ㄴ. CH_3COO^-이 물과 가수 분해하는 반응이므로 (나)는 OH^-이다.

15

정답 맞히기 ㄱ. NH_4^+이 물과 반응하여 H_3O^+을 생성하는 반응이므로 가수 분해 반응이다.
ㄴ. (가)는 H_2O이 NH_4^+으로부터 H^+를 받아 생성되는 입자이므로 H_3O^+이다.

오답 피하기 ㄷ. 이 반응에서 H_3O^+이 생성되므로 NH_4Cl의 수용액은 산성임을 알 수 있다.

16

정답 맞히기 ㄱ. CH_3COOH은 약산이므로 그 짝염기인 CH_3COO^-을 넣어 완충 용액을 만들 수 있다.
ㄴ. NH_3는 약염기이므로 그 짝산인 NH_4^+을 넣어 완충 용액을 만들 수 있다.

오답 피하기 ㄷ. H_2CO_3은 약산이므로 HCO_3^-과 같은 그 짝염기를 넣어야 완충 용액을 만들 수 있다.

17

정답 맞히기 ② CH_3COOH과 CH_3COONa은 반응 $CH_3COO^-(aq)+H_2O(l) \rightleftharpoons CH_3COOH(aq)+OH^-(aq)$의 평형을 이루고 있다. 이에 산을 가하면 염기인 CH_3COO^-과 반응하여 H^+이 소모되므로 pH가 변하지 않게 유지될 수 있다.

18

정답 맞히기 ① CH_3COOH과 CH_3COONa은 반응 $CH_3COO^-(aq)+H_2O(l) \rightleftharpoons CH_3COOH(aq)+OH^-(aq)$의 평형을 이루고 있다. 이에 OH^-을 가하면 산인 CH_3COOH이 반응하여 OH^-이 소모되므로 pH가 변하지 않게 유지될 수 있다.

19

정답 맞히기 ③ $K_a = \dfrac{[H_3O^+][A^-]}{[HA]}$이므로 HA와 NaA를 같은 양(mol)으로 넣으면 $K_a=[H_3O^+]$이 된다. $[H_3O^+]=10^{-5}$ M이므로 pH=5이다.

오답 피하기 ①, ② 완충 용액이므로 $HCl(aq)$이나 $NaOH(aq)$을 소량 넣어도 pH의 변화가 거의 없다.
④ 산을 넣으면 H^+이 A^-과 반응하여 pH가 급격하게 감소하지 않는데, 이 과정에서 역반응 쪽으로 우세하게 반응이 진행한다.
⑤ 염기를 넣으면 OH^-이 H_3O^+과 반응하여 pH가 급격하게 증가하지 않는데, 이 과정에서 H_3O^+이 감소하므로 정반응 쪽으로 우세하게 반응이 진행한다.

20

정답 맞히기 ㄱ. (가)에서 0.1 M $HA(aq)$ 1 L이므로 들어 있는 HA의 양(mol)은 0.1×1=0.1(몰)이다.
ㄴ. (나)에서 산 HA와 염기 NaOH이 반응하여 중화 반응이 일어난다.
ㄷ. (나)에서 NaOH 0.05몰과 반응 후 생성된 A^- 0.05몰이 존재하므로 완충 용액이 된다. 따라서 (나)에 소량의 $HCl(aq)$을 넣어도 pH 변화가 거의 없다.

21

정답 맞히기 ㄱ. 0.1 M $CH_3COOH(aq)$ 1 L에는 CH_3COOH이 0.1몰 들어 있고, $NaOH(s)$ 2 g은 0.05몰로 이를 넣으면 중화 반응을 하여 CH_3COO^- 0.05몰이 생성된다. 따라서 이 용액은 CH_3COOH 0.05몰과 CH_3COO^- 0.05몰이 혼합된 완충 용액이다.

ㄷ. 0.1 M $NH_4Cl(aq)$ 100 mL에는 NH_4^+이 0.01몰 들어 있고, 여기에 0.1 M $NH_3(aq)$ 100 mL를 넣으면 NH_3 0.01몰이 혼합되는 것이므로 완충 용액이 된다.

오답 피하기 ㄴ. 0.1 M $NH_3(aq)$ 100 mL에는 염기인 NH_3 0.01몰이 들어 있고, 이에 염기인 NaOH을 가해 완충 용액을 만들 수 없다.

22

정답 맞히기 ㄱ. (가)는 $H_2PO_4^-$이 H_2O에 H^+를 주고 생성된 입자이므로 HPO_4^{2-}이다.
ㄴ. H_2O은 $H_2PO_4^-$에게 H^+를 받는 물질이므로 염기이고, 이로부터 생성된 H_3O^+는 H_2O의 짝산이다.

오답 피하기 ㄷ. 혈액 속의 OH^-이 증가하면 $H_2PO_4^-$이 반응하여 HPO_4^{2-}과 H_2O이 생성된다. 따라서 OH^-은 소모되므로 pH가 일정하게 유지된다.

23

정답 맞히기 ㄴ. 운동으로 젖산이 생성되면 혈액 내 HCO_3^-이 젖산으로부터 생성된 H^+과 반응하고, H_2CO_3의 양이 늘어나면 (가)에서 역반응 쪽으로 우세하게 반응이 진행되어 CO_2의 배출이 늘어나게 된다.

오답 피하기 ㄱ. 탄산음료를 많이 먹으면 H^+의 양이 늘어나게 되지만, 혈액 내 완충 작용으로 pH의 변화는 거의 없다.
ㄷ. 고산병에 걸려 호흡이 늘어나면 CO_2의 배출이 늘어나게 되어 (가)의 역반응이 진행되므로 (나)도 역반응이 진행되어 H_3O^+의 농도가 감소하게 된다. 따라서 혈액의 pH가 증가하게 되어 질환에 시달리게 된다.

실력 향상 문제
본문 142~145쪽

01 ④	02 ⑤	03 ⑤	04 ①
05 해설 참조		06 ④	07 ①	08 ④
09 ③	10 ③	11 ③	12 해설 참조
13 ③	14 ②	15 ④	16 ④
17 해설 참조		18 ⑤	19 ③

01 약산과 강염기

정답 맞히기 ㄴ. 이온화 정도는 BOH가 HA보다 크므로 전류의 세기는 $BOH(aq) > HA(aq)$이다.

ㄷ. 두 수용액을 혼합하면 약산의 A^-이 가수 분해 반응을 하여 OH^-을 생성하므로 pH는 7보다 크다.

오답 피하기 ㄱ. HA는 일부만 이온화하므로 약산이다.

02 산의 세기

정답 맞히기 ㄱ. 산의 이온화 상수는 HA>HB이므로 산의 세기는 HA>HB이다.

ㄴ. 산의 세기가 크면 짝염기의 세기는 약하므로 염기의 세기는 $B^->A^-$이다.

ㄷ. 반응 $HA(aq)+B^-(aq) \rightleftharpoons HB(aq)+A^-(aq)$의 평형 상수 $K=\dfrac{[HB][A^-]}{[HA][B^-]}$이므로 $\dfrac{HA의\ K_a}{HB의\ K_a}$로부터 구할 수 있다. 따라서 $K=\dfrac{1.0\times10^{-4}}{1.0\times10^{-8}}=1.0\times10^4$이다.

03 산의 이온화 상수

정답 맞히기 ㄱ, ㄴ. 약산 $HA(aq)$의 이온화 상수(K_a)=몰 농도×(이온화도)²으로부터 구할 수 있으므로 이온화도(α)=0.01이다. $[H_3O^+]$=몰 농도×이온화도=0.1 M×0.01=0.001 M이다.

ㄷ. HA가 약산이므로 H_3O^+의 산의 세기가 더 강하다. 따라서 산의 세기는 $H_3O^+>$HA이다.

04 산의 세기

정답 맞히기 ㄱ. K_{a1}이 K_{a2}보다 크므로 산의 세기는 $H_2A>HA^-$이다.

오답 피하기 ㄴ. HA^-은 H_2A의 짝염기이고, A^{2-}은 HA^-의 짝염기이다. 산의 세기가 $H_2A>HA^-$이므로 염기의 세기는 이와 반대로 $A^{2-}>HA^-$이다.

ㄷ. 반응 $H_2A(aq)+2H_2O(l) \rightleftharpoons A^{2-}(aq)+2H_3O^+(aq)$의 이온화 상수 $K_a=K_{a1}\times K_{a2}=2.0\times10^{-17}$이다.

05 산의 이온화 상수

(다)는 (가)의 역반응과 (나)의 정반응을 합한 반응이므로 평형 상수는 (가)의 이온화 상수의 역수와 (나)의 이온화 상수를 곱하여 구할 수 있다.

모범 답안 (다)의 평형 상수 $K=\dfrac{[B^-][HA]}{[HB][A^-]}$이므로 (나)의 $K_a=\dfrac{[B^-][H_3O^+]}{[HB]}$에서 (가)의 $K_a=\dfrac{[A^-][H_3O^+]}{[HA]}$를 나누어 구할 수 있다. 따라서 $K=\dfrac{7.2\times10^{-4}}{1.8\times10^{-5}}=40$이다.

06 산의 이온화 상수

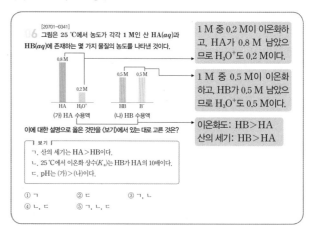

정답 맞히기 ㄴ. HA의 $K_a=\dfrac{0.2\times0.2}{0.8}=0.05$이고, HB의 $K_a=\dfrac{0.5\times0.5}{0.5}=0.5$이다. 따라서 25 ℃에서 K_a는 HB가 HA의 10배이다.

ㄷ. H_3O^+의 농도는 (나)>(가)이므로 pH는 (가)>(나)이다.

오답 피하기 ㄱ. 이온화를 많이 할수록 산의 세기가 강하므로 산의 세기는 HB>HA이다.

07 염 수용액의 액성

정답 맞히기 ㄱ. CH_3COONa은 CH_3COO^-이 물과 가수 분해하여 OH^-을 생성하므로 염기성을 띤다.

오답 피하기 ㄴ. $NaNO_3$은 강산인 HNO_3과 강염기인 $NaOH$이 반응하여 생성된 염이므로 가수 분해하지 않는다.

ㄷ. NH_4Cl 수용액에서 NH_4^+은 가수 분해하므로 NH_4^+의 농도는 Cl^-의 농도보다 작아진다.

08 염의 가수 분해

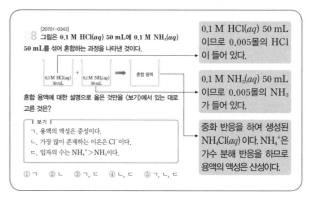

[정답 맞히기] ㄴ. 혼합 용액은 $NH_4Cl(aq)$인데, NH_4^+은 가수 분해하여 NH_3와 H_3O^+을 생성하지만, Cl^-은 가수 분해하지 않으므로 Cl^- 이온 수가 가장 많다.

ㄷ. NH_4^+의 일부가 가수 분해하므로 입자 수는 $NH_4^+>NH_3$이다.

[오답 피하기] ㄱ. NH_4^+이 가수 분해하여 H_3O^+을 생성하므로 산성이다.

09 염의 가수 분해

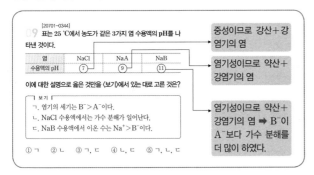

[정답 맞히기] ㄱ. pH는 NaB>NaA이므로 B^-이 A^-보다 가수 분해를 많이 하였음을 알 수 있다. 따라서 염기의 세기는 $B^->A^-$이다.

ㄷ. NaB의 수용액에서 B^-은 가수 분해하므로 이온의 수는 $Na^+>B^-$이다.

[오답 피하기] ㄴ. NaCl 수용액에서는 가수 분해가 일어나지 않으므로 수용액의 액성이 중성이다.

10 산의 이온화 상수

[정답 맞히기] ㄱ. 약산 HA의 K_a=몰 농도×(이온화도)²이므로 $K_a=0.01×a^2=1.0×10^{-10}$이다. 따라서 이온화도($a$)=$1.0×10^{-4}$이고, $[H_3O^+]=1.0×10^{-6}$ M이므로 pH는 6이다.

ㄴ. NaA에서 A^-은 가수 분해 반응하여 HA와 OH^-을 생성하므로 수용액은 염기성이다.

[오답 피하기] ㄷ. A^-의 $K_b=\dfrac{K_w}{K_a}=\dfrac{1.0×10^{-14}}{1.0×10^{-10}}=1.0×10^{-4}$이다. 따라서 K_b는 $A^->B$이다.

11 염의 분류

[정답 맞히기] ③ (가)는 가수 분해 반응을 하여 수용액이 산성인 용액이 되어야 하므로 NH_4Cl이다. (나)는 가수 분해 반응을 하고 수용액이 염기성인 CH_3COONa이다. (다)는 가수 분해 반응을 하지 않으므로 NaCl이다.

12 완충 용액

약산 HA가 강염기와 중화 반응하여 들어 있던 HA의 절반이 소모되면 A^-이 HA와 같은 양(mol)으로 존재하게 되어 완충 용액이 형성될 수 있다.

[모범 답안] 0.1 M HA(aq) 100 mL에 들어 있는 0.01몰의 HA 중 0.005몰이 중화 반응하여 A^- 0.005몰이 생성되므로 HA와 A^-의 양(mol)이 같게 되어 약산과 그 짝염기로 구성되는 완충 용액이 된다.

13 완충 용액

[정답 맞히기] ㄱ. (나)는 약산 CH_3COOH 0.05몰과 그 짝염기가 포함된 염 CH_3COONa 0.05몰이 들어 있으므로 완충 용액이다.

ㄷ. (가)는 CH_3COOH이 약산이므로 CH_3COO^-의 양이 적고, (나)는 CH_3COO^-이 0.05몰이 있으며, (다)는 CH_3COO^-이 0.1몰 들어 있고, 그 중 소량이 가수 분해 반응을 할 것이므로 가장 CH_3COO^-이 많은 것은 (다)이다.

[오답 피하기] ㄴ. (다)는 약산 CH_3COOH과 강염기 NaOH이 같은 양(mol)으로 중화 반응하여 $CH_3COONa(aq)$이 되는데, 이때 CH_3COO^-이 가수 분해 반응을 하여 수용액은 염기성이 된다.

14 염 수용액의 액성

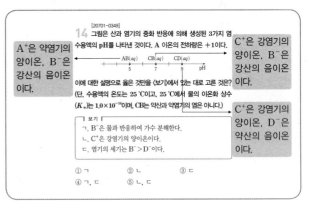

[정답 맞히기] ㄴ. CB(aq)은 액성이 중성이므로 C^+은 강염기의 양이온, B^-은 강산의 음이온이다.

[오답 피하기] ㄱ. B^-은 강산의 음이온이므로 물과 가수 분해 반응을 하지 않는다.

ㄷ. 음이온으로부터 산의 세기는 HB>HD이다. 따라서 그 짝염기의 세기는 이와 반대로 $D^->B^-$이다.

15 중화 반응과 완충 용액

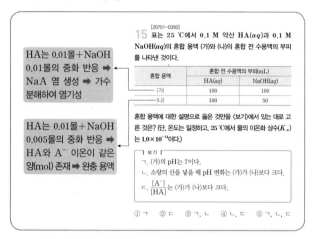

HA는 0.01몰+NaOH 0.01몰의 중화 반응 → NaA 염 생성 → 가수 분해하여 염기성

HA는 0.01몰+NaOH 0.005몰의 중화 반응 → HA와 A^- 이온이 같은 양(mol) 존재 → 완충 용액

[20701-0350]

15 표는 25 ℃에서 0.1 M 약산 HA(aq)과 0.1 M NaOH(aq)의 혼합 용액 (가)와 (나)의 혼합 전 수용액의 부피를 나타낸 것이다.

혼합 용액	혼합 전 수용액의 부피(mL)	
	HA(aq)	NaOH(aq)
(가)	100	100
(나)	100	50

혼합 용액에 대한 설명으로 옳은 것만을 〈보기〉에 있는 대로 고른 것은? (단, 온도는 일정하고, 25 ℃에서 물의 이온화 상수(K_w)는 1.0×10^{-14}이다.)

〈 보기 〉
ㄱ. (가)의 pH는 7이다.
ㄴ. 소량의 산을 넣을 때 pH 변화는 (가)가 (나)보다 크다.
ㄷ. $\dfrac{[A^-]}{[HA]}$는 (가)가 (나)보다 크다.

① ㄱ ② ㄷ ③ ㄱ, ㄴ ④ ㄴ, ㄷ ⑤ ㄱ, ㄴ, ㄷ

[정답 맞히기] ㄴ. (나)는 완충 용액이므로 산을 넣을 때의 pH 변화가 거의 없다. 따라서 pH의 변화는 (가)가 (나)보다 크다.

ㄷ. (가)에서는 중화점이므로 NaA가 소량 가수 분해하여 HA가 생성되고, (나)에서는 HA와 A^-이 같은 양(mol)으로 존재한다. 따라서 $\dfrac{[A^-]}{[HA]}$는 (가)가 (나)보다 크다.

[오답 피하기] ㄱ. (가)는 NaA의 수용액이므로 A^-이 가수 분해하여 OH^-을 생성하므로 염기성이다.

16 생체 내 완충 용액

[정답 맞히기] ㄱ. $H_2PO_4^-$이 H^+을 주는 산으로 작용하여 HPO_4^{2-}이 되므로 (가)는 $H_2PO_4^-$, (나)는 HPO_4^{2-}이다.

ㄴ. 혈액 속 H_3O^+의 농도가 증가하면 염기인 HPO_4^{2-}이 반응하여 pH가 급격하게 감소하는 것을 방지하므로 HPO_4^{2-}의 양은 감소하고 $H_2PO_4^-$의 양은 증가한다.

[오답 피하기] ㄷ. 혈액 속 OH^-의 농도가 증가하면 산인 $H_2PO_4^-$이 반응하여 pH가 급격하게 증가하는 것을 방지하므로 $H_2PO_4^-$의 양은 감소한다.

17 생체 내 완충 용액

혈액 속에 H_3O^+이 증가하면 염기와 반응하여 그 수가 증가하지 않도록 하는 완충 작용이 일어난다. 그 과정에서 주어진 반응식의 역반응 쪽으로 우세하게 반응이 진행하고 CO_2가 배출되게 된다.

[모범 답안] 혈액 속에 H_3O^+의 농도가 증가하면 염기인 HCO_3^-과 반응하여 역반응 쪽으로 반응이 진행하고, CO_2가 배출되어 pH가 급격하게 변하는 것을 막게 된다.

18 생체 내 완충 용액

[정답 맞히기] ⑤ 체내에 OH^-의 농도가 높아지면 산인 단백질이

반응하여 OH^-의 농도가 증가하는 것을 막아 준다.

[오답 피하기] ① (가)는 단백질이 산, (단백질)$^-$이 염기로 존재하는 완충 작용이다.

② (나)는 Hb(헤모글로빈)이 산소와 반응하는 과정에서 HHb가 산으로, HbO_2^-이 염기로 작용하는 완충 작용이다.

③ (가)와 (나)는 생체 내 pH의 급격한 변화가 일어나지 않도록 해주는 완충 작용이다.

④ 체내에 O_2가 높아지는 폐에서는 역반응이 진행하여 HbO_2^-이 생성되게 된다. 이러한 과정을 통해 생체 내 산소가 공급된다.

19 생체 내 완충 용액

[정답 맞히기] ㄷ. 생체 내 완충 용액 때문에 산성인 탄산음료를 마셔도 혈액의 pH는 크게 감소하지 않고 일정하게 유지된다.

[오답 피하기] ㄱ. 혈액 속에 CO_2 농도가 증가하면 (가)에서 H_2CO_3의 농도가 증가하고 H_3O^+이 증가하는데, 이 과정에서 혈액 속의 HCO_3^-이 반응하여 (나)에서 역반응이 진행하므로 혈액의 pH는 급격하게 감소하지 않는다.

ㄴ. 혈액 속에 염기가 녹으면 OH^-의 농도가 증가하므로 (나)의 H_2CO_3과 반응하여 OH^-의 급격한 농도 증가가 일어나지 않고 일정한 pH가 유지된다.

신유형 · 수능 열기
본문 146~147쪽

01 ④ **02** ⑤ **03** ⑤ **04** ⑤ **05** ④
06 ① **07** ② **08** ④

01

[정답 맞히기] ㄴ. K_a는 $HNO_2 > HA$이므로 염기의 세기는 $A^- > NO_2^-$이다.

ㄷ. 반응 $A^-(aq) + HNO_2(aq) \rightleftharpoons HA(aq) + NO_2^-(aq)$의 평형 상수 K는 $\dfrac{HNO_2의\ K_a}{HA의\ K_a}$로부터 구할 수 있으므로 $K > 1$이다.

[오답 피하기] ㄱ. 산의 세기는 K_a가 클수록 크므로 $HNO_2 > HA$이다.

02

[정답 맞히기] ㄱ. (가)에서 HCO_3^-은 HCl로부터 H^+를 받아 H_2CO_3이 되므로 염기이고, 그 짝산은 H_2CO_3이다.

ㄴ. (가)에서 $NaHCO_3$은 H^+를 받는 물질이므로 염기이고, (나)에서 $NaHCO_3$은 H^+를 주는 물질이므로 산이다. 따라서

NaHCO₃은 양쪽성 물질이다.

ㄷ. NaHCO₃의 HCO_3^-과 Na₂CO₃의 CO_3^{2-}은 짝산-짝염기 관계이므로 혼합 용액은 완충 용액이다.

03

정답 맞히기 ㄱ. 같은 농도의 수용액에 흐르는 전류의 세기가 셀수록 이온화가 더 많이 된 것이므로 산의 세기를 비교할 수 있다.

ㄴ. 0.1 M NaOH(aq) 500 mL를 가하면 중화점의 절반에 해당하는 부피를 넣어 준 것이므로 강산인 경우에는 pH가 가하기 전과 비교하면 거의 변화가 없고, 약산인 경우에는 완충 용액이 된 것이므로 pH가 변하여 [H₃O⁺]=K_a인 지점에 도달하게 된다. 따라서 산의 세기를 비교할 수 있다.

ㄷ. 0.1 M NaOH(aq) 1 L를 가하면 중화점에 도달하게 된다. 이때의 pH가 7이면 산이 강산이고, pH가 7보다 크면 산이 약산이므로 산의 세기를 비교할 수 있다.

04

정답 맞히기 ㄱ. HA는 약산으로 (가)에서는 중화점의 절반의 부피에 해당하는 NaOH(aq)이 가해졌으므로

$$K_a=\frac{[H_3O^+][A^-]}{[HA]}=[H_3O^+]$$이다. 25 ℃에서 HA의 K_a는

1.0×10^{-9}이다.

ㄴ. HA의 K_a는 1.0×10^{-9}이고, HB의 K_a는 1.0×10^{-5}이므로 산의 세기는 HB>HA이다.

ㄷ. (가)와 (나)는 모두 약산에 강염기를 중화점의 절반의 부피로 가한 수용액이므로 혼합 용액은 완충 용액이다.

05

정답 맞히기 ㄴ. HA의 이온화도는 0.01이므로 약산이고 (다)에서 [HA]=[A⁻]이므로 중화점의 절반의 부피로 강염기를 가해 준 것이다. 따라서 x=50이다.

ㄷ. HA의 이온화도는 0.01이므로 $K_a=0.1 \times 0.01^2=1.0 \times 10^{-5}$이다.

오답 피하기 ㄱ. (다)는 [HA]=[A⁻]이므로 완충 용액이다. 따라서 HCl(aq)을 소량 넣어 주어도 pH의 변화가 거의 없다.

06

정답 맞히기 ㄱ. NH₃는 약염기이고 강산 HCl(aq)을 중화점의 절반에 해당하는 부피로 가했으므로 NH₃와 NH_4^+이 같은 양(mol)으로 존재하는 완충 용액이다.

오답 피하기 ㄴ. (나)는 중화점에 도달한 것이므로 NH₄Cl(aq)이 된다. 따라서 NH_4^+이 주로 존재하는 약한 산성의 수용액이 된다.

ㄷ. (나)는 약한 산성을 띠는 NH₄Cl(aq)인데, 여기에 0.1 M HCl(aq) 10 mL를 더 넣어 주면 강한 산성의 용액을 가해 준 것이므로 완충 용액이 될 수 없다.

07

정답 맞히기 ㄷ. 약산 CH₃COOH(aq)에 강염기인 NaOH(aq)을 중화점의 절반 정도의 부피로 가해 주면 완충 용액이 될 수 있다.

오답 피하기 ㄱ. 0.1 M CH₃COOH(aq) 100 mL에는 0.01몰의 CH₃COOH이 들어 있으므로 같은 양(mol)의 CH₃COO⁻이 들어 있어야 완충 용액이 된다. 따라서 x=100이다.

ㄴ. 완충 용액은 농도가 변하더라도 K_a가 일정하게 유지되므로 pH의 변화가 없다.

08

정답 맞히기 ㄴ. (나)를 넣었더니 NH₃의 농도가 커지고 NH_4^+의 농도가 작아졌으므로 $NH_4^+(aq)+H_2O(l) \rightleftharpoons NH_3(aq)+H_3O^+$ (aq)의 평형 반응에서 산인 NH_4^+이 반응한 것이다. 따라서 (나)는 염기를 넣어 준 것이고 염기의 OH⁻이 반응하여 NH_4^+ +OH⁻ ⟶ NH₃+H₂O의 반응이 일어난다.

ㄷ. 생체 내 젖산이 쌓이면 H⁺의 농도가 증가하므로 염기인 NH₃가 반응하여 NH_4^+이 증가하는 반응이 일어난다. 따라서 $\frac{[NH_4^+]}{[NH_3]}$는 증가한다.

오답 피하기 ㄱ. 평형 반응 $NH_4^+(aq)+H_2O(l) \rightleftharpoons NH_3(aq)$ $+H_3O^+(aq)$에서 (가)를 넣어 주었더니 염기인 NH₃의 농도가 감소하므로 (가)는 산이다.

01 ④	02 ①	03 ①	04 ⑤	05 ②
06 ⑤	07 ②	08 ⑤	09 ③	10 ②
11 ③	12 ⑤	13 ②	14 ④	15 ③
16 ①				

01

정답 맞히기 ㄱ. 표준 생성 엔탈피는 표준 상태에서 가장 안정한 성분 원소들로부터 어떤 물질 1몰이 생성될 때의 반응 엔탈피이다. $CO_2(g)$의 표준 생성 엔탈피는 가장 안정한 성분 원소인 C(s, 흑연)과 $O_2(g)$로부터 1몰의 $CO_2(g)$가 생성될 때의 반응 엔탈피이므로 이는 제시된 반응 C(s, 흑연)$+O_2(g) \longrightarrow$ $CO_2(g)$의 반응 엔탈피인 a kJ과 같다. 따라서 $a=-394$이다.

ㄷ. C(s, 다이아몬드)의 엔탈피는 C(s, 흑연)의 엔탈피보다 크다. 반응 C(s, 다이아몬드)$+O_2(g) \longrightarrow CO_2(g)$은 제시된 반응 C(s, 흑연)$+O_2(g) \longrightarrow CO_2(g)$보다 반응물의 엔탈피가 크므로 방출되는 에너지는 $-a$ kJ보다 크다.

오답 피하기 ㄴ. 반응 $CaCO_3(s) \longrightarrow CaO(s)+CO_2(g)$은 $\Delta H=178$ kJ이므로 흡열 반응이다. 즉, $CaCO_3(s)$이 CaO(s)과 $CO_2(g)$로 분해될 때 열을 흡수한다.

02

정답 맞히기 ① 질량 보존 법칙에 따라 반응 전후에 원소의 종류와 수가 같아야 하므로 반응 $CH_4(g)+aCl_2(g) \longrightarrow$ $CCl_4(l)+bHCl(g)$에서 $a=b=4$이다. 반응물과 생성물의 표준 생성 엔탈피를 알면 화학 반응의 반응 엔탈피를 구할 수 있다. 표준 상태에서 가장 안정한 성분 원소의 표준 생성 엔탈피는 0이므로 $Cl_2(g)$의 표준 생성 엔탈피는 0이다. 반응 엔탈피는 생성물의 표준 생성 엔탈피 총합에서 반응물의 표준 생성 엔탈피 총합을 뺀 값이다. 25 ℃에서 HCl(g)의 표준 생성 엔탈피를 w kJ/mol이라 할 때, 반응 $CH_4(g)+4Cl_2(g) \longrightarrow CCl_4(l)+4HCl(g)$의 반응 엔탈피(x kJ)는 생성물($CCl_4(l)+4HCl(g)$)의 표준 생성 엔탈피 총합 $(z+4w)$ kJ에서 반응물($CH_4(g)+4Cl_2(g)$)의 표준 생성 엔탈피 총합 $y(=y+4\times0)$ kJ을 뺀 $(z+4w-y)$ kJ이다. 즉, $x=z+4w-y$이므로 $w=\dfrac{x+y-z}{4}$이다.

03

정답 맞히기 ㄱ. 결합의 세기가 강할수록 결합을 끊기가 어려우므로 결합 에너지가 크다. C—F의 결합 에너지 b kJ/mol이 C—H의 결합 에너지 a kJ/mol보다 크므로 C—F가 C—H보다 결합 세기가 강하다.

오답 피하기 ㄴ. 원자 사이의 결합을 끊을 때는 에너지가 필요하고, 원자 사이의 결합이 생성될 때는 에너지를 방출한다. 1몰의 결합 C—H가 끊어지려면 a kJ 만큼의 에너지가 필요하다.

ㄷ. 표준 생성 엔탈피는 표준 상태에서 가장 안정한 성분 원소들로부터 어떤 물질 1몰이 생성될 때의 반응 엔탈피이다. $CH_2F_2(g)$의 표준 생성 엔탈피는 가장 안정한 성분 원소인 C(s, 흑연), $H_2(g)$, $F_2(g)$으로부터 1몰의 $CH_2F_2(g)$가 생성될 때의 반응 엔탈피이므로 이는 반응 C(s, 흑연)$+H_2(g)+F_2(g) \longrightarrow$ $CH_2F_2(g)$의 반응 엔탈피(ΔH_1)와 같다.

ΔH_1은 헤스 법칙에 따라 다음 두 반응의 반응 엔탈피의 합$(\Delta H_2+\Delta H_3)$과 같다.

C(s, 흑연)$+H_2(g)+F_2(g) \longrightarrow C(g)+2H(g)+2F(g)$

$$\Delta H_2$$

$C(g)+2H(g)+2F(g) \longrightarrow CH_2F_2(g) \qquad \Delta H_3$

$\Delta H_2=$[(C(g)의 표준 생성 엔탈피)$+2\times$(H(g)의 표준 생성 엔탈피)$+2\times$(F(g)의 표준 생성 엔탈피)] kJ
    $=$[(C(g)의 표준 생성 엔탈피)$+$(H—H 결합 에너지)$+$(F—F 결합 에너지)] kJ이다.

$\Delta H_3=$[$-2\times$(C—H 결합 에너지)$-2\times$(C—F 결합 에너지)] kJ$=(-2a-2b)$ kJ이다.

따라서 $\Delta H_1=\Delta H_2+\Delta H_3=$[(C(g)의 표준 생성 엔탈피)$+$(H—H 결합 에너지)$+$(F—F 결합 에너지)$-2a-2b$] kJ이다.

04

정답 맞히기 ㄱ. 표준 생성 엔탈피는 표준 상태에서 가장 안정한 성분 원소들로부터 어떤 물질 1몰이 생성될 때의 반응 엔탈피이다. $CO_2(g)$의 표준 생성 엔탈피는 가장 안정한 성분 원소인 C(s, 흑연)과 $O_2(g)$로부터 1몰의 $CO_2(g)$가 생성될 때의 반응 엔탈피이므로 이는 그림에서 반응 C(s, 흑연)$+O_2(g) \longrightarrow$ $CO_2(g)$의 반응 엔탈피인 -393.5 kJ이다. 즉, $CO_2(g)$의 표준 생성 엔탈피는 -393.5 kJ/mol이다.

ㄴ. CO(g)의 표준 생성 엔탈피는 C(s, 흑연)과 $O_2(g)$로부터 1몰의 CO(g)가 생성될 때의 반응 엔탈피이므로 이는 그림에서 반응 C(s, 흑연)$+O_2(g) \longrightarrow CO(g)+\dfrac{1}{2}O_2(g)$의 반응 엔탈피인 -110.5 kJ이다. 즉, CO(g)의 표준 생성 엔탈피는 -110.5 kJ/mol이다.

ㄷ. 헤스 법칙에 따라 화학 반응에서 반응물의 종류와 상태, 생성물의 종류와 상태가 같으면 반응 경로에 관계없이 반응 엔탈피의 총합이 같다.

C(s, 흑연)$+O_2(g) \longrightarrow CO_2(g) \; \Delta H=-393.5$ kJ … (ⅰ)

$CO(g) \longrightarrow$ C(s, 흑연)$+\dfrac{1}{2}O_2(g) \; \Delta H=110.5$ kJ … (ⅱ)

(ⅰ)과 (ⅱ)를 합하면 반응 $CO(g)+\frac{1}{2}O_2(g) \longrightarrow CO_2(g)$이 되는 것처럼 (ⅰ)과 (ⅱ)의 반응 엔탈피 합인 $-393.5\ kJ+110.5\ kJ =-283.0\ kJ$은 반응 $CO(g)+\frac{1}{2}O_2(g) \longrightarrow CO_2(g)$의 반응 엔탈피이다.

05

정답 맞히기 ㄴ. 반응 계수가 $b>a$이므로 온도를 내렸을 때 기체의 총 양(mol)이 감소하는 것으로 보아 역반응 쪽으로 평형이 이동한 것이다. 따라서 평형 상수(K)는 Ⅱ에서가 Ⅲ에서보다 크다.

오답 피하기 ㄱ. X를 추가하여 정반응 쪽으로 반응이 진행하였을 때 기체의 총 양(mol)이 증가하였고, 온도를 내려 역반응 쪽으로 반응이 진행하였을 때 기체의 총 양(mol)이 감소하였으므로 역반응 쪽이 기체 분자 수가 작아지는 반응이다. 따라서 반응 계수는 $b>a$이다.

ㄷ. Ⅰ에서 용기의 부피를 줄이면 압력이 증가하므로 분자 수가 감소하는 방향(역반응)으로 반응이 진행하게 되어 혼합 기체의 총 양(mol)이 감소한다.

06

정답 맞히기 ㄱ. 평형 (가)에서 (나)로 되면서 A는 2 M이 증가하였으므로 B는 1 M이 증가하여 $x=2$이고, C는 2 M이 감소하여 $y=1$이다. 따라서 $x+y=3$이다.

ㄴ. (가)에서 $K=\frac{3^2}{2^2\times 1}$이고, (나)에서 $K=\frac{1^2}{4^2\times 2}$이므로 평형 상수는 (가) : (나)$=\frac{9}{4}:\frac{1}{32}=72:1$이다.

ㄷ. 온도가 높아졌을 때 역반응 쪽으로 평형이 이동하였으므로 역반응이 흡열 반응이고, 정반응이 발열 반응이다.

07

정답 맞히기 ② 일정한 조건에서 기체의 분자 수는 PV에 비례하므로 A와 B의 양(mol)을 $9n$몰, $6n$몰이라고 할 수 있다. 반응하는 A의 양(mol)을 $2x$몰, B의 양(mol)을 x몰이라고 하면 평형 반응에서 A~C의 양(mol)의 비는 $9n-2x:6n-x:cx=4:3:3$이다. 따라서 $x=1.5n$이므로 A~C의 양(mol)은 각각 $6n$몰, $4.5n$몰, $4.5n$몰이고, $c=3$이다. 전체 기체의 부피는 8 L이므로 A~C의 농도는 각각 $\frac{6n}{8}$ M, $\frac{4.5n}{8}$ M, $\frac{4.5n}{8}$ M이고

$$K=\frac{\left(\frac{4.5n}{8}\right)^3}{\left(\frac{6n}{8}\right)^2\left(\frac{4.5n}{8}\right)}=\frac{9}{16}$$이다.

08

정답 맞히기 ㄴ. 화학 반응식의 계수가 반응 전과 후에 변화가 없으므로 반응이 일어나도 기체의 전체 양(mol)에는 변화가 없다. 온도가 높아졌을 때 A의 몰 분율이 감소하였으므로 정반응 쪽으로 평형이 이동한 것이다. 따라서 정반응은 흡열 반응이다.

ㄷ. (다)에서 A의 몰 분율이 $\frac{3}{8}$이므로 기체의 양(mol)은 A(g)~B(g)가 각각 0.15몰, 0.05몰, 0.2몰이다. (나)에서 평형 상수 $K=\frac{(0.1)^2}{0.2\times 0.1}=\frac{1}{2}$이고, (다)에서 평형 상수 $K=\frac{(0.2)^2}{0.15\times 0.05}=\frac{16}{3}$이다. 따라서 평형 상수의 비는 (나) : (다)$=\frac{1}{2}:\frac{16}{3}=3:32$이다.

오답 피하기 ㄱ. (나)에서 C가 0.1몰 생성되었으므로 반응식의 계수에 따라 A는 0.05몰, B는 0.05몰이 감소한 것이다. 따라서 $x=0.25$, $y=0.15$이고, $x+y=0.4$이다.

09

정답 맞히기 ㄱ. 반응식의 계수로부터 t_1일 때의 온도 변화에 의해 2몰이 감소하는 물질은 B(g)이고, 1몰이 증가하는 물질은 A(g)이다. 따라서 t_1일 때의 온도 변화에 의해 역반응 쪽으로 반응이 우세하게 진행되고, 역반응은 발열 반응이므로 t_1일 때 온도를 낮춘 것임을 알 수 있다.

ㄴ. t_3일 때 어떤 물질을 추가하였더니 A(g)는 증가하고, B(g)는 감소했으므로 t_3일 때 추가한 물질은 C(g)이다.

오답 피하기 ㄷ. 평형 Ⅰ에서 C(g)의 농도를 x M이라고 하면 Ⅰ에서의 $K=\frac{4^2\times x}{2}$이고, 평형 Ⅱ에서의 $K=\frac{2^2\times(x-1)}{3}$이다. 평형 상수($K$)는 Ⅰ에서가 Ⅱ에서의 12배이므로 $\frac{4^2\times x}{2}=12\times\frac{2^2\times(x-1)}{3}$에서 $x=2$이다. 따라서 Ⅰ에서의 $K=16$이다.

10

정답 맞히기 ② (가)에서 반응 지수 $Q=\frac{1\times 1}{2^2}=\frac{1}{4}$이므로 정반응 쪽으로 반응이 우세하게 진행된다. A의 반응한 양을 $2x$몰이라고 하면 (나)에서 A~C의 양은 각각 $(2-2x)$몰, $(1+x)$몰, $(1+x)$몰이다. 따라서 (나)에서 $K=\frac{(1+x)^2}{(2-2x)^2}=1$이므로 $x=\frac{1}{3}$이고, A(g)~C(g)의 양은 모두 $\frac{4}{3}$몰로 같다.

11

정답 맞히기 ㄱ. (가)에서 T_1 K은 1기압에서 끓는점이므로 (나)에

서 1기압에서 액체와 기체가 평형을 이루는 온도인 T_2 K과 같다.

ㄷ. C에서는 X가 액체 상태로 존재하므로 가장 안정한 상은 액체이다.

오답 피하기 ㄴ. (가)의 A와 B는 1기압에서 고체와 액체가 평형을 이루는 온도이므로 (나)에서 융해 곡선 위의 한 지점에 나타낼 수 있다.

12

정답 맞히기 ㄱ. (가)는 삼중점보다 낮은 온도와 압력에서 고체 상태의 물질이 기체로 승화되는 것이다. 즉, 음식물 속 수분을 빠른 속도로 없앨 수 있으므로 동결 건조에 이용할 수 있다.

ㄴ. (나)는 외부 압력이 낮아지면서 끓는점이 낮아지는 것이다. 즉, 높은 산 위에 올라가면 외부 압력이 낮아지므로 끓는점이 낮아져 밥물의 온도가 낮아진다. 따라서 밥이 설익게 되는 것은 (나)의 원리 때문이다.

ㄷ. (다)는 외부 압력이 커지면서 끓는점이 높아지는 것이다. 압력 밥솥에서 기화되는 수증기가 내부 압력을 높여서 압력 밥솥의 밥물 온도를 높이게 되고 이에 따라 밥이 되는 시간이 짧다.

13

정답 맞히기 ㄴ. (나)에서 NH_4^+은 OH^-에게 H^+를 주는 물질로 산으로 작용한다.

오답 피하기 ㄱ. (가)에서 CH_3COOH의 K_a가 작으므로 산의 세기는 $CH_3COOH < H_3O^+$이다.

ㄷ. CH_3COO^-의 K_b는 $\dfrac{K_w}{CH_3COOH의 K_a} = \dfrac{1.0 \times 10^{-14}}{1.8 \times 10^{-5}}$이다. 따라서 K_b는 $CH_3COO^- < NH_3$이다.

14

정답 맞히기 ㄱ. HA는 약산이므로 $K_a =$ 몰 농도 × (이온화도)^{2}이다. 따라서 0.1 M HA(aq)의 이온화도는 0.01이고 $[H_3O^+]$ $= 0.1 \times 0.01 = 0.001$ M이므로 $x = 3$이다.

ㄴ. HA는 약산이고 (나)에서는 중화점의 절반에 해당하는 부피를 가하여 완충 용액이 되었으므로 HCl(aq)을 소량 넣어도 pH의 변화가 거의 없다.

오답 피하기 ㄷ. (다)에서는 중화점에 도달하여 NaA(aq)이 되는데, 이때 A^-이 가수 분해 반응을 하여 OH^-을 생성하므로 pH는 7보다 크다.

15

정답 맞히기 ㄱ. 0.1 M HA(aq)의 A^-의 농도가 0.01 M이므로 이온화도는 0.1이다.

ㄴ. 0.1 M BOH의 B^+ 농도가 0.1 M HA(aq)의 A^- 농도보다 크므로 BOH가 HA보다 이온화가 잘 됨을 알 수 있고, 따라서 이온화 상수도 HA보다 크다.

오답 피하기 ㄷ. HA의 이온화 상수가 BOH의 이온화 상수보다 작으므로 A^-의 이온화 상수는 B^+의 이온화 상수보다 크다. 따라서 BA 수용액은 A^-이 가수 분해하여 OH^-을 생성할 것이므로 수용액은 염기성이다.

16

정답 맞히기 ㄱ. (가)는 H_2CO_3과 HCO_3^-이 완충 용액을 이루는 평형 반응이고, (나)는 $H_2PO_4^-$과 HPO_4^{2-}이 완충 용액을 이루는 평형 반응이다. 2가지 반응은 모두 생체 내에서 일어나는 완충 용액의 반응이다.

오답 피하기 ㄴ. 두 반응 모두 생체 내에서 일어나는 완충 용액의 반응이므로 혈액 속에 산이 들어오면 (가)에서는 염기인 HCO_3^-이 반응하고, (나)에서는 염기인 HPO_4^{2-}이 반응하여 pH의 변화가 일어나지 않도록 한다.

ㄷ. 혈액 속에 염기가 들어오면 산이 반응하여 pH의 변화가 거의 일어나지 않도록 한다.

Ⅲ. 반응 속도와 촉매

8 반응 속도

탐구 활동
본문 165쪽

1 9배   **2** 해설 참조

1
NO의 반응 차수가 2인 것은 반응 속도가 $[NO]^2$에 비례하는 것을 의미한다. 따라서 NO의 농도를 3배로 하면 반응 속도는 9배가 된다.

2
모범 답안 온도가 다르면 반응 속도 상수가 달라진다. 반응 속도 상수가 같다는 전제로 속도를 비교해야 반응 차수를 구할 수 있기 때문이다.

내신 기초 문제
본문 166~169쪽

01 (1) (나), (라) (2) (가), (다)   **02** ③   **03** ⑤
04 ④   **05** ④   **06** ④   **07** ⑤
08 (1) 70초 (2) 100초   **09** ⑤   **10** ①   **11** ④
12 ⑤   **13** ③   **14** ④   **15** ③   **16** ⑤
17 ③   **18** ④   **19** ⑤   **20** ①

01
빠른 반응은 반응하는 즉시 그 변화를 관찰할 수 있고, 느린 반응은 반응이 일어났다는 것을 많은 시간이 흐른 후 알 수 있다.
(1) (나)의 폭죽이 터지는 반응은 즉시 확인되는 빠른 반응이며, (라)의 염화 나트륨 수용액에 질산 은 수용액을 넣었을 때 앙금이 생성되는 것도 그 자리에서 바로 변화를 관찰할 수 있는 빠른 반응이다.
(2) (가)의 과일이 익는 반응은 광합성으로 당이 합성되고 열매에 당이 축적되면서 일어나는 변화로 최소한 몇 개월의 시간 후에 변화가 관찰되는 느린 반응이다. (다)의 철이 녹스는 반응 또한 보고 있을 때 관찰하기 어렵고 많은 시간이 흐른 후 녹슬었음이 확인되는 느린 반응이다.

02
정답 맞히기 ㄱ. 1차 반응은 반응 속도식에서 반응 차수가 1인 반응으로, 반응 속도는 반응물의 농도에 비례한다.
ㄴ. 반응이 진행되면서 반응물의 농도가 감소하는데, 반응 속도가 반응물의 농도에 비례하기 때문에 반응이 진행됨에 따라 반응 속도는 감소한다.
오답 피하기 ㄷ. 반응이 진행되어 반응물의 농도가 $\frac{1}{2}$배로 감소하면 반응 속도도 $\frac{1}{2}$배로 감소한다. 따라서 시간이 지남에 따라 반응 속도가 감소하는데, 반응물이 $\frac{1}{2}$배로 감소하는 데 걸리는 시간은 반응물의 농도에 관계없이 일정하다.

03
정답 맞히기 ㄱ. 화학 반응이 진행되는 것은 반응물이 생성물로 변하는 것이다. 반응물이 생성물로 변하면 반응물의 양은 감소하고 생성물의 양은 증가한다. 따라서 시간이 흐르면서 $A(g)$의 농도는 점점 감소한다.
ㄴ. 반응 속도는 일정 시간 동안의 생성물의 농도 변화이므로 반응 속도의 단위는 mol/L·s가 될 수 있다.
ㄷ. 1몰의 $A(g)$가 반응하여 2몰의 $B(g)$가 생성되므로 $A(g)$의 농도가 감소하는 속도 : $B(g)$의 농도가 증가하는 속도=1 : 2이다.

04
정답 맞히기 ㄱ. (가)는 생성되는 기체를 수상 치환으로 포집하는 방법이다. 생성되는 기체가 물에 잘 녹는 기체라면 수상 치환으로 기체를 포집하기 어려우므로, 물에 잘 녹지 않는 기체만 이 방법으로 생성되는 기체의 부피를 측정하여 반응의 빠르기를 알아낼 수 있다.
ㄷ. (다)에서 화학 반응으로 생성되는 기체가 빠져 나가기 때문에 측정되는 질량은 시간에 따라 점점 작아진다. 즉, 측정되는 질량의 감소는 생성되는 기체의 질량이다.
오답 피하기 ㄴ. (나)에서 반응 속도는
$\dfrac{1}{\times \text{표시가 보이지 않게 될 때까지 걸린 시간}}$이다. 따라서 ×표시가 보이지 않게 될 때까지 걸린 시간이 짧을수록 반응은 빠르다.

05
정답 맞히기 ④ 평균 반응 속도는 $\dfrac{\text{생성물의 농도 변화}}{\text{반응 시간}} = \dfrac{\Delta[B]}{\Delta t}$

$\dfrac{B_2-B_1}{t_2-t_1}$이다.

06

정답 맞히기 ㄱ. 반응 시간에 따라 생성물의 부피를 나타낸 그래프에서 기울기는 반응 속도에 해당한다. 반응 시간이 경과함에 따라 그래프의 기울기가 작아지고 있으므로 반응 속도가 느려짐을 알 수 있다.

ㄴ. t초 이후 기울기가 0인 것은 반응이 끝나 더 이상 수소 기체가 발생하지 않기 때문이다. 즉, t초 이후에는 반응 속도가 0이다.

오답 피하기 ㄷ. 기체가 발생하는 반응에서 반응 속도는 단위 시간당 생성되는 기체의 부피로 표현될 수 있으며, 평균 반응 속도는 $\dfrac{\text{증가한 생성물의 부피}}{\text{반응 시간}}$이다. 반응 시간이 t초이고, 생성된 기체의 부피가 V mL이므로 평균 반응 속도는 $\dfrac{V}{t}$ mL/초이다.

07

정답 맞히기 ㄱ. [A]는 2분마다 $\dfrac{1}{2}$배가 되고 있으므로 반감기가 2분인 1차 반응임을 알 수 있다.

시간(분)	0	1	2	3
[A](mol/L)	2.0	1.4	1.0	0.7
	2분 동안 $\dfrac{1}{2}$배로 감소			
		2분 동안 $\dfrac{1}{2}$배로 감소		

따라서 4분일 때의 농도는 2분일 때의 농도인 1.0(mol/L)의 $\dfrac{1}{2}$배인 0.5(mol/L)이다.

ㄴ. 1차 반응에서 시간이 지날수록 반응물의 농도가 감소하므로 반응 속도는 감소한다.

ㄷ. 2~3분 동안 [A]는 1.0(mol/L)에서 0.7(mol/L)로 감소하므로 평균 반응 속도는 0.3(mol/L·분)이다.

08

(1) 반응 시작 전 0.4 M인 A의 농도가 50초 후 0.2 M로, 100초 후 0.1 M로 되는 것으로 보아, 반감기가 50초인 1차 반응이다. 20초에서 0.28 M인 A의 농도가 0.14 M이 되었으므로 반감기인 50초가 경과한 것이다. 따라서 (가)는 70(초)이다.

(2) 0.06 M이 0.015 M로 되는 것은 반응물의 농도가 $\dfrac{1}{4}$배로 감소하는 것이므로 반감기가 2번 지나는 것이다. 반감기가 50초이므로 100초가 지난 것이다.

09

정답 맞히기 ㄱ. 반응이 일어날 때 각 10초 동안 발생하는 수소 기체의 부피는 계속 감소한다. 따라서 반응 속도는 감소한다.

반응 시간(초)	0	10	20	30	40	50	60	70
수소 기체의 부피(ml)	0	55	95	120	135	145	150	150
10초 동안 발생한 수소 기체의 부피(mL)		55	40	25	15	10	5	0

ㄴ. 10~20초 동안 발생한 수소 기체의 부피는 40 mL이고, 40~50초 동안 발생한 수소 기체의 부피는 10 mL이므로 평균 반응 속도는 10~20초에서가 40~50초에서의 4배이다.

ㄷ. 반응이 진행됨에 따라 생성물의 생성 속도가 감소하고 있으므로 순간 반응 속도 또한 감소한다. 따라서 순간 반응 속도는 10초일 때가 50초일 때보다 크다.

10

정답 맞히기 ㄱ. 그래프에서 50초마다 $[N_2O_5]$가 $\dfrac{1}{2}$배로 감소하므로 반감기가 50초인 1차 반응이다. 1차 반응에서는 반응 속도가 $[N_2O_5]$에 비례한다.

오답 피하기 ㄴ. 반응 속도 상수는 반응물의 농도에 관계가 없으므로 반응물의 농도가 감소하더라도 반응 속도 상수는 변하지 않는다.

ㄷ. 반응 속도는 반응물의 농도에 비례한다. 0~50초 동안 감소한 반응물의 농도는 50~100초 동안 감소한 반응물의 농도의 2배이다. 따라서 0~50초 사이의 평균 반응 속도가 50~100초 사이의 평균 반응 속도의 2배이다.

11

정답 맞히기 반응 속도가 반응물의 농도에 비례하므로 반응 속도는 반응물에 대한 1차 반응이다.

ㄴ. 반응물의 농도는 반응이 진행됨에 따라 감소한다. 반응 속도가 반응물의 농도에 비례하기 때문에 반응 속도는 반응이 진행됨에 따라 감소한다.

ㄷ. 반응물의 농도에 따른 반응 속도 그래프에서 반응 속도 상수는 기울기에 해당하는 값이다. 그래프의 기울기가 일정하므로 반응 속도 상수는 반응물의 농도에 관계없이 일정하다.

오답 피하기 ㄱ. 1차 반응에서 반응 속도는 반응물의 농도에 비례한다.

12

정답 맞히기 그래프에서 반응물의 농도가 10초마다 $\dfrac{1}{2}$배로 감소

하므로 해당 반응은 반감기가 10초인 1차 반응이다.

ㄱ. 1차 반응에서 반응 속도는 반응물의 농도에 비례한다. 5초일 때의 반응물의 농도가 10초일 때보다 크므로 5초일 때의 순간 반응 속도가 10초일 때보다 크다. 또 그래프에서 접선의 기울기가 5초일 때가 10초일 때보다 크므로 5초일 때의 순간 반응 속도가 10초일 때보다 크다.

ㄴ. 반감기가 10초이므로 20초면 반감기가 2회 지난 것이다. 초기 X의 농도를 1.0 M로 하고 반감기가 2회 지나면 반응물의 농도는 $\frac{1}{4}$배인 0.25 M이 된다.

ㄷ. 평균 반응 속도는 일정한 시간 동안의 반응물 또는 생성물의 농도 변화로 반응물의 농도가 10초에서 0.2 M이고, 20초에서 0.1 M이므로 평균 반응 속도는 $0.01\left(=\dfrac{0.2-0.1}{20-10}=\dfrac{0.1}{10}\right)$ M/초이다.

13

정답 맞히기 ㄱ. 반응 시작 후 1분이 지났을 때 반응물인 A 모형의 수는 4 감소하고, 생성물인 B 모형의 수는 2 증가하였으므로 반응물인 A와 생성물인 B의 반응 몰 비는 2:1이다. 따라서 화학 반응식은 $2A(g) \longrightarrow B(g)$가 적절하다.

ㄴ. A 모형의 수는 반응 전 8에서 1분 후 4, 2분 후 2로 감소하므로 반감기가 1분인 1차 반응이다. 반응물이 A 1가지이므로 반응 속도식은 $v=k[A]$로 표현될 수 있다.

오답 피하기 ㄷ. 단위 부피당 A 모형의 수가 1분마다 $\frac{1}{2}$배로 감소하므로, 반응물의 농도가 1분마다 $\frac{1}{2}$배로 감소하는 반응, 즉 반감기가 1분인 1차 반응이다.

14

정답 맞히기 ④ 실험 Ⅰ과 Ⅱ에서 B의 농도가 2배가 될 때 반응 속도는 4배가 되었으며, 실험 Ⅰ과 Ⅲ에서 A의 농도가 2배가 될 때 반응 속도는 2배가 되었다. 따라서 B의 반응 차수는 2이고, A의 반응 차수는 1이므로 반응 속도식은 $v=k[A][B]^2$이다. [A]=0.1 M, [B]=0.1 M일 때 반응 속도가 0.012 M/s이므로 반응 속도 상수(k)=12 $M^{-2} \cdot s^{-1}$이다.

15

정답 맞히기 ③ $v=k[A][B]^2$에 A와 B의 농도를 각각 대입하면 $v=12 \times 0.2 \times 0.2^2=0.096$(M/s)이다.

16

정답 맞히기 ㄱ. 반응 $X \longrightarrow Y$는 X의 농도가 $\frac{1}{2}$배로 되는 데

걸리는 시간이 일정한 1차 반응이며, (가)와 (나)는 초기 농도만 다르다. 반응 속도 상수는 온도가 같으면 농도에 관계없이 일정하므로 (가)에서와 (나)에서 반응 속도 상수는 같다.

ㄴ. 1차 반응에서 반감기는 농도와 무관하므로 초기 농도만 다른 (가)에서와 (나)에서 반감기는 같다.

ㄷ. (가)에서 4초일 때의 농도는 4 M이고, (나)에서의 초기 농도는 4 M이므로 (나)에서의 초기 반응 속도와 (가)에서 4초일 때의 순간 반응 속도는 같다.

17

정답 맞히기 ㄱ. 반응 $A(g) \longrightarrow B(g)$은 반응물인 $A(g)$의 농도가 $\frac{1}{2}$배로 되는 데 걸리는 시간이 1분으로 일정하므로 1차 반응이다. 1차 반응에서 반응 속도는 반응물의 농도에 비례하며, 반응 속도 상수가 일정하므로 A의 농도가 (가)의 $\frac{1}{2}$배인 (나)에서는 순간 반응 속도도 (가)에서의 $\frac{1}{2}$배이다.

ㄴ. 1차 반응의 반응 속도 상수는 온도에 따라 달라지며 농도와 관계없이 일정하므로 반응 속도 상수는 (가)에서와 (나)에서 같다.

오답 피하기 ㄷ. 화학 반응식 $A(g) \longrightarrow B(g)$에서 반응물과 생성물의 반응 계수는 같다. 생성된 B의 농도는 반응한 A의 농도와 같으므로 (가)에서는 0.05 M, (나)에서는 0.075 M이다.

18

정답 맞히기 ④ 1차 반응이고 반감기가 t분이므로 시간에 따른 A의 농도 변화를 알 수 있으며, 이로부터 B의 농도 변화도 알 수 있다. 이를 정리하면 표와 같다.

반응 시간 (분)	0	t	$2t$	$3t$
[A]+[B]	4	x	y	7.5
[A]	4	2	1	0.5
[B]	0	$x-2=4$	$y-1=6$	7.0

A 1몰이 반응할 때 B 2몰이 생성되므로 반응 계수 $b=2$이다. 따라서 $\dfrac{x+y}{b}=\dfrac{6+7}{2}=6.5$이다.

19

정답 맞히기 ⑤ 유효 충돌은 활성화 에너지를 가진 반응물이 반응이 일어나기에 적합한 방향으로 충돌하는 것을 말한다. 화학 반응에서 유효 충돌을 하게 되면 일부는 반응물로 되돌아가고, 일부는 생성물로 된다. 따라서 유효 충돌이 많을수록 생성물이 많이

생기므로 반응 속도가 빠르다.

오답 피하기 ① 활성화 에너지가 큰 반응은 반응이 일어나기 어렵고, 반응 속도가 느리며 반응 속도 상수가 작다.
② 정반응의 활성화 에너지가 역반응의 활성화 에너지보다 크면 반응물의 엔탈피가 생성물의 엔탈피보다 작다. 즉, 반응물이 에너지를 흡수하여 생성물로 되므로 흡열 반응이다.
③ 활성화 에너지 이상의 에너지를 가진 반응물 입자가 반응이 일어나기에 적합한 방향으로 충돌할 때 유효 충돌이라고 한다.
④ 활성화 에너지보다 낮은 에너지를 갖는 입자는 충돌 방향이 적합하더라도 반응물의 결합을 끊을 수 없기 때문에 반응이 일어나지 않는다.

20

정답 맞히기 ㄱ. a는 정반응의 활성화 에너지로 반응물 중에서 a보다 큰 에너지를 가진 반응물 입자만이 반응이 일어나기에 적합한 방향으로 충돌했을 때 반응할 수 있다.

오답 피하기 ㄴ. b는 반응 엔탈피로 해당 반응이 발열 반응인지 흡열 반응인지를 판단할 수 있으나 반응 속도 상수와는 직접 관련이 없다. 반응 속도 상수는 활성화 에너지의 크기와 관계가 있다.
ㄷ. c는 역반응의 활성화 에너지로 역반응이 일어날 때 필요한 최소한의 에너지이다. 반응이 진행되면 반응 엔탈피에 해당하는 b의 에너지를 방출한다.

실력 향상 문제

본문 170~173쪽

01 ②   **02** ⑤   **03** ⑤
04 (1) $v=k[B]$ (2) $k=1(1/s)$ (3) $v=0.5(M/s)$
05 ①   **06** ④   **07** ⑤   **08** ④   **09** ①
10 ④   **11** ⑤   **12** ②   **13** ④   **14** ②
15 ③   **16** ④

01 빠른 반응과 느린 반응

정답 맞히기 ㄱ. 마그네슘이 연소하는 반응은 연소하면서 불꽃을 내기 때문에 변화를 즉시 알 수 있는 빠른 반응이다.
ㄴ. 석회 동굴은 최소한 수만 년에 걸쳐서 형성되기 때문에 오랜 세월이 지난 후 변화를 관찰할 수 있는 느린 반응이다.

ㄷ. 방치한 자전거는 석회 동굴이 형성되는 반응만큼 느려지는 않으나, 변화를 즉시 관찰할 수 없고 수일~수개월이 지난 후 변화를 알 수 있는 느린 반응이다.
ㄹ. 폭약이 폭발하는 반응 또한 불꽃과 소리로 즉시 변화를 알 수 있는 빠른 반응이다.

02 반응 속도 측정 방법

정답 맞히기 ㄱ, ㄷ. 묽은 염산과 탄산 칼슘이 반응하면
$2HCl+CaCO_3 \longrightarrow CaCl_2+H_2O+CO_2$ 반응이 일어나 CO_2가 발생한다. 이때 발생한 기체는 공기 중으로 날아가기 때문에 플라스크 속 물질의 질량이 감소한다. 플라스크를 저울 위에 놓고 반응시킬 때 시간이 지남에 따라 저울의 표시 값은 감소한다.

오답 피하기 ㄴ. 측정한 값은 반응에서 생성되어 공기 중으로 날아간 CO_2의 질량이다. 반응 속도는 단위 시간 동안 생성된 생성물의 양으로 표시할 수 있으며, 생성된 생성물의 양이 질량으로 측정되므로 반응 속도의 단위는 g/분으로 나타낸다.

03 반응물과 생성물의 농도 변화

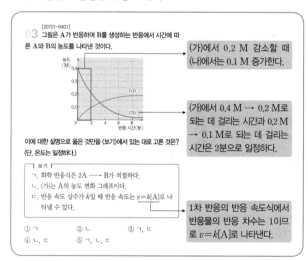

[20701-0401]
03 그림은 A가 반응하여 B를 생성하는 반응에서 시간에 따른 A와 B의 농도를 나타낸 것이다.

(가)에서 0.2 M 감소할 때 (나)에서는 0.1 M 증가한다.

(가)에서 0.4 M → 0.2 M로 되는 데 걸리는 시간과 0.2 M → 0.1 M로 되는 데 걸리는 시간은 2분으로 일정하다.

이에 대한 설명으로 옳은 것만을 〈보기〉에서 있는 대로 고른 것은? (단, 온도는 일정하다.)

〈보기〉
ㄱ. 화학 반응식은 2A ⟶ B가 적절하다.
ㄴ. (가)는 A의 농도 변화 그래프이다.
ㄷ. 반응 속도 상수가 k일 때 반응 속도는 $v=k[A]$로 나타낼 수 있다.

① ㄱ   ② ㄴ   ③ ㄱ, ㄴ
④ ㄴ, ㄷ   ⑤ ㄱ, ㄴ, ㄷ

1차 반응의 반응 속도식에서 반응물의 반응 차수는 1이므로 $v=k[A]$로 나타낸다.

정답 맞히기 ㄱ. 반응물 A의 농도가 0.2 M 감소할 때 생성물 B의 농도는 0.1 M 증가한다. 따라서 A와 B의 반응 계수의 비는 2 : 1이며, 화학 반응식은 2A ⟶ B가 적절하다.

ㄴ. 농도가 감소하는 그래프인 (가)는 반응물인 A의 농도 변화 그래프이며, 농도가 증가하는 그래프인 (나)는 생성물인 B의 농도 변화 그래프이다.

ㄷ. 반응물의 농도가 일정하게 2분마다 $\frac{1}{2}$배로 감소하므로 반감기가 2분임을 알 수 있다. 반감기가 일정한 반응은 1차 반응이며, 반응물이 A 1가지이므로 반응 속도 상수가 k일 때 반응 속도는 $v=k[A]$로 나타낼 수 있다.

04 반응 속도식 결정

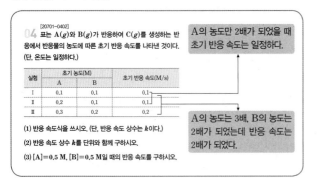

[20701-0402]
04 표는 A(g)와 B(g)가 반응하여 C(g)를 생성하는 반응에서 반응물의 농도에 따른 초기 반응 속도를 나타낸 것이다. (단, 온도는 일정하다.)

실험	초기 농도(M)		초기 반응 속도(M/s)
	A	B	
I	0.1	0.1	0.1
II	0.2	0.1	0.1
III	0.3	0.2	0.2

A의 농도만 2배가 되었을 때 초기 반응 속도는 일정하다.

A의 농도는 3배, B의 농도는 2배가 되었는데 반응 속도는 2배가 되었다.

(1) 반응 속도식을 쓰시오. (단, 반응 속도 상수는 k이다.)
(2) 반응 속도 상수 k를 단위와 함께 구하시오.
(3) [A]=0.5 M, [B]=0.5 M일 때의 반응 속도를 구하시오.

(1) I과 II에서 B의 농도를 일정하게 하고 A의 농도를 변화시켰을 때 반응 속도가 변하지 않았으므로 A의 반응 차수는 0이다. 실험 I과 III에서 A의 농도를 3배로 하고, B의 농도를 2배로 하였을 때 반응 속도가 2배로 되었으므로 B의 반응 차수는 1이다. 따라서 반응 속도식은 $v=k$[B]이다.
(2) 반응 속도 상수는 (1)에서 구한 반응 속도식에 실험 결과를 반영하여 구한다. 실험 I의 결과를 대입하면 $v=k$[B]에서 $0.1=k\times0.1$이므로 $k=1$이다. 반응 속도 상수의 단위는 반응 속도식을 고려하여 결정한다. 반응 속도의 단위가 M/s이고, B의 농도의 단위가 M이므로 반응 속도 상수의 단위는 1/s가 된다.
(3) $v=k$[B]에서 $v=1\times0.5=0.5$(M/s)이다.

05 반응물의 부분 압력 변화와 1차 반응

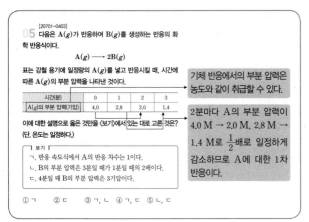

[20701-0403]
05 다음은 A(g)가 반응하여 B(g)를 생성하는 반응의 화학 반응식이다.

$$A(g) \longrightarrow 2B(g)$$

표는 강철 용기에 일정량의 A(g)를 넣고 반응시킬 때, 시간에 따른 A(g)의 부분 압력을 나타낸 것이다.

시간(분)	0	1	2	3
A(g)의 부분 압력(기압)	4.0	2.8	2.0	1.4

이에 대한 설명으로 옳은 것만을 〈보기〉에서 있는 대로 고른 것은? (단, 온도는 일정하다.)

〈보기〉
ㄱ. 반응 속도식에서 A의 반응 차수는 1이다.
ㄴ. B의 부분 압력은 3분일 때가 1분일 때의 2배이다.
ㄷ. 4분일 때 B의 부분 압력은 3기압이다.

① ㄱ ② ㄷ ③ ㄱ, ㄴ ④ ㄱ, ㄷ ⑤ ㄴ, ㄷ

기체 반응에서의 부분 압력은 농도와 같이 취급할 수 있다.

2분마다 A의 부분 압력이 4.0 M → 2.0 M, 2.8 M → 1.4 M로 $\frac{1}{2}$배로 일정하게 감소하므로 A에 대한 1차 반응이다.

정답 맞히기 주어진 반응은 반응물인 A의 부분 압력이 2분마다 $\frac{1}{2}$배로 감소하는 1차 반응이다.

ㄱ. 반응 시간이 0 → 2분일 때 A의 부분 압력이 $\frac{1}{2}$배로 감소하고, 반응 시간이 1 → 3분일 때 $\frac{1}{2}$배로 감소하였으므로 반감기가 2분

인 1차 반응이다. 따라서 반응 속도식에서 A의 반응 차수는 1 이다.

오답 피하기 ㄴ. 화학 반응식이 A(g) ⟶ 2B(g)로 B의 반응 계수가 A의 2배이므로 B의 부분 압력은 반응으로 감소한 A의 부분 압력의 2배이다. 0~1분 동안 반응한 A의 부분 압력이 1.2 기압이므로 1분일 때 B의 부분 압력은 2.4기압이고, 0~3분 동안 반응한 A의 부분 압력이 2.6기압이므로 3분일 때 B의 부분 압력은 5.2기압이다. 따라서 B의 부분 압력은 3분일 때가 2분일 때의 2배보다 크다.

ㄷ. 2분일 때 A의 부분 압력이 2기압이므로 4분일 때 A의 부분 압력은 1기압이고, 생성된 B의 부분 압력은 6기압이다.

06 1차 반응에서 생성물 농도 변화

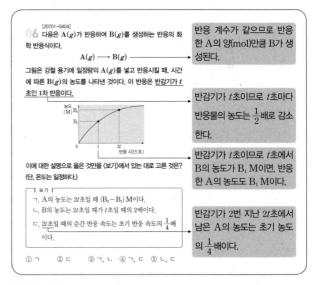

[20701-0404]
06 다음은 A(g)가 반응하여 B(g)를 생성하는 반응의 화학 반응식이다.

$$A(g) \longrightarrow B(g)$$

그림은 강철 용기에 일정량의 A(g)를 넣고 반응시킬 때, 시간에 따른 B(g)의 농도를 나타낸 것이다. 이 반응은 반감기가 t초인 1차 반응이다.

이에 대한 설명으로 옳은 것만을 〈보기〉에서 있는 대로 고른 것은? (단, 온도는 일정하다.)

〈보기〉
ㄱ. A의 농도는 $2t$초일 때 (B_2-B_1) M이다.
ㄴ. B의 농도는 $2t$초일 때가 t초일 때의 2배이다.
ㄷ. $2t$초일 때의 순간 반응 속도는 초기 반응 속도의 $\frac{1}{4}$배이다.

① ㄱ ② ㄷ ③ ㄱ, ㄴ ④ ㄷ, ㄷ ⑤ ㄴ, ㄷ

반응 계수가 같으므로 반응한 A의 양(mol)만큼 B가 생성된다.

반감기가 t초이므로 t초마다 반응물의 농도는 $\frac{1}{2}$배로 감소한다.

반감기가 t초이므로 t초에서 B의 농도가 B_1 M이면, 반응한 A의 농도도 B_1 M이다.

반감기가 2번 지난 $2t$초에서 남은 A의 농도는 초기 농도의 $\frac{1}{4}$배이다.

정답 맞히기 ㄱ. A와 B의 반응 계수는 같고 반감기가 t초이므로 t초일 때 A와 B의 농도는 모두 B_1(M)이다. 반감기가 한번 더 지나면 A의 농도는 $\frac{B_1}{2}$(M)이 되고, B의 농도는 $B_1+\frac{B_1}{2}$(M)이 된다. $B_1+\frac{B_1}{2}=B_2$가 되므로 A의 농도인 $\frac{B_1}{2}$(M)=(B_2-B_1)(M_1)이다.

ㄷ. A의 초기 농도는 $2B_1$(M)이며, $2t$초일 때의 농도는 $\frac{B_1}{2}$(M)이다. $2t$초일 때 A의 농도가 초기 농도의 $\frac{1}{4}$배가 되었으므로 반응 속도도 초기 반응 속도의 $\frac{1}{4}$배이다.

오답 피하기 ㄴ. B의 농도는 t초일 때 B_1(M), $2t$초일 때 $\frac{3}{2}B_1$(M)이므로 $2t$초일 때 B의 농도는 t초일 때의 1.5배이다.

07 반응 차수 결정

실험	A의 농도(M)		B의 농도(M)	
	반응 전	t초	반응 전	t초
1	0.4	0.3	0.4	0.2
2	0.4	0.3	0.8	0.6
3	0.8	0.6	0.8	0.4

정답 맞히기 ㄱ. 실험 1에서 A의 농도가 0.1 M 감소할 때 B의 농도는 0.2 M 감소하므로 A와 B의 반응 계수 비 $a:b=1:2$ 이다.

ㄴ. 실험 1과 2를 비교해 보면 A의 초기 농도는 같고 B의 초기 농도를 2배로 한 것이다. 이때 t초 동안 감소하는 A의 농도가 같으므로 실험 1과 2에서 반응 속도는 같은 것이며, B의 반응 차수는 0이다. 실험 1과 3을 비교할 때 A의 농도는 2배로 하였고, B의 농도도 2배로 하였다. 이때 t초 동안 A의 농도는 실험 1에서 0.1 M, 실험 3에서 0.2 M 감소하였다. 따라서 실험 3에서의 반응 속도가 실험 1에서의 2배가 된 것이다. B의 반응 차수는 0으로 B의 농도 변화는 반응 속도에 영향을 주지 않았으므로 A의 반응 차수가 1인 것이다. 따라서 전체 반응 차수는 1이다.

ㄷ. 실험 1과 실험 2에서 t초 동안 감소한 A의 농도가 0.1 M로 같으므로 반응 속도가 같다.

08 1차 반응의 그래프

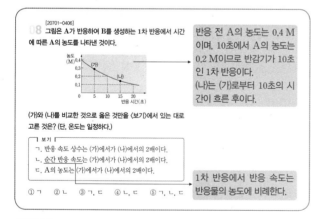

정답 맞히기 ㄴ. (나)는 (가)에서 반감기가 한번 지난 시점으로 반응물인 A의 농도는 (가)에서가 (나)에서의 2배이다. 반응 속도 상수가 일정하고 농도가 (나)에서의 2배인 (가)에서는 순간 반응 속도도 (나)에서의 2배이다.

ㄷ. A의 농도가 $\frac{1}{2}$배로 되는 데 걸리는 시간은 10초이다. 즉, 반감기가 10초이며, (가)와 (나)는 10초 간격이므로 (가)에서 A의 농도는 (나)에서의 2배이다.

오답 피하기 ㄱ. 반응 속도 상수는 온도가 일정하면 일정하다. 따라서 (가)에서와 (나)에서 반응 속도 상수는 같다.

09 1차 반응의 그래프

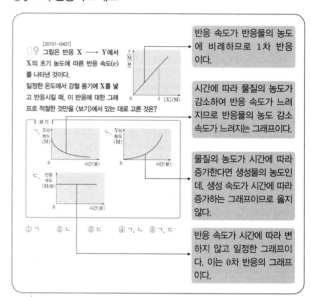

정답 맞히기 제시된 그래프로 보아 반응 $X \longrightarrow Y$는 반응 속도가 반응물의 농도에 비례하는 1차 반응이다.

ㄱ. 시간에 따라 반응물 X의 농도가 감소하는 그래프이다. 시간에 따라 기울기가 완만해지는 것은 반응 속도가 시간에 따라 느려지는 것을 의미한다. 시간에 따라 반응물의 농도 감소와 함께 반응 속도가 감소하므로 반응물의 농도 감소 속도는 느려진다.

오답 피하기 ㄴ. 시간에 따라 생성물 Y의 농도가 증가하는 그래프이다. 그러나 주어진 반응은 반응 속도가 시간에 따라 느려져야 하므로 생성물의 농도 증가 속도가 시간에 따라 느려지는 그래프여야 한다.

ㄷ. 시간에 관계없이 반응 속도가 일정한 그래프이다. 그러나 주어진 반응은 반응 속도가 반응물의 농도에 비례하므로 시간에 따라 반응물의 농도가 감소하면서 반응 속도도 시간에 따라 감소하는 그래프여야 한다.

10 1차 반응

정답 맞히기 ㄱ. 실험 1과 2에서 A의 초기 농도가 2배가 될 때 초기 반응 속도가 2배가 되었으므로 이 반응은 A에 대한 1차 반응이다. 실험 2와 3에서 초기 반응 속도가 0.21배가 되었으므로 실험 3에서의 A의 농도는 실험 2의 0.21배인 0.021 M이다. 따라서 $a=0.021$이다.

ㄷ. 실험 2에서 A의 초기 농도가 0.1 M이고, 초기 반응 속도가 3.0×10^{-3} M/s이므로 반응 속도 상수(k)는 3.0×10^{-2} s^{-1}이다.

오답 피하기 ㄴ. A에 대한 1차 반응이므로 반응 속도식은 $v = k[A]$이다.

11 반응물과 생성물의 농도 변화 그래프

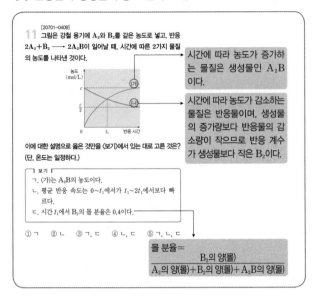

[20701-0409]
11 그림은 강철 용기에 A$_2$와 B$_2$를 같은 농도로 넣고, 반응 2A$_2$+B$_2$ ⟶ 2A$_2$B이 일어날 때, 시간에 따른 2가지 물질의 농도를 나타낸 것이다.

시간에 따라 농도가 증가하는 물질은 생성물인 A$_2$B이다.

시간에 따라 농도가 감소하는 물질은 반응물이며, 생성물의 증가량보다 반응물의 감소량이 작으므로 반응 계수가 생성물보다 작은 B$_2$이다.

이에 대한 설명으로 옳은 것만을 〈보기〉에서 있는 대로 고른 것은? (단, 온도는 일정하다.)

〈보기〉
ㄱ. (가)는 A$_2$B의 농도이다.
ㄴ. 평균 반응 속도는 0~t_1에서가 t_1~2t_1에서보다 빠르다.
ㄷ. 시간 t_1에서 B$_2$의 몰 분율은 0.4이다.

① ㄱ ② ㄴ ③ ㄱ, ㄷ ④ ㄴ, ㄷ ⑤ ㄱ, ㄴ, ㄷ

몰 분율 = $\dfrac{\text{B}_2\text{의 양(몰)}}{\text{A}_2\text{의 양(몰)}+\text{B}_2\text{의 양(몰)}+\text{A}_2\text{B의 양(몰)}}$

정답 맞히기 ㄱ. 화학 반응식에서 생성물은 1가지이므로 시간에 따라 농도가 증가하는 (가)는 생성물인 A$_2$B의 농도이다.

ㄴ. A$_2$와 B$_2$의 초기 농도가 모두 c mol/L이므로 생성될 수 있는 A$_2$B의 최대 농도는 c mol/L이다. 0~t_1까지 생성된 A$_2$B의 농도가 $\dfrac{c}{2}$ mol/L보다 크므로 t_1~2t_1까지 생성되는 A$_2$B의 농도는 $\dfrac{c}{2}$ mol/L보다 작다. 따라서 평균 반응 속도는 0~t_1에서가 t_1~2t_1에서보다 빠르다.

ㄷ. 반응 전과 시간 t_1에서 각 물질의 농도는 다음과 같다.

물질	농도	
	반응 전	t_1
A$_2$	c	$c-x$
B$_2$	c	$c-\dfrac{x}{2}=x$
A$_2$B	0	x

t_1에서 B$_2$의 농도에서 $c-\dfrac{x}{2}=x$이므로 $c=\dfrac{3}{2}x$이며, t_1에서 A$_2$의 농도는 $c-x=\dfrac{x}{2}$가 된다. 따라서 t_1에서 B$_2$의 몰 분율은

$$\dfrac{x}{\dfrac{x}{2}+x+x}=\dfrac{x}{\dfrac{5x}{2}}=0.4$$이다.

12 1차 반응에서 반응물과 생성물의 압력 변화

정답 맞히기 A(g)의 반응 계수는 2이고, C의 반응 계수는 1이므로 이를 이용하여 t초일 때의 B(g)의 부분 압력과 C(g)의 부분 압력을 구하면 각각 2.4기압과 0.8기압이 되어 B(g)의 반응 계수가 3임을 알 수 있다. 이후 t~3t초에서 A(g)~C(g)의 부분 압력을 각각 구하면 다음과 같다.

시간(초)	0	t	$2t$	$3t$
P_A(기압)	3.2	1.6	0.8	0.4
P_B(기압)		2.4	3.6	4.2
P_C(기압)		0.8	1.2	1.4
P_T(기압)		4.8	5.6	6.0

ㄷ. 2t초일 때 C(g)의 부분 압력은 1.2기압이다.

오답 피하기 ㄱ. A(g)의 반응 계수가 2이고, C(g)의 반응 계수가 1이므로 1.6기압의 A(g)가 반응한 t초에서 C(g)의 부분 압력은 0.8기압이다. 전체 압력은 4.8기압이므로 B(g)의 부분 압력은 2.4기압이고, 따라서 B(g)의 반응 계수 b는 3이다.

ㄴ. A(g)의 부분 압력이 t초마다 $\dfrac{1}{2}$배로 감소하고 있으므로 A(g)에 대한 1차 반응이다.

13 반응 속도와 농도의 관계

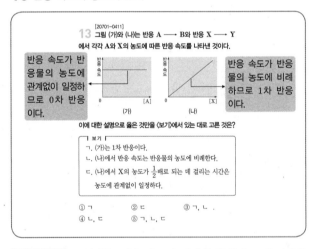

[20701-0411]
13 그림 (가)와 (나)는 반응 A ⟶ B와 반응 X ⟶ Y에서 각각 A와 X의 농도에 따른 반응 속도를 나타낸 것이다.

반응 속도가 반응물의 농도에 관계없이 일정하므로 0차 반응이다.

반응 속도가 반응물의 농도에 비례하므로 1차 반응이다.

이에 대한 설명으로 옳은 것만을 〈보기〉에서 있는 대로 고른 것은?

〈보기〉
ㄱ. (가)는 1차 반응이다.
ㄴ. (나)에서 반응 속도는 반응물의 농도에 비례한다.
ㄷ. (나)에서 X의 농도가 $\dfrac{1}{2}$배로 되는 데 걸리는 시간은 농도에 관계없이 일정하다.

① ㄱ ② ㄷ ③ ㄱ, ㄴ ④ ㄴ, ㄷ ⑤ ㄱ, ㄴ, ㄷ

정답 맞히기 ㄴ. (나)는 반응 속도가 반응물 X의 농도에 비례하므로 1차 반응이다. 1차 반응에서 반응 속도는 반응물의 농도에 비례한다.

ㄷ. 1차 반응에서는 반응물의 농도가 $\dfrac{1}{2}$배로 되는 데 걸리는 시간인 반감기가 일정하다.

오답 피하기 ㄱ. (가)는 반응 속도가 반응물의 농도와 관계없이 일정하므로 0차 반응이다.

14 1차 반응에서 농도 그래프의 해석

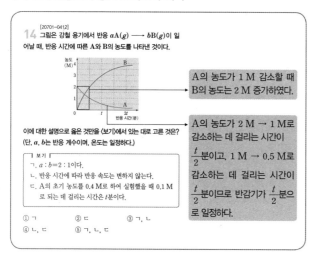

[20701-0412]

14 그림은 강철 용기에서 반응 $aA(g) \longrightarrow bB(g)$이 일어날 때, 반응 시간에 따른 A와 B의 농도를 나타낸 것이다.

> A의 농도가 1 M 감소할 때 B의 농도는 2 M 증가하였다.

이에 대한 설명으로 옳은 것만을 〈보기〉에서 있는 대로 고른 것은? (단, a, b는 반응 계수이며, 온도는 일정하다.)

> A의 농도가 2 M → 1 M로 감소하는 데 걸리는 시간이 $\frac{t}{2}$분이고, 1 M → 0.5 M로 감소하는 데 걸리는 시간이 $\frac{t}{2}$분이므로 반감기가 $\frac{t}{2}$분로 일정하다.

〈보기〉
ㄱ. $a : b = 2 : 1$이다.
ㄴ. 반응 시간에 따라 반응 속도는 변하지 않는다.
ㄷ. A의 초기 농도를 0.4 M로 하여 실험했을 때 0.1 M로 되는 데 걸리는 시간은 t분이다.

① ㄱ   ② ㄷ   ③ ㄱ, ㄴ
④ ㄴ, ㄷ   ⑤ ㄱ, ㄴ, ㄷ

정답 맞히기 ㄷ. 반응물인 A의 농도가 $\frac{1}{2}$배로 되는 데 걸리는 시간이 $\frac{t}{2}$분으로 일정하므로 1차 반응이다. A의 초기 농도를 0.4 M로 하여 실험하여 0.1 M이 되었다면 반응물의 농도가 $\frac{1}{4}$배로 된 것이다. 즉, 반감기가 2회 지난 것이므로 걸리는 시간은 t분이다.

오답 피하기 ㄱ. A의 농도가 2 M에서 1 M로 감소할 때 B의 농도는 0에서 2 M로 증가하였으므로 반응 계수 비는 $a : b = 1 : 2$이다.

ㄴ. 반응물의 농도가 $\frac{1}{2}$배로 되는 데 걸리는 시간이 일정하므로 1차 반응이다. 1차 반응은 반응 속도가 반응물의 농도에 비례하는 반응이므로 반응 시간에 따라 반응물의 농도가 감소하면서 반응 속도도 감소한다.

15 활성화 에너지

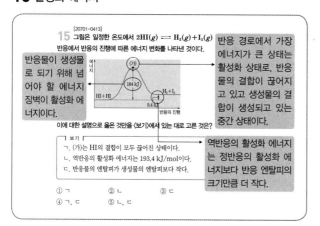

[20701-0413]

15 그림은 일정한 온도에서 $2HI(g) \rightleftharpoons H_2(g) + I_2(g)$ 반응에서 반응의 진행에 따른 에너지 변화를 나타낸 것이다.

> 반응물이 생성물로 되기 위해 넘어야 할 에너지 장벽이 활성화 에너지이다.

> 반응 경로에서 가장 에너지가 큰 상태는 활성화 상태로, 반응물의 결합이 끊어지고 있고 생성물의 결합이 생성되고 있는 중간 상태이다.

이에 대한 설명으로 옳은 것만을 〈보기〉에서 있는 대로 고른 것은?

〈보기〉
ㄱ. (가)는 HI의 결합이 모두 끊어진 상태이다.
ㄴ. 역반응의 활성화 에너지는 193.4 kJ/mol이다.
ㄷ. 반응물의 엔탈피가 생성물의 엔탈피보다 작다.

> 역반응의 활성화 에너지는 정반응의 활성화 에너지보다 반응 엔탈피의 크기만큼 더 작다.

① ㄱ   ② ㄴ   ③ ㄷ
④ ㄱ, ㄷ   ⑤ ㄴ, ㄷ

정답 맞히기 ㄷ. 반응물의 엔탈피가 생성물의 엔탈피보다 9.4 kJ/mol만큼 작다.

오답 피하기 ㄱ. (가)는 활성화 상태로 반응물과 생성물의 중간에 해당한다. 이때는 반응물인 HI의 결합이 느슨해지고, 생성물의 결합이 형성되기 시작할 때이다.

ㄴ. 반응물의 엔탈피가 생성물의 엔탈피보다 9.4 kJ/mol 작기 때문에 역반응의 활성화 에너지는 174.6(=184−9.4) kJ/mol 이다.

16 활성화 에너지와 반응 엔탈피

정답 맞히기 ㄱ. 반응물의 엔탈피가 생성물의 엔탈피보다 큰 반응으로, 발열 반응이므로 반응이 진행되면 열을 주위로 방출하여 대체로 주위의 온도가 올라간다.

ㄷ. 발열 반응이므로 역반응의 활성화 에너지는 정반응의 활성화 에너지보다 반응 엔탈피의 크기만큼 더 크다. 따라서 역반응의 활성화 에너지는 $|\Delta H| + E_a$이다.

오답 피하기 ㄴ. 발열 반응에서 반응이 진행되면 반응 엔탈피와 같은 크기의 에너지($|\Delta H|$)를 방출한다.

신유형·수능 열기

본문 174~175쪽

01 ④   02 ①   03 ①   04 ③   05 ③
06 ②   07 ⑤   08 ⑤

01

정답 맞히기 ㄱ. 실험 Ⅰ과 실험 Ⅲ에서 B의 농도는 일정하고 A의 농도는 3배가 되었을 때 반응 속도도 3배가 되었으므로 A의 반응 차수는 1이다. 실험 Ⅰ과 실험 Ⅱ에서 A의 농도가 2배가 되고, B의 농도는 $\frac{1}{2}$배가 되었을 때 반응 속도가 같으므로 B의 반응 차수도 1이다. 따라서 전체 반응 차수는 2이며, 반응 속도식은 $v = k[A][B]$이다.

ㄷ. $[A] = [B] = 0.1$ M을 반응 속도식에 대입하면 $v = 0.05 \times 0.1 \times 0.1 = 5 \times 10^{-4}$(M/s)이다.

오답 피하기 ㄴ. $v = k[A][B]$에서 실험 Ⅰ의 농도와 반응 속도를 대입하면 반응 속도 상수가 얻어진다. 이때 반응 속도의 단위는 $M \cdot s^{-1}$이므로 반응 속도 상수(k)의 단위는 $M^{-1} \cdot s^{-1}$이다.

02

정답 맞히기 ㄱ. 생성물인 B가 처음 t초 동안 0.2 M 생성되고, 이후 t초 동안 0.1 M, 이후 t초 동안 0.05 M 생성된다. 즉, 증가량이 t초마다 $\frac{1}{2}$배로 줄어들므로 반감기가 t초인 1차 반응이다.

1차 반응에서는 반응물의 농도가 $\frac{1}{2}$배로 감소하는 데 걸리는 시간이 일정하며, 생성물의 증가량이 반감기마다 $\frac{1}{2}$배로 감소한다.

오답 피하기 ㄴ. 반감기가 일정한 반응이므로 이 반응은 A에 대하여 1차 반응이다.

ㄷ. 반감기인 t초 동안 생성된 B의 농도는 0.2 M이다. 화학 반응식에 따라 반응물인 A의 반응 계수가 B의 2배이므로 t초 동안 감소한 A의 농도는 0.4 M이다. 따라서 반응 전 강철 용기에 들어 있는 A의 초기 농도는 0.8 M이다.

03

정답 맞히기 ㄱ. 생성물인 B의 농도가 t초에서 2 M, $2t$초에서 3 M, $3t$초에서 3.5 M이 되는 것은 t초마다 생성물의 증가량이 $\frac{1}{2}$배로 줄어드는 것으로, 반감기가 t초인 1차 반응이다. 화학 반응식에서 1몰의 A가 반응하여 2몰의 B가 생성되므로 t초까지 감소한 A의 농도는 1 M이며, 반응 전 A의 초기 농도는 2 M이다. $2t$초일 때는 반감기가 2회 지났으므로 A의 농도는 초기 농도인 2 M의 $\frac{1}{4}$배인 0.5 M이다.

오답 피하기 ㄴ. t초에서 반응물인 A의 농도는 1 M이며, 반응 속도가 2.0×10^{-2} M/s이므로 반응 속도 상수는 $2.0 \times 10^{-2}\ \mathrm{s}^{-1}$이다.

ㄷ. A의 초기 농도를 8 M로 실험할 때 $3t$초는 반감기가 3회 지난 시점으로 A의 농도는 $\frac{1}{8}$배인 1 M이 되고, 감소한 A의 농도는 7 M이며, 생성된 B의 농도는 14 M이다.

04

정답 맞히기 ㄱ. 반응 속도가 반응물의 농도에 비례하는 그래프이므로 이 반응은 1차 반응이다. 또 반응 속도 상수는 반응물의 농도와 반응 속도 그래프에서 기울기에 해당한다. 반응물의 농도가 0.1 M일 때 반응 속도가 0.03 M/s이므로 반응 속도 상수는 $0.3\ \mathrm{s}^{-1}$이다.

ㄷ. 1차 반응에서는 반감기가 일정하므로 [A]가 0.3 M에서 0.15 M로 줄어드는 데 걸리는 시간과 0.2 M에서 0.1 M로 줄어드는 데 걸리는 시간은 같다. 따라서 0.3 M에서 0.2 M로 줄어드는 데 걸리는 시간은 반감기보다 짧다.

오답 피하기 ㄴ. 반응 속도는 $v = k[\mathrm{A}]$이므로 A의 초기 농도가 0.8 M일 때 초기 반응 속도는 0.24($= 0.3 \times 0.8$) M/s이다.

05

정답 맞히기 ㄷ. 반응 속도 상수의 단위는 반응 차수에 따라 달라진다. (가)와 (나)는 모두 1차 반응으로 반응 차수가 서로 같아 반응 속도 상수의 단위도 같다.

오답 피하기 ㄱ. (가)는 반응물의 농도가 반으로 줄어드는 데 걸리는 시간이 20초로 일정하며, (나)는 반응물의 농도가 반으로 줄어드는 데 걸리는 시간이 10초로 일정하다. 따라서 (가)와 (나)는 모두 1차 반응으로 반응물의 반응 차수가 1이다.

ㄴ. (가)는 반감기가 20초이고, (나)는 반감기가 10초이다. 반감기가 짧은 반응일수록 반응 속도 상수가 큰 반응이므로 반응 속도 상수는 (나)가 (가)보다 크다.

06

정답 맞히기 그래프에서 1~2분 사이에 증가된 B와 C의 농도가 0~1분 사이에 생성된 B와 C의 농도의 $\frac{1}{2}$배이고, 2~3분 사이에 생성된 B와 C의 농도가 1~2분 사이에 생성된 B와 C의 농도의 $\frac{1}{2}$배이다. 따라서 반감기가 1분인 1차 반응이다.

ㄴ. 반응 시간에 따른 각 물질의 농도는 다음과 같다.

물질	농도(M)			
	0분	1분	2분	3분
A	0.2	0.1	0.05	0.025
B	0	0.1	0.15	0.175
C	0	0.2	0.3	0.35

2분일 때 $\dfrac{[\mathrm{B}]+[\mathrm{C}]}{[\mathrm{A}]} = \dfrac{0.15+0.3}{0.05} = 9$이다.

오답 피하기 ㄱ. 반감기가 1분인 1차 반응이고, 1분일 때 A와 반응 계수가 같은 B의 농도가 0.1 M이므로 반응 전 A의 초기 농도는 0.2 M이다.

ㄷ. 반응 속도 상수는 일정하며, 2분일 때 A의 농도는 1분일 때의 $\frac{1}{2}$배이므로 반응 속도도 2분일 때가 1분일 때의 $\frac{1}{2}$배이다.

07

정답 맞히기 $\mathrm{A}(g) \longrightarrow 2\mathrm{B}(g)$의 반응에서는 시간에 따라 물질의 총 양(mol)이 증가한다. 반감기는 30초로 일정하다고 했으므로 각 시점에서 각 물질의 농도는 표와 같다.

시간(초)	0	30	60	90
[A]+[B] (M)	(가)	0.12	0.14	0.15
[A]	0.08	0.04	0.02	0.01
[B]	0	0.08	0.12	0.14

ㄱ. 반응 시작 전 A의 농도는 0.08 M이며, B가 존재하지 않으므로 (가)는 0.08이다.

ㄴ. A에 대한 1차 반응이고, A의 농도가 30초일 때 0.04 M이고, 60초일 때 0.02 M이므로 순간 반응 속도는 30초일 때가 60초일 때의 2배이다.

ㄷ. A의 초기 농도를 1.0 M로 하여 반응시키면 30초 후 감소한 A의 농도는 0.5 M이 되고 B의 농도는 1.0 M이 된다.

08

정답 맞히기 ⑤ 용기 속 기체는 t초일 때는 A가 2.4몰, B가 1.2몰이고, $2t$초일 때는 A가 1.2몰, B가 1.8몰이므로 강철 용기 속 기체의 총 몰 비는 t초 : $2t$초=3.6 : 3=6 : 5이다.

오답 피하기 ① 반응 속도가 반응물의 농도에 비례하므로 1차 반응이며, 0~t초 동안 생성된 B의 양(mol)이 t~$2t$초 동안 생성된 B의 양(mol)의 2배이므로 반감기가 t초이다.

② A와 B의 반응 계수 비가 2 : 1이며, t초 동안 생성된 B의 양(mol)이 1.2몰이므로 반응한 A의 양(mol)은 2.4몰이고, A의 초기 양(mol)은 4.8몰이다.

③ 반응 속도식은 $v=k[A]$이므로 그래프에서 A의 농도와 반응 속도를 대입하면 $5 \times 10^{-5}=k \times 0.1$이고, 반응 속도 상수($k$)는 $5 \times 10^{-4} \text{ s}^{-1}$이다.

④ $2t$일 때 A의 양(mol)은 반응 전 양(mol)인 4.8몰의 $\frac{1}{4}$배인 1.2몰이고, B의 양(mol)은 1.8몰이므로 2초일 때 기체의 몰 비는 A : B=2 : 3이다.

9 반응 속도에 영향을 미치는 요인

탐구 활동   본문 183쪽

1 해설 참조   **2** 해설 참조

1

모범 답안 온도가 높아지면 반응물 입자의 평균 운동 에너지가 증가하여 활성화 에너지 이상의 에너지를 갖는 입자의 수가 증가하기 때문이다.

2

모범 답안 온도가 달라져도 활성화 에너지는 변하지 않는다. 온도의 변화로 반응 속도 상수가 달라지기 때문에 반응 속도가 달라지는 것이다.

내신 기초 문제   본문 184~189쪽

01 ⑤	**02** ⑤	**03** ④	**04** ㄴ, ㄷ, ㄹ	
05 ②	**06** ④	**07** ③	**08** ④	**09** ②
10 ③	**11** ⑤	**12** ③	**13** ③	
14 (1) ⓒ (2) ⓒ		**15** ②	**16** ③	**17** ②
18 ④	**19** ②	**20** ⑤	**21** ⑤	**22** ⑤
23 ③	**24** ③	**25** ①		

01

정답 맞히기 화학 반응에서 활성화 에너지 이상의 에너지를 가진 입자들이 반응하기에 적합한 방향으로 충돌하였을 때 반응이 일어날 수 있다. 반응하는 입자가 많아지면 활성화 에너지 이상의 입자들도 많아진다.

ㄱ. 가루약은 알약보다 표면적이 넓기 때문에 접촉하는 면적이 넓어서 충돌하는 입자의 수가 많고 반응 속도가 빠르다.

ㄴ. 모닥불을 피울 때 부채질을 하면 모닥불에 산소가 더 많이 공급된다. 반응물의 농도를 크게 하는 것도 반응물 입자 사이의 충돌 횟수를 증가시키는 방법이다.

ㄷ. 석탄의 미세한 분진은 가루이기 때문에 표면적이 넓고 분진이 많으면 공기 중의 산소와 충돌하는 입자의 수가 많다. 또 연소 반응이 빠르게 일어나면 짧은 시간 동안에 열과 빛을 내어 폭발이 일어난다. 따라서 탄광의 갱도에서는 석탄 가루와 산소가 충돌하는 횟수가 많아 반응 속도가 빨라 폭발이 일어나는 것이다.

02
정답 맞히기 ㄱ. ×표시가 보이지 않을 때까지 생성된 앙금의 양이 같다고 가정하고, 생성물의 양이 같을 때까지 걸린 시간을 측정하여 반응 속도를 비교하는 것이다.

ㄴ. (나)는 (가)와 같은 조건에서 온도만 달리하여 반응 속도를 측정하는 것이므로 (가)와 비교하여 반응 속도에 미치는 온도의 영향을 알 수 있다.

ㄷ. (나)는 (가)보다 온도가 높다. 온도가 높으면 반응 속도가 크므로 ×표시가 보이지 않을 때까지 걸린 시간 t는 (나)에서가 (가)에서보다 짧다.

03
정답 맞히기 ㄴ. 정촉매는 활성화 에너지를 감소시키는 물질로 정촉매를 사용하면 정반응과 역반응의 활성화 에너지가 모두 감소한다.

ㄷ. 정반응과 역반응의 활성화 에너지가 모두 감소하므로 정반응 속도와 역반응 속도가 모두 빨라진다.

오답 피하기 ㄱ. 촉매를 사용해도 반응 엔탈피는 변하지 않는다.

04
정답 맞히기 탄산 칼슘이 모두 반응하였으므로 충분한 양의 염산을 반응시킨 것이다.

ㄴ. 20 %의 염산을 사용하면 반응물의 농도가 증가한 것이므로 같은 부피에서 탄산 칼슘 조각의 표면에 부딪히는 염산 입자의 수가 많아져 반응 속도가 빨라진다.

ㄷ. 온도를 높이면 반응물 입자들의 평균 운동 에너지가 증가하여 반응 속도가 빨라진다.

ㄹ. 탄산 칼슘을 가루로 만들면 반응물 사이의 충돌 횟수가 증가하므로 반응 속도는 빨라진다.

오답 피하기 ㄱ. 염산의 농도 변화 없이 부피만을 크게 하는 것은 반응 속도를 빠르게 하지 않는다. 즉, 탄산 칼슘의 표면에 충돌하는 염산 입자의 수는 같다.

05
정답 맞히기 ㄷ. 촉매는 자신은 변하지 않으면서 반응 경로를 변화시켜 활성화 에너지를 변화시키고, 반응 속도를 변화시킨다.

오답 피하기 ㄱ. 분자 운동 에너지 분포는 온도에 따라 달라지는 것으로 촉매의 사용 여부와는 무관하다. 촉매를 사용하면 활성화 에너지가 달라져서 활성화 에너지 이상의 에너지를 갖는 분자들의 수가 달라진다.

ㄴ. 촉매를 사용하여도 반응물과 생성물이 변하는 것은 아니므로 반응물과 생성물의 엔탈피 차이에 해당하는 반응 엔탈피는 달라지지 않는다.

06
정답 맞히기 ㄴ. 과산화 수소수에 아무것도 넣지 않은 것과 이산화 망가니즈, 그리고 인산을 첨가한 것의 반응 속도를 비교하고자 하는 실험이므로 반응 속도에 미치는 촉매의 영향을 알아보기 위한 실험이다. 촉매의 영향을 알아보려면 다른 조건의 변화가 없어야 하므로 온도를 일정하게 유지하여야 실험의 목적을 달성할 수 있다.

ㄷ. 정촉매를 가하면 활성화 에너지가 작아져서 반응 속도가 빨라지고, 부촉매를 가하면 활성화 에너지가 커져서 반응 속도가 느려진다. 따라서 활성화 에너지는 A~C에서가 모두 다르다.

오답 피하기 ㄱ. 반응물의 충돌 횟수를 변화시키기 위해서는 농도 또는 표면적을 변화시켜야 한다.

07
정답 맞히기 ㄱ. (가)와 (나)는 탄산 칼슘의 상태가 같고, 온도가 다르다. 염산의 농도는 반응 속도에 영향을 미칠 수 있지만, 염산의 부피는 반응 속도에 영향을 미치지 않는다. 따라서 초기 반응 속도는 온도가 높은 (나)에서가 (가)에서보다 빠르다.

ㄷ. 탄산 칼슘이 충분한 양이면 염산의 양이 발생하는 기체의 총량을 제한하게 된다. 염산의 양이 (가)에서가 (나)에서보다 많으므로 발생하는 기체의 총량은 (가)에서가 (나)에서보다 많다.

오답 피하기 ㄴ. (가)와 (다)는 온도가 다르고, 탄산 칼슘의 상태가 조각과 가루로 다르다. 즉, 온도와 탄산 칼슘의 상태가 모두 반응 속도에 영향을 주기 때문에 두 가지를 모두 변화시킨 경우 어떤 요인이 작용하였는지 정확하게 알 수 없다.

08
정답 맞히기 ㄴ. 촉매는 자신은 변하지 않으면서 반응 경로를 변화시켜 반응 속도를 변화시키는 물질로, 촉매를 사용하였을 때 반응물과 생성물은 달라지지 않으므로 생성물의 총량은 같다.

ㄷ. 온도를 높이면 반응물의 평균 운동 에너지가 증가하여 반응 속도가 빨라지지만 반응물의 양이 달라지지 않으므로 생성물의 양도 변하지 않는다.

오답 피하기 ㄱ. 같은 부피의 농도가 2배인 염산을 사용하면 염산의 총량이 2배가 되므로 탄산 칼슘의 양이 충분할 때에는 생성되는 물질의 양도 증가한다.

09

정답 맞히기 ㄷ. 반응물은 A이며, 활성화 에너지를 크게 하는 물질 X는 부촉매, 활성화 에너지를 작게 하는 Y는 정촉매이다. 분자 운동 에너지 분포는 일정한데, 활성화 에너지가 작아지면 활성화 에너지 이상의 에너지를 가진 분자의 비율이 증가한다.

오답 피하기 ㄱ. 반응 속도는 활성화 에너지 이상의 에너지를 가진 분자의 비율에 의하여 결정되는데, 활성화 에너지가 가장 작은 (다)에서 활성화 에너지 이상의 에너지를 갖는 분자 수의 비율이 가장 크므로 반응 속도가 가장 빠르다.

ㄴ. (다)에서는 (나)에서보다 활성화 에너지가 작으므로 사용한 물질 Y는 정촉매이며, 정촉매를 사용한 (다)는 활성화 에너지가 작아지는 다른 경로로 반응하여 반응 속도가 빠른 것이므로 반응 속도 상수는 (다)에서가 (나)에서보다 크다.

10

정답 맞히기 ㄱ. 반감기가 4초로 일정한 반응이므로 1차 반응이고, 반응 속도식은 $v=k[X]$이다.

ㄴ. (가)와 (나)에서 온도가 같으므로 반응 속도 상수가 같다. 반응 속도 상수가 같고 반응물의 초기 농도가 (가)에서가 (나)에서의 2배이므로 초기 반응 속도도 (가)에서가 (나)에서의 2배이다.

오답 피하기 ㄷ. 반감기가 같으므로 반응 속도 상수는 (가)에서와 (나)에서가 같다. 반응 속도 상수는 농도에 의하여 달라지지 않는다.

11

정답 맞히기 그림은 반응물인 A와 B의 농도를 각각 변화시킨 것이므로 반응물의 농도가 반응 속도에 미치는 영향을 알아보고자 하는 것이다.

⑤ 강철 솜을 산소 기체 속에서 연소시키면 공기 중에서보다 산소의 농도가 더 크기 때문에 반응 속도가 빨라져 강철 솜이 더 잘 탄다.

오답 피하기 ① 압력 밥솥은 일반 밥솥보다 물의 온도가 더 높게 올라가므로 쌀이 익는 속도가 빨라진다. 이는 반응 속도에 대한 온도의 영향이다.

② 장작을 잘게 쪼개면 표면적이 증가하여 산소와의 접촉 면적이 넓어지므로 더 잘 탄다. 이는 반응 속도에 대한 표면적의 영향이다.

③ 냉장고는 저온이 유지되는 장치로, 김치를 냉장고에 보관하면 김치가 익는 속도가 느려지므로 더 오랜 시간 보관할 수 있다. 이는 반응 속도에 대한 온도의 영향이다.

④ 인산은 과산화 수소의 분해 반응에서 부촉매로 작용하므로 과산화 수소수에 인산을 넣으면 산소의 발생 속도가 느려진다. 이는 반응 속도에 대한 촉매의 영향이다.

12

정답 맞히기 ㄱ. 활성화 에너지 이상의 에너지를 가진 분자들이 반응하기에 적합한 방향으로 충돌하였을 때 반응이 일어나며, 활성화 에너지보다 작은 에너지를 가진 분자들이 적합한 방향으로 충돌하여도 반응이 일어나지 않는다.

ㄷ. 온도를 높이면 평균 분자 운동 에너지가 증가하여 큰 운동 에너지를 가진 분자의 비율이 증가하기 때문에 활성화 에너지 이상의 에너지를 가진 분자인 (나)의 비율이 증가한다.

오답 피하기 ㄴ. 활성화 에너지 이상의 에너지를 가진 분자들이 반응하기에 적합한 방향으로 충돌하였을 때 활성화 상태로 되었다가 일부는 생성물로 되고, 일부는 반응물로 되돌아간다. 따라서 활성화 에너지 이상의 에너지를 가졌다고 모두 반응하는 것은 아니다.

13

정답 맞히기 ㄱ. 같은 시간 동안 발생한 기체의 양(mol)을 반응 속도라고 할 수 있으며, T_2에서의 반응 속도가 T_1에서보다 빠른 것은 $T_2 > T_1$이기 때문이다.

ㄴ. 실험 Ⅱ와 같은 온도에서 X(s)만을 첨가한 실험 Ⅲ에서가 실험 Ⅱ에서보다 반응 속도가 빠른 것은 실험 Ⅲ에서 첨가한 X(s)가 정촉매이기 때문이다.

오답 피하기 ㄷ. 정촉매는 활성화 에너지를 작게 하여 반응 속도를 빠르게 하는 물질이다. 실험 Ⅲ에 첨가한 X(s)가 정촉매이므로 반응의 활성화 에너지는 실험 Ⅲ에서가 실험 Ⅰ에서보다 작다.

14

(1) 가루는 대리석 덩어리보다 표면적이 넓기 때문에 충돌하는 반응물 입자의 수가 많아져서 반응 속도가 빨라진다. 그러나 염산의 양은 같기 때문에 발생하는 기체의 총량은 같으므로 ⓒ과 같은 그래프가 적절하다.

(2) 진한 염산을 사용하면 반응 속도가 빨라지므로 발생하는 이산화 탄소의 부피 그래프의 기울기가 커진다. 같은 부피의 진한 염산을 사용하였으므로 염산의 총량도 증가하고, 그만큼 생성되는 이산화 탄소의 총량도 증가한다. 따라서 ⓒ과 같은 그래프가 적절하다.

15

정답 맞히기 ② (가)와 (라)는 온도가 다른 조건으로 $A(g)$와 $B(g)$를 반응시킨 것이다. 온도를 달리하여도 활성화 에너지는 달라지지 않는다. 활성화 에너지를 변화시키려면 촉매를 첨가해야 한다.

오답 피하기 ① (가)와 (나)를 비교하면 (나)는 (가)에서 A의 농도만을 2배로 하여 반응 속도를 측정한 것이다. t초 동안 감소한 A의 농도가 (가)에서는 2 M이고, (나)에서는 4 M이다. 반응 속도가 A의 농도에 비례하므로 A에 대하여 1차 반응이다. (가)와 (다)를 비교하면 (다)는 (가)에서 B의 농도만을 2배로 하여 반응 속도를 측정한 것이다. 이때 t초 동안 감소한 A의 농도는 (가)와 (다)에서 2 M로 같으므로 B의 농도는 반응 속도에 영향을 미치지 않으며, B에 대하여 0차 반응이다. 따라서 반응 속도식은 $v=k[A]$이다.
③ (라)에서 t초 동안 감소한 A의 농도는 3 M이므로 반응 속도는 (라)에서가 (가)에서보다 빠르다. (라)의 반응 속도가 빠른 것으로부터 (라)에서의 온도가 (가)에서보다 높음을 알 수 있고, 높은 온도에서 반응 속도가 빠른 것은 온도가 높을수록 반응 속도 상수가 커지기 때문이다. 따라서 온도가 높은 (라)에서가 (나)에서보다 반응 속도 상수가 크다.
④ (가)와 (다) 모두 t초 동안 감소한 A의 농도가 2 M이므로 초기 반응 속도는 (가)에서와 (다)에서가 같다.
⑤ (나)와 (다)는 온도가 같아 반응 속도 상수가 같다. 반응 속도식은 $v=k[A]$으로 B의 농도는 반응 속도에 영향을 미치지 않으며, t초일 때 A의 농도는 (나)에서가 (다)에서보다 크므로 반응 속도는 (나)에서가 (다)에서보다 크다.

16

정답 맞히기 B는 A에 비하여 반응 속도는 빨라졌으나 최종 생성물의 양에는 변화가 없다.
ㄱ. 염산의 농도를 증가시키면 반응 속도가 빨라지나 탄산 칼슘의 양은 일정하므로 최종 생성물의 양은 변하지 않는다.
ㄴ. 탄산 칼슘을 가루로 만들어 반응시키면 표면적이 넓어져서 반응 속도가 빨라진다. 같은 질량의 탄산 칼슘이 반응하므로 최종 생성물의 양은 변하지 않는다.
오답 피하기 ㄷ. 염산의 온도를 낮추면 초기 반응 속도가 느려지므로 B와 같은 결과가 얻어질 수 없다.

17

정답 맞히기 ㄷ. 활성화 에너지를 변화시켜 반응 속도를 변화시키는 것은 촉매를 사용한 경우이다. 과산화 수소수에 소의 생간이

나 혈액을 넣어 주면 기포가 활발하게 생기는 것은 소의 생간에 들어 있는 효소나 혈액 속의 효소가 정촉매로 작용하여 활성화 에너지를 낮추어 주기 때문이다.
오답 피하기 ㄱ. 통나무를 잘게 쪼개어 태울 때 불이 잘 붙는 것은 나무의 표면적이 증가하여 반응 속도가 증가하는 것이다. 표면적의 증가는 활성화 에너지를 변화시키지 않고 반응물의 충돌 횟수를 증가시킨다.
ㄴ. 냉장고는 저온이 유지되는 장치로, 음식물을 냉장고에 보관하면 음식물이 상하는 속도가 느려지므로 더 오래 보관할 수 있다. 이는 온도를 낮춰 반응 속도를 감소시킨 것이다.

18

정답 맞히기 ㄴ. 고체 반응물을 잘게 쪼개면 표면적이 증가하여 반응물 입자끼리의 충돌 횟수가 증가하므로 반응 속도가 증가한다.
ㄷ. 표면적을 증가시키면 반응물의 총 질량의 변화 없이 충돌 가능한 입자들의 수를 증가시키는 것이므로 반응에 참여하는 입자의 비율이 증가한다.
오답 피하기 ㄱ. 그림은 고체 반응물을 쪼개어 표면적을 증가시키는 것으로, 반응의 활성화 에너지와는 관계가 없다.

19

정답 맞히기 ㄴ. E_a는 반응이 일어나는 데 필요한 최소한의 에너지로 정반응의 활성화 에너지이다. 정촉매를 사용하면 활성화 에너지(E_a)는 작아지고, 부촉매를 사용하면 활성화 에너지(E_a)는 커진다.
오답 피하기 ㄱ. 반응물의 농도 변화는 활성화 에너지를 변화시키지 않는다.
ㄷ. 활성화 에너지가 커지면 반응 속도 상수가 작아지고, 반응 속도는 느려진다.

20

정답 맞히기 ㄱ. 그래프의 아래쪽 면적은 (나)에서가 (가)에서보다 크므로 반응물 A의 농도가 (나)에서가 (가)에서보다 크다. 반응물의 농도가 크면 같은 시간 동안 용기 안에서 충돌하는 분자의 수도 크다.
ㄴ. 반응물의 농도가 크면 충돌하여 반응할 수 있는 분자의 수도 크다.
ㄷ. 반응물의 농도가 크면 충돌하여 반응할 수 있는 분자의 수가 크고, 따라서 반응 속도도 크다.

21

정답 맞히기 ㄱ. 주어진 반응은 1차 반응으로 반응 속도는 반응물의 농도에 비례한다. T_2에서 A의 초기 농도가 $0.1\,\mathrm{M}$일 때의 반응 속도가 $2a\,\mathrm{M/초}$이므로 $0.2\,\mathrm{M}$일 때의 반응 속도는 $4a\,\mathrm{M/초}$이다.

ㄴ. A의 초기 농도가 $0.1\,\mathrm{M}$일 때 T_2에서의 반응 속도가 T_1에서의 2배이므로 반응 속도 상수는 T_2에서가 T_1에서의 2배이다.

ㄷ. T_2에서의 반응 속도가 T_1에서보다 2배로 빠르므로 반감기는 T_1에서가 T_2에서의 2배로 길다.

22

정답 맞히기 ㄱ. 온도가 높아지면 평균 운동 에너지가 큰 분자의 비율이 증가한다.

ㄴ. 온도가 높아지면 반응 속도 상수가 커지므로 반응물의 농도가 같을 때 T_2에서의 반응 속도가 T_1에서보다 크다.

ㄷ. T_2에서의 반응 속도가 T_1에서보다 크므로 X는 더 빠르게 감소한다.

23

정답 맞히기 ㄱ. (가)에서 반응물의 농도가 반으로 줄어드는 데 걸리는 시간이 2분으로 일정하므로 반감기가 일정한 1차 반응이다.

ㄴ. (가)는 반감기가 2분이며, (나)는 반감기가 1분이다. (가)에서 온도를 높이면 반응 속도가 빨라지므로 (나)와 같은 그래프가 얻어질 수 있다.

오답 피하기 ㄷ. (다)는 초기 농도가 (가)의 $\frac{1}{2}$배이고, 반감기가 2분으로 일정하므로 반응 속도 상수가 (가)와 같다. 즉, 초기 농도만 다른 상태이므로 촉매를 가하거나 온도의 변화를 준 것은 아니다.

24

정답 맞히기 ③ 시간이 충분히 흘렀을 때의 압력이 (가)와 (나)가 같으므로 평형에 변화는 없다. (나)는 시간 t에서 압력 변화의 속도가 빨라졌으므로 정촉매를 첨가한 것이다.

오답 피하기 ①, ② 시간이 충분히 흘렀을 때의 압력이 (가)와 (나)가 같으므로 평형 상태에서의 압력은 (가)와 (나)가 같다. 즉, 온도는 변화시키지 않았다.

④ 부촉매를 넣으면 반응 속도가 느려지므로 평형에 도달하는 속도가 느려져야 한다.

⑤ 질소를 추가하는 경우 추가한 시점에 전체 압력이 증가해야 한다.

25

정답 맞히기 ① 그래프 아래쪽의 면적은 총 분자 수이다. 총 분자 수는 일정하고 운동 에너지가 작은 분자들의 수가 증가하였으므로 (나)는 (가)에서 온도를 낮춘 것이다.

오답 피하기 ② 온도를 높이면 운동 에너지가 큰 분자들의 수가 증가한다.

③ 정촉매를 가하면 분자 운동 에너지의 분포는 변하지 않고, 활성화 에너지만 작아진다.

④ 부촉매를 가하면 분자 운동 에너지의 분포는 변하지 않고, 활성화 에너지만 커진다.

⑤ 초기 반응물의 농도를 크게 하면 그래프 아래쪽의 면적이 증가한다.

실력 향상 문제			본문 190~195쪽
01 ③	02 ③	03 ①	04 해설 참조
05 ②	06 ②	07 ③	08 ③
09 해설 참조		10 ③	11 ①	12 ④
13 ③	14 ⑤	15 ③	16 ③	17 ③
18 ③	19 ③	20 ⑤	21 ④
22 (나) ㄱ (다) ㄷ		23 ④	24 ①

01 활성화 에너지와 반응 속도

정답 맞히기 ㄱ. 겨울철에 채소를 비닐 하우스에서 재배하는 것은 온도를 높여 반응 속도를 빠르게 하는 것이다. 온도가 높아지면 활성화 에너지 이상의 에너지를 갖는 입자들의 비율이 증가하여 유효 충돌하는 입자들의 수가 증가하므로 반응 속도가 증가한다.

ㄷ. 과산화 수소수에 촉매인 이산화 망가니즈를 넣는 것은 촉매로 인하여 활성화 에너지를 낮춤으로써 활성화 에너지 이상의 에너지를 갖는 입자들의 비율을 증가시켜 반응 속도를 증가시키는 것이다.

오답 피하기 ㄴ. 대장간에서 공기를 불어 넣는 것은 농도를 증가시킴으로써 분자들의 수가 전체적으로 증가하도록 한 것으로, 이때 활성화 에너지 이상의 에너지를 갖는 분자들의 수가 증가하고 반응 속도가 증가하게 된다.

02 온도에 따른 반응 속도 변화

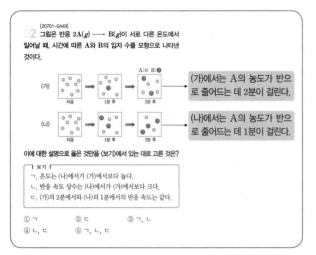

[20701-0449]

02 그림은 반응 2A(g) ⟶ B(g)이 서로 다른 온도에서 일어날 때, 시간에 따른 A와 B의 입자 수를 모형으로 나타낸 것이다.

(가)에서는 A의 농도가 반으로 줄어드는 데 2분이 걸린다.

(나)에서는 A의 농도가 반으로 줄어드는 데 1분이 걸린다.

이에 대한 설명으로 옳은 것만을 〈보기〉에서 있는 대로 고른 것은?

〈보기〉
ㄱ. 온도는 (나)에서가 (가)에서보다 높다.
ㄴ. 반응 속도 상수는 (나)에서가 (가)에서보다 크다.
ㄷ. (가)의 2분에서와 (나)의 1분에서의 반응 속도는 같다.

① ㄱ ② ㄷ ③ ㄱ, ㄴ
④ ㄴ, ㄷ ⑤ ㄱ, ㄴ, ㄷ

정답 맞히기 ㄱ. (가)는 1분 동안 생성된 B의 모형 수가 1이고, (나)는 1분 동안 생성된 B의 모형 수가 2이므로 반응 속도는 (나)에서가 (가)에서보다 빠르다. (가)와 (나)의 초기 농도는 같으나 반응 속도가 (나)에서가 빠른 것은 (나)에서의 온도가 더 높기 때문이다.

ㄴ. 주어진 반응은 반감기가 일정한 1차 반응이다. 반응 속도식은 $v=k$[A]로 같은데, (나)에서 반응 속도가 빠른 것은 온도가 높아 반응 속도 상수가 크기 때문이다.

오답 피하기 ㄷ. (가)의 2분에서와 (나)의 1분에서 반응물의 농도가 같으나 반응 속도 상수가 (나)에서 더 크므로 반응 속도는 (나)의 1분에서가 (가)의 2분에서보다 크다.

03 활성화 에너지

정답 맞히기 ㄱ. 반응물의 엔탈피가 생성물의 엔탈피보다 크므로 정반응은 발열 반응이다.

오답 피하기 ㄴ. 반응물의 엔탈피가 생성물의 엔탈피보다 크므로 정반응의 활성화 에너지는 역반응의 활성화 에너지보다 작다.

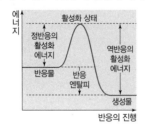

ㄷ. 부촉매를 첨가하면 활성화 상태의 엔탈피가 증가하여 활성화 상태에 도달하는 데 더 많은 에너지가 필요하다. 즉, 정반응과 역반응의 활성화 에너지가 모두 증가하여 정반응과 역반응의 반응 속도가 모두 느려진다.

04 반응 속도에 미치는 농도의 영향 탐구

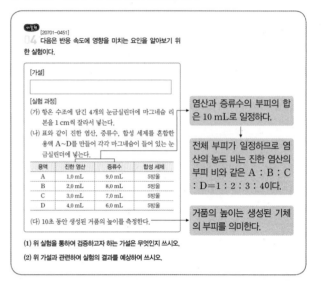

[20701-0451]

04 다음은 반응 속도에 영향을 미치는 요인을 알아보기 위한 실험이다.

[가설]

[실험 과정]
(가) 항온 수조에 담긴 4개의 눈금실린더에 마그네슘 리본을 1 cm씩 잘라서 넣는다.
(나) 표와 같이 진한 염산, 증류수, 합성 세제를 혼합한 용액 A~D를 만들어 각각 마그네슘이 들어 있는 눈금실린더에 넣는다.

용액	진한 염산	증류수	합성 세제
A	1.0 mL	9.0 mL	5방울
B	2.0 mL	8.0 mL	5방울
C	3.0 mL	7.0 mL	5방울
D	4.0 mL	6.0 mL	5방울

(다) 10초 동안 생성된 거품의 높이를 측정한다.

염산과 증류수의 부피의 합은 10 mL로 일정하다.

전체 부피가 일정하므로 염산의 농도 비는 진한 염산의 부피 비와 같은 A : B : C : D=1 : 2 : 3 : 4이다.

거품의 높이는 생성된 기체의 부피를 의미한다.

(1) 위 실험을 통하여 검증하고자 하는 가설은 무엇인지 쓰시오.
(2) 위 가설과 관련하여 실험의 결과를 예상하여 쓰시오.

(1) 용액 A~D에서 진한 염산의 부피를 달리하여 넣었으나 증류수, 합성 세제를 포함한 전체 용액의 부피를 일정하게 하였으므로 A~D는 염산의 농도만 달리한 용액들이다. 즉, 마그네슘의 양은 일정하고 염산의 농도만 달리하여 일정한 시간 동안 생성된 기체의 부피를 측정하는 실험이다. 따라서 마그네슘 리본과 염산의 반응에서 염산의 농도가 반응 속도에 미치는 영향을 알아보기 위한 실험이다.

(2) 반응물의 농도가 클수록 반응물 입자 사이의 충돌 횟수가 증가하여 반응할 수 있는 입자 수도 많아지므로 반응 속도는 빨라진다. 즉, 염산의 농도가 클수록 반응 속도가 빠르므로 반응 속도는 D>C>B>A이며, 10초 동안 생성된 기체의 부피는 D>C>B>A이다.

모범 답안 (1) 반응물의 농도가 증가하면 반응 속도가 증가한다.
(2) 10초 동안 생성된 거품의 높이는 D>C>B>A이다.

05 온도 변화와 반응 경로에 따른 에너지의 변화 해석

정답 맞히기 ㄴ. 온도를 높이면 반응 속도 상수가 커지고 반응 속도가 빨라진다.

오답 피하기 ㄱ. 온도를 높이거나 낮추어도 반응물과 생성물이 달라지는 것은 아니므로 반응 엔탈피는 변하지 않는다.

ㄷ. 온도를 높이거나 낮추어도 활성화 상태가 달라지는 것은 아니므로 활성화 에너지는 변하지 않는다. 활성화 에너지는 촉매에 의해 변한다.

06 1차 반응에서 온도의 영향

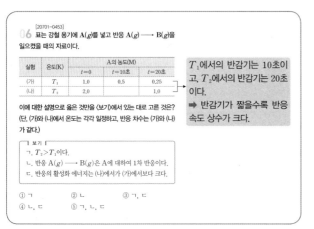

[20701-0453]
06 표는 강철 용기에 A(g)를 넣고 반응 A(g) ⟶ B(g)을 일으켰을 때의 자료이다.

실험	온도(K)	A의 농도(M)		
		$t=0$	$t=10$초	$t=20$초
(가)	T_1	1.0	0.5	0.25
(나)	T_2	2.0		

이에 대한 설명으로 옳은 것만을 〈보기〉에 있는 대로 고른 것은? (단, (가)와 (나)에서 온도는 각각 일정하고, 반응 차수는 (가)와 (나)가 같다.)

┌ 보기 ┐
ㄱ. $T_2 > T_1$이다.
ㄴ. 반응 A(g) ⟶ B(g)은 A에 대하여 1차 반응이다.
ㄷ. 반응의 활성화 에너지는 (나)에서가 (가)에서보다 크다.

① ㄱ   ② ㄴ   ③ ㄱ, ㄷ
④ ㄴ, ㄷ   ⑤ ㄱ, ㄴ, ㄷ

→ T_1에서의 반감기는 10초이고, T_2에서의 반감기는 20초이다.
➡ 반감기가 짧을수록 반응 속도 상수가 크다.

정답 맞히기 ㄴ. (가)에서 매 10초마다 반응물의 농도가 반으로 줄어드는 것으로 보아 1차 반응에 해당한다.

오답 피하기 ㄱ. T_1에서의 반감기는 10초이며, T_2에서의 반감기는 20초이다. T_1에서의 반감기가 더 짧은 것으로 보아 반응 속도가 더 빠른 것이며, 따라서 온도는 $T_1 > T_2$이다.
ㄷ. 반응의 활성화 에너지는 온도에 의하여 변하지 않고 촉매에 의하여 변한다.

07 온도를 달리한 1차 반응 그래프

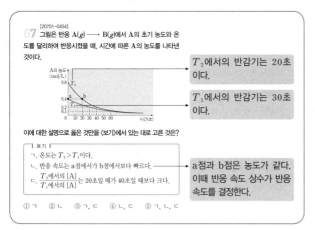

[20701-0454]
07 그림은 반응 A(g) ⟶ B(g)에서 A의 초기 농도와 온도를 달리하여 반응시켰을 때, 시간에 따른 A의 농도를 나타낸 것이다.

이에 대한 설명으로 옳은 것만을 〈보기〉에 있는 대로 고른 것은?

┌ 보기 ┐
ㄱ. 온도는 $T_2 > T_1$이다.
ㄴ. 반응 속도는 a점에서가 b점에서보다 빠르다.
ㄷ. $\dfrac{T_2\text{에서의 } [\text{A}]}{T_1\text{에서의 } [\text{A}]}$는 20초일 때가 40초일 때보다 크다.

① ㄱ   ② ㄴ   ③ ㄱ, ㄷ   ④ ㄴ, ㄷ   ⑤ ㄱ, ㄴ, ㄷ

→ T_2에서의 반감기는 20초이다.
→ T_1에서의 반감기는 30초이다.

→ a점과 b점은 농도가 같다. 이때 반응 속도 상수가 반응 속도를 결정한다.

정답 맞히기 ㄱ. 반감기가 T_1에서가 T_2에서보다 길기 때문에 반응 속도 상수는 T_2에서가 더 크고, 온도는 $T_2 > T_1$이다.
ㄷ. 반응 A(g) ⟶ B(g)는 반감기가 일정한 1차 반응이다. T_1에서의 반감기는 30초이며, T_2에서의 반감기는 20초이다. T_1에서의 반응 속도가 T_2에서보다 느리기 때문에 시간이 지날수록 $\dfrac{T_2\text{에서의 } [\text{A}]}{T_1\text{에서의 } [\text{A}]}$는 작아진다. 따라서 20초일 때가 40초일 때보다 크다.

오답 피하기 ㄴ. a점과 b점의 농도는 같으나, 반응 속도 상수는 T_2에서가 T_1에서보다 크기 때문에 반응 속도는 b점에서가 a점에서보다 빠르다.

08 온도를 달리한 1차 반응 그래프

정답 맞히기 ㄱ. 반감기가 일정하므로 이 반응은 1차 반응이다. 시간에 따른 반응물의 농도 변화 기울기로 보아 Ⅱ에서가 Ⅰ에서보다 반응 속도가 빠름을 알 수 있다. 반응 속도가 빠른 Ⅱ가 Ⅰ보다 높은 온도이므로 $T_2 > T_1$이다.
ㄷ. 1차 반응은 $v = k[\text{A}]$으로 표현되는데, 반응 초기에 Ⅱ에서가 Ⅰ에서보다 온도가 높아 반응 속도 상수도 크고, 반응물의 농도도 크므로 초기 반응 속도는 Ⅱ에서가 Ⅰ에서보다 크다.

오답 피하기 ㄴ. 반감기는 Ⅱ에서가 Ⅰ에서보다 짧으므로 반응 속도 상수는 Ⅱ에서가 Ⅰ에서보다 크다.

09 화학 반응식과 반응 속도에 대한 촉매의 영향

(1) 반응 시간에 따라 압력이 일정한 것은 반응물과 생성물의 반응 계수가 같기 때문이다. A와 B의 반응 계수의 합이 2이므로 C의 반응 계수는 2이다.
(2) 시간 t 이후 반응물이 급격히 감소하는 것은 반응 속도가 빨라진 것이고, 반응 속도가 빨라진 것은 정촉매를 첨가하여 활성화 에너지가 작아졌기 때문이다.

모범 답안 (1) 2 (2) 정촉매, 활성화 에너지는 작아진다.

10 시간에 따른 반응 속도 그래프

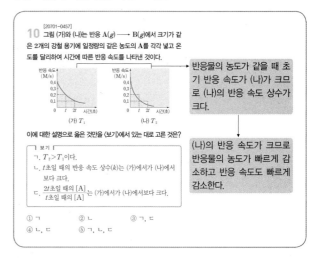

[20701-0457]
10 그림 (가)와 (나)는 반응 A(g) ⟶ B(g)에서 크기가 같은 2개의 강철 용기에 일정량의 같은 농도의 A를 각각 넣고 온도를 달리하여 시간에 따른 반응 속도를 나타낸 것이다.

이에 대한 설명으로 옳은 것만을 〈보기〉에 있는 대로 고른 것은?

┌ 보기 ┐
ㄱ. $T_2 > T_1$이다.
ㄴ. t초일 때의 반응 속도 상수(k)는 (가)에서가 (나)에서보다 크다.
ㄷ. $\dfrac{2t\text{초일 때의 } [\text{A}]}{t\text{초일 때의 } [\text{A}]}$는 (가)에서가 (나)에서보다 크다.

① ㄱ   ② ㄴ   ③ ㄱ, ㄷ   ④ ㄴ, ㄷ   ⑤ ㄱ, ㄴ, ㄷ

→ 반응물의 농도가 같을 때 초기 반응 속도가 (나)가 크므로 (나)의 반응 속도 상수가 크다.

→ (나)의 반응 속도가 크므로 반응물의 농도가 빠르게 감소하고 반응 속도도 빠르게 감소한다.

정답 맞히기 ㄱ. 초기 반응물의 농도는 같으므로 반응 속도가 큰 (나)에서 반응 속도 상수가 더 큰 것이다. 온도가 다를 때 반응 속도 상수가 더 큰 것의 온도가 높다. 따라서 $T_2 > T_1$이다.

ㄷ. $\dfrac{2t\text{초일 때의 }[A]}{t\text{초일 때의 }[A]}$는 (가)에서는 0.5이나 반응 속도가 빠른 (나)에서는 A의 농도가 빠르게 감소하므로 0.5보다 작다.

오답 피하기 ㄴ. 반응 속도 상수는 농도에 따라 변하지 않으며, 온도가 높은 (나)에서가 (가)에서보다 크다.

11 농도와 온도를 달리할 때의 반응 속도

정답 맞히기 ㄱ. 실험 Ⅱ는 Ⅰ과 온도는 같으나 A의 초기 농도가 Ⅰ의 2배이므로 반응 속도도 Ⅰ의 2배이다. 실험 Ⅲ은 Ⅱ와 A의 초기 농도가 같으나 온도가 높으므로 반응 속도는 실험 Ⅲ이 Ⅱ보다 크다. 따라서 초기 반응 속도는 Ⅲ > Ⅱ > Ⅰ 이다.

오답 피하기 ㄴ. 온도가 같은 실험 Ⅰ과 Ⅱ는 반응 속도 상수가 같고, 온도가 높은 실험 Ⅲ의 반응 속도 상수가 가장 크다.

ㄷ. $\dfrac{\text{활성화 에너지 이상의 에너지를 가진 A 분자 수}}{\text{용기 속 A 분자 수}}$는 활성화 에너지 이상의 에너지를 가진 분자 수의 비율로, 온도가 높으면 증가한다. 그러나 온도가 같고 농도가 다른 실험 Ⅰ과 Ⅱ는 활성화 에너지 이상의 에너지를 가진 분자 수의 비율은 같고, 활성화 에너지 이상의 에너지를 가진 분자의 농도 및 총수는 농도가 큰 실험 Ⅱ가 Ⅰ보다 크다.

12 농도에 따른 반응 속도 그래프의 해석

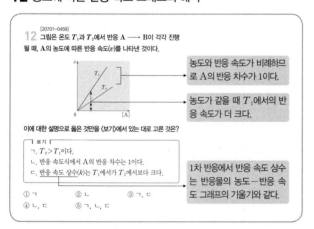

정답 맞히기 ㄴ. 반응 속도가 반응물인 A의 농도에 비례하므로 A에 대하여 1차인 반응이다.

ㄷ. 1차 반응은 $v = k[A]$로 표현되므로 A의 농도가 같을 때의 반응 속도를 비교하여 반응 속도 상수를 비교할 수 있다. 따라서 반응 속도 상수는 T_1에서가 T_2에서보다 크다.

오답 피하기 ㄱ. [A]가 같을 때 반응 속도는 T_1에서가 T_2에서보다 크므로 $T_1 > T_2$이다.

13 반응 속도에 영향을 미치는 요인

정답 맞히기 ㄱ. 반응 엔탈피(ΔH)는 반응물과 생성물의 엔탈피 차에 해당하는 것으로 촉매 사용 여부와 반응 엔탈피의 크기와는 무관하다. 따라서 ΔH는 Ⅰ에서와 Ⅱ에서가 같다.

ㄷ. 촉매는 활성화 에너지를 변화시켜 반응 속도를 변화시키는 물질이다. 정촉매는 활성화 에너지를 작게 하여 반응 속도를 빠르게 하고, 부촉매는 활성화 에너지를 크게 하여 반응 속도를 느리게 한다. 실험 Ⅰ에서 정촉매를 사용하였으므로 실험 Ⅰ에서의 활성화 에너지가 실험 Ⅲ에서보다 작다.

오답 피하기 ㄴ. 반응 속도식에서 반응 속도 상수는 온도, 또는 촉매의 존재 여부에 따라 달라진다. 온도가 높을수록 반응 속도 상수는 커진다. 따라서 반응 속도 상수는 Ⅱ에서가 Ⅲ에서보다 크다.

14 반응 속도에 영향을 미치는 요인

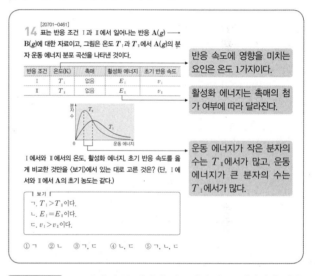

정답 맞히기 ㄱ. 분자 운동 에너지 분포에서 운동 에너지가 작은 분자의 비율이 작고, 운동 에너지가 큰 분자의 비율이 큰 $T_Ⅰ$이 $T_Ⅱ$보다 평균 분자 운동 에너지가 더 크므로 더 높은 온도이다. 따라서 $T_Ⅰ > T_Ⅱ$이다.

ㄴ. 촉매를 사용하지 않았으므로 활성화 에너지는 Ⅰ과 Ⅱ에서 같다. 따라서 $E_Ⅰ = E_Ⅱ$이다.

ㄷ. 반응 속도는 온도가 높은 $T_Ⅰ$에서가 $T_Ⅱ$에서보다 크다. 따라서 $v_Ⅰ > v_Ⅱ$이다.

15 촉매를 가할 때의 반응 속도의 변화

정답 맞히기 ㄱ. 이 반응은 2분까지는 1분마다 반응물의 농도가 반으로 감소하므로 1차 반응이며, 촉매를 가한 시점이 2분이므로 2분까지는 반응 속도 상수가 일정하다. 따라서 반응 속도는 반응물의 농도(압력)에 비례한다. 반응 시작 전에 4.0기압인 X의 압

력이 1분에서 2.0기압이 되었으므로 초기 반응 속도는 1분일 때의 순간 반응 속도의 2배이다.

ㄷ. X의 부분 압력이 1기압 감소할 때 Y의 부분 압력은 0.5기압 증가하므로 반응 계수는 $a=2$, $b=1$이다. 3분에서 1분이 경과하는 동안 [X]는 $x \rightarrow 0.5$이고, [Y]는 $y \rightarrow z$이다. $x>0.5$이고, $y<z$이므로 $2x$는 $\dfrac{y}{z}$보다 크다.

오답 피하기 ㄴ. 0~2분 동안의 반감기는 1분이며, 2~4분 동안의 반감기는 2분이다. 따라서 반응 속도 상수는 1분일 때가 4분일 때보다 크다. 또한 반응물의 농도는 1분일 때가 4분일 때의 4배이다. 따라서 순간 반응 속도는 1분일 때가 4분일 때의 4배보다 크다.

16 온도 변화와 생성물의 농도 변화 그래프

정답 맞히기 ③ 온도가 높아지면 반응 속도가 빨라져서 생성물의 생성 속도가 빨라진다. 그러나 반응물의 농도가 변한 것이 아니므로 최종 생성물의 양은 변하지 않는다. 따라서 초기 반응 속도는 T_2일 때가 T_1일 때보다 빠르고, 점점 반응 속도가 느려지며, 생성물의 양은 T_1일 때와 T_2일 때가 같은 그래프 ③이 적절하다.

17 온도에 따른 반응물의 농도 변화 그래프 해석

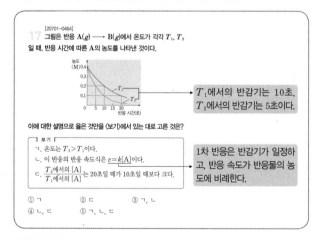

정답 맞히기 ㄱ. T_1에서의 반감기는 10초이고, T_2에서의 반감기는 5초이므로 농도가 같을 때 T_2에서의 반응 속도가 더 빠르다. 따라서 T_2가 T_1보다 높은 온도이다.

ㄴ. 반감기가 일정한 반응이므로 A에 대하여 1차인 반응이다. 따라서 반응 속도식은 $v=k[A]$이다.

오답 피하기 ㄷ. 10초일 때 A의 농도는 T_1에서 0.2 M, T_2에서 0.1 M이다. 20초일 때는 10초일 때부터 T_1에서는 반감기가 1회 지난 시점이고, T_2에서는 반감기가 2회 지난 시점이다. 따라서 20초일 때 A의 농도는 T_1에서 0.1 M이고, T_2에서 0.025 M이므로 $\dfrac{T_2에서의 [A]}{T_1에서의 [A]}$는 20초일 때가 10초일 때보다 작다.

18 시간에 따른 농도 변화 그래프의 비교

정답 맞히기 ㄱ. (가)에서와 (나)에서 반감기가 같으므로 반응 속도 상수가 같음을 알 수 있다. 반응 속도 상수는 온도, 촉매에 따라 달라지는 것이므로 두 용기에서의 온도가 같다.

ㄷ. 반감기가 같으므로 반응 속도 상수가 같으며, (가)의 8초일 때와 (나)의 4초일 때의 X의 농도가 같으므로 순간 반응 속도도 같다.

오답 피하기 ㄴ. (가)와 (나)에서 반감기가 같으므로 $\dfrac{(나)에서의 [X]}{(가)에서의 [X]}$는 시간에 관계없이 $\dfrac{1}{2}$로 일정하다. 따라서 $\dfrac{(나)에서의 [X]}{(가)에서의 [X]}$는 4초일 때와 8초일 때가 같다.

19 온도 변화에 따른 반응 속도 변화

정답 맞히기 ㄱ. (가)에서의 반감기는 10초이며, (나)에서의 반감기는 15초이다. 반감기가 짧은 (가)에서가 (나)에서보다 반응 속도가 더 빠르고 온도가 더 높다.

ㄴ. 반응 시작 전 반응물의 농도는 (가)에서가 (나)에서의 4배이다. 반응 속도 상수가 같으면 초기 반응 속도는 (가)에서가 (나)에서의 4배이나, (가)에서의 온도가 더 높아 반응 속도 상수가 크므로 초기 반응 속도는 (가)에서가 (나)에서의 4배보다 크다.

오답 피하기 ㄷ. 이 반응은 1차 반응으로 반응 속도 상수가 (가)에서가 (나)에서보다 크므로 반응물의 농도 감소 속도가 (가)에서가 (나)에서보다 크다. 순간 반응 속도는 그래프의 기울기이다. (가)에서의 농도 감소율이 크므로 $\dfrac{(가)에서의 순간 반응 속도}{(나)에서의 순간 반응 속도}$는 시간이 지날수록 작아지게 된다. 따라서 5초일 때가 15초일 때보다 크다.

20 조건을 달리한 농도 변화 그래프

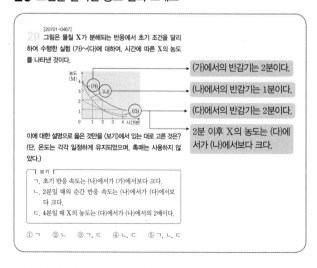

정답 맞히기 ㄱ. 처음 2분 동안 반응물의 농도가 (가)에서는 $\frac{1}{2}$배로 감소하였고, (나)에서는 $\frac{1}{4}$배로 감소하였으므로 반감기가 짧은 (나)에서의 반응 속도가 더 크다.

ㄴ. (나)에서의 반응 속도 상수가 (나)에서보다 크며, 2분일 때는 (나)에서와 (다)에서 반응물의 농도가 같다. 농도가 같을 때 반응 속도 상수가 큰 (나)에서의 반응 속도가 더 크다.

ㄷ. (나)에서는 반감기가 1분으로, 반응 시작 후 처음 2분 동안 X의 농도가 $\frac{1}{4}$배 되었으므로 이후 2분이 지난 4분 시점에서는 다시 $\frac{1}{4}$배로 되어 0.25 M이 된다. (다)에서는 반감기가 2분이므로 4분 시점에서는 X의 농도가 0.5 M이 된다.

21 농도와 온도를 달리한 반응 속도 그래프

정답 맞히기 ④ (가)의 반감기는 $2t$초이므로 $4t$초에서 [X]=2 M이고, 감소한 X의 농도가 6 M이므로 [Y]=12 M이다.
(나)의 반감기는 t초이므로 $4t$초일 때 [X]=0.25 M이고, 감소한 X의 농도가 3.75 M이므로 [Y]=7.5 M이다. 따라서 $4t$초일 때 (가)의 $\frac{[X]}{[Y]}$ × (나)의 $\frac{[Y]}{[X]}$ = $\frac{2}{12}$ × $\frac{7.5}{0.25}$ =5이다.

22 분자 운동 에너지 분포의 변화

정답 맞히기 활성화 에너지 이상의 에너지를 갖는 입자 수가 많을수록 반응 속도가 빠르다.
(나) 온도를 높이면 입자들의 운동 에너지가 증가하면서 활성화 에너지 이상의 에너지를 갖는 입자 수가 증가한다. 따라서 (나)는 반응 온도가 높아졌을 때의 에너지 분포이다.
(다) 분포 곡선 아래의 면적은 전체 입자 수를 의미한다. X의 농도를 증가시키면 입자 수가 증가하므로 (다)는 X의 농도를 증가시킨 경우에 해당한다.

23 온도를 달리한 1차 반응에서의 농도 변화

정답 맞히기 ㄴ. T_1에서의 반감기는 10초이고, T_2에서의 반감기는 5초이다. 20초 후면 T_1에서는 반감기가 2번 지났으므로 X의 농도는 1 M이고, T_2에서는 반감기가 4번 지났으므로 0.25 M이다. 따라서 20초일 때 X의 농도는 T_1에서가 T_2에서의 4배이다.
ㄷ. a와 b는 X의 농도가 같은 지점이나 온도가 높은 T_2에서의 반응 속도 상수가 크므로 반응 속도는 a에서가 b에서보다 크다.
오답 피하기 ㄱ. 0~10초 사이의 평균 반응 속도는 T_1에서가 0.2 M/초이고, T_2에서가 0.3 M/초이다. 따라서 0~10초 사이의 평균 반응 속도는 T_2에서가 T_1에서의 1.5배이다.

24 생성물의 농도 변화 그래프

정답 맞히기 T_1과 T_2에서 시간에 따른 O_2와 N_2O_5의 농도 변화는 다음과 같다.

온도	물질	시간(분)			
		0	0.5	1	2
T_1	O_2	0	0.4	0.6	
	N_2O_5	1.6	0.8	0.4	
T_2	O_2	0		0.4	0.6
	N_2O_5	1.6		0.8	0.4

T_1에서 반감기는 0.5분, T_2에서 반감기는 1분이다.
ㄴ. 반응 속도 상수는 반감기가 짧을수록 크므로 T_1에서가 T_2에서보다 크다.
오답 피하기 ㄱ. 반감기가 일정하므로 오산화 이질소(N_2O_5)의 분해 반응은 1차 반응이고, 반응 속도식은 $v=k[N_2O_5]$이다.
ㄷ. $\frac{T_2에서의 반응 속도}{T_1에서의 반응 속도}=\frac{k_2[N_2O_5]}{k_1[N_2O_5]}$이다. 이때 k_1과 k_2는 일정하므로 N_2O_5의 농도 변화만 살펴보면 된다. T_1에서 N_2O_5의 농도는 1분일 때가 0.4 M, 2분일 때가 0.1 M이고, T_2에서 N_2O_5의 농도는 1분일 때가 0.8 M, 2분일 때가 0.4 M이다. 따라서 $\frac{k_2[N_2O_5]}{k_1[N_2O_5]}$는 1분일 때가 $\frac{k_2}{k_1}$ × $\frac{0.8}{0.4}$, 2분일 때가 $\frac{k_2}{k_1}$ × $\frac{0.4}{0.1}$로 2분일 때가 1분일 때보다 크다.

신유형·수능 열기
본문 196~199쪽

01 ②   02 ③   03 ③   04 ④   05 ①
06 ⑤   07 ②   08 ③   09 ③   10 ④
11 ②   12 ④   13 ④   14 ⑤   15 ②
16 ④

01

정답 맞히기 ② 활성화 에너지는 반응이 일어나는 데 필요한 최소한의 에너지로, 온도에 따라 달라지는 것이 아니다.
오답 피하기 ① 운동 에너지가 큰 분자의 비율이 큰 T_2 K이 T_1 K보다 높은 온도이다.
③ 높은 온도인 T_2 K에서 활성화 에너지 이상의 에너지를 갖는 분자의 비율이 크므로 반응 속도는 T_2 K에서가 T_1 K에서보다 크다.

④ 온도가 높아지면 반응 속도 상수가 커진다. 따라서 반응 속도 상수는 T_2 K에서가 T_1 K에서보다 크다.

⑤ 반응에 필요한 최소한의 에너지는 활성화 에너지로, 활성화 에너지 이상의 에너지를 갖는 분자의 수는 T_2 K에서가 T_1 K에서보다 많다.

02

정답 맞히기 ㄱ. 0~1분 사이에 X의 농도는 4.0 M → 2.0 M이 되었고, 1~2분 사이에 2.0 M → 1.0 M이 되었다. 반응물 X의 농도가 $\frac{1}{2}$배로 줄어드는 데 걸리는 시간이 1분으로 일정하므로 반감기가 1분인 반응이다. 반감기가 일정한 반응은 1차 반응이며, 반응물이 X 1가지이므로 반응 속도식은 $v=k[X]$이다.

ㄴ. 촉매를 넣은 시점이 2분이고, 2~3분 사이에 X의 농도가 1.0 M → 0.8 M이 되었으므로 반감기는 1분보다 길다. 따라서 반응 속도 상수가 작아진 것이고, 사용한 촉매는 부촉매이다.

오답 피하기 ㄷ. 0~3분 사이에 X는 4.0 M → 0.8 M로 3.2 M 감소하였으므로 Y는 1.6 M 증가하였다. 따라서 x는 1.6이다.

03

정답 맞히기 ㄱ. 반응물이 생성물로 되기 위하여 넘어야 하는 에너지 언덕이 (가)가 (나)보다 크므로 농도가 같을 때의 초기 반응 속도는 (나)가 (가)보다 크다.

ㄷ. (나)는 촉매를 사용하여 활성화 에너지가 작아졌으므로 반응 속도 상수는 (나)가 (가)보다 크다.

오답 피하기 ㄴ. 정반응과 역반응의 활성화 에너지 차는 반응 엔탈피에 해당한다. 촉매를 사용하여 활성화 에너지에 변화가 생기더라도 반응물과 생성물의 엔탈피는 변하지 않으므로 반응 엔탈피는 일정하다.

04

정답 맞히기 ㄴ. 실험 (라)의 온도가 T_1이라면 초기 반응 속도는 4.0×10^{-3}(mol/L·s)이어야 한다. 그러나 T_2에서의 초기 반응 속도가 2.0×10^{-3}(mol/L·s)이므로 T_2는 T_1보다 낮은 온도이다.

ㄷ. 반응 속도식이 $v=k[A][B]$이므로 실험 (라)의 초기 농도와 반응 속도를 대입하면 $k=\dfrac{2.0 \times 10^{-3}}{0.2 \times 0.2}=5 \times 10^{-2}(M^{-1}·s^{-1})$이다.

오답 피하기 ㄱ. 실험 (가)와 (나)를 비교하면 [A]가 2배일 때 초기 반응 속도가 2배로 증가하였고, 실험 (가)와 (다)를 비교하면 [B]가 2배일 때 초기 반응 속도가 2배로 증가하였으므로 반응 속도식은 $v=k[A][B]$이다.

05

정답 맞히기 ㄱ. 반감기가 일정하므로 $m=1$인 1차 반응이다. 따라서 반응 속도는 $v=k[A]$로 표현되는데, 초기 반응 속도의 비가 $T_1 : T_2=3 : 4$이고, 반응 속도 상수의 비가 $T_1 : T_2=1 : 2$이므로 A의 초기 농도의 비는 $T_1 : T_2=\dfrac{3}{1} : \dfrac{4}{2}=3 : 2$이다.

오답 피하기 ㄴ. 1차 반응이므로 반응 속도 상수의 단위는 1/s이 되어야 한다.

ㄷ. 온도가 높을수록 반응 속도 상수가 커진다. 반응 속도 상수가 $T_2 > T_1$이므로 온도는 $T_2 > T_1$이다.

06

정답 맞히기 ㄱ. Ⅱ에서의 온도가 Ⅰ에서보다 낮은데도 Ⅱ에서의 반응 속도가 더 빠른 것은 Ⅱ에서의 활성화 에너지가 Ⅰ에서보다 작기 때문이다. 따라서 $E_{\mathrm{I}} > E_{\mathrm{II}}$이다.

ㄴ. Ⅱ에서 온도가 낮음에도 불구하고 반응 속도가 빠르므로 첨가한 물질은 정촉매이다.

ㄷ. Ⅰ과 Ⅱ의 초기 농도가 같고, 반응 속도는 Ⅱ에서가 빠르므로 Ⅱ에서의 반응 속도 상수가 Ⅰ에서보다 크다.

07

정답 맞히기 ㄴ. 같은 1차 반응에서 반감기가 짧을수록 반응 속도가 빠르다. (가)의 반감기가 (나)보다 짧으므로 (가)에서의 반응 속도가 (나)에서보다 빠르다.

오답 피하기 ㄱ. 반감기가 짧은 (나)에서의 반응 속도가 (다)에서보다 빠르므로 온도는 $T_2 > T_3$이다.

ㄷ. 4분일 때 (가)는 반감기가 4회 지났으므로 반응한 X는 $\dfrac{15}{16}$몰이며, 생성된 Y는 $\dfrac{30}{16}$몰이다. 또 4분일 때 (나)는 반감기가 2회 지났으므로 반응한 X는 $\dfrac{3}{4}$몰이며, 생성된 Y는 $\dfrac{6}{4}\left(=\dfrac{24}{16}\right)$몰이다. 따라서 4분일 때 [Y]는 (가)에서가 (나)에서의 2배보다 작다.

08

정답 맞히기 ㄱ. 반응 $A(g) \longrightarrow B(g)$은 반감기가 일정한 1차 반응이며, 반감기가 (가)에서가 (나)에서보다 짧으므로 반응 속도 상수는 (가) > (나)이다.

ㄴ. 반응 속도는 $v=k[A]$로 표현되는데 반응 속도 상수는 (가)에서가 크고, [A]는 (가)에서와 (나)에서가 같으므로 순간 반응 속도는 (가) > (나)이다.

오답 피하기 ㄷ. 초기 반응물의 농도는 (가)에서가 (나)에서의 2

배이고, ㉠에서 남아 있는 반응물의 농도가 같으므로 [B]는 (가)에서가 (나)에서보다 크다. 따라서 B의 몰 분율은 (가)>(나)이다.

09

정답 맞히기 시간에 따른 A와 B의 농도를 정리하면 표와 같다.

온도	물질	농도(M)			
		0분	20분	40분	60분
T_1	A	6.4	3.2	1.6	0.8
	B	0	6.4	9.6	11.2
T_2	A	3.2	0.8	0.2	0.05
	B	0	4.8	6.0	6.3

ㄱ. 반응물의 농도가 $\frac{1}{2}$배로 줄어드는 시간인 반감기가 T_1에서는 20분, T_2에서는 10분으로 일정하므로 이 반응은 1차 반응이다.

ㄴ. T_2에서 20분마다 반응물인 A의 농도가 $\frac{1}{4}$배로 되는 것은 반감기가 10분이기 때문이다. T_1에서의 반감기는 20분, T_2에서의 반감기는 10분으로 반감기가 짧은 T_2에서의 반응 속도가 빠르므로 온도는 $T_2 > T_1$이다.

오답 피하기 ㄷ. $t=20$분일 때 A의 농도는 0.8 M이다.

10

정답 맞히기 ㄴ. 온도가 높을수록 반응 속도 상수가 크고 반감기가 짧으므로 (가)는 T_2, (나)는 T_1에서의 반응이다.

ㄷ. 2초일 때의 농도는 (가)에서는 0.15 M, (나)에서는 0.1 M이다. 반응 속도(v)$=k$[A]이므로 (가)에서의 반응 속도는 $0.15a$이고 (나)에서의 반응 속도는 $0.2a$라 할 수 있다. 따라서 2초일 때의 순간 반응 속도는 (나)에서가 (가)에서의 $\frac{4}{3}$배이다.

오답 피하기 ㄱ. (가)에서의 반감기는 2초이고, (나)에서의 반감기는 1초이므로 1차 반응이며, 1차 반응에서는 반응물의 초기 농도에 따른 반응 속도의 그래프에서 기울기가 반응 속도 상수가 된다. A의 초기 농도에 따른 반응 속도 그래프에서 T_1에서의 기울기가 T_2에서의 기울기의 2배이므로 반응 속도 상수는 T_1에서가 T_2에서의 2배이며, (나)에서가 (가)에서의 2배이다.

11

정답 맞히기 ㄴ. (가)와 (다)는 농도가 같으나 반응 속도가 (가)가 (다)보다 크므로 (가)의 온도가 높다.

오답 피하기 ㄱ. 1차 반응이므로 반응 속도식은 $v=k$[A]이다. (가)와 (나)는 반응 속도는 같으나 A의 농도가 (가)가 (나)보다 작으므로 반응 속도 상수는 (가)가 (나)보다 크다. 반응 속도 상수가 크면 반응 속도가 빠르고 반감기가 짧으므로 반감기는 (가)가 (나)

보다 짧다.

ㄷ. (나)는 (다)에 비하여 농도가 2배이고, 반응 속도가 2배이므로 (나)와 (다)는 온도가 같다. 따라서 (나)와 (다)는 반응 속도 상수가 같다.

12

정답 맞히기 ㄴ. (다)의 초기 반응 속도가 (나)의 2배이므로 (다)에 넣은 촉매는 정촉매이며, (다)에서의 활성화 에너지는 (나)보다 작다.

ㄷ. (가)와 (나)는 반감기가 같으므로 (나)에서 20분 후에는 A의 농도가 반으로 되어 (가)에서의 초기 농도와 같아진다. 따라서 (나)에서 20분 후의 반응 속도는 (가)의 초기 반응 속도와 같다.

오답 피하기 ㄱ. 이 반응은 1차 반응이며, (나)는 농도와 반응 속도가 (가)의 2배이므로 (가)와 (나)는 반응 속도 상수가 같고, 반감기도 같다. (나)와 (다)는 초기 반응물의 농도가 같고, (다)의 초기 반응 속도가 (나)의 2배이므로 반감기는 (다)가 (나)의 $\frac{1}{2}$배이다. 따라서 (다)의 반감기는 10분이다.

13

정답 맞히기 ㄴ. Ⅰ에서의 반감기가 Ⅲ에서의 2배이므로 Ⅰ에서의 반응 속도 상수가 더 작다. 촉매를 사용하여 반응 속도 상수가 작아진 것은 부촉매를 사용하여 활성화 에너지가 커졌기 때문이다. 따라서 반응의 활성화 에너지는 Ⅰ에서가 Ⅲ에서보다 크다.

ㄷ. 0~2초 동안 감소한 A의 농도는 Ⅱ에서가 0.3 M이고, Ⅰ에서가 0.15 M이므로 평균 반응 속도는 Ⅱ에서가 Ⅰ에서의 2배이다.

오답 피하기 ㄱ. Ⅱ와 Ⅲ은 반감기가 같고 1개에만 촉매를 넣었다고 하였으므로 촉매를 넣은 강철 용기는 Ⅰ이다.

14

정답 맞히기 ㄱ. A의 초기 농도가 같을 때 초기 반응 속도가 큰 T_1이 T_2보다 높은 온도이다.

ㄴ. 반응 속도가 반응물의 농도에 비례하므로 반응 속도식은 $v=k$[A]로 표현될 수 있으며, 반응 속도 상수 k는 기울기이므로 반응 속도 상수는 T_1에서가 T_2에서의 3배이다.

ㄷ. 반감기는 반응 속도 상수가 클수록 짧으므로 반응 속도 상수가 큰 T_1에서가 T_2에서보다 짧다.

15

정답 맞히기 ㄴ. 정촉매를 사용하면 반응 속도 상수가 커진다. 따라서 촉매를 사용하기 전과 비교하여 반응물의 농도가 같을 때 반

응 속도가 큰 그래프는 정촉매를 사용한 것이다.

오답 피하기 ㄱ. 정촉매를 사용하면 활성화 에너지는 감소하지만 반응물이나 생성물의 엔탈피는 달라지지 않는다.

ㄷ. 정촉매를 사용하면 활성화 에너지를 감소시켜 반응 속도를 빠르게 하지만, 최종적으로 생성되는 생성물의 양을 변화시키지는 못한다.

16

정답 맞히기 ㄴ. (가)와 (나)는 온도가 같으므로 반응 속도 상수도 같다.

ㄷ. 반응 시작 전 (가)에는 모형 A가 8개 있었으며, (나)에는 4개 있었으므로 반응 시작 전 용기 내 전체 압력은 (가)에서가 (나)에서의 2배이다.

오답 피하기 ㄱ. (가)에서 반응 시작 전 A의 모형은 8개이고, 5분 후 4개가 되었으므로 반감기는 5분이다.

10 촉매

▶ 탐구 활동   본문 207쪽

1 해설 참조   2 해설 참조

1

효소의 주성분은 단백질이고, 단백질은 온도의 영향을 받는다. 온도가 낮으면 활성 정도가 약하고, 온도가 높으면 단백질이 열에 의해 변성된다.

모범 답안 온도가 너무 낮으면 기질과의 결합 기회가 감소하여 반응 속도가 느려지고, 온도가 너무 높으면 주성분이 단백질인 효소가 파괴되므로 반응 속도가 느려진다. 따라서 효소가 작용하는 최적 온도가 존재한다.

2

효소는 주성분이 단백질이고, 단백질은 아미노산으로 이루어져 있다. 아미노산은 pH에 따라 구조가 달라지므로 효소의 활성 자리의 구조도 달라지게 된다. 따라서 활성 자리의 구조가 달라지면 효소·기질 복합체를 형성할 수가 없으므로 효소의 촉매 작용을 할 수 없게 된다. 일반적으로 효소마다 반응 속도가 최대인 최적 pH는 서로 다르다.

모범 답안 효소의 주성분인 단백질을 이루고 있는 아미노산의 구조가 pH에 따라 달라지기 때문이다.

▶ 내신 기초 문제   본문 208~209쪽

01 ②	02 ②	03 ③	04 ②	05 ⑤
06 ③	07 (1) 아밀레이스 (2) 펩신 (3) 라이페이스			
08 ④	09 ③	10 ③		

01

정답 맞히기 ② 효소에는 특정 기질과 반응할 수 있는 활성 자리가 존재하므로 다른 기질과는 반응하지 않는 기질 특이성이 있다.

오답 피하기 ① 효소의 주성분은 단백질이고, 단백질의 주성분 원소는 비금속 원소이다.

③ 효소는 온도가 너무 낮으면 반응 속도가 감소하고, 온도가 너

무 높으면 효소의 주성분인 단백질이 변성되므로 반응 속도가 느려진다. 따라서 효소가 작용하는 최적 온도가 존재한다.
④ 효소는 활성화 에너지를 감소시켜 반응 속도를 증가시킨다.
⑤ 효소의 주성분인 단백질을 이루고 있는 아미노산의 구조는 pH에 따라 다르고, 효소마다 반응 속도가 최대인 최적 pH도 서로 다르다.

02
[정답 맞히기] ② 빛에너지를 받을 때 촉매 작용을 일으키는 물질을 광촉매라고 한다. 이산화 타이타늄(TiO_2)은 빛에너지를 이용하여 수소 연료 전지에 수소를 공급하거나 공기 청정기, 타일, 벽지 등의 세균 번식을 막고, 공기 정화 및 정수에 이용되기도 한다.

03
[정답 맞히기] ㄱ. 표면 촉매는 온도가 높아질수록 반응 속도가 증가하지만, 효소는 단백질로 이루어져 있어 높은 온도에서는 변성되거나 파괴되어 반응 속도가 감소한다. 촉매 X는 높은 온도에서 반응 속도가 급격히 감소하므로 효소이다.
ㄴ. 촉매 X는 30~40 °C에서 반응 속도가 최대가 되게 한다.
[오답 피하기] ㄷ. 효소는 반응의 활성화 에너지(E_a)를 감소시켜 반응 속도를 증가시키는 물질로 정촉매로 작용한다. 40 °C에서 반응 속도가 감소하는 이유는 높은 온도에서는 효소가 변성되거나 파괴되어 기능을 잃어버리기 때문이다.

04
[정답 맞히기] ② 트립신은 펩신과 함께 단백질을 분해하는 주요 효소이고, 카탈레이스는 과산화물을 분해하는 효소이다. 백금은 표면 촉매로 암모니아의 합성 반응, 탄소 2중 결합의 수소화 반응, 촉매 변환기 등에 널리 사용되고, 이산화 망가니즈는 과산화 수소를 분해할 때 사용되는 촉매이다. 즉, 트립신과 카탈레이스는 효소이므로 특정 기질과 반응하는 기질 특이성이 있는 것은 트립신과 카탈레이스이다.

05
[정답 맞히기] ⑤ 감자 속에 들어 있는 효소인 카탈레이스는 과산화 수소를 물과 산소로 빠르게 분해하는 정촉매 역할을 한다. 즉, 감자 조각에 들어 있는 효소인 카탈레이스의 정촉매 작용으로 반응 시간이 줄어들므로 b가 감소한다.
[오답 피하기] ① 과산화 수소가 분해될 때 물과 산소 기체가 생성되므로 X는 산소 기체이다.
② 농도가 같으므로 분해되는 과산화 수소의 부피가 증가하면 생성되는 산소 기체의 부피도 증가한다. 따라서 a는 증가한다.

③ 부촉매를 사용하면 과산화 수소 분해 반응의 속도가 느려지므로 b가 증가한다.
④ 감자 속에 들어 있는 카탈레이스의 작용으로 반응 속도는 빨라지지만 생성되는 산소 기체의 부피는 일정하다. 따라서 a는 일정하다.

06
[정답 맞히기] ㄱ. 효소는 생물체 내에서 일어나는 반응의 활성화 에너지의 크기를 감소시켜 반응 속도를 빠르게 하는 정촉매 역할을 한다. 표면 촉매는 반응의 활성화 에너지를 감소시켜 반응 속도를 빠르게 하는 정촉매와 활성화 에너지를 증가시켜 반응 속도를 느리게 하는 부촉매가 있다. 따라서 효소와 표면 촉매는 모두 활성화 에너지를 변화시켜 반응 속도를 변화시킨다.
ㄴ. 촉매는 반응에는 참여하나 자신은 소모되지 않으면서 반응 속도를 변하게 하는 물질이다. 따라서 효소와 표면 촉매는 모두 반응 전과 후에 질량이 변하지 않는다.
[오답 피하기] ㄷ. 표면 촉매는 일반적으로 온도가 높아질수록 반응 속도가 증가하지만, 효소는 온도가 너무 낮거나 너무 높으면 반응 속도가 감소한다. 효소는 주로 단백질로 이루어져 있기 때문에 효소가 작용할 수 있는 최적 온도가 존재한다.

07
인체 내에서 작용하는 효소에는 아밀레이스, 펩신, 트립신, 라이페이스 등이 있다.
(1) 입 안에서 녹말을 분해하는 효소는 아밀레이스이고, pH가 약 7일 때 반응 속도가 최대이다.
(2) 단백질을 분해하는 효소에는 펩신, 트립신 등이 있는데, pH가 약 2일 때 반응 속도가 최대가 되는 효소는 펩신이다.
(3) 지방의 분해를 돕는 효소는 라이페이스이고, pH가 약 8일 때 반응 속도가 최대이다.

08
[정답 맞히기] ㄱ. 효소 E와 물질 A가 결합하여 반응을 하므로 효소 E는 물질 A와 결합하는 활성 자리를 가지고 있다.
ㄷ. 효소 E는 활성 자리의 구조와 결합할 수 있는 물질 A와는 반응하지만, 활성 자리의 구조에 맞지 않는 물질 B와는 반응을 하지 않는다. 따라서 효소 E는 기질 특이성이 있다.
[오답 피하기] ㄴ. 물질 B의 구조는 효소 E의 활성 자리의 구조에 적합하지 않아 결합할 수 없으므로 온도를 높여 주더라도 반응하지 않는다.

09
[정답 맞히기] 촉매 변환기의 백금(Pt), 로듐(Rh), 팔라듐(Pd)과

같은 촉매는 일산화 질소(NO)를 환원시켜 질소(N_2)로 변환시키고, 일산화 탄소(CO)를 산화시켜 이산화 탄소(CO_2)로 변환시킨다. 또한 촉매 변환기의 금속 촉매는 탄화수소(C_xH_y)를 산화시켜 이산화 탄소(CO_2)와 수증기(H_2O)로 변환시킨다. 따라서 촉매 변환기에서 일어나는 화학 반응은 산화 환원 반응이다.

ㄱ. 메테인의 연소 반응은 메테인과 산소가 반응하여 이산화 탄소와 물을 생성하는 반응으로 산화 환원 반응이다.

ㄴ. 수소와 질소가 반응하여 암모니아를 생성하는 반응은 산화 환원 반응이다.

오답 피하기 ㄷ. 염기성인 석회수($Ca(OH)_2$)에 산성 물질인 이산화 탄소(CO_2) 기체를 불어 넣으면 중화 반응이 일어나면서 석회수가 뿌옇게 흐려진다. 이 반응은 산화 환원 반응이 아니므로 반응 전과 후 원자의 산화수가 변하지 않는다.

10

정답 맞히기 수소와 질소가 반응하여 암모니아를 생성하는 반응은 상온에서 반응 속도가 매우 느리다. 반면, 고온의 금속 촉매의 표면에 흡착된 H_2와 N_2는 분자 내 공유 결합이 약화되어 원자로 분해되며, 불안정하여 매우 반응성이 큰 H 원자와 N 원자가 빠르게 결합하여 NH_3를 생성한다. 따라서 금속 X는 정촉매로 작용한다.

ㄷ. 금속 X는 정촉매로 작용하므로 반응의 활성화 에너지를 감소시킨다.

오답 피하기 ㄱ. 금속 X는 정촉매로 작용하므로 반응 속도를 빠르게 하지만, 반응물의 양이 일정하다면 생성물의 양은 금속 X를 사용하기 전과 후가 같다.

ㄴ. 촉매는 활성화 에너지를 변화시키지만, 화학 반응의 반응 엔탈피(ΔH)는 변화시키지 않는다.

▶ 실력 향상 문제
본문 210~212쪽

01 ②	02 ③	03 ④	04 ③	05 ④
06 ②	07 ④	08 ⑤	09 ③	10 ④
11 ②	12 ①			

01 효소의 이용 사례

정답 맞히기 ② 에텐과 수소의 반응을 빠르게 하기 위해 넣어 주는 백금(Pt)은 효소가 아니라 표면 촉매이다. 표면 촉매인 백금을 사용하면 수소가 백금 촉매의 표면에 흡착되어 금속─H 결합이 생기고 H─H 결합이 약해지면서 반응이 빠르게 일어날 수 있다.

오답 피하기 ① 아밀레이스는 녹말을 분해하는 효소이다.

③ 탄수화물의 알코올 발효를 위해 효소가 들어 있는 누룩을 넣어 준다.

④ 라이페이스는 지방을 분해하는 효소이다.

⑤ 카탈레이스는 과산화 수소를 분해하는 효소이다.

02 촉매의 분류

정답 맞히기 ③ 아밀레이스는 입 안에서 녹말을 분해하여 소화를 돕는 효소이고, 이산화 타이타늄은 광촉매로 널리 사용되고 있으며, 백금은 암모니아의 합성 반응, 탄소 2중 결합의 수소화 반응, 촉매 변환기 등에 널리 사용되는 표면 촉매이다. 빛에너지를 받을 때 촉매 작용을 일으키는 촉매는 광촉매이므로 (가)는 이산화 타이타늄이다. 아밀레이스는 반응 속도를 최대로 하는 최적 pH가 약 7인 효소이므로 (나)는 아밀레이스이고, (다)는 백금이다.

03 촉매 변환기에서의 반응

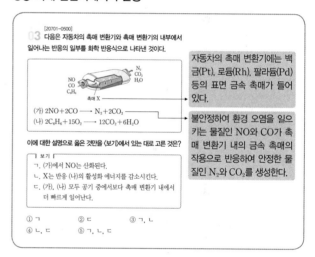

정답 맞히기 자동차의 촉매 변환기에는 백금(Pt), 로듐(Rh), 팔라듐(Pd) 등의 촉매가 벌집 모양의 구조물 표면에 입혀져 있다.

ㄴ. 자동차의 촉매 변환기에 있는 촉매 X는 반응을 빠르게 하는 정촉매 역할을 하므로 반응의 활성화 에너지를 감소시킨다.

ㄷ. 자동차 엔진에서 생성되는 대기 오염 물질의 분해 반응은 공기 중에서는 오랜 시간이 걸리지만, 촉매 변환기 내에서는 반응 속도가 빨라진다.

오답 피하기 ㄱ. 자동차 엔진에서 생성되는 NO_x, CO, C_mH_n 등의 대기 오염 물질들은 촉매 변환기에 의해 정화된다. 이때 NO는 N_2로 환원된다.

04 촉매와 활성화 에너지

정답 맞히기 촉매 A와 B를 사용한 경우가 촉매를 사용하지 않은

경우보다 활성화 에너지가 작으므로 촉매 A와 B는 정촉매이다. 촉매 C를 사용한 경우 반응의 활성화 에너지는 촉매를 사용하지 않은 경우보다 활성화 에너지가 크므로 촉매 C는 부촉매이다.

ㄷ. 반응 속도는 활성화 에너지가 가장 작은 촉매 A를 사용하는 경우가 가장 빠르다.

ㄱ. A와 B는 정촉매이고, C는 부촉매이다. 따라서 A~C 중 부촉매는 1가지이다.

ㄴ. 촉매를 사용해도 반응물의 종류와 상태는 같으므로 반응 엔탈피(ΔH)는 일정하다.

05 온도에 따른 효소의 작용

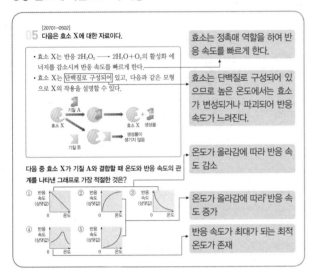

④ 효소 X가 기질 A에 작용하기 위해서는 기질이 가지고 있는 입체 구조에 맞는 활성 자리가 있어야 한다. 효소 X의 주성분은 단백질이므로 너무 높은 온도에서는 효소가 변성되거나 파괴되어 활성 자리가 기질 A의 구조에 적합하지 못하여 반응 속도가 느려진다. 또한 너무 낮은 온도에서는 효소가 활성이 잘 되지 않아 반응 속도가 느려진다. 따라서 효소 X가 기질 A에 작용할 때 반응 속도를 최대가 되게 하는 최적 온도가 존재한다.

06 촉매와 활성화 에너지

반응의 진행에 따른 에너지 변화 그래프에서 a는 반응물의 엔탈피이고, b는 정반응의 활성화 에너지, c는 반응 엔탈피(ΔH)이다. 백금 촉매는 정촉매로 작용하므로 활성화 에너지인 b를 감소시켜 반응 속도를 빠르게 한다.

ㄴ. 백금 촉매는 정촉매로 작용하여 활성화 에너지를 감소시키므로 b는 감소하고, 반응물과 생성물의 엔탈피는 일정하므로 반응

엔탈피(ΔH) c는 변하지 않는다. 즉, b는 감소하고 c는 일정하므로 b+c는 감소한다.

ㄱ. 촉매를 사용하여도 반응물의 양과 반응 조건이 일정하면 반응물의 엔탈피는 변하지 않으므로 a는 일정하다.

ㄷ. a와 c 모두 일정하므로 a−c는 변하지 않는다.

07 효소와 반응 속도

ㄱ. 촉매를 넣지 않은 경우보다 인산을 넣은 경우가 분해 시간이 더 많이 걸리므로 인산을 넣은 경우가 반응 속도가 더 느리다. 따라서 인산은 부촉매이다.

ㄷ. 효소 X는 정촉매로 작용하고, 인산은 부촉매로 작용하므로 반응 속도는 효소 X를 사용한 경우가 인산을 사용한 경우보다 빠르다.

ㄴ. 촉매를 넣지 않은 경우보다 효소 X를 넣은 경우가 분해 시간이 더 적게 걸리므로 효소 X를 넣은 경우가 반응 속도가 더 빠르다. 즉, 효소 X는 정촉매로 작용하므로 과산화 수소 분해 반응의 활성화 에너지를 감소시킨다.

08 표면 촉매

반응 $2N_2O(g) \longrightarrow 2N_2(g)+O_2(g)$에서 백금(Pt)은 표면에 반응물인 N_2O를 부착시켜 공유 결합을 약하게 만들어 반응 속도를 빠르게 해 주는 표면 촉매이다.

ㄱ. 표면 촉매인 백금(Pt)은 반응 속도를 빠르게 해 주는 정촉매 역할을 하므로 반응 속도는 (나)에서가 (가)에서보다 빠르다.

ㄴ. 표면 촉매인 백금(Pt)은 반응의 활성화 에너지는 변화시키지만 반응 엔탈피(ΔH)는 변화시키지 않는다. 따라서 반응 엔탈피(ΔH)는 (가)에서와 (나)에서가 같다.

ㄷ. 활성화 에너지가 감소하면 반응 속도 상수(k)가 증가하여 반응 속도가 증가한다. 백금(Pt) 촉매는 활성화 에너지를 감소시켜 반응 속도를 빠르게 하므로 반응 속도 상수(k)는 (나)에서가 (가)에서보다 크다.

09 열쇠−자물쇠 모형과 수크레이스의 작용

ㄱ. 열쇠−자물쇠 모형에서 열쇠는 효소에 해당하고, 기질은 자물쇠에 해당한다. 반응 후 변함이 없는 열쇠가 효소인 것처럼, 반응 후 변함이 없는 수크레이스가 효소에 해당하고, 설탕이 기질에 해당한다.

ㄴ. 여러 가지 자물쇠 중에서 자물쇠의 구멍 모양과 맞는 열쇠만이 자물쇠를 열 수 있듯이, 여러 가지 기질 중에서 효소의 활성 자리에 맞는 입체 구조를 가진 기질만이 효소와 반응하는 기질 특이성이 있다.

오답 피하기 ㄷ. 수크레이스에 있는 활성 자리는 설탕과는 맞지만 과당과는 맞지 않으므로 설탕이 분해될 때 생성되는 과당은 수크레이스에 의해 분해되지 않는다.

10 물의 광분해 반응

정답 맞히기 물의 광분해 반응은 빛에너지를 이용하여 물을 분해함으로써 연소 시 환경 오염을 유발하지 않는 미래의 에너지원인 수소를 얻는 반응이다. 광촉매나 반도체성 광전극을 개발하여 물을 광분해하면 수소 기체를 생산해 낼 수 있다.

- 광촉매 전극에서의 반응: $2H_2O \longrightarrow O_2 + 4H^+ + 4e^-$
- 백금 전극에서의 반응 : $4H^+ + 4e^- \longrightarrow 2H_2$

전체 반응: $2H_2O(l) \longrightarrow 2H_2(g) + O_2(g)$

ㄴ. 물이 광분해되기 위해서는 빛을 TiO_2 막이 포함된 광촉매 전극에 쪼여 주어야 한다.

ㄷ. TiO_2은 물 분해 반응의 활성화 에너지를 감소시켜 반응을 빠르게 하므로 반응 속도 상수(k)를 증가시킨다.

오답 피하기 ㄱ. 유기 촉매는 촉매로 사용되는 비교적 작은 분자량의 유기 화합물이고, TiO_2은 빛에너지를 받을 때 촉매 작용을 일으키는 광촉매이다.

11 효소와 기질의 반응

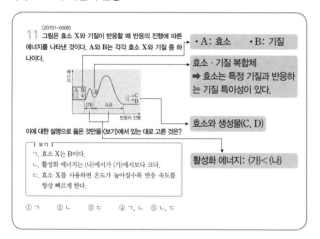

[20701-0508]
11 그림은 효소 X와 기질이 반응할 때 반응의 진행에 따른 에너지를 나타낸 것이다. A와 B는 각각 효소 X와 기질 중 하나이다.

- A: 효소   • B: 기질

효소 · 기질 복합체
➡ 효소는 특정 기질과 반응하는 기질 특이성이 있다.

효소와 생성물(C, D)

활성화 에너지: (가)<(나)

이에 대한 설명으로 옳은 것만을 〈보기〉에서 있는 대로 고른 것은?

〈 보기 〉
ㄱ. 효소 X는 B이다.
ㄴ. 활성화 에너지는 (나)에서가 (가)에서보다 크다.
ㄷ. 효소 X를 사용하면 온도가 높아질수록 반응 속도를 항상 빠르게 한다.

① ㄱ   ② ㄴ   ③ ㄷ   ④ ㄱ, ㄴ   ⑤ ㄴ, ㄷ

정답 맞히기 ㄴ. 활성화 에너지는 반응물이 화학 반응을 일으키는 데 필요한 최소한의 에너지이므로 (나)에서가 (가)에서보다 크다.

오답 피하기 ㄱ. 효소는 반응의 활성화 에너지를 감소시켜 반응 속도를 빠르게 하는 정촉매로 작용하는 물질이다. 촉매는 자신은 소모되지 않으면서 반응에 참여하므로 반응 전과 후에 변하지 않아야 한다. 따라서 A~D 중 A가 효소이다.

ㄷ. 효소 X는 주성분이 단백질이므로 너무 높은 온도에서는 변성되거나 파괴되므로 반응 속도가 느려진다.

12 카탈레이스의 작용과 온도

정답 맞히기 과산화 수소 분해 효소인 카탈레이스는 과산화 수소 분해 반응에서 정촉매로 작용하여 반응 속도가 빨라진다.

ㄱ. 카탈레이스는 정촉매로 작용하여 반응의 활성화 에너지를 감소시켜 반응 속도를 빠르게 하므로 반응 속도 상수(k)가 증가한다.

오답 피하기 ㄴ. 정촉매인 카탈레이스를 사용하면 활성화 에너지가 감소하여 반응 속도가 빨라지지만, 생성물의 양이 증가하는 것은 아니다.

ㄷ. 효소인 카탈레이스는 주성분이 단백질이므로 온도가 너무 높을 경우 카탈레이스의 활성 자리의 구조가 변하거나 파괴되어 기질과 결합하지 못하므로 반응 속도가 느려진다.

신유형 · 수능 열기   본문 213쪽

01 ②   **02** ⑤   **03** ①

01

정답 맞히기 기포 발생량이 B>D>C>A이므로 반응 속도는 B>D>C>A이다.

ㄴ. 같은 조건에서 감자 조각을 넣은 B에서가 감자 조각을 넣지 않은 A에서보다 반응 속도가 빠르다. 따라서 감자에 들어 있는 카탈레이스는 과산화 수소 분해 반응의 활성화 에너지를 감소시켜 반응 속도를 빠르게 한다.

오답 피하기 ㄱ. A에서 증류수는 과산화 수소수의 농도를 낮아지게는 하지만, 활성화 에너지를 감소시켜 반응 속도를 느리게 하는 부촉매는 아니다.

ㄷ. 시험관에 들어 있는 용액은 B는 증류수+과산화 수소수 혼합 용액, C는 증류수+묽은 염산+과산화 수소수 혼합 용액, D는 증류수+수산화 나트륨 수용액+과산화 수소수 혼합 용액이다. 따라서 용액의 pH는 D>B>C이고, 반응 속도는 B>D>C이므로 카탈레이스의 최적 pH는 중성 부근이고, pH가 클수록 반응 속도를 빠르게 하는 것은 아니다.

02

정답 맞히기 ㄱ. 철(Fe) 촉매를 사용할 경우의 활성화 에너지(E_a')는 촉매를 사용하지 않을 경우의 활성화 에너지(E_a)보다 작으므로 철(Fe) 촉매는 정촉매 역할을 한다. 즉, 철(Fe) 촉매는 반응의 활성화 에너지를 감소시키므로 반응 속도 상수(k)를 증가시킨다.

ㄴ. 촉매를 사용하지 않을 경우와 철(Fe) 촉매를 사용할 경우 모두 반응 엔탈피(ΔH)는 $-a$ kJ이다.

ㄷ. 반응 A(g) $\rightleftharpoons$ B(g)의 반응 엔탈피(ΔH)는 $-a$ kJ이므로 발열 반응이고, 철(Fe) 촉매를 사용할 경우 활성화 에너지($E_a{}'$)는 c kJ이다. 따라서 철(Fe) 촉매를 사용할 경우 반응의 진행에 따른 에너지는 다음과 같다.

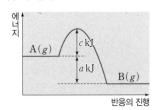

따라서 철(Fe) 촉매를 사용할 경우 역반응의 활성화 에너지는 $(a+c)$ kJ이다.

03

정답 맞히기 ㄱ. (가)에서 t분 후 생성된 B와 C의 몰 비는 B : C=2 : 1이므로 c=1이다. 따라서 (가)에서 일어나는 반응은 다음과 같다.

$$2A(g) \longrightarrow 2B(g)+C(g)$$

반응 전(몰)	1		
반응(몰)	$-2x$	$+2x$	$+x$
t분 후(몰)	$1-2x$	$2x$	x

t분 후 용기에 존재하는 A와 B의 양(mol)이 같으므로 $1-2x$ $=2x$이고, x=0.25이다. 따라서 t분 후 C의 양은 0.25몰이다.

오답 피하기 ㄴ. (나)에서 일어나는 반응은 다음과 같다.

$$2A(g) \longrightarrow 2B(g)+C(g)$$

반응 전(몰)	1		
반응(몰)	-1	$+1$	$+0.5$
t분 후(몰)	0	1	0.5

반응 전 A의 양은 1몰이고, A와 X의 몰 비는 A : X=4 : 1이므로 반응 전 X의 양은 0.25몰이다. t분 후 X의 양을 a몰이라고 하면, t분 후 용기에 존재하는 C와 X의 몰 비는 C : X=2 : 1이므로 t분 후 X의 양은 0.25몰이다. 따라서 반응 전과 t분 후의 X의 양은 같다.

ㄷ. (나)에서 t분 동안 (가)에서는 A가 0.5몰 반응하였고, (나)에서는 A가 1몰 반응하였다. 따라서 반응 속도는 (나)에서가 (가)에서보다 빠르고, 반응 전과 t분 후의 X의 양은 일정하므로 X는 반응 $2A(g) \longrightarrow 2B(g)+C(g)$에서 정촉매로 작용하였다. 즉, X는 반응의 활성화 에너지를 감소시키므로 반응 속도 상수(k)를 증가시킨다.

단원 마무리 문제
본문 216~219쪽

01 ⑤	02 ②	03 ④	04 ⑤	05 ①
06 ⑤	07 ③	08 ⑤	09 ③	10 ⑤
11 ②	12 ④	13 ①	14 ①	15 ⑤
16 ④	17 ④			

01

정답 맞히기 ㄴ. B_2의 반응 차수는 0이고, A_2의 반응 차수는 1이므로 전체 1차 반응이고, 1차 반응에서는 반감기가 일정하다. 따라서 농도와 관계없이 $[A_2]$가 $\frac{1}{2}$배로 되는 데 걸리는 시간은 (가)에서와 (나)에서 같다.

ㄷ. 온도가 같으므로 반응 속도 상수는 (가)~(다)에서 모두 같다.

오답 피하기 ㄱ. (가)와 (나)에서 A_2의 양(mol)은 (나)에서가 (가)에서의 2배이고, B_2의 양(mol)은 일정하다. 이때 (나)의 초기 반응 속도는 (가)에서의 2배이므로 A_2의 반응 차수는 1이다. (나)에서와 (다)에서 A_2의 양(mol)은 일정하고, B_2의 양(mol)은 (다)에서가 (나)에서의 2배이고 초기 반응 속도는 같으므로 B_2의 반응 차수는 0이다. 따라서 전체 반응 차수는 1이다.

02

정답 맞히기 ㄴ. (나)에서 반응 속도는 반응물의 농도에 비례하므로 1차 반응이며, 반응 시간에 따라 반응물의 농도가 감소하므로 반응 속도도 감소한다.

오답 피하기 ㄱ. (가)에서 반응 속도는 반응물의 농도에 관계없이 일정하므로 (가)는 0차 반응이다. 반응 속도는 반응 속도 상수와 같고, 반응 속도 상수는 온도, 촉매 등의 조건에 따라 달라지지만 시간에 관계없이 반응 속도 상수는 일정하다.

ㄷ. (나)는 1차 반응이므로 반응물의 농도 감소는 반감기가 지날 때마다 $\frac{1}{2}$배로 줄어든다. 따라서 같은 시간 동안 감소하는 [X]는 반감기가 1회 지날 때마다 $\frac{1}{2}$배로 줄어든다.

03

정답 맞히기 ④ 반감기가 30초인 1차 반응이므로 반응 전 A의 압력은 0.8기압이었고, 30초 후 A의 압력은 0.4기압이 되며, B의 압력은 0.8기압이다. 즉, 화학 반응식에서 A와 B의 반응 계수 비는 1 : 2이다. 시간에 따른 A와 B의 부분 압력을 정리하면 다음과 같다.

시간(초)	0	30	60	90
전체 압력(기압)	0.8	1.2	1.4	1.5
A의 부분 압력(기압)	0.8	0.4	0.2	0.1
B의 부분 압력(기압)	0	0.8	1.2	1.4

따라서 90초일 때 $\dfrac{\text{B의 부분 압력}}{\text{A의 부분 압력}}=14$이다.

04

정답 맞히기 ㄱ. 반응물인 A의 농도가 1분마다 $\dfrac{1}{2}$배로 감소하므로 반감기가 1분인 A에 대한 1차 반응이다.

ㄴ. 반응물이 1가지이므로 시간에 따라 농도가 감소하는 그래프인 (나)는 A의 농도 변화 그래프이다. 처음 1분 동안 감소한 A의 농도와 증가한 (가)의 농도가 같으므로 (가)는 반응물 A와 반응 계수가 같은 생성물 B의 농도 변화 그래프이다.

ㄷ. 반응 시작 후 3분은 반감기가 3회 지난 시점이다. C의 반응 계수는 A의 $\dfrac{1}{2}$배이고, 3분에서 A의 농도는 0.05 M이므로 반응한 A의 농도는 0.35 M이고 생성물인 C의 농도는 0.175 M이다.

05

정답 맞히기 A. 촉매는 자신은 변하지 않으면서 활성화 에너지를 변화시키는 물질로, 정촉매는 활성화 에너지를 낮추어 반응 속도를 빠르게 한다.

오답 피하기 B. 부촉매는 활성화 에너지를 높인다. 이때 정반응과 역반응의 활성화 에너지가 모두 높아지므로 정반응 속도와 역반응 속도 모두 느려진다.

C. 촉매의 사용은 반응 속도를 변화시키는데, 정촉매는 반응 속도 상수를 크게 하여 반응 속도를 증가시킨다.

06

정답 맞히기 ㄱ. (가)는 활성화 에너지 이상의 에너지를 가진 반응물 입자로, 온도를 높이면 평균 분자 운동 에너지가 증가하여 활성화 에너지 이상의 에너지를 가진 분자인 (가)에 해당하는 분자의 수가 증가한다.

ㄴ. 반응물의 농도를 크게 하면 총 분자의 수가 증가하고, 그에 비례하여 활성화 에너지 이상의 에너지를 가진 분자의 수도 증가한다.

ㄷ. 정촉매를 가하면 분자 운동 에너지 분포는 변하지 않으나 활성화 에너지가 작아지므로 활성화 에너지 이상의 에너지를 가진 분자의 수가 증가한다.

07

정답 맞히기 ㄱ, ㄷ. 반응 속도식은 반응 속도 상수와 반응물의 농도로 이루어져 있으며, 반응 속도 상수는 온도, 촉매에 의하여 변화될 수 있다.

오답 피하기 ㄴ. 반응물의 농도는 반응 속도 상수를 변화시키지 않는다.

08

정답 맞히기 ㄱ. (가)에서는 반감기가 10초로 일정하므로 30초일 때의 X의 농도는 20초일 때의 반인 0.5 M이다.

ㄴ. (나)에서는 (가)에서와 반감기가 같으므로 (가)에서와 온도가 같은 조건이고 초기 농도만 다르다. 반감기가 10초이므로 10초 후에는 반응물의 농도가 반으로 되고, 반응 속도 상수는 일정하므로 반응 속도도 반으로 된다. 따라서 (나)에서 5초일 때의 반응 속도는 15초일 때의 2배이다.

ㄷ. (다)에서의 반감기는 5초로 (가)에서보다 짧으므로 반응 속도 상수는 (다)에서가 (가)에서보다 크다. (가)에서와 (나)에서는 반응 속도 상수가 같으므로 반응 속도 상수는 (다)에서가 (나)에서보다 크다.

09

정답 맞히기 ㄱ. (나)의 활성화 에너지가 (가)보다 작으므로 (나)에 사용한 촉매는 정촉매이다.

ㄷ. E_4-E_1은 촉매를 사용하지 않았을 때 정반응의 활성화 에너지이다. 부촉매를 사용할 때의 활성화 에너지는 정반응의 활성화 에너지 E_4-E_1보다 크다.

오답 피하기 ㄴ. E_2-E_1은 반응 엔탈피로, 온도에 무관하게 표준 상태로 정의되어 일정한 값을 가진다.

10

정답 맞히기 ㄱ. $v=k[\text{A}]$이므로 A에 대한 1차 반응이다. (다)에서는 초기 농도와 초기 반응 속도가 각각 (가)에서의 2배이므로 반응 속도 상수가 (가)에서와 같다. 따라서 A의 반감기는 (가)에서와 (다)에서가 같다.

ㄴ. (나)에서의 초기 농도는 (가)에서의 2배이나 초기 반응 속도가 (가)에서와 같으므로 반응 속도 상수는 (가)에서가 (나)에서의 2배이다.

ㄷ. (나)에서와 (다)에서는 반응물의 초기 농도가 같으며, (다)에서의 초기 반응 속도가 (나)에서의 2배이므로 (다)에서의 온도가 (나)에서보다 높다.

11

정답 맞히기 ㄴ. 반응 속도의 단위가 1/초인 것으로 보아 1차 반응임을 알 수 있다. 1차 반응의 반응 속도식은 $v=k[N_2O_5]$이다.

오답 피하기 ㄱ. 온도가 높을수록 반응 속도는 빨라지므로 330 K에서의 반응 속도 상수 x는 1.7×10^{-3}보다 크다.

ㄷ. 반응 속도 상수가 클수록 반감기는 짧다. 310 K에서가 320 K에서보다 반응 속도 상수가 작으므로 반감기는 길다. 따라서 1.0 M의 N_2O_5가 0.5 M이 되는 데 걸리는 시간은 310 K에서가 320 K에서보다 길다.

12

정답 맞히기 (가)에서 반응 속도 상수가 일정할 때 1초마다 반응 속도가 $\frac{1}{2}$배로 감소하는 것은 반응물의 농도가 $\frac{1}{2}$배로 감소하고 있기 때문이다. 따라서 (가)는 반응 속도가 반응물의 농도에 비례하는 1차 반응이다. (나)는 반응 속도가 일정한 0차 반응이다.

ㄴ. (나)는 0차 반응이므로 반응 속도의 단위와 반응 속도 상수의 단위가 같다. 따라서 (나)에서 반응 속도 상수의 단위는 M/초이다.

ㄷ. (가)는 반감기가 1초인 1차 반응, (나)는 0차 반응이며, (나)의 반응 속도는 (가)의 1초일 때의 반응 속도와 같다. 따라서 (가)에서의 반응 속도 상수를 k라 할 때, (가)에서의 초기 반응 속도는 0.8k M/초이고 1초일 때의 반응 속도는 0.4k M/초이다. 따라서 (나)의 반응 속도는 0.4k M/초이고 반응 속도 상수도 0.4k이므로 반응 속도 상수는 (가)에서가 (나)에서보다 크다.

오답 피하기 ㄱ. (가)는 1차 반응이며, (나)는 0차 반응이므로 반응 차수는 (가)에서가 (나)에서보다 크다.

13

정답 맞히기 ① 표면 촉매를 사용하는 반응은 일반적으로 온도가 높아질수록 반응 속도가 증가하지만, 효소는 주로 단백질로 되어 있기 때문에 너무 높은 온도에서는 효소가 변성되거나 파괴되어 효소의 기능을 잃어버리게 되어 반응 속도가 현저하게 감소한다. 또한 온도가 너무 낮으면 기질과의 결합 기회가 감소하여 반응 속도가 느려지게 된다. 따라서 효소마다 작용하는 최적 온도가 존재한다.

14

정답 맞히기 (가)에서 사용한 촉매인 프롤린은 유기 촉매이고, (나)에서 사용한 촉매인 팔라듐(Pd) 금속은 표면 촉매이며, (다)에서 사용한 촉매인 이산화 타이타늄(TiO_2)은 광촉매이다.

ㄱ. 프롤린은 아미노산이 주성분인 유기 화합물로 된 유기 촉매이고, 아미노산은 주로 탄소, 수소, 산소, 질소 등의 비금속 원소로

구성되어 있다.

오답 피하기 ㄴ. 팔라듐(Pd)은 금속 원소이고, 반응물을 금속 표면에 부착하여 반응 속도를 빠르게 하는 표면 촉매이다.

ㄷ. 빛을 TiO_2이 포함된 광촉매 전극에 쪼여 주어 물을 수소와 산소로 분해하거나 유기물을 분해한다.

15

정답 맞히기 ㄱ. 효소 X는 정촉매로 작용하여 반응 속도를 증가시키지만, 반응물과 생성물의 종류와 상태가 같으므로 반응 엔탈피(ΔH)는 변하지 않는다. 따라서 $\Delta H_1=\Delta H_2$이다.

ㄴ. 효소 X를 사용할 경우 반응 속도가 증가하여 반응 시간은 짧아지지만, 생성물인 B의 양은 변하지 않는다.

ㄷ. 효소 X는 반응의 활성화 에너지를 감소시켜 반응을 빠르게 한다.

16

정답 맞히기 학생 B: 광촉매로 이용되는 이산화 타이타늄에 빛 에너지를 가하면 에너지가 높은 활성화물이 만들어지는데, 이 물질들이 오염 물질을 분해하므로 항균, 공기 정화, 정수, 탈취 등에 이용된다.

학생 C: 화학 공업 분야에서 개발되고 있는 촉매들로 인하여 낮은 온도에서도 다양한 화합물들을 합성할 수 있게 되었고, 폐기물의 양도 줄일 수 있게 되었다.

오답 피하기 학생 A: 표면 촉매는 활성이 높아 널리 사용되지만 폐기물 처리의 문제가 있고, 반응을 조절하기 어려운 단점이 있다. 유기 촉매는 작은 분자량의 유기 화합물로 되어 있고, 반응의 선택성이 높고 쉽게 분해될 수 있다.

17

정답 맞히기 수소(H_2)와 에텐(C_2H_4)이 반응하여 에테인(C_2H_6)을 생성하는 반응에서 고온의 금속 촉매의 표면에 흡착된 H_2는 분자 내 공유 결합이 약화되어 H 원자로 분해되고, 반응성이 큰 H 원자가 C_2H_4과 빠르게 반응하여 C_2H_6을 생성한다. 따라서 금속 M은 정촉매로 작용한다.

ㄱ. 촉매는 화학 반응에 참여하여 반응 속도를 변화시키지만 소모되지 않기 때문에 반응 전후에 M의 질량은 변하지 않는다.

ㄴ. M은 정촉매로 작용하므로 반응의 활성화 에너지를 감소시켜 반응 속도를 빠르게 한다.

오답 피하기 ㄷ. M의 양을 늘리더라도 반응물의 양이 일정하다면 생성물의 양도 일정하다.

Ⅳ. 전기 화학과 이용

11 화학 전지

┌───┐
│ ▶ 탐구 **활동**   본문 229쪽 │
│   │
│ **1** 해설 참조   **2** 해설 참조   │
│ **3** Zn>H>Cu   │
└───┘

1

아연(Zn)판을 묽은 황산(H_2SO_4)에 넣었을 때 기체가 발생하는 것으로 보아 Zn은 산화되고, 묽은 황산 속의 H^+은 환원된다.

[모범 답안] 아연(Zn)판에서 Zn이 전자를 잃고 Zn^{2+}으로 되는 산화 반응과 묽은 황산(H_2SO_4) 속의 H^+이 전자를 얻어 H_2 기체로 되는 환원 반응이 일어난다.

2

아연(Zn)판에서 Zn이 전자를 잃고 Zn^{2+}으로 되는 산화 반응이 일어나고, 이때 생성된 전자는 도선을 따라 구리(Cu)판 쪽으로 이동한다. 구리(Cu)판에서는 묽은 황산(H_2SO_4) 속의 H^+이 도선을 따라 이동해 온 전자를 얻어 H_2 기체로 되는 환원 반응이 일어난다. 이때 도선을 따라 전류가 흐르게 되어 전구에 불이 들어온다.

[모범 답안] 아연(Zn)판에서 Zn의 산화 반응이 일어나고, 전자는 도선을 따라 구리(Cu)판 쪽으로 이동한다. 구리(Cu)판에서는 묽은 황산(H_2SO_4) 속의 H^+이 전자를 얻는 환원 반응을 하여 수소 기체가 발생한다.

3

과정 1에서 Zn은 묽은 황산(H_2SO_4)과 반응하여 기포(H_2 기체)가 발생하였으므로 이온화 경향은 Zn>H이고, Cu는 묽은 황산(H_2SO_4)과 반응하지 않았으므로 이온화 경향은 H>Cu이다. 따라서 이온화 경향은 Zn>H>Cu이다.

┌───┐
│ ▶ 내신 **기초 문제**   본문 230~231쪽 │
│   │
│ **01** ⑤   **02** ③   **03** ②   **04** ④   **05** ②   │
│ **06** ⑤   **07** ④   **08** ①   **09** ①   **10** ④   │
└───┘

01

[정답 맞히기] ⑤ 산소와 결합하는 물질은 산화되므로 다른 물질을 환원시키는 환원제이다.

[오답 피하기] ① 어떤 물질이 산소를 잃는 과정은 환원 반응이다.
② 어떤 물질이 전자를 얻는 과정은 환원 반응이다.
③ 한 물질이 전자를 잃어 산화될 때 다른 물질이 그 전자를 얻어 환원되므로 산화 반응과 환원 반응은 항상 동시에 일어난다. 이것을 산화와 환원의 동시성이라고 한다.
④ 자신은 산화되면서 다른 물질을 환원시키는 물질을 환원제라고 한다.

02

[정답 맞히기] ③ (가)에서 Zn은 산화되어 Zn^{2+}이 되고, H^+은 환원되어 H_2가 된다. (나)는 HCl(aq)과 NaOH(aq)의 중화 반응이므로 산화 환원 반응이 아니다. (다)는 NaCl(aq)과 $AgNO_3$(aq)이 반응하여 AgCl 앙금을 생성하는 반응으로 반응 전과 후에 산화수가 변하는 원자가 없으므로 산화 환원 반응이 아니다. (라)에서 Cu는 Cu^{2+}으로 산화되고, Ag^+은 Ag으로 환원된다.
따라서 산화 환원 반응은 (가), (라)이므로 (가)~(라) 중 산화 환원 반응의 가짓수는 2이다.

03

[정답 맞히기] 리튬(Li)과 산소(O_2)의 반응은 $4Li+O_2 \longrightarrow 2Li_2O$이다. 이 반응에서 Li은 전자를 잃고 산화되어 Li^+으로 되고, O_2는 전자를 얻고 환원되어 O^{2-}으로 된다.
ㄴ. Li은 전자를 잃고 산화되면서 O_2를 환원시키므로 환원제이다.

[오답 피하기] ㄱ. $a=4$이다.
ㄷ. O_2는 전자를 얻고 환원된다. 즉, 산화 환원 반응은 항상 동시에 일어난다.

04

[정답 맞히기] ㄱ. 금속 A는 HCl(aq)과 반응하므로 이온화 경향은 A가 H보다 크고, 금속 B는 HCl(aq)과 반응하지 않으므로 이온화 경향은 H가 B보다 크다. 따라서 이온화 경향은 A가 B보다 크다.
ㄷ. 이온화 경향의 차이가 있는 두 금속을 HCl(aq)에 넣고 도선으로 연결하면 볼타 전지가 된다. 볼타 전지에서 이온화 경향이 큰 금속이 (−)극이 되고, 이온화 경향이 작은 금속이 (+)극이 되므로 A와 B를 도선으로 연결하면 A가 전지의 (−)극이 되고, B가 전지의 (+)극이 된다. 따라서 (−)극인 전극 A에서 A의 산화 반응이 일어나고, (+)극인 전극 B에서 H^+의 환원 반응

$2H^+(aq)+2e^- \longrightarrow H_2(g)$이 일어나 B에서 수소 기체가 발생한다.

오답 피하기 ㄴ. B는 H보다 이온화 경향이 작으므로 B에서 환원 반응이 일어나지 않는다.

05

정답 맞히기 금속들은 물 또는 산 수용액과 반응하는 정도가 서로 다르다. 일반적으로 물과는 반응하지 않고 산 수용액과 반응하는 금속보다 물과 반응하는 금속의 반응성이 크다. 또한 뜨거운 물과만 반응하는 금속보다 찬물과도 반응하는 금속의 반응성이 크다. A~D 중 찬물과도 반응하는 금속은 D 1가지이므로 D의 반응성이 가장 크고, 그 다음은 뜨거운 물과 반응하는 C이다. 또한 A는 묽은 염산과 반응하지만 B는 묽은 염산과 반응하지 않으므로 금속의 반응성은 A가 B보다 크다. 따라서 이온화 경향은 D>C>A>H>B이다.

ㄴ. 이온화 경향은 C가 B보다 크므로 C를 B 이온이 들어 있는 수용액에 넣으면 C가 전자를 잃고 산화되고, 그 전자를 B 이온이 얻어 금속 B로 환원된다.

오답 피하기 ㄱ. 금속 B는 묽은 염산과 반응하지 않기 때문에 찬물과도 반응하지 않는다. 따라서 (가)는 '반응 안 함'에 해당한다. 금속 C는 뜨거운 물과 반응하기 때문에 묽은 염산과도 반응한다. 따라서 (나)는 '반응함'에 해당한다. 금속 D는 찬물과 반응하기 때문에 뜨거운 물과도 반응하고, 묽은 염산과도 반응한다. 따라서 (다)와 (라) 모두 '반응함'에 해당한다. (가)~(라) 중 '반응함'에 해당하는 것은 (나), (다), (라) 3가지이다.

ㄷ. 금속의 반응성은 A>B이므로 A와 B를 HCl(aq)에 넣고 도선으로 연결하면 A가 화학 전지의 (−)극이 되고, B가 화학 전지의 (+)극이 된다. 화학 전지에서 A는 전자를 잃고 산화되면서 A 이온으로 되어 용액 속에 녹아 들어가므로 A의 질량은 감소한다. A가 잃은 전자는 도선을 따라 B로 이동하게 되고, B에서 용액 속에 있는 H^+이 전자를 얻어 H_2 기체로 환원된다. 이때 B의 질량은 일정하다.

06

정답 맞히기 ⑤ 화학 전지의 (−)극에서 산화 반응이 일어날 때 생성된 전자는 도선을 따라 (+)극으로 이동하며, (+)극에서는 이동해 온 전자를 얻는 환원 반응이 일어난다.

오답 피하기 ① 화학 전지의 (−)극에서는 산화 반응이 일어나고, (+)극에서는 환원 반응이 일어난다. 이처럼 화학 전지에서는 자발적인 산화 환원 반응이 일어난다.

② 화학 전지는 일반적으로 이온화 경향 차이가 큰 두 금속을 (−)극과 (+)극의 두 전극으로 이용한다. (−)극은 이온화 경향

이 상대적으로 큰 금속으로 산화 반응이 일어나고, (+)극은 이온화 경향이 상대적으로 작은 금속으로 환원 반응이 일어난다.

③ 화학 전지의 (+)극에서는 도선을 통해 이동해 온 전자를 얻는 환원 반응이 일어난다.

④ 화학 전지는 자발적인 산화 환원 반응을 이용하여 화학 에너지를 전기 에너지로 전환시키는 장치이다.

07

정답 맞히기 전극 A에서 산화 반응이 일어나므로 A는 (−)극이 되고, 전극 B에서 환원 반응이 일어나므로 B는 (+)극이 된다.

ㄱ. (−)극인 전극 A에서 A가 A^{2+}으로 산화되면서 잃은 전자는 도선을 따라 전극 B로 이동한다.

ㄴ. (+)극인 전극 B에서 H^+이 전자를 얻고 환원되어 H_2 기체가 발생하므로 분극 현상이 일어난다.

오답 피하기 ㄷ. 금속의 이온화 경향은 A>B이므로 $A^{2+}(aq)$에 $B(s)$를 넣으면 반응이 일어나지 않는다.

08

정답 맞히기 전극 A에서 기체가 발생하였으므로 전극 A가 전지의 (+)극이 되고, 전극 B가 전지의 (−)극이 된다.

① 전극 A에서 반응 $2H^+(aq)+2e^- \longrightarrow H_2(g)$이 일어나므로 전극 A의 질량은 일정하다.

오답 피하기 ② 전극 A에서 H^+의 환원 반응이 일어나 수소 기체가 발생한다.

③ 전지의 (−)극인 전극 B에서는 B가 전자를 잃고 B 이온으로 되는 산화 반응이 일어난다.

④ 전극 B에서 산화 반응이 일어나므로 이온화 경향은 B가 A보다 크다.

⑤ 반응이 진행됨에 따라 H^+의 농도가 감소하므로 수용액의 pH는 증가한다.

09

정답 맞히기 ㄱ. Zn과 Cu를 전극으로 하는 다니엘 전지에서 Zn 전극이 (−)극이 되고, Cu 전극이 (+)극이 된다. (−)극인 Zn 전극에서 일어나는 반응은 $Zn(s) \longrightarrow Zn^{2+}(aq)+2e^-$이고, (+)극인 Cu 전극에서 일어나는 반응은 $Cu^{2+}(aq)+2e^- \longrightarrow Cu(s)$이다. 따라서 Cu 전극에서 Cu^{2+}의 환원 반응이 일어난다.

오답 피하기 ㄴ. 반응이 진행됨에 따라 (−)극인 Zn 전극 주위에는 Zn이 산화되어 Zn^{2+}이 생성되므로 Zn^{2+}이 SO_4^{2-}보다 상대적으로 많아지게 되고, (+)극인 Cu 전극 주위에는 Cu^{2+}이 Cu로 환원되어 소모되므로 SO_4^{2-}이 Cu^{2+}보다 상대적으로 많아지게 되어 양전하와 음전하의 불균형이 생긴다. 이때 염다리 내부에 있는

음이온은 Zn 전극 쪽으로 이동하고, 양이온은 Cu 전극 쪽으로 이동하여 전하의 불균형이 해소된다.

ㄷ. 전지의 전체 반응은 $Zn(s) + Cu^{2+}(aq) \longrightarrow Zn^{2+}(aq) + Cu(s)$이므로 Zn 1몰이 반응할 때 Cu 1몰이 생성된다. Zn과 Cu 1몰의 질량이 서로 다르므로 반응이 일어날 때 감소한 Zn 전극의 질량과 증가한 Cu 전극의 질량은 서로 다르다.

10

정답 맞히기 납축전지에서 Pb은 Pb^{2+}으로 산화되고, PbO_2은 Pb^{2+}으로 환원된다. 따라서 Pb 전극이 (−)극이 되고, PbO_2 전극이 (+)극이 된다.

ㄱ. 납축전지는 다시 충전하여 사용할 수 있는 2차 전지이다.

ㄷ. 전체 화학 반응식에서 전지 반응이 일어날 때 H_2SO_4이 소모되고 있으므로 반응이 일어나는 동안 $H_2SO_4(aq)$의 농도는 감소한다.

오답 피하기 ㄴ. Pb의 산화수가 Pb에서는 0이고, $PbSO_4$에서는 +2이므로 Pb은 산화된다. 따라서 Pb 전극에서는 Pb의 산화 반응이 일어난다.

실력 향상 문제
본문 232~233쪽

01 ② **02** (가) C (나) Na (다) Br^- **03** ③
04 ① **05** ④ **06** ⑤ **07** ① **08** ②
09 ⑤

01 산화 환원 반응의 예

정답 맞히기 ② 옷에 묻은 염기성 얼룩은 산성인 레몬즙이나 식초 등을 묻혀 비벼 주면 제거할 수 있다. 이는 산 염기 중화 반응의 원리를 이용한 것이다.

오답 피하기 ① 구리를 가열하면 구리가 산소와 반응하는 산화 환원 반응이 일어난다.

$$2Cu + O_2 \longrightarrow 2CuO$$

③ 은(Ag)이 녹스는 것은 철(Fe)이 녹스는 것과는 다르게 공기 중의 황화 수소(H_2S)와 반응하여 황화 은(Ag_2S)을 생성하는 것이다. 이 녹슨 은을 알루미늄과 반응시키면 알루미늄은 산화되고, 황화 은은 환원된다.

④ 마그네슘(Mg)을 묽은 염산(HCl(aq))에 넣으면 마그네슘은 전자를 잃고 산화되어 마그네슘 이온(Mg^{2+})이 되고, 묽은 염산 속의 수소 이온(H^+)은 전자를 얻고 환원되어 수소 기체(H_2)로 발생한다.

⑤ 구리(Cu)를 질산 은($AgNO_3$) 수용액에 넣으면 구리는 전자를 잃고 산화되어 구리 이온(Cu^{2+})이 되고, 수용액 속의 은 이온(Ag^+)은 전자를 얻고 환원되어 은(Ag)으로 석출된다.

02 산화 환원 반응과 환원제

환원제는 자신은 산화되면서 다른 물질을 환원시키는 물질이다. (가)에서 C는 산소를 얻어 CO로 산화되므로 환원제이다. (나)에서 Na은 전자를 잃고 Na^+으로 산화되므로 환원제이다. (다)에서 Br^-은 전자를 잃고 Br_2으로 산화되므로 환원제이다.

03 금속의 반응성

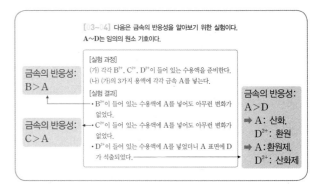

정답 맞히기 ㄱ. B^{2+}이 들어 있는 수용액에 A를 넣어도 아무런 변화가 없었으므로 이온화 경향은 B>A이고, C^{2+}이 들어 있는 수용액에 A를 넣어도 아무런 변화가 없었으므로 이온화 경향은 C>A이다. D^{2+}이 들어 있는 수용액에 A를 넣었더니 A 표면에 D가 석출되었으므로 이온화 경향은 A>D이다.

ㄷ. 이온화 경향은 C>A이고, A>D이므로 C>D이다. 따라서 D^{2+}이 들어 있는 수용액에 C를 넣으면 C는 전자를 잃고 산화되어 C^{2+}이 되고, D^{2+}은 전자를 얻고 환원되어 D로 석출된다. 따라서 D^{2+}은 환원되면서 C를 산화시키므로 산화제로 작용한다.

오답 피하기 ㄴ. 이온화 경향은 B>A이고, A>D이므로 B>D이다. 따라서 D^{2+}이 B^{2+}보다 환원되기 쉽다.

04 금속의 반응성 비교

정답 맞히기 ① 실험 결과로부터 이온화 경향은 B>A, C>A, A>D이다. 따라서 금속 A~D의 반응성을 비교하기 위해서는 B와 C의 반응성을 비교할 수 있는 실험이 추가로 필요하다. 즉, B^{2+}이 들어 있는 수용액에 C를 넣었을 때의 실험 결과로부터 B와 C의 반응성을 비교할 수 있다.

05 화학 전지의 원리

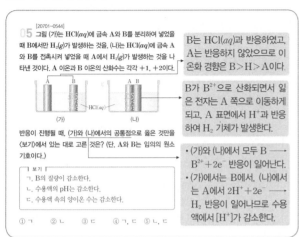

05 그림 (가)는 HCl(aq)에 금속 A와 B를 분리하여 넣었을 때 B에서만 H$_2$(g)가 발생하는 것을, (나)는 HCl(aq)에 금속 A와 B를 접촉시켜 넣었을 때 A에서 H$_2$(g)가 발생하는 것을 나타낸 것이다. A 이온과 B 이온의 산화수는 각각 +1, +2이다.

반응이 진행될 때, (가)와 (나)에서의 공통점으로 옳은 것만을 〈보기〉에서 있는 대로 고른 것은? (단, A와 B는 임의의 원소 기호이다.)

〈보기〉
ㄱ. B의 질량이 감소한다.
ㄴ. 수용액의 pH는 감소한다.
ㄷ. 수용액 속의 양이온 수는 감소한다.

① ㄱ ② ㄴ ③ ㄷ ④ ㄱ, ㄷ ⑤ ㄴ, ㄷ

- B는 HCl(aq)과 반응하였고, A는 반응하지 않았으므로 이온화 경향은 B>H>A이다.

- B가 B^{2+}으로 산화되면서 잃은 전자는 A 쪽으로 이동하게 되고, A 표면에서 H$^+$과 반응하여 H$_2$ 기체가 발생한다.

- (가)와 (나)에서 모두 B ⟶ B^{2+}+2e$^-$ 반응이 일어난다.
- (가)에서는 B에서, (나)에서는 A에서 2H$^+$+2e$^-$ ⟶ H$_2$ 반응이 일어나므로 수용액에서 [H$^+$]가 감소한다.

정답 맞히기 (가)에서 B에서만 H$_2$(g)가 발생하였으므로 이온화 경향은 B>H>A이고, 일어나는 반응의 화학 반응식은 B+2H$^+$ ⟶ B^{2+}+H$_2$이다. (나)에서 이온화 경향은 B>A이므로 B가 산화되면서 잃은 전자는 A로 이동하여 수소 이온(H$^+$)과 반응하므로 A에서 H$_2$(g)가 발생한다. 따라서 이때 일어나는 반응의 화학 반응식은 B+2H$^+$ ⟶ B^{2+}+H$_2$이다.

ㄱ. (가)와 (나)에서 모두 B가 전자를 잃고 B^{2+}이 되어 용액 속으로 녹아 들어가므로 B의 질량은 감소한다.

ㄷ. (가)와 (나)에서 모두 B+2H$^+$ ⟶ B^{2+}+H$_2$의 반응이 일어나므로 수용액 속의 양이온 수는 감소한다.

오답 피하기 ㄴ. (가)와 (나)에서 모두 수용액 속의 H$^+$이 전자를 얻어 H$_2$로 되므로 수용액의 pH는 증가한다.

06 금속과 금속 이온의 반응

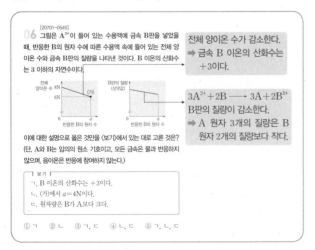

06 그림은 A^{2+}이 들어 있는 수용액에 금속 B판을 넣었을 때, 반응한 B의 원자 수에 따른 수용액 속에 들어 있는 전체 양이온 수와 금속 B판의 질량을 나타낸 것이다. B 이온의 산화수는 3 이하의 자연수이다.

이에 대한 설명으로 옳은 것만을 〈보기〉에서 있는 대로 고른 것은? (단, A와 B는 임의의 원소 기호이고, 모든 금속은 물과 반응하지 않으며, 음이온은 반응에 참여하지 않는다.)

〈보기〉
ㄱ. B 이온의 산화수는 +3이다.
ㄴ. (가)에서 a=4N이다.
ㄷ. 원자량은 B가 A보다 크다.

① ㄱ ② ㄴ ③ ㄱ, ㄷ ④ ㄴ, ㄷ ⑤ ㄱ, ㄴ, ㄷ

- 전체 양이온 수가 감소한다.
➡ 금속 B 이온의 산화수는 +3이다.

- 3A^{2+}+2B ⟶ 3A+2B^{3+}
B판의 질량이 감소한다.
➡ A 원자 3개의 질량은 B 원자 2개의 질량보다 작다.

정답 맞히기 ㄱ. A^{2+}이 들어 있는 수용액에 금속 B를 넣었을 때 전체 양이온 수가 감소하였으므로 B 이온의 산화수는 +3이다.

ㄴ. (가)에서 일어나는 반응의 양적 관계는 다음과 같다.

$$3A^{2+}(aq) + 2B(s) \longrightarrow 3A(s) + 2B^{3+}(aq)$$

	$3A^{2+}(aq)$	$2B(s)$	$3A(s)$	$2B^{3+}(aq)$
반응 전	8N			
반응	$-3x$	$-2x$	$+3x$	$+2x$
반응 후	$8N-3x$			$2x$

$(8N-3x)+2x=6N$이므로 $x=2N$이고, $a=2x=4N$이다.

ㄷ. 금속 B가 4N 소모되고 A가 6N 석출되었는데 금속 B판의 질량이 감소하였으므로 원자량은 B가 A보다 크다.

07 다니엘 전지

정답 맞히기 Zn과 Cu를 전극으로 하는 다니엘 전지에서는 이온화 경향이 큰 Zn이 (−)극이 되고, Cu가 (+)극이 된다.

ㄱ. (−)극인 Zn 전극에서는 Zn이 전자를 잃고 Zn^{2+}으로 산화되는 반응이 일어나므로 Zn 전극의 질량은 감소한다.

오답 피하기 ㄴ. Cu 전극에서 Cu^{2+}(aq)+2e$^-$ ⟶ Cu(s) 반응이 일어나므로 수용액 속에서는 SO$_4^{2-}$이 Cu^{2+}보다 상대적으로 많아지게 되어 전하의 불균형이 생긴다. 따라서 염다리의 K$^+$이 CuSO$_4$(aq) 쪽으로 이동하여 전하의 불균형이 해소된다.

ㄷ. Cu 전극에서는 Cu^{2+}이 Cu로 환원되므로 CuSO$_4$(aq)의 푸른색이 점점 연해진다.

08 볼타 전지와 납축전지

정답 맞히기 볼타 전지에서는 Zn 전극에서 산화 반응이 일어나므로 Zn 전극이 (−)극이 되고, Cu 전극에서 환원 반응이 일어나므로 Cu 전극이 (+)극이 된다. 납축전지에서는 Pb 전극에서 산화 반응이 일어나므로 Pb 전극이 (−)극이 되고, PbO$_2$ 전극에서 환원 반응이 일어나므로 PbO$_2$ 전극이 (+)극이 된다.

ㄴ. 볼타 전지와 납축전지에서 반응이 일어날 때 모두 H$^+$이 소모되므로 수용액의 pH는 증가한다.

오답 피하기 ㄱ. 볼타 전지의 (−)극인 Zn 전극에서는 Zn이 전자를 잃고 Zn^{2+}으로 산화되어 용액 속으로 녹아 들어가므로 Zn 전극의 질량이 감소한다. 납축전지의 (−)극인 Pb 전극에서는 Pb이 전자를 잃고 Pb^{2+}으로 산화되지만 H$_2$SO$_4$(aq) 속의 SO$_4^{2-}$과 반응하여 PbSO$_4$이 Pb 전극 표면에 석출되므로 Pb 전극의 질량이 증가한다.

ㄷ. 볼타 전지에서는 반응이 일어날 때 (+)극에서 H$_2$ 기체가 발생하여 전류의 흐름을 방해하는 분극 현상이 일어난다. 납축전지에서는 H$_2$ 기체가 생성되지만 PbO$_2$이 산화제(감극제)로 작용하여 H$_2$를 H$_2$O로 만들기 때문에 분극 현상이 일어나지 않는다.

09 망가니즈 건전지

정답 맞히기 전극 (가)에서 산화 반응이 일어나고, 전극 (나)에서 환원 반응이 일어난다.

ㄱ. 전극 (가)에서 Zn이 전자를 잃고 산화되어 Zn^{2+}으로 되므로 아연통의 질량은 감소한다.

ㄴ. 전극 (나)에서 환원 반응이 일어나므로 전극 (나)는 (+)극이다.

ㄷ. NH_4^+이 전자를 얻어 H_2 기체가 생성되지만 MnO_2가 감극제로 작용하여 H_2를 H_2O로 산화시키므로 분극 현상이 일어나지 않는다.

신유형 · 수능 열기
본문 234~235쪽

01 ⑤　**02** ⑤　**03** ⑤　**04** ①　**05** ③

06 ③　**07** ④　**08** ③

01

정답 맞히기 A 이온의 산화수가 +1이므로 일어나는 반응의 화학 반응식은 다음과 같다.

$$2A(s) + BSO_4(aq) \longrightarrow A_2SO_4(aq) + B(s)$$

ㄱ. 금속 B가 석출되었으므로 B^{2+}은 전자를 얻어 B로 환원되었다. 산화와 환원은 항상 동시에 일어나므로 금속 A는 전자를 잃고 산화되었다. 따라서 A는 자신은 산화되면서 B^{2+}을 환원시키는 환원제이다.

ㄴ. A가 전자를 잃고 산화되고, B^{2+}이 전자를 얻어 환원되었으므로 이온화 경향은 A가 B보다 크다.

ㄷ. 반응에 참여한 이온의 반응식은 $2A + B^{2+} \longrightarrow 2A^+ + B$이므로 수용액 속의 양이온 수는 증가한다.

02

정답 맞히기 (가)에서 금속 A를 HCl(aq)에 넣었을 때 일어나는 반응은 $A + 2H^+ \longrightarrow A^{2+} + H_2$이고, 이온화 경향은 A>H이다. (나)에서 금속 A를 $CuSO_4(aq)$에 넣었을 때 일어나는 반응은 $A + Cu^{2+} \longrightarrow A^{2+} + Cu$이고, 이온화 경향은 A>Cu이다. (다)에서 금속 B를 $ASO_4(aq)$에 넣었을 때 일어나는 반응은 $2B + A^{2+} \longrightarrow 2B^+ + A$이고, 이온화 경향은 B>A이다.

ㄱ. 이온화 경향은 A>Cu이고, B>A이므로 B>Cu이다.

ㄴ. (나)에서 소모되는 Cu^{2+}과 생성되는 A^{2+}의 몰 비는 Cu^{2+} : $A^{2+} = 1 : 1$이고, 반응 후 수용액의 밀도가 감소하였으므로 원

자의 상대적 질량은 Cu>A이다. (다)에서 소모되는 A^{2+}과 생성되는 B^+의 몰 비는 A^{2+} : $B^+ = 1 : 2$이고, 반응 후 수용액의 밀도가 감소하였으므로 원자의 상대적 질량은 A>B이다. 따라서 원자의 상대적 질량은 Cu>B이다.

ㄷ. 이온화 경향은 A>H이고, B>A이므로 B>H이다. 따라서 B를 HCl(aq)에 넣으면 $2B + 2H^+ \longrightarrow 2B^+ + H_2$의 반응이 일어나 H_2 기체가 발생한다.

03

정답 맞히기 ㄱ. (가)에서 A는 HCl(aq)과 반응하지 않았으므로 이온화 경향은 H>A이고, B는 HCl(aq)과 반응하였으므로 이온화 경향은 B>H이다. (나)에서 C는 C^{3+}으로 산화되고, B^{2+}은 B로 환원되므로 이온화 경향은 C>B이다. 따라서 이온화 경향은 C>B>H>A이므로 C가 A보다 크다.

ㄴ. (가)에서 B를 HCl(aq)에 넣었을 때 일어나는 반응은 $B(s) + 2H^+(aq) \longrightarrow B^{2+}(aq) + H_2(g)$이다. 따라서 B는 전자를 잃고 B^{2+}으로 산화된다.

ㄷ. (나)에서 일어나는 반응은 $2C(s) + 3B^{2+}(aq) \longrightarrow 2C^{3+}(aq) + 3B(s)$이므로 반응이 일어날 때 양이온 수는 감소한다. 음이온은 반응에 참여하지 않으므로 음이온 수는 일정하고, 양이온 수는 감소하므로 수용액에 들어 있는 전체 이온의 양(mol)은 감소한다.

04

정답 맞히기 ㄱ. (가)에서 B^{2+}이 들어 있는 수용액에 A 막대를 넣었을 때 반응이 일어났으므로 이온화 경향은 A>B이고, 양이온 수의 변화가 없었으므로 A 이온의 산화수는 +2이다.

오답 피하기 ㄴ. (나)에서 C^{3+}, D^{2+}이 함께 들어 있는 수용액에 A 막대를 넣었을 때 양이온 수의 변화가 없었으므로 넣어 준 A는 수용액 속의 D^{2+}과 먼저 반응하였다. 따라서 이온화 경향은 C가 D보다 크다.

ㄷ. (가)에서 일어나는 반응의 화학 반응식은 $A + B^{2+} \longrightarrow A^{2+} + B$이고, A 막대의 질량이 증가하였으므로 원자량은 B>A이다. (나)에서 일어나는 반응의 화학 반응식은 $A + D^{2+} \longrightarrow A^{2+} + D$이고, A 막대의 질량이 감소하였으므로 원자량은 A>D이다. 따라서 원자의 상대적 질량은 B>A>D이다.

05

정답 맞히기 ㄱ. 금속 이온의 산화수가 각각 +1, +2, +3인 금속이 HCl(aq)과 반응할 때의 화학 반응식은 다음과 같다.

$$2X + 2H^+ \longrightarrow 2X^+ + H_2$$
$$Y + 2H^+ \longrightarrow Y^{2+} + H_2$$
$$2Z + 6H^+ \longrightarrow 2Z^{3+} + 3H_2$$

같은 양(mol)의 금속이 $HCl(aq)$과 반응할 때 생성되는 기체의 몰 비가 $X : Y : Z = 1 : 2 : 3$이므로 A 이온의 산화수는 $+3$, B 이온의 산화수는 $+1$, C 이온의 산화수는 $+2$이다. 즉, $a=3$, $b=1$, $c=2$이므로 $a=b+c$이다.

ㄷ. A와 B가 $HCl(aq)$과 반응할 때의 화학 반응식은 다음과 같다.

$$2A + 6H^+ \longrightarrow 2A^{3+} + 3H_2$$
$$2B + 2H^+ \longrightarrow 2B^+ + H_2$$

0.2몰의 A가 $HCl(aq)$과 반응할 때 생성되는 H_2 기체의 양은 0.3몰이고, 0.2몰의 B가 $HCl(aq)$과 반응할 때 생성되는 H_2 기체의 양은 0.1몰이다. 따라서 0.2몰의 A와 0.2몰의 B가 모두 $HCl(aq)$과 반응할 때 생성되는 총 H_2 기체의 양은 0.3몰+0.1몰 $=$0.4몰이다.

오답 피하기 ㄴ. C 이온의 산화수가 $+2$이므로 금속 C와 $AgNO_3(aq)$이 반응할 때의 화학 반응식은 $C + 2Ag^+ \longrightarrow C^{2+} + 2Ag$이다. 따라서 C 1몰이 반응할 때 생성되는 Ag의 양은 2몰이다.

06

정답 맞히기 볼타 전지의 (−)극인 Zn 전극에서는 Zn이 전자를 잃고 Zn^{2+}으로 산화되고, (+)극인 Cu 전극에서는 H^+이 전자를 얻어 H_2 기체로 환원된다. 다니엘 전지에서는 (−)극인 Zn 전극에서 Zn이 전자를 잃고 Zn^{2+}으로 산화되고, (+)극인 Cu 전극에서 Cu^{2+}이 전자를 얻어 Cu로 환원된다.

ㄱ. 볼타 전지와 다니엘 전지 모두 (−)극인 Zn 전극에서 Zn이 전자를 잃고 Zn^{2+}으로 산화되는 반응이 일어난다.

ㄷ. 볼타 전지와 다니엘 전지 모두 Zn 전극에서 Zn이 산화될 때 잃은 전자가 도선을 따라 Cu 전극으로 이동한다.

오답 피하기 ㄴ. 다니엘 전지에서는 Cu 전극에서 Cu^{2+}이 전자를 얻어 Cu로 환원되어 전극 표면에 석출되므로 Cu 전극의 질량이 증가하지만, 볼타 전지에서는 Cu 전극에서 H^+이 전자를 얻어 H_2 기체가 생성되므로 Cu 전극의 질량이 일정하다.

07

정답 맞히기 (가)에서 A는 $HCl(aq)$과 반응하지 않았고, B는 $HCl(aq)$과 반응하였으므로 이온화 경향은 B>H>A이다.

④ (다)에서 금속의 이온화 경향은 B>A이므로 B가 (−)극이 되고, A가 (+)극이 된다. 전극 B에서는 B가 전자를 잃고 B^{2+}으로 되어 수용액 속에 녹아 들어가고, 전극 A에서는 수용액 속의 A^{2+}이 전자를 얻고 환원되어 A로 석출된다. 따라서 반응이 진행됨에 따라 수용액 속의 $[B^{2+}]$는 증가하고, $[A^{2+}]$는 감소하므로 $\dfrac{[B^{2+}]}{[A^{2+}]}$는 증가한다.

오답 피하기 ① (나)의 전극 A에서는 수용액 속의 H^+이 전자를 얻고 H_2로 환원되므로 전극 A의 질량은 변하지 않는다.

② (나)에서는 (−)극인 B에서 B가 산화되면서 잃은 전자가 도선을 따라 전극 A로 이동한다.

③ (다)에서는 (−)극인 B에서 B가 전자를 잃고 B^{2+}으로 산화되므로 전극 B의 질량은 감소한다.

⑤ (나)에서는 (+)극인 전극 A에서 H_2 기체가 발생하므로 분극 현상이 일어나지만, (다)에서는 H_2 기체가 발생하지 않으므로 분극 현상이 일어나지 않는다.

08

정답 맞히기 Zn 전극에서는 Zn의 산화 반응이 일어나고, Ag 전극에서는 Ag^+의 환원 반응이 일어난다.

$$Zn(s) \longrightarrow Zn^{2+}(aq) + 2e^- \qquad Ag^+(aq) + e^- \longrightarrow Ag(s)$$

ㄷ. Ag 4.32 g은 0.04몰에 해당하므로 감소한 Zn판의 질량이 x g일 때 이동한 전자의 양은 0.04몰이다.

오답 피하기 ㄱ. 같은 양(mol)의 전자가 이동할 때 감소하는 Zn과 증가하는 Ag의 몰 비는 Zn : Ag = 1 : 2이다.

ㄴ. 감소하는 Zn과 증가하는 Ag의 몰 비는 Zn : Ag = 1 : 2이므로 $\dfrac{4.32}{x} = \dfrac{108 \times 2}{65}$이다.

12 전기 분해와 수소 연료 전지

탐구 활동

본문 244쪽

1 해설 참조 **2** Mg: 2몰, Ag: 1몰
3 해설 참조

1

염화 마그네슘($MgCl_2$) 용융액을 전기 분해하면 (＋)극에서는 염화 이온(Cl^-)이 전자를 내놓고 산화되어 염소(Cl_2) 기체가 발생하고, (－)극에서는 마그네슘 이온(Mg^{2+})이 전자를 얻고 환원되어 마그네슘(Mg)이 생성된다. 질산 은($AgNO_3$) 수용액을 전기 분해하면 (＋)극에서는 질산 이온(NO_3^-)보다 물(H_2O)이 전자를 내놓고 먼저 산화되어 산소(O_2) 기체가 발생하고 H^+이 생성되며, (－)극에서는 은 이온(Ag^+)이 전자를 얻고 환원되어 은(Ag)이 생성된다.

모범 답안 $Mg^{2+}(l)+2e^- \longrightarrow Mg(l)$,
$Ag^+(aq)+e^- \longrightarrow Ag(s)$

2

$Mg^{2+}(l)+2e^- \longrightarrow Mg(l)$에서 마그네슘(Mg) 1몰이 생성되기 위해 필요한 전자의 양은 2몰이고, $Ag^+(aq)+e^- \longrightarrow Ag(s)$에서 은(Ag) 1몰이 생성되기 위해 필요한 전자의 양은 1몰이다.

3

모범 답안 이동한 전자의 양(mol)이 증가함에 따라 생성되는 Mg 또는 Ag의 양(mol)이 비례하여 증가한다.

내신 기초 문제

본문 245~246쪽

01 ②	**02** ④	**03** ④	**04** ⑤	**05** ①
06 ⑤	**07** ⑤	**08** ④	**09** ④	**10** ③

01

정답 맞히기 ② 전기 분해할 때 일어나는 반응은 비자발적인 산화 환원 반응이기 때문에 전기 에너지를 공급하여 일어나게 한다.

오답 피하기 ① 전기 에너지를 이용하여 산화 환원 반응을 일으켜 물질을 분해하여 화학 에너지를 만드는 과정을 전기 분해라고 한다.

③ 전기 분해 장치의 (－)극에서는 전자를 얻는 환원 반응이 일어난다.

④ 순수한 물은 거의 이온화되지 않아 전류가 흐르지 않으므로 전기 분해에 영향을 주지 않는 전해질을 넣어 전기 분해한다.

⑤ 전기 분해 반응이 일어날 때 각 전극에서 생성되는 물질의 양(mol)은 이동시켜 준 전자의 양(mol)에 비례한다.

02

정답 맞히기 ④ 칼륨(K), 나트륨(Na)과 같이 이온화 경향이 큰 금속은 산화가 잘 되므로 도금 재료로 이용할 수 없다.

오답 피하기 ① 금속에 녹이 스는 것을 방지하거나 금속의 표면을 아름답게 하기 위해 전기 분해의 원리를 이용하여 금속의 표면에 얇은 금속 막을 입히는 것을 전기 도금이라고 한다.

② 전기 도금 장치의 (－)극에서 금속 이온이 환원되어 석출되므로 도금될 물체는 전원 장치의 (－)극에 연결한다.

③ 전기 도금 장치의 (＋)극에서 도금할 재료의 금속이 산화된다.

⑤ 수용액 속의 은 이온(Ag^+)이 환원되어 은(Ag)으로 석출되므로 은(Ag) 도금 장치의 전해질 속에는 은 이온(Ag^+)이 포함되어 있어야 한다.

03

정답 맞히기 ④ 수소 연료 전지에서는 수소를 연소하지 않고 산화 환원 반응을 이용하여 전기 화학적으로 전기 에너지를 만든다.

오답 피하기 ① 수소 연료 전지는 공급된 연료인 수소(H_2)를 산화시켜서 화학 에너지를 전기 에너지로 전환시키는 장치이다.

② 수소 연료 전지에서 일어나는 전체 반응의 화학 반응식은 $2H_2(g)+O_2(g) \longrightarrow 2H_2O(l)$이다.

③ 수소 연료 전지에서는 반응물이 전지의 내부에 저장되어 있지 않고, 외부로부터 계속 공급되어 지속적으로 작동하는 전지이다.

⑤ 수소 연료 전지는 전기 화학적인 발전 방식이므로 에너지 효율이 40~60 %로 높다. 또한 전지 반응 과정에서 방출되는 열을 이용하면 에너지 효율은 80 % 정도가 된다.

04

정답 맞히기 염화 나트륨(NaCl) 용융액을 전기 분해할 때 두 전극에서 일어나는 반응은 다음과 같다.

(＋)극: $2Cl^-(l) \longrightarrow Cl_2(g)+2e^-$
(－)극: $2Na^+(l)+2e^- \longrightarrow 2Na(l)$

⑤ 같은 양(mol)의 전자가 이동할 때 생성되는 물질의 몰 비는

$Cl_2 : Na = 1 : 2$이다. 따라서 두 전극에서 생성되는 물질의 몰 비는 (+)극 : (−)극=1 : 2이다.

오답 피하기 ① (+)극에서는 Cl^-의 산화 반응인 $2Cl^-(l) \longrightarrow Cl_2(g) + 2e^-$이 일어난다.

② (−)극에서는 Na^+의 환원 반응 $Na^+(l) + e^- \longrightarrow Na(l)$이 일어난다. 따라서 (−)극에서는 액체 상태의 금속 Na이 생성된다.

③ (+)극에서는 염소(Cl_2) 기체가 발생하므로 전극의 질량은 변하지 않는다.

④ (−)극에서 Na^+은 환원되어 Na으로 되고, Cl^-은 (+)극에서 산화되어 Cl_2로 되므로 용융액에 들어 있는 이온 수는 감소한다.

05

정답 맞히기 $CuCl_2$ 수용액을 전기 분해할 때 두 전극에서 일어나는 반응은 다음과 같다.

(+)극: $2Cl^-(aq) \longrightarrow Cl_2(g) + 2e^-$

(−)극: $Cu^{2+}(aq) + 2e^- \longrightarrow Cu(s)$

ㄱ. (−)극에서는 구리 이온(Cu^{2+})이 전자를 얻어 Cu가 되는 환원 반응이 일어난다.

오답 피하기 ㄴ. $CuCl_2(aq)$ 수용액을 전기 분해하면 (+)극에서 염소(Cl_2) 기체 1몰이 생성될 때, (−)극에서 금속 구리(Cu) 1몰이 석출된다. 따라서 생성되는 물질의 몰 비는 $Cu : Cl_2 = 1 : 1$이다.

ㄷ. 반응이 일어나는 동안 (−)극에서는 구리(Cu)가 석출되므로 전극의 질량이 증가하지만, (+)극에서는 염소(Cl_2) 기체가 생성되므로 전극의 질량이 변하지 않는다.

06

정답 맞히기 A. 수소 연료 전지의 (−)극에는 수소가 연료로 공급되어 수소의 산화 반응이 일어난다.

B. 수소 연료 전지의 (+)극에서는 산소가 공급되어 (−)극에서 이동해 온 수소 이온(H^+) 및 전자(e^-)와 반응하여 환원된다.

C. 수소 연료 전지에서 일어나는 전체 반응의 화학 반응식은 $2H_2(g) + O_2(g) \longrightarrow 2H_2O(l)$이다. 따라서 수소 연료 전지의 최종 생성물은 물(H_2O)이므로 환경 오염을 일으키지 않는다.

07

정답 맞히기 물(H_2O)을 전기 분해할 때 두 전극에서의 반응은 다음과 같다.

(+)극: $2H_2O(l) \longrightarrow O_2(g) + 4H^+(aq) + 4e^-$

(−)극: $4H_2O(l) + 4e^- \longrightarrow 2H_2(g) + 4OH^-(aq)$

ㄴ. 같은 양(mol)의 전자가 이동할 때 생성되는 기체의 몰 비는 전극 A : 전극 $B = H_2 : O_2 = 2 : 1$이다.

ㄷ. 전극 A에서는 물(H_2O)의 환원 반응 $4H_2O(l) + 4e^- \longrightarrow$

$2H_2(g) + 4OH^-(aq)$이 일어난다. 따라서 전극 A 주위에는 OH^-이 생성되어 용액의 액성이 염기성이 되므로 페놀프탈레인 용액을 떨어뜨리면 전극 A 주위 용액의 색이 붉은색으로 변한다.

오답 피하기 ㄱ. 전극 B는 (+)극이므로 물(H_2O)의 산화 반응 $2H_2O(l) \longrightarrow O_2(g) + 4H^+(aq) + 4e^-$이 일어난다.

08

정답 맞히기 ④ 브로민화 칼륨(KBr) 수용액과 황산 나트륨(Na_2SO_4) 수용액을 각각 전기 분해할 때 (+)극과 (−)극에서 일어나는 반응은 다음과 같다.

물질	전극	전극 반응
KBr(aq)	(+)극	$2Br^-(aq) \longrightarrow Br_2(l) + 2e^-$
	(−)극	$2H_2O(l) + 2e^- \longrightarrow H_2(g) + 2OH^-(aq)$
$Na_2SO_4(aq)$	(+)극	$2H_2O(l) \longrightarrow O_2(g) + 4H^+(aq) + 4e^-$
	(−)극	$4H_2O(l) + 4e^- \longrightarrow 2H_2(g) + 4OH^-(aq)$

따라서 ㉠과 ㉡에 해당하는 물질로 각각 H_2와 O_2가 가장 적절하다.

09

정답 맞히기 ④ (−)극에서 일어나는 화학 반응식에서 전자 1몰이 이동할 때 Ag 1몰이 생성되고, 전자 2몰이 이동할 때 Cu 1몰이 생성되며, 전자 3몰이 이동할 때 Au 1몰이 생성된다. 따라서 6몰의 전자가 이동하였다고 가정하면, 생성되는 Ag, Cu, Au의 양은 각각 6몰, 3몰, 2몰이다. 즉, 같은 양(mol)의 전자가 이동하였을 때 생성되는 금속의 몰 비는 $Ag : Cu : Au = 6 : 3 : 2$이다.

10

정답 맞히기 $NaCl(l)$, $CuSO_4(aq)$, $KCl(aq)$을 각각 전기 분해할 때 두 전극에서 일어나는 반응은 다음과 같다.

· $NaCl(l)$
  (+)극: $2Cl^-(l) \longrightarrow Cl_2(g) + 2e^-$
  (−)극: $Na^+(l) + e^- \longrightarrow Na(l)$

· $CuSO_4(aq)$
  (+)극: $2H_2O(l) \longrightarrow O_2(g) + 4H^+(aq) + 4e^-$
  (−)극: $Cu^{2+}(aq) + 2e^- \longrightarrow Cu(s)$

· $KNO_3(aq)$
  (+)극: $2H_2O(l) \longrightarrow O_2(g) + 4H^+(aq) + 4e^-$
  (−)극: $4H_2O(l) + 4e^- \longrightarrow 2H_2(g) + 4OH^-(aq)$

ㄱ. (나)와 (다)의 (+)극에서는 모두 물(H_2O)의 산화 반응이 일어난다.

ㄷ. NaCl(l), CuSO$_4$(aq), KCl(aq)을 각각 전기 분해할 때 (+)극에서 생성되는 기체의 양(mol)은 NaCl(l)이 가장 많고, CuSO$_4$(aq)과 KCl(aq)이 같다.

오답 피하기 ㄴ. 전기 분해 반응이 일어날 때 (−)극에서 금속이 생성되는 물질은 NaCl(l)과 CuSO$_4$(aq) 2가지이다.

실력 향상 문제 본문 247~249쪽

01 ①   02 ③   03 ②   04 ①   05 ①
06 ①   07 ③   08 ⑤   09 ①   10 ①
11 ⑤   12 ①   13 ③   14 ④

01 전해질 용융액의 전기 분해

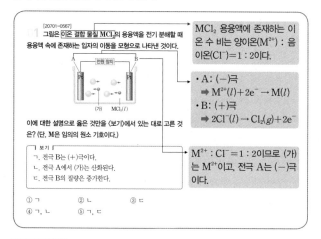

[20701-0567]
그림은 이온 결합 물질 MCl$_2$의 용융액을 전기 분해할 때 용융액 속에 존재하는 입자의 이동을 모형으로 나타낸 것이다.

이에 대한 설명으로 옳은 것만을 〈보기〉에 있는 대로 고른 것은? (단, M은 임의의 원소 기호이다.)

보기
ㄱ. 전극 B는 (+)극이다.
ㄴ. 전극 A에서 (가)는 산화된다.
ㄷ. 전극 B의 질량은 증가한다.

① ㄱ   ② ㄴ   ③ ㄷ
④ ㄱ, ㄴ   ⑤ ㄱ, ㄷ

MCl$_2$ 용융액에 존재하는 이온 수 비는 양이온(M^{2+}) : 음이온(Cl$^-$)=1 : 2이다.

• A: (−)극
➡ M^{2+}(l)+2e$^-$ → M(l)
• B: (+)극
➡ 2Cl$^-$(l) → Cl$_2$(g)+2e$^-$

M^{2+} : Cl$^-$=1 : 2이므로 (가)는 M^{2+}이고, 전극 A는 (−)극이다.

정답 맞히기 MCl$_2$ 용융액을 전기 분해할 때 두 전극에서 일어나는 반응은 다음과 같다.
(+)극: 2Cl$^-$(l) ⟶ Cl$_2$(g)+2e$^-$
(−)극: M^{2+}(l)+2e$^-$ ⟶ M(l)

ㄱ. 전기 분해 장치에서 MCl$_2$ 용융액 속에 존재하는 이온의 몰 비는 M^{2+} : Cl$^-$=1 : 2이다. 따라서 (가)는 M^{2+}이며, 전극 A는 (−)극이고, 전극 B는 (+)극이다.

오답 피하기 ㄴ. 전극 A는 (−)극이므로 양이온인 (가)가 이동하여 전자를 얻는 환원 반응 M^{2+}+2e$^-$ ⟶ M이 일어난다.

ㄷ. 전극 B는 (+)극이므로 음이온인 Cl$^-$이 이동하여 전자를 잃는 산화 반응이 일어난다. 따라서 전극 B에서는 2Cl$^-$ ⟶ Cl$_2$+2e$^-$ 반응이 일어나므로 전극의 질량은 일정하다.

02 MCl$_2$ 수용액의 전기 분해

정답 맞히기 MCl$_2$ 수용액을 전기 분해할 때 두 전극에서 일어나는 반응은 다음과 같다.
(+)극: 2Cl$^-$(aq) ⟶ Cl$_2$(g)+2e$^-$
(−)극: M^{2+}(aq)+2e$^-$ ⟶ M(s)

ㄱ. MCl$_2$(aq)을 전기 분해하면 (+)극에서는 염화 이온(Cl$^-$)이 전자를 잃고 산화되어 염소(Cl$_2$) 기체가 발생한다.

ㄷ. 전해질 수용액의 전기 분해가 일어나면 (+)극에서는 음이온이 산화되고, (−)극에서는 양이온이 환원된다. 따라서 MCl$_2$(aq)을 전기 분해하면 (+)극에서는 Cl$^-$이 산화되고, (−)극에서는 M^{2+}이 환원되므로 수용액 속의 전체 이온 수는 감소한다.

오답 피하기 ㄴ. (−)극에서는 M^{2+}이 전자를 얻어 환원된다.

03~04

KCl(l), MgCl$_2$(l), CuSO$_4$(aq), NaNO$_3$(aq), H$_2$O(l)을 각각 전기 분해할 때 두 전극에서 일어나는 반응은 다음과 같다.

• KCl(l)
(+)극: 2Cl$^-$(l) ⟶ Cl$_2$(g)+2e$^-$
(−)극: K$^+$(l)+e$^-$ ⟶ K(l)
• MgCl$_2$(l)
(+)극: 2Cl$^-$(l) ⟶ Cl$_2$(g)+2e$^-$
(−)극: Mg^{2+}(l)+2e$^-$ ⟶ Mg(l)
• CuSO$_4$(aq)
(+)극: 2H$_2$O(l) ⟶ O$_2$(g)+4H$^+$(aq)+4e$^-$
(−)극: Cu^{2+}(aq)+2e$^-$ ⟶ Cu(s)
• NaNO$_3$(aq)
(+)극: 2H$_2$O(l) ⟶ O$_2$(g)+4H$^+$(aq)+4e$^-$
(−)극: 4H$_2$O(l)+4e$^-$ ⟶ 2H$_2$(g)+4OH$^-$(aq)
• H$_2$O(l)
(+)극: 2H$_2$O(l) ⟶ O$_2$(g)+4H$^+$(aq)+4e$^-$
(−)극: 4H$_2$O(l)+4e$^-$ ⟶ 2H$_2$(g)+4OH$^-$(aq)

03 물질의 전기 분해

정답 맞히기 ② KCl(l), MgCl$_2$(l), CuSO$_4$(aq), NaNO$_3$(aq), H$_2$O(l)을 각각 전기 분해할 때 (−)극에서 생성되는 물질은 각각 K(l), Mg(l), Cu(s), H$_2$(g), H$_2$(g)이다. 따라서 (−)극에서 기체가 발생하는 물질은 (라)와 (마) 2가지이다.

04 이동한 전자의 양(mol)에 따른 생성물의 양(mol)

정답 맞히기 ① 전기 분해 장치에서 총 4몰의 전자가 이동하였다

고 할 때, 두 전극에서 생성되는 금속과 기체의 양(mol)은 다음과 같다.

물질	(+)극	(−)극	생성되는 금속과 기체의 총 양
KCl(l)	Cl$_2$(g) 2몰	K(l) 4몰	6몰
MgCl$_2$(l)	Cl$_2$(g) 2몰	Mg(l) 2몰	4몰
CuSO$_4$(aq)	O$_2$(g) 1몰	Cu(s) 2몰	3몰
NaNO$_3$(aq)	O$_2$(g) 1몰	H$_2$(g) 2몰	3몰
H$_2$O(l)	O$_2$(g) 1몰	H$_2$(g) 2몰	3몰

따라서 같은 양(mol)의 전자가 이동하였을 때 두 전극에서 생성되는 금속과 기체의 총 양(mol)이 가장 많은 물질은 (가) KCl(l)이다.

05 이동한 전자의 양(mol)에 따른 생성물의 양(mol)

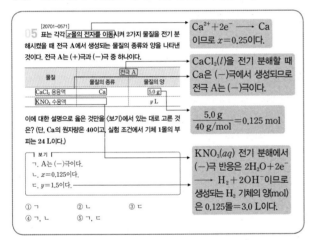

[20701-0571]

05 표는 각각 x몰의 전자를 이동시켜 2가지 물질을 전기 분해시켰을 때 전극 A에서 생성되는 물질의 종류와 양을 나타낸 것이다. 전극 A는 (+)극과 (−)극 중 하나이다.

물질	전극 A	
	물질의 종류	물질의 양
CaCl$_2$ 용융액	Ca	5.0 g
KNO$_3$ 수용액		y L

이에 대한 설명으로 옳은 것만을 〈보기〉에서 있는 대로 고른 것은? (단, Ca의 원자량은 40이고, 실험 조건에서 기체 1몰의 부피는 24 L이다.)

〈 보기 〉
ㄱ. A는 (−)극이다.
ㄴ. x=0.125이다.
ㄷ. y=1.5이다.

① ㄱ ② ㄴ ③ ㄷ
④ ㄱ, ㄴ ⑤ ㄱ, ㄷ

Ca^{2+}+2e$^-$ ⟶ Ca 이므로 x=0.250이다.

CaCl$_2$(l)을 전기 분해할 때 Ca은 (−)극에서 생성되므로 전극 A는 (−)극이다.

$\dfrac{5.0 \text{ g}}{40 \text{ g/mol}}$=0.125 mol

KNO$_3$(aq) 전기 분해에서 (−)극 반응은 2H$_2$O+2e$^-$ ⟶ H$_2$+2OH$^-$이므로 생성되는 H$_2$ 기체의 양(mol)은 0.125몰=3.0 L이다.

정답 맞히기 CaCl$_2$ 용융액과 KNO$_3$ 수용액을 각각 전기 분해할 때 두 전극에서 일어나는 반응은 다음과 같다.

• CaCl$_2$ 용융액
  (+)극: 2Cl$^-$(l) ⟶ Cl$_2$(g)+2e$^-$
  (−)극: Ca^{2+}(l)+2e$^-$ ⟶ Ca(l)
• KNO$_3$ 수용액
  (+)극: 2H$_2$O(l) ⟶ O$_2$(g)+4H$^+$(aq)+4e$^-$
  (−)극: 4H$_2$O(l)+4e$^-$ ⟶ 2H$_2$(g)+4OH$^-$(aq)

ㄱ. CaCl$_2$ 용융액을 전기 분해시켰을 때 전극 A에서 칼슘(Ca)이 생성되었으므로 전극 A는 (−)극이다.

오답 피하기 ㄴ. Ca 5.0 g은 $\dfrac{5.0 \text{ g}}{40 \text{ g/mol}}$=0.125 mol에 해당하고, CaCl$_2$ 용융액을 전기 분해시켰을 때 (−)극에서 일어나는 반응은 Ca^{2+}(l)+2e$^-$ ⟶ Ca(l)이므로 이동한 전자의 양은 0.25몰이다. 따라서 x=0.25이다.

ㄷ. 이동한 전자의 양이 0.25몰이고, KNO$_3$ 수용액을 전기 분해시켰을 때 (−)극에서 일어나는 반응은 2H$_2$O(l)+2e$^-$ ⟶ H$_2$(g)+2OH$^-$(aq)이므로 생성되는 H$_2$ 기체의 양은 0.125몰이다. 따라서 생성되는 H$_2$ 기체의 부피는 0.125 mol × 24 L/mol =3 L이고, y=3이다.

06 HCl(aq)의 전기 분해

정답 맞히기 HCl(aq) 수용액을 전기 분해할 때 두 전극에서 일어나는 반응은 다음과 같다.
(+)극: 2Cl$^-$(aq) ⟶ Cl$_2$(g)+2e$^-$
(−)극: 2H$^+$(aq)+2e$^-$ ⟶ H$_2$(g)

ㄱ. 두 전극에서 모두 기체가 발생하므로 전극의 질량은 모두 변화 없다.

오답 피하기 ㄴ. (+)극에서 염소(Cl$_2$) 기체 1몰이 생성될 때 (−)극에서 수소(H$_2$) 기체 1몰이 생성되므로 전극에서 생성되는 기체의 몰 비는 (+)극 : (−)극=1 : 1이다.

ㄷ. (−)극에서 수소 이온(H$^+$)이 전자를 얻어 수소(H$_2$) 기체로 환원되므로 수용액 속의 수소 이온(H$^+$) 농도가 감소한다. 따라서 수용액의 pH는 증가한다.

07 NaOH(aq)과 Na$_2$SO$_4$(aq)의 전기 분해

NaOH(aq)과 Na$_2$SO$_4$(aq)을 전기 분해하였을 때 두 전극에서 일어나는 반응의 화학 반응식은 다음과 같다.
• NaOH(aq)의 전기 분해
  (+)극: 4OH$^-$(aq) ⟶ O$_2$(g)+2H$_2$O(l)+4e$^-$
  (−)극: 4H$_2$O(l)+4e$^-$ ⟶ 2H$_2$(g)+4OH$^-$(aq)
  전체 반응: 2H$_2$O(l) ⟶ 2H$_2$(g)+O$_2$(g)
• Na$_2$SO$_4$(aq)의 전기 분해
  (+)극: 2H$_2$O(l) ⟶ O$_2$(g)+4H$^+$(aq)+4e$^-$
  (−)극: 4H$_2$O(l)+4e$^-$ ⟶ 2H$_2$(g)+4OH$^-$(aq)
  전체 반응: 2H$_2$O(l) ⟶ 2H$_2$(g)+O$_2$(g)

정답 맞히기 ㄱ. (가)와 (나) 모두 (−)극에서 수소(H$_2$) 기체가 생성된다.

ㄷ. (가)와 (나) 모두 전체 반응에서 H$_2$O(l)이 전기 분해되고 전해질의 양은 변화가 없으므로 수용액의 농도는 증가한다.

오답 피하기 ㄴ. 전극 D에서는 이온 수가 증가하는 반응이 일어나지만, 전극 B에서는 이온 수가 감소하는 반응이 일어난다.

08 이동한 전자의 양(mol)에 따른 석출되는 금속의 질량

정답 맞히기 ⑤ ANO$_3$(aq)에 존재하는 A 이온의 산화수는 +1이고, B(NO$_3$)$_2$(aq)에 존재하는 B 이온의 산화수는 +2이다. 따

라서 $ANO_3(aq)$과 $B(NO_3)_2(aq)$을 전기 분해하였을 때 금속이 석출되는 반응의 화학 반응식은 다음과 같다.

$A^+(aq)+e^- \longrightarrow A(s)$ $B^{2+}(aq)+2e^- \longrightarrow 2B(s)$

같은 양(mol)의 전자가 이동하였을 때 석출되는 금속의 몰 비는 $A : B = 2 : 1$이다. 이동한 전자의 양이 a몰일 때 생성되는 A와 B의 질량이 각각 10.8 g, 3.2 g이므로 A와 B의 원자량 비는 $A : B = \dfrac{10.8}{2} : 3.2 = 27 : 16$이다.

09 $MCl_a(aq)$과 $MCl_b(aq)$의 전기 분해

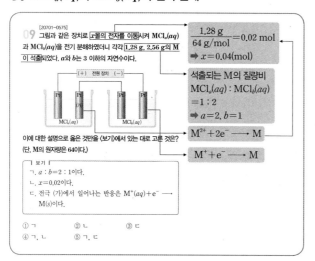

정답 맞히기 ㄱ. $MCl_a(aq)$에 들어 있는 M 이온은 M^{a+}이고, $MCl_b(aq)$에 들어 있는 M 이온은 M^{b+}이다. 전자 x몰을 이동시켰을 때 생성되는 M의 질량 비가 $MCl_a(aq) : MCl_b(aq) = 1 : 2$이므로 생성되는 M의 몰 비도 $MCl_a(aq) : MCl_b(aq) = 1 : 2$이다. 따라서 $a=2$이고, $b=1$이므로 $a : b = 2 : 1$이다.

오답 피하기 ㄴ. $MCl_a(aq)$을 전기 분해하였을 때 금속이 석출되는 반응의 화학 반응식은 $M^{2+}(aq)+2e^- \longrightarrow M(s)$이고, 이때 생성된 M의 양은 $\dfrac{1.28 \text{ g}}{64 \text{ g/mol}} = 0.02$몰이다. 전자 2몰을 이동시켰을 때 생성되는 M의 양이 1몰이므로 $x=0.04$이다.

ㄷ. (가)는 (−)극이므로 (가)에서는 $MCl_a(aq)$에 들어 있는 금속 이온인 M^{2+}의 환원 반응 $M^{2+}(aq)+2e^- \longrightarrow M(s)$이 일어난다.

10 $KCl(l)$과 $ZnCl_2(l)$의 전기 분해

정답 맞히기 $KCl(l)$과 $ZnCl_2(l)$을 전기 분해하였을 때 두 전극에서 일어나는 반응의 화학 반응식은 다음과 같다.

- $KCl(l)$
  (+)극: $2Cl^-(l) \longrightarrow Cl_2(g)+2e^-$
  (−)극: $2K^+(l)+2e^- \longrightarrow 2K(l)$

- $ZnCl_2(l)$
  (+)극: $2Cl^-(l) \longrightarrow Cl_2(g)+2e^-$
  (−)극: $Zn^{2+}(l)+2e^- \longrightarrow Zn(l)$

ㄱ. $KCl(l)$을 전기 분해하였을 때 (−)극에서 생성되는 물질 ㉠은 칼륨(K)이다.

오답 피하기 ㄴ. $KCl(l)$을 전기 분해하였을 때 두 전극에서 생성되는 $Cl_2(g)$와 $K(l)$의 몰 비는 $Cl_2(g) : K(l) = 1 : 2$이다. 따라서 $Cl_2(g)$ 0.2몰이 생성될 때 $K(l)$ 0.4몰이 생성되므로 $x=0.4$이다. $ZnCl_2(l)$을 전기 분해하였을 때 두 전극에서 생성되는 $Cl_2(g)$와 $Zn(l)$의 몰 비는 $Cl_2(g) : Zn(l) = 1 : 1$이다. 따라서 $Zn(l)$ 0.1몰이 생성될 때 $Cl_2(g)$ 0.1몰이 생성되므로 $y=0.1$이다. 따라서 $\dfrac{x}{y} = \dfrac{0.4}{0.1} = 4$이다.

ㄷ. $KCl(l)$의 전기 분해 반응에서 $Cl_2(g)$ 0.2몰이 생성되었고, $ZnCl_2(l)$의 전기 분해 반응에서 $Cl_2(g)$ 0.1몰이 생성되었으므로 이동한 전자의 양(mol)은 $KCl(l)$의 전기 분해 반응에서가 $ZnCl_2(l)$의 전기 분해 반응에서의 2배이다.

11 수소 연료 전지의 구조와 반응

정답 맞히기 ㄱ. 전극 A에 수소(H_2) 기체가 공급되어 산화 반응이 일어나므로 반응 (가)는 전극 A에서 일어난다.

ㄴ. 전극 A에서 수소(H_2)가 산화되면서 내놓은 전자(e^-)가 도선을 따라 전극 B로 이동하여 전극 B에서 환원 반응이 일어난다. 따라서 전극 B는 (+)극이다.

ㄷ. (−)극에서 소모된 OH^-의 양(mol)만큼 (+)극에서 생성되므로 OH^-의 양(mol)은 일정하다.

12 수소 연료 전지

정답 맞히기 ① 수소 연료 전지의 (−)극에서는 연료로 공급된 수소(H_2)의 산화 반응이 일어나고, (+)극에서는 산소(O_2)의 환원 반응이 일어난다. 이때 전자가 도선을 따라 (−)극에서 (+)극으로 이동하면서 전기가 발생한다. 수소 연료 전지의 전체 반응의 화학 반응식은 $2H_2(g)+O_2(g) \longrightarrow 2H_2O(l)$이고, 최종 생성물이 물($H_2O$)이므로 환경 오염을 거의 일으키지 않는다.

13 수소 저장 합금

정답 맞히기 ③ 수소를 효율적으로 저장하기 위해 수소 저장 합금에 대한 연구가 활발하게 진행되고 있다. 수소 저장 합금을 저온에서 고압의 수소 속에 넣으면 수소 분자가 수소 저장 합금의 금속 속으로 침투되어 저장되면서 열이 방출된다. 또한 수소가 수소 저장 합금으로부터 떨어져 나올 때에는 열이 흡수되므로 이를 냉난방 장치에 이용하기도 한다.

14 수소 연료 전지의 전기 발생 원리

정답 맞히기 ④ 수소 연료 전지에서 전기가 발생하는 과정은 다음과 같다.

> 연료극에는 수소를 공급하고, 공기극에는 산소를 공급한다.

⬇

> 공급된 수소(H_2)는 연료극에서 수소 이온(H^+)과 전자(e^-)로 분리된다.

⬇

> H^+은 전해질을 통과해 산소가 있는 공기극으로 이동하고, 전자(e^-)는 H^+과 달리 전해질을 통과하지 못하고 전위차에 의해 외부 회로를 따라 연료극에서 공기극으로 이동하여 산소(O)와 반응한다.

신유형·수능 열기

본문 250~251쪽

01 ②　　02 ④　　03 ⑤　　04 ④　　05 ⑤
06 ④　　07 ②　　08 ⑤

01

정답 맞히기 $XCl_a(aq)$의 전기 분해가 일어날 때 (+)극에서의 반응은 $2Cl^-(aq) \longrightarrow Cl_2(g)+2e^-$이고, $\dfrac{생성된\ 금속의\ 양(mol)}{생성된\ 기체의\ 양(mol)}=1$이므로 (−)극에서의 반응은 $X^{2+}(aq)+2e^- \longrightarrow X(s)$이다. 따라서 $a=2$이다.

$Y_bSO_4(aq)$의 전기 분해가 일어날 때 (+)극에서의 반응은 $2H_2O(l) \longrightarrow O_2(g)+4H^+(aq)+4e^-$이고, $\dfrac{생성된\ 금속의\ 양(mol)}{생성된\ 기체의\ 양(mol)}=2$이므로 (−)극에서의 반응은 $2Y^{2+}(aq)+4e^- \longrightarrow 2Y(s)$이다. 따라서 $b=1$이다.

ㄴ. $XCl_a(aq)$, $Y_bSO_4(aq)$의 전기 분해 반응에서 같은 양($2n$몰)의 전자가 이동하였을 때 생성되는 금속의 양은 각각 n몰, n몰이다. 따라서 생성되는 금속의 몰 비는 $XCl_a : Y_bSO_4 = 1 : 1$이다.

오답 피하기 ㄱ. $a=2$이고, $b=1$이므로 $a : b = 2 : 1$이다.

ㄷ. $XCl_a(aq)$, $Y_bSO_4(aq)$의 전기 분해 반응에서 같은 양($2n$몰)의 전자가 이동하였을 때 생성되는 기체의 양은 각각 n몰, $\dfrac{1}{2}n$몰이다. 따라서 생성되는 기체의 몰 비는 $XCl_a : Y_bSO_4 = 2 : 1$이다.

02

정답 맞히기 $NaCl(aq)$ 수용액을 전기 분해할 때 두 전극에서 일어나는 반응은 다음과 같다.

(+)극: $2Cl^-(aq) \longrightarrow Cl_2(g)+2e^-$
(−)극: $2H_2O(l)+2e^- \longrightarrow H_2(g)+2OH^-(aq)$

ㄴ. (−)극의 반응에서 전자 0.05몰이 이동할 때 H_2 기체 0.025몰이 생성된다. 따라서 생성되는 H_2 기체의 부피는 $0.025\ mol \times 24\ L/mol = 0.6\ L = 600\ mL$이다.

ㄷ. (−)극에서 H_2O의 환원 반응에 의해 OH^-이 생성되므로 전기 분해 후 수용액의 액성은 염기성이다. 따라서 수용액의 pH는 7보다 크다.

오답 피하기 ㄱ. (+)극의 반응에서 전자 2몰이 이동할 때 Cl_2 기체 1몰이 생성되므로 전자 0.05몰이 이동하였을 때 생성되는 Cl_2 기체의 양은 0.025몰이다.

03

정답 맞히기 ㄱ. $NaCl(l)$에 $Na^+(l)$이 x몰 존재하면 $Cl^-(l)$이 x몰이 존재하고, $ZnCl_2(l)$에 $Zn^{2+}(l)$이 y몰 존재하면 $Cl^-(l)$은 $2y$몰 존재한다. 따라서 $x+2y=6$이고, 전기 분해 전 양이온 수 비가 $Na^+ : Zn^{2+}=1 : 1=x : y$이므로 $x=y=2$이다. 따라서 $x+y=4$이다.

ㄴ. 혼합 용융액에 존재하는 양이온 수가 Na^+과 Zn^{2+}이 같고, a몰의 전자가 이동한 후에는 1 : 2이므로 Zn^{2+} 1몰이 전자를 얻어 Zn으로 환원된다. Zn^{2+}의 환원 반응은 $Zn^{2+}(l)+2e^- \longrightarrow Zn(l)$이므로 Zn^{2+} 1몰이 전자를 얻어 Zn으로 환원될 때 이동하는 전자의 양은 2몰이다. 따라서 $a=2$이다.

ㄷ. (+)극에서 $Cl^-(l)$의 산화 반응 $2Cl^-(l) \longrightarrow Cl_2(g)+2e^-$이 일어나고, 이동하는 전자의 양이 2몰이므로 반응한 Cl^-의 양은 2몰이다. 따라서 2몰의 전자가 이동한 후에 혼합 용융액에 존재하는 Cl^-의 양은 6몰−2몰=4몰이다.

04

정답 맞히기 황산 구리($CuSO_4$) 수용액에 도금할 금속의 재료인 구리(Cu)판을 (+)극에 연결하고, 도금할 물체인 철(Fe) 숟가락을 (−)극에 연결하여 전류를 흘려 주면 전기 도금이 일어난다.

(+)극에서는 Cu의 산화 반응이 일어나고, (−)극에서는 Cu^{2+}의 환원 반응이 일어난다.

ㄴ. 전자 0.05몰이 이동하여 (+)극인 전극 A에서 $Cu(s) \longrightarrow$ $Cu^{2+}(aq)+2e^-$ 반응이 일어나므로 산화된 Cu의 양은 0.025몰이다.

ㄷ. 전자 0.05몰이 이동하여 (−)극인 전극 B에서 $Cu^{2+}(aq)+$ $2e^- \longrightarrow Cu(s)$ 반응이 일어나므로 도금되는 Cu의 양은 0.025몰이다. 따라서 Fe 숟가락에 도금되는 Cu의 질량은 $0.025 \text{ mol} \times$ $64 \text{ g/mol}=1.6 \text{ g}$이다.

오답 피하기 ㄱ. 전극 A에 도금할 금속의 재료인 구리(Cu)판이 연결되어 있고, Cu의 산화 반응이 일어나므로 전극 A는 (+)극이다.

05

정답 맞히기 ㄱ. 수소 연료 전지를 포함한 화학 전지에서 산화 반응이 일어나는 전극은 (−)극이다. 따라서 (가)에서 수소(H_2)가 산화되므로 (가)는 (−)극에서 일어나는 반응이다.

ㄴ. (나)에서 산소(O_2)는 전자를 얻어 환원된다.

ㄷ. 수소 연료 전지에서 일어나는 반응의 화학 반응식은 다음과 같다.

(+)극: $O_2(g)+2H_2O(l)+4e^- \longrightarrow 4OH^-(aq)$
(−)극: $2H_2(g)+4OH^-(aq) \longrightarrow 4H_2O(l)+4e^-$
전체 반응: $2H_2(g)+O_2(g) \longrightarrow 2H_2O(l)$

수소 연료 전지에서 일어나는 전체 반응은 수소(H_2)가 산소(O_2)와 반응하여 물(H_2O)이 생성되는 반응이다.

06

정답 맞히기 수소 연료 전지에서 일어나는 반응의 화학 반응식은 다음과 같다.

(+)극: $O_2(g)+2H_2O(l)+4e^- \longrightarrow 4OH^-(aq)$
(−)극: $2H_2(g)+4OH^-(aq) \longrightarrow 4H_2O(l)+4e^-$
전체 반응: $2H_2(g)+O_2(g) \longrightarrow 2H_2O(l)$

ㄱ. 전극 A에서 수소(H_2)가 공급되어 H_2의 산화 반응이 일어나고, 전극 B에서 산소(O_2)가 공급되어 O_2의 환원 반응이 일어난다.

ㄷ. 수소 연료 전지에서 일어나는 전체 반응은 $2H_2(g)+O_2(g)$ $\longrightarrow 2H_2O(l)$이고, 전자 4몰이 이동할 때 생성되는 H_2O의 양은 2몰이다. 따라서 H_2O 1몰이 생성될 때 이동하는 전자의 양은 2몰이다.

오답 피하기 ㄴ. 전자 4몰이 이동할 때 (+)극에서는 OH^-이 4몰 생성되고, (−)극에서는 OH^-이 4몰 반응한다. 따라서 반응이 진행될 때 OH^-의 양(mol)은 일정하다.

07

정답 맞히기 메탄올 연료 전지에서 일어나는 반응의 화학 반응식은 다음과 같다.

(+)극: $3O_2(g)+12H^+(aq)+12e^- \longrightarrow 6H_2O(l)$
(−)극: $2CH_3OH(aq)+2H_2O(l) \longrightarrow$
$\qquad\qquad\qquad 2CO_2(g)+12H^+(aq)+12e^-$
전체 반응: $2CH_3OH(aq)+3O_2(g) \longrightarrow 2CO_2(g)+4H_2O(l)$

ㄴ. 반응 (나)는 메탄올(CH_3OH)이 산화되는 반응이고, CH_3OH이 공급되는 메탄올 연료 전지의 (−)극인 전극 A에서 일어난다.

오답 피하기 ㄱ. 메탄올 연료 전지의 각 극에서 일어나는 반응의 화학 반응식에서 물질을 구성하는 원자의 종류와 수를 고려하여 화학 반응식을 완성하면 (가)는 $O_2(g)+4H^+(aq)+4e^-$ $\longrightarrow 2H_2O(l)$이고, (나)는 $CH_3OH(aq)+H_2O(l) \longrightarrow$ $CO_2(g)+6H^+(aq)+6e^-$이다. 따라서 ㉠에 해당하는 물질은 H^+이다.

ㄷ. 메탄올 연료 전지에서 일어나는 전체 반응의 화학 반응식은 $2CH_3OH(aq)+3O_2(g) \longrightarrow 2CO_2(g)+4H_2O(l)$이고, 전자 12몰이 이동할 때 생성되는 물(H_2O)의 양은 4몰이다. 따라서 H_2O 1몰이 생성될 때 이동하는 전자의 양은 3몰이다.

08

정답 맞히기 물의 광분해 과정의 전체 반응은 다음과 같다.

(+)극: $2H_2O(l) \longrightarrow O_2(g)+4H^+(aq)+4e^-$
(−)극: $4H^+(aq)+4e^- \longrightarrow 2H_2(g)$
전체 반응: $2H_2O(l) \longrightarrow 2H_2(g)+O_2(g)$

ㄱ. (가)는 수소 이온(H^+)의 환원 반응으로 (−)극인 백금 전극에서 일어난다.

ㄴ. 전자 4몰이 이동할 때 (+)극에서는 산소(O_2) 1몰이 생성되고, (−)극에서는 수소(H_2) 2몰이 생성된다. 따라서 생성되는 기체의 몰 비는 (+)극 : (−)극=1 : 2이다.

ㄷ. 전자 4몰이 이동할 때 물(H_2O) 2몰이 분해되므로 물(H_2O) 1몰이 분해될 때 이동하는 전자의 양은 2몰이다.

01 ③	**02** ③	**03** ①	**04** ④	**05** ③
06 ③	**07** ①	**08** ④		

01

정답 맞히기 (가)에서는 Zn이 전자를 잃고 산화되고, 아연판의 표면에서 H^+의 환원 반응이 일어난다. (나)에서는 Zn이 전자를 잃고 산화되고, 전자는 도선을 따라 구리판으로 이동하여 구리판의 표면에서 H^+의 환원 반응이 일어난다.

ㄱ. (가)와 (나)에서 모두 Zn이 전자를 잃고 Zn^{2+}으로 산화되는 반응이 일어나므로 아연판의 질량은 감소한다.

ㄷ. (가)와 (나)에서 모두 H^+의 환원 반응이 일어나 H^+의 농도가 작아지므로 수용액의 pH는 증가한다.

오답 피하기 ㄴ. (가)에서는 아연판에서 H^+의 환원 반응이 일어나고, (나)에서는 구리판에서 H^+의 환원 반응이 일어난다.

02

정답 맞히기 금속 A와 B를 전극으로 하는 다니엘 전지에서 전자가 도선을 따라 금속 B에서 금속 A로 이동하므로 B가 (−)극이 되고, A가 (+)극이 된다.

③ (−)극인 전극 B에서 일어나는 반응은 $B(s) \longrightarrow B^{2+}(aq) + 2e^-$이므로 B에서는 산화 반응이 일어난다.

오답 피하기 ① 전지에서 B가 (−)극이 되고, A가 (+)극이 되므로 금속의 반응성은 B가 A보다 크다.

② (+)극인 전극 A에서 일어나는 반응은 $A^{2+}(aq) + 2e^- \longrightarrow A(s)$이므로 전극 A의 질량은 증가한다.

④ 전극 A에서는 금속 A가 석출된다.

⑤ 다니엘 전지에서는 분극 현상이 일어나지 않는다.

03

정답 맞히기 ㄱ. (가)에서 A는 산화되어 A^{2+}이 되고, Cu^{2+}은 환원되어 Cu로 되는 반응이 일어나므로 금속의 반응성은 A가 Cu보다 크다. (나)에서 반응이 일어나지 않았으므로 금속의 반응성은 Cu가 B보다 크다. 따라서 금속의 반응성은 A가 B보다 크다.

오답 피하기 ㄴ. (가)에서 일어나는 반응은 $A(s) + Cu^{2+}(aq) \longrightarrow A^{2+}(aq) + Cu(s)$이므로 수용액 속의 이온 수는 일정하다.

ㄷ. 금속의 반응성은 Cu가 B보다 크므로 금속 이온이 금속으로 환원되는 경향은 B^{2+}이 Cu^{2+}보다 크다. 따라서 Cu^{2+}과 B^{2+}이 함께 들어 있는 용액에 A를 넣으면 B^{2+}이 Cu^{2+}보다 먼저 환원되어 B가 먼저 석출된다.

04

정답 맞히기 ④ Cu와 Ag을 전극으로 하는 다니엘 전지에서 이온화 경향이 큰 Cu가 (−)극이 되고, 이온화 경향이 작은 Ag이 (+)극이 된다. (−)극인 Cu 전극에서 일어나는 반응은 $Cu(s) \longrightarrow Cu^{2+}(aq) + 2e^-$이고, (+)극인 Ag 전극에서 일어나는 반응은 $Ag^+(aq) + e^- \longrightarrow Ag(s)$이다. 따라서 전지에서 일어나는 전체 반응은 $Cu(s) + 2Ag^+(aq) \longrightarrow Cu^{2+}(aq) + 2Ag(s)$이므로 Cu 1몰이 반응할 때 석출되는 Ag의 양은 2몰이다.

Cu 0.32 g은 $\dfrac{0.32\ g}{64\ g/mol} = 0.005\ mol$이므로 석출되는 Ag의 양은 0.01몰이고, 질량은 $0.01\ mol \times 108\ g/mol = 1.08\ g$이다.

05

정답 맞히기 황산 구리(Ⅱ) 수용액을 전해질로 하여 불순물이 포함된 구리를 전원 장치의 (+)극에 연결하고, 순수한 구리를 (−)극에 연결하여 전류를 흘려 주면 순수한 구리를 얻을 수 있다. (+)극에서는 $Cu(s) \longrightarrow Cu^{2+}(aq) + 2e^-$ 반응이 일어나고, (−)극에서는 $Cu^{2+}(aq) + 2e^- \longrightarrow Cu(s)$ 반응이 일어난다.

ㄱ. (−)극인 전극 B에서 구리 이온(Cu^{2+})이 전자를 얻고 환원되어 구리(Cu)로 석출된다.

ㄷ. 불순물 중에서 구리보다 이온화 경향이 큰 Fe, Ni은 구리와 함께 금속 양이온으로 산화되어 용액 속에 녹아 들어가고, 구리보다 이온화 경향이 작은 Ag, Au, Pt은 금속 상태로 (+)극 아래에서 얻을 수 있다. 따라서 금속의 이온화 경향은 $Ni > Cu > Ag$이다.

오답 피하기 ㄴ. 불순물로 포함된 금속의 이온과 구리 이온의 산화수가 모두 +2이고, Fe, Ni이 산화되면서 잃는 전자를 Cu^{2+}이 얻어 환원되므로 수용액 속의 Cu^{2+}의 양(mol)은 감소한다.

06

정답 맞히기 (가)와 (나)는 각각 물(H_2O)의 전기 분해 장치와 수소 연료 전지로, 각각의 두 전극에서 일어나는 반응과 전체 반응의 화학 반응식은 다음과 같다.

(가) (+)극: $2H_2O(l) \longrightarrow O_2(g) + 4H^+(aq) + 4e^-$
    (−)극: $4H_2O(l) + 4e^- \longrightarrow 2H_2(g) + 4OH^-(aq)$
    전체 반응: $2H_2O(l) \longrightarrow 2H_2(g) + O_2(g)$

(나) (+)극: $O_2(g) + 2H_2O(l) + 4e^- \longrightarrow 4OH^-(aq)$
    (−)극: $2H_2(g) + 4OH^-(aq) \longrightarrow 4H_2O(l) + 4e^-$
    전체 반응: $2H_2(g) + O_2(g) \longrightarrow 2H_2O(l)$

ㄱ. (가)에서 물(H_2O)의 전기 분해가 일어날 때 생성되는 기체의 부피가 ㉠이 ㉡보다 크므로 ㉠은 수소(H_2) 기체이고, ㉡은 산소(O_2) 기체이다. 수소 연료 전지에서 수소(H_2) 기체는 (−)극에 공

급되어 산화되므로 ⓒ은 수소(H_2) 기체이다. 따라서 ㉠과 ⓒ은 같은 종류의 기체이다.

ㄴ. ⓒ은 산소(O_2) 기체이고, 수소 연료 전지의 (+)극에서 환원 반응을 한다.

오답 피하기 ㄷ. (가)의 최종 생성물은 수소(H_2) 기체와 산소(O_2) 기체이고, (나)의 최종 생성물은 물(H_2O)이다.

07

정답 맞히기 $NaCl(l)$과 $NaCl(aq)$을 전기 분해하였을 때 두 전극에서 일어나는 반응의 화학 반응식은 다음과 같다.

- $NaCl(l)$
  (+)극: $2Cl^-(l) \longrightarrow Cl_2(g) + 2e^-$
  (−)극: $2Na^+(l) + 2e^- \longrightarrow 2Na(l)$
- $NaCl(aq)$
  (+)극: $2Cl^-(l) \longrightarrow Cl_2(g) + 2e^-$
  (−)극: $2H_2O(l) + 2e^- \longrightarrow H_2(g) + 2OH^-(aq)$

ㄱ. $NaCl(l)$과 $NaCl(aq)$의 전기 분해 반응에서 모두 (+)극에서 염소(Cl_2) 기체가 발생한다.

오답 피하기 ㄴ. $NaCl(l)$의 전기 분해에서는 (−)극에서 금속 Na이 생성되지만, $NaCl(aq)$의 전기 분해 반응에서는 (−)극에서 $H_2(g)$가 생성된다.

ㄷ. $NaCl(l)$의 전기 분해에서는 $Cl^-(l)$이 $Cl_2(g)$로 산화되고, $Na^+(l)$이 $Na(l)$으로 환원되므로 전기 분해가 일어날 때 전체 이온 수는 감소한다. 하지만 $NaCl(aq)$의 전기 분해에서는 n개의 $Cl^-(l)$이 $Cl_2(g)$로 산화될 때, $H_2O(l)$이 환원되어 n개의 $OH^-(aq)$이 생성되므로 전체 이온 수의 변화가 없다.

08

정답 맞히기 $CuSO_4(aq)$과 $AgNO_3(aq)$을 전기 분해하였을 때 두 전극에서 일어나는 반응의 화학 반응식은 다음과 같다.

- $CuSO_4(aq)$의 전기 분해
  (+)극: $2H_2O(l) \longrightarrow O_2(g) + 4H^+(aq) + 4e^-$
  (−)극: $2Cu^{2+}(aq) + 4e^- \longrightarrow 2Cu(s)$
- $AgNO_3(aq)$의 전기 분해
  (+)극: $2H_2O(l) \longrightarrow O_2(g) + 4H^+(aq) + 4e^-$
  (−)극: $4Ag^+(aq) + 4e^- \longrightarrow 4Ag(s)$

ㄴ. 전자(e^-) 0.4몰이 이동할 때 전극 ㉠에서 생성되는 물질의 양은 0.2몰이므로 전극 ㉠은 $CuSO_4(aq)$의 전기 분해 장치에서 (−)극에 해당한다. 따라서 전극 ㉠은 전극 B이다.

ㄷ. 전자(e^-) 0.4몰이 이동할 때 전극 B에서는 $Cu(s)$ 0.2몰이 생성되고, 전극 D에서는 $Ag(s)$ 0.4몰이 생성된다. 따라서 전극에서 생성되는 물질의 몰 비는 B : D=1 : 2이다.

오답 피하기 ㄱ. 전극 C는 $AgNO_3(aq)$의 전기 분해 장치에서 (+)극에 해당하므로 $2H_2O(l) \longrightarrow O_2(g) + 4H^+(aq) + 4e^-$ 반응이 일어난다. 전자(e^-) 0.4몰이 이동할 때 산소(O_2) 기체 0.1몰이 생성되므로 $x = 0.4$이다.

MEMO

본문 인용 사진 출처

㈜북앤포토 156, 157쪽(불꽃놀이), 156, 157쪽(메테인의 연소), 156, 157쪽(철이 녹스는 현상), 239쪽(금 도금), 239쪽(은 도금), 239쪽(크로뮴 도금), 239쪽(니켈 도금), 242쪽(수소 연료 전지)

연합뉴스 156쪽(석회 동굴)

AP/연합뉴스 242쪽(노트북 전원)

Peter Casolino / Alamy Stock Photo / booknfoto 242쪽 (발전용)

agefotostock / Alamy Stock Photo / booknfoto 242쪽 (수송용)

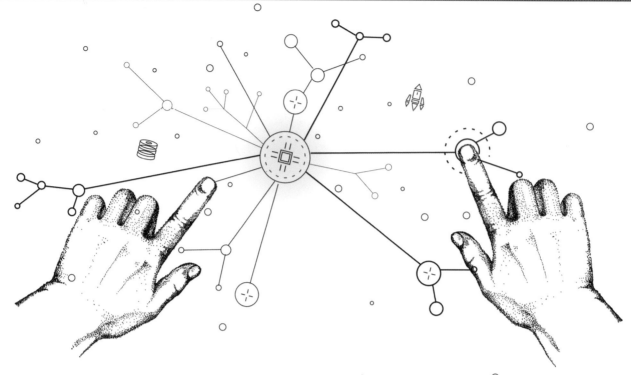

EBS

개념완성
과학탐구영역

화학 II

정답과 해설

고1~2 내신 중점 로드맵

과목	고교 입문	기초	기본	특화	+	단기

국어

영어

수학

한국사 사회

과학

- 고등 예비 과정
- 내 등급은?

기초
- 윤혜정의 나비효과 입문편 /나비효과 입문편 워크북
- 어휘가 독해다!
- 정승익의 수능 개념 잡는 대박구문
- 기초 50일 수학 / 초급 올림포스 닥터링
- 매쓰 디렉터의 고1 수학 개념 끝장내기
- 인공지능 수학과 함께하는 고교 AI 입문 / 수학과 함께하는 AI 기초

기본
- 기본서 올림포스
- 기본서 올림포스 전국연합 학력평가 기출문제집
- 기본서 개념완성 / 개념완성 문항편

특화
- 국어 특화: 국어 독해의 원리 | 국어 문법의 원리
- 영어 특화: Grammar POWER | Reading POWER | Listening POWER | Voca POWER
- 고급 올림포스 고난도
- 수학 특화: 수학의 왕도
- 고등학생을 위한 多담은 한국사 연표

단기
- 단기 특강

과목	시리즈명	특징	수준	권장 대상
전과목	고등예비과정	예비 고등학생을 위한 과목별 단기 완성	●	예비 고1
	내 등급은?	고1 첫 학력평가 + 반 배치고사 대비 모의고사	●	예비 고1
국/영/수	올림포스	내신과 수능 대비 EBS 대표 국어·수학·영어 기본서	●	고1~2
	올림포스 전국연합학력평가 기출문제집	전국연합학력평가 문제 + 개념 기본서	●	고1~2
	단기 특강	단기간에 끝내는 유형별 문항 연습	●	고1~2
한/사/과	개념완성 & 개념완성 문항편	개념 한 권 + 문항 한 권으로 끝내는 한국사·탐구 기본서	●	고1~2
국어	윤혜정의 나비효과 입문편/워크북	윤혜정 선생님과 함께 개념과 패턴으로 국어 입문	●	예비 고1~고2
	어휘가 독해다!	7개년 학평·모평·수능 출제 필수 어휘 학습	●	예비 고1~고2
	국어 독해의 원리	내신과 수능 대비 문학·독서(비문학) 특화서	●	고1~2
	국어 문법의 원리	필수 개념과 필수 문항의 언어(문법) 특화서	●	고1~2
영어	정승익의 수능 개념 잡는 대박구문	정승익 선생님과 CODE로 이해하는 영어 구문	●	예비 고1~고2
	Grammar POWER	구문 분석 트리로 이해하는 영어 문법 특화서	●	고1~2
	Reading POWER	수준과 학습 목적에 따라 선택하는 영어 독해 특화서	●	고1~2
	Listening POWER	수준별 수능형 영어듣기 모의고사	●	고1~2
	Voca POWER	영어 교육과정 필수 어휘와 어원별 어휘 학습	●	고1~2
수학	50일 수학	50일 만에 완성하는 중학~고교 수학의 맥	●	예비 고1~고2
	매쓰 디렉터의 고1 수학 개념 끝장내기	스타강사 강의, 손글씨 풀이와 함께 고1 수학 개념 정복	●	예비 고1~고1
	올림포스 닥터링	친절한 개념 설명을 통해 쉽게 연습하는 수학 유형	●	고1~2
	올림포스 고난도	1등급을 위한 고난도 유형 집중 연습	●	고1~2
	수학의 왕도	직관적 개념 설명과 세분화된 문항 수록 수학 특화서	●	고1~2
한국사	고등학생을 위한 多담은 한국사 연표	연표로 흐름을 잡는 한국사 학습	●	예비 고1~고2
기타	수학과 함께하는 고교 AI 입문/AI 기초	파이썬 프로그래밍, AI 알고리즘에 필요한 수학 개념 학습	●	예비 고1~고2